最新

最新中华人民共和国法律配套解读与实例系列

16

中华人民共和国

# 民法典合同编

## 配套解读与实例

刘宇　刘亚男　李百超　编著

U0824524

法律出版社
LAW PRESS·CHINA

北京

图书在版编目(CIP)数据

最新中华人民共和国民法典合同编配套解读与实例 / 刘宇，刘亚男，李百超编著. -- 北京：法律出版社，2024

ISBN 978-7-5197-8188-0

Ⅰ.①最… Ⅱ.①刘… ②刘… ③李… Ⅲ.①合同法-法律解释-中国 Ⅳ.①D923.65

中国国家版本馆 CIP 数据核字(2023)第 150203 号

**最新中华人民共和国民法典合同编配套解读与实例**
**ZUIXIN ZHONGHUA RENMIN GONGHEGUO MINFADIAN HETONGBIAN PEITAO JIEDU YU SHILI**

刘　宇　刘亚男　李百超　编著

责任编辑　张红蕊　赵雪慧
装帧设计　李　瞻

**出版发行** 法律出版社
**编辑统筹** 法规出版分社
**责任校对** 翁潇潇
**责任印制** 耿润瑜
**经　　销** 新华书店

**开本** 710 毫米×1000 毫米　1/16
**印张** 48.25　**字数** 914 千
**版本** 2024 年 2 月第 1 版
**印次** 2024 年 2 月第 1 次印刷
**印刷** 北京中科印刷有限公司

地址：北京市丰台区莲花池西里 7 号(100073)
网址：www.lawpress.com.cn
投稿邮箱：info@lawpress.com.cn
举报盗版邮箱：jbwq@lawpress.com.cn
销售电话：010-83938349
客服电话：010-83938350
咨询电话：010-63939796


**书号**：ISBN 978-7-5197-8188-0　　**定价**：98.00 元

凡购买本社图书，如有印装错误，我社负责退换。电话：010-83938349

# 出 版 说 明

“最新中华人民共和国法律配套解读与实例系列”丛书由相关领域法律专家编写，收录法律标准文本，解读法律重点条文，并对与法律条文相配套的法律、法规、司法解释、审判政策和典型案例予以精要分析。丛书自 2014 年出版以来，得到了广大读者的关注与厚爱，读者对丛书的内容、编排体例给予了高度评价。2017 年丛书全面修订，近年来，随着我国立法的完善与发展，国家出台或者修改了与丛书各个领域联系紧密的法律法规、部门规章及司法解释，如《社会保险法》《公司法》《劳动法》《刑事诉讼法》《民事诉讼法》《公安机关办理行政案件程序规定》《最高人民法院关于适用〈中华人民共和国公司法〉若干问题的规定（五）》《最高人民法院关于适用〈中华人民共和国行政诉讼法〉的解释》等，为了进一步适应新的形势需要，编者再次对本丛书进行了较为系统的修改和完善。

丛书此次修订，重点吸纳最新的配套规定，精选近年来最高人民法院公报案例、最高人民法院和最高人民检察院指导案例及典型案例，旨在提高案例的典型性和代表性，增强案例的针对性。同时，根据读者需求，增加了保险、监察、安全生产等领域的分册。

丛书编写以实用、易用为原则，汇编体例如下：

**1. 法律适用提要。**分册皆由该领域法律专家撰写适用提要，帮助读者对每一个立法背景、主要内容、注意事项有更全面深入的理解。

**2. 重点法条注释。**对重点法条进行条文解读，且每个条文都提炼条文主旨，帮助读者准确理解法条内容。

**3. 配套法规解读。**对与主体法重点条文配套的其他法律、法规、司法解释、审判政策进行解读，使观点更为鲜明、准确，语言更为通俗、精练，更便于读者理解和适用。

**4. 关联法规索引。**详细列出与主体法条文相关联的法规的名目，方便读者查询使用。

**5. 典型案例精选。**选取贴近日常生活的典型纠纷，以案说法、以案析法。

**6. 附录相关法规。**书末收录一些与本领域相关的法律、法规和司法解释，增强了法律法规的相关性和实效性。

需要说明的是,本丛书“适用提要”“条文主旨”“条文解读”“法规解读”等内容皆是编者为方便读者阅读、理解而编写,非国家正式颁布的法律文本,不具有法律效力。

总之,我们所有的付出都旨在提高本书的实用性,以满足广大读者更高的需求。书中不足之处还望读者在使用过程中不吝赐教,提出您的宝贵意见,以便本书继续修订完善。

法律出版社法规中心

2024 年 2 月

# 目　录

## 中华人民共和国民法典

### 第三编　合　同

# 中华人民共和国民法典

（2020年5月28日第十三届全国人民代表大会第三次会议通过
2020年5月28日中华人民共和国主席令第45号公布
自2021年1月1日起施行）

## 第三编　合　　同

## 第一分编　通　　则

## 第一章　一般规定

**本章介绍**

本章是《民法典》合同编的一般规定，明确了《民法典》合同编的立法目的和调整范围。需要注意的是，《民法典》合同编相较于原《合同法》，删去了大量关于合同基础原则的规定（如平等原则、公平原则、合同自由原则、诚实信用原则、遵纪守法原则），强调了合同的相对性属性、无名合同和涉外合同的适用原则、对合同条款理解存在争议时的解释方法以及债与合同即非因合同而产生的债权债务关系问题。

**第四百六十三条　【合同编的调整范围】**〔1〕**本编调整因合同产生的民事关系。**

〔1〕条文主旨为编者所加，下同。

**条文解读**

本条明确了合同编的调整范围。

每一门法律都是为了调整某一种社会关系而作出的规范。根据本条可知,合同编的调整范围指向因合同而产生的民事关系,这部分民事关系一般可包含五个部分,即物权关系、债权关系、人格权关系、知识产权关系以及各种身份关系。物权关系被规定在《民法典》物权编,人格权关系被规定在《民法典》人格权编,各种身份关系主要被规定在《民法典》婚姻家庭编和继承编,其他身份关系则被规定在《民法典》总则编,而知识产权关系被单独规定在知识产权法(《著作权法》、《商标法》和《专利法》)中,只有债权关系未在《民法典》其他部分或其他单行法中予以规定。故合同编的立法目标就是规制作为其他法律关系变化之原因的合同以及由合同而产生的债权债务法律关系。

**第四百六十四条　【合同的定义和身份关系协议的法律适用】合同是民事主体之间设立、变更、终止民事法律关系的协议。**

**婚姻、收养、监护等有关身份关系的协议,适用有关该身份关系的法律规定;没有规定的,可以根据其性质参照适用本编规定。**

**条文解读**

本条第一款明确了合同的定义。按照本款规定,合同应当具备三个要素:第一,合同是一种协议,由双方或者多方主体通过意思一致而达成;第二,合同的主体是民事主体,即作为平等主体的自然人、法人和其他组织;第三,合同产生的法律效果是民事法律关系的设立、变更和终止,即合同的订立目标为改变(也包括产生和消灭)民事权利和义务。综合而言,在平等主体之间通过达成意思表示一致而改变民事法律关系(权利义务关系)的协议即为本款所称的合同。

本条第二款是关于身份关系协议的法律适用规定,是第一款合同定义的排除性规定。某些表面上符合第一款规定的合同,并不是本编规定的适用对象。我们在日常生活中所称合同,除了民事合同外,还包括劳动合同、行政合同等。在三种合同中,只有民事合同是由民法来调整的,而劳动合同和行政合同分别由劳动法和行政法来调整。民事合同又可以分为两类:第一类是带有一定经济目的和财产性质的合同;第二类是与婚姻、收养、监护等有关身份关系的合同。虽然两种合同都符合本条第一款中对合同定义的规定,但是原则上说,第一类民事合同属于《民法典》合同编的调整对象，而第二类民事合同则适用《民法典》中其他有关该身份关系的法律规定。在此，《民法典》合同编相较原《合同法》存在一个重要改变：原《合同法》"一刀切"地将所有与婚姻、收养、监护等有关身份关系的合同都排除在原《合同法》的调整对象之外；而《民法典》合同编是在原有原则的基础之上，规定了当其他有关身份关系的法律没有规定时，可以根据其性质参照适用本编规定。

**配套法规及解读**

**《最高人民法院关于审理商品房买卖合同纠纷案件适用法律若干问题的解释》(2020年12月29日修正)**

**第五条**　商品房的认购、订购、预订等协议具备《商品房销售管理办法》第十六条规定的商品房买卖合同的主要内容，并且出卖人已经按照约定收受购房款的，该协议应当认定为商品房买卖合同。

**※法规解读：**根据《商品房销售管理办法》第十六条的规定，商品房销售时，房地产开发企业和买受人应当订立书面商品房买卖合同。商品房买卖合同应当明确以下主要内容：(1)当事人名称或者姓名和住所；(2)商品房基本状况；(3)商品房的销售方式；(4)商品房价款的确定方式及总价款、付款方式、付款时间；(5)交付使用条件及日期；(6)装饰、设备标准承诺；(7)供水、供电、供热、燃气、通讯、道路、绿化等配套基础设施和公共设施的交付承诺和有关权益、责任；(8)公共配套建筑的产权归属；(9)面积差异的处理方式；(10)办理产权登记有关事宜；(11)解决争议的方法；(12)违约责任；(13)双方约定的其他事项。当然，认购协议要认定为商品房买卖合同，除了应包括上述内容之外，还必须出卖人已经收受了购房款，两个条件缺一不可。

**《最高人民法院关于适用〈中华人民共和国公司法〉若干问题的规定(三)》(2020年12月29日修正)**

**第二条**　发起人为设立公司以自己名义对外签订合同，合同相对人请求该发起人承担合同责任的，人民法院应予支持；公司成立后合同相对人请求公司承担合同责任的，人民法院应予支持。

**第三条**　发起人以设立中公司名义对外签订合同，公司成立后合同相对人请求公司承担合同责任的，人民法院应予支持。

公司成立后有证据证明发起人利用设立中公司的名义为自己的利益与相对人签订合同，公司以此为由主张不承担合同责任的，人民法院应予支持，但相对人为善意的除外。

**※法规解读：**本条扩大了发起人以自己的名义为设立中的公司签订合同，在公司

设立后，公司合同责任承担的范围，给了合同相对人选择权，既可以选择要求签订合同的发起人承担合同责任，也可以选择公司承担责任。2011 年施行 2014 年修正的《最高人民法院关于适用〈中华人民共和国公司法〉若干问题的规定(三)》对发起人以自己的名义为设立中的公司签订合同，公司承担合同责任进行了一定的限制，要求公司在成立后对合同予以确认，或者已经实际享有合同权利或履行合同义务。2020 年修正后的《最高人民法院关于适用〈中华人民共和国公司法〉若干问题的规定(三)》删除了相应的限制条件。《民法典》第七十五条第二款规定，设立人为设立法人以自己的名义从事民事活动产生的民事责任，第三人有权选择请求法人或者设立人承担。2020 年修正后的《最高人民法院关于适用〈中华人民共和国公司法〉若干问题的规定(三)》对标《民法典》进行了相应的修改。

设立人为设立法人，原则上应以法人的名义从事民事活动。但实践中，有些设立人并未认识到法人与自己为不同的民事主体，虽然为设立法人从事民事活动，但是仍以自己的名义进行，此种情况下民事责任如何承担需明确，故本条对此专门予以规定。设立人以自己的名义对外签订合同，是合同的当事人，应允许第三人要求设立人承担相应责任。设立人虽以自己的名义对外签订合同，但因其以设立法人为目的，就保护第三人合理信赖利益的角度而言，亦应允许第三人选择成立后的法人承担相应责任。

## 关联法规索引

《民法典》第 118～123、134～136、143、1040、1119 条；《保险法》第 10 条

**第四百六十五条　【依法成立的合同效力】依法成立的合同，受法律保护。**

**依法成立的合同，仅对当事人具有法律约束力，但是法律另有规定的除外。**

## 条文解读

本条第一款确定了依法成立的合同应当受到法律的保护。只有依法成立的合同，才具有法律上的约束力。当事人必须严格按照约定全面、积极履行合同。在未经当事人同意或者没有法律规定的情况下，不得擅自变更合同或者解除合同，违反合同约定的，应当承担违约责任。当事人之间因合同发生纠纷时，有权通过法律规定的各种救济途径依法维护自己的权益。

本条第二款确定了依法成立的合同产生的效力对象，即合同的相对性。依法成

立的合同,只在双方或多方当事人之间产生效力,并不对合同当事人之外的第三人产生效力。合同作为债的一种产生方式,需通过请求权来实现其权利。请求权是请求对方而非第三方为特定给付的权利,在合同中,请求权的享有主体是因合同而产生之债的债权人,请求权的对象主体是因合同而产生之债的债务人。即使发生违约,由违约责任而产生的请求权主体依然是合同的当事人:即使第三人是实际受益人(只要不是合同的当事人)也没有主张违约责任的权利,即使第三人是实际履行人(只要不是合同的当事人)也没有承担违约责任的义务。另外,此处"法律另有规定的除外"表示在《民法典》合同编的规定中,并非所有情况下都完全遵循合同的相对性原则,在有法律明确规定的特定情况下,可能产生合同相对性的突破,即例外情形(如在债权人代位权中,债权人可以跨过债务人,直接向第三人即债务人的债务人行使债权,此为债的相对性之突破,但能突破相对性的情形必须由法律明确规定)。

**关联法规索引**

《民法典》第119、136条

**第四百六十六条　【合同条款的解释】当事人对合同条款的理解有争议的,应当依据本法第一百四十二条第一款的规定,确定争议条款的含义。**

**合同文本采用两种以上文字订立并约定具有同等效力的,对各文本使用的词句推定具有相同含义。各文本使用的词句不一致的,应当根据合同的相关条款、性质、目的以及诚信原则等予以解释。**

**条文解读**

本条规定了当事人对合同条款的理解有争议时的解释方法。原则上,应当依据本法第一百四十二条第一款的规定确定争议条款的含义。本法第一百四十二条第一款规定:有相对人的意思表示的解释,应当按照所使用的词句,结合相关条款、行为的性质和目的、习惯以及诚信原则,确定意思表示的含义。"使用的词句"即文义解释,是指依照一般社会观念对争议词句的最通常的理解来进行解释的方法;"相关条款"即体系解释,是指依照合同条款之间的逻辑联系来进行解释,通过其他没有理解争议的条款推导有理解争议的条款之含义的解释方法;"行为的性质和目的"即目的解释,是指依据当事人实施行为的根本性质和目的来进行解释的方法,因合同的存在以其性质和目的为根本，故合同的解释也要尽量符合性质和目的的要求；“习惯”即习惯解释，是指将存在于法律规则之外的交易习惯作为界定当事人之间权利、义务依据的解释方法，此习惯既包括当事人之间因之前多次发生的交易而形成的特定习惯，也包括交易发生地区大家都遵循的普遍习惯；“诚信原则”即诚实信用原则解释，是指根据诚实信用原则对合同当事人产生的诚实守信、与人为善、不加害他人等要求，确定当事人未约定或未明确约定内容的解释方法。需要注意的是，如果能够依据其他原则来解释合同，探求当事人的真实意图，就不宜由法官直接依据诚信原则来解释合同，这也是本条规定将诚信原则放在最后的原因。这表明立法者认为只有在其他规则不能适用时，才能运用诚信原则。

本条第二款规定，合同文本采用两种以上文字订立并约定具有同等效力的，此时推定各文本所使用的词句具有相同含义。其用途主要是当合同使用了两种以上语言订立时，由于语言之间容易存在表意上的差异，给理解造成困难，故推定为具有相同含义。但问题在于即使推定了不同语言具有相同含义也存在依照哪种语言理解的问题。故本条继续规定，如果各文本使用的词句不一致而发生理解争议时，应当根据合同相关条款、性质、目的以及诚信原则等予以解释，即回归第一款的争议理解方式，合同的相关条款是对当事人订立合同真实意思最直接的表现，合同的性质和目的是合同的本质与灵魂，诚信原则是所有民事行为都应当遵循的核心原则。

## 配套法规及解读

**《最高人民法院关于审理买卖合同纠纷案件适用法律问题的解释》(2020 年 12 月 29 日修正)**

**第三十二条** 法律或者行政法规对债权转让、股权转让等权利转让合同有规定的，依照其规定；没有规定的，人民法院可以根据民法典第四百六十七条和第六百四十六条的规定，参照适用买卖合同的有关规定。

权利转让或者其他有偿合同参照适用买卖合同的有关规定的，人民法院应当首先引用民法典第六百四十六条的规定，再引用买卖合同的有关规定。

**※法规解读：**本条是关于权利转让等其他有偿合同参照适用的规定。权利转让合同是以权利为标的物的买卖合同，即双方当事人约定一方将权利转移他方，他方取得该权利并支付价款的协议。《民法典》关于买卖合同相关规定的适用范围仅限于有体物。权利转让合同只能通过专门的规则进行调整，因此，法律、行政法规有规定的，依照其规定；没有规定的，人民法院可以根据《民法典》第四百六十七条和第六百四十

六条规定，参照适用买卖合同的有关规定。

《民法典》对其他有偿合同作了专门规定，法律有规定的，依照其适用，没有规定的，参照适用买卖合同的有关规定。

**《最高人民法院关于适用〈中华人民共和国民法典〉合同编通则若干问题的解释》(2023年12月4日)**

**第一条** 人民法院依据民法典第一百四十二条第一款、第四百六十六条第一款的规定解释合同条款时，应当以词句的通常含义为基础，结合相关条款、合同的性质和目的、习惯以及诚信原则，参考缔约背景、磋商过程、履行行为等因素确定争议条款的含义。

有证据证明当事人之间对合同条款有不同于词句的通常含义的其他共同理解，一方主张按照词句的通常含义理解合同条款的，人民法院不予支持。

对合同条款有两种以上解释，可能影响该条款效力的，人民法院应当选择有利于该条款有效的解释；属于无偿合同的，应当选择对债务人负担较轻的解释。

**※法规解读：**本条是在《民法典》第一百四十二条第一款、第四百六十六条第一款的基础上细化完善合同解释规则的规定。第一，明确了文义解释是指“词句的通常含义”；第二，对意思表示的探寻要求参考缔约背景、磋商过程、履行行为等因素；第三，存在不同解释时，明确“有利于该条款有效的解释优先”、无偿合同“应当选择对债务人负担较轻的解释”；第四，明确真实合意优先于合同文义。

**第二条** 下列情形，不违反法律、行政法规的强制性规定且不违背公序良俗的，人民法院可以认定为民法典所称的“交易习惯”：

(一)当事人之间在交易活动中的惯常做法；

(二)在交易行为当地或者某一领域、某一行业通常采用并为交易对方订立合同时所知道或者应当知道的做法。

对于交易习惯，由提出主张的当事人一方承担举证责任。

**※法规解读：**本条明确了“交易习惯”的定义以及“谁主张，谁举证”的举证责任，强调了“交易习惯”认定的前提除了不能违反法律、行政法规，也不能违背公序良俗。公共秩序强调的是国家和社会层面的价值理念，善良习俗突出的则是民间的道德观念，二者相辅相成，互为补充。具体到交易活动中，交易的各方当事人更应该遵守民法上的守法与公序良俗原则。因此，交易习惯实际上也是当事人意思自治的另一种表现。

**关联法规索引**

《民法典》第142、466条；《最高人民法院关于适用〈中华人民共和国民法典〉合

同编通则若干问题的解释》第1、2条

**第四百六十七条 【无名合同及涉外合同的法律适用】** 本法或者其他法律没有明文规定的合同,适用本编通则的规定,并可以参照适用本编或者其他法律最相类似合同的规定。

在中华人民共和国境内履行的中外合资经营企业合同、中外合作经营企业合同、中外合作勘探开发自然资源合同,适用中华人民共和国法律。

**条文解读**

本条第一款是关于无名合同的法律适用的规定。无名合同与有名合同的分类是以《民法典》合同编或者其他法律是否设有专门规范并给予名称为标准进行的分类。有名合同,也称典型合同,是法律设有专门规范并赋予名称的合同;无名合同,也称非典型合同,是法律未设有专门规范并赋予名称的合同。这种分类的价值在于其法律适用不同:有名合同优先适用《民法典》合同编分则或者其他法律中关于典型合同的相关规定,没有规定的适用《民法典》合同编通则的规定,通则没有规定的适用《民法典》总则编的规定;而无名合同,由于无法在《民法典》合同编分则或者其他法律中找到专属于此类型合同的特殊规定,故优先适用《民法典》合同编通则的规定,同时可以参考适用《民法典》合同编分则或者其他法律中与此种非典型合同最为类似的典型合同的规定,即"类推适用"方法。无名合同的规定是《民法典》中的重要规定,在现实生活中出现的合同种类是非常复杂的,《民法典》不可能对所有合同都作出单独规定。一方面,立法者不可能事先预测所有的合同类型;另一方面,即使立法者事先能预测一部分合同类型,也并非每种合同类型都需要作单独规定。无名合同的条款,既弥补了法律的滞后性缺陷,也简化了《民法典》合同编的规定体量。

本条第二款是关于涉外合同的法律适用的规定。涉外合同的当事人往往分属于两个或者两个以上的国家或者地区,而合同的订立和履行过程可能会涉及更多的国家,于是在实践中产生了对于涉外合同应当适用我国法律还是适用外国法律的问题。在国际上普遍采用的一项原则是由当事人自行选择适用的法律,这是意思自治原则或者合同自由原则的体现,其基本含义为合同当事人可以根据合同的性质内容等在合同中规定法律适用的条款,并将这种法律作为处理合同争议的法律依据。但是当事人的选择不得违背我国对某些合同适用法律的特别规定。根据本条第二款的规定,在中华人民共和国境内履行的中外合资经营企业合同、中外合作经营企业合同、中外合作勘探开发自然资源合同,必须适用中华人民共和国法律。

## 关联法规索引

《民法典》第142条

**第四百六十八条 【非因合同产生的债权债务关系的法律适用】非因合同产生的债权债务关系,适用有关该债权债务关系的法律规定;没有规定的,适用本编通则的有关规定,但是根据其性质不能适用的除外。**

## 条文解读

《民法典》是对整个民事法律关系体系作出的完整规定,而民事法律关系体系包含四个要素:主体、客体、行为与内容。《民法典》总则编已经对民事法律关系的主体和行为作出了较为充分的规定,也对民事法律关系的内容即民事权利、民事义务与责任作出了整体性的规定,唯一未作出规定的是客体。也就是说,《民法典》分则在很大意义上是对民事法律关系的客体作出的规定。根据客体的不同类型,可以将民事法律关系分为物权关系、债权关系、人格权关系、知识产权关系和各种身份关系五种。除知识产权法律关系因自成体系不适于规定在《民法典》中以外,其他四种民事法律关系均被规定在《民法典》中,于是产生了物权编、人格权编、继承编和婚姻家庭编,唯独缺少债权编。根据产生方式差异,债主要(并不完全,存在特例)包括合同之债、单方允诺之债、侵权责任之债、不当得利之债和无因管理之债五种类型。其中,单方允诺之债只需参照民事法律行为的相关规定就能解决问题,故无须独立作出规定;侵权责任之债虽然产生债的法律关系但作为所有民事权利的保障手段适合独立成编;不当得利之债和无因管理之债已经被作为准合同纳入合同编之中,这意味着债与合同问题大量重合并已经融入其中,故合同编本身就包含了绝大部分债的内容。因此,"非因合同产生的债权债务关系,适用有关该债权债务关系的法律规定"是指非因合同产生的债权债务关系如侵权责任之债、不当得利之债和无因管理之债单独适用其专属规定(我们可以将所有债的问题分成债的产生、债的改变和债的消灭三个阶段,这里的专属规定仅包括三种债的产生问题,而不包括三种债的改变和消灭问题,这部分仍然作为债的一般原理规定在合同编中);"没有规定的,适用本编通则的有关规定”,是指未被归入上述五种债之类型的债和五种债之类型都应遵循的统一性问题适用合同编通则的规定,如债的担保、债的保全、债的转移等问题;“根据其性质不能适用的除外”,是指不能适用合同编统一规定的特殊问题,如以特定人、特定身份或血汗为基础的债权和债务不能代位或转移等。

## 关联法规索引

《民法典》第118条

# 第二章　合同的订立

## 本章介绍

本章是《民法典》合同编关于合同订立的规定。合同编的通则部分全面构建了一个合同从产生到消灭的全过程,其中合同的订立是合同之债的产生问题。合同是两方或者多方主体因意思表示一致而产生的债权债务关系,因此任何一个合同之债的产生都需要满足两个条件:一是意思表示必须达成一致,二是达成一致的意思表示不存在其他阻却其效力的情形。前者,在法律上被称为合同的成立;后者,在法律上被称为合同的生效。合同的成立是本章中合同订立的积极性结果,这意味着,当事人订立合同,可能对设立、变更、终止民事权利义务关系达成了合意,即为合同成立;也可能并没有对设立、变更、终止民事权利义务关系达成合意,即为合同不成立。合同只有成立才能生效,只有生效才能产生合同之债。合同的成立是一个事实判断,在合同编中具有极高的重要性,因为它是合同之债产生的事实性前提。合同的核心法律意义是当事人享有权利、承担义务和解决纠纷的依据,而合同的订立过程是实现合同法律意思的必备要素。

**第四百六十九条　【合同订立形式】当事人订立合同,可以采用书面形式、口头形式或者其他形式。**

**书面形式是合同书、信件、电报、电传、传真等可以有形地表现所载内容的形式。**

**以电子数据交换、电子邮件等方式能够有形地表现所载内容,并可以随时调取查用的数据电文,视为书面形式。**

## 条文解读

本条第一款规定了当事人订立合同可以采用的形式,包括书面形式、口头形式和其他形式三种。书面形式是指当事人之间以书面文字的意思表示方式来订立合同的形式;口头形式是指当事人之间以口头语言的意思表示方式来订立合同的形式。采用书面形式订立合同的优点是使合同的订立有据可查，便于明确当事人之间的权利、义务、责任以及纠纷的解决；采用口头形式订立合同的优点是使合同的订立更高效、更简便、成本更低，便于促进大量的市场交易发生。因此，书面形式订立合同的优点恰好是口头形式订立合同的缺点，口头形式订立合同的优点恰好是书面形式订立合同的缺点。所以，当合同关系较为复杂、标的额较大或无法即时结清时，应采用书面形式订立合同；相反，当合同关系较为简单、标的额较小或可以即时结清时，应采用口头形式订立合同。其他形式是指除书面和口头形式以外其他法律未明确规定但允许当事人通过意思表示一致自由选择的形式，如原《最高人民法院关于贯彻执行〈中华人民共和国民法通则〉若干问题的意见（试行）》第六十六条规定："一方当事人向对方当事人提出民事权利的要求，对方未用语言或者文字明确表示意见，但其行为表明已接受的，可以认定为默示。不作为的默示只有在法律有规定或者当事人双方有约定的情况下，才可以视为意思表示。"

本条第二款规定以书面形式订立合同的种类，包括合同书、信件、电报、电传、传真等。合同书是以文字形式记载当事人约定的合同内容并由双方签字或者盖章致其生效的合同文本；信件是当事人因为订立合同而往来的信函，其中需要记录或者载明合同内容相关事项；电报、电传、传真等属于数据电文的书面形式，即通过电子手段记录合同内容的各种信息。

本条第三款规定以电子数据交换、电子邮件等方式能够有形地表现所载内容，并可以随时调取查用的数据电文，视为书面形式。本条将电报、电传、传真直接规定为书面形式，而将电子数据交换、电子邮件等单独规定，是因为后者只有满足两个条件时才可以认定为书面形式：一是能够有形地表现所载内容；二是可以随时调取查用。相较于原《合同法》，《民法典》合同编的改变在于添加了"随时调取查用"的要求，在如今越来越多的合同以数据电文的形式订立的背景下，如此规定有助于数据电文作为合同订立形式的规范，也利于市场交易的秩序化。

## 配套法规及解读

**《最高人民法院关于审理买卖合同纠纷案件适用法律问题的解释》（2020 年 12 月 29 日修正）**

**第一条**　当事人之间没有书面合同，一方以送货单、收货单、结算单、发票等主张存在买卖合同关系的，人民法院应当结合当事人之间的交易方式、交易习惯以及其他相关证据，对买卖合同是否成立作出认定。

对账确认函、债权确认书等函件、凭证没有记载债权人名称，买卖合同当事人一方以此证明存在买卖合同关系的，人民法院应予支持，但有相反证据足以推翻的除外。

**※法规解读：**送货单、收货单、结算单、发票等是判定买卖合同是否成立的重要证据。对账确认函、债权确认书等函件、凭证具有推定合同成立的效力。该条明确了没有书面合同的情形下，该如何举证证明买卖关系的存在。

**《最高人民法院关于适用〈中华人民共和国保险法〉若干问题的解释（三）》（2020年12月29日修正）**

**第一条**　当事人订立以死亡为给付保险金条件的合同，根据保险法第三十四条的规定，"被保险人同意并认可保险金额"可以采取书面形式、口头形式或者其他形式；可以在合同订立时作出，也可以在合同订立后追认。

有下列情形之一的，应认定为被保险人同意投保人为其订立保险合同并认可保险金额：

（一）被保险人明知他人代其签名同意而未表示异议的；

（二）被保险人同意投保人指定的受益人的；

（三）有证据足以认定被保险人同意投保人为其投保的其他情形。

**※法规解读：**根据《保险法》第三十四条第一款的规定，以死亡为给付保险金条件的合同，未经被保险人同意并认可保险金额的，合同无效。以死亡为给付保险金条件的保险合同，可能诱发以侵害被保险人生命为对象的道德风险，在被保险人没有同意并认可保险金额的情况下订立的保险合同不仅可能使被保险人的生命陷入危险之中，亦有害于公共秩序和善良风俗。1995年和2002年《保险法》对死亡险中的"被保险人同意"要求的是"书面"形式，2009年《保险法》修订时删除了"书面"的要求，但在实务中认定标准仍然不统一，特别是保险人利用该规定逃避责任的情况时有发生。而本条规定细化了认定标准，对"同意"也采取了更宽泛的认定，使其在实务中更具有可操作性。该条规定明确了以下三个问题：

第一，明确《保险法》第三十四条死亡险规定中对"被保险人同意"的形式要求，即可采取书面形式、口头形式或者其他形式。

第二，明确了"同意"的时间，既可在合同订立时，也可在合同订立后追认。

第三，明确了"同意"的情形，为实践中的应用提供了可参照的标准以及范例。

## 关联法规索引

《民法典》第135、348、354、367、373、400、427条；《广告法》第30条；《保险法》第

13 条;《旅游法》第 58 条;《建筑法》第 15 条;《专利法》第 10 条;《草原法》第 14 条;《合伙企业法》第 4 条;《商业银行法》第 37 条;《农村土地承包法》第 40 条;《电子签名法》第 3 ~8 条;《民用航空法》第 14、26、148 条;《城市房地产管理法》第 15、50、54 条;《海商法》第 9、12、128、156 条

**第四百七十条 【合同主要条款与示范文本】** 合同的内容由当事人约定,一般包括下列条款:

(一)当事人的姓名或者名称和住所;

(二)标的;

(三)数量;

(四)质量;

(五)价款或者报酬;

(六)履行期限、地点和方式;

(七)违约责任;

(八)解决争议的方法。

当事人可以参照各类合同的示范文本订立合同。

## 条文解读

本条第一款规定了合同当事人订立的合同应当包括的条款。按照本条规定,合同一般包括如下条款:(1)当事人的姓名或者名称和住所;(2)标的;(3)数量;(4)质量;(5)价款或者报酬;(6)履行期限、地点和方式;(7)违约责任;(8)解决争议的方法。对于此条的理解存在两个误区:一是本条规定的并不是合同的必备内容,合同必须包括的内容实际上只是前三项,即当事人的姓名或者名称和住所、标的、数量,如果合同不包括这三项内容,即不能认定合同成立;二是本条规定的也不是合同的全部条款,虽然上述八项内容确实是合同最重要的条款,但是除上述八项内容以外,只要当事人达成合意均可作为合同内容,如说明性条款、权利义务条款等。同时,由于合同的种类和性质不同,合同的主要内容也不同,故本条规定的合同的主要内容是具有指导性和示范性的,所有种类和性质的合同一般包括的内容,当事人可以在法律规定范围内根据实际情况对其内容进行增加或删减。同时,本条第二款还规定了当事人可以参照各类合同的示范文本订立合同,确立了合同示范本文的应用方式。

**配套法规及解读**

**《最高人民法院关于适用〈中华人民共和国民法典〉合同编通则若干问题的解释》(2023年12月4日)**

**第三条**　当事人对合同是否成立存在争议,人民法院能够确定当事人姓名或者名称、标的和数量的,一般应当认定合同成立。但是,法律另有规定或者当事人另有约定的除外。

根据前款规定能够认定合同已经成立的,对合同欠缺的内容,人民法院应当依据民法典第五百一十条、第五百一十一条等规定予以确定。

当事人主张合同无效或者请求撤销、解除合同等,人民法院认为合同不成立的,应当依据《最高人民法院关于民事诉讼证据的若干规定》第五十三条的规定将合同是否成立作为焦点问题进行审理,并可以根据案件的具体情况重新指定举证期限。

**※法规解读:**本条明确了合同成立的必要条件与非必要条件。这一规定源于原《最高人民法院关于适用〈中华人民共和国合同法〉若干问题的解释(二)》第一条第一款,"当事人对合同是否成立存在争议,人民法院能够确定当事人名称或者姓名、标的和数量的,一般应当认定合同成立。但法律另有规定或者当事人另有约定的除外"。

**关联法规索引**

《保险法》第18条;《著作权法》第26、27条;《合伙企业法》第18条;《商业银行法》第37条;《农村土地承包法》第22、40条;《商品房销售管理办法》第16条;《城市房地产抵押管理办法》第26、28、29条;《保障中小企业款项支付条例》第6、10条;《民法典》第510、511条;《最高人民法院关于适用〈中华人民共和国民法典〉合同编通则若干问题的解释》第3条

**第四百七十一条　【合同订立方式】当事人订立合同,可以采取要约、承诺方式或者其他方式。**

**条文解读**

本条规定了当事人订立合同的方式。合同是意思表示达成一致的产物,所以订

立合同正是达成意思表示一致的过程，在现实生活中表现为当事人对合同内容进行的协商。既然是协商，就会存在提出意见和接受意见两个步骤：要约表现为提出意见，即希望和他人订立合同的意思表示；承诺表现为接受意见，即同意与他人订立合同的意思表示。两个意思表示达成一致合同即合产生，故要约和承诺是合同订立的基本规则。相较原《合同法》，《民法典》合同编的修改在于加入了“或其他方式”的表述，也就意味着丰富了合同的订立方式，不再必须通过严格的要约和承诺方式来订立合同，如交叉要约、意思实现等。

**第四百七十二条 【要约的定义及构成要件】要约是希望与他人订立合同的意思表示，该意思表示应当符合下列条件：**

**（一）内容具体确定；**

**（二）表明经受要约人承诺，要约人即受该意思表示约束。**

## 条文解读

本条规定了要约的定义及构成要件。要约是希望与他人订立合同的意思表示，故此处存在两个要素：一是要约一定是一种意思表示；二是要约一定有与他人订立合同的愿望。在实践中，要约问题的难点在于如何区分要约与要约邀请。要约属于合同内容的一部分，而要约邀请不属于合同内容的一部分，故二者的效力不同。要约邀请，又称要约引诱，是邀请或引诱他人向自己发出要约的行为，它既可能是意思表示也可能不是意思表示。非意思表示的要约邀请很容易与要约区分，但意思表示的要约邀请则不容易与要约区分。本条确立了要约成立的两个条件，明晰了要约概念的同时将其与要约邀请区分开，这两个条件分别是：“内容具体确定”的为要约，反之则为要约邀请；“表明经受要约人承诺，要约人即受该意思表示约束”的为要约，反之则为要约邀请。

## 关联法规索引

《民法典》第473条；《拍卖法》第45、47条；《招标投标法》第10、16、17条；《联合国国际货物销售合同公约》第14条

**第四百七十三条　【要约邀请】要约邀请是希望他人向自己发出要约的表示。拍卖公告、招标公告、招股说明书、债券募集办法、基金招募说明书、商业广告和宣传、寄送的价目表等为要约邀请。**

**商业广告和宣传的内容符合要约条件的,构成要约。**

## 条文解读

本条第一款是关于要约邀请的规定。要约邀请,又称要约引诱,是邀请或引诱他人向自己发出要约的行为。这里需要注意的是,原《合同法》将要约邀请定义为一种意思表示,而《民法典》合同编去掉"意思"二字而仅留下"表示"二字,也就是说,目前法律承认要约邀请有以意思表示形式作出的,也有以非意思表示形式作出的,实践中的情形也确实如此。要约邀请与要约不同的是:要约邀请处于合同的准备阶段,而要约处于合同的订立阶段;要约邀请没有法律约束力,而要约有法律约束力;要约邀请发出后对要约邀请人不产生法律义务,而要约发出后对要约人产生法律义务。

本条还规定了实践中常见的要约邀请形式。需要注意的是,此处为不穷尽列举,不属于本条规定但符合要约邀请概念的,也可以认定为要约邀请:(1)拍卖公告,即拍卖人对拍卖物品进行介绍并希望公众向其发出要约的公告。(2)招标公告,即招标人对招标项目进行介绍并希望公众向其发出要约的公告。(3)招股说明书,即股份有限公司在公司设立时,由公司发起人向社会公开募集股份或者公司经批准向社会公开发行新股时,向社会公开发出的、希望公众向其发出要约的说明文书。(4)寄送的价目表,即商品生产者、商品销售者为推销商品向公众发出的、希望公众向其发出购买商品要约的价目表单。上述四种是原《合同法》与《民法典》合同编都承认的要约邀请形式,除此之外,《民法典》合同编还增加了两种形式,分别是债券募集办法和基金招募说明书:(1)债券募集办法,即邀请或引诱投资者向该公司发出要约,选择其债券进行投资的相应办法。(2)基金招募说明书,即邀请或引诱投资者向该公司发出要约,选择其基金进行投资的说明文件。

另外,还存在一种相对特殊的要约邀请形式:商业广告和宣传,即商品经营者或者服务提供者向公众介绍其所经营的商品或者提供的服务,其目的是宣传商品或者服务,并以此邀请或引诱顾客购买其商品或者接受其服务的广告或宣传。

之所以说商业广告和宣传是一种特殊的要约邀请形式,是因为虽然其性质确实是一种要约邀请,但如果将所有商业广告和宣传都视为要约邀请容易放纵商业广告和宣传的欺诈行为。故本条第二款规定,商业广告和宣传性质上虽然仍是要约邀请,但如果其内容符合要约的条件(内容具体确定;表明经受要约人承诺,要约人即受该意思表示约束)的构成要约。因此,商业广告和宣传欺诈消费者,即使未写入最终合同中也可以作为条款处理并追究其责任。此处还需要注意的是,原《合同法》只对商业广告作出如上规定,未对商业宣传作出如上规定,而《民法典》合同编对商业广告和商业宣传一起作出了如上规定,原因在于商业广告和商业宣传在大部分情况下并无差别,但在实践中也出现过不能认定为广告的宣传行为,同时二者都有极大可能出现上述商业欺诈的行为,故统一作出规定更为全面、完整。

## 配套法规及解读

**《最高人民法院关于审理商品房买卖合同纠纷案件适用法律若干问题的解释》(2020年12月29日修正)**

**第三条** 商品房的销售广告和宣传资料为要约邀请,但是出卖人就商品房开发规划范围内的房屋及相关设施所作的说明和允诺具体确定,并对商品房买卖合同的订立以及房屋价格的确定有重大影响的,构成要约。该说明和允诺即使未载入商品房买卖合同,亦应当为合同内容,当事人违反的,应当承担违约责任。

**※法规解读:**第一,本条将商品房的销售广告和宣传资料中所作的说明和允诺认定为"构成要约";即使该说明和允诺未载入商品房买卖合同,"亦应当为合同内容",与《民法典》第四百七十三条第二款规定的"商业广告和宣传的内容符合要约条件的,构成要约"保持统一。

第二,本条明确商品房销售广告和宣传资料中的说明和允诺可构成要约并作为合同内容具有合同约束力,需满足以下几个条件:(1)说明和允诺的范围是商品房开发规划范围内的房屋及相关设施;(2)说明和允诺要求具体确定;(3)说明和允诺对买卖合同的订立以及房屋价格的确定有重大影响。

第三,实践中商品房的销售广告和宣传资料是否构成要约并发生法律约束力,或是否被补充协议排除,还要视情况而定。通过上述规定可以看出,商品房销售广告和宣传资料原则上属于要约邀请,但是在满足一定条件的情况下应视为要约。要约邀请不以自己主动提出订立合同为目的,只是订立合同的预备行为,在法律上无须承担责任。要约是以订立合同为目的,具有法律意义的意思表示行为,在法律意义上需要承担责任。

**《最高人民法院关于适用〈中华人民共和国民法典〉合同编通则若干问题的解释》(2023年12月4日)**

**第四条**　采取招标方式订立合同,当事人请求确认合同自中标通知书到达中标人时成立的,人民法院应予支持。合同成立后,当事人拒绝签订书面合同的,人民法院应当依据招标文件、投标文件和中标通知书等确定合同内容。

采取现场拍卖、网络拍卖等公开竞价方式订立合同,当事人请求确认合同自拍卖师落槌、电子交易系统确认成交时成立的,人民法院应予支持。合同成立后,当事人拒绝签订成交确认书的,人民法院应当依据拍卖公告、竞买人的报价等确定合同内容。

产权交易所等机构主持拍卖、挂牌交易,其公布的拍卖公告、交易规则等文件公开确定了合同成立需要具备的条件,当事人请求确认合同自该条件具备时成立的,人民法院应予支持。

**※法规解读:**本条明确中标通知书属于承诺,该中标通知书到达中标人时,承诺即发生效力。

针对招投标这种竞价缔约方式,遵循了合同订立过程的要约、承诺和承诺到达、合同成立的逻辑结构。招标人发布招标公告原则上属于邀约或要约邀请,投标人投标属于要约;中标通知书实质上为承诺,该承诺到达中标人之时承诺即生效,此时合同即成立。故根据该条规定,一旦中标通知书发出并到达中标人,则该招投标合同即已经成立。此时,招投标文件和中标通知书则构成了合同的内容。如果当事人拒绝签订书面合同,则人民法院应当依据招标文件、投标文件和中标通知书等确定合同内容。

**关联法规索引**

《民法典》第472条;《拍卖法》第45、47条;《招标投标法》第10、16、17、45条;《联合国国际货物销售合同公约》第14条;《最高人民法院关于适用〈中华人民共和国民法典〉合同编通则若干问题的解释》第4条

**第四百七十四条　【要约生效时间】要约生效的时间适用本法第一百三十七条的规定。**

**条文解读**

本条规定了要约的生效时间。确定要约生效时间是为了确定从什么时间起要约产生约束力。由于要约是一个意思表示，它的生效时间要遵循意思表示生效时间的相关规定，所以本条关于要约生效时间的规定与本法第一百三十七条与意思表示生效时间的规定一致，即“以对话方式作出的意思表示，相对人知道其内容时生效。以非对话方式作出的意思表示，到达相对人时生效。以非对话方式作出的采用数据电文形式的意思表示，相对人指定特定系统接收数据电文的，该数据电文进入该特定系统时生效；未指定特定系统的，相对人知道或者应当知道该数据电文进入其系统时生效。当事人对采用数据电文形式的意思表示的生效时间另有约定的，按照其约定”。

本条规定了两种作出意思表示的方式，即以对话形式作出的意思表示和以非对话形式作出的意思表示。以对话形式作出的意思表示，采取“了解主义”，即了解其内容时生效；以非对话形式作出的意思表示（书面方式），采取“到达主义”，即到达相对人单位或住所时生效。鉴于目前网络技术的发展和应用，本条特别规定了以数据电文形式作出意思表示的生效时间。当事人指定特定系统接收数据电文的，该数据电文进入该特定系统时生效；当事人未指定特定系统接收数据电文的，知道或者应当知道该数据电文进入其任意系统时生效。同时，法律允许当事人对采用数据电文形式的意思表示生效时间另作约定，有约定按照其约定，没有约定的则按照上述法律之规定。

**关联法规索引**

《民法典》第 137～139、474～478 条；《电子签名法》第 9～12 条；《联合国国际货物销售合同公约》第 15 条

**第四百七十五条　【要约撤回】要约可以撤回。要约的撤回适用本法第一百四十一条的规定。**

**条文解读**

本条规定了要约的撤回。从原则上说，意思表示的发出人要受到自己作出意思表示的约束，但在某种情况下，当事人仍有可能反悔。对于要约而言即为要约的撤

回。由于要约的意思表示属性,要约撤回的规定适用《民法典》总则编中关于意思表示撤回的规定,即第一百四十一条规定:"行为人可以撤回意思表示。撤回意思表示的通知应当在意思表示到达相对人前或者与意思表示同时到达相对人。"按照本条规定,意思表示的撤回必须满足一个时间条件,即撤回的意思表示必须早于原意思表示达到相对人或者与原意思表示同时达到相对人。满足此时间条件的即为意思表示的撤回,撤回是一定有效的,即意思表示只要撤回便不对意思表示的发出人产生约束力。其原因在于只要撤回的意思表示不晚于原意思表示到达相对人,那就意味着相对人在知晓意思表示内容之前或者同时知晓意思表示的发出人撤回的意思表示,那么撤回就不会对相对人造成任何影响或损失,也不会影响市场交易秩序,故允许撤回。

### 关联法规索引

《民法典》第 141、474 ~478 条;《招标投标法》第 29 条;《拍卖法》第 29、36 条

**第四百七十六条　【要约不得撤销的情形】** 要约可以撤销,但是有下列情形之一的除外:

**(一)要约人以确定承诺期限或者其他形式明示要约不可撤销;**

**(二)受要约人有理由认为要约是不可撤销的,并已经为履行合同做了合理准备工作。**

**第四百七十七条　【要约撤销】** 撤销要约的意思表示以对话方式作出的,该意思表示的内容应当在受要约人作出承诺之前为受要约人所知道;撤销要约的意思表示以非对话方式作出的,应当在受要约人作出承诺之前到达受要约人。

### 条文解读

首先,第四百七十六条规定了要约可以撤销,并明确了要约不得撤销的情形。要约的撤销与要约的撤回不同:要约的撤回一定有效,要约的撤销未必有效。此处需要注意的是,即使不发生要约撤销的法律效力,也并非完全无效。此时,无效的要约撤销会形成了一个新要约,产生新要约的法律效力。按照本条规定,在以下两种情况下,即使要约发出人撤销要约,也不发生要约撤销的法律效力,即该要约仍对当事人

具有约束力：

（1）明示要约不可撤销的，该要约不得撤销。《民法典》合同编在此特别强调了在要约中“确定承诺期限的”等同于“明示要约不可撤销”。这意味着《民法典》合同编认为，要约人在要约中确定承诺的期限，则表明该要约是值得信赖的，要约人在要约规定的期限内会坚守要约，不会做出改变，而受要约人则因此获得了在要约规定期限内随时作出承诺的资格，为了维护交易的安全与稳定，保障受要约人的正当权益，该要约不可撤销。

（2）受要约人基于合理信赖为合同的履行做了准备工作的，该要约不得撤销。虽然要约人没有明示要约不可撤销，也没有在要约中确定承诺期限，但是如果受要约人仍可能有其他合理理由相信要约是不可撤销的，如要约人和受要约人以前在商业上有过多次来往，受要约人基于对要约人的了解相信其不会撤销要约，故为合同的履行做了准备工作时，为了维护交易的安全与稳定，保障受要约人的正当权益，该要约不可撤销。

其次，第四百七十七条规定了要约撤销的概念。要约撤销与要约撤回不同：要约撤回的生效时间一定在要约的生效时间之前，要约撤销的生效时间一定要在要约生效之后和承诺发出之前。根据《民法典》中对意思表示生效时间的规定，以对话方式作出的意思表示的生效时间采取“了解主义”，以非对话方式作出的意思表示的生效时间采取“到达主义”。这意味着无论是要约的撤回还是要约的撤销，是以对话方式作出还是以非对话方式作出的规则并非完全相同。对于要约的撤回而言，以对话方式作出的意思表示是在相对方了解要约之前让相对方优先了解要约的撤回，以非对话方式作出的意思表示是在要约到达相对方之前让要约的撤回优先到达相对方；对于要约的撤销而言，以对话方式作出意思表示是在相对方了解要约之后和发出承诺之前让相对方了解到要约的撤销，以非对话方式作出意思表示是在要约到达相对方之后和发出承诺之前让要约的撤销到达相对方。

## 关联法规索引

《民法典》第137、474～478条；《证券法》第68条；《招标投标法》第29条；《拍卖法》第29、36条；《联合国国际货物销售合同公约》第16条

**第四百七十七十八条 【要约失效】** 有下列情形之一的，要约失效：

（一）要约被拒绝；

（二）要约被依法撤销；
（三）承诺期限届满，受要约人未作出承诺；
（四）受要约人对要约的内容作出实质性变更。

**条文解读**

本条规定了要约的失效。要约的失效是指已经生效的要约失去效力。因要约的撤回是要约未生效的情形，故要约的撤回不属于要约的失效事由。根据本条规定，要约的失效有以下四种情形：(1)要约被拒绝。受要约人没有接受要约所规定的条件而使该要约的效力归于消灭。(2)要约被依法撤销。在要约到达受要约人和受要约人发出承诺之前，要约人取消该项要约而使其效力归于消灭。(3)承诺期限届满，受要约人未作出承诺。受要约人没有在要约规定承诺期限内作出承诺而使该要约的效力归于消灭。(4)受要约人对要约的内容作出实质性变更。受要约人并不完全同意要约规定的条件而变更了其中的部分内容，如果被变更的内容涉及合同标的、数量、质量、价款或者报酬、履行期限、履行地点和方式、违约责任和解决争议方法的则为实质性变更，此时要约的效力因受要约人的实质性行为而归于消灭。

**关联法规索引**

《民法典》第474~478条；《拍卖法》第29、36条；《招标投标法》第29条；《联合国国际货物销售合同公约》第17条

**第四百七十九条 【承诺的定义】** 承诺是受要约人同意要约的意思表示。

**条文解读**

本条规定了承诺的定义。承诺是指受要约人同意接受要约条件的意思表示。故承诺与要约一样，必须是一种意思表示，并且包含了与他人订立合同的愿望。除此之外，承诺还必须具备以下条件：(1)承诺必须由受要约人向要约人作出，非受要约人(第三人)同意该要约的意思表示不产生承诺的效力，而产生新要约的效力；(2)承诺必须符合要约的内容，承诺变更要约内容的为“承诺变更”，如是“实质的变更”，则不产生承诺的效力，而产生新要约的效力；(3)承诺必须符合要约的期限，承诺对超出要

约期限的为“承诺迟到”,如是“晚发的迟到”,则不产生承诺的效力,而产生新要约的效力。

**关联法规索引**

《民法典》第 479~489 条;《联合国国际货物销售合同公约》第 18 条

**第四百八十条 【承诺的方式】** 承诺应当以通知的方式作出;但是,根据交易习惯或者要约表明可以通过行为作出承诺的除外。

**条文解读**

本条规定了承诺的方式。承诺的方式有明示和默示两种。一般以通知方式作出的承诺即为明示,而以行为方式作出的承诺即为默示。通知方式,既包括口头方式也包括书面方式。以通知方式作出的承诺具有内容明确的优点,是实践中最主要的承诺方式。以行为方式作出的承诺不依赖于口头或者书面的通知,而是根据行为人的某种行为推定其意思表示。与以通知方式作出的承诺相反的是,以行为方式作出的承诺内容并不明确,故法律需要限定以行为方式作出的承诺的适用范围,否则会造成交易秩序的混乱。根据本条规定,法律对以行为方式作出的承诺作出的限制有两个,即根据交易习惯可以通过行为作出承诺和要约表明可以通过行为作出承诺。

**关联法规索引**

《民法典》第 140、479~489 条

**第四百八十一条 【承诺的期限】** 承诺应当在要约确定的期限内到达要约人。

要约没有确定承诺期限的,承诺应当依照下列规定到达:

(一)要约以对话方式作出的,应当即时作出承诺;

(二)要约以非对话方式作出的,承诺应当在合理期限内到达。

### 条文解读

本条规定了承诺的期限。承诺的期限,是指受要约人作出承诺的时间限制。要约中规定了承诺期限的,承诺应当在要约确定的期限内到达要约人。一般来说,要约中所规定的承诺时间应为承诺到达要约人的时间,除非要约人在要约中明确表示要约中所确定的承诺时间是受要约人发出承诺的时间。对要约没有确定承诺期限的情况,本条区分以对话方式作出的要约和以非对话方式作出的要约两种形式加以规定:

(1)以对话方式作出的要约,为避免日后的证明困难,再加上对话方式作出即到达的特征,法律规定:要约没有确定承诺期限的,承诺应当即时到达。

(2)以非对话方式作出的要约,要约没有确定承诺期限的,承诺应当在合理期限内到达。合理期限的确定,一般应根据要约发出的具体情况和交易习惯确定,如应综合考虑要约到达受要约人的时间、承诺必要的考虑和准备时间(根据要约内容的复杂程度、要约措辞的缓急程度等确定)、承诺的通知到达要约人的一般时间等,以促进合同目的的实现和保障当事人双方的合法权益。

### 关联法规索引

《民法典》第 479 ~ 489 条;《联合国国际货物销售合同公约》第 18 条

**第四百八十二条 【以信件或者电报等作出要约的承诺期限计算方法】要约以信件或者电报作出的,承诺期限自信件载明的日期或者电报交发之日开始计算。信件未载明日期的,自投寄该信件的邮戳日期开始计算。要约以电话、传真、电子邮件等快速通讯方式作出的,承诺期限自要约到达受要约人时开始计算。**

### 条文解读

本条规定了以信件或者电报等作出要约的承诺期限计算方法。

要约以信件或者电报作出的,承诺期限自信件载明的日期或者电报交发的日期开始计算:信件载明的日期,是指记载要约内容的信件上写明的信件发出日期或该信件的落款日期;电报交发的日期,是指经营电报业务的单位发出电报的日期。如果记载要约内容的信件未载明日期,则以投寄该信件的邮电部门在该信件的信封上加盖的邮戳所记载的日期为承诺期限开始计算的日期。

要约以电话、传真、电子邮件等快速通信方式作出的，承诺的期限自要约到达受要约人时开始计算。要约以电话方式作出的，承诺期限从受要约人知道电话的内容之时开始计算；要约以传真方式作出的，承诺期限从受要约人接到传真时开始计算；要约以电子邮件方式作出的，有指定系统的，承诺期限从电子邮件进入指定系统时开始计算，没有指定系统的，承诺期限从受要约人知道电子邮件进入其任意系统时开始计算。

## 关联法规索引

《民法典》第479～489条；《联合国国际货物销售合同公约》第20条

**第四百八十三条 【合同成立时间】承诺生效时合同成立，但是法律另有规定或者当事人另有约定的除外。**

## 条文解读

本条规定了合同的成立时间。合同的成立是当事人意思表示达成一致的结果。对于合同的订立过程而言，要约是一方的意思表示，承诺是另一方的意思表示。承诺的生效意味着受要约人接受了要约的条件，即要约人和受要约人达成合意。既然当事人的意思表示达成了一致，合同即宣告成立。《民法典》合同编与原《合同法》不同的是，原《合同法》仅规定了"承诺生效时合同成立"，而《民法典》合同编除延续了"承诺生效时合同成立"的规定之外，还加入了"法律另有规定或者当事人另有约定的除外"的规定。这个补充性规定改正了原合同成立时间规定的不足之处，即关于要式合同和实践合同的规定。要式合同是指不但需要当事人达成合意，而且需要具备特定的形式才能成立的合同；实践合同是指不但需要当事人达成合意，而且需要标的物的交付才能成立的合同。如果没有法律的特别规定或当事人的特别约定，该合同就不是要式合同或实践合同，此时承诺生效，合同即成立；如果有法律的特别规定或当事人的特别约定，该合同为要式合同或实践合同，此时承诺生效，合同仍未成立，需要等待"特定形式"或"标的物交付"才能成立。

**关联法规索引**

《民法典》第479～491条；《联合国国际货物销售合同公约》第23条

**第四百八十四条　【承诺生效时间】** **以通知方式作出的承诺，生效的时间适用本法第一百三十七条的规定。**

**承诺不需要通知的，根据交易习惯或者要约的要求作出承诺的行为时生效。**

**条文解读**

本条第一款规定了承诺的生效时间。承诺生效时间与要约生效时间的规定基本一致，都适用本法第一百三十七条的规定，故可以参见上文对要约生效时间的条文解读。

本条第二款规定了以行为方式作出承诺的生效时间。要约因没有以行为作出意思表示的形式所以不需要规定其生效时间，承诺因有以行为作出意思表示的形式所以需要规定其生效时间。根据本条第二款的规定，根据交易习惯或者要约的要求以行为方式作出承诺的，采取作出主义，即行为作出时承诺生效。

**关联法规索引**

《民法典》第137～139、474、479～489条

**第四百八十五条　【承诺撤回】** **承诺可以撤回。承诺的撤回适用本法第一百四十一条的规定。**

**条文解读**

本条规定了承诺的撤回。承诺撤回与要约撤回的规定基本一致，都适用本法第一百四十一条的规定，具体可以参见前文对要约撤回的条文解读。

**关联法规索引**

《民法典》第141、474、479～489条；《联合国国际货物销售合同公约》第22条

**第四百八十六条　【迟发而迟到的承诺】**受要约人超过承诺期限发出承诺，或者在承诺期限内发出承诺，按照通常情形不能及时到达要约人的，为新要约；但是，要约人及时通知受要约人该承诺有效的除外。

**第四百八十七条　【未迟发而迟到的承诺】**受要约人在承诺期限内发出承诺，按照通常情形能够及时到达要约人，但是因其他原因致使承诺到达要约人时超过承诺期限的，除要约人及时通知受要约人因承诺超过期限不接受该承诺外，该承诺有效。

## 条文解读

第四百八十六条和第四百八十七条都规定了承诺迟到的法律效力。承诺迟到是指承诺到达要约人的时间超过承诺的期限限制（要约有明确规定承诺期限的，受要约人应当在要约规定的期限内作出承诺并到达要约人；要约没有明确规定承诺期限的，受要约人应当按照法律的规定在合理期限内作出承诺并到达要约人）。承诺迟到分为两种类型：一是未迟发而迟到，二是迟发而迟到。第四百八十六条规定的是晚发迟到的法律效力，第四百八十七条规定的是早发迟到的法律效力。按照第四百八十六条的规定，晚发迟到既包括受要约人在发出承诺时已经超过期限限制，也包括受要约人发出承诺按照通常情形不能及时到达要约人。按照第四百八十七条的规定，早发迟到不仅需受要约人在发出承诺时没有超过期限限制，而且需受要约人发出的承诺按照通常情形能及时到达要约人。因此，晚发迟到与早发迟到不同，晚发迟到造成迟到的原因在承诺人，早发迟到造成迟到的原因并不在承诺人。对于晚发迟到，原则上受要约人应承担承诺迟到的不利后果；对于早发迟到，原则上受要约人不承担承诺迟到的不利后果。对于晚发迟到，承诺原则上不产生法律效力；早发迟到，承诺原则上应产生法律效力。对于晚发迟到，要约人及时通知受要约人承诺有效的除外；对于早发迟到，要约人及时通知受要约人承诺无效的除外。另外，不管是晚发迟到还是早发迟到，承诺不生效都并不意味着意思表示完全没有效力，而是说意思表示不发生承诺的效力，但是会发生新要约的效力。

## 关联法规索引

《民法典》第 479 ~ 489 条；《联合国国际货物销售合同公约》第 21 条

**第四百八十八条　【承诺对要约内容的实质性变更】** 承诺的内容应当与要约的内容一致。受要约人对要约的内容作出实质性变更的，为新要约。有关合同标的、数量、质量、价款或者报酬、履行期限、履行地点和方式、违约责任和解决争议方法等的变更，是对要约内容的实质性变更。

**第四百八十九条　【承诺对要约内容的非实质性变更】** 承诺对要约的内容作出非实质性变更的，除要约人及时表示反对或者要约表明承诺不得对要约的内容作出任何变更外，该承诺有效，合同的内容以承诺的内容为准。

## 条文解读

第四百八十八条和第四百八十九条都规定了承诺变更的法律效力。承诺的变更是指承诺的内容没有完全接受要约的条件而是改变了要约的条件。从理论上说，承诺的内容应与要约完全一致，就像是镜子的两面，镜子外的是要约，镜子内的是承诺，即镜像规则。但随着市场经济的发展，合同交易的发生频率越来越高，在这个背景下，合同交易的效率变得越来越重要。在很多情况下，当事人并没有时间对合同的条款完全达成合意，故《民法典》合同编突破了镜像规则的要求，区分了实质性变更和非实质性变更。实质性变更就是承诺对要约的条件进行了涉及合同核心条款的变更，非实质性变更就是承诺对要约的条件进行了不涉及合同核心条款的变更。根据第四百八十八条规定，“有关合同标的、数量、质量、价款或者报酬、履行期限、履行地点和方式、违约责任和解决争议方法等的变更”为实质性变更。除此之外，都为非实质性变更。第四百八十八条规定的是实质性变更的法律效力，第四百八十九条规定的是非实质性变更的法律效力。实质性变更原则上不产生承诺的效力，但产生新要约的效力；非实质性变更原则上产生承诺的效力，且由于承诺生效即合同成立的规定，合同的内容以承诺的内容为准。非实质性变更还存在两种特殊情况：一是要约人及时表示反对的；二是要约人在要约中表明承诺不得对要约内容作出任何变更的。在此两种情况下，即使承诺的变更为非实质性变更也不发生承诺的效力，而是与实质性变更一样，发生新要约的效力。

## 关联法规索引

《民法典》第 479～489 条；《联合国国际货物销售合同公约》第 19 条

**第四百九十条** 【合同成立时间】当事人采用合同书形式订立合同的，自当事人均签名、盖章或者按指印时合同成立。在签名、盖章或者按指印之前，当事人一方已经履行主要义务，对方接受时，该合同成立。

法律、行政法规规定或者当事人约定合同应当采用书面形式订立，当事人未采用书面形式但是一方已经履行主要义务，对方接受时，该合同成立。

**第四百九十一条** 【信件、数据电文等形式合同和网络合同成立时间】当事人采用信件、数据电文等形式订立合同要求签订确认书的，签订确认书时合同成立。

当事人一方通过互联网等信息网络发布的商品或者服务信息符合要约条件的，对方选择该商品或者服务并提交订单成功时合同成立，但是当事人另有约定的除外。

## 条文解读

第四百九十条和第四百九十一条是关于合同成立时间的规定。本法第四百八十三条中已经对一般合同的成立时间作出了规定，即承诺生效时合同成立。第四百九十条和第四百九十一条都属于第四百八十三条的特殊情况。

第四百九十条规定了以书面形式订立的合同成立的一般情况。原则上说，无论是法律规定应以书面形式订立的合同，还是当事人约定应以书面形式订立的合同，成立时间都与一般合同的成立时间不同，即使意思表示达成一致合同也并不成立，需要等到完成书面形式合同才能成立，即承诺生效的时间并不是合同成立的时间，只有签订合同书或者合同确认书的时间才是合同成立的时间。合同书是记载合同内容的法律文书，是书面合同主要的表现形式；合同确认书是以信件、数据电文等形式订立合同，当事人事后以书面形式对合同内容予以确认的文件，属于合同书的一种。签订合同书或者合同确认书的形式一般包括签名、盖章或者按指印。故此类合同成立的时间就是双方当事人均签名、盖章或者按指印的时间，即最后签名、盖章或者按指印的一方完成签名、盖章或者按指印行为的时间。需要注意的是，本条只适用于法律规定应以书面形式订立的合同或者当事人在承诺生效之前约定应以书面形式订立的合同，如果一方当事人在承诺生效之后提出签订合同书或者合同确认书的，因承诺生效合同已经成立，对方当事人可以拒绝签订合同书或者合同确认书。即使对方当事人同意，该合同书或者合同确认书也只能作为合同成立的证明，不影响合同的成立时间，合同成立时间仍是承诺生效的时间。

第四百九十条还规定了以书面形式订立的合同成立的两种特殊情况：一是在签名、盖章或者按指印之前，一方当事人先履行了合同的主要义务而对方当事人接受的；二是虽然应以书面形式订立合同但实际未签订合同书或者合同确认书，但一方当事人已履行了合同的主要义务而对方当事人接受的。在法律上，此情况被称为“履行治愈”，虽然合同在形式上存有瑕疵，但是一方当事人已经履行主要义务而对方当事人接受，可以“治愈”合同的形式瑕疵，即合同成立。因主要义务的履行和接受，导致合同的订立形式已经不再具有意义，此时主要义务的履行和接受时间即为合同的成立时间，无须再等待特定形式（如订立合同书）的完成。

第四百九十一条规定了通过互联网等信息网络进行商品或者服务交易合同的成立时间。随着互联网商业的快速发展，应用互联网等信息网络平台进行商品或者服务交易的现象越来越多，《民法典》合同编增加了对此问题的规定。当事人一方通过互联网等信息网络发布的商品或者服务信息符合要约条件，对方选择该商品或者服务的，订单提交成功之时合同成立，但是当事人可以对合同成立的时间另外作出约定。

## 配套法规及解读

**《最高人民法院关于审理著作权民事纠纷案件适用法律若干问题的解释》（2020年12月29日修正）**

**第二十二条**　著作权转让合同未采取书面形式的，人民法院依据民法典第四百九十条的规定审查合同是否成立。

**※法规解读：**著作权转让合同，是指著作权人依法将自己所有的著作权转让给受让人，双方以协商的方式确定权利和义务的书面协议，合同经双方签字后产生法律效力，对转让人、受让人均具有约定力。该条明确了其中未采取书面形式的著作权转让合同成立的标准。

**《最高人民法院关于审理商品房买卖合同纠纷案件适用法律若干问题的解释》（2020年12月29日修正）**

**第六条**　当事人以商品房预售合同未按照法律、行政法规规定办理登记备案手续为由，请求确认合同无效的，不予支持。

当事人约定以办理登记备案手续为商品房预售合同生效条件的，从其约定，但当事人一方已经履行主要义务，对方接受的除外。

**※法规解读：**本条是关于商品房买卖合同附生效条件问题的规定。

对商品房预售来说，由于销售时该商品房尚未建成，此时因标的物不存在，所以不可能成立所有权或其他物权,不可能产生现实的该房屋的物权变动问题,但是该商品房终究会竣工,那时其所有权或其他物权也均会实现。既然房屋所有权终有实现的可能,在其确实实现之前,预售人就有将其再行转让给第三人的可能,而预购人是无法通过现实物权登记办法来控制预售人的处分行为的,因此就需要设定一种制度来进行充分的救济,在大陆法系的有些国家和地区采取的是不动产预告登记制度。商品房预售登记是不动产登记的一种,性质属于预告登记,或称预登记。商品房预售登记的效力主要在于使预购人取得以下权利:第一,优先购买权,即通过预先登记,预购人取得了优先于其他人而购买特定的商品房的权利。第二,期待权,即通过预售登记,将使预购人取得对未来房屋所有权转移的期待权,只要预购人履行完毕了买卖合同规定的义务并办理了登记过户手续,便应当取得房屋的所有权,这种期待权应当受到法律的保护。商品房预售合同登记性质属于预告登记,而预告登记的目的则在于使已经成立并生效的请求权具有对抗第三人的效力。因此,如果认为未办理登记手续的预售合同都是无效的,可能会使许多正当的交易被消灭。

所以,未按照法律、行政法规规定办理登记备案手续并不影响商品房预售合同的合同效力,根据民法意思自治基本原则,未备案的商品房预售合同为附生效条件的合同,当事人约定以办理登记备案手续为商品房预售合同生效条件的,从其约定,其中当事人一方已经履行主要义务,对方接受的则视为合同双方当事人已合意排除生效条件。

**《最高人民法院关于适用〈中华人民共和国保险法〉若干问题的解释(二)》(2020年12月29日修正)**

**第四条** 保险人接受了投保人提交的投保单并收取了保险费,尚未作出是否承保的意思表示,发生保险事故,被保险人或者受益人请求保险人按照保险合同承担赔偿或者给付保险金责任,符合承保条件的,人民法院应予支持;不符合承保条件的,保险人不承担保险责任,但应当退还已经收取的保险费。

保险人主张不符合承保条件的,应承担举证责任。

**※法规解读:**保险合同是投保人与保险人约定保险权利和义务关系的协议。投保人提出保险要求,经保险人同意承保,保险合同成立。保险人应当及时向投保人签发保险单或其他保险凭证。依法成立的保险合同,自成立时生效。保险合同不同于普通合同的特点之一是保险合同订立所需的期间较长,而保险合同是保障风险的合同,在保险人承保之前,很可能发生风险,保险人对此风险产生的损失应否赔付,合同双方往往存在争议。在投保人未交付保险费的情况下,因保险人尚未作出同意承保的意思表示,发生保险事故后对是否应当赔付问题争议较小。但如果投保人已交付

了保险费,则往往争议较大。从投保人的角度看,往往认为自己交付了保险费就应该享受到相应的服务,保险人应该自收取保险费之日起为其提供保障。从保险人的角度看,往往认为自己尚未完成核保过程,也未签发保险单,保险合同尚未成立,故不应当承担保险事故的赔付责任。对此主要判断标准是看是否符合承保条件,在实践活动中,相对保险公司而言,投保人往往处于弱势地位,因而采用举证责任倒置的举证标准。

**《最高人民法院关于适用〈中华人民共和国民事诉讼法〉的解释》(2022年4月1日修正)**

**第三条** 公民的住所地是指公民的户籍所在地,法人或者其他组织的住所地是指法人或者其他组织的主要办事机构所在地。

法人或者其他组织的主要办事机构所在地不能确定的,法人或者其他组织的注册地或者登记地为住所地。

**※法规解读:**公司在登记机关办理主体信息登记时,住所是要求登记的重要事项,公司选择以何地登记为其住所是具有法律后果的行为。登记部门会根据公司提交的信息进行对外的公示,社会公众也会对代表国家行使市场监管公权力的登记部门所发布的法人登记信息产生合理信赖。合同一方当事人基于对登记部门公示的法人登记信息的信赖而确定该法人住所,进而当与该法人发生合同纠纷时以此确定管辖法院寻求司法救济,自为法律所允许,此亦是民事活动应遵循诚信原则的应有之义。

## 关联法规索引

《民法典》第25、63、137、469、483、484条;《拍卖法》第52条;《电子签名法》第12~14条;《电子商务法》第49条;《信托法》第8条;《保险法》第13条;《证券投资基金法》第60条;《海商法》第110、121、175条

**第四百九十二条 【合同成立地点】承诺生效的地点为合同成立的地点。**

**采用数据电文形式订立合同的,收件人的主营业地为合同成立的地点;没有主营业地的,其住所地为合同成立的地点。当事人另有约定的,按照其约定。**

**第四百九十三条 【书面合同成立地点】当事人采用合同书形式订立合同的,最后签名、盖章或者按指印的地点为合同成立的地点,但是当事人另有约定的除外。**

## 条文解读

第四百九十二条和第四百九十三条是关于合同成立地点的规定。原则上说，承诺生效则合同成立，承诺生效的时间即为合同成立的时间，承诺生效的地点即为合同成立的地点。根据承诺作出的方式不同，承诺生效地点的具体规定也不相同，具体而言主要包括以下几类：

一是以口头形式作出的承诺，根据本法第一百三十七条的规定，承诺作为一种意思表示，其生效的时间为要约人了解受要约人意思表示的时间，其生效的地点则为要约人了解受要约人意思表示的地点，该地点也是合同成立的地点。

二是以非口头形式作出的承诺，根据本法第一百三十七条的规定，承诺作为一种意思表示，其生效的时间为受要约人意思表示到达要约人的时间，其生效的地点则为受要约人意思表示到达要约人的地点，该地点也是合同成立的地点。

三是在非口头形式作出的承诺中，以数据电文形式作出的承诺较为特殊，虽然本法第一百三十七条也规定了以数据电文形式作出意思表示的生效时间，但与其他口头形式和非口头形式不同的是，第四百九十二条特别规定了以数据电文形式作出意思表示的生效地点。如果接收数据电文的一方，即要约人有主要营业地的，其主要营业地为承诺生效的地点，该地点也是合同成立的地点；如果接收数据电文的一方，即要约人没有主要营业地的，其主要居住地（住所）为承诺生效的地点，该地点也是合同成立的地点。

四是以行为方式作出的承诺，根据本法第四百八十四条的规定，承诺生效的时间为作出承诺行为的时间，其生效的地点则为作出承诺行为的地点，该地点也是合同成立的地点。

另外，第四百九十三条还规定了以书面形式订立合同的成立地点。上述四种情况均为承诺生效合同即成立的情况，而法律规定应以书面形式订立的合同或者当事人约定应以书面形式订立的合同均为承诺生效合同也不能成立的情况，需双方当事人均签名、盖章或者按指印合同才能成立。故，以书面形式订立合同的成立时间和地点，均为书面形式完成的时间和地点，即双方当事人均在合同书或者合同确认书上签名、盖章或者按指印的时间和地点。双方当事人签名、盖章或者按指印在同一时间和同一地点的，该时间和地点即为合同成立的时间和地点；双方当事人签名、盖章或者按指印不在同一时间和同一地点的，最后签名、盖章或者按指印的时间和地点为合同成立的时间和地点。另外，与原《合同法》不同的是，《民法典》合同编加入了当事人对以书面形式订立合同的成立地点另有约定的，从其约定的规定。

**第四百九十四条　【依国家订货任务、指令性任务订立合同及强制要约、强制承诺】** 国家根据抢险救灾、疫情防控或者其他需要下达国家订货任务、指令性任务的，有关民事主体之间应当依照有关法律、行政法规规定的权利和义务订立合同。

依照法律、行政法规的规定负有发出要约义务的当事人，应当及时发出合理的要约。

依照法律、行政法规的规定负有作出承诺义务的当事人，不得拒绝对方合理的订立合同要求。

### 条文解读

本条规定了依照国家计划订立的合同。这种国家计划，既包括国家下达的订货任务，也包括国家下达的指令性任务。虽然我国的经济主体是市场经济，但也要充分保障与国家利益紧密联系的相关领域的战略储备的需要，特别是随着应急管理的地位逐渐提升以及新冠疫情的重大影响，国家越来越重视抢险救灾和疫情防控对人民生命和财产安全的重大威胁，故此种情况下国家为战略性大局所下达的国家订货任务或指令性任务必须执行，此时不能以合同自由原则去对抗国家计划。这里包括以下三个方面的内容：

(1)有关民事主体之间应当依照有关法律、行政法规规定的权利和义务订立合同。

(2)依照法律、行政法规的规定负有发出要约义务的当事人，应当及时发出要约。

(3)依照法律、行政法规的规定负有作出承诺义务的当事人，应当及时作出承诺。

### 关联法规索引

《全民所有制工业企业法》第 24 条

**第四百九十五条　【预约合同】** 当事人约定在将来一定期限内订立合同的认购书、订购书、预订书等，构成预约合同。

当事人一方不履行预约合同约定的订立合同义务的，对方可以请求其承担预约合同的违约责任。

## 条文解读

本条确认了预约合同的法律效力。关于预约合同的规定是《民法典》合同编相较原《合同法》增加的内容。预约合同与本约合同是合同分类体系中的一种：预约合同，是指当事人之间约定将来订立某合同的合同；本约合同，是指当事人之间约定的将来应当订立的合同。预约合同并不是附条件或者附期限合同：预约合同本身并没有订立合同，只是约定了将来应当订立某种合同；附条件或者附期限合同本身已经订立了合同，只是等待条件发生或期限到达合同才生效。本条正式承认了预约合同的法律效力，构成预约合同的"当事人一方不履行预约合同约定的订立合同义务的，对方可以请求其承担预约合同的违约责任"，意味着法律确定了预约合同有效，如果违反则应当承担违约责任。

## 配套法规及解读

**《最高人民法院关于适用〈中华人民共和国民法典〉合同编通则若干问题的解释》(2023年12月4日)**

**第六条** 当事人以认购书、订购书、预订书等形式约定在将来一定期限内订立合同，或者为担保在将来一定期限内订立合同交付了定金，能够确定将来所要订立合同的主体、标的等内容的，人民法院应当认定预约合同成立。

当事人通过签订意向书或者备忘录等方式，仅表达交易的意向，未约定在将来一定期限内订立合同，或者虽然有约定但是难以确定将来所要订立合同的主体、标的等内容，一方主张预约合同成立的，人民法院不予支持。

当事人订立的认购书、订购书、预订书等已就合同标的、数量、价款或者报酬等主要内容达成合意，符合本解释第三条第一款规定的合同成立条件，未明确约定在将来一定期限内另行订立合同，或者虽然有约定但是当事人一方已实施履行行为且对方接受的，人民法院应当认定本约合同成立。

**第七条** 预约合同生效后，当事人一方拒绝订立本约合同或者在磋商订立本约合同时违背诚信原则导致未能订立本约合同的，人民法院应当认定该当事人不履行预约合同约定的义务。

人民法院认定当事人一方在磋商订立本约合同时是否违背诚信原则，应当综合考虑该当事人在磋商时提出的条件是否明显背离预约合同约定的内容以及是否已尽合理努力进行协商等因素。

**第八条**　预约合同生效后,当事人一方不履行订立本约合同的义务,对方请求其赔偿因此造成的损失的,人民法院依法予以支持。

前款规定的损失赔偿,当事人有约定的,按照约定;没有约定的,人民法院应当综合考虑预约合同在内容上的完备程度以及订立本约合同的条件的成就程度等因素酌定。

**※法规解读:**《民法典》中对于预约合同的规定仅有一条,即第四百九十五条,且较为简单、模糊,而《最高人民法院关于适用〈中华人民共和国民法典〉合同编通则若干问题的解释》对预约合同的相关规定进行了进一步完善、细化,明确了对于预约合同与本约合同的区分认定,以及违反预约合同情况下违约方应承担的责任,且根据预约合同的交易完备性调整损失赔偿的责任,也是该解释的亮点之处。第六条第三款规定"未明确约定在将来一定期限内另行订立合同……人民法院应当认定本约合同成立",明确"疑约从本"规则(在无明确预约合意的情况下推定为本约合同),有助于审判实践对预约合同、本约合同的区分。

**关联法规索引**

《最高人民法院关于适用〈中华人民共和国民法典〉合同编通则若干问题的解释》第6~8条

**第四百九十六条　【格式条款】** 格式条款是当事人为了重复使用而预先拟定,并在订立合同时未与对方协商的条款。

采用格式条款订立合同的,提供格式条款的一方应当遵循公平原则确定当事人之间的权利和义务,并采取合理的方式提示对方注意免除或者减轻其责任等与对方有重大利害关系的条款,按照对方的要求,对该条款予以说明。提供格式条款的一方未履行提示或者说明义务,致使对方没有注意或者理解与其有重大利害关系的条款的,对方可以主张该条款不成为合同的内容。

**第四百九十七条　【格式条款无效的情形】** 有下列情形之一的,该格式条款无效:

(一)具有本法第一编第六章第三节和本法第五百零六条规定的无效情形;

(二)提供格式条款一方不合理地免除或者减轻其责任、加重对方责任、限制对方主要权利;

(三)提供格式条款一方排除对方主要权利。

## 条文解读

第四百九十六条和第四百九十七条是关于格式条款及其效力的规定。

第四百九十六条第一款是关于格式条款概念的规定。格式条款是"当事人为了重复使用而预先拟定，并在订立合同时未与对方协商的条款"。其中的关键点有三个:一是当事人预先拟定,二是为了重复使用而拟定,三是在订立合同时未与对方协商。格式条款是市场经济高速发展的必然产物,在合同发生频率极高的背景下,当某些合同条款需要被反复使用时,当事人就会将其固定下来以提高交易效率,于是就形成了格式条款。在买卖合同之中,格式条款的制定方一般是商品或者服务的提供方,为反复使用该条款,商品或服务的提供方会预先把它制定下来,所有购买商品或者服务的消费者即使未与商家协商这部分条款也不影响其效力。格式条款的这三个基本特点导致格式条款的制定方在格式条款的合同中占据明显优势,而本条对格式条款的规定正是为了限制格式条款的制定方以重新平衡双方的权利义务关系。

第四百九十六条第二款是关于适当格式条款的规定。适当格式条款是权利义务未明显失衡、未严重背离公平原则的条款,即格式条款中不存在上述直接致其无效的情形则为适当格式条款。因为格式条款极度偏向提供方的特有属性,即使是适当格式条款,提供方也应当承担一些额外的义务。按照本条规定,提供格式条款一方应当承担提示和说明的义务,提示和说明的对象是免除或者减轻格式条款提供方的责任等与对方有重大利害关系的条款,并且提供格式条款一方还应当对自己尽到提示和说明义务承担举证责任;若提供格式条款一方未尽到提示和说明义务或者没有证据证明自己尽到提示和说明义务,导致对方没有注意或者理解与其有重大利害关系的条款,对方可以主张该条款不成为合同的内容。主张条款不成为合同内容的权利是提供格式条款一方的相对方的权利,也就是说相对方可以行使此权利,也可以不行使此权利。此权利的行使应当通过诉讼或者仲裁进行,这意味着提供格式条款一方违反提示和说明义务或者没有证据证明自己尽到提示和说明义务不必然导致格式条款无效,而是更类似于可撤销条款,通过当事人对撤销权的行使让合同归于无效。

第四百九十七条是关于不当格式条款的规定。不当格式条款是权利义务明显失衡、严重背离公平原则的条款。不当格式条款在效力上应直接认定为无效。根据本条规定,不当格式条款包括以下四种情况:

(1)具有本法第一编第六章第三节规定的无效情形,即格式条款内容存在合同一般条款的无效事由的应直接认定为无效,包括:①无民事行为能力人实施的民事法律行为无效;②行为人与相对人以虚假的意思表示实施的民事法律行为无效;③违反法律、行政法规的强制性规定的民事法律行为无效;④违背公序良俗的民事法律行为无效;⑤行为人与相对人恶意串通,损害他人合法权益的民事法律行为无效。

(2)具有本法第五百零六条规定的无效情形,即格式条款内容存在合同一般免责条款的无效事由的应直接认定为无效,包括:①造成对方人身损害的;②因故意或者重大过失造成对方财产损失的。

(3)提供格式条款一方不合理地免除或者减轻其责任、加重对方责任、限制对方主要权利的应直接认定为无效。此为权利义务严重不平衡的情形,提供格式条款的一方享有主要权利、负担少量义务和少量责任,而接受格式条款的一方享有少量权利、负担主要义务和主要责任,明显违背公平原则的一律无效。

(4)提供格式条款一方排除对方主要权利的应直接认定为无效。排除对方主要权利与限制对方主要权利的区别在于限制对方主要权利是对权利的行使施加一定的限制条件,排除对方主要权利是从根本上剥夺或消灭权利本身。故排除对方主要权利与限制对方主要权利并非单纯的程度差别,而是从根本上对权利处理方式的差别。

**配套法规及解读**

**《最高人民法院关于适用〈中华人民共和国民法典〉合同编通则若干问题的解释》(2023年12月4日)**

**第五条**　第三人实施欺诈、胁迫行为,使当事人在违背真实意思的情况下订立合同,受到损失的当事人请求第三人承担赔偿责任的,人民法院依法予以支持;当事人亦有违背诚信原则的行为的,人民法院应当根据各自的过错确定相应的责任。但是,法律、司法解释对当事人与第三人的民事责任另有规定的,依照其规定。

**※法规解读:**本条是创新性规定的代表之一,在以往的法律及司法解释中几乎没有过。该条首先针对的是《民法典》第一百四十九条、第一百五十条规定的第三人欺诈、胁迫的情形中第三人责任的承担。在原《合同法》、原《民法总则》以及《民法典》的规定中,对于第三人欺诈的责任归责于受欺诈一方的相对方,权利基础是合同撤销后的相互返还责任,且以相对方对第三人实施欺诈行为明知或应知为前提。本条规定中,受欺诈的合同当事人可以突破合同相对性原则,直接向实施欺诈和胁迫行为的第三人主张损失赔偿责任。其背后的法理是将第三人侵权作为受欺诈方主张损失赔偿的权利基础。

**第九条**　合同条款符合民法典第四百九十六条第一款规定的情形,当事人仅以合同系依据合同示范文本制作或者双方已经明确约定合同条款不属于格式条款为由主张该条款不是格式条款的,人民法院不予支持。

从事经营活动的当事人一方仅以未实际重复使用为由主张其预先拟定且未与对方协商的合同条款不是格式条款的,人民法院不予支持。但是,有证据证明该条款不是为了重复使用而预先拟定的除外。

**※法规解读:**本条放宽格式条款认定条件中的“重复使用”标准。本条规定不能仅以“未实际重复使用”为由主张合同条款并非格式条款,意在明确单方事先拟定且不可协商属于格式条款的认定核心,结合该规定明确仅以“合同系依据合同示范文本制作或者双方已经明确约定合同条款不属于格式条款为由主张该条款不是格式条款”,呈现了倾向维护实质公平的价值导向。

**第十条** 提供格式条款的一方在合同订立时采用通常足以引起对方注意的文字、符号、字体等明显标识,提示对方注意免除或者减轻其责任、排除或者限制对方权利等与对方有重大利害关系的异常条款的,人民法院可以认定其已经履行民法典第四百九十六条第二款规定的提示义务。

提供格式条款的一方按照对方的要求,就与对方有重大利害关系的异常条款的概念、内容及其法律后果以书面或者口头形式向对方作出通常能够理解的解释说明的,人民法院可以认定其已经履行民法典第四百九十六条第二款规定的说明义务。

提供格式条款的一方对其已经尽到提示义务或者说明义务承担举证责任。对于通过互联网等信息网络订立的电子合同,提供格式条款的一方仅以采取了设置勾选、弹窗等方式为由主张其已经履行提示义务或者说明义务的,人民法院不予支持,但是其举证符合前两款规定的除外。

**※法规解读:**《民法典》第四百九十六条规定了格式条款提供方的合理提示、说明义务以及违反该义务的法律效果,但缺乏关于合理提示、说明义务的列举。本条第一款明确指出,“在合同订立时采用通常足以引起对方注意的文字、符号、字体等明显标识”,提示注意免除或者减轻其责任等与对方有重大利害关系的条款,这也在内核上满足《民法典》第四百九十六条第二款要求格式条款提供方应尽的合理提示义务。第二款则规定,“提供格式条款的一方按照对方的要求,就与对方有重大利害关系的异常条款的概念、内容及其法律后果以书面或者口头形式向对方作出通常能够理解的解释说明的”,就应当认定格式条款提供方已经履行了《民法典》第四百九十六条第二款所规定的合理说明义务。

**《最高人民法院关于适用〈中华人民共和国民事诉讼法〉的解释》(2022年4月1日)**

**第三十一条** 经营者使用格式条款与消费者订立管辖协议,未采取合理方式提请消费者注意，消费者主张管辖协议无效的，人民法院应予支持。

**※法规解读：**根据《消费者权益保护法》第二十六条关于正确使用格式条款义务的规定，经营者在经营活动中使用格式条款的，应当以显著方式提请消费者注意商品或者服务的数量和质量、价款或者费用、履行期限方式、安全注意事项和风险警示、售后服务、民事责任等与消费者有重大利害关系的内容，并按照消费者的要求予以说明。经营者不得以格式条款、通知、声明、店堂告示等方式，作出排除或者限制消费者权利、减轻或者免除经营者责任、加重消费者责任等对消费者不公平、不合理的规定，不得利用格式条款并借助技术手段强制交易。格式条款、通知、声明、店堂告示等含有前款所列内容的，其内容无效。

本条规定一以贯之地保护消费者权益。从理论上讲，发生消费纠纷后，消费者依法通过仲裁或者诉讼的方式维权，把争议的解决规范在法治轨道上，无疑是优选。然而在现实中，有的商家以诱签格式条款的方式，故意将消费者引向收费高的仲裁机构或者远离住所地的法院。此举不仅会让消费者付出高昂的维权成本，还会扰乱消费市场，所以未采取合理方式提请消费者注意，消费者有权主张管辖协议无效，更有利于消费者维权。

**《最高人民法院关于审理旅游纠纷案件适用法律若干问题的规定》(2020年12月29日修正)**

**第六条**　旅游经营者以格式条款、通知、声明、店堂告示等方式作出排除或者限制旅游者权利、减轻或者免除旅游经营者责任、加重旅游者责任等对旅游者不公平、不合理的规定，旅游者依据消费者权益保护法第二十六条的规定请求认定该内容无效的，人民法院应予支持。

**※法规解读：**根据《消费者权益保护法》第二十六条第二款、第三款的规定，经营者不得以格式条款、通知、声明、店堂告示等方式，作出排除或者限制消费者权利、减轻或者免除经营者责任、加重消费者责任等对消费者不公平、不合理的规定，不得利用格式条款并借助技术手段强制交易。格式条款、通知、声明、店堂告示等含有前款所列内容的，其内容无效。

在实践中，旅游者处于弱势地位，旅游经营者以格式条款、通知、声明、店堂告示等方式作出对旅游者不公平、不合理的规定，或者减轻、免除其损害旅游者合法权益的责任，旅游者可以依据《消费者权益保护法》第二十六条的规定向人民法院请求认定该内容无效，依据《最高人民法院关于审理旅游纠纷案件适用法律若干问题的规定》，人民法院应支持旅游者的请求。

在历次讨论中，一部分意见认为本条规定为法院认定旅游合同中霸王条款无效提供了依据,有利于维护旅游者的利益。另一部分意见认为《消费者权益保护法》第二十四条对此已有明确规定,不必再作规定。在征求各地法院意见的过程中,绝大多数法院提出,希望能明确一下格式合同的效力问题,因此,最终明确了旅游者可以向法院主张旅游经营者提供的霸王条款无效的权利。

**《最高人民法院关于适用〈中华人民共和国保险法〉若干问题的解释(二)》(2020年12月29日修正)**

**第九条** 保险人提供的格式合同文本中的责任免除条款、免赔额、免赔率、比例赔付或者给付等免除或者减轻保险人责任的条款,可以认定为保险法第十七条第二款规定的"免除保险人责任的条款"。

保险人因投保人、被保险人违反法定或者约定义务,享有解除合同权利的条款,不属于保险法第十七条第二款规定的"免除保险人责任的条款"。

**※法规解读:**本条是关于《保险法》第十七条第二款规定的免除责任人责任的条款范围的规定。

本条列举了免责条款的范围:保险人提供的格式合同文本中的责任免除条款、免赔额、免赔率、比例赔付或者给付等免除或者减轻保险人责任的条款,并且明确了不属于免责条款的情况:保险人因投保人、被保险人违反法定或者约定义务,享有解除合同权利的条款,不属于《保险法》第十七条第二款规定的"免除保险人责任的条款"。

《保险法》第十七条第二款规定,"对保险合同中免除保险人责任的条款,保险人在订立合同时应当在投保单、保险单或者其他保险凭证上作出足以引起投保人注意的提示,并对该条款的内容以书面或者口头形式向投保人作出明确说明;未作提示或者明确说明的,该条款不产生效力"。因此,保险公司对于免除保险人责任的条款有提示和明确说明义务。本司法解释的出台,为保险公司业务中实际需要履行的提示和明确说明义务界定了清晰的范围。

**第十条** 保险人将法律、行政法规中的禁止性规定情形作为保险合同免责条款的免责事由,保险人对该条款作出提示后,投保人、被保险人或者受益人以保险人未履行明确说明义务为由主张该条款不成为合同内容的,人民法院不予支持。

**※法规解读:**本条是针对实践中有些保险公司将法律、行政法规中的禁止性规定情形作为保险合同免责条款的免责事由,如保险条款载明,被保险人无证驾驶、酒后驾车,保险人不承担保险责任的情形,保险人尽到了提示义务,但被保险人以保险人未尽明确说明义务为由主张该条款无效所导致的纠纷。该规定旨在明确保险人将法律、行政法规中的禁止性规定情形在保险合同中列为免责条款的免责事由时,保险人

只要尽到提示义务即可，无须履行明确说明义务。若被保险人以保险人未履行明确说明义务为由主张该条款不生效，人民法院不予支持。

本条规定指明了保险公司在销售环节对保险合同中法律、行政法规中的禁止性规定情形作为免责条款的免责事由时，保险人应履行的义务为提示义务，减少了在理赔环节因未明确说明而导致的纠纷。

**第十一条** 保险合同订立时，保险人在投保单或者保险单等其他保险凭证上，对保险合同中免除保险人责任的条款，以足以引起投保人注意的文字、字体、符号或者其他明显标志作出提示的，人民法院应当认定其履行了保险法第十七条第二款规定的提示义务。

保险人对保险合同中有关免除保险人责任条款的概念、内容及其法律后果以书面或者口头形式向投保人作出常人能够理解的解释说明的，人民法院应当认定保险人履行了保险法第十七条第二款规定的明确说明义务。

**※法规解读：**本条是关于保险人提示及明确说明义务履行方式的规定。之所以制定本条，一方面是防止保险展业人员利用免除保险人责任条款误导消费者。另一方面是因为《保险法》中对保险人的提示和明确说明义务的规定较为简单，导致审判实践中对于提示义务是否具有独立法律地位、提示义务如何履行、保险人明确说明义务的履行的判断标准等存在较大争议。本条对提示义务的独立法律地位、履行方法、程度，对明确说明义务的内容、形式和实质判断标准等进行了强化规定，督促保险人切实向投保人解释免除保险人责任的格式条款，保护保险消费者的合法权益。

实践中，保险公司对提示义务的关注度不够，对明确说明义务的实际履行效果也不理想。据不完全统计，当前保险审判实践中，有30%以上的案件涉及保险人明确说明义务。本条规定为人民法院认定保险人依法履行提示和明确说明义务提供了判断依据，为保险公司切实履行其义务提供了指导。根据本条规定，保险公司在开发条款时应注意对免除保险人责任的条款进行明显标识，承保实务中，保险展业人员应主动提示、切实进行解释和说明，并注意保留相关证明材料。

**第十二条** 通过网络、电话等方式订立的保险合同，保险人以网页、音频、视频等形式对免除保险人责任条款予以提示和明确说明的，人民法院可以认定其履行了提示和明确说明义务。

**※法规解读：**本条是关于在网络销售、电话销售中，保险人对免除保险人责任条款的提示和明确说明义务如何履行的规定。随着互联网及传统电话服务的高速发展，新型的保险营销方式逐渐被人们接受。近年来，网络销售、电话销售市场规模不断扩大，引发了一些纠纷，从进入诉讼的案件来看，主要争议在于保险人对免除保险

人责任条款是否履行了提示和说明义务、保险人是否可以依据免责条款拒赔，故本条就该问题予以了规范。

网络销售及电话销售作为保险公司一种全新的营销模式，具有诸多传统营销方式无法比拟的优越性。实践中，对于保险格式条款中的免除保险人责任的条款，保险人通常只能通过电话、网页等形式进行提示和明确说明，这种方式与传统保险人以投保单、保险单为基础的提示和明确说明存在较大差别，如果没有法律对该新颖的销售方式作出特别规定，市场上难免会产生不规范的行为，引发纠纷。而本条承认了保险人可以采取网页、音频、视频等形式进行提示和说明，符合立法精神，鼓励了保险公司销售方式的创新，规范了保险市场。

**第十三条** 保险人对其履行了明确说明义务负举证责任。

投保人对保险人履行了符合本解释第十一条第二款要求的明确说明义务在相关文书上签字、盖章或者以其他形式予以确认的，应当认定保险人履行了该项义务。但另有证据证明保险人未履行明确说明义务的除外。

**※法规解读：**本条主要规定保险人对已履行提示和明确说明义务负有举证责任，并明确了保险人履行该义务的证明标准。

本条规定明确了保险人的举证责任、证明标准，故保险合同签署之前（时），保险公司应主动提醒、指导投保人，使其能够清醒地认识到签署保险合同的法律后果，也避免保险纠纷案件中因未能提供符合相关要求的证据而承担败诉风险。

## 关联法规索引

《民法典》第143～157、496～498、506条；《保险法》第16、17、19、30条；《邮政法》第22条；《消费者权益保护法》第26、28条；《民用航空法》第130条；《海商法》第126条；《最高人民法院关于适用〈中华人民共和国民法典〉时间效力的若干规定》第9条；《最高人民法院关于审理食品药品纠纷案件适用法律若干问题的规定》第16条

**第四百九十八条 【格式条款的解释】** 对格式条款的理解发生争议的，应当按照通常理解予以解释。对格式条款有两种以上解释的，应当作出不利于提供格式条款一方的解释。格式条款和非格式条款不一致的，应当采用非格式条款。

## 条文解读

本条是关于格式条款的解释的规定。合同的解释方法，是指当事人对合同条款的理解存在争议时，应当使用依据某种原则对存在理解争议的合同条款加以说明的方法。因为格式条款的特殊性，其解释方法也具有特殊性。根据本条规定，格式条款的解释方法要遵循以下三个原则，这三个原则分别对应了格式条款的某种特征，分别是：

(1)按通常理解予以解释的方法。此解释方法针对格式条款"对不特定多数人而订立"的特征。既然格式条款是为了重复使用而预先拟定的，那么接受格式条款一方就不是某一个人或某一些人，而是不特定的多数人。既然接受格式条款的一方具有普遍性而不具有特殊性，所以对条款的理解也应当以"通常理解"为标准，而不能以特定当事人的理解为标准。

(2)不利于提供格式条款一方的解释方法。此解释方法针对格式条款"单方提供"的特征。由于格式条款是单方提供的，所以在条款内容上有可能产生违反当事人权利义务平衡的情形，所以规定"不利于提供格式条款一方"正是为了重新平衡当事人之间的权利义务。

(3)非格式条款优于格式条款的解释方法。此解释方法针对格式条款无须协商的特征。由于格式条款是无须协商的，所以在条款形式上有可能产生违反当事人真实意思表达的情形，所以规定"非格式条款优于格式条款"正是为了重新表达当事人之间的真实意思。

## 配套法规及解读

**《最高人民法院关于适用〈中华人民共和国保险法〉若干问题的解释(二)》(2020年12月29日修正)**

**第十四条**　保险合同中记载的内容不一致的，按照下列规则认定：

(一)投保单与保险单或者其他保险凭证不一致的，以投保单为准。但不一致的情形系经保险人说明并经投保人同意的，以投保人签收的保险单或者其他保险凭证载明的内容为准；

(二)非格式条款与格式条款不一致的，以非格式条款为准；

(三)保险凭证记载的时间不同的，以形成时间在后的为准；

(四)保险凭证存在手写和打印两种方式的，以双方签字、盖章的手写部分的内容为准。

**※法规解读：**本条根据合同成立的基本原理，针对实务中存在的保险公司经营普遍不够规范，经常会出现投保单与保险单（其他保险）凭证不一致、非格式条款与格式条款不一致、保险凭证记载的时间不同或者保险凭证的内容记载方式不一致等问题，为法院统一处理该类案件提供了直接的法律依据。具体而言，包括以下两点：

首先，本条是关于保险单记载事项的法律效力层级的规定，大大提高了对保险公司单证管理以及单证记载事项管理的要求程度。这些要求是为了保证合同成立时的意思表示一致，这就要求保险公司与客户的沟通水平和手段都要达到一个新的层次。

其次，本条是关于保险合同内容认定规则的规定，属于强行性规范，不允许当事人以约定排除其适用。因此，现有部分保险公司在保险条款中设置的诸如"投保单与保险单不一致的，即便未经保险人说明，亦应以保险单载明的内容为准""本公司对保险合同条款拥有最终解释权"等约定，也可能因违反了本条的强制性规定而属于无效条款，保险公司还应当梳理原条款中不规范的内容。

**第十七条** 保险人在其提供的保险合同格式条款中对非保险术语所作的解释符合专业意义，或者虽不符合专业意义，但有利于投保人、被保险人或者受益人的，人民法院应予认可。

**※法规解读：**"对非保险术语所作的解释符合专业意义，或者虽不符合专业意义，但有利于投保人、被保险人或者受益人的"，两者之间是并列关系，不同于《民法典》对格式条款应当先按照通常理解予以解释，对格式条款有两种以上解释的，再作出不利于提供格式条款一方的解释的适用顺序。本条规定保险合同格式条款中非保险术语的解释原则，可以看作《保险法》第三十条规定的合同条款争议解释原则的特别规定。本条规定将保险合同中的专业术语进一步区分为保险术语与非保险术语。对于保险术语仍适用《保险法》第三十条规定的疑义利益解释原则；对于非保险术语，如果在保险条款中作出符合专业意义的解释，则不适用疑义利益解释原则，体现了对非保险术语专业性的尊重。

本条的规定为法院判定保险合同格式条款中非保险术语的含义提供了新的指导原则，从某种意义上来说是有利于保险公司的。在没有本条规定的情况下，如果保险人与投保人、被保险人或者受益人对合同条款的理解产生了争议，法院将按照《保险法》第三十条规定的疑义利益解释原则进行判定，该条规定："采用保险人提供的格式条款订立的保险合同，保险人与投保人、被保险人或者受益人对合同条款有争议的，应当按照通常理解予以解释。对合同条款有两种以上解释的，人民法院或者仲裁机构应当作出有利于被保险人和受益人的解释。"在采用此种解释原则的情况下，法院往往会作出有利于被保险人和受益人的解释。在《最高人民法院关于适用〈中华人民共和国保险法〉若干问题的解释(三)》出台后,对于非保险术语的解释原则不再直接适用《保险法》第三十条的疑义利益解释原则,而是要优先考虑该术语的专业意义。如果保险人在合同条款中对于非保险术语作出了符合专业意义的解释,那么就可以获得法院的认可,而免于法院作出有利于被保险人、受益人解释的风险。只有当保险人的解释不符合专业意义时,才可能被法院作出有利于被保险人和受益人的解释。从这个意义上来说,如果保险公司能够加强保险条款中非保险术语解释的专业性,那么《最高人民法院关于适用〈中华人民共和国保险法〉若干问题的解释(三)》的出台能够增加保险公司胜诉的可能性。

## 关联法规索引

《民法典》第 143 ~ 157、496 ~ 498、506 条;《保险法》第 16、17、19、30 条;《邮政法》第 22 条;《消费者权益保护法》第 26、28 条;《民用航空法》第 130 条;《消费者权益保护法》第 26 条;《海商法》第 126 条

**第四百九十九条　【悬赏广告】悬赏人以公开方式声明对完成特定行为的人支付报酬的,完成该行为的人可以请求其支付。**

## 条文解读

本条规定了悬赏广告的效力。悬赏广告,是指以广告的方式公开表示对于完成一定行为的人给予报酬的意思表示。按本条规定,"悬赏人以公开方式声明对完成特定行为的人支付报酬的,完成该行为的人可以请求其支付",也就意味着法律承认了以公开方式发布的悬赏广告的效力。但问题在于悬赏广告的性质应如何确定。根据本条规定可以推知,悬赏广告并不是合同,而只能是一种单方允诺行为。虽然发布悬赏的行为可以视为一种"要约",而完成广告要求的行为可以视为以行为方式作出的"承诺",如此一来,要约和承诺两个意思表示达成一致即可以形成"合同"。但如果将悬赏广告视为一个"合同",就会出现两个问题:一是若行为人不知广告内容完成了悬赏行为能否主张报酬?二是若无民事行为能力人完成了悬赏行为能否主张报酬?如果将发布悬赏广告的行为视为"要约",那行为人不知广告内容而完成悬赏行为则无法被视为"承诺",因为此行为没有权利意图,那么该"合同"就不成立,行为人就没有报酬请求权,这显然与本条规定的"完成该行为的人可以请求其支付"不符;如果将

发布悬赏广告的行为视为“要约”，那无行为能力人完成悬赏行为也无法被视为“承诺”，因为无民事行为能力人实施的民事法律行为无效，那么“合同”就不成立，行为人就没有报酬请求权，这显然也与本条规定的“完成该行为的人可以请求其支付”不符。故根据本条规定，悬赏广告可以认定为单方允诺，而不是合同。

### 关联法规索引

《最高人民法院关于民事执行中财产调查若干问题的规定》第21条

**第五百条 【缔约过失责任】当事人在订立合同过程中有下列情形之一，造成对方损失的，应当承担赔偿责任：**

**（一）假借订立合同，恶意进行磋商；**

**（二）故意隐瞒与订立合同有关的重要事实或者提供虚假情况；**

**（三）有其他违背诚信原则的行为。**

### 条文解读

本条规定缔约过失责任（当事人违反保密义务同样产生缔约过失责任）。法律上的“责任”是因为违反义务而产生的不利后果，民事责任问题的本质是违反何种民事义务的问题。最主要的民事责任有三种，即侵权责任、违约责任和缔约过失责任。侵权责任违反的是因物权、人身权、知识产权等绝对性权利而产生的法定尊重义务，违约责任违反的是因合同债权这种相对性权利而产生的约定给付义务，而缔约过失责任违反的是合同成立、生效之前因磋商合同内容而产生先合同义务（诚实信用义务）。任何责任问题都要考虑责任的“构成”和“承担”两个方面。缔约过失责任的构成包含了四个要件：一是主观上存在过错，二是客观上存在违反先合同义务的行为（本条规定的三种行为类型），三是缔约相对人受有损失，四是违反义务与受有损失之间存在因果关系。缔约过失责任的承担就是缔约过失责任的赔偿范围，也包含两部分：一是合同不成立、无效或者被撤销时，缔约过失责任的赔偿范围为订立合同支出的费用；二是未尽保护、照顾义务或者通知、告知义务而造成缔约人损失的，赔偿范围为实际损失。

对于缔约过失责任的理解难点和核心争议在于何种行为能引起缔约过失责任，即缔约过失行为的类型问题。根据本条规定，缔约过失行为包括以下三种：

（1）假借订立合同，恶意进行磋商。例如，故意与对方谈判订立合同相关事宜，实则并没有与对方订立合同的目的，只是借口与对方谈判使其丧失与其他人订立合同的机会，以损害对方或者第三者的利益。

（2）故意隐瞒与订立合同有关的重要事实或者提供虚假情况。例如，行为人不告知相对人或故意欺骗相对人，以掩盖自己提供的商品或者服务存在的瑕疵。

（3）有其他违背诚信原则的行为。例如，在缔约的过程中，一方未履行必要的通知、告知、协助、保护等义务的行为；因当事人的过失致使合同无效（不仅包括合同直接无效的情形，也包括因行使撤销权或放弃追认权而导致的合同无效情形），造成相对方受到损失的等。这意味着本条对缔约过失行为的列举并非穷尽列举，只是对典型缔约过失行为的举例，其他产生在合同成立、生效之前，违反先合同义务的行为都包含在此条规定之中，都属于缔约过失行为。

另外，对于缔约过失责任问题还应注意以下两点：一是缔约过失行为的时间要件：当事人违反先合同义务的行为，需要发生于缔约阶段，即开始磋商之后至合同生效前，“成立已生效的合同，当事人在合同成立之前违反先合同义务的”与“成立未生效的合同，当事人合同成立之后生效之前违反先合同义务的”都应承担缔约过失责任；二是缔约过失责任与合同效力的关系：缔约过失责任的目的在于救济在缔约阶段因为当事人一方违反先合同义务造成的对方损害。因此，只要对方损害尚未弥补，受损一方的缔约过失责任请求权就不会消灭。这与合同最终的效力形态，与合同是否成立、是否生效、是否被履行都无关系。

## 配套法规及解读

**《最高人民法院关于审理与企业改制相关的民事纠纷案件若干问题的规定》（2020年12月29日修正）**

**第二十二条**　企业出售时，出卖人对所售企业的资产负债状况、损益状况等重大事项未履行如实告知义务，影响企业出售价格，买受人就此向人民法院起诉主张补偿的，人民法院应当予以支持。

**※法规解读：**企业出售时，出卖人对所售企业的资产负债状况、损益状况等重大事项未履行如实告知义务，影响企业出售价格的属于故意隐瞒与订立合同有关的重要事实，造成买受人损失的应当承担缔约过失责任。

**《最高人民法院关于审理外商投资企业纠纷案件若干问题的规定（一）》（2020年12月29日修正）**

**第二十一条**　外商投资企业一方股东或者外商投资企业以提供虚假材料等欺诈

或者其他不正当手段向外商投资企业审批机关申请变更外商投资企业批准证书所载股东,导致外商投资企业他方股东丧失股东身份或原有股权份额,他方股东请求确认股东身份或原有股权份额的,人民法院应予支持。第三人已经善意取得该股权的除外。

他方股东请求侵权股东或者外商投资企业赔偿损失的,人民法院应予支持。

**※法规解读:**本条明确了因虚假材料等变更审批导致股权变动的处理规则。对外商投资企业的虚假报批行为作出了以下三个方面的规定:第一,规定了虚假报批属于民事侵权的范畴,具备民事可诉性;第二,规定了外商投资企业股东或者外商投资企业应当承担虚假报批的侵权责任;第三,规定了在第三人已经善意取得股权时,不适用恢复原状的侵权责任承担方式。

## 关联法规索引

《反不正当竞争法》第9、21条;《最高人民法院关于审理期货纠纷案件若干问题的规定》第16条

**第五百零一条 【当事人保密义务】当事人在订立合同过程中知悉的商业秘密或者其他应当保密的信息,无论合同是否成立,不得泄露或者不正当地使用;泄露、不正当地使用该商业秘密或者信息,造成对方损失的,应当承担赔偿责任。**

## 条文解读

本条规定的是合同缔约方的保密义务。商业秘密,是指不为公众所知悉并能够为权利人带来经济利益的秘密。在订立合同过程中,因为订立合同的需要或者信任,当事人一方可能将自己的一部分商业秘密告知对方。在此情况下,无论合同成立与否,对方都不得泄露或者不正当使用商业秘密。泄露,是指将在订立合同过程中知悉的对方商业秘密向外公开;不正当使用,是指利用在订立合同过程中知悉的对方商业秘密为自己牟利。只要上述行为造成对方损失,无论合同成立与否,泄露或者不正当使用商业秘密的一方都应当赔偿对方损失,此赔偿的性质亦为缔约过失责任。

**配套法规及解读**

**《最高人民法院关于审理侵犯商业秘密民事案件适用法律若干问题的规定》(2020年9月10日)**

**第三条**　权利人请求保护的信息在被诉侵权行为发生时不为所属领域的相关人员普遍知悉和容易获得的,人民法院应当认定为反不正当竞争法第九条第四款所称的不为公众所知悉。

**第四条**　具有下列情形之一的,人民法院可以认定有关信息为公众所知悉:

(一)该信息在所属领域属于一般常识或者行业惯例的;

(二)该信息仅涉及产品的尺寸、结构、材料、部件的简单组合等内容,所属领域的相关人员通过观察上市产品即可直接获得的;

(三)该信息已经在公开出版物或者其他媒体上公开披露的;

(四)该信息已通过公开的报告会、展览等方式公开的;

(五)所属领域的相关人员从其他公开渠道可以获得该信息的。

将为公众所知悉的信息进行整理、改进、加工后形成的新信息,符合本规定第三条规定的,应当认定该新信息不为公众所知悉。

**※法规解读:**第三条对《反不正当竞争法》中的"不为公众所知悉"作出了规定。"不为公众所知悉"的判断主体是所属领域的相关人员;判断的标准是既不能"普遍知悉",也不能"容易获得";认定的时间点是"被诉侵权行为发生时"。第四条明确了为公众所知悉的信息范围,并对五种典型情形作出示范性规定。

**第五条**　权利人为防止商业秘密泄露,在被诉侵权行为发生以前所采取的合理保密措施,人民法院应当认定为反不正当竞争法第九条第四款所称的相应保密措施。

人民法院应当根据商业秘密及其载体的性质、商业秘密的商业价值、保密措施的可识别程度、保密措施与商业秘密的对应程度以及权利人的保密意愿等因素,认定权利人是否采取了相应保密措施。

**※法规解读:**"经权利人采取相应的保密措施"是商业秘密的法定构成要件之一。权利人通过采取相应保密措施,既体现了其保护商业秘密的意愿,也使得相关人员能够知晓"不为公众所知悉"的商业秘密的存在及其范围。司法实践中,权利人是否就其主张的商业秘密采取相应保密措施往往是案件审理的难点。不少案件正是由于权利人未能举证证明采取了相应保密措施,导致其主张不能获得人民法院的支持。权利人对于商业秘密进行保护的意愿和具体情形,也要通过保密措施来反映。

**第六条**　具有下列情形之一,在正常情况下足以防止商业秘密泄露的,人民法院应当认定权利人采取了相应保密措施：

（一）签订保密协议或者在合同中约定保密义务的；

（二）通过章程、培训、规章制度、书面告知等方式，对能够接触、获取商业秘密的员工、前员工、供应商、客户、来访者等提出保密要求的；

（三）对涉密的厂房、车间等生产经营场所限制来访者或者进行区分管理的；

（四）以标记、分类、隔离、加密、封存、限制能够接触或者获取的人员范围等方式，对商业秘密及其载体进行区分和管理的；

（五）对能够接触、获取商业秘密的计算机设备、电子设备、网络设备、存储设备、软件等，采取禁止或者限制使用、访问、存储、复制等措施的；

（六）要求离职员工登记、返还、清除、销毁其接触或者获取的商业秘密及其载体，继续承担保密义务的；

（七）采取其他合理保密措施的。

**第七条** 权利人请求保护的信息因不为公众所知悉而具有现实的或者潜在的商业价值的，人民法院经审查可以认定为反不正当竞争法第九条第四款所称的具有商业价值。

生产经营活动中形成的阶段性成果符合前款规定的，人民法院经审查可以认定该成果具有商业价值。

**第八条** 被诉侵权人以违反法律规定或者公认的商业道德的方式获取权利人的商业秘密的，人民法院应当认定属于反不正当竞争法第九条第一款所称的以其他不正当手段获取权利人的商业秘密。

**第九条** 被诉侵权人在生产经营活动中直接使用商业秘密，或者对商业秘密进行修改、改进后使用，或者根据商业秘密调整、优化、改进有关生产经营活动的，人民法院应当认定属于反不正当竞争法第九条所称的使用商业秘密。

**※法规解读：**依照《反不正当竞争法》第九条的规定，"使用""允许他人使用"商业秘密是法定的侵犯商业秘密行为。本条对商业秘密的"使用"作出了规定，主要包括以下三种类型：一是在生产经营等活动中直接使用商业秘密，如使用构成商业秘密的配方、方法、工艺，直接用于制造同样的产品。二是对商业秘密进行修改、改进后使用，如对于属于商业秘密的配方进行改进后，制造特定的产品。三是根据权利人的商业秘密调整、优化、改进生产经营活动，如根据权利人研发失败所形成的数据、技术资料等商业秘密，以及研发过程中形成的阶段性成果商业秘密等，相应优化、调整研发方向，或者根据权利人的经营信息商业秘密相应调整营销策略、价格等。侵权人违法"使用"或者"允许他人使用"商业秘密的直接后果，就是能够获得不正当的竞争优

势，包括提供替代性的产品或者服务，或者降低成本、节省时间、提高效率等。

**第十条**　当事人根据法律规定或者合同约定所承担的保密义务，人民法院应当认定属于反不正当竞争法第九条第一款所称的保密义务。

当事人未在合同中约定保密义务，但根据诚信原则以及合同的性质、目的、缔约过程、交易习惯等，被诉侵权人知道或者应当知道其获取的信息属于权利人的商业秘密的，人民法院应当认定被诉侵权人对其获取的商业秘密承担保密义务。

**第十三条**　被诉侵权信息与商业秘密不存在实质性区别的，人民法院可以认定被诉侵权信息与商业秘密构成反不正当竞争法第三十二条第二款所称的实质上相同。

人民法院认定是否构成前款所称的实质上相同，可以考虑下列因素：

（一）被诉侵权信息与商业秘密的异同程度；

（二）所属领域的相关人员在被诉侵权行为发生时是否容易想到被诉侵权信息与商业秘密的区别；

（三）被诉侵权信息与商业秘密的用途、使用方式、目的、效果等是否具有实质性差异；

（四）公有领域中与商业秘密相关信息的情况；

（五）需要考虑的其他因素。

**※法规解读：**本条对被诉侵权信息与商业秘密"实质上相同"的认定作出了规定，主要包括以下三个方面：一是确定二者的相同点、区别点和区别的程度，以及所属领域的相关人员在被诉侵权行为发生时是否容易想到该区别；二是二者的用途、使用方式、目的、效果等是否具有实质性差异；三是根据当事人的举证情况，确定公有领域中与商业秘密相关信息的情况，这对于客观确定所属领域的相关人员在被诉侵权行为发生时的知识和能力，其是否容易想到该区别，以及"是否具有实质性差异"的认定，均能够提供更加客观的参考或者依据。

**第十四条**　通过自行开发研制或者反向工程获得被诉侵权信息的，人民法院应当认定不属于反不正当竞争法第九条规定的侵犯商业秘密行为。

前款所称的反向工程，是指通过技术手段对从公开渠道取得的产品进行拆卸、测绘、分析等而获得该产品的有关技术信息。

被诉侵权人以不正当手段获取权利人的商业秘密后，又以反向工程为由主张未侵犯商业秘密的，人民法院不予支持。

**第十六条**　经营者以外的其他自然人、法人和非法人组织侵犯商业秘密，权利人依据反不正当竞争法第十七条的规定主张侵权人应当承担的民事责任的，人民法院应予支持。

**※法规解读：**2017年《反不正当竞争法》第九条第三款规定："第三人明知或者应知商业秘密权利人的员工、前员工或者其他单位、个人实施本条第一款所列违法行为，仍获取、披露、使用或者允许他人使用该商业秘密的，视为侵犯商业秘密。"但对于员工、前员工应当承担的法律责任，2017年《反不正当竞争法》未作明确规定。2019年《反不正当竞争法》对员工、前员工侵犯商业秘密的相关内容作出了更为完备的规定：一是该法第九条进一步规定，经营者以外的其他自然人、法人和非法人组织实施前款所列违法行为的，视为侵犯商业秘密；二是该法第二十一条明确规定，经营者之外的其他自然人、法人和非法人组织侵犯商业秘密的，监督检查部门有权依法处罚。在此基础上，本条作出了补充，即经营者以外的其他自然人、法人和非法人组织侵犯商业秘密，属于《反不正当竞争法》第十七条中侵权人应当承担民事责任的情形。

# 第三章　合同的效力

## 本章介绍

本章是《民法典》合同编关于合同效力的规定。合同编的通则部分构建了一个合同从产生到消灭的全过程,其中合同的效力是合同之债的产生问题。合同是两方或者多方主体因意思表示一致而产生的债权债务关系,因此任何一个合同之债的产生都需要满足两个条件:一是意思表示必须达成一致,二是达成一致的意思表示不存在其他阻却其效力的情形。前者,在法律上被称为合同的成立;后者,在法律上被称为合同的生效。合同成立但不生效的情形包括以下三种:一是合同存在效力瑕疵,无效合同即使成立也不可能生效,可撤销和效力待定合同需要根据当事人补正才能生效;二是附条件和附期限的合同,只有条件产生或期限到达,合同才能生效;三是需要行政审批的合同,只有通过了行政审批,合同才能生效。合同的生效是一个价值判断,在合同编中具有极高的重要性,因为它是合同之债产生的价值性前提。合同的核心法律意义是当事人享有权利、承担义务和解决纠纷的依据,而合同的生效结果是实现合同法律意思的必备要素。

**第五百零二条　【合同生效时间】依法成立的合同,自成立时生效,但是法律另有规定或者当事人另有约定的除外。**

**依照法律、行政法规的规定,合同应当办理批准等手续的,依照其规定。未办理批准等手续影响合同生效的,不影响合同中履行报批等义务条款以及相关条款的效力。应当办理申请批准等手续的当事人未履行义务的,对方可以请求其承担违反该义务的责任。**

**依照法律、行政法规的规定,合同的变更、转让、解除等情形应当办理批准等手续的,适用前款规定。**

## 条文解读

本条规定了合同的生效时间。一般而言,依法成立的合同,自成立时生效。此处所说的“依法”，是指本法总则编中规定的民事法律行为的效力状态：由无效的民事法律行为订立的合同为无效合同，无效合同即使成立也不可能生效；由可撤销的民事法律行为订立的合同为可撤销合同，可撤销合同如果撤销权人选择撤销则合同不生效；由效力待定的民事法律行为订立的合同为效力待定合同，效力待定合同如果追认权人放弃追认则合同不生效。如果订立合同的民事法律行为没有效力瑕疵则为有效，有效合同自成立时生效，但是法律另有规定或者当事人另有约定的除外。此处“法律另有规定”的典型例子即为“需要行政审批的合同”，此处“当事人另有约定”的典型例子即为“附条件或附期限合同”。

本条第二款和第三款规定的是需要行政审批合同的生效时间。需要行政审批的合同，是指法律、行政法规规定只有经过国家有关部门登记、审批才能生效的合同。需要注意的是，法律、行政法规规定了合同应当办理登记手续，但未规定登记后生效的，表明登记并非合同的生效要件，当事人未办理登记手续不影响合同的效力，但合同标的物的所有权及其他物权不能转移。另外，即使需要行政审批的合同因未登记、审批而未生效，此未生效也并非所有合同条例都不生效，如果合同中包括一部分履行报批等义务条款以及相关条款，如合同中规定“当事人的一方在合同生效后负责办理审批手续”，这部分条款的效力是不受影响的，意味着如果当事人一方未办理审批手续而导致对方损害的应承担赔偿责任。而且，法律、行政法规规定合同的变更、转让、接触等情形应当办理批准等手续生效的，如果当事人没有办理审批手续，合同的变更、转让、接触等情形的效力也与上述规定一致即无效，但不影响合同中履行报批等义务条款以及相关条款的效力。

## 配套法规及解读

**《最高人民法院关于适用〈中华人民共和国民法典〉合同编通则若干问题的解释》(2023年12月4日)**

**第十一条** 当事人一方是自然人，根据该当事人的年龄、智力、知识、经验并结合交易的复杂程度，能够认定其对合同的性质、合同订立的法律后果或者交易中存在的特定风险缺乏应有的认知能力的，人民法院可以认定该情形构成民法典第一百五十一条规定的“缺乏判断能力”。

**※法规解读：**本条细化规定了“缺乏判断能力”的判断标准，即应根据当事人的年龄、智力、知识、经验等情形，并结合交易的复杂程度，综合判断其对合同的性质、法律后果的认知能力。

**第十二条** 合同依法成立后,负有报批义务的当事人不履行报批义务或者履行报批义务不符合合同的约定或者法律、行政法规的规定,对方请求其继续履行报批义务的,人民法院应予支持;对方主张解除合同并请求其承担违反报批义务的赔偿责任的,人民法院应予支持。

人民法院判决当事人一方履行报批义务后,其仍不履行,对方主张解除合同并参照违反合同的违约责任请求其承担赔偿责任的,人民法院应予支持。

合同获得批准前,当事人一方起诉请求对方履行合同约定的主要义务,经释明后拒绝变更诉讼请求的,人民法院应当判决驳回其诉讼请求,但是不影响其另行提起诉讼。

负有报批义务的当事人已经办理申请批准等手续或者已经履行生效判决确定的报批义务,批准机关决定不予批准,对方请求其承担赔偿责任的,人民法院不予支持。但是,因迟延履行报批义务等可归责于当事人的原因导致合同未获批准,对方请求赔偿因此受到的损失的,人民法院应当依据民法典第一百五十七条的规定处理。

**※法规解读:**本条明确了批准生效合同的法律适用规则:对方可以请求继续履行报批义务,也可以请求解除合同承担违约责任;已报批未获批准的,不再承担赔偿责任,但当事人可以要求赔偿迟延报批导致合同未获批准所受损失。

**第十三条** 合同存在无效或者可撤销的情形,当事人以该合同已在有关行政管理部门办理备案、已经批准机关批准或者已依据该合同办理财产权利的变更登记、移转登记等为由主张合同有效的,人民法院不予支持。

**※法规解读:**本条明确合同存在无效或者可撤销的情形时,当事人不能以该合同已备案、已被批准或者已依据该合同办理财产权利的变更登记、移转登记等为由主张合同有效。

**第十四条** 当事人之间就同一交易订立多份合同,人民法院应当认定其中以虚假意思表示订立的合同无效。当事人为规避法律、行政法规的强制性规定,以虚假意思表示隐藏真实意思表示的,人民法院应当依据民法典第一百五十三条第一款的规定认定被隐藏合同的效力;当事人为规避法律、行政法规关于合同应当办理批准等手续的规定,以虚假意思表示隐藏真实意思表示的,人民法院应当依据民法典第五百零二条第二款的规定认定被隐藏合同的效力。

依据前款规定认定被隐藏合同无效或者确定不发生效力的,人民法院应当以被隐藏合同为事实基础,依据民法典第一百五十七条的规定确定当事人的民事责任。但是,法律另有规定的除外。

当事人就同一交易订立的多份合同均系真实意思表示,且不存在其他影响合同效力情形的，人民法院应当在查明各合同成立先后顺序和实际履行情况的基础上，认定合同内容是否发生变更。法律、行政法规禁止变更合同内容的，人民法院应当认定合同的相应变更无效。

**※法规解读：**以虚假意思表示隐藏真实意思表示的行为并不等同于以虚假的意思表示而实施的行为，后者必然无效，而前者则应依据《民法典》第一百五十三条的规定认定其效力。多份合同不因规避法律法规而必然无效，关键在于被隐藏的合同是否违反效力性强制性规定或者法定的报批规定。可见，以"合法行为规避非法目的"，不再是法律行为必然无效的原因。

**第十五条** 人民法院认定当事人之间的权利义务关系，不应当拘泥于合同使用的名称，而应当根据合同约定的内容。当事人主张的权利义务关系与根据合同内容认定的权利义务关系不一致的，人民法院应当结合缔约背景、交易目的、交易结构、履行行为以及当事人是否存在虚构交易标的等事实认定当事人之间的实际民事法律关系。

**※法规解读：**本条规定是从整体上对名实不符合同的效力问题作出的规定，其针对的是实践中常见的"名为……实为……"的合同，如常见的"名为买卖、实为借贷"合同。条文中明确了认定合同当事人之间的权利义务关系应"结合缔约背景、交易目的、交易结构、履行行为以及当事人是否存在虚构交易标的等事实"，这也是《民法典》总则编有关民事法律行为和意思表示相关规定及法律理论的具体要求。

**第十六条** 合同违反法律、行政法规的强制性规定，有下列情形之一，由行为人承担行政责任或者刑事责任能够实现强制性规定的立法目的的，人民法院可以依据民法典第一百五十三条第一款关于"该强制性规定不导致该民事法律行为无效的除外"的规定认定该合同不因违反强制性规定无效：

（一）强制性规定虽然旨在维护社会公共秩序，但是合同的实际履行对社会公共秩序造成的影响显著轻微，认定合同无效将导致案件处理结果有失公平公正；

（二）强制性规定旨在维护政府的税收、土地出让金等国家利益或者其他民事主体的合法利益而非合同当事人的民事权益，认定合同有效不会影响该规范目的的实现；

（三）强制性规定旨在要求当事人一方加强风险控制、内部管理等，对方无能力或者无义务审查合同是否违反强制性规定，认定合同无效将使其承担不利后果；

（四）当事人一方虽然在订立合同时违反强制性规定，但是在合同订立后其已经具备补正违反强制性规定的条件却违背诚信原则不予补正；

（五）法律、司法解释规定的其他情形。

法律、行政法规的强制性规定旨在规制合同订立后的履行行为，当事人以合同违反强制性规定为由请求认定合同无效的，人民法院不予支持。但是，合同履行必然导致违反强制性规定或者法律、司法解释另有规定的除外。

依据前两款认定合同有效，但是当事人的违法行为未经处理的，人民法院应当向有关行政管理部门提出司法建议。当事人的行为涉嫌犯罪的，应当将案件线索移送刑事侦查机关；属于刑事自诉案件的，应当告知当事人可以向有管辖权的人民法院另行提起诉讼。

**※法规解读：**《民法典》第一百五十三条规定了"违反法律、行政法规的强制性规定的民事法律行为无效"及"违背公序良俗的民事法律行为无效"的一般情形，以及"该强制性规定不导致该民事法律行为无效的除外"的例外情形。在司法实践中如何适用该条认定合同效力始终是热点问题，以往争议集中在强制性法律规定的识别上，并未过多地延伸至私法与公法交叉领域。本条采用列举的方式，明确了《民法典》第一百五十三条规定的"该强制性规定不导致该民事法律行为无效的除外"的具体适用情形，在部分行为人承担行政责任或者刑事责任能够实现强制性规定的立法目的情况下，人民法院可以适用《民法典》第一百五十三条第一款认定该合同不因违反强制性规定无效，实现了立法目的与各种法益间的相互平衡。除此之外，本条还指出了人民法院审理此类案件时可通过提出司法建议、告知当事人另行起诉的方式与行政部门、其他有管辖权法院的衔接。

**第十七条**　合同虽然不违反法律、行政法规的强制性规定，但是有下列情形之一，人民法院应当依据民法典第一百五十三条第二款的规定认定合同无效：

（一）合同影响政治安全、经济安全、军事安全等国家安全的；

（二）合同影响社会稳定、公平竞争秩序或者损害社会公共利益等违背社会公共秩序的；

（三）合同背离社会公德、家庭伦理或者有损人格尊严等违背善良风俗的。

人民法院在认定合同是否违背公序良俗时，应当以社会主义核心价值观为导向，综合考虑当事人的主观动机和交易目的、政府部门的监管强度、一定期限内当事人从事类似交易的频次、行为的社会后果等因素，并在裁判文书中充分说理。当事人确因生活需要进行交易，未给社会公共秩序造成重大影响，且不影响国家安全，也不违背善良风俗的，人民法院不应当认定合同无效。

**※法规解读：**本条以列举的形式明确规定了即便合同未违反法律、行政法规的强制性规定，但存在影响国家安全、违背社会公共秩序、违背善良风俗的情况下，法院也应适用违背公序良俗的民事法律行为无效的规定认定合同无效。同时，本条还规定

了法院认定合同违背公序良俗时需考量主观动机、交易目的、监管强度、交易频次、社会后果等因素。

**第十八条** 法律、行政法规的规定虽然有“应当”“必须”或者“不得”等表述，但是该规定旨在限制或者赋予民事权利，行为人违反该规定将构成无权处分、无权代理、越权代表等，或者导致合同相对人、第三人因此获得撤销权、解除权等民事权利的，人民法院应当依据法律、行政法规规定的关于违反该规定的民事法律后果认定合同效力。

**※法规解读：**本条重申强制性规定的适用规则，强调避免不当扩大合同违法无效的适用范围，准确识别强制性规范，对于应当适用无权处分、越权代表、撤销权或解除权规则的，应当适用相应的法律规定。

**《最高人民法院关于审理与企业改制相关的民事纠纷案件若干问题的规定》(2020年12月29日修正)**

**第十七条** 以协议转让形式出售企业，企业出售合同未经有审批权的地方人民政府或其授权的职能部门审批的，人民法院在审理相关的民事纠纷案件时，应当确认该企业出售合同不生效。

**※法规解读：**合同具有私法性特点，法律对当事人之间的约定的态度是尽量尊重且尽量不加以干涉的。但在一些特殊的领域，出于保护公益的需要建立了行政审批制度，这体现了国家对合同行为的干涉。本条对如何认定企业出售合同的法律效力进行了规定。明确了对国有资产进行重大处置的改制方案或者相关合同须经有审批权限的政府机关或政府的审批(一般情况下由国有资产管理局批准，但涉及国有资产出售的应当由有审批权的人民政府审批)。没有经过审批的，一般应认定为无效，但对企业兼并合同，当事人在一审法庭辩论终结之前补办报批手续的，人民法院应当确认该兼并协议有效。

**《最高人民法院关于审理商品房买卖合同纠纷案件适用法律若干问题的解释》(2020年12月29日修正)**

**第六条** 当事人以商品房预售合同未按照法律、行政法规规定办理登记备案手续为由，请求确认合同无效的，不予支持。

当事人约定以办理登记备案手续为商品房预售合同生效条件的，从其约定，但当事人一方已经履行主要义务，对方接受的除外。

**※法规解读：**本条规定了商品房预售合同的效力。依照法律、行政法规的规定，一部分合同需要到有关部门办理登记备案手续。但是对于此登记对合同的法律效力影响如何，究竟为合同成立之要件还是合同生效之要件抑或为物权变动之要件的问

题一直存在争议。本条对房地产买卖合同备案的效力作了更为明确的定性。本条实际上涉及商品房预售合同的成立与生效这两个不同的法律概念。

本条第一款明确规定,登记备案并不是合同生效的要件。但由于商品房预售合同这一行为的私法性的特点,本着最大限度地尊重当事人意思自治和合同自由,第二款又规定了当事人可以依据意思自治的原则自行约定将登记备案作为合同生效的要件。从本条第二款的反面来看,其言下之意即为:若当事人未约定以登记备案手续为商品房预售合同生效条件,当事人一旦订立预售合同,该合同符合民事法律行为的生效要件,则该合同成立即生效。《民法典》中有关合同的相关规定大多数内容为任意性规范,因此对于当事人自行约定的以"办理登记备案手续为商品房预售合同生效条件",法律并不干涉当事人之间的约定,而是以当事人的约定优先于法律的规定。

**《最高人民法院关于审理矿业权纠纷案件适用法律若干问题的解释》(2020年12月29日修正)**

**第二条** 县级以上人民政府自然资源主管部门作为出让人与受让人签订的矿业权出让合同,除法律、行政法规另有规定的情形外,当事人请求确认自依法成立之日起生效的,人民法院应予支持。

**※法规解读:**矿业权包括探矿权、采矿权,本质上是一种特殊的私权,依法应得到充分尊重和保护。因为矿产资源国家全民所有并与主权领土相关联而具有明显的公权特征,而且矿产资源具有有限性、耗竭性和不可再生性等特征,各国普遍实行矿业权登记生效主义,并从安全、环保等方面强化对矿产资源开发利用活动的监督管理。

矿业权出让是县级以上人民政府自然资源主管部门作为出让人,以合同形式将探矿权、采矿权让予受让人,并由受让人支付价款取得探矿权、采矿权的行为。在矿业权出让管理中,自然资源主管部门既是管理者,又是出让合同的一方当事人。本条明确了矿业权出让合同在本质上属于用益物权的设立行为,具有民事合同的基本属性。在认定矿业权出让合同效力的时候,要尊重当事人意思自治的基本原则,除法律、行政法规另有规定的情形之外,矿业权出让合同自依法成立之日起生效。

**第八条** 矿业权转让合同依法成立后,转让人无正当理由拒不履行报批义务,受让人请求解除合同、返还已付转让款及利息,并由转让人承担违约责任的,人民法院应予支持。

**※法规解读:**本条规定了矿业权转让合同的报批义务。矿业权转让合同自依法成立之日起具有法律约束力,当事人应当遵照"有约必守"的原则,依约履行自己的义务,包括办理报批或者协助报批义务;非依法律规定或当事人约定,不得擅自变更或者解除合同。当事人一方请求另一方履行报批或者协助报批义务,人民法院原则上

应予支持。

**第十二条** 当事人请求确认矿业权租赁、承包合同自依法成立之日起生效的，人民法院应予支持。

矿业权租赁、承包合同约定矿业权人仅收取租金、承包费，放弃矿山管理，不履行安全生产、生态环境修复等法定义务，不承担相应法律责任的，人民法院应依法认定合同无效。

**※法规解读：**本条专门对“矿业权租赁、承包合同”加以规范。排除财产租赁外，此处相关的承包、租赁实指企业经营管理方式，根据性质不同，企业承包、租赁经营可分为企业内部承包、租赁经营和企业整体性承包、租赁经营。本条明确认可矿业权租赁、承包合同自依法成立之日起生效，但忽视了矿业权租赁、承包的概念混用，容易导致非法行为合法化而助长非法转让矿业权，加大矿政监管的难度。

**第十三条** 矿业权人与他人合作进行矿产资源勘查开采所签订的合同，当事人请求确认自依法成立之日起生效的，人民法院应予支持。

合同中有关矿业权转让的条款适用本解释关于矿业权转让合同的规定。

**第十四条** 矿业权人为担保自己或者他人债务的履行，将矿业权抵押给债权人的，抵押合同自依法成立之日起生效，但法律、行政法规规定不得抵押的除外。

当事人仅以未经主管部门批准或者登记、备案为由请求确认抵押合同无效的，人民法院不予支持。

**※法规解读：**作为法律、行政法规并没有禁止抵押的财产性权利，矿业权的融资功能在实践中日益得到肯定。矿产资源属于不动产范畴，矿业权适用不动产法律法规的调整原则。本条明确矿业权人为了担保自己或者他人债务的履行，将矿业权抵押给债权人的，抵押合同自依法成立之日起生效，经主管部门批准或者登记、备案不是矿业权抵押合同有效的必备要件。但是，矿业权抵押合同有效并不代表抵押权的设立，矿业权抵押权采取登记要件主义，有利于实现采矿权资产融资风险控制和保障交易安全。

**《最高人民法院关于审理涉及国有土地使用权合同纠纷案件适用法律问题的解释》(2020年12月29日修正)**

**第二条** 开发区管理委员会作为出让方与受让方订立的土地使用权出让合同，应当认定无效。

本解释实施前，开发区管理委员会作为出让方与受让方订立的土地使用权出让合同，起诉前经市、县人民政府自然资源主管部门追认的，可以认定合同有效。

**※法规解读：**本条是关于开发区管理委员会权限的规定，根据《城镇国有土地使

用权出让和转让暂行条例》第十一条的规定，市、县人民政府土地管理部门才是适格的土地出让方，土地整理中心、土地储备中心、土地开发公司、开发区管理委员会都不是出让的合格主体。根据合同成立的要件，合同的主体需要具备相应的民事行为能力，开发区管理委员会不具备出让土地使用权的主体资格，因此开发区管理委员会作为出让方与受让方订立的土地使用权出让合同无效。

**第三条**　经市、县人民政府批准同意以协议方式出让的土地使用权，土地使用权出让金低于订立合同时当地政府按照国家规定确定的最低价的，应当认定土地使用权出让合同约定的价格条款无效。

当事人请求按照订立合同时的市场评估价格交纳土地使用权出让金的，应予支持；受让方不同意按照市场评估价格补足，请求解除合同的，应予支持。因此造成的损失，由当事人按照过错承担责任。

**※法规解读：**本条规定了土地使用权协议出让应当具备的两个条件：第一，需要经过市、县人民政府批准；第二，协议出让价不得低于法定的标准，否则价格条款无效。但是还规定了一个补救方式，即按合同订立时的市场评估价补交土地出让金。

**《最高人民法院关于审理外商投资企业纠纷案件若干问题的规定（一）》（2020年12月29日修正）**

**第一条**　当事人在外商投资企业设立、变更等过程中订立的合同，依法律、行政法规的规定应当经外商投资企业审批机关批准后才生效的，自批准之日起生效；未经批准的，人民法院应当认定该合同未生效。当事人请求确认该合同无效的，人民法院不予支持。

前款所述合同因未经批准而被认定未生效的，不影响合同中当事人履行报批义务条款及因该报批义务而设定的相关条款的效力。

**※法规解读：**本条明确规定了未经行政审批的合同效力的认定规则。根据目前我国法律、行政法规的规定，外商投资企业设立、变更过程中签订的协议、合同多需要报经行政审批机关批准。本条明确应报批而未报批的合同，认定为未生效而非无效。但是，即使欠缺了审批这一生效要件，该合同仍对当事人具有形式约束力，任何一方当事人不能擅自撤销或者解除，尤其是合同中关于促成合同生效的报批义务条款具有可履行性。

**第二条**　当事人就外商投资企业相关事项达成的补充协议对已获批准的合同不构成重大或实质性变更的，人民法院不应以未经外商投资企业审批机关批准为由认定该补充协议未生效。

前款规定的重大或实质性变更包括注册资本、公司类型、经营范围、营业期限、股东认缴的出资额、出资方式的变更以及公司合并、公司分立、股权转让等。

**※法规解读：**本条明确规定了未经审批的补充协议效力的认定规则。当事人就已经批准的外资投资企业有关合同另行签订补充协议的情形在实践中较为常见，不能一律以补充协议未经审批为由否定其效力，而应当考察补充协议的内容是否属于重新报批的事项。如果补充协议对已获批准的合同的内容不构成重大或实质性变更，仅是当事人就商业判断方面的条款作出的约定，则该补充协议不需要再行办理行政审批手续，人民法院不应以该补充协议未经批准为由认定其未生效。另外，本条第二款对"重大或实质性变更"的内容作出了明确列举，即注册资本、公司类型、经营范围、营业期限、股东认缴的出资数额、出资方式的变更以及公司合并、公司分立、股权转让等。此条虽然为不完全列举，但是能够概括实践中经常出现的大部分情况，有效补充了《民法典》的相关规定。

**第三条** 人民法院在审理案件中，发现经外商投资企业审批机关批准的外商投资企业合同具有法律、行政法规规定的无效情形的，应当认定合同无效；该合同具有法律、行政法规规定的可撤销情形，当事人请求撤销的，人民法院应予支持。

**第十五条** 合同约定一方实际投资、另一方作为外商投资企业名义股东，不具有法律、行政法规规定的无效情形的，人民法院应认定该合同有效。一方当事人仅以未经外商投资企业审批机关批准为由主张该合同无效或者未生效的，人民法院不予支持。

实际投资者请求外商投资企业名义股东依据双方约定履行相应义务的，人民法院应予支持。

双方未约定利益分配，实际投资者请求外商投资企业名义股东向其交付从外商投资企业获得的收益的，人民法院应予支持。外商投资企业名义股东向实际投资者请求支付必要报酬的，人民法院应酌情予以支持。

**※法规解读：**本条明确规定了外商投资企业隐名投资纠纷的处理规则。在实践中，外商投资企业领域存在大量隐名投资的现象，除个别隐名投资是为了规避我国的行政监督或有关法律强制性规定外，多是出于投资的便利、不宜或不便具名等原因。如果审判实务中不区分情况一律作否定性评价，不仅不能公平地保护投资者的合法权益，亦会挫伤投资者的积极性，影响吸引外资。因此，本条规定除了对违反或规避我国法律、行政法规的隐名投资协议认定无效外，对隐名投资者根据不同情形分别规定了相应的救济措施。

## 关联法规索引

《民法典》第119、136、215、402、404、441、443条;《海商法》第13条;《城市房地产管理法》第44条;《民用航空法》第14条;《最高人民法院关于适用〈中华人民共和国民法典〉合同编通则若干问题的解释》第11～18条;《最高人民法院关于审理技术合同纠纷案件适用法律若干问题的解释》第8条;《最高人民法院关于审理商标民事纠纷案件适用法律若干问题的解释》第9条

**第五百零三条 【被代理人对无权代理合同的追认】无权代理人以被代理人的名义订立合同,被代理人已经开始履行合同义务或者接受相对人履行的,视为对合同的追认。**

## 条文解读

本条规定的是被代理人对无权代理合同的追认。根据本法总则编的规定,合同的效力瑕疵包括三种:无效合同、可撤销合同和效力待定合同。无效合同是一个确定性状态,即自始、确定不发生效力的合同;可撤销合同和效力待定合同都是不确定性状态,都可以通过权利人意思表示进行补正,发生补正的则归于有效,不发生补正的则归于无效。效力待定的合同主要有两种:一是限制行为能力人超过其行为能力范围订立的合同;二是代理人无代理权或超越代理权限仍以被代理人名义订立的合同。故本条规定的无权代理合同是效力待定合同中的一种。具体而言是无权代理合同中被代理人行使追认权的一种特殊方式。既然无权代理合同是一种效力待定合同,那就意味着,作为原权利人的被代理人享有追认权,即可以通过行使追认权而使合同归于有效或通过放弃追认权而使合同归于无效。一般而言,被代理人对追认权的行使都以通知方式作出,即向相对人发出追认合同效力的通知,该通知到达相对人时生效。但是,根据本条规定,即使被代理人没有向相对人发出追认合同效力的通知,只要被代理人实际上履行了合同义务或者接受了相对人履行合同义务的,等同于被代理人行使了追认权,即将合同效力归于有效,并且为自始有效。

## 配套法规及解读

**《最高人民法院关于适用〈中华人民共和国保险法〉若干问题的解释(二)》(2020年12月29日修正)**

**第三条** 投保人或者投保人的代理人订立保险合同时没有亲自签字或者盖章,而由保险人或者保险人的代理人代为签字或者盖章的,对投保人不生效。但投保人已经交纳保险费的,视为其对代签字或者盖章行为的追认。

保险人或者保险人的代理人代为填写保险单证后经投保人签字或者盖章确认的,代为填写的内容视为投保人的真实意思表示。但有证据证明保险人或者保险人的代理人存在保险法第一百一十六条、第一百三十一条相关规定情形的除外。

**※法规解读:**本条第一款的制定目的是解决保险合同签订存在代签章的情况下,保险合同是否对投保人生效问题。在《最高人民法院关于适用〈中华人民共和国保险法〉若干问题的解释(二)》出台之前,代签章行为导致保险公司与客户签订的保险合同的效力处于一种不确定的状态。对投保人来说,若发生保险事故则会向保险公司申请赔偿,若没有发生保险事故则会以代签章保险合同无效为由主张退保。对保险人来说,若发生保险事故则以合同无效拒赔,若未发生保险事故则可以继续收取保费。根据本款解释,在代替签章的情况下,如果投保人已经交纳了保险费,保险合同即发生效力,投保人在交纳保费后以否认代签章效力为由主张解除保险合同的,人民法院不予支持。需要注意的是,以交纳保费形式对代签章行为效力的追认只及于合同效力,并不能推定保险人向其履行了免责条款的明确说明义务。

在保险业务办理中,经常会有保险业务员代替投保人填写的情况。保险人或代理人代替填写保险单证将对投保人是否履行如实告知义务的认定产生影响,本条第二款对该事宜进行了明确,保险人或其代理人代替填写保险单证,并经投保人签字或盖章确认的,代替填写的内容视为投保人的真实意思表示。如果保险人或其代理人存在《保险法》规定的保险误导行为,则不予认可,防止误导及欺诈行为的产生。

**《最高人民法院关于适用〈中华人民共和国民法典〉合同编通则若干问题的解释》(2023年12月4日)**

**第二十一条** 法人、非法人组织的工作人员就超越其职权范围的事项以法人、非法人组织的名义订立合同,相对人主张该合同对法人、非法人组织发生效力并由其承担违约责任的,人民法院不予支持。但是,法人、非法人组织有过错的,人民法院可以参照民法典第一百五十七条的规定判决其承担相应的赔偿责任。前述情形,构成表见代理的,人民法院应当依据民法典第一百七十二条的规定处理。

合同所涉事项有下列情形之一的，人民法院应当认定法人、非法人组织的工作人员在订立合同时超越其职权范围：

（一）依法应当由法人、非法人组织的权力机构或者决策机构决议的事项；

（二）依法应当由法人、非法人组织的执行机构决定的事项；

（三）依法应当由法定代表人、负责人代表法人、非法人组织实施的事项；

（四）不属于通常情形下依其职权可以处理的事项。

合同所涉事项未超越依据前款确定的职权范围，但是超越法人、非法人组织对工作人员职权范围的限制，相对人主张该合同对法人、非法人组织发生效力并由其承担违约责任的，人民法院应予支持。但是，法人、非法人组织举证证明相对人知道或者应当知道该限制的除外。

法人、非法人组织承担民事责任后，向故意或者有重大过失的工作人员追偿的，人民法院依法予以支持。

**※法规解读：**本条针对的是法人、非法人组织的职务代理人（常见于非法定代表人之外的人员）超越代理权限订立合同的效力。第一款开宗明义规定了职务代理情形下，除构成表见代理外，超越代理权限订立的合同属于无效合同，对法人、非法人组织不发生法律效力。与此同时，该条第二款以列举式的方式明确了超越代理职权范围的四种情形，简言之，行使法律、行政法规规定必须由公司股东会、股东大会或者外资公司的董事会等权力机构，公司董事会、总经理或高级管理人员等执行机构，以及法定代表人或负责人决策或行使的权力和事项，并且实施通常情形下不属于其职务代理权限范围内的事项。但需要注意的是，前述职权范围都以"法律、行政法规规定"必须由有权机关行使为限，如果是公司内部规定的职务代理权范围或限制，则需要由法人或非法人组织举证证明合同相对人对这一内部职权范围的限制知道或应当知道，否则该合同就对法人或非法人组织生效。

## 关联法规索引

《民法典》第61条；《最高人民法院关于适用〈中华人民共和国民法典〉合同编通则若干问题的解释》第21条

**第五百零四条　【代表人超越代表权限订立的合同效力】法人的法定代表人或者非法人组织的负责人超越权限订立的合同，除相对人知道或者应当知道其超越权限外，该代表行为有效，订立的合同对法人或者非法人组织发生效力。**

## 条文解读

本条规定了代表人超越代表权限订立的合同的效力。本条中的代表人包含法人的法定代表人和非法人组织的负责人。法人的法定代表人,是指依照法律或者法人组织章程规定,代表法人行使职权的负责人。非法人组织的负责人,是指不具有法人资格但能够以自己名义进行民事活动和组织处理对外事务的代表人。法人的法定代表人和非法人组织的负责人通常就是法人和非法人组织的全权代表,有权代表法人和非法人组织从事所有的民事活动。法人和非法人组织一般会在章程中限制代表人的代表权限,但是此限制一般只在法人或非法人组织的内部具有约束力。这意味着,与之订立合同的相对人既有可能知道(应当知道)也有可能不知道(不应当知道)代表人超越权限。类比《民法典》总则编中关于无权代理的规定:如果相对人知道(应当知道)其超越权限订立合同,该合同为效力待定合同;如果相对人不知道(不应当知道)其超越权限订立合同,该合同为有效合同。

## 配套法规及解读

**《最高人民法院关于适用〈中华人民共和国民法典〉有关担保制度的解释》(2020年12月31日)**

**第七条** 公司的法定代表人违反公司法关于公司对外担保决议程序的规定,超越权限代表公司与相对人订立担保合同,人民法院应当依照民法典第六十一条和第五百零四条等规定处理:

(一)相对人善意的,担保合同对公司发生效力;相对人请求公司承担担保责任的,人民法院应予支持。

(二)相对人非善意的,担保合同对公司不发生效力;相对人请求公司承担赔偿责任的,参照适用本解释第十七条的有关规定。

法定代表人超越权限提供担保造成公司损失,公司请求法定代表人承担赔偿责任的,人民法院应予支持。

第一款所称善意,是指相对人在订立担保合同时不知道且不应当知道法定代表人超越权限。相对人有证据证明已对公司决议进行了合理审查,人民法院应当认定其构成善意,但是公司有证据证明相对人知道或者应当知道决议系伪造、变造的除外。

※**法规解读:**本条是对法定代表人越权担保效力的规定。所谓越权担保,是指法

定代表人未经股东会或董事会决议对外作出的担保。在越权担保的情形下,法定代表人代表公司签订的担保合同是否有效取决于相对人是否善意。“善意”在具体判断时,就是看相对人在签订担保合同时,对公司决议是否进行了合理审查,进行了合理审查的,一般可以认定构成善意;反之,则不构成善意。相对人需尽到审查是否有公司担保决策机构关于同意公司担保的决议,表决权比例是否达标,公司章程中对担保总额及单项担保的数额,是否有限制性规定的义务等事项。相对人善意的,担保合同有效,公司承担担保责任;相对人非善意的,担保合同对公司不发生效力,公司不承担担保责任。但是,公司不承担担保责任并不意味着不承担任何民事责任,还需要承担一定的赔偿责任。

**第十七条**　主合同有效而第三人提供的担保合同无效,人民法院应当区分不同情形确定担保人的赔偿责任:

(一)债权人与担保人均有过错的,担保人承担的赔偿责任不应超过债务人不能清偿部分的二分之一;

(二)担保人有过错而债权人无过错的,担保人对债务人不能清偿的部分承担赔偿责任;

(三)债权人有过错而担保人无过错的,担保人不承担赔偿责任。

主合同无效导致第三人提供的担保合同无效,担保人无过错的,不承担赔偿责任;担保人有过错的,其承担的赔偿责任不应超过债务人不能清偿部分的三分之一。

**※法规解读:**本条规定了在担保合同无效时各方的赔偿责任分配问题。原《最高人民法院关于适用〈中华人民共和国担保法〉若干问题的解释》第七条规定:主合同有效而担保合同无效,债权人无过错的,担保人与债务人对主合同债权人的经济损失,承担连带赔偿责任;债权人、担保人有过错的,担保人承担民事责任的部分,不应超过债务人不能清偿部分的二分之一。原《最高人民法院关于适用〈中华人民共和国担保法〉若干问题的解释》第八条规定:主合同无效而导致担保合同无效,担保人无过错的,担保人不承担民事责任;担保人有过错的,担保人承担民事责任的部分,不应超过债务人不能清偿部分的三分之一。首先,《最高人民法院关于适用〈中华人民共和国担保法〉若干问题的解释》中以担保人有无过错界定其责任(过错本身的界定不明),使得司法实践中法官的自由裁量权过大;其次,条文中责任分配的“二分之一”“三分之一”依据不明。相较《最高人民法院关于适用〈中华人民共和国担保法〉若干问题的解释》,《最高人民法院关于适用〈中华人民共和国民法典〉有关担保制度的解释》第十七条第一款更加强调责任与过错之间的关系,责任分配也作了较大的调整,逻辑上更加周延。本条将债务人提供物保的情形区分开,意味着主合同有效第三人

提供的担保合同无效或主合同无效导致第三人提供的担保合同无效——只有担保人是第三人时,债权人对第三人主张的赔偿责任才是有意义的。另一个很大的变化是将"担保人有过错而债权人无过错"时,担保人的连带责任修改为"对债务人不能清偿的部分承担赔偿责任"。

**《最高人民法院关于适用〈中华人民共和国民法典〉合同编通则若干问题的解释》(2023年12月4日)**

**第二十二条** 法定代表人、负责人或者工作人员以法人、非法人组织的名义订立合同且未超越权限,法人、非法人组织仅以合同加盖的印章不是备案印章或者系伪造的印章为由主张该合同对其不发生效力的,人民法院不予支持。

合同系以法人、非法人组织的名义订立,但是仅有法定代表人、负责人或者工作人员签名或者按指印而未加盖法人、非法人组织的印章,相对人能够证明法定代表人、负责人或者工作人员在订立合同时未超越权限的,人民法院应当认定合同对法人、非法人组织发生效力。但是,当事人约定以加盖印章作为合同成立条件的除外。

合同仅加盖法人、非法人组织的印章而无人员签名或者按指印,相对人能够证明合同系法定代表人、负责人或者工作人员在其权限范围内订立的,人民法院应当认定该合同对法人、非法人组织发生效力。

在前三款规定的情形下,法定代表人、负责人或者工作人员在订立合同时虽然超越代表或者代理权限,但是依据民法典第五百零四条的规定构成表见代表,或者依据民法典第一百七十二条的规定构成表见代理的,人民法院应当认定合同对法人、非法人组织发生效力。

**※法规解读:**本条对盖章行为的法律效力进行了详细规定,对于公章的问题确定了"看人不看章"的原则,即关键看盖章之人有无代表权或代理权。有代表权或代理权的,即便没盖章或假盖章,也可构成有权代表或有权代理;反之,无代表权或代理权的,即便盖真章,合同也并非有效。同时,结合职权范围判断有无代表权或代理权。明显超出代表或者代理权限的,构成无权代表或无权代理。

**第二十三条** 法定代表人、负责人或者代理人与相对人恶意串通,以法人、非法人组织的名义订立合同,损害法人、非法人组织的合法权益,法人、非法人组织主张不承担民事责任的,人民法院应予支持。

法人、非法人组织请求法定代表人、负责人或者代理人与相对人对因此受到的损失承担连带赔偿责任的,人民法院应予支持。

根据法人、非法人组织的举证,综合考虑当事人之间的交易习惯、合同在订立时是否显失公平、相关人员是否获取了不正当利益、合同的履行情况等因素,人民法院能够认定法定代表人、负责人或者代理人与相对人存在恶意串通的高度可能性的，可以要求前述人员就合同订立、履行的过程等相关事实作出陈述或者提供相应的证据。其无正当理由拒绝作出陈述，或者所作陈述不具合理性又不能提供相应证据的，人民法院可以认定恶意串通的事实成立。

**※法规解读：**本条规定是《民法典》第一百五十四条“恶意串通法律行为”和第一百六十四条第二款“不当代理”法律责任规定在超越职务代理权限和越权代表情形下的具体应用。其中，代理人或代表人与相对人恶意串通，以非法人组织名义订立的合同，当然属于无效合同；而被代理人（职务代理和法定代表的被代表方——法人、非法人组织）则有权要求不当代理人/代表人和合同相对人承担连带赔偿责任。

此外，本条另一个比较创新的点在于第三款规定，其将第一款规定情形下的“恶意串通”的证明标准予以降低。根据《民事诉讼法》及其司法解释的规定，欺诈、恶意串通等案件的证明标准采用了较高的“排除合理怀疑”标准，而非一般民事诉讼案件的高度盖然性标准。但是，本条第三款融合了高度盖然性标准和排除合理怀疑标准，明确规定在原告的举证满足高度盖然性标准的情况下，将举证责任转移至合同相对方，法院有权要求合同相对人对涉嫌恶意串通合同的订立、履行过程进行陈述、举证，如果相对人拒不陈述或陈述不具合理性又不能提供相应证据，则可以认定恶意串通成立。这样一来，原告的举证义务大大减轻，其目的也在于严打职务代理人损害公司利益的行为，维护公司利益，体现了司法裁判理念和价值取向。

## 关联法规索引

《民法典》第 61 条；《最高人民法院关于适用〈中华人民共和国民法典〉合同编通则若干问题的解释》第 22、23 条

**第五百零五条　【当事人超越经营范围订立的合同效力】当事人超越经营范围订立的合同的效力，应当依照本法第一编第六章第三节和本编的有关规定确定，不得仅以超越经营范围确认合同无效。**

## 条文解读

本条是关于当事人超越经营范围订立合同的效力规定。此处当事人主要是指法人、非法人组织和个体工商户，其经营的许可范围体现在营业执照中。通常认为，当

事人超越经营范围订立的合同具有效力瑕疵,但根据本条规定,超越经营范围而订立的合同,其效力应当根据本法总则编第六章第三节和本编的有关规定确定。也就是说,单独发生的超越经营范围本身并不是一种效力瑕疵。因为承认了超越经营范围订立合同的效力,既不会伤害相对方的合法权益,也不会影响市场交易秩序:如果超越经营范围没有导致商品或者服务瑕疵,则相对方仍可以实现合同目的,无须救济;如果超越经营范围确实导致了商品或者服务瑕疵,相对方则可以基于有效合同请求经营者承担违约责任,赔偿损失。同时,即使超越经营范围订立的合同有效,经营者也会被根据情节的轻重给予警告、罚款、扣缴、停业整顿、没收非法所得、吊销营业执照等不同程度的行政处罚。

## 配套法规及解读

**《最高人民法院关于审理期货纠纷案件若干问题的规定》(2020 年 12 月 29 日修正)**

**第十二条** 期货公司设立的取得营业执照和经营许可证的分公司、营业部等分支机构超出经营范围开展经营活动所产生的民事责任,该分支机构不能承担的,由期货公司承担。

客户有过错的,应当承担相应的民事责任。

**※法规解读:**根据《民法典》对民事主体的规定,分公司是总公司下属直接从事业务经营活动的分支机构或附属机构,在业务、资金、人事等方面受总公司管辖,在法律和经济上没有独立性。因为分公司不具有企业法人资格,不能独立承担民事责任,由总公司的资产对分公司的债务承担法律责任。法人依法设立的分支机构以自己的名义从事民事活动,产生的民事责任由法人承担;也可以先以该分支机构管理的财产承担,不足以承担的,由法人承担。

本条规定了期货公司设立分公司、营业部等分支机构超出经营范围开展经营活动的民事责任承担主体,由于分支机构不具有独立法人资格,该民事责任由期货公司承担。

## 关联法规索引

《民法典》第 143 ~ 157 条

**第五百零六条 【免责条款效力】** 合同中的下列免责条款无效:

(一)造成对方人身损害的;

(二)因故意或者重大过失造成对方财产损失的。

## 条文解读

本条规定的是合同中免责条款的效力。合同中的免责条款,是指当事人双方在合同中约定的全部免除或者部分免除一方或者双方当事人未来有可能产生的违约责任的条款。

违约责任不同于侵权责任。违约责任中的免责事由主要是当事人约定的,只有少部分是法律规定的(如不可抗力和对方过错);而侵权责任中的免责条款都是法律规定,如果当事人约定免责事由其性质则变为合同。虽然《民法典》承认当事人约定违约免责条款的效力,但如果此约定符合《民法典》总则编第六章第三节和本编其他规定确认的合同无效、可撤销或者效力待定情形的,按照上述合同效力瑕疵的有关规定处理。除此之外,本条还规定了两种除《民法典》总则编第六章第三节和本编其他规定的,专属于违约责任免责条款的无效事由:

(1)合同中约定的造成对方人身伤害的免责条款无效,即合同中约定一方的当事人在执行合同中造成对方人身伤害的不能约定免责。

(2)合同中约定的因故意或者重大过失造成对方财产损失的免责条款无效,即合同中约定一方当事人因故意或者重大过失在执行合同中造成对方财产伤害的不能通过约定免责,因一般过失在执行合同中造成对方财产伤害的可以通过约定免责。故意,是指行为人知道自己行为的后果并且追求或者放任这种结果发生的主观心理状态;过失,是指行为人能预见到自己行为的后果,但因为疏忽大意没有预见到,或者已经预见到自己行为的后果但轻信不会发生的主观心理状态;重大过失,是指情节严重的过失;一般过失,是指情节轻微的过失。

## 关联法规索引

《民法典》第497条;《海商法》第126条;《保险法》第19条;《民用航空法》第130条;《消费者权益保护法》第26条

**第五百零七条　【争议解决条款效力】**合同不生效、无效、被撤销或者终止的，不影响合同中有关解决争议方法的条款的效力。

## 条文解读

本条规定的是合同争议解决条款的效力。合同争议解决条款，是指当事人在合同中约定用来解决争议的手段和途径的条款，如仲裁条款、协议选择受诉法院的条款、选择处理涉外合同争议所适用法律的条款（法律适用条款）等。这些条款本身具有独立性，即使合同的效力最终被认定为无效，或者因撤销权行使、追认权放弃或者其他合同生效要件的缺失（不生效），也属于或者可能属于合同争议条款的调整范围，故只要这些条款本身不具有效力瑕疵，是合法有效的，就不受其他合同效力瑕疵的影响。

## 配套法规及解读

**《最高人民法院关于适用〈中华人民共和国民法典〉合同编通则若干问题的解释》（2023年12月4日）**

**第二十四条**　合同不成立、无效、被撤销或者确定不发生效力，当事人请求返还财产，经审查财产能够返还的，人民法院应当根据案件具体情况，单独或者合并适用返还占有的标的物、更正登记簿册记载等方式；经审查财产不能返还或者没有必要返还的，人民法院应当以认定合同不成立、无效、被撤销或者确定不发生效力之日该财产的市场价值或者以其他合理方式计算的价值为基准判决折价补偿。

除前款规定的情形外，当事人还请求赔偿损失的，人民法院应当结合财产返还或者折价补偿的情况，综合考虑财产增值收益和贬值损失、交易成本的支出等事实，按照双方当事人的过错程度及原因力大小，根据诚信原则和公平原则，合理确定损失赔偿额。

合同不成立、无效、被撤销或者确定不发生效力，当事人的行为涉嫌违法且未经处理，可能导致一方或者双方通过违法行为获得不当利益的，人民法院应当向有关行政管理部门提出司法建议。当事人的行为涉嫌犯罪的，应当将案件线索移送刑事侦查机关；属于刑事自诉案件的，应当告知当事人可以向有管辖权的人民法院另行提起诉讼。

**第二十五条**　合同不成立、无效、被撤销或者确定不发生效力，有权请求返还价款或者报酬的当事人一方请求对方支付资金占用费的，人民法院应当在当事人请求的范围内按照中国人民银行授权全国银行间同业拆借中心公布的一年期贷款市场报价利率（LPR）计算。但是，占用资金的当事人对于合同不成立、无效、被撤销或者确定不发生效力没有过错的，应当以中国人民银行公布的同期同类存款基准利率计算。

双方互负返还义务，当事人主张同时履行的，人民法院应予支持；占有标的物的一方对标的物存在使用或者依法可以使用的情形，对方请求将其应支付的资金占用费与应收取的标的物使用费相互抵销的，人民法院应予支持，但是法律另有规定的除外。

**※法规解读：**第二十四条、第二十五条完善了“合同不成立、无效、被撤销或者确定不发生效力”的法律后果：第一，在返还财产的方式上，可根据案件情况选择单独或合并适用返还占有的标的物或者更正登记簿册记载；第二，在折价补偿标准上，将《全国法院民商事审判工作会议纪要》第三十三条规定的“以约定价为主、以转售价或其他获益情况为辅”的计算方式修改为市场价为准，以合同被认定不成立、无效或者确定不发生效力之日为起算点；第三，在损害赔偿方面，细化资金占用费计算规定，占用资金的当事人有过错的按照 LPR 计算，无过错的按照同期同类存款基准利率计算。另外，第二十五条第二款则规定了相互返还中的同时履行抗辩的问题，肯定了在双方相互返还时可以主张同时履行。

## 关联法规索引

《民法典》第 156 条；《仲裁法》第 19 条；《最高人民法院关于适用〈中华人民共和国民法典〉合同编通则若干问题的解释》第 24、25 条

**第五百零八条　【合同效力援引规定】本编对合同的效力没有规定的，适用本法第一编第六章的有关规定。**

## 条文解读

本条是关于合同效力援引的规定。合同的效力问题主要包含两种：一种是专属于合同的效力问题；另一种是非专属于合同的效力问题，而是因为组成合同的意思表示瑕疵而引起的效力问题，这部分效力问题本质是民事法律行为的效力问题，既可以在合同中应用，也可以在单方允诺中应用。实际上，第一类合同效力问题属于小部

分，第二类合同效力问题才属于大部分。而本编规定的则是第一类合同效力问题。所以，在判断合同效力时，大部分的情况实际并没有体现在本编规定之中，而体现在本法总则编第六章关于民事法律行为的效力规定之中。故本条规定，本编没有规定的合同效力问题，应适用本法总则编第六章的有关规定，即民事法律行为的效力规定。

## 配套法规及解读

**《最高人民法院关于适用〈中华人民共和国民法典〉合同编通则若干问题的解释》(2023 年 12 月 4 日)**

**第二十条** 法律、行政法规为限制法人的法定代表人或者非法人组织的负责人的代表权，规定合同所涉事项应当由法人、非法人组织的权力机构或者决策机构决议，或者应当由法人、非法人组织的执行机构决定，法定代表人、负责人未取得授权而以法人、非法人组织的名义订立合同，未尽到合理审查义务的相对人主张该合同对法人、非法人组织发生效力并由其承担违约责任的，人民法院不予支持，但是法人、非法人组织有过错的，可以参照民法典第一百五十七条的规定判决其承担相应的赔偿责任。相对人已尽到合理审查义务，构成表见代表的，人民法院应当依据民法典第五百零四条的规定处理。

合同所涉事项未超越法律、行政法规规定的法定代表人或者负责人的代表权限，但是超越法人、非法人组织的章程或者权力机构等对代表权的限制，相对人主张该合同对法人、非法人组织发生效力并由其承担违约责任的，人民法院依法予以支持。但是，法人、非法人组织举证证明相对人知道或者应当知道该限制的除外。

法人、非法人组织承担民事责任后，向有过错的法定代表人、负责人追偿因越权代表行为造成的损失的，人民法院依法予以支持。法律、司法解释对法定代表人、负责人的民事责任另有规定的，依照其规定。

**※法规解读：**本条针对的是法定代表人或负责人的越权代表订立合同的效力问题：(1)对超越职权的判定条件进行了细化；(2)组织内部的职权限制不能对抗善意相对人；(3)确立内部追偿原则。虽然本条与本解释第二十一条规定针对的主体不同，但是其立法目的和价值取向则完全一致，均区分法律和行政法规规定的职务权限和公司内部章程规定的职务权限两种不同情形。其中，法律、行政法规规定必须由公司权力机构、执行机构决策和行使的事项和权力，法定代表人越权代表的，合同相对人应举证证明其已尽到审查义务，与之相似的就是《全国法院民商事审判工作会议纪

要》和《最高人民法院关于适用〈中华人民共和国民法典〉有关担保制度的解释》中有关公司越权对外担保的相关规定。如果是公司章程等内部规定对法定代表人的职权限制,则与职务代理情形的处理规则一致,应由公司举证证明合同相对人对内部限制性规定知道或应当知道,否则合同就对公司产生法律效力。

## 关联法规索引

《民法典》第 143 ~ 160 条;《最高人民法院关于适用〈中华人民共和国民法典〉合同编通则若干问题的解释》第 20 条

# 第四章　合同的履行

## 本章介绍

本章是《民法典》合同编关于合同履行的规定。合同编的通则部分全面构建了一个合同从产生到消灭的全过程，其全过程包括：合同的订立—合同的效力—合同的履行—合同的保全—合同的变更与转让—合同的权利义务终止。当合同经过了成立的事实判断和生效的价值判断之后便产生了合同之债，随即也就产生了合同的履行义务。合同履行是指合同当事人按照合同的约定或者法律的规定，全面地、正确地履行自己所承担的义务，使债权人的合同债权得到实现。合同的灵魂是其目的，即当事人订立合同的目标，而合同目的实现需要当事人全面地、正确地履行合同义务。同时，合同义务的履行也是合同的最终归宿之一，如果当事人不履行合同义务或者履行义务不合格则会产生违约责任，故合同的履行是合同编的核心问题。

**第五百零九条　【合同履行的原则】当事人应当按照约定全面履行自己的义务。**

**当事人应当遵循诚信原则，根据合同的性质、目的和交易习惯履行通知、协助、保密等义务。**

**当事人在履行合同过程中，应当避免浪费资源、污染环境和破坏生态。**

## 条文解读

本条规定了履行合同应遵循的原则。合同的履行，是指合同当事人履行合同义务的行为。在合同履行阶段，合同当事人所负义务可以分为两类：一类是给付义务，即基于当事人约定而产生的义务；另一类是附随义务，即基于法律规定而产生的义务。本条规定的前半部分确定了合同履行的两个原则，这两个原则分别针对给付义务的履行和附随义务的履行而作出：“当事人应当按照约定全面履行自己的义务”为“全面履行原则”，针对的是由合同约定而产生的给付义务履行；“当事人应当遵循诚信原则，根据合同的性质、目的和交易习惯履行通知、协助、保密等义务”为“诚实信用原则”,针对的是由法律规定而产生的附随义务履行。本条规定的后半部分,即为“当事人在履行合同过程中,应当避免浪费资源、污染环境和破坏生态”。这意味着本法对合同的履行除确认了全面履行原则和诚实信用原则外,还确认了第三个原则,即“资源、环境以及生态的保护原则”。这体现了法律对资源、环境、生态保护的重视程度和规制力度,已超出了环境保护法,甚至超出了公法系统,渗入私法中的方方面面。

## 配套法规及解读

**《最高人民法院关于适用〈中华人民共和国民法典〉合同编通则若干问题的解释》(2023年12月4日)**

**第二十六条**　当事人一方未根据法律规定或者合同约定履行开具发票、提供证明文件等非主要债务,对方请求继续履行该债务并赔偿因怠于履行该债务造成的损失的,人民法院依法予以支持;对方请求解除合同的,人民法院不予支持,但是不履行该债务致使不能实现合同目的或者当事人另有约定的除外。

**※法规解读:**本条规定了不履行从给付义务产生的法律后果,除非不履行从给付义务致使不能实现合同目的或者当事人另有约定,当事人不得仅以对方当事人未履行该义务请求解除合同。

**第二十七条**　债务人或者第三人与债权人在债务履行期限届满后达成以物抵债协议,不存在影响合同效力情形的,人民法院应当认定该协议自当事人意思表示一致时生效。

债务人或者第三人履行以物抵债协议后,人民法院应当认定相应的原债务同时消灭;债务人或者第三人未按照约定履行以物抵债协议,经催告后在合理期限内仍不履行,债权人选择请求履行原债务或者以物抵债协议的,人民法院应予支持,但是法律另有规定或者当事人另有约定的除外。

前款规定的以物抵债协议经人民法院确认或者人民法院根据当事人达成的以物抵债协议制作成调解书,债权人主张财产权利自确认书、调解书生效时发生变动或者具有对抗善意第三人效力的,人民法院不予支持。

债务人或者第三人以自己不享有所有权或者处分权的财产权利订立以物抵债协议的,依据本解释第十九条的规定处理。

**※法规解读:**本条针对债务履行期限届满后达成的以物抵债协议,明确了协议自当事人意思表示一致时生效,即以物抵债协议是诺成合同而非实践合同。本条还对以物抵债与原债权债务之间的关系进行了界定,除法律另有规定或者当事人另有约

定，履行期限届满后达成的以物抵债协议一般构成“新债清偿”，即达成协议后原债务并不消灭，如果债务人或者第三人不履行以物抵债协议，经债权人催告在合理期间仍不履行，则债权人可以选择履行原债务或者以物抵债协议。同时规定，即使人民法院依据以物抵债协议制作了确认书或者调解书，也不意味着债权人即可据此取得标的物的所有权或其权利可以对抗善意第三人。此外，债务人或者第三人以自己不享有所有权或者处分权的财产权利订立以物抵债协议的，适用关于无权处分合同的规定。

**第二十八条** 债务人或者第三人与债权人在债务履行期限届满前达成以物抵债协议的，人民法院应当在审理债权债务关系的基础上认定该协议的效力。

当事人约定债务人到期没有清偿债务，债权人可以对抵债财产拍卖、变卖、折价以实现债权的，人民法院应当认定该约定有效。当事人约定债务人到期没有清偿债务，抵债财产归债权人所有的，人民法院应当认定该约定无效，但是不影响其他部分的效力；债权人请求对抵债财产拍卖、变卖、折价以实现债权的，人民法院应予支持。

当事人订立前款规定的以物抵债协议后，债务人或者第三人未将财产权利转移至债权人名下，债权人主张优先受偿的，人民法院不予支持；债务人或者第三人已将财产权利转移至债权人名下的，依据《最高人民法院关于适用〈中华人民共和国民法典〉有关担保制度的解释》第六十八条的规定处理。

**※法规解读：**本条功能基本上与《最高人民法院关于适用〈中华人民共和国民法典〉有关担保制度的解释》第六十八条重合，规定于合同编司法解释中，更多是服务于此司法解释体系上的完整性。本条第一款、第二款旨在明确担保型以物抵债的效力，以区别于流质禁令。原则上，包含了“拍卖、变卖、折价”程序的担保性约定，应为有效。第三款旨在明确优先受偿效力以公示为要件。

## 关联法规索引

《民法典》第7、9、118、119、176条；《保障中小企业款项支付条例》第8条；《最高人民法院关于适用〈中华人民共和国民法典〉合同编通则若干问题的解释》第27、28条

**第五百一十条 【合同的漏洞填补】合同生效后，当事人就质量、价款或者报酬、履行地点等内容没有约定或者约定不明确的，可以协议补充；不能达成补充协议的，按照合同相关条款或者交易习惯确定。**

**第五百一十一条　【合同的漏洞填补】** 当事人就有关合同内容约定不明确，依据前条规定仍不能确定的，适用下列规定：

（一）质量要求不明确的，按照强制性国家标准履行；没有强制性国家标准的，按照推荐性国家标准履行；没有推荐性国家标准的，按照行业标准履行；没有国家标准、行业标准的，按照通常标准或者符合合同目的的特定标准履行。

（二）价款或者报酬不明确的，按照订立合同时履行地的市场价格履行；依法应当执行政府定价或者政府指导价的，依照规定履行。

（三）履行地点不明确，给付货币的，在接受货币一方所在地履行；交付不动产的，在不动产所在地履行；其他标的，在履行义务一方所在地履行。

（四）履行期限不明确的，债务人可以随时履行，债权人也可以随时请求履行，但是应当给对方必要的准备时间。

（五）履行方式不明确的，按照有利于实现合同目的的方式履行。

（六）履行费用的负担不明确的，由履行义务一方负担；因债权人原因增加的履行费用，由债权人负担。

## 条文解读

第五百一十条和第五百一十一条是关于合同漏洞填补的规定。其中，第五百一十条是合同漏洞填补的一般规定，第五百一十一条是合同漏洞填补的特别规定。

合同的漏洞填补，是指在合同中存在当事人约定不明确或根本没有规定，且无法用合同条款的解释方法加以确定的情况下，需要通过法律规定，使不完备的合同在内容上趋于完备，进而使当事人的合同权利义务得以明确。这些规则就是关于合同漏洞填补的规定。判断一个合同是否成立的标准是合同是否明确约定了当事人的姓名或者名称、标的及数量。只要一个合同对上述三个问题有明确约定，那么该合同就能够成立，反之则不成立。也就是说，对于标的的质量、价款、报酬、履行期限、履行地点、履行方式、违约责任、争议解决方法等问题，即使合同没有约定，也不影响合同的成立。而这些问题又确实影响合同义务的履行。这就导致在实践中总有一部分合同是成立的，但因合同条款的漏洞而使双方当事人权利义务不清。此时，就需要本条规定帮助补足合同条款的漏洞，明确双方当事人之间的权利和义务。

根据第五百一十条的规定，合同的漏洞补充原则上分成以下三个步骤：第一步是协议补充，如果当事人之间能就合同没有约定或者约定不明确的达成补充协议为最佳选择，因为补充协议最能体现当事人真实意思；第二步是按照合同相关条款或者交易习惯确定,如果当事人无法就合同没有约定或者约定不明确的达成补充协议,那么合同的补充就只能依赖于合同相关条款和交易习惯;第三步是依据本法第五百一十一条的具体规定确定,如果当事人之间既无法达成补充协议,又无法根据合同相关条款或者交易习惯来确定,那就意味着对当事人真实意思的推测陷入了困境,此时为保证合同履行的公平性,法律规定了一套最中立的合同补充规则,也是合同漏洞填补的底线条款,即使在无计可施的情况下,也可以依据此条确定合同内容,保证合同的正常履行。

根据第五百一十一条的规定,法律规定了六种合同漏洞的填补方法,即质量、价款或者报酬、履行地点、履行期限、履行方式、履行费用负担。结合合同应当确定的内容,发现其中不包括违约责任和争议解决方法的规定。这是因为违约责任的相关问题被规定在本编通则部分第八章之中,而争议解决方法则被规定在其他法律之中(如管辖法院等问题被规定在民事诉讼法中)。

1. 对合同标的质量的规定

当事人对合同标的质量要求未约定,且无法通过合同解释加以明确的,按照如下规则确定:(1)有强制性国家标准的,按强制性国家标准;(2)没有强制性国家标准的,按推荐性国家标准履行;(3)没有推荐性国家标准的,按行业标准履行;(4)没有行业标准的,按通常标准或者符合合同目的的特定标准履行(国家标准和行业标准都没有的情况,按通常标准履行,但通常标准往往难以确定,所以"实现合同目的"就作为底线标准存在)。

2. 对合同标的价款或者报酬的规定

当事人对合同价款或者报酬未约定,且无法通过合同解释加以明确的,按照如下规定确定:(1)合同标的依法应当执行政府定价或者政府指导价的,按照政府定价或政府指导价履行。(2)合同标的没有政府定价或者政府指导价的,应按照订立合同时履行地的市场价格履行。合同履行时,履行地的市场价格发生波动的,分为两种情况:第一,如为可预见的正常波动,则为商业风险,仍按照订立合同时履行的市场价格履行。第二,如为无法预见的非正常波动,且仍按照订立合同时履行的市场价格履行会对当事人一方造成明显不公平或者不能实现合同目的,则为情势变更,当事人有权解除合同。

3. 对合同履行地点的规定

当事人对合同履行地点未约定,且无法通过合同解释加以明确的,按照如下规定确定:(1)交付不动产的,在不动产所在地履行;(2)交付货币或者其他动产的,给付货币的,在接受货币一方所在地履行;给付其他动产的,在交付其他动产一方所在地履行。

由此可以看出，如果将“货币”和“其他动产”视为动产的买卖交易中的“钱”和“货”的话，那么在当事人对合同履行地点未约定，且无法通过其他手段加以明确的情况下，法律所确立的原则，即为“卖方所在地”原则，即履行地点为卖方所在地。

4. 对合同履行期限的规定

当事人对合同履行期限未约定，且无法通过合同解释加以明确的，按照如下规定确定：(1)债务人可以随时履行；(2)债权人可以随时要求履行，但应当给对方必要的准备时间。

5. 对合同履行方式的规定

当事人对合同履行方式未约定，且无法通过合同解释加以明确的，按照如下规定确定：履行方式不明确的，按照有利于实现合同目的的方式履行。

6. 对合同履行费用负担的规定

当事人对合同履行费用负担未约定，且无法通过合同解释加以明确的，按照如下规定确定：履行费用的负担不明确的，由履行义务一方负担；因债权人原因增加的履行费用，由债权人负担。

## 配套法规及解读

**《最高人民法院关于审理矿业权纠纷案件适用法律若干问题的解释》(2020年12月29日修正)**

**第七条**　矿业权转让合同依法成立后，在不具有法定无效情形下，受让人请求转让人履行报批义务或者转让人请求受让人履行协助报批义务的，人民法院应予支持，但法律上或者事实上不具备履行条件的除外。

人民法院可以依据案件事实和受让人的请求，判决受让人代为办理报批手续，转让人应当履行协助义务，并承担由此产生的费用。

**※法规解读：**在通常情形下，合同于成立之时即生效。对应当办理批准手续的合同而言，合同的生效除需满足合同成立这个条件外，还需满足获得“批准”的特别条件。本条则是关于矿业权转让合同中转让人报批义务的规定。矿业权转让合同自依法成立之日起具有法律约束力，当事人应当遵照“有约必守”的原则，依约履行自己的义务，包括办理报批或者协助报批义务，该义务基于诚信原则或者当事人的特别约定而产生。当事人一方请求另一方履行报批或者协助报批义务，人民法院原则上应予支持。转让人无正当理由拒不履行报批义务的，受让人则有权解除转让合同并要求转让人承担违约责任。

**《最高人民法院关于适用〈中华人民共和国民事诉讼法〉的解释》(2022年4月1日修正)**

**第十八条** 合同约定履行地点的,以约定的履行地点为合同履行地。

合同对履行地点没有约定或者约定不明确,争议标的为给付货币的,接收货币一方所在地为合同履行地;交付不动产的,不动产所在地为合同履行地;其他标的,履行义务一方所在地为合同履行地。即时结清的合同,交易行为地为合同履行地。

合同没有实际履行,当事人双方住所地都不在合同约定的履行地的,由被告住所地人民法院管辖。

**※法规解读:**确认合同履行地是确定法院管辖的前提步骤,本条第一款容易理解,第二款中"争议标的为给付货币"是指争议的合同义务本身是以给付货币为内容,故合同履行地应当是在出卖方,由出卖人所在地人民法院管辖。同样是买卖合同,如买方要求卖方支付违约金或赔偿损失,此诉讼请求并非基于合同中给付货币义务产生,因为卖方的义务并非支付货币,而是交付涉案买卖合同中的标的物,所以在此种情况下,应当适用"其他标的,履行义务一方所在地为合同履行地"确认卖方所在地为合同履行地。

**《最高人民法院关于适用〈中华人民共和国保险法〉若干问题的解释(二)》(2020年12月29日修正)**

**第十四条** 保险合同中记载的内容不一致的,按照下列规则认定:

(一)投保单与保险单或者其他保险凭证不一致的,以投保单为准。但不一致的情形系经保险人说明并经投保人同意的,以投保人签收的保险单或者其他保险凭证载明的内容为准;

(二)非格式条款与格式条款不一致的,以非格式条款为准;

(三)保险凭证记载的时间不同的,以形成时间在后的为准;

(四)保险凭证存在手写和打印两种方式的,以双方签字、盖章的手写部分的内容为准。

**※法规解读:**本条规定的目的是,根据合同成立的基本原理,解决实务中存在的保险公司经营普遍不够规范,经常出现投保单与保险单、其他保险凭证不一致,或者非格式条款与格式条款不一致,或者保险凭证记载的时间不一致,或者保险凭证的内容记载方式不一致等问题。这些问题直接关系到被保险人能否获得保险赔付,该条规定为法院统一处理该类型案件提供了直接的法律依据。

首先,本条关于保险单记载事项的法律效力层级的规定,大大提高了对保险公司单证管理和单证记载事项管理的要求程度。这些要求都是为保证在合同成立时意思表示的一致性。这要求保险公司与客户的沟通水平和沟通手段都要达到一个新的层次。

其次，本条关于保险合同内容认定规则的规定，属于强行性规范，当事人不能以约定排除其适用。因此，现有部分保险公司在保险条款中设置的诸如“投保单与保险单不一致的，即便未经保险人说明，亦应以保险单载明的内容为准”“本公司对保险合同条款拥有最终解释权”等约定，也可能因违反了本条的强制性规定，属于无效条款。

## 关联法规索引

《民法典》第582、602、603、616、619、626~628、637、674、675、709、721、730、757、782、831、833、858、861、875、902、955、963、976条；《标准化法》第10~12条；《最高人民法院关于审理民间借贷案件适用法律若干问题的规定》第3条

**第五百一十二条　【电子合同标的交付时间】通过互联网等信息网络订立的电子合同的标的为交付商品并采用快递物流方式交付的，收货人的签收时间为交付时间。电子合同的标的为提供服务的，生成的电子凭证或者实物凭证中载明的时间为提供服务时间；前述凭证没有载明时间或者载明时间与实际提供服务时间不一致的，以实际提供服务的时间为准。**

**电子合同的标的物为采用在线传输方式交付的，合同标的物进入对方当事人指定的特定系统且能够检索识别的时间为交付时间。**

**电子合同当事人对交付商品或者提供服务的方式、时间另有约定的，按照其约定。**

## 条文解读

本条规定了电子合同标的交付的时间。电子合同，又称电子商务合同，是指双方或者多方当事人之间通过电子信息网络以电子的形式达成的设立、变更、终止财产性民事权利义务关系的协议。电子合同的标的交付时间根据其不同的交付方式而不同。电子合同的标的交付方式分为以下三种：第一种是电子合同的标的为提供服务；第二种是电子合同的标的通过快递物流方式交付；第三种是电子合同的标的通过在线传输方式交付。

（1）电子合同的标的为提供服务的，就意味着该合同没有标的物，也就无法通过

快递物流方式或者通过在线传输方式交付。所以,在这种情况下,为了方便确认实际提供服务的时间,法律规定以电子凭证为标准,即“生成的电子凭证或者实物凭证中载明的时间为提供服务时间”。在一般情况下,电子凭证或者实物凭证会载明时间,且此时间就是提供服务的时间。既然有一般情况,就一定有特殊情况,一是电子凭证或者实物凭证没有载明时间的,二是电子凭证或者实物凭证载明时间与实际提供服务时间不一致的,此时只能以实际提供服务的时间为标准。

(2)电子合同的标的通过快递物流方式交付的,此时收货人的签收时间为交付时间。

(3)电子合同的标的通过在线传输方式交付的,合同标的进入对方当事人指定的系统且能够检索识别的时间为交付时间。

本条第三款还规定,电子合同当事人对交付商品或者提供服务的方式或者时间另有约定的,按照其约定。说明本款属于任意性规定,补充当事人之间未约定或约定不明的内容。也就意味着,本款针对的是当事人在合同中未明确约定交付时间和交付方式时的漏洞填补方式,即为本法第五百一十一条关于合同条款漏洞填补方式的延展。

## 配套法规及解读

**《最高人民法院关于审理买卖合同纠纷案件适用法律问题的解释》(2020 年 12 月 29 日修正)**

**第二条** 标的物为无需以有形载体交付的电子信息产品,当事人对交付方式约定不明确,且依照民法典第五百一十条的规定仍不能确定的,买受人收到约定的电子信息产品或者权利凭证即为交付。

**※法规解读:**买卖合同从古至今都是最为常见且最为重要的合同类型,但在不同社会阶段,买卖合同标的物范围不同,因此,物的范围也进一步扩大,电、热、声、光、气等可控的无体物也被纳入买卖合同标的物范围内。电子信息产品具有独立性、确定性、可支配性、价值性、稀缺性等法律特征,从电子信息产品交易的实践来看,主要有交付权利凭证、以在线网络传输的方式接收或者下载该产品两种交付方式。当买卖合同的标的物为无须以有形载体交付的电子信息产品时,如果当事人对交付方式约定不明确,且按照《民法典》第五百一十条规定仍不能确定的,买受人收到约定的电子信息产品或者权利凭证即为交付。

## 关联法规索引

《电子商务法》第52~57条;《最高人民法院关于适用〈中华人民共和国民事诉讼法〉的解释》第20条

**第五百一十三条　【政府定价、政府指导价】执行政府定价或者政府指导价的,在合同约定的交付期限内政府价格调整时,按照交付时的价格计价。逾期交付标的物的,遇价格上涨时,按照原价格执行;价格下降时,按照新价格执行。逾期提取标的物或者逾期付款的,遇价格上涨时,按照新价格执行;价格下降时,按照原价格执行。**

## 条文解读

本条规定了执行政府定价或者政府指导价的合同履行,是关于本法第五百一十一条中对合同价款或者报酬未约定或约定不明确的补充。现阶段我们的市场交易价格主要分为以下三类:一是市场价,二是政府定价,三是政府指导价。市场价,是指由经营者自主执行,通过市场竞争机制形成的价格;政府定价,是指由政府有关部门依其职权制定的价格,经营者不能变动;政府指导价,是指政府有关部门依其职权规定基准价格及其浮动幅度,指导经营者制定价格。虽然大部分的商品或者服务交易的合同应按市场价履行,但仍存在一部分合同应按政府定价或者政府指导价履行。虽然政府定价或者政府指导价对于市场价而言更稳定,但也会发生一定调整。如果在合同约定的履行期限之内,政府定价或者政府指导价调整的,应当按照履行时的政府定价或者政府指导价执行。如果在合同约定的履行期限之外(发生了一方延迟履行的情况),政府定价或者政府指导价调整的,应当按照不利于违约方的价格履行:卖方逾期交付标的物的,价格上涨时应当按照原价格执行,价格下降时应当按照新价格执行;买方逾期受领标的物或者逾期付款的,价格上涨时按照新价格执行,价格下降时按照原价格执行。

**第五百一十四条　【金钱之债中对于履行币种约定不明时的处理】以支付金钱为内容的债,除法律另有规定或者当事人另有约定外,债权人可以请求债务人以实际履行地的法定货币履行。**

**条文解读**

本条规定了以支付金钱为内容的合同履行，是关于本法第五百一十一条中对合同履行方式未约定或约定不明确的补充。值得注意的是，本章中法律规定的是合同的履行，但本条中法律规定的是以支付金钱为内容的“债”而非“合同”。如此用词的原因在于，在双务合同中，如果一方的义务是支付金钱而另一方的义务是提供商品或者服务，那就意味着，在此合同中存在两个债：一为支付金钱，二为提供商品或者服务。本条规定的是“支付金钱”这一方的债的履行，而非“提供商品或者服务”这一方的债的履行。其规则为：除法律另有规定或者当事人另有约定外，债权人可以请求债务人以实际履行地的法定货币履行。即金钱之债中，如果对于履行币种约定不明，应以实际履行地的法定货币履行，但法律另有规定或者当事人另有约定的依照法律规定或者当事人约定的货币履行。

**第五百一十五条　【选择之债】**标的有多项而债务人只需履行其中一项的，债务人享有选择权；但是，法律另有规定、当事人另有约定或者另有交易习惯的除外。

享有选择权的当事人在约定期限内或者履行期限届满未作选择，经催告后在合理期限内仍未选择的，选择权转移至对方。

**第五百一十六条　【选择之债】**当事人行使选择权应当及时通知对方，通知到达对方时，标的确定。标的确定后不得变更，但是经对方同意的除外。

可选择的标的发生不能履行情形的，享有选择权的当事人不得选择不能履行的标的，但是该不能履行的情形是由对方造成的除外。

**条文解读**

第五百一十五条和第五百一十六条是关于选择之债的履行规定。

首先，第五百一十五条第一款规定了选择之债的基本含义。选择之债，是指约定债务人给付义务不止一种，而是有数种，且债务人可以从约定的几种给付标的中选择一种给付的债。但法律另有规定、当事人另有约定或者另有交易习惯的除外。

其次，第五百一十五条第二款规定了选择权的行使。如果债为选择之债，债务人就享有选择权，即从约定的几种给付标的中选择一种给付权利。债务人行使选择权应在约定的期限内或者履行期限届满前。如果债务人在约定的期限内或者履行期限届满前未行使选择权，债权人应该进行催告，提醒债务人进行选择。如果债权人催告后，经过合理期限债务人仍未作出选择，债务人丧失选择权，该权利从债务人享有转移至债权人享有。

再次，第五百一十六条第一款规定了债务人选择的生效时间和变更限制。债务人行使选择权应以通知的方式，即债务人及时通知债权人其选择，债务人选择的生效时间即为通知到达债权人的时间；债务人行使选择权后一般不得变更其选择，但如果债务人和债权人的意思表示达成一致，都支持变更该选择，则选择可以变更。

最后，第五百一十六条第二款规定了可选择标的之中发生不能履行的情形。选择之债的特点就是不容易发生履行不能的情形，因为选择之债的标的不是一种而是数种，数种标的中有一种出现履行不能并不影响其他可选择标的的履行。故本款规定，债务人不能选择无法履行的标的，只能从可以履行的标的之中选择一种。但是要排除此不能履行的情形是由于债权人原因造成的情况，由债权人自己的原因造成的不能履行，债权人自己承担其不利后果。

## 关联法规索引

《民法典》第577、580、582条

**第五百一十七条 【按份之债】债权人为二人以上，标的可分，按照份额各自享有债权的，为按份债权；债务人为二人以上，标的可分，按照份额各自负担债务的，为按份债务。**

**按份债权人或者按份债务人的份额难以确定的，视为份额相同。**

## 条文解读

本条规定了按份之债的概念和履行。债分为单一之债和多数人之债。单一之债，是指债的双方人数均为一个人的债；多数人之债，是指债的双方中，一方或者双方人数为两人或者两人以上的债。同时，多数人之债又可以分为按份之债和连带之债，本条就是关于按份之债的规定。按份之债，是指在债的标的可分的前提下，债权人或者债务人按照自己的份额对外享有债权或者承担债务的债。在按份之债中，多数人一方内部不存在分配或者追偿的问题，每个债权人都只享有自己份额内的债权，每个债务人也都只承担自己份额内的债务。同时，按份的债权人或者按份的债务人享有债权或者承担债务的份额难以确定的，视为份额相同，即在按份债权人或者按份债务人之间平均分配份额。按份之债是多数人之债中最常见的债权与债务分配模式，在实践中被大量应用，故本条将其明确规定下来具有重要意义。

**第五百一十八条 【连带之债】债权人为二人以上，部分或者全部债权人均可以请求债务人履行债务的，为连带债权；债务人为二人以上，债权人可以请求部分或者全部债务人履行全部债务的，为连带债务。**

**连带债权或者连带债务，由法律规定或者当事人约定。**

## 条文解读

本条规定了连带之债的概念和履行。债分为单一之债和多数人之债。单一之债，是指债的双方人数均为一个人的债；多数人之债，是指债的双方中，一方或者双方人数为两人或者两人以上的债。同时，多数人之债又可以分为按份之债和连带之债，本条就是关于连带之债的规定。连带之债，是指债之关系的多数人一方，每个人均有权利对外主张全部债权或者均有义务对外承担全部债务。与按份之债不同，在连带之债中，多数人一方内部存在分配或者追偿的问题，例如，部分连带债权人就全部债权受偿后，有义务按照内部份额，向其他债权人分配；部分连带债务人履行全部债务后，有权利按照内部份额，向其他债务人追偿。连带之债，多数人一方系分享或分担本方债权或债务，所以在部分债权人全部受偿本方债权或部分债务人全部清偿本方债务后，会产生内部按份分配、按份追偿的问题，其份额的确定规则与第五百一十七条中按份之债的份额确定规则相同。如果我们将连带债权人或连带债务人看成一个整体，也就是说，连带债权人和连带债务人对外（连带债权人或连带债务人的相对方）形成连带关系，而对内（连带债权人或连带债务人的整体内部）形成按份关系，即“对外连带，对内按份”。另外，我们可以将按份之债作为多数人之债的一般关系，将连带之债作为多数人之债的特殊关系，故本条规定，特殊关系的形成，要么需要有法律的规定，要么需要有当事人之间的约定，否则此关系就只是按份关系而非连带关系。

## 关联法规索引

《民法典》第164、167、178条；《合伙企业法》第39、40条

**第五百一十九条　【连带债务人的份额确定及追偿权】** 连带债务人之间的份额难以确定的，视为份额相同。

实际承担债务超过自己份额的连带债务人，有权就超出部分在其他连带债务人未履行的份额范围内向其追偿，并相应地享有债权人的权利，但是不得损害债权人的利益。其他连带债务人对债权人的抗辩，可以向该债务人主张。

被追偿的连带债务人不能履行其应分担份额的，其他连带债务人应当在相应范围内按比例分担。

**第五百二十条　【连带债务的涉他效力】** 部分连带债务人履行、抵销债务或者提存标的物的，其他债务人对债权人的债务在相应范围内消灭；该债务人可以依据前条规定向其他债务人追偿。

部分连带债务人的债务被债权人免除的，在该连带债务人应当承担的份额范围内，其他债务人对债权人的债务消灭。

部分连带债务人的债务与债权人的债权同归于一人的，在扣除该债务人应当承担的份额后，债权人对其他债务人的债权继续存在。

债权人对部分连带债务人的给付受领迟延的，对其他连带债务人发生效力。

## 条文解读

第五百一十九条和第五百二十条是关于连带债务的相关规定。

连带债务人对债权人承担连带债务，即每一个债务人都有义务履行全部债务，实际履行人履行后再向其他债务人追偿，其份额按法律的规定或者当事人的约定确认，难以确认的按相同份额承担债务。在连带债务人中，一般会有部分实际承担债务的债务人，这部分债务人在实际承担债务后，有权利就超出其应当承担债务份额的部分，也就是其他债务人应当承担债务份额范围内，向其他债务人追偿。因为此追偿的权利，可以被视为部分连带债务人承担全部债务之后继受了债权人的债权，即“债权转移”。所以，承担全部债务的债务人相应地享有债权人的权利，同时其他债务人的抗辩权也从对债权人的请求权转移到对承担全部债务的债务人的抗辩权，即部分连带债务人履行债务后，在履行部分的范围内，债权人债权消灭，其他债务人的债务应向履行的连带债务人承担。同时，如果被追偿的连带债务人不能履行其应分担份额的，基于连带债务人之间的连带关系，其他连带债务人应当在相应范围内按比例分担不能履行的连带债务人的债务份额。此处需要说明的是，债务人履行债务，除了传统意义上的进行清偿之外，符合法定条件的进行“债务抵销”或者“标的物提存”，都属于“履行”的一种形式，都包含在本条所说的“履行”概念中。

除了上述连带债务的基本规定外，还存在以下三种特殊情况：

（1）在连带债务中，如果债权人免除部分连带债务人的债务，其他债务人仍对债权人承担连带责任，只不过承担的债务范围要从原来的全部债务中扣除被免责的连带债务人应当承担的份额范围。

（2）部分连带债务人的债务与债权人的债权同归于一人的（因法人合并或者继承关系导致同一人既是债权也是债务人的情况，法律上称为“混同”），应从总债务中扣除该债务人应当承担的份额，对剩余的部分债务，债权人仍有权利对其他债务人（排除已发生混同的债务人）主张。

（3）债权人延迟受领部分连带债务人的债务，该效力同样对其他连带债务人发生。

## 配套法规及解读

**《最高人民法院关于审理人身损害赔偿案件适用法律若干问题的解释》（2022 年 4 月 24 日修订）**

**第二条** 赔偿权利人起诉部分共同侵权人的，人民法院应当追加其他共同侵权人作为共同被告。赔偿权利人在诉讼中放弃对部分共同侵权人的诉讼请求的，其他共同侵权人对被放弃诉讼请求的被告应当承担的赔偿份额不承担连带责任。责任范围难以确定的，推定各共同侵权人承担同等责任。

人民法院应当将放弃诉讼请求的法律后果告知赔偿权利人，并将放弃诉讼请求的情况在法律文书中叙明。

**※法规解读：**本条主要规定和解决了以下四个问题：

第一，对共同侵权人提起的损害赔偿诉讼的性质问题。本解释采纳了《民事诉讼法》的立场和观点，并将此种诉讼界定为必要的共同诉讼。由此，赔偿权利人起诉部分共同侵权人的，人民法院应当追加其他共同侵权人作为共同被告。

第二，关于赔偿权利人仅免除部分共同侵权人责任的效力问题。本解释采纳相对效力说的观点，以充分尊重赔偿权利人对自己权利的处分自由，并平衡共同侵权人之间的利益。

第三，共同侵权人之间具体赔偿份额的确定问题。本解释采纳了以数个行为人按照过错程度或者原因力大小确定按份责任为原则、以承担同等责任为例外的立场。

第四，关于人民法院就赔偿权利人放弃对部分侵权人诉讼请求的释明问题。本条第二款规定了人民法院应当就该后果对赔偿权利人释明并在法律文书中阐述清楚。

**《最高人民法院关于审理民事案件适用诉讼时效制度若干问题的规定》(2020年12月29日修正)**

**第十五条**　对于连带债权人中的一人发生诉讼时效中断效力的事由，应当认定对其他连带债权人也发生诉讼时效中断的效力。

对于连带债务人中的一人发生诉讼时效中断效力的事由，应当认定对其他连带债务人也发生诉讼时效中断的效力。

**※法规解读：**本条第一款规定了连带债权中断事由的涉他性，第二款规定了连带债务中断事由的涉他性。在连带债权中，连带债权具有外部连带性和内部分享性，任何一个债权人主张权利或者接受给付，均可及于其他连带债权人。在连带债务中，由于所有连带债务人均对一个单一债务负有全部给付义务，权利人对任何一个债务人主张权利，中断效力也及于其他债务人。

**《最高人民法院关于适用〈中华人民共和国民法典〉有关担保制度的解释》(2020年12月31日)**

**第十三条**　同一债务有两个以上第三人提供担保，担保人之间约定相互追偿及分担份额，承担了担保责任的担保人请求其他担保人按照约定分担份额的，人民法院应予支持；担保人之间约定承担连带共同担保，或者约定相互追偿但是未约定分担份额的，各担保人按照比例分担向债务人不能追偿的部分。

同一债务有两个以上第三人提供担保，担保人之间未对相互追偿作出约定且未约定承担连带共同担保，但是各担保人在同一份合同书上签字、盖章或者按指印，承担了担保责任的担保人请求其他担保人按照比例分担向债务人不能追偿部分的，人民法院应予支持。

除前两款规定的情形外，承担了担保责任的担保人请求其他担保人分担向债务人不能追偿部分的，人民法院不予支持。

**※法规解读：**本条明确了担保人的相互追偿，两个以上第三人为同一债务提供担保的情形，担保人原则上不享有相互追偿权，仅特定情形下赋予担保人相互追偿的权利：(1)如果担保人之间约定相互追偿以及分担份额，承担了担保责任的担保人可直接要求其他担保人承担份额；(2)如果担保人之间约定了连带共同担保，或者约定相互追偿但是未约定分担份额的担保，需要先向债务人追偿，就不能追偿部分，可要求其他连带共同担保人按比例承担；(3)如果各担保人在同一份合同书上签字、盖章或者按指印，此时比照连带共同担保处理，需要先向债务人追偿，就不能追偿部分，可要

求其他连带共同担保人按比例承担。

**第十四条** 同一债务有两个以上第三人提供担保，担保人受让债权的，人民法院应当认定该行为系承担担保责任。受让债权的担保人作为债权人请求其他担保人承担担保责任的，人民法院不予支持；该担保人请求其他担保人分担相应份额的，依照本解释第十三条的规定处理。

**※法规解读：**根据《民法典》第五百二十四条的规定，第三人代为履行债务后，发生债权转让的效力，由此第三人一并取得债权人享有的主、从权利。该条是否适用于担保人承担担保责任的情形，在实践中较易引发争议。对此，本条进行了明确：(1)担保人受让债权的行为，性质上应当认定为承担担保责任的行为。(2)担保人承担担保责任后，不能代位取得债权人对其他担保人享有的权利，无权向其他担保人主张担保责任。但如果符合担保人之间相互追偿的条件，可以向其他担保人追偿。

**第二十九条** 同一债务有两个以上保证人，债权人以其已经在保证期间内依法向部分保证人行使权利为由，主张已经在保证期间内向其他保证人行使权利的，人民法院不予支持。

同一债务有两个以上保证人，保证人之间相互有追偿权，债权人未在保证期间内依法向部分保证人行使权利，导致其他保证人在承担保证责任后丧失追偿权，其他保证人主张在其不能追偿的范围内免除保证责任的，人民法院应予支持。

**※法规解读：**本条明确了共同保证中债权人行使权利的相对效力，明确保证人之间对保证期间具有独立的抗辩权。就共同保证中债权人行使权利的效力，《最高人民法院关于适用〈中华人民共和国民法典〉有关担保制度的解释》的规定较原《最高人民法院关于已承担保证责任的保证人向其他保证人行使追偿权问题的批复》有一定修改：(1)两个以上保证人为同一债务提供保证的情形下，保证期间相互独立，债权人在保证期间内向某一保证人行使权利的效力不及于其他保证人。(2)保证人享有相互追偿权的情形下，债权人未在保证期间内行使权利导致某一保证人的保证责任消灭，其他保证人可以在其不能追偿的范围内免除责任。

## 关联法规索引

《民法典》第178条

**第五百二十一条 【连带债权】连带债权人之间的份额难以确定的，视为份额相同。**

**实际受领债权的连带债权人，应当按比例向其他连带债权人返还。**
**连带债权参照适用本章连带债务的有关规定。**

## 条文解读

本条是关于连带债权的相关规定。

根据本条中“连带债权参照适用本章连带债务的有关规定”的规定可知，连带债权的问题与第五百一十九条和第五百二十条规定的连带债务问题，在大部分情况下是一致的。根据第五百一十九条、第五百二十条，连带债权的规则如下：

连带债权人对债务人享有连带债权，即每一个债权人都有权利受领全部债权，实际受领人受领后再向其他债权人返还，其份额按法律的规定或者当事人的约定确认，难以确认的按相同份额受领债权。在连带债权人中，一般会有部分实际受领债权的债权人，这部分债权人在实际受领债权后，有义务按照与其他连带债权人之间的连带债权比例，向其他债权人返还（此处是连带债权与债务规定的不同之处：连带债权无须债权人受领超过其应当受领的份额就产生返还义务；连带债务必须债务人承担超过其应当承担的份额才产生追偿权利）。因为此返还的义务，可以被视为部分连带债权人受领债权之后继受了债务人的债务，即“债务转移”。所以，受领债权的债权人相应地承担债务人的义务，同时其他债权人的请求权也从对债务人的请求权转移到对受领债权的债权人的请求权，即部分连带债权人受领债权之后，在受领部分的范围内，债务人债务消灭，其他债权人的债权应向受领的连带债权人主张。此处需要说明的是，债权人受领债权，除了传统意义上的接受清偿之外，符合法定条件的接受“债务抵销”或者“标的物提存”，都属于“受领”的一种形式，都包含在本条所说的“受领”概念中。

除了上述连带债权的基本规定外，还存在以下三种特殊情况：

（1）在连带债权中，如果部分连带债权人免除债务人的债务，其他债权人仍对债务人享有连带债权，只不过享有的债权范围要从原来的全部债权中扣除免去债务人债务的连带债权人所享有的份额范围。

（2）部分连带债权人的债权与债务人的债务同归于一人的（因法人合并或者继承关系导致同一人既是债权也是债务人的情况，法律上称为“混同”），应从总债权中扣除该债权人应当受领的份额，对剩余的部分债权，债务人仍有义务对其他债权人（排除已发生混同的债务人）清偿。

（3）债务人延迟履行部分连带债权人的债权，该效力同样对其他连带债权人发生。

## 关联法规索引

《民法典》第519、520条

**第五百二十二条 【向第三人履行的债务】**当事人约定由债务人向第三人履行债务，债务人未向第三人履行债务或者履行债务不符合约定的，应当向债权人承担违约责任。

法律规定或者当事人约定第三人可以直接请求债务人向其履行债务，第三人未在合理期限内明确拒绝，债务人未向第三人履行债务或者履行债务不符合约定的，第三人可以请求债务人承担违约责任；债务人对债权人的抗辩，可以向第三人主张。

**第五百二十三条 【由第三人履行的债务】**当事人约定由第三人向债权人履行债务，第三人不履行债务或者履行债务不符合约定的，债务人应当向债权人承担违约责任。

## 条文解读

第五百二十二条是关于"向第三人履行债务"的规定，第五百二十三条是关于"由第三人履行债务"的规定。这两条都体现了债的相对性原则。债的相对性，是指债的权利义务仅在债的当事人之间发生约束力。债的相对性包括主体的相对性、内容的相对性和责任的相对性。主体的相对性指债仅对债的当事人产生效力；内容的相对性指在债的当事人之间产生效力的仅为债的权利和义务；责任的相对性指发生债务不履行或者履行不合格时，债的权利人只能要求债的义务人承担责任，债的义务人也只能向债的权利人承担责任。在这三种相对性中，责任的相对性是核心问题。第五百二十二条与第五百二十三条即为责任相对性的规定，其中区分了以下两种情况：一是债务人向债的当事人之外的第三人履行债务，二是由债的当事人之外的第三人向债权人履行债务。根据第五百二十二条的规定，向第三人履行的债，债务人未履行或履行不合格的，债务人应当向债权人承担责任，而不应当向第三人承担责任。例如，张三向鲜花店预定99朵玫瑰，要求其在情人节当天将鲜花送往李四住所。此时债权人为张三，债务人为鲜花店，按照约定债务人鲜花店应向债权人与债务人之外的第三人履行，即李四。此时，如果鲜花店违约，鲜花店应当向张三承担责任，而不应当向李四承担责任。根据第五百二十三条的规定，由第三人履行的债，债务人未履行或履行不合格的，债权人只能要求债务人承担责任，但不能要求第三人承担责任。例如，张三向鲜花店预定99朵玫瑰，花店因人手问题让隔壁店员王五代为送花。此时债权人为张三，债务人为鲜花店，按照约定应由债权人与债务人之外的第三人向债权人张三履行，即王五。此时，如果王五违约，张三只能要求鲜花店承担责任，而不能要求王五承担责任。

相对于旧法，《民法典》合同编加入了例外情形的规定，即“法律规定或者当事人约定第三人可以直接请求债务人向其履行债务，第三人未在合理期限内明确拒绝，债务人未向第三人履行债务或者履行债务不符合约定的，第三人可以请求债务人承担违约责任；债务人对债权人的抗辩，可以向第三人主张”。在一般情况下，第三人不能直接请求债务人履行债务，但通过法律规定或者当事人约定，能够赋予第三人直接请求债务人履行债务的权利。此时，只要第三人没有在合理期限明确拒绝此项权利，那就意味着，第三人在享有直接请求债务人履行债务权利的同时，也享有在债务人不履行或履行不合格时直接要求债务人承担责任的权利，即为债的相对性突破。但根据第五百二十二条和第五百二十三条的规定，此种相对性突破只能适用在向第三人履行的债务中，不能类推适用在由第三人履行的债务中。

**配套法规及解读**

**《最高人民法院关于适用〈中华人民共和国民法典〉合同编通则若干问题的解释》(2023年12月4日)**

**第二十九条**　民法典第五百二十二条第二款规定的第三人请求债务人向自己履行债务的，人民法院应予支持；请求行使撤销权、解除权等民事权利的，人民法院不予支持，但是法律另有规定的除外。

合同依法被撤销或者被解除，债务人请求债权人返还财产的，人民法院应予支持。

债务人按照约定向第三人履行债务，第三人拒绝受领，债权人请求债务人向自己履行债务的，人民法院应予支持，但是债务人已经采取提存等方式消灭债务的除外。第三人拒绝受领或者受领迟延，债务人请求债权人赔偿因此造成的损失的，人民法院依法予以支持。

**※法规解读：**第三人利益合同在一定程度上突破了传统合同相对性的束缚，如何解释第三人权利成为焦点。《民法典》第五百二十二条第二款规定了第三人对债务人的违约责任请求权，本条在此基础上进一步明确第三人享有直接履行请求权，但不享

有解除权、撤销权等。

## 关联法规索引

《旅游法》第 71 条;《最高人民法院关于适用〈中华人民共和国民法典〉合同编通则若干问题的解释》第 29 条

**第五百二十四条 【第三人清偿规则】债务人不履行债务,第三人对履行该债务具有合法利益的,第三人有权向债权人代为履行;但是,根据债务性质、按照当事人约定或者依照法律规定只能由债务人履行的除外。**

**债权人接受第三人履行后,其对债务人的债权转让给第三人,但是债务人和第三人另有约定的除外。**

## 条文解读

本条是关于第三人清偿规则的规定。第三人清偿规则,即第三人代为履行,是指债务人以外的第三人实施的履行债务的行为。在第三人代为履行的情况下,第三人仅仅是实施履行的行为人,而不具有当事人的法律地位。换言之,代为履行的第三人并非债务人。

根据本条第一款的规定,当债务人不履行债务,且第三人对该债务的履行具有合法利益时,第三人有权向债权人代为清偿。但根据债务性质、法律规定或当事人约定该债务只能由债务人而不能由第三人履行的除外。"法律规定"和"当事人约定"需要根据具体的债的内容来判断,而"债务性质"一般指专属于债务人的债务不能由第三人代为清偿,一般包括:以"特定人"或"人身信任"为基础的债务;以"身份"为基础的债务(如基于扶养关系、抚养关系、收养关系、赡养关系、继承关系等产生的债务);以"血汗"为基础的债务(如基于养老金、抚恤金、劳动报酬、人寿保险、人身损害赔偿等产生的债务)。

根据本条第二款的规定,第三人代为履行会产生债权转移的效果。当第三人履行债务之后,虽然债权人债权全部或部分实现,但债务人债务并没有全部或部分履行,同时由于债务人的法律地位不因第三人代为履行的行为而改变,故第三人的履行行为产生了两个结果:债务人的财产应减少而未减少的受益,第三人的财产应增加而未增加的受损。此时,第三人有权向债务人就履行债务的部分进行追偿。此"追偿权”可理解为:第三人代为履行债务后,债权人的债权转移至第三人。但是债务人和第三人另有约定的除外,如债务人和第三人约定第三人的代为履行有赠与的性质,则第三人代为履行后不再享有追偿权。

**配套法规及解读**

**《最高人民法院关于人民法院办理执行异议和复议案件若干问题的规定》(2020年12月29日修正)**

**第十八条** 执行过程中,第三人因书面承诺自愿代被执行人偿还债务而被追加为被执行人后,无正当理由反悔并提出异议的,人民法院不予支持。

**※法规解读:** 执行过程中,第三人向人民法院承诺代被执行人履行债务,自愿进入执行程序承担相应义务的,属于行使处分权的行为,只要其替被执行人履行债务的意思表示真实有效,且不损害国家利益、社会公共利益和他人合法权益,人民法院对其处分行为应予认可,可以将第三人追加为被执行人,并强制执行第三人财产。第三人行使处分权的范围,亦构成人民法院对其发动强制执行权的限制。禁止前后出现相互矛盾的行为,即“禁反言”规则,是民事诉讼诚实信用原则的重要内容之一,具体是指当事人在民事诉讼和执行程序中,不得作出前后相互矛盾的陈述,实施的诉讼行为必须前后一致,如果当事人无正当理由改变陈述或变更诉讼行为,损害对方或他人利益,使之遭受不公平的结果,那么对当事人前后矛盾的行为应当予以禁止。第三人承诺自愿代被执行人偿还债务而被追加为被执行人后,若无正当理由反悔并提出异议,则属于违反诚实信用原则中“禁反言”规则的行为,人民法院对此不应当支持。

**《最高人民法院关于适用〈中华人民共和国民法典〉合同编通则若干问题的解释》(2023年12月4日)**

**第三十条** 下列民事主体,人民法院可以认定为民法典第五百二十四条第一款规定的对履行债务具有合法利益的第三人:

(一)保证人或者提供物的担保的第三人;

(二)担保财产的受让人、用益物权人、合法占有人;

(三)担保财产上的后顺位担保权人;

(四)对债务人的财产享有合法权益且该权益将因财产被强制执行而丧失的第三人;

(五)债务人为法人或者非法人组织的,其出资人或者设立人;

(六)债务人为自然人的,其近亲属;

（七）其他对履行债务具有合法利益的第三人。

第三人在其已经代为履行的范围内取得对债务人的债权，但是不得损害债权人的利益。

担保人代为履行债务取得债权后，向其他担保人主张担保权利的，依据《最高人民法院关于适用〈中华人民共和国民法典〉有关担保制度的解释》第十三条、第十四条、第十八条第二款等规定处理。

**※法规解读：**《民法典》第五百二十四条规定了第三人代为清偿的一般规范，但未解释何谓“具有合法利益的第三人”，本条通过列举方式规定了第三人具有合法利益的范围，具有实践意义。其中，第一款列举的第一项至第四项可归类为与债务履行具有法律上利害关系的第三人，所谓法律上的利害关系，是指债权人和债务人之间法律关系的变动，会直接或间接影响到第三人的权利行使与义务履行；而第五项、第六项则属于与债务履行虽无直接法律利害关系但有牵连关系的第三人，是相较于前一种情形更轻的牵连关系；第七项则属于兜底性规定，应理解为其他与第一项至第六项所明确列举情形具有相当性的情形。

## 关联法规索引

《最高人民法院关于适用〈中华人民共和国民法典〉合同编通则若干问题的解释》第30条

**第五百二十五条 【同时履行抗辩权】当事人互负债务，没有先后履行顺序的，应当同时履行。一方在对方履行之前有权拒绝其履行请求。一方在对方履行债务不符合约定时，有权拒绝其相应的履行请求。**

## 条文解读

本条是关于同时履行抗辩权的规定。同时履行抗辩权，是指双务合同中，在债务的履行无先后顺序的情况下，一方当事人在对方实际不履行或者履行不符合约定时，有权拒绝对方履行请求的权利。同时履行抗辩权作为一种抗辩权，即满足同时履行抗辩权的行使条件且对方行使请求权时，有权对抗其请求。同时履行抗辩权的行使具体规则有以下三点：

（1）同时履行抗辩权的行使前提是双务合同且无履行先后顺序。所谓双务合同，是指在合同关系中,当事人双方都是权利人也都是义务人,一方承担义务构成对方承担义务的理由,即构成对待给付的情形。双务合同中当事人双方可能约定履行先后顺序,也可能不约定履行先后顺序,后者即为无履行先后顺序的情况。

(2)同时履行抗辩权,为双方当事人所享有。同时履行抗辩权的行使以双务合同中无履行先后顺序为前提,且一方当事人债务到期不履行或履行不符合约定,则对方产生同时履行抗辩权,有权对抗其履行请求。

(3)同时履行抗辩权的行使条件。当事人双方债务到期且双方到期未履行或者履行债务不符合约定。因为同时履行抗辩权为当事人双方所享有,所以需要当事人双方的债务到期。债务不到期则不需要同时履行抗辩权即可拒绝对方请求。同时履行抗辩权是双方当事人未履行债务或履行不符合约定时才能够行使,只要一方当事人履行债务且履行债务符合约定,则双方当事人的同时履行抗辩权消灭。

## 配套法规及解读

**《最高人民法院关于适用〈中华人民共和国民法典〉合同编通则若干问题的解释》(2023年12月4日)**

**第三十一条** 当事人互负债务,一方以对方没有履行非主要债务为由拒绝履行自己的主要债务的,人民法院不予支持。但是,对方不履行非主要债务致使不能实现合同目的或者当事人另有约定的除外。

当事人一方起诉请求对方履行债务,被告依据民法典第五百二十五条的规定主张双方同时履行的抗辩且抗辩成立,被告未提起反诉的,人民法院应当判决被告在原告履行债务的同时履行自己的债务,并在判项中明确原告申请强制执行的,人民法院应当在原告履行自己的债务后对被告采取执行行为;被告提起反诉的,人民法院应当判决双方同时履行自己的债务,并在判项中明确任何一方申请强制执行的,人民法院应当在该当事人履行自己的债务后对对方采取执行行为。

当事人一方起诉请求对方履行债务,被告依据民法典第五百二十六条的规定主张原告应先履行的抗辩且抗辩成立的,人民法院应当驳回原告的诉讼请求,但是不影响原告履行债务后另行提起诉讼。

**※法规解读:**本条关于同时履行抗辩权的规定有以下三个方面:第一款规定除非一方不履行非主要债务导致合同目的不能实现等,否则对方不得以一方不履行非主要债务为由拒绝履行主要债务;第二款明确规定人民法院同时履行判决的判项内容;第三款明确规定在非同时履行时,后履行债务到期时双方享有同时履行抗辩权。

## 关联法规索引

《民法典》第525～528条;《最高人民法院关于适用〈中华人民共和国民法典〉合同编通则若干问题的解释》第31条

**第五百二十六条　【顺序履行抗辩权】当事人互负债务,有先后履行顺序,应当先履行债务一方未履行的,后履行一方有权拒绝其履行请求。先履行一方履行债务不符合约定的,后履行一方有权拒绝其相应的履行请求。**

## 条文解读

本条是关于顺序履行抗辩权的规定。顺序履行抗辩权,是指双务合同中,在债务的履行有先后顺序的情况下,后履行一方在对方实际不履行或者履行不符合约定时,有权拒绝对方履行请求的权利。顺序履行抗辩权作为一种抗辩权,即满足顺序履行抗辩权的行使条件且对方行使请求权时,有权对抗其请求。顺序履行抗辩权的行使具体规则有以下三点:

(1)顺序履行抗辩权的行使前提是双务合同且有履行先后顺序。所谓双务合同,是指在合同关系中,当事人双方都是权利人也都是义务人,一方承担义务构成对方承担义务的理由,即构成对待给付的情形。双务合同中当事人双方可能约定履行先后顺序,也可能不约定履行先后顺序,前者为有履行先后顺序的情况。

(2)顺序履行抗辩权,为后履行一方所享有。顺序履行抗辩权的行使以双务合同中有履行先后顺序为前提,且先履行一方债务到期不履行或履行不符合约定,则对方产生顺序履行抗辩权,有权对抗其履行请求。

(3)顺序履行抗辩权的行使条件:后履行一方债务到期且对方到期未履行或者履行债务不符合约定。因为顺序履行抗辩权为后履行一方所享有,所以需要后履行一方的债务到期。债务不到期则不需要顺序履行抗辩权即可拒绝对方请求。顺序履行抗辩权是先履行一方未履行债务或履行不符合约定时才能够行使,只要先履行一方履行债务且履行债务符合约定,则后履行一方的顺序履行抗辩权消灭。

## 关联法规索引

《民法典》第526～528条;《最高人民法院关于适用〈中华人民共和国民法典〉合

同编通则若干问题的解释》第 31 条

**第五百二十七条 【不安抗辩权】应当先履行债务的当事人,有确切证据证明对方有下列情形之一的,可以中止履行:**

**(一)经营状况严重恶化;**

**(二)转移财产、抽逃资金,以逃避债务;**

**(三)丧失商业信誉;**

**(四)有丧失或者可能丧失履行债务能力的其他情形。**

**当事人没有确切证据中止履行的,应当承担违约责任。**

## 条文解读

本条是关于不安抗辩权的规定。不安抗辩权,是指双务合同中的当事人双方在债务的履行有先后顺序的情况下,如果后履行方有可能不履行债务或履行债务不符合约定,先履行一方所享有的拒绝对方履行请求的权利。不安抗辩权不同于同时履行抗辩权和顺序履行抗辩权,后两者是有实际不履行债务或履行债务不符合约定的情况(同时履行抗辩权是双方当事人没有履行债务或者履行债务不符合约定;顺序履行抗辩权是先履行一方没有履行债务或者履行债务不符合约定),而不安抗辩权因为是先履行方所享有的抗辩权,所以后履行方并没有实际不履行债务或履行债务不符合约定的情况,只有可能不履行债务或履行不符合约定的情况,故本条以举例的形式列举了"可能不履行债务或履行不符合约定"的情况,即为"不安事由"。但需要注意的是,这里为不穷尽列举,法律只是列举了几个典型情况而非所有情况,有其他符合"可能不履行债务或履行不符合约定"的也成立"不安事由"。

具体而言,"不安事由"有以下几种:(1)后履行债务的一方当事人经营状况严重恶化,故先履行方存在不安事由,担心后履行方债务到期但难以履行债务;(2)为了逃避债务,后履行债务的一方当事人转移财产、抽逃资金,故先履行方存在不安事由,担心后履行方债务到期但不履行债务;(3)后履行债务的一方当事人已经丧失商业信誉,故先履行方存在不安事由,对后履行方丧失信任,不相信后履行方到期能够按照约定履行债务;(4)有丧失或者可能丧失履行债务能力的其他情形,即意味着上述三种情况的列举非穷尽列举,除上述三种最典型的情况外,其他丧失或者可能丧失履行债务能力的情形都可以视为一种不安事由。

同时,因为不安抗辩权的行使,有对未来的预测性质,故对"证据"要求相比同时履行抗辩权和顺序履行抗辩权的要求较高，必须有“确切证据”证明不安事由存在。如果没有确切证据行使不安抗辩权而中止履行合同，则为违约行为，应承担违约责任。

## 配套法规及解读

**《最高人民法院关于审理矿业权纠纷案件适用法律若干问题的解释》(2020年12月29日修正)**

**第九条** 矿业权转让合同约定受让人支付全部或者部分转让款后办理报批手续，转让人在办理报批手续前请求受让人先履行付款义务的，人民法院应予支持，但受让人有确切证据证明存在转让人将同一矿业权转让给第三人、矿业权人将被兼并重组等符合民法典第五百二十七条规定情形的除外。

**※法规解读：**本条是关于矿业权转让合同中不安抗辩权的规定。矿业权转让合同自依法成立之日起具有法律约束力，转让合同未履行报批手续，并不影响当事人双方合意的存在，即不影响合同的成立和生效。当事人应当依约履行自己的义务，转让人具有办理报批或者协助报批义务，受让人具有付款义务。但如果转让人存在将同一矿业权转让给第三人、矿业权人将被兼并重组等情形，影响受让人合同目的无法实现，受让人享有拒绝对方履行请求的权利。同样，受让人必须有“确切证据”证明不安事由存在。

## 关联法规索引

《民法典》第525~528条

**第五百二十八条 【不安抗辩权】** 当事人依据前条规定中止履行的，应当及时通知对方。对方提供适当担保的，应当恢复履行。中止履行后，对方在合理期限内未恢复履行能力且未提供适当担保的，视为以自己的行为表明不履行主要债务，中止履行的一方可以解除合同并可以请求对方承担违约责任。

## 条文解读

不安抗辩权的行使具体规则有以下三点：

(1)不安抗辩权的行使前提是双务合同且有履行先后顺序。所谓双务合同,是指在合同关系中,当事人双方都是权利人也都是义务人,一方承担义务构成对方承担义务的理由,即构成对待给付的情形。双务合同中当事人双方可能约定履行先后顺序,也可能不约定履行先后顺序,约定了履行顺序则为有履行先后顺序的合同。

(2)不安抗辩权,为先履行一方所享有。不安抗辩权,本质上是因为后履行一方有可能不履行债务或履行债务不合格,即丧失或可能丧失履行债务的能力,继而造成先履行一方的不安心理而产生的抗辩权,故为先履行一方所享有。

(3)不安抗辩权的行使条件,先履行一方债务到期且有合理理由认为对方到期可能不履行或履行债务不符合约定。因为不安抗辩权为先履行一方所享有,所以需要先履行一方债务到期。债务不到期则不需要行使抗辩权即可拒绝对方请求。不安抗辩权是因不安事由而产生的,即后履行一方债务到期时可能不履行债务或履行不符合约定,故不安事由如果消失,则不安抗辩权也消失。根据本条规定,不安事由的消失需要后履行方恢复履行能力并且提供适当担保(担保为核心),只要提供了担保,先履行方的不安事由随之自然消失,不安抗辩权也随之消失。如果后履行方未在"合理期限"内恢复履行能力并且提供适当担保,则被视为以自己的行为表明了到期会不履行债务(不管实际会不会),即为违约行为(相当于拒绝履行),因此违约行为尚未发生,故为预期违约,而非现实违约。此时行使不安抗辩权一方,即中止履行的先履行方,因违约行为产生解除合同的权利,并可以追究后履行方的违约责任。

**关联法规索引**

《民法典》第525~528条

**第五百二十九条 【因债权人原因致债务履行困难时的处理】债权人分立、合并或者变更住所没有通知债务人,致使履行债务发生困难的,债务人可以中止履行或者将标的物提存。**

**条文解读**

本条规定了因债权人原因致使债务履行困难时的处理方法,即"提存"。提存,是指债务人因债权人的原因而无法履行(向其交付标的物),将标的物交给有关机关保存以消灭债务的制度。

法人分立、合并，以及债权人变更住所直接涉及分立、合并前后法人的债权、债务如何享有、如何承担的问题。根据本条规定，如有此种情况发生，债权人应及时通知债务人，以免债务履行困难。如果债权人没有及时通知债务人，致使债务人履行债务发生困难，债务人可以中止履行或者将标的物提存，以使己方免受损失。但是，这样做的前提是债权人分立、合并或者变更住所没有通知债务人，致使履行债务发生困难，如果并没有导致债务履行发生困难，债务人则不能实施中止履行或将标的物提存，否则，即为违约，债务人应承担相应的违约责任。

**第五百三十条 【债务人提前履行债务】债权人可以拒绝债务人提前履行债务，但是提前履行不损害债权人利益的除外。**

**债务人提前履行债务给债权人增加的费用，由债务人负担。**

## 条文解读

本条是关于债务人提前履行债务的规定。根据本条，债务人提前履行债务（相对于约定的履行期限而言）分为两种情况：一种是债务人提前履行债务不损害债权人利益，另一种是债务人提前履行债务会损害债权人利益。

（1）债务人提前履行债务不损害债权人利益时，债权人无权拒绝债务人的提前履行，即债务人的提前履行行为（在履行范围内）发生债权债务消灭的法律后果。

（2）债务人提前履行债务会损害债权人利益时，债权人有权拒绝债务人的提前履行，此时发生两种情况：如债权人未拒绝债务人的提前履行，则债务人的提前履行行为（在履行范围内）发生债权债务消灭的法律后果；如债权人拒绝债务人的提前履行，则债务人的提前履行行为不发生债权债务消灭的法律后果，债务人仍需要到期履行债务。

另外，根据本条第二款的规定，债务人提前履行给债权人增加费用的，由债务人承担增加的费用。需要注意的是，债务人对债权人增加费用的承担不以债权人是否表示拒绝为条件，即债务人所应当承担的费用，既包括债权人拒绝时因提前履行给债权人增加的费用，也包括债权人同意时因提前履行给债权人增加的费用。

**第五百三十一条 【债务人部分履行债务】债权人可以拒绝债务人部分履行债务，但是部分履行不损害债权人利益的除外。**

**债务人部分履行债务给债权人增加的费用，由债务人负担。**

**条文解读**

本条是关于债务人部分履行债务的规定。根据本条，债务人部分履行债务（相对于约定的履行数额而言）分为两种情况：一种是债务人部分履行债务不损害债权人利益，另一种是债务人部分履行债务会损害债权人利益。

（1）债务人部分履行债务不损害债权人利益时，债权人无权拒绝债务人的部分履行，即债务人的部分履行行为（在履行范围内）发生债权债务消灭的法律后果。

（2）债务人部分履行债务会损害债权人利益时，债权人有权拒绝债务人的部分履行，此时发生两种情况：如债权人未拒绝债务人的部分履行，则债务人的部分履行行为（在履行范围内）发生债权债务消灭的法律后果；如债权人拒绝债务人的部分履行，则债务人的部分履行行为不发生债权债务消灭的法律后果，债务人仍需要全部履行债务。

另外，根据本条第二款的规定，债务人部分履行给债权人增加费用的，由债务人承担增加的费用。需要注意的是，债务人对债权人增加费用的承担不以债权人是否表示拒绝为条件，即债务人所应当承担的费用，既包括债权人拒绝时因部分履行给债权人增加的费用，也包括债权人同意时因部分履行给债权人增加的费用。

**第五百三十二条　【当事人变化对合同履行的影响】合同生效后，当事人不得因姓名、名称的变更或者法定代表人、负责人、承办人的变动而不履行合同义务。**

**条文解读**

本条是关于当事人的变动对合同履行的影响的规定。

姓名是自然人的姓名，名称是法人或其他组织的名称，是自然人、法人或其他组织区别于其他自然人、法人或其他组织的符号，而非自然人、法人或其他组织本身。所以，合同生效后，当事人的姓名、名称发生了变更，合同主体即合同当事人本身并没有发生变更。因此，变更以后的当事人仍然应该履行合同义务。

法定代表人、负责人、承办人只是代表或代理法人、其他组织参与订立合同等民事活动的代表人或代理人，合同的主体是他们所代表或代理的法人或其他组织本身。所以，法定的代表人、负责人、承办人发生了变动，合同主体即合同当事人本身并没有发生变动。因此，变动以后的当事人仍然应该履行合同义务。

**第五百三十三条 【情势变更】** 合同成立后，合同的基础条件发生了当事人在订立合同时无法预见的、不属于商业风险的重大变化，继续履行合同对于当事人一方明显不公平的，受不利影响的当事人可以与对方重新协商；在合理期限内协商不成的，当事人可以请求人民法院或者仲裁机构变更或者解除合同。

人民法院或者仲裁机构应当结合案件的实际情况，根据公平原则变更或者解除合同。

## 条文解读

本条是关于情势变更的规定。情势变更，是指合同成立以后，合同基础条件（客观情况）发生了足以导致当事人缔约目的不能实现的重大变化，如国家政策、现行法律规定、物价、币值、汇率、国内和国际市场运行状况的异常变动。根据本条规定，情势变更需要满足以下三个条件：

（1）情势变更与不可抗力相同，均为“无法预见”的情况，而非“能够预见”的情况。

（2）情势变更与商业风险不同，其为“异常变化”的情况，而非“正常变化”的情况。

（3）情势变更要足够重大，即足以导致继续履行合同对当事人一方明显不公平，而此种不公平将使当事人的缔约目的不能实现。

情势变更具有以下法律后果：

（1）受不利影响当事人的第一层救济方式：与对方当事人协商，争取达成合意，实现救济。

（2）受不利影响当事人的第二层救济方式：如果与对方当事人协商不成功，无法达成合意，其有权利请求人民法院或者仲裁机构变更或者解除合同，即情势变更导致两个权利的产生，即变更权和解除权。如果当事人请求人民法院或者仲裁机构变更或者解除合同，人民法院或者仲裁机构应当结合案件的实际情况，根据“公平原则”作出变更或解除合同的决定。由此可知，由情势变更引发的变更权和解除权都是形成权，都可以由受损害的一方单方行使，只不过要通过公力救济（诉讼和仲裁）的方式来行使此权利。

## 配套法规及解读

**《最高人民法院关于适用〈中华人民共和国民法典〉合同编通则若干问题的解释》(2023年12月4日)**

**第三十二条** 合同成立后,因政策调整或者市场供求关系异常变动等原因导致价格发生当事人在订立合同时无法预见的、不属于商业风险的涨跌,继续履行合同对于当事人一方明显不公平的,人民法院应当认定合同的基础条件发生了民法典第五百三十三条第一款规定的"重大变化"。但是,合同涉及市场属性活跃、长期以来价格波动较大的大宗商品以及股票、期货等风险投资型金融产品的除外。

合同的基础条件发生了民法典第五百三十三条第一款规定的重大变化,当事人请求变更合同的,人民法院不得解除合同;当事人一方请求变更合同,对方请求解除合同的,或者当事人一方请求解除合同,对方请求变更合同的,人民法院应当结合案件的实际情况,根据公平原则判决变更或者解除合同。

人民法院依据民法典第五百三十三条的规定判决变更或者解除合同的,应当综合考虑合同基础条件发生重大变化的时间、当事人重新协商的情况以及因合同变更或者解除给当事人造成的损失等因素,在判项中明确合同变更或者解除的时间。

当事人事先约定排除民法典第五百三十三条适用的,人民法院应当认定该约定无效。

※**法规解读**:对于情势变更制度,《民法典》第五百三十三条规定了情势变更的基本适用规则。本条进一步细化了重大变化的具体情形,确认了情势变更制度适用的法定性质,且当事人不可约定排除适用。就情势变更制度适用的法律后果,本条要求人民法院在判项中明确合同变更或解除的具体时间,并且,即便当事人请求解除,人民法院也可以视具体情况判决变更或解除,体现了司法裁判中"变更"取代直接"解除"的价值倾向。

## 关联法规索引

《最高人民法院关于适用〈中华人民共和国民法典〉合同编通则若干问题的解释》第32条

**第五百三十四条 【合同监管】** 对当事人利用合同实施危害国家利益、社会公共利益行为的，市场监督管理和其他有关行政主管部门依照法律、行政法规的规定负责监督处理。

## 条文解读

本条是关于合同监管的规定。如果当事人以合同为外衣，实施了危害国家利益、社会公共利益的行为，违反法律、行政法规的规定，此时不仅合同无效，同时市场监督管理和其他有关行政主管部门也会依照法律、行政法规的规定负责监督处理，也会追究行为人的刑事责任或行政责任。

# 第五章　合同的保全

## 本章介绍

本章是《民法典》合同编关于合同保全的规定。合同的保全是指因债务人的行为而导致债权人的债权无法实现，法律赋予债权人保护其债权的手段。合同的保全，是债务人责任财产的保全，因为只要债务人责任财产充足，就不会导致无力履行债务，也就不会导致债权人债权无法实现。合同的保全制度，适用于债务人的两种行为：一是债务人怠于行使债权，二是债务人不当处分其财产。前者，引发债权人代位权；后者，引发债权人撤销权。二者结合形成了目前合同编所规定的两种合同保全方式。同时，不管是债务人的"不当处分财产"行为还是债务人的"怠于行使债权"行为，均涉及债权人和债务人之外的第三人，故基于合同保全的规定，债权能够对债权人、债务人之外的第三人产生法律上的影响，即为合同的相对性突破。虽然合同编对于保全的规定使用的是"合同的保全"之概念，但是在民法理论上，该项制度不只适用于合同之债，也适用于非因合同而产生的债，如不当得利之债、无因管理之债、侵权损害赔偿之债等。换言之，不仅合同之债的债权人可以保全，不当得利之债、无因管理之债、侵权损害赔偿之债的债权人都可以保全。

**第五百三十五条　【债权人代位权】因债务人怠于行使其债权或者与该债权有关的从权利，影响债权人的到期债权实现的，债权人可以向人民法院请求以自己的名义代位行使债务人对相对人的权利，但是该权利专属于债务人自身的除外。**

**代位权的行使范围以债权人的到期债权为限。债权人行使代位权的必要费用，由债务人负担。**

**相对人对债务人的抗辩，可以向债权人主张。**

## 条文解读

本条是关于债权人代位权行使的规定。债的保全中存在两项基本制度：一为代位权制度，二为撤销权制度。债权人代位权，是指债务人怠于向第三人主张其债权，有损于债权人债权实现时，债权人直接对第三人主张债务人债权的权利。代位权的行使规则，主要包括以下几点：

(1)债权人对债务人的请求权一定是债权请求权，债务人对第三人的请求权也一定是债权请求权。只有债权请求权能够代位行使，原则上说，物权请求权(如原物返还请求权)不能代位行使。

(2)债权人对债务人的债权应当是到期债权，如债权人对债务人的债权不到期，则债权人的债权请求权未产生，就没有可以被代位行使的债权；债务人对第三人的债权也应当是到期债权，如债务人对第三人的债权不到期，则债务人的债权请求权也未产生，也就没有可以被代位行使的债权。

(3)债务人的"怠于主张"行为的判断标准是公力救济而非私力救济。债务人未以"诉讼"或者"仲裁"方式向第三人主张债权，即构成"怠于行使"，至于债务人是否以其他的方式主张债权，则在所不问，不管私力救济有多激烈，也不影响"怠于行使"的判断。

(4)债务人怠于主张的到期债权，不能是专属于债务人自身的债权。根据法律规定，专属于债务人自身的债权分为三种：一是以"特定人"或"人身信任"为基础的债权；二是以"身份"为基础的债权(如基于扶养关系、抚养关系、收养关系、赡养关系、继承关系等产生的给付请求权)；三是以"血汗"为基础的债权(如基于养老金、抚恤金、劳动报酬、人寿保险、人身损害赔偿等产生的给付请求权)。

(5)债务人怠于行使其到期债权的行为必须有损于"债权人债权实现"。有损于债权实现，是指怠于行使行为，导致债务人的责任财产减少或应增加而未增加，进而导致债权人的债权因此不能实现。责任财产，是指债务人用以履行其对债权人债务的财产。当债务人怠于行使的行为不影响责任财产数额，即在责任财产依然充足的情况下，债权人继续向债务人请求可以实现其债权，故无须行使代位权；当债务人怠于行使的行为会影响责任财产数额，在责任财产不再充足的情况下，债权人继续向债务人请求无法实现其债权，故需要行使代位权。

(6)代位权的行使范围的限制。如债务人对第三人的债权数额大于债权人对债务人的债权，则债权人代位权的行使范围为债权人对债务人债权的数额；相反，如债权人对债务人的债权数额大于债务人对第三人的债权数额，则债权人代位权的行使范围为债务人对第三人的债权数额。同时，债权人行使代位权的必要费用，应由债务人负担。

(7)如果第三人对债务人享有抗辩权，即使债权人通过行使代位权建立起其对第三人的请求权,第三人可以用其对抗债务人请求的抗辩权来对抗债权人的请求。第三人享有抗辩权,抗辩利益属于第三人,此利益产生之后并不因他人的民事行为而消灭(只能因法律规定的抗辩权产生事由的消灭而消灭),故债权人行使代位权的民事行为并不影响第三人的抗辩权和抗辩利益,所以代位权行使,第三人抗辩权延续。

(8)本条所规定的债务人怠于行使的到期债权,不仅包含债务人的主债权,也包含与该主债权有关的从权利。二者中只要有一个权利被怠于行使,就有可能触发债权人的代位权。

## 配套法规及解读

**《最高人民法院关于审理民事案件适用诉讼时效制度若干问题的规定》(2020年12月29日修正)**

**第十六条**　债权人提起代位权诉讼的,应当认定对债权人的债权和债务人的债权均发生诉讼时效中断的效力。

**※法规解读:**本条是关于债权人代位权行使问题上适用诉讼时效的规定,它对应《民法典》第五百三十五条,主要包括以下几点:

(1)诉讼时效中断的债权数量。在代位权的诉讼中,发生诉讼时效中断的是两个债权——"债权人的债权"和"债务人的债权",即"债权人对债务人的债权"和"债务人对次债务人的债权"。

(2)债权应属法院保护的债权。债权人提起代位权诉讼,同时引起两个债权的诉讼时效中断,即债权人对债务人的债权和债务人对次债务人的债权,两个债权均应属于受人民法院保护的诉讼时效期间内的债权。

(3)同时发生中断。条款中的"均",即"同时发生诉讼时效中断"而不存在"一个中断而另一个不中断"的问题。

诉讼时效中断的事由发生后,已过的时效期间归于无效。中断事由存续期间,时效不进行,中断事由终止时,重新计算时效期间。但对于确认中断事由的终止,根据事由的性质不同而有所区别:其一,因请求或者同意中断时效的,书面通知应以到达相对人时为事由终止之时,口头通知应以相对人知悉时为事由终止之时。而当时效期间重新起算后,权利人再次请求或者义务人再次同意履行义务的,诉讼时效可以再次中断。其二,因提起诉讼或者仲裁而导致时效中断的,应当于诉讼终结或者法院作出裁判时为事由终止之时。若权利人申请执行程序,则应以执行程序完毕时为事由终止之时。其三,因调解导致时效中断的,如果调处失败,以失败时为事由终止之时;

如果调处成功而达成合同,以合同所定的履行期限届满时为事由终止之时。

**《最高人民法院关于适用〈中华人民共和国民法典〉合同编通则若干问题的解释》(2023年12月4日)**

**第三十三条** 债务人不履行其对债权人的到期债务,又不以诉讼或者仲裁方式向相对人主张其享有的债权或者与该债权有关的从权利,致使债权人的到期债权未能实现的,人民法院可以认定为民法典第五百三十五条规定的"债务人怠于行使其债权或者与该债权有关的从权利,影响债权人的到期债权实现"。

**第三十四条** 下列权利,人民法院可以认定为民法典第五百三十五条第一款规定的专属于债务人自身的权利:

(一)抚养费、赡养费或者扶养费请求权;

(二)人身损害赔偿请求权;

(三)劳动报酬请求权,但是超过债务人及其所扶养家属的生活必需费用的部分除外;

(四)请求支付基本养老保险金、失业保险金、最低生活保障金等保障当事人基本生活的权利;

(五)其他专属于债务人自身的权利。

**第三十五条** 债权人依据民法典第五百三十五条的规定对债务人的相对人提起代位权诉讼的,由被告住所地人民法院管辖。但是依法应当适用专属管辖规定的除外。

债务人或者相对人以双方之间的债权债务关系订有管辖协议为由提出异议的,人民法院不予支持。

**※法规解读:**上述三条细化了代位权诉讼的基本规则。(1)明确了怠于行使权利影响到期债权实现的认定;(2)列举了专属于债务人自身的权利;(3)关于代位权诉讼管辖,明确了以被告住所地人民法院管辖为原则、专属管辖例外的规则,对于相对人是境外当事人的,按照境外当事人在国内没有住所的普遍规则适用。

**第三十六条** 债权人提起代位权诉讼后,债务人或者相对人以双方之间的债权债务关系订有仲裁协议为由对法院主管提出异议的,人民法院不予支持。但是,债务人或者相对人在首次开庭前就债务人与相对人之间的债权债务关系申请仲裁的,人民法院可以依法中止代位权诉讼。

**※法规解读:**本条是关于债权人代位权行使问题上"代位权诉讼与仲裁协议、管辖协议"的规定,它对应《民法典》第五百三十五条。原则上,债权人已经提起代位权诉讼的,法院不支持债务人的相对人以其与债务人之间的债权债务关系约定了仲裁

协议或者管辖协议为由提出的异议。例外是，在首次开庭前，相对人主动对债务人申请仲裁的，人民法院对代位权诉讼中止审理的主张应予支持。

**第三十七条** 债权人以债务人的相对人为被告向人民法院提起代位权诉讼，未将债务人列为第三人的，人民法院应当追加债务人为第三人。

两个以上债权人以债务人的同一相对人为被告提起代位权诉讼的，人民法院可以合并审理。债务人对相对人享有的债权不足以清偿其对两个以上债权人负担的债务的，人民法院应当按照债权人享有的债权比例确定相对人的履行份额，但是法律另有规定的除外。

**※法规解读：**本条是关于债权人代位权行使问题上"代位权诉讼中债务人、相对人的诉讼地位及合并审理"的规定，它对应《民法典》第五百三十五条，主要包括以下几点：

(1)主动追加第三人。本条第一款中"人民法院应当追加债务人为第三人"，此意为"人民法院应当主动追加债务人为第三人"，而无须任何主体提出申请。

(2)合并审理中的被告主体。本条第二款中，人民法院可以合并审理的前提条件之一是，两个或者两个以上债权人以债务人的"同一"相对人为被告提起代位权诉讼的，如果并非"同一"相对人，则不可合并审理。

(3)合并审理的必然性。本条第二款中，"人民法院可以合并审理"的"可以"不是必须的意思，即在满足合并审理条件的前提下，人民法院既可以合并审理，也可以不合并审理。

**第三十八条** 债权人向人民法院起诉债务人后，又向同一人民法院对债务人的相对人提起代位权诉讼，属于该人民法院管辖的，可以合并审理。不属于该人民法院管辖的，应当告知其向有管辖权的人民法院另行起诉；在起诉债务人的诉讼终结前，代位权诉讼应当中止。

**※法规解读：**本条是关于债权人代位权行使问题上"债权人起诉债务人后又提起代位权诉讼"的规定，它对应《民法典》第五百三十五条，主要包括以下几点：

(1)债权人对债务人的相对人提起代位权诉讼，应当符合《民事诉讼法》第一百二十二条关于起诉条件的规定，即原告是与本案有直接利害关系的公民、法人和其他组织，有明确的被告，有具体的诉讼请求和事实、理由，属于人民法院受理民事诉讼的范围和受诉人民法院管辖。对于同时符合以上四点起诉条件的，人民法院应当受理。

(2)如果债权人起诉债务人的人民法院不具有该条规定的管辖权，人民法院应当主动告知债权人向有管辖权的法院另行起诉。

(3)"中止"是"暂停"之意，即在债权人起诉债务人的诉讼终结前，受理代位权诉讼的人民法院应当依法暂停代位权诉讼。换句话说,在债权人起诉债务人的诉讼终结后,代位权诉讼方可继续进行。

**第三十九条** 在代位权诉讼中,债务人对超过债权人代位请求数额的债权部分起诉相对人,属于同一人民法院管辖的,可以合并审理。不属于同一人民法院管辖的,应当告知其向有管辖权的人民法院另行起诉;在代位权诉讼终结前,债务人对相对人的诉讼应当中止。

**※法规解读:**本条是关于债权人代位权行使问题上"代位权诉讼中债务人起诉相对人"的规定,它对应《民法典》第五百三十五条,主要包括以下几点:

(1)另行起诉。在代位权诉讼中,债务人对超过债权人代位请求数额的债权部分起诉相对人的,债务人应当向有管辖权的人民法院另行提起新的诉讼,而不是在代位权诉讼中合并审理。

(2)代位权诉讼优先。首先,"债务人的起诉符合法定条件的,人民法院应当受理",即在代位权诉讼过程中,对于债务人的起诉符合条件的,人民法院应当受理,而不能等到代位权诉讼终结后再受理;其次,"受理债务人起诉的人民法院在代位权诉讼终结前,应当依法中止审理",即在代位权诉讼终结前,债务人起诉虽然被受理,但是被暂停审理,在代位权诉讼终结后,方能继续得到审理。

**第四十条** 代位权诉讼中,人民法院经审理认为债权人的主张不符合代位权行使条件的,应当驳回诉讼请求,但是不影响债权人根据新的事实再次起诉。

债务人的相对人仅以债权人提起代位权诉讼时债权人与债务人之间的债权债务关系未经生效法律文书确认为由,主张债权人提起的诉讼不符合代位权行使条件的,人民法院不予支持。

**※法规解读:**本条是关于债权人代位权行使问题上"代位权不成立的处理"的规定,它对应《民法典》第五百三十五条,"但是不影响债权人根据新的事实再次起诉",是指如果债权人有新的事实,则之前基于旧的事实不符合代位权行使条件而导致的驳回诉讼请求,不影响再次以新的事实进行代位权起诉。

**第四十一条** 债权人提起代位权诉讼后,债务人无正当理由减免相对人的债务或者延长相对人的履行期限,相对人以此向债权人抗辩的,人民法院不予支持。

**※法规解读:**本条规定,债权人提起代位权诉讼后,债务人对其债权的处分行为应当受到相应限制,如不能无正当理由减免相对人的债务等。进一步强化对债权人的保护。

## 关联法规索引

《民法典》第535～537条;《合伙企业法》第41条;《税收征收管理法》第50条;《企业破产法》第45、46条;《最高人民法院关于适用〈中华人民共和国民法典〉合同编通则若干问题的解释》第33～41条;《最高人民法院关于适用〈中华人民共和国民法典〉有关担保制度的解释》第22条;《最高人民法院关于审理建设工程施工合同纠纷案件适用法律问题的解释(一)》第44条;《最高人民法院关于适用〈中华人民共和国企业破产法〉若干问题的规定(二)》第23条;《民事诉讼法》第122条

**第五百三十六条 【债权代位权的提前行使】债权人的债权到期前,债务人的债权或者与该债权有关的从权利存在诉讼时效期间即将届满或者未及时申报破产债权等情形,影响债权人的债权实现的,债权人可以代位向债务人的相对人请求其向债务人履行、向破产管理人申报或者作出其他必要的行为。**

## 条文解读

本条是关于债权代位权提前行使的规定。本条是本法第五百三十五条的特殊情况。根据第五百三十五条的规定,债权人行使代位权必须在债权人的债权到期之后。但是,本条规定的是,即使债权人的债权未到期,因为发生了某种状况,如果债权人继续等待其债权到期后再行使代位权,就无法保护其债权实现,此时债权人可以突破代位权行使的时间限制,在其债权到期前即可以行使代位权的制度。根据本条规定,这种特殊状况是:在债权人的债权到期之前,债务人的债权或者与该债权有关的从权利存在诉讼时效期间即将届满或者未及时申报破产债权等情形,此时如果能确定影响债权人的债权实现,债权人则可以代位向第三人(债务人的债务人)行使债权。但是,此种代位权的行使不同于债权人债权到期后的代位权行使,此种代位权行使是债权人请求第三人向债务人履行、向破产管理人申报或者作出其他必要的行为来保护债权人的债权,而债权人债权到期后的代位权行使则是债权人请求第三人直接向自己清偿来保护债权人的债权。

## 关联法规索引

《民法典》第535～537条;《合伙企业法》第41条;《税收征收管理法》第50条;

《企业破产法》第45、46条

**第五百三十七条 【债权人代位权的行使效果】人民法院认定代位权成立的，由债务人的相对人向债权人履行义务，债权人接受履行后，债权人与债务人、债务人与相对人之间相应的权利义务终止。债务人对相对人的债权或者与该债权有关的从权利被采取保全、执行措施，或者债务人破产的，依照相关法律的规定处理。**

## 条文解读

本条是关于债权人代位权行使效果的规定。根据本条的规定，代位权的行使首先应通过公力救济而非私力救济的方式进行，即诉讼或者仲裁。人民法院或者仲裁机构判定债权人代位权成立之后的法律效果可分为两种：一种为等额代位，另一种为差额代位。等额代位，即债权人的债权与债务人的债权数额相等的情况；差额代位，即债权人的债权与债务人的债权数额不等的情况。

(1)对于等额代位而言，因为债权人的债权与债务人的债权数额相等，由债务人的相对人(第三人)向债权人履行义务，债权人接受第三人履行之后，债权人与债务人、债务人与第三人之间的债权债务消灭。原法律关系是债权人对债务人有一个债权，债务人对第三人有一个债权。通过代位权的行使，建立了一个新法律关系，即债权人对第三人的债权。消灭了两个原法律关系，即债权人对债务人的债权以及债务人对第三人的债权。

(2)对于差额代位而言，因为债权人的债权与债务人的债权数额不等，故又可分为两种情况：一种是债权人债权大于债务人债权的情况，另一种是债务人债权大于债权人债权的情况。

①对于前者而言，由债务人的相对人(第三人)向债权人履行义务，债权人接受第三人履行之后，债务人与第三人之间的债权债务消灭。原法律关系是债权人对债务人有一个债权，债务人对第三人有一个债权。通过代位权的行使，建立了一个新法律关系，即债权人对第三人的债权。消灭了一个原法律关系，即债务人对第三人的债权。改变了一个原法律关系，即债权人对债务人的债权减少至其债权与债务人债权的差值。

②对于后者而言，由债务人的相对人(第三人)向债权人履行义务，债权人接受第三人履行之后，债权人与债务人之间的债权债务消灭。原法律关系是债权人对债务

人有一个债权，债务人对第三人有一个债权。通过代位权的行使，建立了一个新法律关系，即债权人对第三人的债权。消灭了一个原法律关系，即债权人对债务人的债权。改变了一个原法律关系，即债务人对第三人的债权减少至其债权与债权人债权的差值。

按照本条规定，债务人对相对人的债权或者与该债权有关的从权利被采取保全、执行措施，或者债务人破产的，依照相关法律的规定处理。

## 关联法规索引

《民法典》第535～537条；《合伙企业法》第41条；《税收征收管理法》第50条

**第五百三十八条 【债权人撤销权——无偿处分行为】债务人以放弃其债权、放弃债权担保、无偿转让财产等方式无偿处分财产权益，或者恶意延长其到期债权的履行期限，影响债权人的债权实现的，债权人可以请求人民法院撤销债务人的行为。**

## 条文解读

本条是关于无偿处分时债权人撤销权行使的规定。债的保全中存在两项基本制度：一为代位权制度，二为撤销权制度。债权人撤销权，是指债务人向第三人不当处分其财产，有损于债权人债权实现时，债权人撤销债务人不当处分行为效力的权利。此处说的不当处分行为包括两种：一种是债务人无偿处分行为，另一种是债务人以不合理价格交易行为。本条规定的是债权人撤销权行使的第一种情况，即债务人的无偿处分行为，主要包括以下两点：

（1）债务人的无偿处分行为包括债务人无偿转让其财产、放弃债权或放弃债权担保、恶意延长其到期债权的履行期限等行为。无偿转让财产是最典型的无偿处分行为，债务人无偿转让其财产，导致债务人责任财产减少，进而无法履行其对债权人的债务，造成债权人的债权无法实现，债权人可以撤销债务人的无偿转让行为，使其归于自始无效。放弃债权或放弃债权担保的行为，简称"放弃债权"和恶意延长其到期债权履行期限的行为，简称"延长债权"属于同类无偿处分行为，虽然不会导致债务人责任财产直接减少，但会导致债务人责任财产应增加而未增加，进而无法履行其对债权人的债务，造成债权人的债权无法实现，债权人可以撤销债务人延长债权以及放弃债权的行为,使其归于自始无效。当债务人延长债权和放弃债权的行为被撤销之后,债务人的责任财产依然没有增加,所以仅撤销权的行使依然无法保证债权人债权得到实现,故在债权人撤销债务人延长债权和放弃债权的行为之后,债权人可以继续行使代位权来实现其债权(在满足代位权行使条件的前提下)。另外,债务人放弃期限利益、抗辩利益等行为,只要影响了债权人债权的实现,也都属于无偿处分行为,债权人都可以进行撤销。

(2)债务人无偿处分其财产的行为必须有损于"债权人债权实现"。有损于债权实现,是指无偿处分行为,导致债务人的责任财产减少或应增加而未增加,进而导致债权人债权因此不能实现。责任财产,是指债务人用以履行其对债权人债务的财产。当债务人无偿处分的行为不影响责任财产数额,即在责任财产依然充足的情况下,债权人继续向债务人请求可以实现债权,故无须行使撤销权;当债务人无偿处分的行为会影响责任财产数额,责任财产不再充足的情况下,债权人继续向债务人请求无法实现债权,故需要行使撤销权。

## 配套法规及解读

**《最高人民法院关于审理民事案件适用诉讼时效制度若干问题的规定》(2020年12月29日修正)**

**第五条** 享有撤销权的当事人一方请求撤销合同的,应适用民法典关于除斥期间的规定。对方当事人对撤销合同请求权提出诉讼时效抗辩的,人民法院不予支持。

合同被撤销,返还财产、赔偿损失请求权的诉讼时效期间从合同被撤销之日起计算。

**※法规解读:**本条是关于合同撤销的相关除斥期间与诉讼时效问题的规定,配合《民法典》第五百三十八条关于"债权人撤销权——无偿处分行为"的规定。具体需要注意以下几点:

(1)本条"撤销权"适用的是"除斥期间"而非"诉讼时效期间"。

(2)但是,合同撤销后,对于"返还财产、赔偿损失请求权"适用"诉讼时效期间"。

(3)诉讼时效与除斥期间的区别。诉讼时效,即在法定的期间内,如果权利人不行使权利,则对方可以根据此情形对抗权利人的请求,即诉讼时效抗辩权。除斥期间为法定权利存续期间,因该期间经过而发生权利消灭的法律后果。二者的区别主要包括:其一,适用对象不同。诉讼时效适用于请求权,除斥期间适用于形成权。其二,构成要件不同。诉讼时效需要两个要件,即法定期间经过和权利继续不行使之事实状态;除斥期间只需要一个要件,即法定期间经过。其三,法律效力不同。诉讼时效并不使权利本身消灭,而只是产生对抗其请求的诉讼时效抗辩权;除斥期间则使权利本身消灭。其四,期间起算点不同。诉讼时效期间自权利人知道或应当知道权利被侵害之日即权利人能行使权利之日起开始计算,除斥期间自权利成立之时开始计算。其五,期间的变化可能不同。诉讼时效期间是可变期间,可以中止、中断、延长;除斥期间为不变期间,不能中止、中断、延长。其六,法院的适用权限不同。诉讼时效的经过必须经享有时效利益即诉讼时效抗辩权的享有人主张后,法院方可适用;除斥期间的经过,法院应当依据职权主动适用。

(4)由合同撤销所产生的"返还财产、赔偿损失请求权的诉讼时效期间"从"合同撤销之日起"计算,而不包含合同撤销前撤销权人享有除斥期间的相应期间。

## 关联法规索引

《民法典》第199、155、157、538～542条;《税收征收管理法》第50条;《最高人民法院关于适用〈中华人民共和国企业破产法〉若干问题的规定(二)》第13条;《最高人民法院关于审理与企业改制相关的民事纠纷案件若干问题的规定》第15、19、29条

**第五百三十九条　【债权人撤销权——不等价处分行为】债务人以明显不合理的低价转让财产、以明显不合理的高价受让他人财产或者为他人的债务提供担保,影响债权人的债权实现,债务人的相对人知道或者应当知道该情形的,债权人可以请求人民法院撤销债务人的行为。**

## 条文解读

本条是关于不等价处分时债权人撤销权行使的规定。债的保全中存在两项基本制度:一为代位权制度,二为撤销权制度。债权人撤销权,是指债务人向第三人不当处分其财产,有损于债权人债权实现时,债权人撤销债务人不当处分行为效力的权利。此处说的不当处分行为包括两种:一种是债务人无偿处分行为,另一种是债务人以不合理价格交易行为。本条规定的是债权人撤销权行使的第二种情况,即债务人以不合理价格交易行为,主要包括以下两点:

(1)债务人不合理价格交易行为,是指债务人以明显不合理的低价转让财产、以明显不合理的高价受让财产的行为。此处所说的"明显不合理的低价",是指低于交

易时交易地政府指导价或者市场交易价 70% 的;此处所说的“明显不合理的高价”,是指高于交易时交易地政府指导价或者市场交易价 130% 的。债务人以明显不合理低价转让财产,导致债务人责任财产增加的程度未达到足以履行债务的程度,造成债权人的债权无法实现,债权人可以撤销债务人以不合理价格交易行为,使其归于自始无效;债务人以明显不合理高价受让财产,导致债务人责任财产减少的程度达到不足以履行债务的程度,造成债权人的债权无法实现,债权人可以撤销债务人以不合理价格交易行为,使其归于自始无效。另外,本条规定的以不合理价格交易也适用于为他人债务提供担保的行为,如果行为导致债务人的责任财产不足以履行其债务,造成债权人的债权无法实现,债权人可以撤销债务人的担保行为,使其归于自始无效。需要注意的是,与债务人无偿处分行为不同,债务人以不合理价格交易行为只有在债务人的相对人(第三人)恶意的情况才能撤销,即第三人知道或者应当知道债务人以不合理价格交易或为他人债务提供担保的行为会伤害债权人的债权。如果第三人为善意第三人(不知道或者不应当知道债务人以不合理价格交易行为会伤害债权人的债权),则出于保护善意第三人利益的原因,债权人没有撤销债务人行为的权利。

(2)债务人以不合理价格交易其财产的行为必须有损于“债权人债权实现”。有损于债权实现,是指以不合理价格交易行为,导致债务人的责任财产减少程度过多或者增加程度过少,进而导致债权人的债权因此不能实现。责任财产,是指债务人用以履行其对债权人债务的财产。而当债务人以不合理价格交易行为不影响责任财产数额,即在责任财产依然充足的情况下,债权人继续向债务人请求可以实现其债权,故无须行使撤销权;当债务人以不合理价格交易行为会影响责任财产数额,在责任财产不再充足的情况下,债权人继续向债务人请求无法实现其债权,故需要行使撤销权。

## 配套法规及解读

**《最高人民法院关于适用〈中华人民共和国民法典〉合同编通则若干问题的解释》(2023 年 12 月 4 日)**

**第四十二条** 对于民法典第五百三十九条规定的“明显不合理”的低价或者高价,人民法院应当按照交易当地一般经营者的判断,并参考交易时交易地的市场交易价或者物价部门指导价予以认定。

转让价格未达到交易时交易地的市场交易价或者指导价百分之七十的,一般可以认定为“明显不合理的低价”;受让价格高于交易时交易地的市场交易价或者指导价百分之三十的,一般可以认定为“明显不合理的高价”。

债务人与相对人存在亲属关系、关联关系的，不受前款规定的百分之七十、百分之三十的限制。

**※法规解读：**本条是关于债权人撤销权行使问题上“债权人撤销权诉讼中明显不合理低价或者高价的认定”的规定，它对应《民法典》第五百三十九条，主要包括以下几点：

(1)关联关系。关于本条第三款中的“关联关系”，依据《特别纳税调整实施办法(试行)》第九条规定，关联关系主要是指企业与其他企业、组织或个人具有下列之一关系：

其一，一方直接或间接持有另一方的股份总和达到25%以上，或者双方直接或间接同为第三方所持有的股份达到25%以上。若一方通过中间方对另一方间接持有股份，只要一方对中间方持股比例达到25%以上，则一方对另一方的持股比例按照中间方对另一方的持股比例计算。

其二，一方与另一方(独立金融机构除外)之间借贷资金占一方实收资本50%以上，或者一方借贷资金总额的10%以上是由另一方(独立金融机构除外)担保。

其三，一方半数以上的高级管理人员(包括董事会成员和经理)或至少一名可以控制董事会的董事会高级成员是由另一方委派，或者双方半数以上的高级管理人员(包括董事会成员和经理)或至少一名可以控制董事会的董事会高级成员同为第三方委派。

其四，一方半数以上的高级管理人员(包括董事会成员和经理)同时担任另一方的高级管理人员(包括董事会成员和经理)，或者一方至少一名可以控制董事会的董事会高级成员同时担任另一方的董事会高级成员。

其五，一方的生产经营活动必须由另一方提供的工业产权、专有技术等特许权才能正常进行。

其六，一方的购买或销售活动主要由另一方控制。

其七，一方接受或提供劳务主要由另一方控制。

其八，一方对另一方的生产经营、交易具有实质控制，或者双方在利益上具有相关联的其他关系，包括虽未达到本条第(一)项持股比例，但一方与另一方的主要持股方享受基本相同的经济利益，以及家族、亲属关系等。

(2)“不受限制”，是指如果存在亲属关系、关联关系等情形，即便出现70%和30%的情况，也不认为是不合理的低价与高价。

**第四十三条**　债务人以明显不合理的价格，实施互易财产、以物抵债、出租或者承租财产、知识产权许可使用等行为，影响债权人的债权实现，债务人的相对人知道或者应当知道该情形，债权人请求撤销债务人的行为的，人民法院应当依据民法典第五百三十九条的规定予以支持。

**※法规解读：**本条是关于债权人撤销权行使问题上"其他不合理交易行为的认定"的规定，它对应《民法典》第五百三十九条，"明显不合理的低价或者高价"，可适用本解释第四十二条的规定。

**第四十四条** 债权人依据民法典第五百三十八条、第五百三十九条的规定提起撤销权诉讼的，应当以债务人和债务人的相对人为共同被告，由债务人或者相对人的住所地人民法院管辖，但是依法应当适用专属管辖规定的除外。

两个以上债权人就债务人的同一行为提起撤销权诉讼的，人民法院可以合并审理。

**※法规解读：**本条是关于债权人撤销权行使问题上"债权人撤销权诉讼的当事人、管辖和合并审理"的规定，它对应《民法典》第五百三十八条、第五百三十九条，主要包括以下几点：

(1)共同被告。债权人提起的撤销权诉讼，债务人和债务人的相对人为共同被告，而不能仅以其中一方作为被告。

(2)管辖法院。债权人提起的撤销权诉讼的管辖法院是债务人住所地人民法院，而非债务人的相对人住所地人民法院。

(3)合并审理条件。只有两个或者两个以上债权人就债务人的"同一行为"提起撤销权诉讼，人民法院可以合并审理。如果是债务人的不同行为，则不可以合并审理。同时，此处人民法院是"可以"合并审理，既可以选择合并审理，也可以选择分别审理，而非必须合并审理。

**《最高人民法院关于适用〈中华人民共和国企业破产法〉若干问题的规定(二)》(2020年12月29日修正)**

**第十三条** 破产申请受理后，管理人未依据企业破产法第三十一条的规定请求撤销债务人无偿转让财产、以明显不合理价格交易、放弃债权行为的，债权人依据民法典第五百三十八条、第五百三十九条等规定提起诉讼，请求撤销债务人上述行为并将因此追回的财产归入债务人财产的，人民法院应予受理。

相对人以债权人行使撤销权的范围超出债权人的债权抗辩的，人民法院不予支持。

**※法规解读：**本条属于企业破产申请被受理后，破产企业的债权人行使撤销权的相关内容，需要注意以下几点：

(1)条文提及的《企业破产法》第三十一条规定为："人民法院受理破产申请前一年内，涉及债务人财产的下列行为，管理人有权请求人民法院予以撤销：(一)无偿转让财产的；(二)以明显不合理的价格进行交易的；(三)对没有财产担保的债务提供财产担保的;(四)对未到期的债务提前清偿的;(五)放弃债权的。”

(2)一般而言,依据《民法典》第五百四十条,“撤销权的行使范围以债权人的债权为限”。但是,“相对人以债权人行使撤销权的范围超出债权人的债权抗辩的,人民法院不予支持”。也就是说,作为破产企业的债权人,在行使撤销权时,行使撤销权的范围可以超出其对破产企业的债权范围。此规定有利于规范破产企业管理人的行为,进而保护债权人的利益。

## 关联法规索引

《民法典》第155、157、199、538~542条;《最高人民法院关于适用〈中华人民共和国民法典〉合同编通则若干问题的解释》第42~44条;《税收征收管理法》第50条;《最高人民法院关于审理民事案件适用诉讼时效制度若干问题的规定》第5条;《特别纳税调整实施办法(试行)》第9条;《最高人民法院关于审理与企业改制相关的民事纠纷案件若干问题的规定》第15、19、29条

**第五百四十条 【债权人撤销权的行使范围以及必要费用承担】撤销权的行使范围以债权人的债权为限。债权人行使撤销权的必要费用,由债务人负担。**

## 条文解读

本条规定了债权人撤销权的行使范围以及必要费用承担。如果债权人对债务人的债权范围大于债务人对第三人的不当处分范围,则债权人撤销权的行使范围与债务人对第三人的不当处分范围相同;如果债权人对债务人的债权范围小于债务人对第三人的不当处分范围,则债权人撤销权的行使范围与债权人对债务人的债权范围相同。同时,债权人行使撤销权的必要费用,应由债务人负担。

## 配套法规及解读

**《最高人民法院关于适用〈中华人民共和国民法典〉合同编通则若干问题的解释》(2023年12月4日)**

**第四十五条** 在债权人撤销权诉讼中,被撤销行为的标的可分,当事人主张在受

影响的债权范围内撤销债务人的行为的，人民法院应予支持；被撤销行为的标的不可分，债权人主张将债务人的行为全部撤销的，人民法院应予支持。

债权人行使撤销权所支付的合理的律师代理费、差旅费等费用，可以认定为民法典第五百四十条规定的“必要费用”。

**※法规解读：**本条是关于债权人撤销权行使问题上“连环转让中的撤销权行使”的规定，它对应《民法典》第五百四十条，主要包括以下几点：

(1)部分撤销与全部撤销。《民法典》第五百四十条规定债权人的撤销范围以债权人的债权为限，但是本条司法解释进一步明确了，这仅在“被撤销行为的标的可分”时适用；而在“被撤销行为的标的不可分”时，债权人有权主张将债务人的行为全部撤销。

(2)主张主体。在被撤销行为的标的可分时，主张在受影响的债权范围内撤销债务人的行为的主体是“当事人”；而在被撤销行为的标的不可分时，主张将债务人的行为全部撤销的主体是“债权人”。

(3)必要费用。明确债权人行使撤销权所支付的合理的律师代理费、差旅费等费用，可以认定为“必要费用”。

## 关联法规索引

《民法典》第155、157、199、538～542条；《最高人民法院关于适用〈中华人民共和国民法典〉合同编通则若干问题的解释》第45条；《税收征收管理法》第50条

**第五百四十一条　【债权人撤销权的除斥期间】撤销权自债权人知道或者应当知道撤销事由之日起一年内行使。自债务人的行为发生之日起五年内没有行使撤销权的，该撤销权消灭。**

## 条文解读

本条是关于债权人撤销权除斥期间的规定。除斥期间是形成权的存续期间，债权人撤销权的除斥期间就是债权人撤销权的存续期间。债权人的撤销权除斥期间有两种：第一种是1年的行使期限，适用于债权人知道或者应当知道撤销事由的情况，从债权人知道或者应当知道撤销事由之日起计算；第二种是5年的行使期限，适用于债权人不知道撤销事由的情况，从债务人实施危害债权行为发生之日起

计算。在债权人的撤销权行使期限内，债权人没有行使撤销权的，债权人的撤销权消灭，即债权人无权就债务人侵害其债权的行为请求人民法院撤销。

**关联法规索引**

《民法典》第155、157、199、538～542条；《税收征收管理法》第50条

**第五百四十二条　【债权人撤销权的行使效果】债务人影响债权人的债权实现的行为被撤销的，自始没有法律约束力。**

**条文解读**

本条是关于债权人撤销权行使效果的规定。债权人行使撤销权，即向人民法院或者仲裁机构提起诉讼或者仲裁并被认可，债务人影响债权人的债权实现的行为被撤销的，债务人的不当处分行为自始无效，自始失去法律约束力：如果处分的标的尚未给付的，债务人不得向第三人给付；如果处分的标的已经给付的，第三人应当向债务人返还。

**配套法规及解读**

**《最高人民法院关于适用〈中华人民共和国民法典〉合同编通则若干问题的解释》(2023年12月4日)**

**第四十六条**　债权人在撤销权诉讼中同时请求债务人的相对人向债务人承担返还财产、折价补偿、履行到期债务等法律后果的，人民法院依法予以支持。

债权人请求受理撤销权诉讼的人民法院一并审理其与债务人之间的债权债务关系，属于该人民法院管辖的，可以合并审理。不属于该人民法院管辖的，应当告知其向有管辖权的人民法院另行起诉。

债权人依据其与债务人的诉讼、撤销权诉讼产生的生效法律文书申请强制执行的，人民法院可以就债务人对相对人享有的权利采取强制执行措施以实现债权人的债权。债权人在撤销权诉讼中，申请对相对人的财产采取保全措施的，人民法院依法予以准许。

**※法规解读：**当撤销权判决生效后，虽然撤销了相对人与债务人之间的法律关

系,但相对人往往不向债务人返还财产。此时,若不允许撤销权人对相对人申请强制执行,那么债权人可能要再次提起代位权诉讼后才能申请强制执行,存在诉累且不合理。因此,允许债权人借助主债权胜诉判决,在执行程序中对相对人申请强制执行尤为必要。债权人依据其与债务人的诉讼、撤销权诉讼产生的生效法律文书申请强制执行的,人民法院可以就债务人对相对人享有的权利采取强制执行措施以实现债权人的债权。债权人在撤销权诉讼中,申请对相对人的财产采取保全措施的,人民法院依法予以准许,这条规定回归了撤销权作为债的保全的本来目的。

对于本条第二款,若债务人(被执行人)是公民或其他组织的,可参考《最高人民法院关于适用〈中华人民共和国民事诉讼法〉的解释》第五百零六条和第五百零八条的规定。若债务人(被执行人)是企业法人的,可参考《最高人民法院关于适用〈中华人民共和国民事诉讼法〉的解释》第五百一十一条、《企业破产法》第二条第一款的规定。

## 关联法规索引

《民法典》第155、157、199、538～542条;《最高人民法院关于适用〈中华人民共和国民法典〉合同编通则若干问题的解释》第46条;《税收征收管理法》第50条;《最高人民法院关于适用〈中华人民共和国民事诉讼法〉的解释》第506、508、511条;《企业破产法》第2条

# 第六章　合同的变更和转让

## 本章介绍

本章是《民法典》合同编关于合同变更和转让的规定。概括而言，本章内容可称为合同的改变，既包括合同内容的改变，也包括合同主体的改变。合同内容的改变为合同的变更，合同主体的改变为合同的转让。与合同的保全不同的是：合同保全中的代位权和撤销权都是形成权，即只要法定条件发生，债权人通过单方意思表示就能行使，无须与对方协商建立合意，除主债关系外无须再订立其他与保全相关的合同；而在合同变更与转让中，除法律有明确规定的特殊变更与转让情形之外，均需要当事人之间达成合意才能发生变更或转让的结果，除主债关系外仍需再订立其他变更或转让合同。与合同的保全相同的是：在民法理论上，变更与转让制度不仅适用于合同之债，也适用于非因合同而产生的债，如不当得利之债、无因管理之债、侵权损害赔偿之债等。换言之，不仅合同之债的债权人可以变更和转让，不当得利之债、无因管理之债、侵权损害赔偿之债都可以通过债权人和债务人的合意，变更债的内容或转让债的主体。

**第五百四十三条　【协议变更合同】当事人协商一致，可以变更合同。**

## 条文解读

本条是关于协议变更合同的规定。合同变更有广义与狭义之分。广义的合同变更，包括合同内容的变更与合同主体的变更。前者是指当事人不变，合同的权利义务予以改变。后者是指合同关系保持同一性，仅改换债权人或者债务人。不论是改换债权人，还是改换债务人，都发生合同权利义务的移转，移转给新的债权人或者债务人，因此合同主体的变更实际上是合同权利义务的转让。本条规定的是狭义的合同变更，即仅指合同内容的变化，而合同主体的变化由本编相关法律条文规定。

根据本条规定，合同内容的变更条件是当事人双方达成合意，如果没有法律的特殊规定，当事人任何一方都不能单方变更合同。故合同的变更条件与合同的产生条件一致：首先，要存在变更合同的要约和承诺，两个意思表示必须达成一致合同才能变更；其次，变更合同的要约和承诺应当是无效力瑕疵的意思表示，具备本法总则编规定的民事行为无效、可撤销、效力待定情形的，依照其规定处理；最后，当事人双方对变更合同附条件或者附期限的，当条件发生或者期限到达时，合同才发生变更。

需要注意的是，在合同变更生效以后，变更后的合同对当事人均具有法律约束力，当事人应当按照变更后的合同内容履行合同。但合同的变更没有溯及力，不能对已经履行的部分产生效力。

## 配套法规及解读

**《最高人民法院关于审理涉及国有土地使用权合同纠纷案件适用法律问题的解释》(2020 年 12 月 29 日修正)**

**第五条** 受让方经出让方和市、县人民政府城市规划行政主管部门同意，改变土地使用权出让合同约定的土地用途，当事人请求按照起诉时同种用途的土地出让金标准调整土地出让金的，应予支持。

**※法规解读：**本条属于土地用途改变问题，我们需要注意以下几点：

(1)不同于《民法典》第五百四十三条规定的只要“当事人”协商一致即可以变更合同，本条规定在需要当事人协商一致的基础上，还需要“市、县人民政府城市规划行政主管部门”的同意。换言之，对于土地用途，不能够仅以受让方与出让方自行协商一致而私自改变土地用途。土地属于国有财产，出让方与受让方仅有使用权，擅自改变土地用途对经济利益伤害巨大并影响城市整体规划，故而应当得到市、县人民政府城市规划行政主管部门同意。

(2)本条规定的城市规划行政主管部门是“市、县”级别的行政主管部门，乡镇级政府部门无权同意或否决。

(3)土地出让金标准的确定时间为“起诉时”，不是以“原合同签订时”或者“实际变更用途时”的出让金价格为依据。

**第六条** 受让方擅自改变土地使用权出让合同约定的土地用途，出让方请求解除合同的，应予支持。

## 关联法规索引

《民法典》第 409 条；《保险法》第 20 条

**第五百四十四条 【变更不明推定为未变更】当事人对合同变更的内容约定不明确的，推定为未变更。**

## 条文解读

本条是关于对合同变更内容不明的处理的规定。当事人对于合同变更的内容约定不明确的,推定为未变更。在通过协商方式变更合同的过程中,可能出现当事人对变更内容无法达成一致意见的情形,也可能出现当事人对合同变更的内容约定含糊,让人难以判断对原合同做出了什么样的修改和补充的情形。根据本条规定,如果当事人对合同内容的变更约定不明确,当事人只需按照原有合同的规定履行即可,任何一方不得要求对方履行变更中约定不明确的内容。比如,卖方在买卖合同的补充协议中承诺"尽可能"或"争取"提前交货,但没有明确具体时间,那么这种约定并没有发生变更原合同交货期限的效力,即使卖方没有提前交货,亦不能构成违约。

**第五百四十五条 【债权转让】债权人可以将债权的全部或者部分转让给第三人,但是有下列情形之一的除外:**

**(一)根据债权性质不得转让;**

**(二)按照当事人约定不得转让;**

**(三)依照法律规定不得转让。**

**当事人约定非金钱债权不得转让的,不得对抗善意第三人。当事人约定金钱债权不得转让的,不得对抗第三人。**

## 条文解读

本条是关于债权转让的规定。债权转让是一个三方法律关系,即原债权人(出让人)、新债权人(受让人)和债务人(第三人)之间的法律关系。债权转让的目标是建立受让人和债务人之间的债权债务关系,故其生效存在两个要素:其一指向出让人和受让人之间的关系;其二指向出让人和债务人之间的关系。出让人和受让人之间的关系是合同关系,即债权转让合同,债权转让合同需合法有效,否则不发生债权转移的效果;出让人和债务人之间的关系是原债关系,原债的债权必须是可转让的债权,否则也不发生债权转移的效果。此处所谓的"可转让的债权"是指排除了不可转让情形的债权。债权的不可转让情形分为以下三种:第一种为依据性质不得转让的债权,即专属于债务人自身的债权,包括以"特定人"或"人身信任"为基础的债权、以"身份"为基础的债权(基于扶养关系、抚养关系、收养关系、赡养关系、继承关系等产生的请求权)、以"血汗"为基础的债权(基于养老金、抚恤金、劳动报酬、人寿保险、人身损害赔偿等产生的请求权);第二种为按照当事的人约定不得转让的债权,当事人约定债权不得转让的,应当从其约定,债权人违反约定将债权转让给受让人的,一般不发生债权转移的效果,但法律另有规定的除外;第三种为依照法律规定不得转让的债权,根据法律的强制性规定,禁止转让的债权不得转让,例如主债权人在保留主债权的情况下,不得对外单独转让担保权;又如经批准而生效的合同,当事人一方未经批准时,不得与他人订立债权转让合同等。

另外,《民法典》合同编相对于原《合同法》,加入了"当事人约定金钱债权不得转让的,不得对抗第三人"和"当事人约定非金钱债权不得转让的,不得对抗善意第三人"的规定。因为金钱债权与非金钱债权在人身关联性上有所减弱,所以约定不得转让的效力对第三人的对抗程度也有所下降。约定金钱债权不得转让不能对抗任何第三人,无论是善意的还是恶意的;约定非金钱债权不得转让可以对抗恶意第三人却无法对抗善意第三人。这就意味着,约定金钱债权不得转让并不影响第三人取得债权成为新债权人;约定非金钱债权不得转让当第三人善意(不知道该债权不可转让)时第三人可以取得债权成为新债权人,约定非金钱债权不得转让当第三人恶意(知道该债权不可转让)时第三人无法取得债权成为新债权人。但是,无论第三人能否取得债权都不影响原债权人和债务人之间关于债权不得转让之约定的效力。即使第三人取得债权,只要债权转移对债务人造成损害,债务人都可以根据不得转让债权之约定要求第三人承担违约责任。

## 配套法规及解读

**《最高人民法院关于审理民事案件适用诉讼时效制度若干问题的规定》(2020年12月29日修正)**

**第十七条第一款** 债权转让的,应当认定诉讼时效从债权转让通知到达债务人之日起中断。

**※法规解读:**针对本条,我们应当注意以下几点:

(1)本条的"诉讼时效"是指债权人对债务人提起诉讼的诉讼时效。

(2)债权转让认定的诉讼时效的中断时间是从"债权转让通知到达债务人之日"

起计算,而非从“债权转让通知发出之日”起计算。

(3)债权转让通知能够引起诉讼时效中断,但是,认定诉讼时效中断的前提是原债权诉讼时效期间尚未届满。如果在签订债权转让协议时,债权已超过了法律规定的3年诉讼时效期间,则不产生时效中断的法律后果。具体包括:①该条明确了债权让与通知具有引起诉讼时效中断的效力。但是,该条的适用也不是绝对的,对于合同债权转让后诉讼时效的计算,仍需根据具体情况具体分析。认定诉讼时效中断的前提是诉讼时效期间尚未届满,诉讼时效中断事由必须发生在诉讼时效期间内。所以若诉讼时效在合同债权转让前已经届满,债务人当然能够以时效期间届满为由进行抗辩,拒绝向新的债权人履行债务。②在诉讼时效期间届满后可能出现两种情况:一是义务人自愿履行,二是对旧债务的重新确认。

**关联法规索引**

《民法典》第407、421、545～550、696条;《保险法》第34条;《金融资产管理公司条例》第13条;《合伙企业法》第41条;《最高人民法院关于审理旅游纠纷案件适用法律若干问题的规定》第11条;《最高人民法院关于适用〈中华人民共和国民法典〉有关担保制度的解释》第39条第1款;《最高人民法院关于适用〈中华人民共和国保险法〉若干问题的解释(三)》第13条

**第五百四十六条　【债权转让通知】债权人转让债权,未通知债务人的,该转让对债务人不发生效力。**

**债权转让的通知不得撤销,但是经受让人同意的除外。**

**条文解读**

本条是关于债权转让通知的规定。债权转让的核心目标是建立起受让人与债务人之间的债权债务关系,故其前提是出让人与受让人的债权转让合同合法有效且出让人与债务人之间的原债关系是可转让债权。但即使满足此前提仍未必能够达成上述目标。因为债权转让合同是发生在出让人与受让人之间的合同,所以作为第三人的债务人对合同并不一定知情。同时,一个完整债权转让效力的产生,又需要债务人知情,否则债务人不知道向何人履行债务。故按本条规定,出让人在与受让人达成债权转让协议后,有义务通知债务人。未通知债务人,则意味着债务人可以继续向出让

人履行债务，而无须向受让人履行债务，此时债权转让不对债务人生效。需要注意的是，出让人是否通知债务人，只会影响债权转让是否对债务人生效，而不影响债权转让是否在让与人和受让人之间生效，即使债权人未通知债务人，债权也发生了转移，债权自让与人和受让人之间的债权转让协议生效时即发生了转移，只不过未对债务人生效而已。

## 配套法规及解读

**《最高人民法院关于适用〈中华人民共和国民法典〉合同编通则若干问题的解释》(2023年12月4日)**

**第四十八条** 债务人在接到债权转让通知前已经向让与人履行，受让人请求债务人履行的，人民法院不予支持；债务人接到债权转让通知后仍然向让与人履行，受让人请求债务人履行的，人民法院应予支持。

让与人未通知债务人，受让人直接起诉债务人请求履行债务，人民法院经审理确认债权转让事实的，应当认定债权转让自起诉状副本送达时对债务人发生效力。债务人主张因未通知而给其增加的费用或者造成的损失从认定的债权数额中扣除的，人民法院依法予以支持。

**※法规解读：**本条是关于债权债务转让问题上“债权转让通知”的规定，它与《民法典》第五百四十六条相对应，主要包括以下两点：

(1)针对本条第一款，债权转让未通知债务人，则债务人向让与人履行即可认为债务人履行了债务；而如果债权转让已经通知到了债务人，则债务人没有向让与人履行的义务而有向受让人履行的义务，此时，如果债务人向让与人履行，则并不能免除向受让人履行的义务。

(2)受让人通知。本条第二款规定了受让人的通知可以发生法律效力，但前提条件是：受让人提供确认债权转让事实的生效法律文书、经公证的债权转让合同等能够确认债权转让事实的证据。可以理解为，受让人提供了具有法律效力的，能够确认债权转让事实的证据。

**第四十九条** 债务人接到债权转让通知后，让与人以债权转让合同不成立、无效、被撤销或者确定不发生效力为由请求债务人向其履行的，人民法院不予支持。但是，该债权转让通知被依法撤销的除外。

受让人基于债务人对债权真实存在的确认受让债权后，债务人又以该债权不存在为由拒绝向受让人履行的，人民法院不予支持。但是，受让人知道或者应当知道该债权不存在的除外。

**※法规解读：**本条明确当让与人作为通知主体将债权让与通知债务人之后，即使事实上债权让与并未发生或者无效，债务人依然能够信赖让与之通知而向受让人为有效的免责性清偿等行为，其属于积极信赖保护责任的一种。不过，债务人若根据生效的司法裁判文书知悉债权让与未发生或者无效的，鉴于司法裁判具有较强的公信力，债务人不能再继续信赖让与人之通知的正确性而认为债权让与有效。

**第五十条**　让与人将同一债权转让给两个以上受让人，债务人以已经向最先通知的受让人履行为由主张其不再履行债务的，人民法院应予支持。债务人明知接受履行的受让人不是最先通知的受让人，最先通知的受让人请求债务人继续履行债务或者依据债权转让协议请求让与人承担违约责任的，人民法院应予支持；最先通知的受让人请求接受履行的受让人返还其接受的财产的，人民法院不予支持，但是接受履行的受让人明知该债权在其受让前已经转让给其他受让人的除外。

前款所称最先通知的受让人，是指最先到达债务人的转让通知中载明的受让人。当事人之间对通知到达时间有争议的，人民法院应当结合通知的方式等因素综合判断，而不能仅根据债务人认可的通知时间或者通知记载的时间予以认定。当事人采用邮寄、通讯电子系统等方式发出通知的，人民法院应当以邮戳时间或者通讯电子系统记载的时间等作为认定通知到达时间的依据。

**※法规解读：**本条参照适用《民法典》第七百六十八条关于在应收账款多重让与情形下保理人权利顺位的规定，明确让与人将同一债权转让给两个以上受让人，债务人以已经向最先通知的受让人履行为由主张其不再履行债务的，人民法院应予支持。债务人明知接受履行的受让人不是最先通知的受让人，最先通知的受让人请求债务人继续履行债务或者依据债权转让协议请求让与人承担违约责任的，人民法院应予支持；最先通知的受让人请求接受履行的受让人返还其接受的财产的，人民法院不予支持，但是接受履行的受让人明知该债权在其受让前已经转让给其他受让人的除外。

**关联法规索引**

《民法典》第407、421、545～550、696条；《最高人民法院关于适用〈中华人民共和国民法典〉合同编通则若干问题的解释》第48～51条；《保险法》第34条；《金融资产管理公司条例》第13条；《合伙企业法》第41条

**第五百四十七条 【债权转让时从权利一并转让】**债权人转让债权的，受让人取得与债权有关的从权利，但是该从权利专属于债权人自身的除外。

受让人取得从权利不因该从权利未办理转移登记手续或者未转移占有而受到影响。

## 条文解读

本条规定了债权转让法律后果中债权转让对从权利的影响。从民事权利的相互关系上来看，可分为主权利与从权利。主权利，是指在互有关联的两个民事权利中，其效力可以制约其他权利效力的权利；从权利，是指在互有关联的两个民事权利中，其效力受其他权利效力制约的权利。从权利不得脱离主权利而单独存在或消灭。因此，当债权人转让权利时，与该权利有关的从权利也会一并转让给受让人。对此，并不需要债权人与受让人作出特别约定。一般来说，受让人自债权转让生效之时即一并取得依附于该债权的从权利。但如果该权利是专属于债权人自身的，则该权利不能随主债权一并转让给受让人。专属于债权人自身之权利，是指依法律规定或约定，与债权人本身而非与债权相结合的权利，该种权利与让与人本身具有不可分离的关系。比如，在保证合同中约定专为债权人而设定保证的情况下，该保证便与原债权人不可分离，不随主债权的转移而移转。

另外，《民法典》合同编相对于原《合同法》，加入了“受让人取得从权利不因该从权利未办理转移登记手续或者未转移占有而受到影响”的规定。其意义在于，有一些从权利的转移需要登记或者交付才能发生转移，如果当事人转移了主权利却未对从权利的转移进行登记或者交付，此时，如果主权利转移但从权利不转移就会割裂主权利和从权利之间的从属关系，进而导致部分权利失去意义和价值。故根据本款规定，即使需要登记或者交付的从权利未进行登记或者交付，也不会影响其随主权利的转移而转移。

## 关联法规索引

《民法典》第407、421、545～550、696条；《保险法》第34条；《金融资产管理公司条例》第13条；《合伙企业法》第41条

**第五百四十八条　【债权转让对债务人抗辩权的影响】债务人接到债权转让通知后，债务人对让与人的抗辩，可以向受让人主张。**

## 条文解读

本条规定了债权转让法律后果中债权转让对债务人抗辩权的影响，即债权转移抗辩权延续。如果债务人对原债权人（让与人）有抗辩权，在债权转让之后债务人可以向新债权人（受让人）主张原债的抗辩权。原因有二：

第一，抗辩权是债务人享有的权利，也是一种抗辩利益，这种利益在产生之后，要么因法律规定的抗辩理由的消失而消失，要么因抗辩权人放弃该利益而消失，除此之外，其他人不能仅通过自己的意志而使其消失，否则就是强制抗辩权人放弃利益。所以，债权的转让不应当成为抗辩权消失的理由。

第二，债权转让的实质是债权人的改变，即债之关系中的主体改变，而不是内容改变。主体改变需要债之关系的原主体和新主体达成合意，内容改变则需要债之关系的原主体双方达成合意。抗辩权从属于内容，仅让与人与受让人达成合意是不够的。所以，债权的转让不应当成为抗辩权消失的理由。

## 配套法规及解读

**《最高人民法院关于适用〈中华人民共和国民法典〉合同编通则若干问题的解释》（2023 年 12 月 4 日）**

**第四十七条**　债权转让后，债务人向受让人主张其对让与人的抗辩的，人民法院可以追加让与人为第三人。

债务转移后，新债务人主张原债务人对债权人的抗辩的，人民法院可以追加原债务人为第三人。

当事人一方将合同权利义务一并转让后，对方就合同权利义务向受让人主张抗辩或者受让人就合同权利义务向对方主张抗辩的，人民法院可以追加让与人为第三人。

**※法规解读：**本条是关于债权债务转让问题上“债权债务转让纠纷的诉讼第三人”的规定，它对应了《民法典》第五百四十八条、第五百五十三条、第五百五十六条，主要包括以下几点：

（1）在民事诉讼中，“第三人”是指对原、被告之间的诉讼标的享有独立请求权，或者与案件处理结果有利害关系，而参加到原、被告之间正在进行的诉讼中去的人。

(2)本条中对于“列为第三人”采用的是“可以”，即人民法院既可以将让与人/原债务人追加为第三人，也可以不追加为第三人。

**第五百四十九条　【债权转让对债务人抵销权的影响】有下列情形之一的，债务人可以向受让人主张抵销：**

**(一)债务人接到债权转让通知时，债务人对让与人享有债权，且债务人的债权先于转让的债权到期或者同时到期；**

**(二)债务人的债权与转让的债权是基于同一合同产生。**

## 条文解读

本条规定了债权转让法律后果中债权转让对债务人抵销权的影响，即债权转移抵销权延续。如果债务人对原债权人(让与人)有抵销权，在债权转让之后债务人可以向新债权人(受让人)主张原债的抵销权。原因在于：抵销权的本质是抵销方用自己的债权清偿自己的债务，所以抵销权延续的前提有两个：一是抵销方自己有一个债权也有一个债务；二是抵销方行使抵销权的对象是抵销方的债权人而非债务人。回到债权转让关系中，只要在债权转移发生之前，债务人对原债权人形成了一个到期债权，那么在债权转移发生之后，新债权人对债务人有一个债权，债务人对原债权人有一个债权，债务人同时拥有一个债权和一个债务，而债务人如果行使抵销权，其对象应为自己的债权人即新债权人。由此形成了抵销权延续的法律关系。需要注意的是，抵销权延续是指在原债关系上已经存在了一个抵销权，而此抵销权随着债权的转移而转移。也就是说，如果债务人对原债权人的债权在债务转移之后到期，则原债关系上不存在抵销权，此时债务人不能向新债权人行使抵销权。另外，根据本条规定，如果债务人和原债权人之间互享债权和互负债务，但因为该互享的债权和互负的债务是基于同一个合同而产生的，所以不存在抵销关系，此时由于债权转移而形成了新债权人对债务人有债权和债务人对原债权人有债权的模式，债务人仍有权向新债权人行使抵销权。

**第五百五十条　【债权转让增加的履行费用负担】因债权转让增加的履行费用，由让与人负担。**

## 条文解读

本条是关于因债权转让而增加的履行费用的承担的规定。因为在债权转让过程中,有可能导致履行费用的增加(相对于未转让的情形而言),所以法律需要确定这部分的费用由谁来承担。首先,债务人作为让与人和受让人之外的第三人肯定是应当承担这部分费用的,且应由让与人或者受让人之中的某一个人承担;其次,根据本条规定,在让与人和受让人之间,由让与人承担费用,如此将因债权转让而增加的费用承担主体确定下来。

**第五百五十一条 【债务承担】债务人将债务的全部或者部分转移给第三人的,应当经债权人同意。**

**债务人或者第三人可以催告债权人在合理期限内予以同意,债权人未作表示的,视为不同意。**

## 条文解读

本条是关于债务承担的规定。债务承担与债权转让相同,也是一个三方的法律关系,即债权人(第三人)、原债务人(让与人)和新债务人(受让人),原债务人和新债务人间一定要达成债务承担的合意债务才能转移,所以原债务人与新债务人之间的债务承担合同需要生效,否则不发生债务承担的法律后果。债权转让和债务承担不同的是:债权转让在原债权人与新债权人达成合意之后,即发生债权转移的法律效果,而债务承担在原债务人与新债务人达成合意之后,还需要获得债权人的同意才能发生债务转移的法律效果;对于债权转让而言,"通知第三人"只影响债权转移是否对第三人生效但不影响债权转移本身,而对于债务承担而言,"第三人同意"不仅影响债务转移是否对第三人生效也影响债务转移本身。

另外,《民法典》合同编相对于原《合同法》,加入了"债务人或者第三人可以催告债权人在合理期限内予以同意,债权人未作表示的,视为不同意"的规定。因为债务转移需要债权人同意的制度,本质上是为了保护债权人的利益,不同的债务人对债务清偿能力一定不同,故债务人的改变会影响债权人债权实现的可能性。加入债权人经催告在合理期限内仍未作出表示的,视为不同意的规定,实际上是强化了对债权人的保护力度,将之前规定中的空白区域作出了有利于债权人(以保护债权人为第一原则)的解释,无疑是一种进步。

**配套法规及解读**

**《最高人民法院关于审理旅游纠纷案件适用法律若干问题的规定》(2020年12月29日修正)**

**第十条** 旅游经营者将旅游业务转让给其他旅游经营者,旅游者不同意转让,请求解除旅游合同、追究旅游经营者违约责任的,人民法院应予支持。

旅游经营者擅自将其旅游业务转让给其他旅游经营者,旅游者在旅游过程中遭受损害,请求与其签订旅游合同的旅游经营者和实际提供旅游服务的旅游经营者承担连带责任的,人民法院应予支持。

**※法规解读:**本条属于旅游业务转让问题。具体需要注意以下几点:

(1)本条对应《民法典》第五百五十一条,旅游者为债权人,旅游经营者为债务人,旅游业务的转让实际上属于一种债务转让。如果旅游者不同意转让,且旅游经营者不能自行履行相应合同义务,则旅游者享有解除合同的权利和要求旅游经营者承担违约责任的请求权。

(2)本条第二款属于连带责任问题。作为债务人的旅游经营者擅自将作为债务的旅游业务转让给其他旅游经营者,不排除其应当承担的债务责任。在此条件下,旅游者若遭受损害,签订旅游合同的旅游经营者和实际提供旅游服务的旅游经营者承担连带责任。

(3)本条第一款的违约责任属于签订旅游合同的旅游经营者的责任,而在旅游过程因遭受损害而产生的是签订旅游合同的旅游经营者和实际提供旅游服务的旅游经营者的连带责任,这两种情况需要区别开来。

**第十一条** 除合同性质不宜转让或者合同另有约定之外,在旅游行程开始前的合理期间内,旅游者将其在旅游合同中的权利义务转让给第三人,请求确认转让合同效力的,人民法院应予支持。

因前款所述原因,旅游经营者请求旅游者、第三人给付增加的费用或者旅游者请求旅游经营者退还减少的费用的,人民法院应予支持。

**《最高人民法院关于适用〈中华人民共和国民法典〉有关担保制度的解释》(2020年12月31日)**

**第三十九条第二款** 主债务被分割或者部分转移,债务人自己提供物的担保,债权人请求以该担保财产担保全部债务履行的,人民法院应予支持;第三人提供物的担保,主张对未经其书面同意转移的债务不再承担担保责任的,人民法院应予支持。

## 关联法规索引

《民法典》第391、552～554、697条;《招标投标法》第48条;《最高人民法院关于审理民事案件适用诉讼时效制度若干问题的规定》第17条第2款;《最高人民法院关于审理旅游纠纷案件适用法律若干问题的规定》第11条;《最高人民法院关于适用〈中华人民共和国民法典〉有关担保制度的解释》第39条第2款

**第五百五十二条 【并存的债务承担】第三人与债务人约定加入债务并通知债权人,或者第三人向债权人表示愿意加入债务,债权人未在合理期限内明确拒绝的,债权人可以请求第三人在其愿意承担的债务范围内和债务人承担连带债务。**

## 条文解读

本条是关于并存的债务承担的规定。债务承担,是指受让人对债务人所欠债务的承担。在民法学上,债务承担可以分为两类,即并存的债务承担与免责的债务承担:并存的债务承担,是指在受让人承担债务的同时,债务人的债务并不因此消灭的债务承担形式;免责的债务承担,是指债务人与受让人订立债务承担合同,约定债务人将其对债权人的债务,转让给受让人,且在债务承担的范围内,债务人的债务归于消灭的债务承担形式。并存的债务承担的发生,第三人(新债务人)与原债务人对债权人承担连带债务;免责的债务承担的发生,如为全部免责则新债务人代替原债务人对债权人承担全部债务,如为部分免责则新债务人与原债务人对债权人承担按份债务。本条之所以将并存的债务承担单独加以规定,是因为并存的债务承担与免责的债务承担不同:并存的债务承担不会免除让与人任何义务,只不过加入了一个受让人与让与人共同承担债务,故对债权人利益没有任何不利影响,而且给予了债权人债权实现一个额外的保障,故此种债务承担并不需要债权人同意,只要通知债权人即可。

## 配套法规及解读

**《最高人民法院关于适用〈中华人民共和国民法典〉合同编通则若干问题的解释》(2023年12月4日)**

**第五十一条** 第三人加入债务并与债务人约定了追偿权,其履行债务后主张向

债务人追偿的,人民法院应予支持;没有约定追偿权,第三人依照民法典关于不当得利等的规定,在其已经向债权人履行债务的范围内请求债务人向其履行的,人民法院应予支持,但是第三人知道或者应当知道加入债务会损害债务人利益的除外。

债务人就其对债权人享有的抗辩向加入债务的第三人主张的,人民法院应予支持。

**※法规解读:**本条是关于债权债务转让问题上“债务加入人的追偿权及其他权利”的规定,它对应了《民法典》第五百五十二条,主要包括以下几点:

(1)根据本条第一款规定,加入债务的第三人履行债务后,其向债务人的追偿,与债务人有约定的按照约定追偿,即约定优先。

(2)根据本条第一款规定,在没有约定的情况下,原则上,加入债务的第三人有权在履行债务的范围内请求债务人返还所获利益;但有一点例外,即第三人知道或者应当知道加入债务会损害债务人利益的,第三人无权在履行债务的范围内请求债务人返还所获利益。

(3)根据本条第二款规定,因为加入债务的第三人虽然是向债权人履行债务,但是其享有对债务人的追偿权,相当于获得了其履行债务范围内的债权人地位,故而,债务人对债权人享有的抗辩可以向加入债务的第三人主张。

**《最高人民法院关于适用〈中华人民共和国民法典〉有关担保制度的解释》(2020年12月31日)**

**第十二条** 法定代表人依照民法典第五百五十二条的规定以公司名义加入债务的,人民法院在认定该行为的效力时,可以参照本解释关于公司为他人提供担保的有关规则处理。

**第十四条** 同一债务有两个以上第三人提供担保,担保人受让债权的,人民法院应当认定该行为系承担担保责任。受让债权的担保人作为债权人请求其他担保人承担担保责任的,人民法院不予支持;该担保人请求其他担保人分担相应份额的,依照本解释第十三条的规定处理。

**第三十六条** 第三人向债权人提供差额补足、流动性支持等类似承诺文件作为增信措施,具有提供担保的意思表示,债权人请求第三人承担保证责任的,人民法院应当依照保证的有关规定处理。

第三人向债权人提供的承诺文件,具有加入债务或者与债务人共同承担债务等意思表示的,人民法院应当认定为民法典第五百五十二条规定的债务加入。

前两款中第三人提供的承诺文件难以确定是保证还是债务加入的,人民法院应当将其认定为保证。

第三人向债权人提供的承诺文件不符合前三款规定的情形，债权人请求第三人承担保证责任或者连带责任的，人民法院不予支持，但是不影响其依据承诺文件请求第三人履行约定的义务或者承担相应的民事责任。

**※法规解读：**《最高人民法院关于适用〈中华人民共和国民法典〉有关担保制度的解释》第三十六条属于"第三人提供承诺文件"的相关问题。具体需要注意以下几点。

(1)该条第一款所提及的"保证"包括"一般保证"和"连带保证"两种。一般保证，即当事人在保证合同中约定，只有在债务人确定不能履行债务时，才由保证人代替承担保证责任。连带保证，即当事人在保证合同中约定，只要债务人到期未履行债务，保证人即与债务人一起对债务承担连带责任。

(2)该条第二款明确指出，在符合第二款规定的条件下适用《民法典》第五百五十二条的规定，即属于"并存的债务承担"，即原债务人不免除任何债务(全部或部分免除均包含在内)，但新债务人加入债务关系之中，与原债务人一起向债权人承担连带责任，即为"债务加入"。

(3)该条第三款明确指出，在难以明确属于保证还是债务加入时，法院应当认定为保证，此规定在于保护提供承诺文件的第三人的利益。

(4)该条第四款与该条第三款的适用情况不同。该条第三款是指，在能够确定属于"保证"和"债务加入"之一的情况下，但是难以确定为何者时，应当认定为"保证"；而该条第四款则是指，第三人提供的承诺文件在既无法确认为"保证"，也无法确认为"债务加入"的情况下，则仅依据其承诺文件请求第三人履行约定的义务或者承担相应的民事责任。

(5)保证与债务加入的区别。虽然保证与债务加入均具有担保功能，但是保证具有相对的独立性，具体体现为：①保证债务与主债务是主从债务关系，保证债务是从债务，而债务加入与原债务具有同一性，并非主从债务关系；②保证人受到保证期间的保护，而债务加入则无该保护；③一般保证人享有先诉抗辩权，而债务加入人与原债务人之间没有偿还义务的先后顺序；④保证人在承担保证责任后，享有对主债务人的追偿权，而债务加入人在承担债务后，是否可以向原债务人追偿，无法律明确规定。

对于是否构成保证还是债务加入，应当结合主客观因素的判断标准，通过相关证据材料内容所体现出的真实意图，并结合当事人的意思表示进行综合认定。主观方面依据第三人是基于保证的意思表示还是共同承担债务的意思表示而决定；客观方面则是结合偿还债务合同的目的、具体内容、承担人与合同利益的关联程度等客观因素综合考虑约定的性质。

**关联法规索引**

《民法典》第391、551～554、697条;《最高人民法院关于适用〈中华人民共和国民法典〉合同编通则若干问题的解释》第51条;《招标投标法》第48条

**第五百五十三条 【债务转移对新债务人抗辩权和抵销权的影响】债务人转移债务的,新债务人可以主张原债务人对债权人的抗辩;原债务人对债权人享有债权的,新债务人不得向债权人主张抵销。**

**条文解读**

本条规定了债务承担对抗辩权和抵销权的影响:

首先,债务承担对债务人抗辩权的影响,即债务转移抗辩权可延续。如果原债务人(让与人)对债权人有抗辩权,在债务承担之后新债务人(受让人)可以向债权人行使原债的抗辩权。其理由可以参见债权转让中抗辩权延续的理由。债务转移既不影响原债的利益状态也不改变原债的任何内容,故附带抗辩权的债之关系无论如何转移抗辩权都不消失。

其次,债务承担对债务人抵销权的影响,即债务转移抵销权不延续。如果原债务人(让与人)对债权人有抵销权,在债务承担之后新债务人(受让人)不能向债权人行使原债的抵销权。其理由可以参见债权转让中抵销权延续的理由。即使在原债中存在抵销关系,但在债务转移之后,新债务人只有对原债务人的债务,但没有任何债权,故不能行使抵销权。

**第五百五十四条 【债务转移时从债务一并转移】债务人转移债务的,新债务人应当承担与主债务有关的从债务,但是该从债务专属于原债务人自身的除外。**

**条文解读**

本条是关于债务承担的法律后果对从权利的影响。主债务,是指能够独立存在的债务;从债务,是指从属于主债务,其效力受主债务影响的债务。从债务与主债务是密切联系的,不能与主债务相互分离而单独存在。没有主债务就不发生从债务,从

债务对主债务起着辅助作用。一般来说，当主债务发生转移时，从债务也要发生转移。但是在从债务专属于原债务人自身的情况下并不能随主债务的转移而转移，如在保证债务中，保证人与债权人未约定其保证责任仅对债权人承担时，即为专属于债务人的从债权，也就不能随主债务移转于第三人，除非保证人书面同意。

## 关联法规索引

《民法典》第391、551～554、697条；《招标投标法》第48条

**第五百五十五条 【合同权利义务一并转让】当事人一方经对方同意，可以将自己在合同中的权利和义务一并转让给第三人。**

**第五百五十六条 【合同权利义务一并转让的法律适用】合同的权利和义务一并转让的，适用债权转让、债务转移的有关规定。**

## 条文解读

第五百五十五条和第五百五十六条是关于债权债务概括转移的规定。所谓债权债务的概括转移，是指债的一方当事人将其债权和债务一并转移给第三人，由第三人概括地继受这些权利和义务。债权债务的概括转移，既可以基于法律的规定而产生即法定的概括转移，也可以基于当事人的约定而产生即意定的概括转移。前者如当事人在订立合同后合并，由合并后的法人或者其他组织行使合同权利，履行合同义务；当事人在订立合同后分立的，除债权人和债务人另有约定外，由分立的法人或者其他组织对合同的权利和义务享有连带债权，承担连带债务。后者债权债务的概括转移实际上是一个债权转让合同加一个债务承担合同，因此有关债权转让及债务承担的规定也适用于债权债务的概括转移，涉及债权转让的部分可以适用债权转让的有关规定，涉及债务承担的部分可以适用有关债务承担的规定。虽然债权转让效力的发生不需要合同之外的第三人（主债相对人）同意，但是债务承担效力的发生却需要合同之外的第三人（主债相对人）同意，故第三人（主债相对人）同意，债权转让和债务承担均发生效力；第三人（主债相对人）未同意，债权转让发生效力，但债务承担不发生效力。此外，债权债务的概括转让，可以是债权债务全部由出让人转移至第三人，第三人完全取代出让人的法律地位，成为债的关系中新的当事人，也可以是债权债务部分由出让人转移至第三人，第三人与债关系中的相对人一起对出让人承担按

份债权债务或连带债权债务。如果在转移之后,第三人不履行或不适当履行合同义务,将由第三人向合同一方承担责任。债权、债务的概括转移只出现在双务合同中,对于当事人只承担义务或者只享受权利的单务合同不存在权利和义务一并转移的问题。

## 配套法规及解读

**《最高人民法院关于审理旅游纠纷案件适用法律若干问题的规定》(2020年12月29日修正)**

**第十一条** 除合同性质不宜转让或者合同另有约定之外,在旅游行程开始前的合理期间内,旅游者将其在旅游合同中的权利义务转让给第三人,请求确认转让合同效力的,人民法院应予支持。

因前款所述原因,旅游经营者请求旅游者、第三人给付增加的费用或者旅游者请求旅游经营者退还减少的费用的,人民法院应予支持。

**※法规解读:**本条属于旅游合同权利义务转让问题,实际上是《民法典》第五百五十五条和第五百五十六条在旅游合同问题中的具体体现。其中应注意以下几点:

(1)旅游者将其在旅游合同中的权利义务转让给第三人,请求确认转让合同效力的,人民法院应予支持。但是,有几个前提,包括"除合同性质不宜转让之外"、"除合同另有约定之外"以及应当在旅游行程"开始前"的"合理"期间内。

(2)关于"合同性质不宜转让",假如旅游合同是基于当事人间的特殊信赖关系而产生,那么其内容仅针对特定的当事人才具有意义,才符合当事人订立合同的目的。这类合同一旦转让,将使得当事人订立合同的目的落空,因而一般不得转让,通常包括:①基于个人信任关系发生的合同债权;②以选定的债权人为基础发生的合同债权;③不作为的债权;④属于从权利的债权等。

(3)本条第二款所规定的增减费用内容,实际上是基于公平原则,使得原合同双方并不因转让合同问题而损害其中一方合法利益。

## 关联法规索引

《民法典》第545~554条

# 第七章　合同的权利义务终止

## 本章介绍

本章是《民法典》合同编关于合同权利义务终止的规定。合同的权利义务终止即为合同的消灭。一个合同必然要经历从开始到结束的过程,在民法上,没有任何一个合同是能够永久存在的,所有合同的最终归宿都是消灭。合同消灭的法律问题可以分为两部分:一是合同消灭的原因,二是合同消灭的影响。合同消灭的原因问题就是引起合同消灭的法律事实问题,它包括:债的清偿、债的抵销、债的免除、债的提存、债的混同以及合同的解除;合同消灭的影响问题就是合同消灭产生的法律后果问题,它包括:当事人之间权利义务消灭、债的担保及其相关的从权利和从义务消灭、合同权利义务终止之后相关附随权利和附随义务继续享有和承担等。

**第五百五十七条　【债权债务终止的情形】有下列情形之一的,债权债务终止:**

**(一)债务已经履行;**

**(二)债务相互抵销;**

**(三)债务人依法将标的物提存;**

**(四)债权人免除债务;**

**(五)债权债务同归于一人;**

**(六)法律规定或者当事人约定终止的其他情形。**

**合同解除的,该合同的权利义务关系终止。**

## 条文解读

本条是关于债权债务终止情形的规定。虽然本章名为“合同的权利义务终止”,但本章内容实际上,既包括因合同而产生的债权债务终止,也包括非因合同而产生的债权债务终止,故本条内容为债的消灭而非合同的消灭。债的消灭,是指债权债务法律关系基于特定的法律事实而归于消灭。因此,债的消灭问题,其核心是引起债权债务消灭的法律事实问题。根据本条规定,债的消灭情形,即能引起债权债务消灭的法律事实主要有六种。其中专属于合同(只适用于合同之债)的消灭情形为“合同的解除”,非专属于合同(既适用于合同之债,也适用于非合同之债)的消灭情形包括五种:“债的履行”“债的提存”“债的抵销”“债的免除”“债的混同”。根据本条规定,虽然债的主要消灭原因为以上六种,但也不排除其他法律规定或者当事人约定的能够引起债的消灭的法律事实。

债的履行,是指债务人正确地履行债务,导致其债务消灭的法律事实;债的提存,是指在债权人延迟受领(因债权人原因,债务人无法履行债务)的情况下,债务人向法定提存机关履行债务,导致其债务消灭的法律事实;债的抵销,是指当事人双方在基于两个法律关系互负债务时,互负的债务互相冲抵而归于消灭的法律事实;债的免除,是指债权人自愿放弃自己的债权,导致债务人的债务消灭的法律事实;债的混同,是指基于特定原因(如法人的合并或自然人的继承),一个法律关系中的债权和债务,由同一个人享有和承担,导致债务人的债务消灭的法律事实;合同的解除,是指基于合同当事人终止交易关系的意思,使合同效力归于消灭,导致债务人的债务消灭的法律事实。

## 关联法规索引

《证券投资基金法》第 80 条

**第五百五十八条 【债权债务终止后的义务】债权债务终止后,当事人应当遵循诚信等原则,根据交易习惯履行通知、协助、保密、旧物回收等义务。**

## 条文解读

本条规定了债权债务终止后的义务,即附随义务。附随义务,是指债的一方当事人根据诚实信用原则,为更好地保障另一方当事人的利益,根据债的性质、目的和交易习惯所应当承担的义务。一般来说,在债归于消灭之后,当事人不再承担债的义务,但是根据诚实信用原则的要求,仍要承担如通知、协助、保密或者旧物回收等义务。这些义务具有以下特点:第一,这些义务并不是当事人约定或法律规定的义务,而是根据诚实信用原则产生的义务。第二,这些义务是附随于给付义务而存在的,给付义务确定后,附随义务才能随之而存在。第三,这些义务在不同的债权债务关系中,内容是不一样的。例如,出卖人在交付所出售的产品时,应当向买受人告知产品的使用方法;在专利实施许可合同履行完毕之后,使用方具有保密的义务等。

**配套法规及解读**

**《最高人民法院关于审理物业服务纠纷案件适用法律若干问题的解释》(2020年12月29日修正)**

**第三条**　物业服务合同的权利义务终止后,业主请求物业服务人退还已经预收,但尚未提供物业服务期间的物业费的,人民法院应予支持。

**※法规解读:**预付的物业服务费因物业服务人未实际提供物业服务的应该返还。该条解释直接来源于对《民法典》第五百六十六条的细化。《民法典》第五百六十六条规定,合同解除后,尚未履行的,终止履行,即合同双方回到合同未设立时的状态,物业服务人收取该物业费因不存在法律上的依据而纯获利益,为纠正这种不当得利的状态,即需要物业服务人将该预收的物业服务费返还给业主。

**关联法规索引**

《海商法》第252条

**第五百五十九条　【债权的从权利消灭】债权债务终止时,债权的从权利同时消灭,但是法律另有规定或者当事人另有约定的除外。**

**条文解读**

本条规定了主债权消灭对从权利的影响。从权利是指依附于主债权而存在的权利,这种依附关系决定了,如果主债权消灭,从权利也会随之消灭。但是,如果法律规定特定从权利可以不依附于主债权存在或者当事人约定特定的从权利可以独立于债权存在时,即使主债权消灭,从权利也不会随之消灭。

**关联法规索引**

《民法典》第672条

**第五百六十条 【债的清偿抵充顺序】** 债务人对同一债权人负担的数项债务种类相同,债务人的给付不足以清偿全部债务的,除当事人另有约定外,由债务人在清偿时指定其履行的债务。

债务人未作指定的,应当优先履行已经到期的债务;数项债务均到期的,优先履行对债权人缺乏担保或者担保最少的债务;均无担保或者担保相等的,优先履行债务人负担较重的债务;负担相同的,按照债务到期的先后顺序履行;到期时间相同的,按照债务比例履行。

**第五百六十一条 【费用、利息和主债务的清偿抵充顺序】** 债务人在履行主债务外还应当支付利息和实现债权的有关费用,其给付不足以清偿全部债务的,除当事人另有约定外,应当按照下列顺序履行:

(一)实现债权的有关费用;

(二)利息;

(三)主债务。

## 条文解读

第五百六十条和第五百六十一条是关于清偿抵充顺序的规定。清偿抵充是引起债的消灭的法律事实的一种,即履行中的一个特殊问题。清偿抵充顺序,是指债务人对债权人负担数笔债务并且标的相同,但在债务人的履行数额不足以清偿全部债务时,用以确定债务人履行的是哪笔债务的规则。具体规则如下:

(1)债权人与债务人对清偿的债务或者清偿抵充顺序有约定的,从其约定;

(2)没有约定的,由债务人在清偿时指定其履行的债务是哪一笔债务;

(3)债务人在清偿时未作指定的,应当优先抵充已经到期的债务;

(4)几项债务均到期的,优先抵充对债权人没有担保的债务,或按照担保数额从小到大进行抵充;

(5)均无担保或者担保相等的,按照债务负担从重到轻的顺序进行抵充;

(6)负担相同的,按照债务到期从先到后的顺序进行抵充;

(7)到期时间也相同的,意味着没有其他因素能够决定清偿抵充的顺序,此时应按照债务比例履行,将已履行的数额平均分配到几笔债务上;

(8)虽然债务人负担的债务为一笔,但该债务为复合内容的债务,即债务人除主债务之外还应当支付利息和实现债权的有关费用,在其给付不足以清偿全部债务时,当事人之间对清偿的数额属于主债务,或利息、实现债权的有关费用有约定的从其约定,没有约定的按照实现债权的有关费用—利息—主债务的顺序进行抵充。

### 配套法规及解读

**《最高人民法院关于人民法院民事执行中拍卖、变卖财产的规定》(2020年12月29日修正)**

**第十六条** 拍卖时无人竞买或者竞买人的最高应价低于保留价,到场的申请执行人或者其他执行债权人申请或者同意以该次拍卖所定的保留价接受拍卖财产的,应当将该财产交其抵债。

有两个以上执行债权人申请以拍卖财产抵债的,由法定受偿顺位在先的债权人优先承受;受偿顺位相同的,以抽签方式决定承受人。承受人应受清偿的债权额低于抵债财产的价额的,人民法院应当责令其在指定的期间内补交差额。

**※法规解读:**拍卖时竞拍最高价低于拍卖物保留价的(通常在拍卖中,竞买人的最高出价不超过保留价的不能成交,拍卖人则可以撤回拍卖标的),标的物的申请执行人或者其他债权人申请或者同意以保留价拍卖财产的,则可以物抵债。该条款区别于"流质条款无效"的民法原则,避免了无人竞拍或竞价过低的尴尬局面,有利于保护债权人的利益。以保留价锚定拍卖标的物所抵销的债务,也能在一定程度上保护债务人的利益。在债权人受偿顺位相同时以抽签的方式决定谁作为该拍卖物的承受人无疑是民事执行领域的创新。在执行程序中通常只有优先受偿和比例受偿两种方式,在拍卖中引入抽签的方法能有效解决"一物无法多分"的困局,承受人弥补差额规定也能有效保护其他债权人的利益。

### 关联法规索引

《保障中小企业款项支付条例》第15条

**第五百六十二条 【合同约定解除】当事人协商一致,可以解除合同。**

**当事人可以约定一方解除合同的事由。解除合同的事由发生时,解除权人可以解除合同。**

## 条文解读

本条是关于合同解除的规定。在能够引起债的消灭的六种法律事实中,只有解除是专属于合同之债的,其他五种均为合同之债与非合同之债都适用的规定。合同的解除,又可以分为约定解除和法定解除。约定解除,是指在合同依法成立、生效之后而尚未全部履行之前,当事人通过合意的方式解除合同。约定解除又可以分为三种形式:第一种是当事人合意达成,合同自动解除;第二种是当事人合意约定,在某事由(条件达成或者期限达到)发生时,合同自动解除;第三种是当事人合意约定,在某事由(条件达成或者期限达到)发生时,当事人一方享有解除权,有权决定是否解除该合同。约定解除,是根据意思自治原则而进行的合同解除,当事人有权对合同的权利、义务进行变更或解除,他人无权干涉。约定解除是双方的法律行为,应当遵循合同订立的程序,即在合同成立并生效之前,原合同仍然有效。

## 配套法规及解读

**《最高人民法院关于适用〈中华人民共和国民法典〉合同编通则若干问题的解释》(2023年12月4日)**

**第五十二条** 当事人就解除合同协商一致时未对合同解除后的违约责任、结算和清理等问题作出处理,一方主张合同已经解除的,人民法院应予支持。但是,当事人另有约定的除外。

有下列情形之一的,除当事人一方另有意思表示外,人民法院可以认定合同解除:

(一)当事人一方主张行使法律规定或者合同约定的解除权,经审理认为不符合解除权行使条件但是对方同意解除;

(二)双方当事人均不符合解除权行使的条件但是均主张解除合同。

前两款情形下的违约责任、结算和清理等问题,人民法院应当依据民法典第五百六十六条、第五百六十七条和有关违约责任的规定处理。

**※法规解读:**本条是关于合同的权利义务终止问题上"协商解除的法律适用"的规定,它对应了《民法典》第五百六十二条,主要包括以下两点:

(1)针对本条第一款,在当事人就解除合同协商一致时,即便未对合同解除后的违约责任、结算和清理等问题作出处理,如果一方主张合同已经解除了,那么合同便已经解除。

(2)针对本条第二款,其实该款属于最终认定为"双方协商一致解除合同"。

**关联法规索引**

《民法典》第562～567条;《最高人民法院关于适用〈中华人民共和国民法典〉合同编通则若干问题的解释》第52条;《劳动法》第24条

**第五百六十三条　【合同法定解除】有下列情形之一的,当事人可以解除合同:**

**(一)因不可抗力致使不能实现合同目的;**

**(二)在履行期限届满前,当事人一方明确表示或者以自己的行为表明不履行主要债务;**

**(三)当事人一方迟延履行主要债务,经催告后在合理期限内仍未履行;**

**(四)当事人一方迟延履行债务或者有其他违约行为致使不能实现合同目的;**

**(五)法律规定的其他情形。**

**以持续履行的债务为内容的不定期合同,当事人可以随时解除合同,但是应当在合理期限之前通知对方。**

**条文解读**

本条是关于合同解除的规定。在能够引起债的消灭的六种法律事实中,只有解除是专属于合同之债的,其他五种为合同之债与非合同之债都适用的规定。合同的解除,又可以分为约定解除和法定解除。法定解除,也称单方解除,是指在合同成立、生效之后而尚未全部履行之前,因法律规定的事由而解除合同。法定解除也可以分为两种形式:一种是因履行不能而导致合同自动解除;另一种是当出现法律规定的事由时,当事人一方享有解除权,有权决定是否解除合同,即由法律规定解除合同的条件,在具备条件时,当事人可以行使解除权以解除合同。解除权行使的法定条件包括:

(1)因不可抗力致使不能实现合同目的。不可抗力,是指不能预见、不能避免并不可克服的现象,既包括某些自然现象,如地震、台风等;也包括某些社会现象,如战争、罢工等。合同目的,是指合同双方通过合同的订立和履行最终所期望达到的状态。当不可抗力致使不能实现合同目的时,合同失去继续存在的意义,应当允许当事人通过行使解除权的方式将合同解除。

(2)在履行期限届满前,当事人一方明确表示或者以自己的行为表示不履行主要债务。当事人在履行期限届满前,明确表示不履行合同的,称为明示预期违约。当事人在履行期限届满前,以自己的行为表示不履行合同的,称为默示预期违约。在该两种情况下,如果要求另一方当事人在履行期限届满后才能主张补救,则将对另一方造成损失,不利于保护当事人的合法利益。因此,在预期违约情况下,应允许当事人解除合同。

(3)当事人一方迟延履行主要债务,经催告后在合理期限内仍未履行的。迟延履行,是指债务人无正当理由而在规定期限未能履行债务的行为。催告,是指债权人向债务人发出履行的通知。合理期限,是指债务人必要的准备履行债务的时间。

(4)当事人一方迟延履行债务或者有其他违约行为致使不能实现合同目的。当当事人一方迟延履行合同致使合同目的不能实现时,另一方有权解除合同。此外,其他违约行为,如拒绝履行、瑕疵履行、部分履行等,如对合同目的的实现有实质性影响,则债权人也可以解除合同。

(5)法律规定的其他情形。除上述条件外,有法律规定的其他解除合同的情形,当事人也可以解除合同。

另外,本条还规定,以持续履行的债务为内容的不定期合同,当事人可以随时解除合同,但是应当在合理期限之前通知对方。这意味着,在不定期合同中,双方都有权解除合同,且此解除权为任意解除权,无须以违约、不可抗力、情势变更等作为条件,但是应当在合理期限前通知对方,以免造成对方损害。

## 配套法规及解读

**《最高人民法院关于审理买卖合同纠纷案件适用法律问题的解释》(2020 年 12 月 29 日修正)**

**第十九条** 出卖人没有履行或者不当履行从给付义务,致使买受人不能实现合同目的,买受人主张解除合同的,人民法院应当根据民法典第五百六十三条第一款第四项的规定,予以支持。

**《最高人民法院关于审理商品房买卖合同纠纷案件适用法律若干问题的解释》(2020 年 12 月 29 日修正)**

**第九条** 因房屋主体结构质量不合格不能交付使用,或者房屋交付使用后,房屋主体结构质量经核验确属不合格，买受人请求解除合同和赔偿损失的，应予支持。

**第十条** 因房屋质量问题严重影响正常居住使用，买受人请求解除合同和赔偿损失的，应予支持。

交付使用的房屋存在质量问题，在保修期内，出卖人应当承担修复责任；出卖人拒绝修复或者在合理期限内拖延修复的，买受人可以自行或者委托他人修复。修复费用及修复期间造成的其他损失由出卖人承担。

**※法规解读：**一般认为，由于“严守合同”这一原则的限制，对于解除合同应该采取更严格的限制，所以，该解释第九条和第十条对于不同的情形作出了差异化的规定。对于严重到影响正常居住的房屋质量问题，本解释遵循《民法典》第五百六十三条规定的精神，赋予了购房者合同解除权和损失赔偿请求权；对于普通的质量问题，出卖人应当承担修复责任，这一责任是源于对标的物的瑕疵担保责任。在承担该维修责任后，合同的稳定性便得到了维护。

**第十五条** 商品房买卖合同约定或者《城市房地产开发经营管理条例》第三十二条规定的办理不动产登记的期限届满后超过一年，由于出卖人的原因，导致买受人无法办理不动产登记，买受人请求解除合同和赔偿损失的，应予支持。

**第十九条** 商品房买卖合同约定，买受人以担保贷款方式付款、因当事人一方原因未能订立商品房担保贷款合同并导致商品房买卖合同不能继续履行的，对方当事人可以请求解除合同和赔偿损失。因不可归责于当事人双方的事由未能订立商品房担保贷款合同并导致商品房买卖合同不能继续履行的，当事人可以请求解除合同，出卖人应当将收受的购房款本金及其利息或者定金返还买受人。

**※法规解读：**《最高人民法院关于审理商品房买卖合同纠纷案件适用法律若干问题的解释》第十九条所规定的商品房担保贷款在大多数情况下是指银行贷款，是对购房者未能够通过银行贷款审核，无法通过贷款购房履行合同情形的调整。当事人仅在具有明显“过错”的情况下（主观状态的“故意”或者“过失”）才对合同不能履行承担赔偿损失的责任。单纯因为购房者本人一些不明显的资质问题而无法办理贷款合同不能认定为达到了上述规定的过错程度。因不可归责于当事人双方的事由未能订立商品房担保贷款合同并导致商品房买卖合同不能继续履行的，当事人可以请求解除合同并要求返还购房款本金、利息和定金。这一规定事实上避免了在购房者身上加上过于沉重的负担。

**第二十条** 因商品房买卖合同被确认无效或者被撤销、解除，致使商品房担保贷款合同的目的无法实现，当事人请求解除商品房担保贷款合同的，应予支持。

**《最高人民法院关于审理融资租赁合同纠纷案件适用法律问题的解释》(2020 年 12 月 29 日修正)**

**第五条** 有下列情形之一，出租人请求解除融资租赁合同的，人民法院应予支持：

（一）承租人未按照合同约定的期限和数额支付租金，符合合同约定的解除条件，经出租人催告后在合理期限内仍不支付的；

（二）合同对于欠付租金解除合同的情形没有明确约定，但承租人欠付租金达到两期以上，或者数额达到全部租金百分之十五以上，经出租人催告后在合理期限内仍不支付的；

（三）承租人违反合同约定，致使合同目的不能实现的其他情形。

**※法规解读：**承租人在催告后仍未按照合同约定支付租金，或者长期拖欠租金，拖欠的租金占全部租金达到一定比例的，都属于《民法典》第五百六十三条第一款第三项“当事人一方迟延履行主要债务，经催告后在合理期限内仍未履行”规定的情形，另一方当事人获得解除合同的权利。

**《最高人民法院关于适用〈中华人民共和国保险法〉若干问题的解释（二）》(2020 年 12 月 29 日修正)**

**第七条** 保险人在保险合同成立后知道或者应当知道投保人未履行如实告知义务，仍然收取保险费，又依照保险法第十六条第二款的规定主张解除合同的，人民法院不予支持。

**※法规解读：**保险人明知或应当知道投保人未履行如实告知义务，仍收取保险费用的行为本质上是违背了诚实守信的民法原则。民事主体从事民事活动，应当遵循诚实守信的基本原则，恪守承诺。保险人明知投保人应告知未告知属于解除合同的法定事项，仍接受投保人投保，应当视为保险人接受对方未告知之情形对保险合同履行的风险。

**《最高人民法院关于适用〈中华人民共和国保险法〉若干问题的解释（三）》(2020 年 12 月 29 日修正)**

**第二条** 被保险人以书面形式通知保险人和投保人撤销其依据保险法第三十四条第一款规定所作出的同意意思表示的，可认定为保险合同解除。

**《最高人民法院关于审理矿业权纠纷案件适用法律若干问题的解释》(2020 年 12 月 29 日修正)**

**第四条** 出让人未按照出让合同的约定移交勘查作业区或者矿区、颁发矿产资源勘查许可证或者采矿许可证，受让人请求解除出让合同的，人民法院应予支持。

受让人勘查开采矿产资源未达到自然资源主管部门批准的矿山地质环境保护与

土地复垦方案要求，在自然资源主管部门规定的期限内拒不改正，或者因违反法律法规被吊销矿产资源勘查许可证、采矿许可证，或者未按照出让合同的约定支付矿业权出让价款，出让人解除出让合同的，人民法院应予支持。

**※法规解读：**本条第一款赋予了受让人在出让人未按照合同要求移交作业区、矿区以及相关行政许可资质证书的情况下的合同解除权。《民法典》中也规定在延迟履行至合同目的不能实现的情况下可以解除合同。本条第二款赋予了出让人在受让人违规开采，无资质开采，或者被自然资源主管部门责令自改后仍不改正的情况下解除合同的权利。自然资源具有生态环境属性，特别是在资源的勘查、勘探、开采的过程中，对自然生态环境有比较大的影响，所以赋予出让人合同解除权是为防患于未然，旨在将破坏资源的行为扼杀在萌芽之时。

**第十一条**　矿业权转让合同依法成立后、自然资源主管部门批准前，矿业权人又将矿业权转让给第三人并经自然资源主管部门批准、登记，受让人请求解除转让合同、返还已付转让款及利息，并由矿业权人承担违约责任的，人民法院应予支持。

**《最高人民法院关于审理技术合同纠纷案件适用法律若干问题的解释》（2020 年 12 月 29 日修正）**

**第十五条**　技术合同当事人一方迟延履行主要债务，经催告后在 30 日内仍未履行，另一方依据民法典第五百六十三条第一款第（三）项的规定主张解除合同的，人民法院应当予以支持。

当事人在催告通知中附有履行期限且该期限超过 30 日的，人民法院应当认定该履行期限为民法典第五百六十三条第一款第（三）项规定的合理期限。

**第二十三条**　专利申请权转让合同当事人以专利申请被驳回或者被视为撤回为由请求解除合同，该事实发生在依照专利法第十条第三款的规定办理专利申请权转让登记之前的，人民法院应当予以支持；发生在转让登记之后的，不予支持，但当事人另有约定的除外。

专利申请因专利申请权转让合同成立时即存在尚未公开的同样发明创造的在先专利申请被驳回，当事人依据民法典第五百六十三条第一款第（四）项的规定请求解除合同的，人民法院应当予以支持。

**※法规解读：**专利申请权的让与人与受让人在订立转让合同后，应当向国务院的专利行政部门办理登记。专利申请权的转让自登记之日起生效。当事人办理登记是专利申请权转让生效的前提，但是未办理登记不成为影响合同生效的因素。专利申请权在转让办理登记前被驳回或者被视为撤回将在事实上使合同转变为无法履行的状态，可以根据《民法典》第五百六十三条的规定解除合同。专利申请因专利申请权

转让合同在成立时存在在先权利而被驳回，使得该转让合同事实上无法履行，故可以依照《民法典》第五百六十三条第一款第四项的规定请求解除合同。

**《最高人民法院关于审理涉及国有土地使用权合同纠纷案件适用法律问题的解释》(2020年12月29日修正)**

**第三条** 经市、县人民政府批准同意以协议方式出让的土地使用权，土地使用权出让金低于订立合同时当地政府按照国家规定确定的最低价的，应当认定土地使用权出让合同约定的价格条款无效。

当事人请求按照订立合同时的市场评估价格交纳土地使用权出让金的，应予支持；受让方不同意按照市场评估价格补足，请求解除合同的，应予支持。因此造成的损失，由当事人按照过错承担责任。

**※法规解读：**在符合《城市房地产管理法》规定并且经过市、县级政府批准同意的情形下，商业用地可以通过协议的形式出让，合同具有效力。但是房地产、国有土地兹事体大，国家仍会对其价格作出限制，如果出让价款低于当地政府按照国家标准确定的最低价格的，受让人应当对差额进行补足。如果存在出让地价格低于国家规定标准的情形且没有予以补足的，出让合同或因违反法律法规的强制性规定而无效。

**第四条** 土地使用权出让合同的出让方因未办理土地使用权出让批准手续而不能交付土地，受让方请求解除合同的，应予支持。

**第六条** 受让方擅自改变土地使用权出让合同约定的土地用途，出让方请求解除合同的，应予支持。

**《最高人民法院关于审理期货纠纷案件若干问题的规定》(2020年12月29日修正)**

**第四十四条** 在交割日，卖方期货公司未向期货交易所交付标准仓单，或者买方期货公司未向期货交易所账户交付足额货款，构成交割违约。

构成交割违约的，违约方应当承担违约责任；具有民法典第五百六十三条第一款第四项规定情形的，对方有权要求终止交割或者要求违约方继续交割。

**※法规解读：**期货交易的交割日是合约约定的最后交易日，买方卖方在该日交换货款。合同一方未履行自己义务的，另一方可根据《民法典》第五百六十三条第一款第四项的规定要求终止交割，并赔偿损失。同时，考虑到期货市场也属于金融市场，具有特殊性，所以允许守约方要求违约方继续履行义务，即继续交割。

**《最高人民法院关于审理与企业改制相关的民事纠纷案件若干问题的规定》(2020年12月29日修正)**

**第二十条** 企业出售合同约定的履行期限届满，一方当事人拒不履行合同，或者未完全履行合同义务,致使合同目的不能实现,对方当事人要求解除合同并要求赔偿损失的,人民法院应当予以支持。

**《最高人民法院关于审理外商投资企业纠纷案件若干问题的规定(一)》(2020年12月29日修正)**

**第五条**　外商投资企业股权转让合同成立后,转让方和外商投资企业不履行报批义务,经受让方催告后在合理的期限内仍未履行,受让方请求解除合同并由转让方返还其已支付的转让款、赔偿因未履行报批义务而造成的实际损失的,人民法院应予支持。

**第八条**　外商投资企业股权转让合同约定受让方支付转让款后转让方才办理报批手续,受让方未支付股权转让款,经转让方催告后在合理的期限内仍未履行,转让方请求解除合同并赔偿因迟延履行而造成的实际损失的,人民法院应予支持。

**第十六条**　外商投资企业名义股东不履行与实际投资者之间的合同,致使实际投资者不能实现合同目的,实际投资者请求解除合同并由外商投资企业名义股东承担违约责任的,人民法院应予支持。

**※法规解读:**《最高人民法院关于适用〈中华人民共和国公司法〉若干问题的规定(三)》第二十四条规定,有限责任公司的实际出资人与名义出资人订立合同,约定由实际出资人出资并享有投资权益,以名义出资人为名义股东,实际出资人与名义股东对该合同效力发生争议的,如无法律规定的无效情形,人民法院应当认定该合同有效。该条表明了法律承认《代持股协议》的有效性。因此,在名义股东未按照与实际投资人签订的合同行事时,实际投资人可依据《民法典》第五百六十三条第一款第四项的规定,以合同目的不能实现为由要求解除合同,并要求名义股东承担违约责任。

## 关联法规索引

《民法典》第161、180、562~566条;《城市房地产管理法》第16、17条;《农村土地承包法》第42条;《保险法》第15、16、32、37、50、58条;《旅游法》第63、66、67条;《拍卖法》第43条;《消费者权益保护法》第24条;《企业破产法》第18、53条;《海商法》第89、90、96、97、131、132、134、146、158、159、223、226~228、230条;《联合国国际货物销售合同公约》第25条

**第五百六十四条 【解除权行使期限】法律规定或者当事人约定解除权行使期限,期限届满当事人不行使的,该权利消灭。**

**法律没有规定或者当事人没有约定解除权行使期限,自解除权人知道或者应当知道解除事由之日起一年内不行使,或者经对方催告后在合理期限内不行使的,该权利消灭。**

## 条文解读

本条是关于解除权行使期限的规定,即除斥期间。除斥期间是形成权的存续期间,解除权是一种典型的形成权,所以解除权的除斥期间就是解除权的存续期间,即在该期间之内,享有解除权的一方当事人应当行使解除权,其方式为私力救济(通知),如在该期间之内,享有解除权的一方当事人没有行使解除权,则解除权消灭。解除权的除斥期间,既可以是由法律规定的,也可以是由当事人约定的。如果既没有法律规定也没有当事人约定,解除权的除斥期间有两种计算方式:一种是在对方催告的前提下,解除权的除斥期间为“合理期间”;另一种是在对方没有催告的前提下,解除权的除斥期间为“解除权人知道或者应当知道解除事由之日起一年”。

## 配套法规及解读

**《最高人民法院关于适用〈中华人民共和国民法典〉时间效力的若干规定》(2020年12月29日)**

**第二十五条** 民法典施行前成立的合同,当时的法律、司法解释没有规定且当事人没有约定解除权行使期限,对方当事人也未催告的,解除权人在民法典施行前知道或者应当知道解除事由,自民法典施行之日起一年内不行使的,人民法院应当依法认定该解除权消灭;解除权人在民法典施行后知道或者应当知道解除事由的,适用民法典第五百六十四条第二款关于解除权行使期限的规定。

**※法规解读:**《民法典》新增合同解除权的行使期限条款,即法律没有规定或者当事人没有约定解除权行使期限,自解除权人知道或者应当知道解除事由之日起一年内不行使,或者经对方催告后在合理期限内不行使的,该权利消灭。对于知道或应当知道解除事由的情形,该规定赋予解除权人一个缓冲期。解除权人需要特别注意解除权的除斥期间问题。

**《最高人民法院关于审理商品房买卖合同纠纷案件适用法律若干问题的解释》(2020年12月29日修正)**

**第十一条** 根据民法典第五百六十三条的规定,出卖人迟延交付房屋或者买受人迟延支付购房款,经催告后在三个月的合理期限内仍未履行,解除权人请求解除合同的,应予支持,但当事人另有约定的除外。

法律没有规定或者当事人没有约定,经对方当事人催告后,解除权行使的合理期限为3个月。对方当事人没有催告的,解除权人自知道或者应当知道解除事由之日起一年内行使。逾期不行使的,解除权消灭。

**※法规解读:** 该条将解除权的行使分为催告情形和未催告情形。在法律没有规定或者当事人没有约定的情况下,催告后的法定解除权行使期限被法律限定为三个月。这是为了尽快固定法律关系,避免双方的权利义务关系长期陷入一种不确定性的状态之中。在未催告的情形下,解除权人法定解除权的除斥期间是一年,但期间起始的具体时间点是不确定的,亟待从解除权人知道或者应当知道解除事由之日起确立该除斥期间的起始点。此规定的目的也是在平衡法定的解除权人的权利和稳定的法律关系之间的冲突可能。

## 关联法规索引

《民法典》第562~566条

**第五百六十五条 【合同解除程序】** 当事人一方依法主张解除合同的,应当通知对方。合同自通知到达对方时解除;通知载明债务人在一定期限内不履行债务则合同自动解除,债务人在该期限内未履行债务的,合同自通知载明的期限届满时解除。对方对解除合同有异议的,任何一方当事人均可以请求人民法院或者仲裁机构确认解除行为的效力。

当事人一方未通知对方,直接以提起诉讼或者申请仲裁的方式依法主张解除合同,人民法院或者仲裁机构确认该主张的,合同自起诉状副本或者仲裁申请书副本送达对方时解除。

## 条文解读

本条是关于合同解除程序的规定。一般情况下,解除权是通过私力救济行使的,即解除权人通知对方合同解除,自解除的通知到达对方时合同即告解除。但本条规定了两种解除权行使的特殊情况:第一种是虽然解除权人未用明确通知方式行使解除权,但是解除权人作出了通知并在通知中载明债务人在一定期限内不履行债务则合同自动解除,而债务人在该期限内确实未履行债务的,合同自通知载明的期限届满时解除;第二种是虽然解除权人未用明确通知方式行使解除权,但是以提起诉讼或者申请仲裁的方式依法主张解除合同,人民法院或者仲裁机构也确认了该主张确实成立的,合同自起诉状副本或者仲裁申请书副本送达对方时解除。另外,根据本条规定,因为解除权一般是通过私力救济方式即通知行使的,所以对方有权利对解除权的行使是否符合法定条件提出异议,异议的内容是行使解除权的当事人是否确实具有此解除权,异议的方式是请求人民法院或者仲裁机构确认解除行为的效力。

## 配套法规及解读

**《最高人民法院关于适用〈中华人民共和国民法典〉合同编通则若干问题的解释》(2023年12月4日)**

**第五十三条** 当事人一方以通知方式解除合同,并以对方未在约定的异议期限或者其他合理期限内提出异议为由主张合同已经解除的,人民法院应当对其是否享有法律规定或者合同约定的解除权进行审查。经审查,享有解除权的,合同自通知到达对方时解除;不享有解除权的,不发生合同解除的效力。

**※法规解读:**本条是关于合同的权利义务终止问题上"通知解除合同的审查"的规定,它对应了《民法典》第五百六十二条,主要包括以下两点:

(1)本条规定合同是否解除的核心在于通知方是否享有"法律规定或者合同约定的解除权",有解除权的,自通知到达对方时解除,不享有解除权的,则不发生合同解除的效力。

(2)在没有解除权的情况下,通知解除合同的一方仅以对方未在合理期限内提出异议为由主张合同已经解除的,不具有解除合同的法律效力,不会导致合同解除。

**第五十四条** 当事人一方未通知对方,直接以提起诉讼的方式主张解除合同,撤诉后再次起诉主张解除合同,人民法院经审理支持该主张的,合同自再次起诉的起诉状副本送达对方时解除。但是,当事人一方撤诉后又通知对方解除合同且该通知已经到达对方的除外。

**※法规解读:**原告以起诉方式解除合同,被告答辩同意解除,视为双方协商一致解除合同,原告即使撤诉,双方之间合同也已经解除;原告以起诉方式解除合同,被告

未表示同意解除合同的，原告撤诉不发生合同解除的法律效力。本条表明，当事人起诉主张解除合同且撤诉的，即使此后再次起诉主张解除合同，也只能以再次起诉的诉状副本送达时为解除的时间，并不能追溯至第一次起诉之时。

## 关联法规索引

《民法典》第562～566条；《最高人民法院关于适用〈中华人民共和国民法典〉合同编通则若干问题的解释》第53、54条

**第五百六十六条　【合同解除效力】合同解除后，尚未履行的，终止履行；已经履行的，根据履行情况和合同性质，当事人可以请求恢复原状或者采取其他补救措施，并有权请求赔偿损失。**

**合同因违约解除的，解除权人可以请求违约方承担违约责任，但是当事人另有约定的除外。**

**主合同解除后，担保人对债务人应当承担的民事责任仍应当承担担保责任，但是担保合同另有约定的除外。**

## 条文解读

本条是关于合同解除效力的规定。合同解除的法律效力涉及的主要问题包括：合同解除后，其影响是否具有溯及力；合同解除后，已经履行的债务和未履行的债务应当如何处理；合同解除后，是否影响违约责任和担保责任的承担等。合同解除的第一效果，一定是对尚未履行的部分，终止履行。至于合同解除是否具有溯及力则取决于两个方面：一是当事人是否请求，合同解除后，当事人可以要求恢复原状也可以不要求恢复原状，也就是说，是否恢复原状，由当事人意思自治；二是合同性质，根据合同性质能够恢复原状的则可以要求，如果根据合同性质不能够恢复原状的则不可以要求。同时，解除权行使并不影响违约责任和担保责任的承担：如果合同的解除伴随着违约责任，即使合同解除，解除权人仍然可以请求违约方承担违约责任，除非当事人另有约定；如果合同的解除附带着担保责任，即使合同解除，担保人对债务人应当承担的民事责任仍然应当承担，除非当事人另有约定。

**关联法规索引**

《民法典》第 562～566 条

**第五百六十七条 【合同终止对结算和清理条款的影响】** 合同的权利义务关系终止，不影响合同中结算和清理条款的效力。

**条文解读**

本条规定了合同中有关结算和清理的条款不因合同消灭而消灭。结算和清理条款，是指当事人关于经济往来的结算以及合同消灭后如何处理合同遗留问题的合同条款。为了解决合同消灭后所涉及的债权、债务问题，当事人应当按照结算和清理条款的规定清理基于合同而产生的债权债务。亦即如果当事人在合同中约定了结算方式，那么在合同终止后，应当按照约定的方式结算，同时，也要按合同约定的方式对债权债务进行清点和处理。如果在合同中约定了进行清理的主体、清理的范围，以及清理的方法，则应当按照合同约定进行清理。

**关联法规索引**

《最高人民法院关于审理买卖合同纠纷案件适用法律问题的解释》第 20 条

**第五百六十八条 【法定抵销】** 当事人互负债务，该债务的标的物种类、品质相同的，任何一方可以将自己的债务与对方的到期债务抵销；但是，根据债务性质、按照当事人约定或者依照法律规定不得抵销的除外。

当事人主张抵销的，应当通知对方。通知自到达对方时生效。抵销不得附条件或者附期限。

**条文解读**

本条是关于债务法定抵销的规定。债的抵销，是指当事人双方在基于两个法律关系而互享债权、互负债务时，互享的债权和互负的债务相互充抵而归于消灭的法律事实。根据抵销的原因不同，抵销可分为法定抵销与约定抵销。债的法定抵销，是指在符合法律规定的条件下，一方当事人可行使抵销权，在无须对方同意的情况下，依据单方意思表示将自己的债权债务与对方的债权债务相互充抵而消灭的法律事实。

法定抵销权的行使条件包括以下几个：

(1)一组当事人，在两个法律关系中，互享债权、互负债务。需要注意的是，一定是"两个法律关系"，如果一组当事人在"一个法律关系中"互享债权、互负债务（双务合同）是不能通过抵销而消灭的。

(2)当事人所互享的债权和互负的债务的标的，种类必须相同。我们将债的种类区分为劳务之债和财务之债。首先，劳务之债是不能抵销的；其次，在财务之债中，一般能发生抵销的都是金钱之债，但非金钱的财务之债原则上只要种类相同且品质相同也能发生抵销。

(3)抵销方债权，即被抵销方债务应当到期。在一组当事人基于两个法律关系而互享同种类标的债权、互负同种类标的债务的格局之下，自己"债权"到期（对方"债务"到期）的一方享有抵销权，有权主动与对方抵销。抵销权的本质是用自己的债权去清偿自己的债务，所以在两个债权中：抵销方的债权必须到期，因为如果自己的债权不到期，但依然用自己的债权进行了清偿，就意味着强迫对方放弃了期限利益，在民法中没有人有权利强迫他人放弃利益；相反，抵销方的债务不需要到期，因为如果自己的债务不到期，但依然用自己的债权进行了清偿，就意味着自己放弃了期限利益，在民法中虽然不能强迫他人放弃利益，但自己自愿放弃自己的利益是可以的。

(4)当事人所互享的债权和互负的债务必须是可以抵销的债。不能抵销的债包括以下三种：一是根据债的性质不能抵销的债，如以"特定人"或"人身信任"为基础的债、以"身份"为基础的债（如基于扶养关系、抚养关系、收养关系、赡养关系、继承关系等产生的给付请求权）、以"血汗"为基础的债（如基于养老金、抚恤金、劳动报酬、人寿保险、人身损害赔偿等产生的给付请求权）；二是法律规定不得抵销的债；三是当事人约定不得抵销的债。

法定抵销权的行使方式：抵销权行使的方式，为私力救济，即抵销权人向对方发出通知，而无须采取起诉或者仲裁的方式。行使抵销权的通知，为单方通知，无须对方当事人的同意，即可产生抵销的法律后果。

法定抵销权的行使后果：抵销权行使的后果，是通知到达对方当事人即可发生的。当事人在两个法律关系中互享债权互负债务，均告履行，在抵销范围内同时归于消灭。如果有余额的，当事人仅就此余额履行。

此外，抵销权为形成权，根据形成权的性质是不得附条件和附期限的。

**配套法规及解读**

**《最高人民法院关于审理民事案件适用诉讼时效制度若干问题的规定》(2020年12月29日修正)**

**第十一条** 下列事项之一,人民法院应当认定与提起诉讼具有同等诉讼时效中断的效力:

……

(七)在诉讼中主张抵销;

……

**《最高人民法院关于人民法院办理执行异议和复议案件若干问题的规定》(2020年12月29日修正)**

**第十九条** 当事人互负到期债务,被执行人请求抵销,请求抵销的债务符合下列情形的,除依照法律规定或者按照债务性质不得抵销的以外,人民法院应予支持:

(一)已经生效法律文书确定或者经申请执行人认可;

(二)与被执行人所负债务的标的物种类、品质相同。

**※法规解读:**相较于《民法典》中对抵销的规定,在执行程序中的抵销要件要更为严格。参照本条第一款,要求抵销的债务必须经过生效法律文书的确定或者经过申请执行人的认可。作此种严格规定的意图是为了更好地保护债权人的合法权利。

**《最高人民法院关于审理涉及农村土地承包纠纷案件适用法律问题的解释》(2020年12月29日修正)**

**第十七条** 发包方或者其他组织、个人擅自截留、扣缴承包收益或者土地经营权流转收益,承包方请求返还的,应予支持。

发包方或者其他组织、个人主张抵销的,不予支持。

**《最高人民法院关于适用〈中华人民共和国企业破产法〉若干问题的规定(二)》(2020年12月29日修正)**

**第四十一条** 债权人依据企业破产法第四十条的规定行使抵销权,应当向管理人提出抵销主张。

管理人不得主动抵销债务人与债权人的互负债务,但抵销使债务人财产受益的除外。

**第四十二条** 管理人收到债权人提出的主张债务抵销的通知后,经审查无异议的,抵销自管理人收到通知之日起生效。

管理人对抵销主张有异议的,应当在约定的异议期限内或者自收到主张债务抵销的通知之日起三个月内向人民法院提起诉讼。无正当理由逾期提起的，人民法院不予支持。

人民法院判决驳回管理人提起的抵销无效诉讼请求的，该抵销自管理人收到主张债务抵销的通知之日起生效。

**第四十三条**　债权人主张抵销，管理人以下列理由提出异议的，人民法院不予支持：

（一）破产申请受理时，债务人对债权人负有的债务尚未到期；

（二）破产申请受理时，债权人对债务人负有的债务尚未到期；

（三）双方互负债务标的物种类、品质不同。

**※法规解读：**上述第四十一条至第四十三条规定了破产程序中债权人的撤销权的行使问题。债权人向管理人提出申请，除管理人抵销使债务人财产受益的情形外，管理人不得主动抵销债务人与债权人之间的互负债务。管理人收到债权人主张债务抵销的通知后，需要审查。无异议的，抵销自管理人收到通知之日起生效；有异议的，在约定异议期限内，或者自收到通知之日起3个月内向法院起诉。法院判决驳回管理人提起的抵销无效诉讼请求的，该抵销自管理人收到通知之日起生效。不论破产申请受理时，债务人对债权人负有的债务是否已经到期，债权人对债务人负有的债务是否已经到期，也不论双方互负债务标的物种类、品质是否相同，管理人以上诉三个理由抗辩，法院不予支持。

**第四十四条**　破产申请受理前六个月内，债务人有企业破产法第二条第一款规定的情形，债务人与个别债权人以抵销方式对个别债权人清偿，其抵销的债权债务属于企业破产法第四十条第（二）、（三）项规定的情形之一，管理人在破产申请受理之日起三个月内向人民法院提起诉讼，主张该抵销无效的，人民法院应予支持。

**第四十五条**　企业破产法第四十条所列不得抵销情形的债权人，主张以其对债务人特定财产享有优先受偿权的债权，与债务人对其不享有优先受偿权的债权抵销，债务人管理人以抵销存在企业破产法第四十条规定的情形提出异议的，人民法院不予支持。但是，用以抵销的债权大于债权人享有优先受偿权财产价值的除外。

**第四十六条**　债务人的股东主张以下列债务与债务人对其负有的债务抵销，债务人管理人提出异议的，人民法院应予支持：

（一）债务人股东因欠缴债务人的出资或者抽逃出资对债务人所负的债务；

（二）债务人股东滥用股东权利或者关联关系损害公司利益对债务人所负的债务。

**※法规解读：**为了防止破产抵销权的滥用，损害他人利益，《企业破产法》第四十

条对破产抵销权作出了限制性规定。该条第二项规定，债权人已知债务人有不能清偿到期债务或者破产申请的事实，对债务人负担债务的，但是，债权人因为法律规定或者有破产申请一年前所发生的原因而负担债务的除外；第三项规定，债务人的债务人已知债务人有不能清偿到期债务或者破产申请的事实，对债务人取得债权的，但是，债务人的债务人因为法律规定或者有破产申请一年前所发生的原因而取得债权的除外。上述第四十四条、第四十五条针对《企业破产法》的相关规定作出了细化处理，强化了对于破产申请受理前六个月的抵销限制，在明晰债权人对债务人优质债权的抵销有效性的同时，也限制了债权人恶意抵销债务人更高价值财产的行为。本规定第四十六条的设立目的主要是强化对股东抵销权的限制，避免股东利用对公司的债权来抵销自身的出资义务，损害其他债权人的权利。

**《最高人民法院关于适用〈中华人民共和国民法典〉合同编通则若干问题的解释》(2023 年 12 月 4 日)**

**第五十五条** 当事人一方依据民法典第五百六十八条的规定主张抵销，人民法院经审理认为抵销权成立的，应当认定通知到达对方时双方互负的主债务、利息、违约金或者损害赔偿金等债务在同等数额内消灭。

**※法规解读：**本条明确规定，当事人在通过诉讼行使法定抵销权时抵销应在抵销通知到达时生效。抵销通知到达时生效类似于合同解除条件成就时解除权人仍应该对对方履行一个通知义务，追溯条件成就时抵销在时间上更为靠前，有利于保护主动提出抵销一方的利益，有助于债权债务纠纷的化解。

**第五十六条** 行使抵销权的一方负担的数项债务种类相同，但是享有的债权不足以抵销全部债务，当事人因抵销的顺序发生争议的，人民法院可以参照民法典第五百六十条的规定处理。

行使抵销权的一方享有的债权不足以抵销其负担的包括主债务、利息、实现债权的有关费用在内的全部债务，当事人因抵销的顺序发生争议的，人民法院可以参照民法典第五百六十一条的规定处理。

**※法规解读：**《民法典》第五百六十条是关于清偿抵充的规定，清偿抵充的成立条件是：(1)债务人须对同一债权人负担数宗债务；(2)债务人负担的数宗债务的种类相同；(3)债务人的给付不足以清偿全部债权。清偿抵充与抵销都是债的消灭方式，在债的消灭目的上二者存在共同之处，为确保规则内在逻辑的统一，抵销的清偿顺序规则参照抵充的规则处理。

**第五十七条** 因侵害自然人人身权益，或者故意、重大过失侵害他人财产权益产生的损害赔偿债务，侵权人主张抵销的，人民法院不予支持。

**※法规解读：**实施侵权行为所产生的赔偿债务不允许抵销是基于防止道德风险而设立的，如果允许债权人将通过侵害他人人身或财产权利而背负的债务作为抵销的对象，将会冲击社会秩序，同时造成人人自危的不稳定局面。

**第五十八条**　当事人互负债务，一方以其诉讼时效期间已经届满的债权通知对方主张抵销，对方提出诉讼时效抗辩的，人民法院对该抗辩应予支持。一方的债权诉讼时效期间已经届满，对方主张抵销的，人民法院应予支持。

**※法规解读：**本条明确了已过时效债权原则上可作为主动债权抵销，但相对人主张时效抗辩的除外，这基本沿袭了诉讼时效抗辩规则中"法官不得主动释明诉讼时效发生"的理论。

## 关联法规索引

《证券投资基金法》第6条；《企业破产法》第40条；《合伙企业法》第41条；《信托法》第18条；《最高人民法院关于适用〈中华人民共和国民法典〉合同编通则若干问题的解释》第55～58条

**第五百六十九条　【约定抵销】当事人互负债务，标的物种类、品质不相同的，经协商一致，也可以抵销。**

## 条文解读

本条是关于债务约定抵销的规定。债的抵销，是指当事人双方基于两个法律关系而互享债权、互负债务时，互享的债权和互负的债务相互充抵而归于消灭的法律事实。根据抵销原因的不同，抵销可分为法定抵销与约定抵销。债的约定抵销，是指基于当事人的合意，在两个法律关系中所互享的债权和互负的债务相互充抵而消灭的法律事实。

债的约定抵销的行使条件与法定抵销不同，除了基础条件一致外，其他法定抵销的限制条件在约定抵销中均不存在。

约定抵销与法定抵销一致的基础条件为：一组当事人，在两个法律关系中，互享债权、互负债务。与法定抵销相同，这里也需要注意，一定是"两个法律关系"，如果一组当事人在"一个法律关系"中互享债权、互负债务（双务合同），那么两者是不能通过抵销而消灭的。

约定抵销与法定抵销不一致的其他条件，也就是对法定抵销有限制但对约定抵销无限制的条件包括债的标的种类限制（同种类的债）、债的标的性质限制（性质为可抵销之债）、抵销方的债权到期限制（被抵销方债务到期）。在约定抵销的情况下，由于存在当事人合意的基础，所以无论当事人互享的债权和互负的债务标的是否种类相同、是否具有人身专属性、债权是否到期，均可通过抵销的约定，使当事人互享的债权和互负的债务归于消灭。

**第五百七十条 【提存的条件】** 有下列情形之一，难以履行债务的，债务人可以将标的物提存：

（一）债权人无正当理由拒绝受领；

（二）债权人下落不明；

（三）债权人死亡未确定继承人、遗产管理人，或者丧失民事行为能力未确定监护人；

（四）法律规定的其他情形。

标的物不适于提存或者提存费用过高的，债务人依法可以拍卖或者变卖标的物，提存所得的价款。

## 条文解读

本条是关于债的提存条件的规定。债的提存，是指在债权人受领迟延（因债权人的原因，债务人无法履行债务）的情况下，债务人向法定的提存机关履行债务，以消灭自己对债权人负债的法律事实。提存制度的建立和完善，有利于债务纠纷的及时解决，更好地平衡债权人和债务人双方的利益冲突，保证市场机制的正常运行。

本条规定了债的提存条件，即什么情况下构成债权人受领迟延，主要有以下 4 种情况。

（1）债权人无正当理由拒绝受领。此为债权人受领迟延的典型情况，需要注意的是，债权人拒绝受领只有在债务人现实提出要进行履行的情况下才能成立，此“提出履行”，既可以是以通知形式作出的口头提出，也可以是以行为形式作出的交付提出。

（2）债权人下落不明。包括不知何人为债权人，债权人去向不明或无法联络，债权人的代理人或财产管理人去向不明或无法联络等情况。需要注意的是，如果债权人依法律规定或者当事人约定已有财产管理人，则应当向财产管理人履行，除财产管理人也下落不明或无法联络外，不能进行提存。

(3)债权人死亡未确定继承人、遗产管理人或者丧失民事行为能力未确定监护人。如债权人因死亡而不能受领，债务人应当向其继承人或财产管理人履行债务；如债权人因丧失民事能力而不能受领，债务人应当向其监护人履行债务。故当债权人死亡但未确定继承人或遗产管理人时，债务人才产生债务履行的困难，此时可以提存。同理，当债权人丧失民事能力但未确定监护人时，债务人才产生债务履行的困难，此时可以提存。

(4)法律规定的其他情形。此条意味着上述三种债权人迟延受领(因债权人的原因，债务人无法履行债务)的情况为不完全列举，其他法律规定的情形，如满足迟延受领(因债权人的原因，债务人无法履行债务)的概念，债务人也可以进行提存，如债权人分立、合并或者变更住所没有通知债务人，致使履行债务发生困难的，债务人可以中止履行或将标的物提存。

另外，本条还规定了不能提存的债务种类。首先，劳务之债不能提存；其次，财物之债中也有一部分不适于提存，如不易保管、不易放置、保管或放置费用过高的财物，对此部分财物，债务人依法可以拍卖或者变卖标的物，提存所得的价款。

## 关联法规索引

《公证法》第 12 条；《企业破产法》第 117～119 条

**第五百七十一条　【提存成立及提存对债务人效力】债务人将标的物或者将标的物依法拍卖、变卖所得价款交付提存部门时，提存成立。**

**提存成立的，视为债务人在其提存范围内已经交付标的物。**

## 条文解读

本条是关于提存成立的规定。在一般情况下，提存就是提存债务履行的标的物，但是，根据本条的规定，债务人可以提存标的物依法拍卖、变卖所得的价款。从提存的成立时间上看，债务人将标的物交付提存部门时，提存成立。债务人将标的物依法拍卖、变卖并提存所得价款时，债务人将这部分价款交付提存部门时，提存成立。提存成立，就意味着债务人在提存范围内履行了债务，即交付了标的物，产生相应的提存的法律后果。

**关联法规索引**

《公证法》第12条;《企业破产法》第117~119条

**第五百七十二条 【提存的效力——债务人的通知义务】** 标的物提存后,债务人应当及时通知债权人或者债权人的继承人、遗产管理人、监护人、财产代管人。

**条文解读**

本条是关于提存的法律后果的规定,即提存成立之后产生的权利义务关系。本条规定的是提存的第一个法律后果,即产生债务人的通知义务。在提存时,债务人应附具提存通知书。在提存后,债务人应将提存通知书送达债权人。同时,如果债权人死亡或者丧失民事能力但有继承人、遗产管理人、监护人、财产代管人,债务人也应将提存通知书送达给债权人的继承人、遗产管理人、监护人、财产代管人。由于提存不是向债权人直接清偿,债权人往往并不知情,所以法律规定了通知义务,可以使债权人及时到提存机关领取提存标的物,减少不必要的损失。相较于提存机关,债务人对债权人显然更加了解,由债务人履行通知义务显然更为合适。同时,债务人向债权人履行通知义务,也是向债权人表明自己已经履行了合同义务的具体表现。但是,在债权人下落不明的情况下应如何通知以及由谁来通知,《民法典》没有明确规定,可以参照《提存公证规则》第十八条第二款第一句的规定:提存受领人不清或下落不明、地址不详无法送达通知的,公证处应自提存之日起六十日内,以公告方式通知。

**关联法规索引**

《公证法》第12条;《企业破产法》第117~119条

**第五百七十三条 【提存的效力——标的物的风险与孳息转移】** 标的物提存后,毁损、灭失的风险由债权人承担。提存期间,标的物的孳息归债权人所有。提存费用由债权人负担。

## 条文解读

本条是关于提存的法律后果的规定,即提存成立之后产生的权利义务关系。本条规定的是提存后,标的物的风险与孳息由债务人转移至债权人。提存的本质是因债权人原因而导致债务人无法履行债务时的特殊履行方式,故债务人提存标的物的效力等同于债务人交付标的物的效力。债务人交付标的物意味着所有权发生转移。因为所有权发生转移,所以风险也会发生转移:在标的物提存之前,如果受到毁损、灭失,由债务人承担其损失;在标的物提存之后,如果受毁损、灭失,由债权人承担其损失。因为在提存期间(标的物在提存机关的期间)标的物所有权为债权人所享有,所以,其产生的孳息归债权人所有,其产生的费用也归债权人承担。

## 关联法规索引

《公证法》第12条;《企业破产法》第117~119条

**第五百七十四条 【提存的效力——债权人的受领权利及其消灭】债权人可以随时领取提存物。但是,债权人对债务人负有到期债务的,在债权人未履行债务或者提供担保之前,提存部门根据债务人的要求应当拒绝其领取提存物。**

**债权人领取提存物的权利,自提存之日起五年内不行使而消灭,提存物扣除提存费用后归国家所有。但是,债权人未履行对债务人的到期债务,或者债权人向提存部门书面表示放弃领取提存物权利的,债务人负担提存费用后有权取回提存物。**

## 条文解读

本条是关于提存的法律后果的规定,即提存成立之后产生的权利义务关系。本条规定的是提存后债权人领取提存物的权利。债务人提存标的物之后发生所有权转移,故债权人拥有所有权,也当然享有随时领取提存物的权利。但是,在债权人未履行对债务人的到期债务或者提供担保之前,提存部门根据债务人的要求应当拒绝其领取提存物。也就是说,债务人可以对提存部门交付提存物的行为附条件,即只有在债权人履行了对债务人的到期债务或者为履行提供相应的担保之后,才能领取提存物。不符合所附条件的，提存部门应当拒绝债权人领取提存物。

债权人领取提存物的权利有时间限制。通过综合考虑提存机关的花费、风险以及承载能力等，规定债权人领取提存物的最晚期限为“自提存之日起五年内”，如果债权人在提存之日起五年内没有领取标的物，则其领取权利消灭，标的物扣除提存费用后归国家所有。但是，债权人未履行对债务人的到期债务或者债权人向提存部门书面表示放弃领取提存物权利的，债务人在负担提存费用后有权取回提存物。债务人取回提存物后，提存自始不发生效力。

**关联法规索引**

《公证法》第 12 条；《企业破产法》第 117 ~ 119 条

**第五百七十五条 【债的免除】债权人免除债务人部分或者全部债务的，债权债务部分或者全部终止，但是债务人在合理期限内拒绝的除外。**

**条文解读**

本条是关于债的免除的规定。债的免除，是指债权人放弃自己的债权、免除对方的债务，而使债权、债务归于消灭的法律事实。免除不同于混同，免除是一种意思表示，即民事行为，故应当遵循《民法典》总则编中关于民事行为效力的规定，免除造成债权和债务消灭的法律后果。但，《民法典》合同编与《合同法》不同之处在于：《合同法》中的“免除”是一种单方民事行为，即只需要债权人单方作出免除的意思表示便能发生债权和债务消灭的法律后果，不以债务人的同意为条件；《民法典》合同编中的“免除”不再是一种单方民事行为，即债权人单方作出免除的意思表示并不一定能发生债权和债务消灭的法律后果，要取决于债务人是否在合理期限之内拒绝债权人的免除行为。如果债务人在合理期限内拒绝则免除不发生效力，如果债务人在合理期限内未拒绝则免除发生效力。

**第五百七十六条 【债的混同】债权和债务同归于一人的，债权债务终止，但是损害第三人利益的除外。**

## 条文解读

本条是关于债的混同的规定。债的混同,是指一个法律关系中的债权和债务,因特定的原因而归于同一个人的法律事实。混同不同于免除,混同既不是一个事实行为,也不是一个表意行为,而是一个事件。能够引起混同的事件一般包括继承和法人合并。继承引起混同,是指债务人因继承了债权人的财产同时继承了债权人的债权,从而自己变成了自己的债权人,导致债权债务消灭。法人合并引起混同,是指两个法人之间存在债权债务关系,后因两个法人合并,合并后的法人既享有原法人(债权人)的债权也承担原法人(债务人)的债务,从而自己变成了自己的债权人,导致债权债务消灭。此外,如果混同导致的债权债务消灭损害了第三人利益,则不发生债权债务消灭的法律后果。例如,在合同债权出质时,合同债权不因混同而消灭,因该债权是他人权利的标的,从保护第三人合法权益的角度出发,债权不应消灭。

# 第八章　违 约 责 任

## 本章介绍

本章是《民法典》合同编关于违约责任的规定。一个完整的法律关系始于行为或者事件，当一个被法律所调整的行为或事件发生时，会产生或改变一个法律关系，法律关系会以权利义务关系的方式表现出来，而对义务的违反产生责任。民法最完美地诠释了这样一个过程。虽然并非所有的民事法律关系都会终结于责任（因为并非所有的民事法律关系都会产生对义务的违反），但是民事责任的存在确实对权利的享有和义务的承担提供了一个保障系统，如果没有民事责任，法律将对侵犯权利和违反义务的行为无能为力。根据义务种类的不同，民事责任主要包括三种类型：违反法定尊重义务的侵权责任、违反约定给付义务的违约责任和违反先合同义务的缔约过失责任。《民法典》合同编调整的是民事关系中与合同相关的部分，故大部分合同关系最终要止于违约责任的赔偿，同时违约责任也是保障实现合同权利和履行合同义务的重要制度。

**第五百七十七条　【违约责任】当事人一方不履行合同义务或者履行合同义务不符合约定的，应当承担继续履行、采取补救措施或者赔偿损失等违约责任。**

## 条文解读

本条是关于违约责任的规定。违约责任，是指合同当事人不履行合同义务时，依法产生的法律责任。违约责任本质上是一种财产责任，并且通常是补偿性的，只有在特定情况下才显示出惩罚性。

本条的前半部分规定了违约责任的产生条件，即“当事人一方不履行合同义务或者履行合同义务不符合约定”。据此可知，有两种行为会引发违约责任：一种是当事人不履行合同义务的行为；另一种是当事人虽然履行了合同义务，但其履行并不符合约定的行为。两种行为发生一种即可产生违约责任。同时，无论是哪种行为所引发的违约责任，其前提均为合同合法有效，否则不会产生履行债务的义务，所以有效力瑕疵的合同或者不生效的合同都不存在违约责任的问题。

本条的后半部分规定了违约责任的承担方式，即“继续履行、采取补救措施或者赔偿损失等违约责任”。继续履行，是指当事人一方在违反合同义务时，另一方有权要求其依据合同的规定继续履行；采取补救措施，是指在违反合同义务的事实发生后，为防止损失发生或者扩大，而由违反合同义务的一方采取修理、重作、更换等措施；赔偿损失，是指一方当事人违反合同义务给对方当事人造成损失的，应依法或按照合同约定赔偿因此给对方造成的损失。

## 配套法规及解读

**《最高人民法院关于审理商品房买卖合同纠纷案件适用法律若干问题的解释》(2020年12月29日修正)**

**第十四条** 由于出卖人的原因，买受人在下列期限届满未能取得不动产权属证书的，除当事人有特殊约定外，出卖人应当承担违约责任：

(一)商品房买卖合同约定的办理不动产登记的期限；

(二)商品房买卖合同的标的物为尚未建成房屋的，自房屋交付使用之日起90日；

(三)商品房买卖合同的标的物为已竣工房屋的，自合同订立之日起90日。

合同没有约定违约金或者损失数额难以确定的，可以按照已付购房款总额，参照中国人民银行规定的金融机构计收逾期贷款利息的标准计算。

**※法规解读：**因为开发商的原因，购房人无法在一定期限之内办理不动产权属的，开发商需要承担违约责任。不动产权属确权以不动产登记为条件，因此，不动产权属证书的取得与不动产交付具有同样重要的地位。不动产证书的取得也是商品房买卖合同的附随义务，因此，该条款的规定有利于保护商品房买受人的权利。

**《最高人民法院关于审理建设工程施工合同纠纷案件适用法律问题的解释(一)》(2020年12月29日)**

**第十九条** 当事人对建设工程的计价标准或者计价方法有约定的，按照约定结算工程价款。

因设计变更导致建设工程的工程量或者质量标准发生变化，当事人对该部分工程价款不能协商一致的，可以参照签订建设工程施工合同时当地建设行政主管部门发布的计价方法或者计价标准结算工程价款。

建设工程施工合同有效，但建设工程经竣工验收不合格的，依照民法典第五百七十七条规定处理。

**※法规解读：**该条第一款体现了意思自治和严守合同的民法原则。第二款规定，仅在特殊情况下按照合同签订时当地建设行政主管部门发布的计价方法或者计价标准结算工程价款。对于施工合同有效，但工程验收不合格的情况，第三款规定，合同违约方应当承担继续履行、采取补救措施或者赔偿损失等违约责任。

**《最高人民法院关于审理与企业改制相关的民事纠纷案件若干问题的规定》(2020年12月29日修正)**

**第二十一条** 企业出售合同约定的履行期限届满，一方当事人未完全履行合同义务，对方当事人要求继续履行合同并要求赔偿损失的，人民法院应当予以支持。双方当事人均未完全履行合同义务的，应当根据当事人的过错，确定各自应当承担的民事责任。

**《最高人民法院关于审理期货纠纷案件若干问题的规定》(2020年12月29日修正)**

**第二条** 人民法院审理期货合同纠纷案件，应当严格按照当事人在合同中的约定确定违约方承担的责任，当事人的约定违反法律、行政法规强制性规定的除外。

**第二十五条** 期货交易所未按交易规则规定的期限、方式，将交易或者持仓头寸的结算结果通知期货公司，造成期货公司损失的，由期货交易所承担赔偿责任。

期货公司未按期货经纪合同约定的期限、方式，将交易或者持仓头寸的结算结果通知客户，造成客户损失的，由期货公司承担赔偿责任。

**第二十六条** 期货公司与客户对交易结算结果的通知方式未作约定或者约定不明确，期货公司未能提供证据证明已经发出上述通知的，对客户因继续持仓而造成扩大的损失，应当承担主要赔偿责任，赔偿额不超过损失的百分之八十。

**※法规解读：**《民法典》第五百九十一条明确规定了违约相对方当事人防止损失扩大的义务，而对于违约方的防止损失扩大的义务则自不待言。期货公司与客户是一个委托关系，应当对客户的交易委托负责，亦即对交易结果应尽明确的通知义务，而期货公司一方不履行合同义务或者履行合同义务不符合约定的，需要对客户持续持仓造成的亏损承担主要的赔偿责任。

## 关联法规索引

《民法典》第176、179条；《旅游法》第70～72条

**第五百七十八条　【预期违约责任】当事人一方明确表示或者以自己的行为表明不履行合同义务的，对方可以在履行期限届满前请求其承担违约责任。**

## 条文解读

本条是关于预期违约的规定。预期违约也称先期违约，是指在合同履行期限到来之前，合同一方当事人明确表示或者以自己的行为表明不履行合同义务的违约行为。预期违约是在履行期限到来之前的违约，预期违约侵害的是期待的债权而不是现实的债权。预期违约包括明示违约和默示违约两种。明示违约，是指当事人一方向对方明确表示将不履行合同；默示违约，是指当事人一方以自己的行为表明不履行合同义务。在预期违约发生之后，权利人可以在履行期限届满之前要求违约一方承担违约责任。

## 关联法规索引

《联合国国际货物销售合同公约》第71、72条

**第五百七十九条　【金钱债务的实际履行责任】当事人一方未支付价款、报酬、租金、利息，或者不履行其他金钱债务的，对方可以请求其支付。**

## 条文解读

本条是关于金钱债务的实际履行责任的规定。根据《民法典》第五百七十七条的规定，违约责任的承担方式包括三种，即继续履行、采取补救措施以及赔偿损失。其中，继续履行作为一种责任承担方式，在金钱债务和非金钱债务中的规则并不相同。根据本条的规定，金钱债务一定会产生继续履行的违约责任，且没有例外。

金钱债务，又称金钱之债或者货币之债，是指以给付一定数额的金钱为表达的债务。违约责任是由违约行为引起的责任，违约行为是指违反合同给付义务的行为。在金钱之债中，即使发生违约（不履行债务的违约），由于金钱之债的自身属性，其债务给付的标的本身是充当一切商品的等价物——货币，故不可能也没有必要转化为其他债务，在这种情况下即使合同解除（继续履行的反面为合同解除），完全转化为损害赔偿责任也不会改变原有的债务性质。所以在金钱债务中，当事人一方不支付价

款、报酬、租金、利息的，另一方有权要求其实际履行，而违约方不得以任何理由拒绝履行。此外，当事人一方迟延支付价款、报酬、租金、利息的，除了已支付价款或者报酬之外，还应当承担其他违约责任，如支付违约金或者赔偿逾期利息等。

## 关联法规索引

《民法典》第 579 ~ 584 条

**第五百八十条 【非金钱债务的实际履行责任】当事人一方不履行非金钱债务或者履行非金钱债务不符合约定的，对方可以请求履行，但是有下列情形之一的除外：**

**（一）法律上或者事实上不能履行；**

**（二）债务的标的不适于强制履行或者履行费用过高；**

**（三）债权人在合理期限内未请求履行。**

**有前款规定的除外情形之一，致使不能实现合同目的的，人民法院或者仲裁机构可以根据当事人的请求终止合同权利义务关系，但是不影响违约责任的承担。**

## 条文解读

本条是关于非金钱债务的实际履行责任的规定。根据《民法典》第五百七十七条的规定，违约责任的承担方式包括三种，即继续履行、采取补救措施以及赔偿损失。其中，继续履行作为一种责任承担方式，在金钱债务和非金钱债务中的规则并不相同。根据本条的规定，非金钱债务违约（不履行债务的违约），对方当事人也可以请求继续履行，但有三个例外情况。

第一，法律上或者事实上不能履行。法律上不能履行，是指标的在法律上已不可能履行，如标的物所有权转移；事实上不能履行，是指标的在事实上已不可能履行，如标的物毁损或灭失。

第二，债务的标的不适于强制履行或者履行费用过高。债务的标的不适于强制履行，是指债务的性质不宜强制执行，如劳务之债或者具有人身专属性的债务；履行费用过高，是指如果对标的物强制执行，会造成不必要的浪费和损失。

第三，债权人在合理期限内未要求履行。之所以规定此种情形，是为了督促债权人及时主张权利，行使其履行请求权。

在上述三种情况下，守约方虽然不能要求违约方继续履行债务，但只要上述情况的发生导致了合同目的不能实现，当事人便可以向人民法院或者仲裁机构请求解除合同，即终止合同权利义务关系。此时虽然合同被解除并且无须继续履行债务，但不影响损害赔偿的违约责任的承担，即由继续履行的责任形态转化为损害赔偿的责任形态，将非金钱之债转化为金钱之债。

## 关联法规索引

**《最高人民法院关于适用〈中华人民共和国民法典〉时间效力的若干规定》（2020年12月29日）**

**第十一条**　民法典施行前成立的合同，当事人一方不履行非金钱债务或者履行非金钱债务不符合约定，对方可以请求履行，但是有民法典第五百八十条第一款第一项、第二项、第三项除外情形之一，致使不能实现合同目的，当事人请求终止合同权利义务关系的，适用民法典第五百八十条第二款的规定。

**※法规解读：**非金钱债务有其特殊性。非金钱债务是以需要提供货物、劳务、完成一定工作量为内容的，如果强行要求对方履行或对履行效果造成不良影响。因此，存在《民法典》第五百八十条第一款规定的三种情形[（1）法律上或者事实上的不能履行；（2）债务的标的不适于强制履行或者履行费用过高；（3）债权人在合理期限内未请求履行]时，即合同陷入僵局，只得请求解除合同并要求对方承担违约责任。

**《最高人民法院关于适用〈中华人民共和国民法典〉合同编通则若干问题的解释》（2023年12月4日）**

**第五十九条**　当事人一方依据民法典第五百八十条第二款的规定请求终止合同权利义务关系的，人民法院一般应当以起诉状副本送达对方的时间作为合同权利义务关系终止的时间。根据案件的具体情况，以其他时间作为合同权利义务关系终止的时间更加符合公平原则和诚信原则的，人民法院可以以该时间作为合同权利义务关系终止的时间，但是应当在裁判文书中充分说明理由。

**※法规解读：**该条解释明确了司法终止情形下的合同终止时间。由于《民法典》第五百八十条规定的司法终止必须是法院判决解除（属于形成判决），不属于《民法典》第五百六十五条规定的法院确认解除情形，所以有必要明确司法终止情形的合同终止时间。

## 关联法规索引

《民法典》第579～584条;《最高人民法院关于适用〈中华人民共和国民法典〉合同编通则若干问题的解释》第59条

**第五百八十一条 【替代履行】当事人一方不履行债务或者履行债务不符合约定,根据债务的性质不得强制履行的,对方可以请求其负担由第三人替代履行的费用。**

## 条文解读

本条规定了不得强制履行的债务履行违约且发生替代履行时的费用承担。违约,是指当事人不履行债务或者履行债务不符合约定的行为。一般而言,当事人不履行或者履行债务不符合约定,守约方可以要求违约方继续履行或者采取补救措施。但是,根据债务的性质,有部分债务是不适合被强制履行的,此部分债务即使发生了违约,守约方也只能要求违约方承担违约责任,而不能要求违约方履行债务。在这种情况下,守约方有可能尝试寻找第三人代替债务人履行债务,而第三人代替债务人履行债务也是由于债务人的违约行为而发生的,所以第三人代替债务人履行债务而产生的费用应由债务人承担,金钱之债不发生履行不能。

## 关联法规索引

《民法典》第579～584条

**第五百八十二条 【瑕疵履行的违约责任】履行不符合约定的,应当按照当事人的约定承担违约责任。对违约责任没有约定或者约定不明确,依据本法第五百一十条的规定仍不能确定的,受损害方根据标的的性质以及损失的大小,可以合理选择请求对方承担修理、重作、更换、退货、减少价款或者报酬等违约责任。**

## 条文解读

本条是关于债务人瑕疵履行所应当承担的违约责任的规定。债务人履行债务不符合约定的为瑕疵履行。一般而言,债务人的违约行为有两种:一是债务人不履行债务,二是债务人履行债务不符合约定。《民法典》第五百七十九条和第五百八十条规定了债务人不履行债务发生的违约责任,而本条则规定债务人履行债务不符合约定的违约责任,即瑕疵履行。

在瑕疵履行的情况下,如果当事人在合同中已经对责任形式和补救方式作了明确规定,则违约方应按合同约定承担违约责任。如果合同对违约责任没有约定或者约定不明,又不能通过《民法典》第五百一十条加以确定,则守约方可以合理选择请求违约方承担修理、更换、重作、退货、减少价款或者报酬、赔偿损失等违约责任。

此外,加害给付行为也属于不适当履行的一种。加害给付,是指债务人的履行有瑕疵且因其瑕疵而致债权人收到履行利益以外的损害的情形。加害给付须具备以下四个条件:第一,须债务人有履行行为;第二,须债务人的履行不符合法律的规定或者合同的约定,即有瑕疵;第三,须因债务人的瑕疵履行而造成债权人遭受履行利益以外的损失;第四,须债务人过错。如果债务人能够证明自己没有过错,则不能构成加害给付。在加害给付的情况下,受害人可以选择要求加害人承担违约责任或侵权责任,即违约责任和侵权责任的竞合。

## 配套法规及解读

**《最高人民法院关于审理买卖合同纠纷案件适用法律问题的解释》(2020年12月29日修正)**

**第十七条**　标的物质量不符合约定,买受人依照民法典第五百八十二条的规定要求减少价款的,人民法院应予支持。当事人主张以符合约定的标的物和实际交付的标的物按交付时的市场价值计算差价的,人民法院应予支持。

价款已经支付,买受人主张返还减价后多出部分价款的,人民法院应予支持。

**※法规解读:**如果买卖的标的物质量不符合约定,买受人可以符合约定的标的物和实际交付的标的物按交付时的市场价值计算差价。需要注意的是,此处应当是质量问题所导致的价款减让,买受人才可依据差价金额要求出卖人返还减价后多出部分的价款。

**第二十四条**　买受人在缔约时知道或者应当知道标的物质量存在瑕疵,主张出卖人承担瑕疵担保责任的,人民法院不予支持,但买受人在缔约时不知道该瑕疵会导致标的物的基本效用显著降低的除外。

**※法规解读:**通常情况下,买受人在缔约时明知标的物质量存在瑕疵而未提出异议的,免除出卖人的瑕疵担保责任,这是基于意思自治和诚实信用原则的要求,即买受人对标的物的瑕疵已经认可。但是,当买受人在缔约时不知道该瑕疵会导致标的物的基本效用显著降低时不能免除出卖人的瑕疵担保责任,因为产品实际效用降低的后果超出了买受人认可的范围。

**《最高人民法院关于审理商品房买卖合同纠纷案件适用法律若干问题的解释》(2020年12月29日修正)**

**第十条** 因房屋质量问题严重影响正常居住使用,买受人请求解除合同和赔偿损失的,应予支持。

交付使用的房屋存在质量问题,在保修期内,出卖人应当承担修复责任;出卖人拒绝修复或者在合理期限内拖延修复的,买受人可以自行或者委托他人修复。修复费用及修复期间造成的其他损失由出卖人承担。

**※法规解读:**房屋出现不能正常使用的质量问题时,购房人可以要求退房,也可以要求出卖人承担赔偿损失的责任。要求退房和承担赔偿损失的责任可以一并主张。

## 关联法规索引

《民法典》第510、579~584、617条;《消费者权益保护法》第40~45、48、52~54条;《产品质量法》第40~44、46条

**第五百八十三条 【违约损害赔偿责任】当事人一方不履行合同义务或者履行合同义务不符合约定的,在履行义务或者采取补救措施后,对方还有其他损失的,应当赔偿损失。**

## 条文解读

本条是关于违约损害赔偿责任的规定。《民法典》第五百七十七条规定,当事人一方不履行合同义务或者履行合同义务不符合约定的,应当承担继续履行、采取补救措施或者赔偿损失三种违约责任。其中,继续履行一般发生在当事人一方不履行合同义务时,而采取补救措施一般发生在当事人一方履行合同义务不符合约定时,但

是，赔偿损失的责形态任，既有可能发生在当事人一方不履行合同义务时，也有可能发生在当事人一方履行合同义务不符合约定时。也就是说，无论是继续履行的责任形态，还是采取补救措施的责任形态，都可以与赔偿损失这种责任形态并用。

**第五百八十四条 【损害赔偿范围】当事人一方不履行合同义务或者履行合同义务不符合约定，造成对方损失的，损失赔偿额应当相当于因违约所造成的损失，包括合同履行后可以获得的利益；但是，不得超过违约一方订立合同时预见到或者应当预见到的因违约可能造成的损失。**

## 条文解读

本条是关于损失赔偿额的范围的规定。损害赔偿是因债务人不履行合同义务或履行合同义务不符合约定而产生的责任，亦即因债务人违约而使债权人遭受损害，当事人之间的原合同关系转化为损害赔偿关系。损害赔偿以赔偿当事人实际遭受的全部损失为原则，一方违反合同后，另一方不仅会遭受现有财产的损失，而且会遭受可得利益的损失，这些损失都应当得到赔偿。只有全部损失获得赔偿才能使守约方获得相当于合同正常履行情况下的同等收益，才能督促当事人积极有效地履行合同。可得利益，即合同履行后可以获得的利益。可得利益必须是纯利润，不包括为取得这些利益所支付的费用和必须缴纳的税收。可得利益损失，是指受害人因违约方违约而遭受的预期纯利润的损失。在具体案件中，确定可得利益损失赔偿额一般要考虑以下问题：第一，确定受害人因违约行为的发生遭受了哪些可得利益损失；第二，确定在受害人所遭受的可得利益损失中，哪些是违约方在订约时就可以预见的，哪些是违约方在订约时不可以预见的；第三，确定受害人是否因违约而获有利益，如果有，则应从损失中扣除，以便确定净损失额；第四，确定是否存在因受害人没有采取合理减损措施而导致损失扩大的情形。如果受害人没采取合理减损措施来减轻损失，则违约方对扩大的损失不负赔偿责任。

## 配套法规及解读

**《最高人民法院关于审理买卖合同纠纷案件适用法律问题的解释》（2020 年 12 月 29 日修正）**

**第二十二条** 买卖合同当事人一方违约造成对方损失，对方主张赔偿可得利益损失的，人民法院在确定违约责任范围时，应当根据当事人的主张，依据民法典第五百八十四条、第五百九十一条、第五百九十二条、本解释第二十三条等规定进行认定。

**※法规解读：**此条规定的是买卖合同中违约损害赔偿的认定范围。可以请求赔偿的范围包括：可得利益损失、当事人因防止损失扩大而支出的合理费用等。判断违约的金额时需要结合损益相抵原则、过错相抵原则、非违约方不当扩大损失无权要求赔偿等原则综合判断。

**第二十三条** 买卖合同当事人一方因对方违约而获有利益，违约方主张从损失赔偿额中扣除该部分利益的，人民法院应予支持。

**※法规解读：**本条规定了买卖合同中有关"损益相抵"的基本原则。基于"盈亏同源"的逻辑起点，非违约方因对方违约而获得的利益可以抵扣违约所造成的损失。

**《最高人民法院关于审理食品安全民事纠纷案件适用法律若干问题的解释（一）》（2020年12月8日）**

**第一条** 消费者因不符合食品安全标准的食品受到损害，依据食品安全法第一百四十八条第一款规定诉请食品生产者或者经营者赔偿损失，被诉的生产者或者经营者以赔偿责任应由生产经营者中的另一方承担为由主张免责的，人民法院不予支持。属于生产者责任的，经营者赔偿后有权向生产者追偿；属于经营者责任的，生产者赔偿后有权向经营者追偿。

**※法规解读：**该条规定的目的在于落实《食品安全法》第一百四十八条第一款所规定的"首负责任制"，该原则是不真正连带责任的表现之一，能避免生产经营者之间的相互推诿，及时维护消费者的合法权益。

**第二条** 电子商务平台经营者以标记自营业务方式所销售的食品或者虽未标记自营但实际开展自营业务所销售的食品不符合食品安全标准，消费者依据食品安全法第一百四十八条规定主张电子商务平台经营者承担作为食品经营者的赔偿责任的，人民法院应予支持。

电子商务平台经营者虽非实际开展自营业务，但其所作标识等足以误导消费者让消费者相信系电子商务平台经营者自营，消费者依据食品安全法第一百四十八条规定主张电子商务平台经营者承担作为食品经营者的赔偿责任的，人民法院应予支持。

**※法规解读：**该条是自己责任原则的体现之一，在商业活动实践中，电子商务平台经营包括提供平台服务和开展自营业务两种模式。于前者，电子商务平台是一个服务者的角色，仅为商户提供展示和销售平台，并不直接参与和消费者的买卖关系；于后者，电子商务平台直接充当出卖人的角色，理应承担更高的食品安全担保责任。

**第四条** 公共交通运输的承运人向旅客提供的食品不符合食品安全标准，旅客主张承运人依据食品安全法第一百四十八条规定承担作为食品生产者或者经营者的赔偿责任的，人民法院应予支持；承运人以其不是食品的生产经营者或者食品是免费提供为由进行免责抗辩的，人民法院不予支持。

**※法规解读：**相较于承运人，公共交通运输服务的接受者更难维护自己因食品不合标准而造成的损失。而承运人与食品生产者或经营者本身具有密不可分的关系，由承运人在承担食品不合格的责任后向生产者或经营者追责更有利于维护公共交通运输服务对象的权利。

**第六条** 食品经营者具有下列情形之一，消费者主张构成食品安全法第一百四十八条规定的"明知"的，人民法院应予支持：

（一）已过食品标明的保质期但仍然销售的；

（二）未能提供所售食品的合法进货来源的；

（三）以明显不合理的低价进货且无合理原因的；

（四）未依法履行进货查验义务的；

（五）虚假标注、更改食品生产日期、批号的；

（六）转移、隐匿、非法销毁食品进销货记录或者故意提供虚假信息的；

（七）其他能够认定为明知的情形。

**※法规解读：**根据《食品安全法》第一百四十八条第二款的规定，经营者经营明知是不符合食品安全标准的食品，需承担惩罚性赔偿责任。消费者就经营者明知承担证明责任往往负担过重，不利于维护消费者的权利，所以该条解释就"明知"的证明采取了推定的原则，这有利于强化经营者责任意识，为消费者保驾护航。

**第七条** 消费者认为生产经营者生产经营不符合食品安全标准的食品同时构成欺诈的，有权选择依据食品安全法第一百四十八条第二款或者消费者权益保护法第五十五条第一款规定主张食品生产者或者经营者承担惩罚性赔偿责任。

**第十条** 食品不符合食品安全标准，消费者主张生产者或者经营者依据食品安全法第一百四十八条第二款规定承担惩罚性赔偿责任，生产者或者经营者以未造成消费者人身损害为由抗辩的，人民法院不予支持。

**※法规解读：**惩罚性赔偿不以造成人身损害为前提。惩罚性责任是对生产者或者经营者在买卖关系中交付不安全食品的非难，其设立的目的，是使生产者或者经营者产生畏惧，谨慎处理好食品买卖这一行为。

**第十一条** 生产经营未标明生产者名称、地址、成分或者配料表，或者未清晰标明生产日期、保质期的预包装食品，消费者主张生产者或者经营者依据食品安全法第一百四十八条第二款规定承担惩罚性赔偿责任的，人民法院应予支持，但法律、行政法规、食品安全国家标准对标签标注事项另有规定的除外。

**第十二条** 进口的食品不符合我国食品安全国家标准或者国务院卫生行政部门决定暂予适用的标准，消费者主张销售者、进口商等经营者依据食品安全法第一百四十八条规定承担赔偿责任，销售者、进口商等经营者仅以进口的食品符合出口地食品安全标准或者已经过我国出入境检验检疫机构检验检疫为由进行免责抗辩的，人民法院不予支持。

**※法规解读：**国与国之间的实际情况不同，以符合他国标准或者已经过我国出入境检验检疫机构检验检疫为抗辩理由缺乏认证上的可行性。本条款的目的在于明晰进口商品经营者的责任，守护消费者的健康。

**《最高人民法院关于适用〈中华人民共和国民法典〉合同编通则若干问题的解释》(2023年12月4日)**

**第六十条** 人民法院依据民法典第五百八十四条的规定确定合同履行后可以获得的利益时，可以在扣除非违约方为订立、履行合同支出的费用等合理成本后，按照非违约方能够获得的生产利润、经营利润或者转售利润等计算。

非违约方依法行使合同解除权并实施了替代交易，主张按照替代交易价格与合同价格的差额确定合同履行后可以获得的利益的，人民法院依法予以支持；替代交易价格明显偏离替代交易发生时当地的市场价格，违约方主张按照市场价格与合同价格的差额确定合同履行后可以获得的利益的，人民法院应予支持。

非违约方依法行使合同解除权但是未实施替代交易，主张按照违约行为发生后合理期间内合同履行地的市场价格与合同价格的差额确定合同履行后可以获得的利益的，人民法院应予支持。

**※法规解读：**本条第一款细化了可预见规则的计算方式，将非违约方为订立、履行合同支出的费用等履约成本排除出未来可预见收益，因为在正常的商事活动中，即使是正常的合同当事人也会不可避免地支出履约成本，不能将这一笔费用强加在违约方身上，这也是民事填补规则适用的体现。

替代交易规则，是指在债权人因对方重大违约而解除合同，为了获得与原合同相同的标的而与他人缔约的情况下，如果替代交易的价格与原合同相比不利于债权人，则其可以请求债务人赔偿两个合同的差价。在判断系争交易是否为替代交易时，应考虑交易的时间、后来的交易是否与原合同服务于相同的利益等因素。替代交易的价格需要法官在实际审判中综合评判其合理性，既要保护债权人通过交易获得合法利益的权利，也要避免债权人与第三人串通交易损害债务人的利益。

同时,如果非违约方不采用替代交易,也可以通过计算合同履行地的市场价格和合同约定价格之间的差价来确定非违约方在本次交易中可以获得的收益。

**第六十一条** 在以持续履行的债务为内容的定期合同中,一方不履行支付价款、租金等金钱债务,对方请求解除合同,人民法院经审理认为合同应当依法解除的,可以根据当事人的主张,参考合同主体、交易类型、市场价格变化、剩余履行期限等因素确定非违约方寻找替代交易的合理期限,并按照该期限对应的价款、租金等扣除非违约方应当支付的相应履约成本确定合同履行后可以获得的利益。

非违约方主张按照合同解除后剩余履行期限相应的价款、租金等扣除履约成本确定合同履行后可以获得的利益的,人民法院不予支持。但是,剩余履行期限少于寻找替代交易的合理期限的除外。

**※法规解读:**非违约方不能请求在持续履行合同中违约并解除合同的违约方对于剩余应当履行期限相应的租金、价款、报酬承担给付责任。因为违约方的违约行为并没有终局性地造成非违约方在这一期限之中无法寻求替代交易。为了平衡违约方与非违约方之间的利益,在本条解释中规定了在非违约方寻求替代交易的合理期限内违约方应当承担相应的价款给付责任。这既促使非违约方将闲置资源投入市场运作,又能保证违约方不会受到超过其违约程度的惩罚。

**第六十二条** 非违约方在合同履行后可以获得的利益难以根据本解释第六十条、第六十一条的规定予以确定的,人民法院可以综合考虑违约方因违约获得的利益、违约方的过错程度、其他违约情节等因素,遵循公平原则和诚信原则确定。

**※法规解读:**本条解释作为《民法典》合同编第六十条、第六十一条的补充,确立了在难以依据前述两条解释确立可得利益数额的情况下,依据违约方因违约所获利益的数额确定未违约方在合同履行后可以获得的利益,本条规则的模式同知识产权侵权确定侵权赔偿金额的模式类似。

**第六十三条** 在认定民法典第五百八十四条规定的"违约一方订立合同时预见到或者应当预见到的因违约可能造成的损失"时,人民法院应当根据当事人订立合同的目的,综合考虑合同主体、合同内容、交易类型、交易习惯、磋商过程等因素,按照与违约方处于相同或者类似情况的民事主体在订立合同时预见到或者应当预见到的损失予以确定。

除合同履行后可以获得的利益外,非违约方主张还有其向第三人承担违约责任应当支出的额外费用等其他因违约所造成的损失,并请求违约方赔偿,经审理认为该损失系违约一方订立合同时预见到或者应当预见到的,人民法院应予支持。

在确定违约损失赔偿额时,违约方主张扣除非违约方未采取适当措施导致的扩大损失、非违约方也有过错造成的相应损失、非违约方因违约获得的额外利益或者减少的必要支出的，人民法院依法予以支持。

**※法规解读：**本条第一款对可预见性规则的适用作了进一步细化，引导法官在根据前述方法确定违约损失范围时要接受可预见性规则的检验。第二款明确除可得利益损失外还有其他因违约所造成的损失，经审理认为该损失系违约一方订立合同时预见到或者应当预见到的，也应当予以赔偿。第三款进一步规定要综合运用损益相抵规则、与有过失规则、防止损失扩大规则等确定违约方最终应当承担的违约损害赔偿数额。

## 关联法规索引

《民法典》第579～584、617条；《食品安全法》第148条；《旅游法》第70条；《消费者权益保护法》第7、11、49～52、55条；《联合国国际货物销售合同公约》第74条；《最高人民法院关于适用〈中华人民共和国民法典〉合同编通则若干问题的解释》第60～63条

**第五百八十五条　【违约金】当事人可以约定一方违约时应当根据违约情况向对方支付一定数额的违约金，也可以约定因违约产生的损失赔偿额的计算方法。**

**约定的违约金低于造成的损失的，人民法院或者仲裁机构可以根据当事人的请求予以增加；约定的违约金过分高于造成的损失的，人民法院或者仲裁机构可以根据当事人的请求予以适当减少。**

**当事人就迟延履行约定违约金的，违约方支付违约金后，还应当履行债务。**

## 条文解读

本条是关于违约金的规定。违约金，是指合同当事人所约定的，一方违约时应当向对方支付的一定数额的金钱。根据《民法典》第五百七十七条的规定，违约责任的承担方式主要包括三种，即继续履行、采取补救措施和赔偿损失。但此三种形式均为法定的违约责任承担方式，合同当事人还可以约定违约责任的承担方式，其中就包括违约金，即约定的损害赔偿形式。

由于违约金是在违约行为发生之前约定的，所以违约金既有可能高于实际损害

也有可能低于实际损害。根据本条规定，如果违约金低于实际损害，当事人向人民法院或者仲裁机构请求增加违约金，人民法院或者仲裁机构应当予以增加，增加至与实际损害相同的数额；如果违约金高于实际损害，且为“过分高于”，即高出实际损害的30%，当事人向人民法院或者仲裁机构请求减少违约金，人民法院或者仲裁机构应当予以适当地减少，减少至实际损害的130%。

由于违约金属于损害赔偿的一种（约定的损害赔偿），所以违约金可以与“继续履行”和“采取补救措施”的责任承担方式共用。如果一方当事人到期不履行债务（延迟履行），对方当事人可以要求支付违约金（如果有违约金约定），同时可以要求对方当事人继续履行；如果一方当事人履行债务不符合约定（瑕疵履行），对方当事人可以要求支付违约金（如果有违约金约定），同时可以要求对方当事人采取补救措施。

## 配套法规及解读

**《最高人民法院关于审理民间借贷案件适用法律若干问题的规定》（2020年12月29日修正）**

**第二十八条**　借贷双方对逾期利率有约定的，从其约定，但是以不超过合同成立时一年期贷款市场报价利率四倍为限。

未约定逾期利率或者约定不明的，人民法院可以区分不同情况处理：

（一）既未约定借期内利率，也未约定逾期利率，出借人主张借款人自逾期还款之日起参照当时一年期贷款市场报价利率标准计算的利息承担逾期还款违约责任的，人民法院应予支持；

（二）约定了借期内利率但是未约定逾期利率，出借人主张借款人自逾期还款之日起按照借期内利率支付资金占用期间利息的，人民法院应予支持。

**※法规解读：**若未约定借款内利息，则逾期利息有权按照LPR（贷款市场报价利率）确定的利率支付，若约定借款内利息，可以按照借款内利息主张逾期利息，当然，该利率不能超过合同成立时LPR（贷款市场报价利率）的4倍。

**第二十九条**　出借人与借款人既约定了逾期利率，又约定了违约金或者其他费用，出借人可以选择主张逾期利息、违约金或者其他费用，也可以一并主张，但是总计超过合同成立时一年期贷款市场报价利率四倍的部分，人民法院不予支持。

**《最高人民法院关于审理买卖合同纠纷案件适用法律问题的解释》（2020年12月29日修正）**

**第十八条**　买卖合同对付款期限作出的变更，不影响当事人关于逾期付款违约金的约定,但该违约金的起算点应当随之变更。

买卖合同约定逾期付款违约金,买受人以出卖人接受价款时未主张逾期付款违约金为由拒绝支付该违约金的,人民法院不予支持。

买卖合同约定逾期付款违约金,但对账单、还款协议等未涉及逾期付款责任,出卖人根据对账单、还款协议等主张欠款时请求买受人依约支付逾期付款违约金的,人民法院应予支持,但对账单、还款协议等明确载有本金及逾期付款利息数额或者已经变更买卖合同中关于本金、利息等约定内容的除外。

买卖合同没有约定逾期付款违约金或者该违约金的计算方法,出卖人以买受人违约为由主张赔偿逾期付款损失,违约行为发生在2019年8月19日之前的,人民法院可以中国人民银行同期同类人民币贷款基准利率为基础,参照逾期罚息利率标准计算;违约行为发生在2019年8月20日之后的,人民法院可以违约行为发生时中国人民银行授权全国银行间同业拆借中心公布的一年期贷款市场报价利率(LPR)标准为基础,加计30—50%计算逾期付款损失。

**※法规解读:**合同当事人应当按照约定全面履行合同义务。在买卖合同关系中,买受人应当及时按照约定的付款时间节点支付货款。在买卖合同约定了逾期付款违约金的前提下,出卖人通过对账单、还款协议主张违约金的,人民法院予以支持。需要注意的是,在与卖方签署确认任何对账单、还款协议等文件时,一定要注意是否存在任何可能导致放弃或者变更原有违约金条款的规定,如果明确载有"本金及逾期付款利息数额"的条款,则有可能造成违约金的请求得不到支持。

**第二十条** 买卖合同因违约而解除后,守约方主张继续适用违约金条款的,人民法院应予支持;但约定的违约金过分高于造成的损失的,人民法院可以参照民法典第五百八十五条第二款的规定处理。

**※法规解读:**买卖双方可要求在买卖合同中事先约定逾期付款的违约金,以督促买受人及时付款,但违约金的标准不宜约定过高,否则买受人可以请求人民法院调减。在实践中,合同标的额的不同,具体违约事项的不同,都影响着违约金的数额,也影响着法院对违约金具体的调整比例。

**第二十一条** 买卖合同当事人一方以对方违约为由主张支付违约金,对方以合同不成立、合同未生效、合同无效或者不构成违约等为由进行免责抗辩而未主张调整过高的违约金的,人民法院应当就法院若不支持免责抗辩,当事人是否需要主张调整违约金进行释明。

一审法院认为免责抗辩成立且未予释明,二审法院认为应当判决支付违约金的,可以直接释明并改判。

**《最高人民法院关于审理商品房买卖合同纠纷案件适用法律若干问题的解释》(2020年12月29日修正)**

**第十二条** 当事人以约定的违约金过高为由请求减少的,应当以违约金超过造成的损失30%为标准适当减少;当事人以约定的违约金低于造成的损失为由请求增加的,应当以违约造成的损失确定违约金数额。

**※法规解读:**此条是对《民法典》第五百八十五条在商品房买卖合同纠纷中的实际适用。《民法典》第五百八十五条第二款规定,约定的违约金低于造成的损失的,人民法院或者仲裁机构可以根据当事人的请求予以增加;约定的违约金过分高于造成的损失的,人民法院或者仲裁机构可以根据当事人的请求予以适当减少。

**第十三条** 商品房买卖合同没有约定违约金数额或者损失赔偿额计算方法,违约金数额或者损失赔偿额可以参照以下标准确定:

逾期付款的,按照未付购房款总额,参照中国人民银行规定的金融机构计收逾期贷款利息的标准计算。

逾期交付使用房屋的,按照逾期交付使用房屋期间有关主管部门公布或者有资格的房地产评估机构评定的同地段同类房屋租金标准确定。

**《最高人民法院关于适用〈中华人民共和国民法典〉合同编通则若干问题的解释》(2023年12月4日)**

**第六十四条** 当事人一方通过反诉或者抗辩的方式,请求调整违约金的,人民法院依法予以支持。

违约方主张约定的违约金过分高于违约造成的损失,请求予以适当减少的,应当承担举证责任。非违约方主张约定的违约金合理的,也应当提供相应的证据。

当事人仅以合同约定不得对违约金进行调整为由主张不予调整违约金的,人民法院不予支持。

**※法规解读:**根据本条第三款的规定对方以合同约定不得对违约金进行调整为由主张不应予以调整,经审查不调整违约金将导致显失公平的,人民法院对该主张不予支持,这呈现了倾向维护实质公平的价值导向,排除违约金调整条款并不当然无效,而是需要经由法院审查是否显失公平从而作出是否支持的决定。

**第六十五条** 当事人主张约定的违约金过分高于违约造成的损失,请求予以适当减少的,人民法院应当以民法典第五百八十四条规定的损失为基础,兼顾合同主体、交易类型、合同的履行情况、当事人的过错程度、履约背景等因素,遵循公平原则和诚信原则进行衡量,并作出裁判。

约定的违约金超过造成损失的百分之三十的,人民法院一般可以认定为过分高于造成的损失。

恶意违约的当事人一方请求减少违约金的，人民法院一般不予支持。

**※法规解读：**本条第二款对违约金超过损失的30%的认定基本沿袭我国的合同法惯例。第三款新增恶意违约方请求减少违约金，法院不予支持的规定，这充分表明了诚实信用原则对“违约金司法酌减”的重要影响，也意在强化对守约者诚信行为的保护力度、提高违法违约成本。

**第六十六条** 当事人一方请求对方支付违约金，对方以合同不成立、无效、被撤销、确定不发生效力、不构成违约或者非违约方不存在损失等为由抗辩，未主张调整过高的违约金的，人民法院应当就若不支持该抗辩，当事人是否请求调整违约金进行释明。第一审人民法院认为抗辩成立且未予释明，第二审人民法院认为应当判决支付违约金的，可以直接释明，并根据当事人的请求，在当事人就是否应当调整违约金充分举证、质证、辩论后，依法判决适当减少违约金。

被告因客观原因在第一审程序中未到庭参加诉讼，但是在第二审程序中到庭参加诉讼并请求减少违约金的，第二审人民法院可以在当事人就是否应当调整违约金充分举证、质证、辩论后，依法判决适当减少违约金。

**※法规解读：**本条规定了法院对当事人释明过高违约金的内容。本条解释充分表明了我国在立法中对于实质正义的追求，法官承担较重的依职权调查的职责，具有较大的司法能动性。

## 关联法规索引

《最高人民法院关于适用〈中华人民共和国民法典〉合同编通则若干问题的解释》第64～66条

**第五百八十六条 【定金担保】** 当事人可以约定一方向对方给付定金作为债权的担保。定金合同自实际交付定金时成立。

定金的数额由当事人约定；但是，不得超过主合同标的额的百分之二十，超过部分不产生定金的效力。实际交付的定金数额多于或者少于约定数额的，视为变更约定的定金数额。

## 条文解读

本条是关于定金担保的规定。定金,是指基于定金合同的约定,一方向另一方交付一定数额的金钱,用以保障某项允诺之履行的担保形式,所以,定金具有担保的性质,是担保的一种。债务人担保其债务履行的方式可以分为物权担保与债权担保。物权担保主要包括三种,即抵押、质押和留置;债权担保主要包括两种,即保证和定金。本条除规定定金的担保性质之外,还确定了定金的两个属性,即定金的实践性和定金的限额性。

定金合同是实践合同,以定金的交付为合同的成立条件。因此,在当事人双方达成定金合意,而未交付定金的情况下,定金合同不成立。这意味着:

(1)一方当事人无权请求另一方当事人依照定金合同的约定交付定金;

(2)因定金未交付而造成损失的,有过错的一方应承担缔约过失责任,予以赔偿;

(3)如果交付的定金数额与合同中约定的定金数额不同,则视为定金合同的变更,以交付的定金数额为准。

另外,法律对定金数额的最高限度有要求,即定金的数额不得超过主债标的额的20%,超出的部分不具有定金的效力,只具有预付款的效力,即使因债务人不履行债务而导致合同解除,超出的部分也应当返还,只有未超出的部分产生定金罚则。

## 配套法规及解读

**《最高人民法院关于审理商品房买卖合同纠纷案件适用法律若干问题的解释》(2020年12月29日修正)**

**第四条**　出卖人通过认购、订购、预订等方式向买受人收受定金作为订立商品房买卖合同担保的,如果因当事人一方原因未能订立商品房买卖合同,应当按照法律关于定金的规定处理;因不可归责于当事人双方的事由,导致商品房买卖合同未能订立的,出卖人应当将定金返还买受人。

**※法规解读:**“因不能归责于当事人双方的事由”,通常是指双方对于正式商品房买卖合同、相关的补充协议之内容无法达成一致,而与认购意向书内容无关,致使签约不成的情况,此时双方不存在违约行为,开发商应将定金全额返还购房者。另外,因不可抗力导致合同不能订立的,也属于上述事由的范畴,开发商应将定金全额返还购房者。

**第十九条**　商品房买卖合同约定,买受人以担保贷款方式付款、因当事人一方原因未能订立商品房担保贷款合同并导致商品房买卖合同不能继续履行的,对方当事人可以请求解除合同和赔偿损失。因不可归责于当事人双方的事由未能订立商品房担保贷款合同并导致商品房买卖合同不能继续履行的,当事人可以请求解除合同,出卖人应当将收受的购房款本金及其利息或者定金返还买受人。

**※法规解读:**本条规定的商品房担保贷款大多数情况下是指银行贷款。该条是对购房者未能通过银行贷款审核,无法通过贷款购房履行合同时的调整。当事人仅在明显具有“过错”的情况下才对合同不能履行承担赔偿损失的责任,因此该过错的程度要求至少达到“故意”或者“过失”。单纯的因为购房者本人一些不明显的资质问题而无法办理贷款合同的不能认定为达到了前文规定的过失程度。因不可归责于当事人双方的事由未能订立商品房担保贷款合同并导致商品房买卖合同不能继续履行的,当事人可以请求解除合同并要求返还购房款本金、利息和定金。这一规定事实上避免了在购房者身上加上沉重的负担。

**第五百八十七条 【定金罚则】债务人履行债务的,定金应当抵作价款或者收回。给付定金的一方不履行债务或者履行债务不符合约定,致使不能实现合同目的的,无权请求返还定金;收受定金的一方不履行债务或者履行债务不符合约定,致使不能实现合同目的的,应当双倍返还定金。**

## 条文解读

本条是关于定金罚则的规定。定金罚则,是指定金合同的当事人一方违反定金所担保的特定允诺所应当承受的定金处罚。具体规则如下:

(1)债务人按照约定履行债务的,定金失去其担保效力变为预付款,要么计算为价款的一部分,要么返还给债务人。

(2)因为定金合同成立以定金交付为要件,所以可以约束当事人双方。定金罚则分为给付定金的一方违约和接受定金的一方违约两种情况。给付定金的一方不履行债务(仅延期履行不触发定金罚则,要给予对方继续履行的时间)或者履行债务不符合约定致使合同目的不能实现(仅瑕疵履行也不触发定金罚则,要给予对方采取补救措施的时间),给付定金的一方丧失定金而对方获得定金;接受定金的一方不履行债务(仅延期履行不触发定金罚则,要给予对方继续履行的时间)或者履行债务不符合约定致使合同目的不能实现(仅瑕疵履行也不触发定金罚则,要给予对方采取补救措施的时间),接受定金的一方双倍返还定金。

(3)如果当事人一方全部违约,100%适用上述定金罚则;如果当事人一方部分违约,按照"违约比例"适用上述定金罚则。

## 配套法规及解读

**《最高人民法院关于审理商品房买卖合同纠纷案件适用法律若干问题的解释》(2020年12月29日修正)**

**第十九条**　商品房买卖合同约定,买受人以担保贷款方式付款、因当事人一方原因未能订立商品房担保贷款合同并导致商品房买卖合同不能继续履行的,对方当事人可以请求解除合同和赔偿损失。因不可归责于当事人双方的事由未能订立商品房担保贷款合同并导致商品房买卖合同不能继续履行的,当事人可以请求解除合同,出卖人应当将收受的购房款本金及其利息或者定金返还买受人。

**※法规解读:**本条规定的商品房担保贷款大多数情况下是指银行贷款。该条是对购房者未能通过银行贷款审核,无法通过贷款购房履行合同时的调整。当事人仅在明显具有"过错"的情况下才对合同不能履行承担赔偿损失的责任,因此该过错的程度要求至少达到"故意"或者"过失"。单纯的因为购房者本人一些不明显的资质问题而无法办理贷款合同的不能认定为达到了前文规定的过失程度。因不可归责于当事人双方的事由未能订立商品房担保贷款合同并导致商品房买卖合同不能继续履行的,当事人可以请求解除合同并要求返还购房款本金、利息和定金。这一规定事实上避免了在购房者身上加上沉重的负担。

**《最高人民法院关于适用〈中华人民共和国民法典〉合同编通则若干问题的解释》(2023年12月4日)**

**第六十七条**　当事人交付留置金、担保金、保证金、订约金、押金或者订金等,但是没有约定定金性质,一方主张适用民法典第五百八十七条规定的定金罚则的,人民法院不予支持。当事人约定了定金性质,但是未约定定金类型或者约定不明,一方主张为违约定金的,人民法院应予支持。

当事人约定以交付定金作为订立合同的担保,一方拒绝订立合同或者在磋商订立合同时违背诚信原则导致未能订立合同,对方主张适用民法典第五百八十七条规定的定金罚则的,人民法院应予支持。

当事人约定以交付定金作为合同成立或者生效条件,应当交付定金的一方未交付定金,但是合同主要义务已经履行完毕并为对方所接受的,人民法院应当认定合同在对方接受履行时已经成立或者生效。

当事人约定定金性质为解约定金，交付定金的一方主张以丧失定金为代价解除合同的，或者收受定金的一方主张以双倍返还定金为代价解除合同的，人民法院应予支持。

**※法规解读：**本条第一款规定了定金罚则的适用必须以明确约定为前提，尤其是必须明确将"定金"二字的性质作为合同中适用定金条款的必要前提。仅约定定金，但对定金的性质约定不清的推定为违约定金，因为违约定金在合同中出现较多，具有较强的代表性，但同时也允许当事人用相反的证据推翻。

第三款规定了在成约定金约定在前而未履行，合同主要义务履行完毕在后的情形下，如果对方接受，应当认定合同已经成立或者生效。本款强调在严守合同的原则下仍然应坚持合同双方意思自治，维持交易的有序性和稳定性。

**第六十八条**　双方当事人均具有致使不能实现合同目的的违约行为，其中一方请求适用定金罚则的，人民法院不予支持。当事人一方仅有轻微违约，对方具有致使不能实现合同目的的违约行为，轻微违约方主张适用定金罚则，对方以轻微违约方也构成违约为由抗辩的，人民法院对该抗辩不予支持。

当事人一方已经部分履行合同，对方接受并主张按照未履行部分所占比例适用定金罚则的，人民法院应予支持。对方主张按照合同整体适用定金罚则的，人民法院不予支持，但是部分未履行致使不能实现合同目的的除外。

因不可抗力致使合同不能履行，非违约方主张适用定金罚则的，人民法院不予支持。

**※法规解读：**本条规定仍是以维护合同双方利益均衡为中心，采用动态灵活的视角看待合同中的违约问题。在第一款中，存在几种定金罚则适用的特殊情形：(1)双方当事人均具有《民法典》第五百八十七条规定的根本违约情形；(2)当事人一方构成根本违约，对方仅有轻微违约，轻微违约方主张适用定金罚则，根本违约方以对方也有违约行为为由进行抗辩的。前者不适用是因为当事双方都处于违约人的地位，都缺少要求对对方适用定金罚则的正当性；后者仍适用定金罚则是因为轻微违约方在正当性和守约程度上明显高于根本违约方，需要对这两种关系作出分辨和回应。

在第二款中，体现出了法院对公平原则和比例原则的重视。部分履行合同，另一方可以按照未履行部分所占比例适用定金罚则，但不能要求整体适用定金罚则。该条款有助于督促违约方尽力履行义务，减轻违约责任。

在第三款中，沿用了不可抗力免责的原则。因不可抗力致使合同不能履行，非违约方主张适用定金罚则的，法院不予支持。

## 关联法规索引

《民法典》第 585～588 条;《最高人民法院关于适用〈中华人民共和国民法典〉合同编通则若干问题的解释》第 67、68 条;《最高人民法院关于审理商品房买卖合同纠纷案件适用法律问题的解释》第 4 条

**第五百八十八条 【定金与违约金的选择】当事人既约定违约金,又约定定金的,一方违约时,对方可以选择适用违约金或者定金条款。**

**定金不足以弥补一方违约造成的损失的,对方可以请求赔偿超过定金数额的损失。**

## 条文解读

本条规定了当事人在合同中既约定了定金又约定了违约金时两者的选择适用问题。由于定金和违约金都具有损害赔偿的性质,所以它们在目的、性质和功能等方面存在共性,两者一般不能同时使用,否则会给违约方施加过重的责任,而且责任的后果与违约行为实际造成的损失相差过大,这也违反了民事责任基本的补偿性功能。所以,在当事人"既约定了违约金,又约定了定金"的情况下,应当允许且只能由非违约方选择一种对其最为有利的责任方式,即由守约方选择适用定金条款或者违约金条款。

另外,通过本条规定我们还可以推知定金或者违约金与实际损害不相符时的适用问题。由于定金和违约金都是由当事人约定的,而根据实际损害赔偿损失是由法律规定的,在意思自治原则下,定金或者违约金与实际损害不相符时,以当事人约定的定金或者违约金为准。定金与违约金相同的是:如果约定的定金或者违约金不足以弥补违约造成的损失(定金或者违约金数额小于实际损害),则对方可以请求增加定金或者违约金的数额(达到实际损害)。定金与违约金不同的是:定金如果高于实际损失,不管高于实际损失多少,只要定金数额不超过主债标的的 20% 即适用定金规定;违约金如果高于实际损失,只要高出实际损失的 30%,对方就可以请求减少违约金数额至实际损失的 130%。

**第五百八十九条 【拒绝受领和迟延受领】债务人按照约定履行债务,债权人无正当理由拒绝受领的,债务人可以请求债权人赔偿增加的费用。**

**在债权人受领迟延期间,债务人无须支付利息。**

## 条文解读

本条规定了债权人拒绝受领和迟延受领的责任。如果债务人没有违约行为，既没有到期不履行债务，也没有履行债务不符合约定的情形，债权人也没有其他正当理由时，债权人就应当受领债务人的履行。债权人违反此受领义务，导致债务人履行债务费用增加的，债务人可以请求债权人赔偿增加的费用，即只要债务人请求，债权人就应当承担此部分增加的费用。同时，因债权人拒绝受领和迟延受领的行为，债务人给付的标的并没有交付，标的仍属债务人所有，故此时债务人享有标的所带来的利息。

## 关联法规索引

《民法典》第513、778条

**第五百九十条 【不可抗力】当事人一方因不可抗力不能履行合同的，根据不可抗力的影响，部分或者全部免除责任，但是法律另有规定的除外。因不可抗力不能履行合同的，应当及时通知对方，以减轻可能给对方造成的损失，并应当在合理期限内提供证明。**

**当事人迟延履行后发生不可抗力的，不免除其违约责任。**

## 条文解读

本条是关于不可抗力法律后果的规定。不可抗力，是指不能预见、不能避免、不能克服的客观情况。不可抗力通常包括两种情况：一是由自然原因引起的，如火灾、瘟疫、地震等；二是由社会原因引起的，如战争、游行、罢工等。不可抗力能否免除违约方的责任，取决于在不可抗力发生之前，债务人是否构成违约。在发生不可抗力之前，债务人并未构成违约的，债务人无须承担违约责任；在发生不可抗力之前，债务人已经构成违约的，债务人仍需承担违约责任。

另外，当不可抗力发生后，当事人一方因不能按规定履约取得免责权利的，必须及时通知另一方，通知的目的是使对方当事人知道不可抗力的发生以及合同不能履行的事实，以做好必要的准备，从而尽可能地减轻损失。此外，遭受不可抗力的一方应当在合理时间内向对方当事人提供必要的证明文件。对方收到不可抗力的通知及证明文件后，无论是否存在异议，都应当及时回复。

## 关联法规索引

《民法典》第180、832条；《城市房地产管理法》第26条；《电力法》第60条；《邮政法》第15、48条；《铁路法》第18条；《联合国国际货物销售合同公约》第79条

**第五百九十一条 【减损规则】 当事人一方违约后，对方应当采取适当措施防止损失的扩大；没有采取适当措施致使损失扩大的，不得就扩大的损失请求赔偿。**

**当事人因防止损失扩大而支出的合理费用，由违约方负担。**

## 条文解读

本条是关于减损规则的规定。减损规则，是指在一方当事人违约并造成损失后，另一方当事人应当及时采取合理的措施防止损失的扩大，否则，应当对扩大部分的损失负责。减损规则是依据诚实信用原则而产生的。根据诚实信用原则，如果一方在另一方违约后没能采取合理的措施防止损失扩大，其本身也有过错，应当对自己的过错行为所致的后果负责。所以，如果当事人没有采取适当措施致使损失扩大，不得就扩大的损失要求赔偿。同时，由于受损害方在采取措施减轻损害的过程中，也要支付一定的费用，而费用本身是由违约方引起的，因此，法律规定，当事人因防止损失扩大而支出的合理费用，由违约方承担。

## 配套法规及解读

**《最高人民法院关于审理买卖合同纠纷案件适用法律问题的解释》（2020年12月29日修正）**

**第二十二条** 买卖合同当事人一方违约造成对方损失，对方主张赔偿可得利益损失的，人民法院在确定违约责任范围时，应当根据当事人的主张，依据民法典第五百八十四条、第五百九十一条、第五百九十二条、本解释第二十三条等规定进行认定。

**※法规解读：**本条规定的是买卖合同中违约损害赔偿的认定范围。可以请求赔偿的范围包括可得利益损失、当事人因防止损失扩大而支出的合理费用等。判断违

约金额时需结合损益相抵原则、过错相抵原则、非违约方不当扩大损失无权要求赔偿等原则综合判断。

## 关联法规索引

《联合国国际货物销售合同公约》第 77 条

**第五百九十二条 【双方违约和与有过失】当事人都违反合同的，应当各自承担相应的责任。**

**当事人一方违约造成对方损失，对方对损失的发生有过错的，可以减少相应的损失赔偿额。**

## 条文解读

本条第一款是关于双方违约的规定。双方违约，是指合同双方当事人分别违反了其依据合同所应尽的义务，导致合同双方当事人都因为对方的违约行为而遭受损害的情形。在双方违约的情况下，应当根据双方的过错程度及因其过错而给对方当事人造成的损害程度而确定各自的责任。

本条第二款是关于与有过失的规定。与有过失，是指合同一方当事人违反了其依据合同所应尽的义务而导致对方当事人遭受损害，同时受损害方对此损害也有过错的情形。在对方有过错的情况下，应当根据双方的过错程度及因其过错而造成的损害程度相应地减少违约方的赔偿额度。

**第五百九十三条 【第三人原因造成违约时的违约责任承担】当事人一方因第三人的原因造成违约的，应当依法向对方承担违约责任。当事人一方和第三人之间的纠纷，依照法律规定或者按照约定处理。**

## 条文解读

本条规定了第三人原因造成违约时的违约责任承担。即使因第三人的原因而导致合同当事人违约，也应当由合同当事人而非过错第三人承担违约责任。其原因有以下两点。

第一个原因为“无过错责任原则”。根据“无过错责任原则”,只要合同当事人一方存在违约行为,就应当承担相应的违约责任,而不管其是否存在过错。故在因第三人过错造成违约的情形下,虽然违约方没有过错,但仍应承担违约责任。

第二个原因为“合同相对性原则”。根据“合同相对性原则”,因合同而产生的权利义务仅约束合同的当事人,也只有合同的当事人才能承担违约责任。故在因第三人过错造成违约的情形下,虽然第三人有过错,但仍不应承担违约责任。

另外,在因第三人过错造成违约的情形下,当事人一方向对方承担违约责任后,因该违约产生的根本原因为第三人的过错,该损失理应由第三人承担。故违约方可根据法律规定的其他理由(如侵权责任),就因第三人过错而导致自己违约所遭受的损失,向第三人主张权利。

## 配套法规及解读

**《最高人民法院关于审理期货纠纷案件若干问题的规定》(2020年12月29日修正)**

**第四十九条** 期货交易所未代期货公司履行期货合约,期货公司应当根据客户请求向期货交易所主张权利。

期货公司拒绝代客户向期货交易所主张权利的,客户可直接起诉期货交易所,期货公司可作为第三人参加诉讼。

**※法规解读:**期货经纪公司与其客户之间是期货经纪关系。经纪公司接受客户委托指令后以经纪公司名义进行交易操作,经纪公司承担由此产生的权利义务。这里存在两方面的法律关系:经纪公司与客户间的行纪关系以及经纪公司与期货交易所的期货买卖合同关系。期货交易所不接受非会员交易,所以需要由期货公司代替客户进行期货买卖,而客户与期货交易所不直接产生法律关系。该条规定赋予了参与期货交易的客户在期货公司怠于向期货交易所主张权利的情况下突破合同相对性,向期货交易所提起赔偿请求的权利。

**第五百九十四条 【国际贸易合同诉讼时效和仲裁时效】** 因国际货物买卖合同和技术进出口合同争议提起诉讼或者申请仲裁的时效期间为四年。

## 条文解读

本条是关于合同中特殊诉讼时效和仲裁时效的规定。根据《民法典》总则编的规定，因合同争议提起诉讼或者申请仲裁的时效期间，即普通诉讼和仲裁时效为三年。但国际货物买卖合同和技术进出口合同这两种特殊的合同，一旦存在合同争议而提起诉讼或者申请仲裁的时效期间为四年，即特殊诉讼时效和仲裁时效为四年。

## 关联法规索引

《民法典》第 188 条；《产品质量法》第 45 条；《保险法》第 26 条；《民用航空法》第 135、171 条；《仲裁法》第 74 条；《海商法》第 257 条

# 第二分编　典 型 合 同

## 第九章　买 卖 合 同

**本章介绍**

本章是关于买卖合同的专门规定，明确了买卖合同的定义、内容、出卖人与买受人的权利与义务等内容，并规定了凭样品买卖、试用买卖等特殊的买卖。

**第五百九十五条　【买卖合同的定义】买卖合同是出卖人转移标的物的所有权于买受人，买受人支付价款的合同。**

**条文解读**

本条是对买卖合同概念的规定。买卖合同，是出卖人转移标的物的所有权于买受人，买受人支付相应价款的合同。

买卖合同的法律特征是：(1)买卖合同是转移标的物的所有权的合同；(2)买卖合同是双务合同；(3)买卖合同是有偿合同；(4)买卖合同是诺成性合同；(5)买卖合同一般是不要式合同。

买卖合同的当事人包括出卖人和买受人。买受人须具有相应的民事行为能力，出卖人除须具备相应的民事行为能力外，还应当是买卖合同标的物的所有权人或者其他有处分权人。

买受人支付的价金只能是金钱，不能是货物和其他给付。给付金钱之外的物为互易合同，以劳务为对待给付，为雇佣、承揽、委托等合同，而不是买卖合同。

## 配套法规及解读

《民法典》(2020 年 5 月 28 日)

**第四百六十四条第一款** 合同是民事主体之间设立、变更、终止民事法律关系的协议。

**第六百四十六条** 法律对其他有偿合同有规定的,依照其规定;没有规定的,参照适用买卖合同的有关规定。

**※法规解读:**合同的定义是:合同是民事主体之间设立、变更、终止民事法律关系的协议。其特征是:(1)合同的主体是民事主体,包括自然人、法人和非法人组织;(2)合同的内容是民事主体设立、变更、终止民事法律关系;(3)合同是协议,是民事主体之间就上述内容达成的协议。

## 关联法规索引

《最高人民法院关于审理商品房买卖合同纠纷案件适用法律若干问题的解释》第1条

## 典型案例

### 卢某华与储某琴、毛某涵等案外人执行异议之诉案[1]

**※案例解读:**我国《民法典》第五百九十五条规定:"买卖合同是出卖人转移标的物的所有权于买受人,买受人支付价款的合同。"金钱债权执行中,案外人以其已经接受以登记在被执行人名下的不动产抵债为由,提起执行异议之诉请求排除执行的,人民法院可以适用《最高人民法院关于人民法院办理执行异议和复议案件若干问题的规定》第二十八条进行审理。本案中,案涉房产未能办理过户登记系储某琴、毛某涵自身原因所致,其不符合《最高人民法院关于人民法院办理执行异议和复议案件若干问题的规定》第二十八条第四项规定的法定条件,因此储某琴、毛某涵认为其对案涉房产未办理过户登记无过错因而享有足以排除执行的实体权益的主张没有事实和法

[1] 参见江苏省高级人民法院民事判决书,(2018)苏民终 975 号。

律依据。

**第五百九十六条 【买卖合同的内容】买卖合同的内容一般包括标的物的名称、数量、质量、价款、履行期限、履行地点和方式、包装方式、检验标准和方法、结算方式、合同使用的文字及其效力等条款。**

## 条文解读

本条是对买卖合同内容的规定。

买卖合同的内容应由当事人约定，应该包括的主要内容有：

标的，是买卖合同双方当事人权利义务的指向对象，是买卖合同的主要条款。

数量，是确定买卖合同标的物的具体条件之一，是买卖合同成立的主要条款。

质量，是确定买卖合同标的物的具体条件之一，是这一标的物区别于另一标的物的具体特征。

价款，是当事人取得标的物所有权所应支付的对价，通常指标的物本身的价款。

履行期限、地点和方式，都直接涉及当事人的期限利益、案件管辖、履行方法等，意义更大。

包装方式，对标的物起到保护和装潢的作用。

检验标准和方法，应当进行明确规定。

结算方式，是指出卖人向买受人交付标的物之后，买受人向出卖人支付标的物价款、运杂费和其他费用的方式。

合同使用的文字及其效力。

违约责任，是督促当事人履行债务，使非违约方免受或者少受损失的法律措施，与当事人的利益关系重大。

本条只起到提示性作用，对于买卖合同的成立以及效力、合同当事人的具体权利义务并无实质性影响。

## 配套法规及解读

**《民法典》(2020年5月28日)**

**第四百七十条** 合同的内容由当事人约定，一般包括下列条款：

(一)当事人的姓名或者名称和住所；

（二）标的；

（三）数量；

（四）质量；

（五）价款或者报酬；

（六）履行期限、地点和方式；

（七）违约责任；

（八）解决争议的方法。

当事人可以参照各类合同的示范文本订立合同。

**第五百一十一条** 当事人就有关合同内容约定不明确，依据前条规定仍不能确定的，适用下列规定：

（一）质量要求不明确的，按照强制性国家标准履行；没有强制性国家标准的，按照推荐性国家标准履行；没有推荐性国家标准的，按照行业标准履行；没有国家标准、行业标准的，按照通常标准或者符合合同目的的特定标准履行。

（二）价款或者报酬不明确的，按照订立合同时履行地的市场价格履行；依法应当执行政府定价或者政府指导价的，依照规定履行。

（三）履行地点不明确，给付货币的，在接受货币一方所在地履行；交付不动产的，在不动产所在地履行；其他标的，在履行义务一方所在地履行。

（四）履行期限不明确的，债务人可以随时履行，债权人也可以随时请求履行，但是应当给对方必要的准备时间。

（五）履行方式不明确的，按照有利于实现合同目的的方式履行。

（六）履行费用的负担不明确的，由履行义务一方负担；因债权人原因增加的履行费用，由债权人负担。

**※法规解读：**合同的条款是合同中当事人协商一致、规定彼此权利义务的具体条文。合同的权利义务，除少数由法律直接规定产生之外，大多由当事人约定。合同条款应当明确、完整、互不矛盾，条款越清晰，越利于当事人履行合同和防止发生争议。

强制性国家标准，是指为保障人体的健康，人身、财产安全的标准和法律、行政法规规定强制执行的标准，如药品标准、食品卫生标准。

推荐性国家标准，是指在生产、交换、使用等方面，通过经济手段或市场调节而自愿采用的国家标准。

行业标准，是对没有国家标准而又需要在全国某个行业范围内统一的技术要求所制定的标准。

通常标准，是指一般标准或平常标准，可以理解为不低于合同履行地的平均水平，也就是在没有国家标准或者行业标准的情况下，当事人提供产品或者服务的质量应是合理的而且最低质量要求要达到平均水平。

符合合同目的的特定标准，是指在没有国家标准和行业标准的情况下，根据当事人所订立具体合同的合同目的来确定质量标准。

## 关联法规索引

《商品房销售管理办法》第16条；《最高人民法院关于审理商品房买卖合同纠纷案件适用法律若干问题的解释》第1、2条

**第五百九十七条　【无权处分的违约责任；特别法上禁止或限制转让标的物的优先适用】因出卖人未取得处分权致使标的物所有权不能转移的，买受人可以解除合同并请求出卖人承担违约责任。**

**法律、行政法规禁止或者限制转让的标的物，依照其规定。**

## 条文解读

本条是对买卖合同标的物的规定。

买卖合同的标的物，是指买卖合同中买或者卖的某物，买卖合同的标的物附着于所有权，故对标的物的买卖，其实是对标的物所有权的买卖。在买卖合同中，取得标的物的所有权是买受人的交易目的，将标的物的所有权转移给买受人，是出卖人的主要义务。转移标的物的所有权是在交付标的物的基础上，实现标的物所有权的转移，使买受人获得标的物的所有权。

出卖人出卖标的物及其所有权，是其在买卖合同中的主要义务，因而出卖人必须享有标的物的所有权或者处分权。有权处分人虽然不是所有权人，但是依照法律、行政法规其可以出卖的方式处分财产。买卖合同成立时出卖人可能尚未取得标的物的所有权，但是出卖人在交付时标的物应当属于出卖人所有或者出卖人有权处分，否则适用无权处分的规定。因出卖人未取得标的物的处分权，致使标的物的所有权不能转移的，出卖人构成根本违约，因而买受人享有法定解除权，可以解除买卖合同，并请求出卖人承担违约责任。

买卖合同转让的标的物须具有合法流通性，如果是法律，行政法规禁止或者限制转让的标的物，依照规定，不能转让或者可进行限制转让。

## 配套法规及解读

**《民法典》(2020年5月28日)**

**第三百一十一条** 无处分权人将不动产或者动产转让给受让人的,所有权人有权追回;除法律另有规定外,符合下列情形的,受让人取得该不动产或者动产的所有权:

(一)受让人受让该不动产或者动产时是善意;

(二)以合理的价格转让;

(三)转让的不动产或者动产依照法律规定应当登记的已经登记,不需要登记的已经交付给受让人。

受让人依据前款规定取得不动产或者动产的所有权的,原所有权人有权向无处分权人请求损害赔偿。

当事人善意取得其他物权的,参照适用前两款规定。

**《最高人民法院关于适用〈中华人民共和国民法典〉物权编的解释(一)》(2020年12月29日)**

**第十五条** 具有下列情形之一的,应当认定不动产受让人知道转让人无处分权:

(一)登记簿上存在有效的异议登记;

(二)预告登记有效期内,未经预告登记的权利人同意;

(三)登记簿上已经记载司法机关或者行政机关依法裁定、决定查封或者以其他形式限制不动产权利的有关事项;

(四)受让人知道登记簿上记载的权利主体错误;

(五)受让人知道他人已经依法享有不动产物权。

真实权利人有证据证明不动产受让人应当知道转让人无处分权的,应当认定受让人具有重大过失。

**※法规解读:**受让人受让不动产或者动产时,不知道转让人无处分权,且无重大过失的,应当认定受让人为善意。

合理的价格,应当根据转让标的物的性质、数量以及付款方式等具体情况,参考转让时交易地市场价格以及交易习惯等因素综合认定。

不动产物权的设立、变更、转让和消灭,经依法登记,发生效力;未经登记,不发生效力,但是法律另有规定的除外。依法属于国家所有的自然资源,其所有权可以不登记。

**关联法规索引**

《最高人民法院关于审理买卖合同纠纷案件适用法律问题的解释》第22、23条

**第五百九十八条 【标的物所有权转移:交付】出卖人应当履行向买受人交付标的物或者交付提取标的物的单证,并转移标的物所有权的义务。**

**条文解读**

本条是对出卖人交付标的物或单证并转移所有权义务的规定。

出卖人在买卖合同中的主要义务,就是交付标的物和标的物的所有权。交付标的物,是将标的物交付买受人。如果标的物是用提取标的物的单证形态表现的,交付提取标的物的单证也构成交付,例如,交付仓单。

在交付标的物的同时,出卖人负有转移标的物所有权的义务,即将标的物的所有权转移给买受人。标的物所有权自标的物交付时起转移,但法律另有规定的除外。标的物的交付分为现实的交付和拟制的交付两种。本条规定的这种拟制交付可以被称为指示交付。交付必须是依出卖人的意思而作出的,如未经出卖人的同意,买受人自行将标的物或者提取标的物的单证从出卖人处取走,则不构成交付,而是非法侵占。

**配套法规及解读**

**《民法典》(2020年5月28日)**

**第二百零八条** 不动产物权的设立、变更、转让和消灭,应当依照法律规定登记。动产物权的设立和转让,应当依照法律规定交付。

**第二百二十四条** 动产物权的设立和转让,自交付时发生效力,但是法律另有规定的除外。

**※法规解读:**物权内容的变动必须依据法定的公示方法进行才能发生物权变动的法律效果,同时,公示方法应当足以使任何第三人能够了解物权变动的情况。

动产物权变动采取以交付为生效要件的一般原则。

## 关联法规索引

《最高人民法院关于审理买卖合同纠纷案件适用法律问题的解释》第5条；《最高人民法院关于审理商品房买卖合同纠纷案件适用法律若干问题的解释》第14、15条

## 典型案例

### 郭某忠诉天泰公司、蓝星公司买卖合同纠纷案[1]

**※案例解读：**我国《民法典》第五百九十八条规定："出卖人应当履行向买受人交付标的物或者交付提取标的物的单证，并转移标的物所有权的义务。"本案中，李某、石某朋、郭某祝向原告郭某忠出具的保证书证实，为购买300吨+5#测线油，郭某忠向李某交付了102.3万元货款。天泰公司提交的审计报告证实，从2004年9月14日至9月20日，该公司收到李某交来的现金货款424.5万元。天泰公司辩称没有收到郭某忠交付的货款，与事实不符。郭某忠已经履行了买卖合同中买方的付款义务。作为被代理人，天泰公司应当按照合同约定，履行交付油品的义务。天泰公司未能履行此项合同义务，实属违约，应当承担继续履行、采取补救措施或者赔偿损失等违约责任。郭某忠诉请判令天泰公司给付油品或者退还货款，应当支持。

**第五百九十九条　【出卖人义务：交付单证、交付资料】出卖人应当按照约定或者交易习惯向买受人交付提取标的物单证以外的有关单证和资料。**

## 条文解读

本条是对交付提取标的物单证以外的有关单证和资料的规定。

出卖人的义务之一，是在交付标的物或者提取标的物单证并转移所有权以外，按照约定或者交易习惯，向买受人交付提取标的物单证以外的有关单证和资料，例如，购买商品的保修单、使用说明书等。这项义务是出卖人在买卖合同中应当履行的从义务，是辅助合同主义务的义务，以实现买受人的交易目的。

---

〔1〕参见《郭某忠诉天泰公司、蓝星公司买卖合同纠纷案》，载《最高人民法院公报》2006年第4期。

## 配套法规及解读

**《民法典》(2020 年 5 月 28 日)**

**第六百零九条**　出卖人按照约定未交付有关标的物的单证和资料的，不影响标的物毁损、灭失风险的转移。

**《最高人民法院关于审理买卖合同纠纷案件适用法律问题的解释》(2020 年 12 月 29 日修正)**

**第五条**　出卖人仅以增值税专用发票及税款抵扣资料证明其已履行交付标的物义务，买受人不认可的，出卖人应当提供其他证据证明交付标的物的事实。

合同约定或者当事人之间习惯以普通发票作为付款凭证，买受人以普通发票证明已经履行付款义务的，人民法院应予支持，但有相反证据足以推翻的除外。

**※法规解读：**风险负担取决于标的物是否交付，而不取决于标的物的所有权是否转移，即如果出卖人以保留单证的方式保留所有权的，不影响标的物的风险从交付时起转移给买受人。

## 关联法规索引

《消费者权益保护法》第 22 条；《最高人民法院关于审理买卖合同纠纷案件适用法律问题的解释》第 4 条

## 典型案例

### 吴江三帛纺织有限公司诉吴江市金蝶喷气织造厂买卖合同纠纷案[1]

**※案例解读：**我国《民法典》第五百九十九条规定："出卖人应当按照约定或者交易习惯向买受人交付提取标的物单证以外的有关单证和资料。"从民事权利义务角度来看，增值税发票的开具与交付对于交易双方而言属于平等主体之间的民事法律关系。销售方为购买方开具并交付增值税发票为其法定义务，该法定义务应作为合同附随义务由销售方完全履行。本案中，被告虽开具了 169,434.8 元的增值税发票，但

〔1〕 参见江苏省苏州市中级人民法院民事判决书，(2010)苏中商终字第 0627 号。

因未谨慎审查发票接收人胡某标的身份，致发票抵扣联在流转中丢失，又未及时采取其他补救措施，致原告未能在法定期限内完成认证手续，无法取得169,434.8元增值税发票可抵扣的进项税额24,618.73元，对此被告明显存在重大过错。被告未完成发票的有效交付，是未完全履行合同附随义务的行为，该行为与原告进项税款的损失有着直接的因果关系。同时，被告已开具过169,434.8元的增值税发票，为保护受害方利益，对原告主张的损失，有过错的被告应予以赔偿。故对于原告要求被告赔偿损失24,618.73元的诉讼请求，法院予以支持。

**第六百条 【买卖合同知识产权保留条款】出卖具有知识产权的标的物的，除法律另有规定或者当事人另有约定外，该标的物的知识产权不属于买受人。**

## 条文解读

本条是对买卖合同知识产权保留条款的规定。

出卖具有知识产权的标的物的，除法律另有规定或者当事人另有约定外，该标的物的知识产权并不随同标的物的所有权一并转移于买受人，这就是"知识产权保留条款"，其规范目的在于保护知识产权人的权利，防止知识产权被侵犯。

## 配套法规及解读

**《民法典》(2020年5月28日)**

**第一百二十三条** 民事主体依法享有知识产权。

知识产权是权利人依法就下列客体享有的专有的权利：

(一)作品；

(二)发明、实用新型、外观设计；

(三)商标；

(四)地理标志；

(五)商业秘密；

(六)集成电路布图设计；

(七)植物新品种；

(八)法律规定的其他客体。

**※法规解读：**知识产权是国际上广泛使用的一个法律概念，是民事主体对其创造性的客体依法享有的专有权利。知识产权的法律特征包括：第一，知识产权是一种无形财产权；第二，知识产权具有财产权和人身权的双重属性；第三，知识产权具有专属性；第四，知识产权具有地域性；第五，知识产权具有时间性。

## 关联法规索引

《著作权法》第20条

## 典型案例

### 朱某斌、金某红与河北省泊头市普惠仪表有限公司买卖合同纠纷案〔1〕

**※案例解读：**我国《民法典》第六百条规定："出卖具有知识产权的标的物的，除法律另有规定或者当事人另有约定外，该标的物的知识产权不属于买受人。"本案的IC卡智能水表载有原告的计算机软件知识产权，当智能水表被出卖给被告后，该知识产权依然为原告所有，原告有管理使用的权利。在被告未能按照合同约定履行付款义务的情况下，原告可以利用自己的技术控制水表，以维护合法债权，不构成违约。

**第六百零一条 【出卖人义务：交付时间和期限】出卖人应当按照约定的时间交付标的物。约定交付期限的，出卖人可以在该交付期限内的任何时间交付。**

## 条文解读

本条是对出卖人按照期限交付标的物的规定。

出卖人交付标的物的时间应当符合合同约定。如果合同约定了交付期限，出卖人可以在该交付期限内的任何时间交付，但应当在交付前通知买受人。出卖人提前交付标的物的，应当取得买受人的同意，否则买受人可以拒绝受领，但提前交付不损

〔1〕 参见陕西省渭南市中级人民法院民事判决书，(2016)陕05民终903号。

害买受人利益的除外。出卖人提前交付使买受人增加费用的，该费用由出卖人负担。

## 配套法规及解读

**《民法典》(2020 年 5 月 28 日)**

**第五百一十二条** 通过互联网等信息网络订立的电子合同的标的为交付商品并采用快递物流方式交付的，收货人的签收时间为交付时间。电子合同的标的为提供服务的，生成的电子凭证或者实物凭证中载明的时间为提供服务时间；前述凭证没有载明时间或者载明时间与实际提供服务时间不一致的，以实际提供服务的时间为准。

电子合同的标的物为采用在线传输方式交付的，合同标的物进入对方当事人指定的特定系统且能够检索识别的时间为交付时间。

电子合同当事人对交付商品或者提供服务的方式、时间另有约定的，按照其约定。

**※法规解读：**电子商务合同标的的交付，是电子商务合同履行的重要内容，而交付时间的确定，涉及风险的承担、所有权的转移、标的物孳息的归属和执行何种政府定价或者政府指导价等问题，直接关系合同当事人权利、义务与责任的认定，对于合同的履行和争议解决具有重要意义。

## 关联法规索引

《民法典》第 601、602 条

## 典型案例

### 李某、刘某绵与营口新纪元房地产开发有限公司商品房预售合同纠纷案[1]

**※案例解读：**我国《民法典》第六百零一条规定："出卖人应当按照约定的时间交付标的物。约定交付期限的，出卖人可以在该交付期限内的任何时间交付。"双方于 2015 年 10 月 12 日签订正式《商品房买卖合同》，故延期交付房屋的时长及违约金数

[1] 参见辽宁省营口市中级人民法院民事判决书，(2018)辽 08 民终 909 号。

额应当以双方签订的约定的交房日期及已付实际总房款为基数，并按照同期银行贷款利率计算利息。

**第六百零二条 【标的物的交付期限的确定】当事人没有约定标的物的交付期限或者约定不明确的，适用本法第五百一十条、第五百一十一条第四项的规定。**

## 条文解读

本条是对未约定标的物交付期限或约定不明确的确定方法的规定。

在买卖合同当事人没有约定标的物的交付期限或者约定不明确的情况下，标的物的交付期限根据《民法典》第五百一十条、第五百一十一条第四项的规定进行确定。

## 配套法规及解读

**《民法典》(2020 年 5 月 28 日)**

**第五百一十条** 合同生效后，当事人就质量、价款或者报酬、履行地点等内容没有约定或者约定不明确的，可以协议补充；不能达成补充协议的，按照合同相关条款或者交易习惯确定。

**※法规解读：**合同生效后，当事人就质量、价款或者报酬、履行地点等内容没有约定或者约定不明确的，有两种处理方式：一是当事人协议补充；二是按照合同相关条款或者交易习惯确定。

## 关联法规索引

《民法典》第 208、224 条

**第六百零三条 【买卖合同标的物的交付地点】出卖人应当按照约定的地点交付标的物。**

**当事人没有约定交付地点或者约定不明确，依据本法第五百一十条的规定仍不能确定的，适用下列规定：**

（一）标的物需要运输的，出卖人应当将标的物交付给第一承运人以运交给买受人；

（二）标的物不需要运输，出卖人和买受人订立合同时知道标的物在某一地点的，出卖人应当在该地点交付标的物；不知道标的物在某一地点的，应当在出卖人订立合同时的营业地交付标的物。

## 条文解读

本条是对买卖合同标的物交付地点的规定。

买卖合同标的物交付地点的确定方法是：

（1）出卖人应当按照约定的地点交付标的物。约定在哪里交付，哪里就是交付地点。

（2）当事人没有约定交付地点或者约定不明确的，依据本法第五百一十条的规定，进行补充协商，协商确定的交付地点为交付地点。

（3）通过补充协商仍然不能确定交付地点的，根据标的物是否需要运输适用不同的规则加以确定：标的物需要运输的，出卖人应当将标的物交付给第一承运人以运交给买受人。标的物不需要运输，出卖人和买受人订立合同时知道标的物在某一地点的，出卖人应当在该地点交付标的物；不知道标的物在某一地点的，应当在出卖人订立合同时的营业地交付标的物。

## 关联法规索引

《最高人民法院关于审理买卖合同纠纷案件适用法律问题的解释》第8条

## 典型案例

### 周某五等与无锡市重铃汽车零部件有限公司买卖合同纠纷案[1]

**※案例解读：**我国《民法典》第六百零三条规定："出卖人应当按照约定的地点交付标的物。当事人没有约定交付地点或者约定不明确，依据本法第五百一十条的规

〔1〕 参见江苏省无锡市中级人民法院民事判决书，（2017）苏02民终4935号。

定仍不能确定的，适用下列规定：（一）标的物需要运输的，出卖人应当将标的物交付给第一承运人以运交给买受人；（二）标的物不需要运输，出卖人和买受人订立合同时知道标的物在某一地点的，出卖人应当在该地点交付标的物；不知道标的物在某一地点的，应当在出卖人订立合同时的营业地交付标的物。"本案中，双方未签订书面合同，且周某五抗辩双方不存在买卖关系，故法院推定双方对货物交付地点无约定。根据周某五陈述的其在广州、兰州有汽配发货点和其曾在网上订购汽车配件的事实，以及无锡市力翔运输有限公司和广州城市之星运输有限公司出具的运送货物的事实和货物托运单上记载的运输费均由提货人支付的事实，双方的货物交付应属于法律规定的标的物需要运输的情形，无锡市重铃汽车零部件有限公司（以下简称重铃公司）亦已经将货物交付给承运人，依据上述标的物需要运输的法律规定，出卖人将标的物交付给第一承运人后，标的物毁损、灭失的风险由买受人承担。故重铃公司的交付货物义务自其将货物交由承运人运输起即已完成。

**第六百零四条 【标的物的风险承担】标的物毁损、灭失的风险，在标的物交付之前由出卖人承担，交付之后由买受人承担，但是法律另有规定或者当事人另有约定的除外。**

## 条文解读

本条是对买卖合同标的物意外灭失风险负担的规定。

买卖合同标的物意外灭失风险承担，是指买卖合同标的物在合同生效后因不可归责于双方当事人的事由意外灭失，由哪方当事人承担该损失。

买卖合同标的物意外灭失风险负担规则分为以下两种：

（1）由当事人约定。标的物意外灭失风险负担的规则可以由当事人约定，当事人约定风险负担规则的，按照约定处理。

（2）由法律规定。当事人没有特别约定的，应当按照法律规定的风险负担，即标的物毁损、灭失的风险随着标的物交付而转移。标的物在交付之前发生意外灭失的，风险由出卖人承担；标的物在交付之后发生意外灭失的，风险由买受人承担。买受人承担标的物意外灭失风险不以取得标的物的所有权为前提。

## 配套法规及解读

**《民法典》(2020 年 5 月 28 日)**

**第六百一十一条** 标的物毁损、灭失的风险由买受人承担的,不影响因出卖人履行义务不符合约定,买受人请求其承担违约责任的权利。

**※法规解读:**买受人承担风险与出卖人违约责任关系的相关内容:标的物毁损、灭失的风险由买受人承担的,不影响因出卖人履行义务不符合约定,买受人请求其承担违约责任的权利。

## 关联法规索引

《最高人民法院关于审理买卖合同纠纷案件适用法律问题的解释》第 9、11 条;《最高人民法院关于审理商品房买卖合同纠纷案件适用法律若干问题的解释》第 8 条

## 典型案例

### 中商华联科贸有限公司与昌邑琨福纺织有限公司买卖合同纠纷案[1]

**※案例解读:**我国《民法典》第六百零四条规定:"标的物毁损、灭失的风险,在标的物交付之前由出卖人承担,交付之后由买受人承担,但是法律另有规定或者当事人另有约定的除外。"本案中,中商华联科贸有限公司(以下简称华联公司)没有完成"为昌邑琨福纺织有限公司(以下简称琨福公司)办理货权转移手续"的合同义务,应当承担相应的违约责任。同时,根据《棉花销售合同》的约定,琨福公司应自行负责提取货物,该公司于 2010 年 3 月 24 日收到华联公司传真的《货物转移证明》后,即使其主观认为《货物转移证明》并不是全部的货物转移手续,也应当及时与华联公司沟通,积极完善货物提取手续,从而尽快提取货物完成交易。琨福公司未能提供确实充分的证据证明其在合理的期限内进行了上述通知提示行为,进而导致该批货物在近一个月的时间内没有及时被提取,客观上加大了合同履行的风险。华联公司和琨福公司在本案合同履行过程中均有一定过错,应当共同承担本案的货物损失。

---

〔1〕 参见最高人民法院民事判决书,(2013)民提字第 138 号。

**第六百零五条 【因买受人交付期限违约标的物意外灭失的风险负担】因买受人的原因致使标的物未按照约定的期限交付的，买受人应当自违反约定时起承担标的物毁损、灭失的风险。**

## 条文解读

本条是对因买受人交付期限违约标的物意外灭失风险负担的规定。

在买卖合同履行中，出卖人已经按照约定将标的物运送至买受人指定的地点，并且交付承运人的，之后标的物意外灭失风险由买受人承担，但当事人在合同中有特别约定的，应当按照当事人的约定，确定由哪方负担标的物意外灭失的后果。

## 配套法规及解读

**《民法典》(2020年5月28日)**

**第五百七十三条** 标的物提存后，毁损、灭失的风险由债权人承担。提存期间，标的物的孳息归债权人所有。提存费用由债权人负担。

**※法规解读：**本条是对提存标的物意外灭失风险承担规则的规定。按照《民法典》第五百七十一条第二款规定提存成立的，视为债务人在其提存的范围内已经交付标的物，提存标的物的所有权归债权人享有。既然债权人是提存标的物的所有权人，因此应当承担标的物意外灭失风险，损失由债权人承担。同样，既然提存标的物属于债权人所有，则提存期间标的物的孳息，包括法定孳息和天然孳息，都归属于债权人所有。同时，提存标的物相当于债权人将自己所有的标的物交由提存机构保管。

## 典型案例

### 李某与陈某买卖合同纠纷案[1]

**※案例解读：**我国《民法典》第六百零五条规定："因买受人的原因致使标的物未按照约定的期限交付的，买受人应当自违反约定时起承担标的物毁损、灭失的风险。"当事人应当按照约定全面履行自己的义务。当事人一方不履行合同义务或者履行合

〔1〕 参见新疆生产建设兵团第六师中级人民法院民事判决书，(2018)兵06民终36号。

同义务不符合约定，给对方造成损失的，损失赔偿额应当相当于因违约所造成的损失，包括合同履行后可以获得的利益，但不得超过违反合同一方订立合同时预见到或者应当预见到的因违反合同可能造成的损失。因买受人的原因致使标的物不能按照约定的期限交付的，买受人应当自违反约定之日起承担标的物毁损、灭失的风险。本案中，被上诉人与上诉人签订了《番茄穴盘育苗供苗合同》，双方当事人即应按《番茄穴盘育苗供苗合同》的约定全面履行自己的义务。被上诉人未按合同约定的时间到上诉人处拉走订购的秧苗，构成违约，造成上诉人为被上诉人培育的秧苗过季受损，被上诉人应当承担赔偿损失的违约责任。

**第六百零六条　【在途标的物买卖合同的风险转移】出卖人出卖交由承运人运输的在途标的物，除当事人另有约定外，毁损、灭失的风险自合同成立时起由买受人承担。**

## 条文解读

本条是对在途买卖合同标的物意外灭失风险负担的规定。

在路货买卖中，出卖人和买受人在签订买卖合同时，出卖人应当将货物的有关凭证以及保险单同时转移给买受人，这时，标的物的所有权发生转移。因此，该买卖合同的标的物发生毁损、灭失的风险的，该风险自该买卖合同成立时起，由买受人承担。如果卖方在订立合同时已经知道或者应当知道货物已经遗失或者损坏，而又不将这一事实告知买方，则这种遗失或者损坏后果应当由出卖方承担。

## 配套法规及解读

**《民法典》(2020年5月28日)**

**第六百零九条**　出卖人按照约定未交付有关标的物的单证和资料的，不影响标的物毁损、灭失风险的转移。

**※法规解读：**在动产买卖中，出卖人如果交付了买卖合同的标的物，就意味着其转移了标的物的所有权。在交付标的物的同时，还应当交付标的物的单证和资料的，应当一并交付。没有交付单证和资料，并不意味着权属没有转移。交付单证和资料仅仅是从义务，而不是主义务。动产交易中，只要完成交付标的物的主义务，标的物的所有权就发生转移。因此，不能因为有关单证和资料没有交付而认为交付没有完

成。既然标的物的所有权已经发生转移，标的物意外灭失风险当然也就由买受人负担。

**关联法规索引**

《最高人民法院关于审理买卖合同纠纷案件适用法律问题的解释》第10条

**典型案例**

### 艾某与杨某凤买卖合同纠纷案[1]

**※案例解读：**我国《民法典》第六百零六条规定："出卖人出卖交由承运人运输的在途标的物，除当事人另有约定外，毁损、灭失的风险自合同成立时起由买受人承担。"本案合同标的物为需要运输的梭梭苗木，合同双方没有约定交付地点或者约定不明确，出卖人即本案被告已将标的物交付给第一承运人，标的物毁损、灭失的风险依法应由买受人即艾某承担。

**第六百零七条 【当事人是否约定交付地点的风险转移规则】出卖人按照约定将标的物运送至买受人指定地点并交付给承运人后，标的物毁损、灭失的风险由买受人承担。**

**当事人没有约定交付地点或者约定不明确，依据本法第六百零三条第二款第一项的规定标的物需要运输的，出卖人将标的物交付给第一承运人后，标的物毁损、灭失的风险由买受人承担。**

**条文解读**

本条是对出卖人将标的物交付第一承运人后，标的物毁损、灭失风险负担规则的规定。

对于双方约定由出卖人将买卖合同标的物运送至买受人指定的地点，交由承运人运送的，标的物的毁损灭失风险负担规则是：只要出卖人一方按照约定，将标的物

[1] 参见甘肃省武威市中级人民法院民事判决书，(2017)甘06民终251号。

运送至买受人指定地点并且交付给承运人后，标的物毁损、灭失的风险就由买受人承担。在交付承运人之前，意外灭失风险由出卖人负担。

买卖合同的当事人没有约定标的物的交付地点或者约定不明确，如果属于《民法典》第六百零三条第二款第一项规定的标的物需要运输的情形，那么出卖人将标的物交付给第一承运人后，出卖人就完成了标的物的交付义务，交付之后的标的物发生了毁损、灭失的，由买受人承担后果。

该规定使买受人能在目的地及时检查货物，在货物受损时，能及时采取必要的措施，包括减轻损失、及时向有责任的承运人请求赔偿或向保险公司索赔等。

## 配套法规及解读

**《民法典》(2020年5月28日)**

**第六百零六条** 出卖人出卖交由承运人运输的在途标的物，除当事人另有约定外，毁损、灭失的风险自合同成立时起由买受人承担。

**※法规解读：**出卖人出卖交由承运人运输的在途标的物，是指出卖人享有所有权的标的物，已经交由承运人运输，处于运输中，在此期间，出卖人与买受人签订买卖合同，将该标的物的所有权出卖给买受人的情形。这种情形称为路货买卖，例如，出卖人将标的物装上开往某地的运输工具如轮船，在运输途中寻找买主订立买卖合同。按照指示交付的规则，自该合同成立之时，出卖人就完成了指示交付，标的物的所有权发生了转移。因此，该买卖合同的标的物发生毁损、灭失的风险的，自该买卖合同成立时起，由买受人承担后果。如果卖方在订立合同时已经知道或者应当知道货物已经遗失或者损坏，而又不将这一事实告知买方，则这种遗失或者损坏后果应当由卖方承担。

## 关联法规索引

《民法典》第603条

**第六百零八条 【买受人不履行接受标的物义务的风险负担规则】出卖人按照约定或者依据《民法典》第六百零三条第二款第二项的规定将标的物置于交付地点，买受人违反约定没有收取的，标的物毁损、灭失的风险自违反约定时起由买受人承担。**

## 条文解读

本条是对买受人不履行接受标的物义务时，标的物意外灭失风险负担规则的规定。

出卖人按照约定或者依据《民法典》第六百零三条第二款第二项的规定将标的物置于交付地点，就完成了交付，发生了标的物所有权的转移，同时也发生了标的物意外灭失风险负担的转移，如果买受人违反约定，没有收取已经交付的标的物，则自买受人违反约定之日起，标的物毁损、灭失的风险转移给买受人，由买受人承担标的物毁损、灭失的后果。

## 配套法规及解读

**《民法典》(2020年5月28日)**

**第六百零三条** 出卖人应当按照约定的地点交付标的物。

当事人没有约定交付地点或者约定不明确，依据本法第五百一十条的规定仍不能确定的，适用下列规定：

(一)标的物需要运输的，出卖人应当将标的物交付给第一承运人以运交给买受人；

(二)标的物不需要运输，出卖人和买受人订立合同时知道标的物在某一地点的，出卖人应当在该地点交付标的物；不知道标的物在某一地点的，应当在出卖人订立合同时的营业地交付标的物。

**※法规解读：**对出卖人交付标的物地点的一般规定：按照约定的地点交付，即出卖人应当按照约定的地点交付标的物。

当事人没有约定交付地点或者约定不明确，首先依据《民法典》第五百一十条的规定确定。

依据《民法典》第五百一十条的规定仍不能确定的，适用下列规定：标的物需要运输的，出卖人应当将标的物交付给第一承运人以运交给买受人。标的物不需要运输，出卖人和买受人订立合同时知道标的物在某一地点的，出卖人应当在该地点交付标的物；不知道标的物在某一地点的，应当在出卖人订立合同时的营业地交付标的物。

## 典型案例

### 沈阳铸锻工业有限公司等与鞍钢附企铁路车辆配件技术服务公司承揽合同纠纷案[1]

**※案例解读：**我国《民法典》第六百零八条规定："出卖人按照约定或者依据本法第六百零三条第二款第二项的规定将标的物置于交付地点，买受人违反约定没有收取的，标的物毁损、灭失的风险自违反约定时起由买受人承担。"本案中，沈阳铸锻工业有限公司违反合同约定，不按期付款是导致鞍钢附企铁路车辆配件技术服务公司未交付标的物，标的物毁损的根本原因，故标的物设备毁损的主要责任应由沈阳铸锻工业有限公司承担，鞍钢附企铁路车辆配件技术服务公司应承担次要责任。

**第六百零九条 【未交付单证、资料的风险转移】出卖人按照约定未交付有关标的物的单证和资料的，不影响标的物毁损、灭失风险的转移。**

## 条文解读

本条是对未交付标的物单证和资料的意外灭失风险负担的规定。

出卖人在交付标的物的同时，应当交付标的物的单证和资料的，应当一并交付，没有交付单证和资料，并不意味着权属没有转移。交付单证和资料仅仅是从义务，而不是主义务。只要完成交付标的物的主义务，标的物的所有权就发生转移，不能因为有关单证和资料没有交付而认为交付没有完成。因此，如果标的物的所有权发生转移，即使未交付有关标的物的单证和资料，标的物意外灭失风险也应当由买受人负担。

## 配套法规及解读

**《民法典》（2020年5月28日）**

**第五百九十九条** 出卖人应当按照约定或者交易习惯向买受人交付提取标的物单证以外的有关单证和资料。

---

[1] 参见辽宁省沈阳市中级人民法院民事判决书，(2018)辽01民终878号。

**※法规解读：**出卖人应当按照约定或者交易习惯向买受人交付提取标的物单证以外的有关单证和资料。出卖人按照约定未交付有关标的物的单证和资料的，不影响标的物毁损、灭失风险的转移。

## 关联法规索引

《最高人民法院关于审理买卖合同纠纷案件适用法律问题的解释》第 4 条

## 典型案例

### 邓某与浠水碧桂园房地产开发有限公司房屋买卖合同纠纷案[1]

**※案例解读：**我国《民法典》第六百零九条规定："出卖人按照约定未交付有关标的物的单证和资料的，不影响标的物毁损、灭失风险的转移。"参照上述规定，提供房屋验收文件是房屋买卖合同的附随义务，未能提供房屋验收文件不能构成邓某拒绝接受房屋的正当理由。在邓某未履行补交购房款的义务时，浠水碧桂园房地产开发有限公司根据合同约定有权不进行交房且不承担责任。

**第六百一十条　【根本违约】因标的物不符合质量要求，致使不能实现合同目的的，买受人可以拒绝接受标的物或者解除合同。买受人拒绝接受标的物或者解除合同的，标的物毁损、灭失的风险由出卖人承担。**

## 条文解读

本条是对质量根本违约时拒绝受领权、解除权及意外灭失风险负担的规定。

在买卖合同中，出卖人交付的标的物不符合质量要求，致使不能实现合同目的，即构成标的物质量的根本违约，买受人享有拒绝受领权和合同解除权。买受人行使拒绝受领权，并不构成违约；买受人也可以直接行使解除权而解除合同，使合同归于消灭。买受人拒绝接受标的物或者解除合同的，标的物毁损、灭失的风险由出卖人承担。

---

〔1〕 参见湖北省黄冈市中级人民法院民事判决书，(2018)鄂 11 民终 2485 号。

## 配套法规及解读

《民法典》(2020 年 5 月 28 日)

**第六百一十七条** 出卖人交付的标的物不符合质量要求的，买受人可以依据本法第五百八十二条至第五百八十四条的规定请求承担违约责任。

**第五百八十二条** 履行不符合约定的，应当按照当事人的约定承担违约责任。对违约责任没有约定或者约定不明确，依据本法第五百一十条的规定仍不能确定的，受损害方根据标的的性质以及损失的大小，可以合理选择请求对方承担修理、重作、更换、退货、减少价款或者报酬等违约责任。

**※法规解读：**出卖人交付的标的物不符合质量要求的，出卖人承担违约责任的方式有两种：按照当事人的约定承担违约责任；当事人对违约责任没有约定或者约定不明确的，按照法定的方式承担违约责任。

履行不符合约定的，承担违约责任时有约定的按约定。即履行不符合约定的，应当按照当事人的约定承担违约责任。对违约责任没有约定或者约定不明确，按照《民法典》第五百一十条的规定确定。按照《民法典》第五百一十条的规定仍不能确定的，受损害方根据标的的性质以及损失的大小，可以合理选择请求对方承担修理、重作、更换、退货、减少价款或者报酬等违约责任。

## 关联法规索引

《最高人民法院关于审理买卖合同纠纷案件适用法律问题的解释》第 24 条

## 典型案例

### 捷跑电子科技有限公司诉青岛海信进出口有限公司国际货物买卖合同纠纷案[1]

**※案例解读：**我国《民法典》第六百一十条规定："因标的物不符合质量要求，致使不能实现合同目的的，买受人可以拒绝接受标的物或者解除合同。买受人拒绝接受标的物或者解除合同的，标的物毁损、灭失的风险由出卖人承担。"关于标的物瑕疵

[1] 参见《捷跑电子科技有限公司诉青岛海信进出口有限公司国际货物买卖合同纠纷案》，载《最高人民法院公报》2013 年第 11 期。

担保责任中的"质量要求",在国际货物买卖合同中,通常包括产品出口国与进口国规定的技术标准与质量要求。产品召回制度通过召回本身防止损害的发生与扩大,并不以现实损害为前提,且召回措施的内容具有多样性。就产品召回所对应的风险防控而言,在产品已经输出的情况下谁能更方便、有效地合理预防、消除风险,谁就应当及时、正确地采取相应措施。本案中,捷跑电子科技有限公司(以下简称捷跑公司)没有给予必要、谨慎的注意,直至在流通领域发生消费者投诉并引发政府部门监管下的指令召回的严重后果,使得作为制造商的被告无法参与风险评估等召回程序,亦客观上在没有任何应对或补救机会的情况下招致收回这种最为严厉的召回形式,就产品制造商、进口商作为召回措施的共同实施者而言,在其内部,捷跑公司能够为风险的防控发挥更大的作用而不论何原因而未予充分发挥,其对于本案国际货物买卖合同的履行结果的发生应当承担相应的民事责任。即使青岛海信进出口有限公司(以下简称海信公司)可以以发货前的认证意见作为其产品合格的事实根据,但被告也无充分根据推翻其输出的产品在土耳其因部分检验项目未能通过而被指令召回的事实的发生,在证据效力不相上下的情况下,以交付货物为节点,交付之后的检验结论较交付之前的检验结论,在一般情况下更能反映事物的发展变化,这也符合正常逻辑规律,因此,对于产品被召回的现实状况,海信公司承担超过一半的责任与本案事实是相符合的。

**第六百一十一条　【买受人承担标的物损毁、灭失的风险不影响出卖人承担违约责任】标的物毁损、灭失的风险由买受人承担的,不影响因出卖人履行义务不符合约定,买受人请求其承担违约责任的权利。**

## 条文解读

本条是对标的物意外灭失风险负担不影响违约责任的规定。

标的物意外灭失风险负担与承担适约责任是两种不同的规则,前者是由于买卖合同的标的物因不可归责于当事人的事由而意外灭失,法律判断这种意外灭失风险由哪一方负担的规则;后者是当事人一方违反合同义务,应当向对方承担违约责任,救济对方因违约而产生的损害的规则。出卖人的违约责任与买受人的风险承担是相互独立的,互不影响。但这两种后果可能会发生重合。

## 配套法规及解读

**《民法典》(2020年5月28日)**

**第五百七十七条** 当事人一方不履行合同义务或者履行合同义务不符合约定的,应当承担继续履行、采取补救措施或者赔偿损失等违约责任。

**※法规解读:**违约责任,也称为违反合同的民事责任,是指合同当事人因违反合同义务所承担的责任。违约责任的特征:以合同当事人不履行合同义务为条件;违约责任具有相对性;违约责任具有补偿性;违约责任由当事人约定;违约责任是民事责任。

## 关联法规索引

《民法典》第578条

## 典型案例

### 候马市澳泊农贸交易市场有限公司诉新疆阿斯曼清真肉业股份有限公司买卖合同纠纷案〔1〕

**※案例解读:**我国《民法典》第六百一十一条规定:"标的物毁损、灭失的风险由买受人承担的,不影响因出卖人履行义务不符合约定,买受人请求其承担违约责任的权利。"《动物防疫法》第四十九条规定,出售动物前,货主应当按照国务院农业农村主管部门的规定向所在地动物卫生监督机构申报检疫。动物卫生监督机构接到检疫申报后,应当及时指派官方兽医对动物实施检疫;检疫合格的,出具检疫证明。本案中,候马市澳泊农贸交易市场有限公司交付的548只活羊未附检疫合格证明,但是新疆阿斯曼清真肉业股份有限公司作为购买人,未提出异议,新疆阿斯曼清真肉业股份有限公司在部分活羊出现死亡后也未找相关部门进行死因鉴定,在没有留存死羊耳标的情况下直接进行就地掩埋处理,导致涉案302只活羊的死亡原因无法查明,因此,新疆阿斯曼清真肉业股份有限公司存在明显过错,其应承担主要责任。候马市澳泊农贸交易市场有限公司向新疆阿斯曼清真肉业股份有限公司交付活羊时,未能提

〔1〕 参见新疆维吾尔自治区高级人民法院民事判决书,(2016)新民再字第202号。

供相关活羊的检疫证明的行为亦不符合相关法律的规定，应承担次要责任。

**第六百一十二条　【出卖人的权利瑕疵担保义务】出卖人就交付的标的物，负有保证第三人对该标的物不享有任何权利的义务，但是法律另有规定的除外。**

## 条文解读

本条是对买卖合同标的物权利瑕疵担保的规定。

权利瑕疵担保义务是指出卖人担保其出卖的标的物的所有权完全转移于买受人，第三人不能对标的物享有任何权利的担保义务。这一规则要求出卖人就交付的标的物负有保证第三人不得向买受人主张任何权利的义务。

出卖人违反权利瑕疵担保责任，应当承担违约责任。

本条规定的法律另有规定的除外条款，是指如果专门法律对有权利瑕疵的标的物买卖作出特别规定，则首先要适用该特别规定。

## 典型案例

### 青州盛诺轮胎有限公司与青岛佳诺商务有限公司买卖合同纠纷案[1]

**※案例解读：**我国《民法典》第六百一十二条规定："出卖人就交付的标的物，负有保证第三人对该标的物不享有任何权利的义务，但是法律另有规定的除外。"本案中，买受人青州盛诺轮胎有限公司已经按照合同约定足额支付了全部货款，出卖人青岛佳诺商务有限公司（以下简称青岛佳诺公司）即应交付合同约定的全部货物，并负有保证第三人不得就货物主张任何权利的义务。本案买受人仅提取了部分货物，其余货物因第三人仓储公司行使抗辩权未能提取，出卖人违反了权利瑕疵担保义务，未能足额交付货物的责任依法应由出卖人承担，青岛佳诺公司应当对未足额交付货物的行为承担违约责任。

---

〔1〕参见山东省青岛市中级人民法院民事判决书，(2016)鲁02民终5135号。

**第六百一十三条 【权利瑕疵担保责任之例外】** 买受人订立合同时知道或者应当知道第三人对买卖的标的物享有权利的，出卖人不承担前条规定的义务。

## 条文解读

本条是对出卖人不承担标的物权利瑕疵担保责任的规定。

买卖合同的标的物权利瑕疵担保责任，是出卖人出卖标的物的主要义务，本条规定的是例外情形，即在本条规定的情形下，出卖人不承担权利瑕疵担保责任。

例外的情形，是指在买卖合同订立时，买受人知道或者应当知道第三人对买卖的标的物享有权利，这表明买受人愿意购买存在权利瑕疵的标的物。如果出现这种情形，出卖人对出卖的标的物不负担权利瑕疵担保义务，买受人不能向出卖人主张违约责任。就买受人在订立合同时是否知情发生争议的，由出卖人承担举证责任。

另外，买受人依据保护交易安全的规定，善意取得标的物所有权的，出卖人也无须承担权利瑕疵担保责任。

## 关联法规索引

《民法典》第 618 条

## 典型案例

### 金地集团上海房地产发展有限公司与祝某良商品房买卖合同纠纷案[1]

**※案例解读：** 本案是一起由于购买的商铺无法办理营业执照，买受人要求出卖人消除瑕疵并赔偿损失而产生的案件。关于权利瑕疵的界定，我国《民法典》第六百一十二条规定，出卖人就交付的标的物，负有保证第三人对该标的物不享有任何权利的义务，但是法律另有规定的除外。本案中，依据双方签订的买卖合同内容，祝某良购买商铺的用意明确，即用于经营。系争商铺上的注册登记未依法被注销，虽然这并非

〔1〕 参见上海市第二中级人民法院民事判决书，(2011)沪二中民二(民)终字第 2066 号。

第三人对该房屋主张独立的权利，但是买受人却因此不能自由行使使用权，应构成权利瑕疵。我国《民法典》第六百一十三条规定，买受人订立合同时知道或者应当知道第三人对买卖的标的物享有权利的，出卖人不承担前条规定的义务。可见，对于权利瑕疵担保责任适用严格责任，即无过错责任原则。只有在买受人明知标的物存在权利瑕疵的情况下，才能免除出卖人的瑕疵担保责任。

本案中，由于商铺的工商登记状况具有一定的隐蔽性，无法在房屋的权属证书及使用状况上明确体现，合同的相关条款及祝某良对商铺使用状况的了解并不能证明祝某良知道系争商铺曾注册过公司的事实，更不能得出其对该商铺上原有的工商登记未注销、暂时不能办理新的工商登记的事实也是明知的结论。故金地集团上海房地产发展有限公司（以下简称金地公司）的抗辩不能成立，其依法应承担瑕疵担保责任。我国《民法典》将出卖人负有无瑕疵交付义务规定为其主给付义务的一项内容，将出卖人的瑕疵担保责任统合进违约责任。故买卖标的物上有权利瑕疵或物的瑕疵的，均视为出卖人未完全履行其给付义务，买受人得向出卖人主张违约责任。关于违约责任的承担，我国《民法典》规定了继续履行、采取补救措施、赔偿损失、支付违约金等违约方可能承担的数种责任形态。依据上述规定，数种责任形态是从不同角度对违约这一事实的补救措施，允许当事人根据合同违约及履行的实际情况，就违约方所应承担的责任形态作出合理选择。本案中，由于金地公司在一段时间内未排除商铺上的登记障碍，导致承租人无法进行工商登记，无法进行正常合法经营，由此给作为承租人的原告造成租金上的损失。因此，祝某良要求金地公司消除商铺上的权利瑕疵，并赔偿其自2010年4月15日起至权利瑕疵消除之日止的租金损失，合法有据，应予支持。

**第六百一十四条　【买受人有确切证据证明标的物存在权利瑕疵的处理】**
**买受人有确切证据证明第三人对标的物享有权利的，可以中止支付相应的价款，但是出卖人提供适当担保的除外。**

## 条文解读

本条是当出现买卖标的物权利瑕疵时对买受人抗辩权的规定。

在买卖合同履行中，如果买受人有确切证据证明第三人对标的物享有权利，有可能出现出卖人不能向买受人交付标的物的情形，则产生买受人行使合同履行抗辩权的条件。如果出卖人没有对标的物瑕疵提供适当担保，买受人可以行使合同履行抗辩权，中止支付相应的价款。如果第三人对标的物享有权利等情形没有出现或虽然出现了但出卖人提供了适当担保，则买受人不得以此行使抗辩权，主张中止支付相应的价款，否则应当承担违约责任。

关于第三人对标的物享有权利的证明责任，由买受人承担。

## 配套法规及解读

**《民法典》(2020年5月28日)**

**第五百七十七条** 当事人一方不履行合同义务或者履行合同义务不符合约定的，应当承担继续履行、采取补救措施或者赔偿损失等违约责任。

**※法规解读：**违约责任，也称为违反合同义务的民事责任，是指合同当事人因违反合同义务所承担的责任。违约责任的特征：以合同当事人不履行合同义务为条件；违约责任具有相对性；违约责任具有补偿性；违约责任由当事人约定；违约责任是民事责任。

## 关联法规索引

《城市房地产抵押管理办法》第49条；《最高人民法院关于适用〈中华人民共和国民法典〉有关担保制度的解释》第43条

**第六百一十五条 【出卖人的质量瑕疵担保义务】出卖人应当按照约定的质量要求交付标的物。出卖人提供有关标的物质量说明的，交付的标的物应当符合该说明的质量要求。**

## 条文解读

本条是对出卖人质量瑕疵担保义务的规定。

标的物质量瑕疵担保，是指买卖合同的出卖人应当提供符合双方约定质量要求的标的物。

买卖合同中对标的物的质量要求，是买卖合同的重要内容，也是买受人订立买卖合同以实现缔约目的的重要方面，出卖人应当按照约定的质量要求交付标的物，否则买卖合同的目的不能实现。出卖人违反关于标的物的质量的约定，构成违约的，应当承担违约责任。

**配套法规及解读**

**《民法典》(2020 年 5 月 28 日)**

**第六百一十条**　因标的物不符合质量要求,致使不能实现合同目的的,买受人可以拒绝接受标的物或者解除合同。买受人拒绝接受标的物或者解除合同的,标的物毁损、灭失的风险由出卖人承担。

**※法规解读:**本条是对质量根本违约时拒绝受领权、解除权及意外灭失风险负担的规定。

在买卖合同中,如果出卖人交付的标的物不仅不符合质量要求,而且还致使合同目的不能实现,则构成标的物质量的根本违约,买受人享有拒绝受领权和合同解除权,可以行使拒绝受领权,且并不构成违约;也可以直接行使解除权而解除合同,使合同归于消灭,保护自己的合法权益。买受人拒绝接受标的物或者解除合同的,标的物毁损、灭失的风险由出卖人承担。

**关联法规索引**

《消费者权益保护法》第 3、5、7、10、23、35 条;《最高人民法院关于审理商品房买卖合同纠纷案件适用法律若干问题的解释》第 9、10 条;《商品房销售管理办法》第 33、35 条

**典型案例**

## 北京威成亚实验室设备有限公司与兰州沃华科技发展有限公司买卖合同纠纷案[1]

**※案例解读:**我国《民法典》第六百一十五条规定:"出卖人应当按照约定的质量要求交付标的物。出卖人提供有关标的物质量说明的,交付的标的物应当符合该说明的质量要求。"本案中,兰州沃华科技发展有限公司(以下简称兰州沃华公司)认为北京威成亚实验室设备有限公司(以下简称北京威成亚公司)所供货物存在质量瑕疵。2013 年 1 月 6 日,兰州沃华公司致函北京威成亚公司,称北京威成亚公司所供的

〔1〕 参见甘肃省庆阳市中级人民法院民事判决书,(2013)庆中民终字第 562 号。

货物未按合同要求包装分类，致使部分货物受损。北京威成亚公司在随后的回复函中承认其交付给兰州沃华公司的部分标的物存在质量瑕疵，表示愿意对瑕疵标的物进行维修或更换。当庭北京威成亚公司也对部分产品的外观、型号、品种、规格等瑕疵没有提出异议，应当确认北京威成亚公司给兰州沃华公司提交的标的物的质量存在瑕疵。兰州沃华公司在2013年1月8日致函北京威成亚公司称其不再支付剩余货款，并要求解除合同、退货、返还已支付的货款。北京威成亚公司在2013年1月9日的回复函中称，同意不再履行合同，愿意撤走所有产品。据此应当认定双方当事人之间所签订的买卖合同已经被协商解除。合同解除后，按照双方的约定，兰州沃华公司应返还北京威成亚公司已交付的标的物；北京威成亚公司应当将其取得的货款返还给兰州沃华公司。

**第六百一十六条 【没有约定或约定不明时标的物质量要求的认定规则】当事人对标的物的质量要求没有约定或者约定不明确，依据本法第五百一十条的规定仍不能确定的，适用本法第五百一十一条第一项的规定。**

## 条文解读

本条是对标的物质量要求的确定方法的规定。

买卖合同中，如果当事人对标的物的质量要求没有约定或者约定不明确，则可以通过法律规定的质量要求确定方法予以确定。

依照《民法典》第五百一十条进行补充协议，通过补充协议，确定标的物的质量要求；在补充协商中，双方当事人不能达成补充协议的，应当依照《民法典》第五百一十条的规定，按照合同的有关条款或者交易习惯确定；如果按照合同的有关条款或者交易习惯仍然不能确定，依照《民法典》第五百一十一条第一项的规定，出卖人应按照国家标准、行业标准履行；没有国家标准、行业标准的，出卖人应按照通常标准或者符合合同目的的特定标准确定。

## 配套法规及解读

**《民法典》(2020年5月28日)**

**第五百一十一条** 当事人就有关合同内容约定不明确，依据前条规定仍不能确定的，适用下列规定：

（一）质量要求不明确的，按照强制性国家标准履行；没有强制性国家标准的，按照推荐性国家标准履行；没有推荐性国家标准的，按照行业标准履行；没有国家标准、行业标准的，按照通常标准或者符合合同目的的特定标准履行。

（二）价款或者报酬不明确的，按照订立合同时履行地的市场价格履行；依法应当执行政府定价或者政府指导价的，依照规定履行。

（三）履行地点不明确，给付货币的，在接受货币一方所在地履行；交付不动产的，在不动产所在地履行；其他标的，在履行义务一方所在地履行。

（四）履行期限不明确的，债务人可以随时履行，债权人也可以随时请求履行，但是应当给对方必要的准备时间。

（五）履行方式不明确的，按照有利于实现合同目的的方式履行。

（六）履行费用的负担不明确的，由履行义务一方负担；因债权人原因增加的履行费用，由债权人负担。

**※法规解读：**合同的条款是合同中当事人协商一致、规定彼此权利义务的具体条文。合同中的权利义务，除少数由法律直接规定产生之外，大多由当事人约定。合同条款应当明确、完整、互不矛盾，条款越清晰，越利于当事人履行合同和防止发生争议。

强制性国家标准，是指为保障人体的健康，人身、财产安全的标准和法律、行政法规规定强制执行的标准，如药品标准、食品卫生标准。

推荐性国家标准，是指在生产、交换、使用等方面，通过经济手段或市场调节而自愿采用的国家标准。

行业标准，是对没有国家标准而又需要在全国某个行业范围内统一的技术要求所制定的标准。

通常标准，是指一般标准或平常标准，可以理解为不低于合同履行地的平均水平，也就是在没有国家标准或者行业标准的情况下，当事人提供产品或者服务的质量应是合理的而且最低质量要求要达到平均水平。

符合合同目的的特定标准，是指在没有国家标准和行业标准的情况下，根据当事人所订立具体合同的合同目的来确定质量标准。

## 关联法规索引

《消费者权益保护法》第3、5、7、10、23、35条；《民法典》第510、511条

## 典型案例

### 内蒙古恒伟房地产开发有限责任公司与新城区海东路星月神门业经销部买卖合同纠纷案[1]

**※案例解读：**根据我国《民法典》第六百一十六条的规定，当事人对标的物的质量要求没有约定或者约定不明确，依据本法第五百一十条的规定仍不能确定的，适用本法第五百一十一条第一项的规定。根据《民法典》第五百一十条的规定，合同生效后，当事人就质量、价款或者报酬、履行地点等内容没有约定或者约定不明确的，可以协议补充；不能达成补充协议的，按照合同相关条款或者交易习惯确定。根据《民法典》第五百一十一条第一项的规定，质量要求不明确的，按照强制性国家标准履行；没有强制性国家标准的，按照推荐性国家标准履行；没有推荐性国家标准的，按照行业标准履行；没有国家标准、行业标准的，按照通常标准或者符合合同目的的特定标准履行。本案中，内蒙古恒伟房地产开发有限责任公司（以下简称恒伟公司）所举的证据不能证明涉诉单元门存在严重质量问题导致合同的根本目的无法实现，涉诉单元门交付使用和恒伟公司提起解除合同之诉间隔近一年半，恒伟公司在此期间未向新城区海东路星月神门业经销部（以下简称星月神经销部）提出过质量异议，相反其在2015年5月1日还与星月神经销部达成了还款协议。综合双方的交易目的、标的物种类、交易习惯、标的物的安装和使用情况以及其他合理因素，恒伟公司对涉诉单元门的质量提出异议已经超过了合理期间，且其所举的证据亦不足以证明涉诉单元门存在质量问题，故其认为涉诉单元门存在质量问题导致合同的根本目的无法实现的主张不成立。

**第六百一十七条 【出卖人违反质量瑕疵担保义务的违约责任】出卖人交付的标的物不符合质量要求的，买受人可以依据本法第五百八十二条至第五百八十四条的规定请求承担违约责任。**

## 条文解读

本条是当标的物不符合质量要求时，对出卖人承担违约责任的规定。

出卖人在履行买卖合同的义务的过程中，如果交付的标的物不符合质量要求，应

[1] 参见呼和浩特市中级人民法院民事判决书，(2017)内01民终651号。

当承担违约责任。按照《民法典》第五百八十二条至第五百八十四条的规定，质量违约的责任是采取补救措施和赔偿损失。

出卖人交付的标的物不符合质量约定的，应当按照当事人在买卖合同中约定的方法承担违约责任。对违约责任没有约定或者约定不明确，经过补充协议仍然不能确定的，买受人根据标的物的性质以及损失的大小，可以合理选择请求对方承担修理、重作、更换、退货、减少价款或者报酬等违约责任。

出卖人交付的标的物的质量不符合合同约定，给对方造成损失的，构成加害给付责任，应当对买受人承担赔偿责任，损失赔偿额应相当于因违约所造成的损失。

## 配套法规及解读

**《民法典》(2020 年 5 月 28 日)**

**第五百七十七条**　当事人一方不履行合同义务或者履行合同义务不符合约定的，应当承担继续履行、采取补救措施或者赔偿损失等违约责任。

**※法规解读：**违约责任，也称为违反合同义务的民事责任，是指合同当事人因违反合同义务所承担的责任。违约责任的特征：以合同当事人不履行合同义务为条件；违约责任具有相对性；违约责任具有补偿性；违约责任由当事人约定；违约责任是民事责任。

## 关联法规索引

《最高人民法院关于审理买卖合同纠纷案件适用法律问题的解释》第 17 条；《消费者权益保护法》第 11、18、35 条；《商品房销售管理办法》第 33、35 条；《产品质量法》第 42 ~ 44 条

## 典型案例

### 杨某诉东台市东盛房地产开发有限公司商品房销售合同纠纷案〔1〕

**※案例解读：**我国《民法典》第六百一十七条规定："出卖人交付的标的物不符合

〔1〕　参见江苏省盐城市中级人民法院民事判决书，(2008)东民一初字第 28 号。

质量要求的，买受人可以依据本法第五百八十二条至第五百八十四条的规定请求承担违约责任。”人民法院依法独立行使审判权，在审理案件中以事实为根据，以法律为准绳。人民法院据以定案的事实根据，是指经依法审理查明的客观事实。建设行政主管部门的审批文件以及建筑工程勘察、设计、施工、工程监理等单位分别签署的质量合格文件，在关于房屋建筑工程质量的诉讼中仅属诉讼证据，对人民法院认定事实不具有当然的确定力和拘束力，如果存在房屋裂缝、渗漏等客观事实，并且该客观事实确系建筑施工所致，则人民法院应当依法认定房屋存在质量缺陷。除有特别约定外，房屋出卖人应当保证房屋质量符合工程建设强制性标准以及合同的约定，房屋买受人以房屋存在质量缺陷为由向出卖人主张修复等民事责任的，人民法院应当予以支持。本案中，东台市东盛房地产开发有限公司（以下简称东盛房地产公司）与杨某签订房屋买卖合同，其应当保证出卖的房屋的质量符合法律规定或者合同约定，现交付的房屋出现墙体裂缝及渗漏问题的主要原因系温度变化时结构材料不均匀收缩，而屋面未作保温层和墙体砌筑质量较差导致顶部楼层温度裂缝明显。对此，东盛房地产公司作为房屋的出卖人，对其出售房屋存在的质量缺陷，依法应当承担相应的修复义务。

**第六百一十八条　【故意或过失不告知瑕疵的责任承担】当事人约定减轻或者免除出卖人对标的物瑕疵承担的责任，因出卖人故意或者重大过失不告知买受人标的物瑕疵的，出卖人无权主张减轻或者免除责任。**

## 条文解读

本条是对出卖人不告知标的物瑕疵造成损害的责任承担的规定。

在买卖合同中，如果当事人约定，交付的标的物出现瑕疵可以减轻或者免除出卖人承担的责任，则可以按照约定减免责任。

具体情况包括：

如果出卖人已经向买受人告知标的物存在瑕疵，或者未向买受人告知标的物存在瑕疵且在主观上没有过失或者主观上只有一般过失，则可以按照合同的约定，减轻或者免除出卖人的违约责任；如果出卖人因故意或者重大过失不向买受人告知标的物存在瑕疵，属于隐瞒标的物瑕疵，则出卖人无权主张减轻或者免除责任，应当承担违约责任。

## 配套法规及解读

**《民法典》(2020 年 5 月 28 日)**

**第六百一十二条**　出卖人就交付的标的物,负有保证第三人对该标的物不享有任何权利的义务,但是法律另有规定的除外。

※**法规解读:**本条是对买卖合同标的物权利瑕疵担保的规定。

权利瑕疵担保义务,是指出卖人担保其出卖的标的物的所有权完全转移于买受人,第三人不能对标的物享有任何权利的担保义务。这一规则要求出卖人就交付的标的物负有保证第三人不得向买受人主张任何权利的义务。

出卖人违反权利瑕疵担保责任,应当承担违约责任。

本条规定的法律另有规定的除外条款,是指如果专门法律对有权利瑕疵的标的物买卖作出特别规定,则首先要适用该特别规定。

**第六百一十九条　【标的物的包装方式】出卖人应当按照约定的包装方式交付标的物。对包装方式没有约定或者约定不明确,依据本法第五百一十条的规定仍不能确定的,应当按照通用的方式包装;没有通用方式的,应当采取足以保护标的物且有利于节约资源、保护生态环境的包装方式。**

## 条文解读

本条是对出卖人标的物包装方式的确定方法的规定。

包装方式对标的物的品质保护具有重要作用,因此,出卖人在交付标的物时,必须按照约定的包装方式交付标的物。

包装物的具体方法是:

(1)买卖合同对标的物的包装方式有明确约定的,出卖人应当按照约定的包装方式交付标的物。

(2)买卖合同对包装方式没有约定或者约定不明确的,可以依照《民法典》第五百一十条的规定进行协议补充,达成补充协议的,依照补充协议约定的包装方式交付标的物。

(3)不能达成补充协议的,应当按照合同有关条款或者交易习惯确定。

(4)按照合同的有关条款或者交易习惯仍不能确定的,应当按照通用的方式包装。

(5)标的物没有通用的包装方式的,应当采取足以保护标的物且有利于节约资源、保护生态环境的包装方式包装。这是依据绿色原则,保护生态环境的规定。

## 配套法规及解读

**《民法典》(2020 年 5 月 28 日)**

**第五百一十条** 合同生效后,当事人就质量、价款或者报酬、履行地点等内容没有约定或者约定不明确的,可以协议补充;不能达成补充协议的,按照合同相关条款或者交易习惯确定。

**※法规解读:**本条是对合同生效后当事人对合同某些内容无约定或约定不明时如何达成补充协议的规定。民事行为无法由法律规定穷尽,由于主观以及客观因素,民事合同在订立之时,当事人同样有可能未就某些重要事项作出约定或者作出明确的约定,所以本条规定,合同生效后,当事人就质量、价款或者报酬、履行地点等内容没有约定或者约定不明确的,可以协议补充;不能达成补充协议的,按照合同相关条款或者交易习惯确定。

## 关联法规索引

《海商法》第 66 条;《铁路法》第 20 条

## 典型案例

### 全椒县顺程物流有限公司与安徽省富邦天成食品有限公司公路货物运输合同纠纷案[1]

**※案例解读:**我国《民法典》第六百一十九条规定:"出卖人应当按照约定的包装方式交付标的物。对包装方式没有约定或者约定不明确,依据本法第五百一十条的规定仍不能确定的,应当按照通用的方式包装;没有通用方式的,应当采取足以保护标的物且有利于节约资源、保护生态环境的包装方式。"本案中,安徽省富邦天成食品有限公司(以下简称富邦天成公司)作为托运人,在办理货物运输时应当向承运人如实告知托运货物的性质,并采取足以保护货物的包装方式及运输方式。富邦天成公司托运的部分货物为鲜米线,是容易腐败、变质的食品,其应该如实告知并要求采取保鲜的方式(如冷链运输)进行运输。但富邦天成公司并未明确告知全椒县顺程物流

〔1〕 参见安徽省滁州市中级人民法院民事判决书,(2017)皖 11 民终 1445 号。

有限公司（以下简称顺程物流公司）托运货物的性质，致使顺程物流公司未能采取有效措施防止货损发生，对此富邦天成公司存在一定的过错。顺程物流公司作为承运方，如其按约派车辆跟踪，则在收货方拒收货物后就能及时带回涉案鲜米线，为确定双方责任提供依据。顺程物流公司的上述违约行为致鲜米线的残值和产生质量问题的原因已无法查明，顺程物流公司应当自己承担相应的不利后果，涉案米线中的鲜米线18,300斤（价格47,580元）因顺程物流公司未按期送达全部损坏，顺程物流公司应承担其中50%的责任。

**第六百二十条　【买受人的及时检验义务】买受人收到标的物时应当在约定的检验期限内检验。没有约定检验期限的，应当及时检验。**

## 条文解读

本条是对标的物检验期限的规定。

在买卖合同中，买受人收到标的物时，有及时检验的义务。对标的物检验后符合要求的，应当受领，完成标的物的交付；不符合要求的，则应当进行交涉，交付并没有完成。

买受人的检验义务应当在检验期限内履行。应当视买卖合同中是否有约定检验期限来确定检验期限。

当事人约定有检验期限的，买受人应当在约定期限内及时检验，不能超出约定的检验期限进行检验。买卖合同中如果没有约定检验期限，则应当及时进行检验。"及时"非确定概念，应当根据实际情况确定合理期限。

## 配套法规及解读

**《民法典》（2020年5月28日）**

**第五百零九条**　当事人应当按照约定全面履行自己的义务。

当事人应当遵循诚信原则，根据合同的性质、目的和交易习惯履行通知、协助、保密等义务。

当事人在履行合同过程中，应当避免浪费资源、污染环境和破坏生态。

**※法规解读：**合同的履行，是指债务人依据合同约定和法律规定作出给付的行为。合同必须得到履行是"合同严守"原则的题中应有之义。合同的履行是实现合同

订立目的的基本途径。违约责任制度设立的宗旨和目的就是保证合同的履行,合同保全制度也是为了保障合同债权的实现,而合同的担保是促使合同履行、保障债权实现的法律制度。总之,合同的履行是合同关系从产生到消亡过程的中心环节,合同的履行制度是整个合同制度中最核心的制度。

## 关联法规索引

《最高人民法院关于审理买卖合同纠纷案件适用法律问题的解释》第16条

**第六百二十一条 【当事人约定检验期限】当事人约定检验期限的,买受人应当在检验期限内将标的物的数量或者质量不符合约定的情形通知出卖人。买受人怠于通知的,视为标的物的数量或者质量符合约定。**

**当事人没有约定检验期限的,买受人应当在发现或者应当发现标的物的数量或者质量不符合约定的合理期限内通知出卖人。买受人在合理期限内未通知或者自收到标的物之日起二年内未通知出卖人的,视为标的物的数量或者质量符合约定;但是,对标的物有质量保证期的,适用质量保证期,不适用该二年的规定。**

**出卖人知道或者应当知道提供的标的物不符合约定的,买受人不受前两款规定的通知时间的限制。**

## 条文解读

本条是对买受人检验期限和标的物异议通知权的规定。

在出卖人交付标的物之后,买受人应当履行检验义务,如果检验发现问题,买受人应当向出卖人提出异议通知。这一规定的价值在于,买受人在检验期限内提出标的物异议通知,如果通知的事实存在,出卖人构成违约行为;而如果买受人怠于行使异议通知权,则视为标的物质量和数量符合约定。因此,标的物异议通知对双方当事人的利益影响重大。

具体的处理方法是:

(1)当事人在买卖合同中约定有检验期限,买受人发现标的物存在问题的,应当在检验期限内,将标的物的数量或者质量不符合约定的情形通知出卖人。如果买受人怠于通知,即超过检验期限未进行异议通知的,视为标的物的数量或者质量符合约定。

（2）当事人在买卖合同中没有约定检验期限，买受人发现或者应当发现标的物的数量或者质量不符合约定的，应当在合理期限内通知出卖人。如果买受人在合理期限内未通知或者自收到标的物之日起2年内未通知出卖人的，则视为标的物的数量或者质量符合约定，如果对标的物定有质量保证期，应当适用质量保证期，不适用该2年的规定。

（3）如果出卖人在交付标的物时知道或者应当知道所提供的标的物不符合约定，则其在客观上构成欺诈，为保护买受人的利益，买受人提出标的物异议通知的时间限制应当放宽，不受前述通知时间的限制。

（4）买受人发现标的物质量或者数量不符合约定的，应当向出卖人主张责任的承担。

## 配套法规及解读

**《民法典》（2020年5月28日）**

**第一百四十条**　行为人可以明示或者默示作出意思表示。

沉默只有在有法律规定、当事人约定或者符合当事人之间的交易习惯时，才可以视为意思表示。

**※法规解读：**行为人作出意思表示，最常见的方式是明示，其特点是，行为人通过书面、口头等积极作为的方式，使对方当事人直接了解到意思表示的内容，如行为人通过书面形式或者口头形式作出要约、承诺这种方式，其强调的是“明”，意思表示的内容明确、具体、直接、肯定并且不用再对其意思表示的内容进行推测、揣摩。

默示是与明示相对的一种意思表达方式，是指行为人没有通过书面、口头等积极行为的方式表现，而是通过默示的方式作出意思表示。这种方式，强调的是“默”，就是意思表示没有被口头表达出来，也没有通过书面的方式表示，但仍然是“示”，可以通过行为人的行为来推定认定出行为人意思表示的内容。

明示和默示作为意思表示的形式，可以归入积极行为的一类，是意思表示表现形式的常态。但现实生活中还有一类意思表示的形式，就是既不是明示，也不是默示，而是纯粹的沉默，是一种完全的不作为。现实生活千姿百态，有时这种沉默行为能够推定出行为人意思表示的内容，法律上也应该允许这种意思表示的存在，认可其合法性。例如，根据《民法典》第六百三十八条的规定，试用买卖的买受人在试用期内可以购买标的物，也可以拒绝购买。但是，试用期限届满，买受人对是否购买标的物未作表示的，其沉默行为应当视为购买。

**关联法规索引**

《最高人民法院关于审理买卖合同纠纷案件适用法律问题的解释》第12～14条;《商品房销售管理办法》第33、35条;《最高人民法院关于审理商品房买卖合同纠纷案件适用法律若干问题的解释》第9、10条

**典型案例**

### 北京钠锘环境工程有限责任公司与香港鸿峰发展有限公司买卖合同纠纷案[1]

**※案例解读**:我国《民法典》第六百二十一条规定:"当事人约定检验期限的,买受人应当在检验期限内将标的物的数量或者质量不符合约定的情形通知出卖人。买受人怠于通知的,视为标的物的数量或者质量符合约定。当事人没有约定检验期限的,买受人应当在发现或者应当发现标的物的数量或者质量不符合约定的合理期限内通知出卖人。买受人在合理期限内未通知或者自收到标的物之日起二年内未通知出卖人的,视为标的物的数量或者质量符合约定;但是,对标的物有质量保证期的,适用质量保证期,不适用该二年的规定。出卖人知道或者应当知道提供的标的物不符合约定的,买受人不受前两款规定的通知时间的限制。"本案买方已就质量异议在规定时间内通知卖方,但却未配合卖方进行质量验收,并在项目未进行验收的情况下先行使用。香港鸿峰发展有限公司(以下简称鸿峰公司)在质量状况不确定的情况下,不予验收也不采取法律方式解决争议,反而持续地使用诉争设备并获取利益,因此应推定付款条件已成就,鸿峰公司应当按照约定支付货款。

**第六百二十二条　【检验期限或质量保证期过短的处理】当事人约定的检验期限过短,根据标的物的性质和交易习惯,买受人在检验期限内难以完成全面检验的,该期限仅视为买受人对标的物的外观瑕疵提出异议的期限。**

**约定的检验期限或者质量保证期短于法律、行政法规规定期限的,应当以法律、行政法规规定的期限为准。**

[1] 参见福建省高级人民法院民事判决书,(2010)闽民终字第695号。

**条文解读**

本条是对约定检验期限、质量保证期过短的补救方法的规定。

买卖合同中，如果当事人约定的检验期限、质量保证期过短，应当依照本条规定，保护好双方当事人的利益。

如果当事人在买卖合同中约定的检验期限过短，根据标的物的性质和交易习惯，买受人在检验期限内难以完成全面检验的，该期限仅视为买受人对外观瑕疵提出异议的期限。对于标的物内在瑕疵的检验期限，本条没有明确规定，视为没有约定或者约定不明确，应当根据《民法典》第五百一十条、第五百一十一条的规定处理。

如果在买卖合同中，双方当事人约定的检验期限或者质量保证期短于法律、行政法规规定期限的，应当以法律、行政法规规定的期限为准。

**第六百二十三条　【标的物的数量和外观瑕疵检验】当事人对检验期限未作约定，买受人签收的送货单、确认单等载明标的物数量、型号、规格的，推定买受人已经对数量和外观瑕疵进行检验，但是有相关证据足以推翻的除外。**

**条文解读**

本条是对以买受人签收的送货单等推定其对标的物的数量和外观瑕疵进行检验的规定。

买受人对标的物的数量、质量未进行检验，但是根据法律规定的情形，推定其进行了数量和外观瑕疵检验。虽然适用这一推定，但仍对受推定事实约束的买受人予以救济。如果买受人能够举证证明自己对标的物的数量和外观瑕疵未进行检验，就可以推翻推定，仍然可以提出标的物异议通知。

**第六百二十四条　【向第三人履行情形之检验标准】出卖人依照买受人的指示向第三人交付标的物，出卖人和买受人约定的检验标准与买受人和第三人约定的检验标准不一致的，以出卖人和买受人约定的检验标准为准。**

**条文解读**

本条是对向第三人交付标的物标准不一致时处理规则的规定。

在买卖合同中，出卖人受买受人指示向第三人履行合同义务即交付标的物，如果出现了出卖人与买受人约定的检验标准和买受人与第三人约定的检验标准不一致的情况，应当以出卖人和买受人约定的检验标准为准。理由在于出卖人与买受人约定的检验标准才是双方确定的检验标准，而买受人与第三人约定的检验标准不能改变出卖人与买受人约定的检验标准。

如果第三人坚持其与买受人约定的检验标准，则应由买受人负责，而不能因此责令出卖人承担买受人与第三人约定的检验标准，增加出卖人的负担。

## 配套法规及解读

**《民法典》(2020年5月28日)**

**第六条** 民事主体从事民事活动，应当遵循公平原则，合理确定各方的权利和义务。

**※法规解读：**民事主体依法享有的民事权利和承担的民事义务是民事法律关系的内容。在民事法律关系中，民事权利和民事义务是相互对立、相互联系的：民事权利的内容要通过相应的民事义务表现，民事义务的内容由相应的民事权利限定。

**第六百二十五条 【法定或约定情形下出卖人的回收义务】依照法律、行政法规的规定或者按照当事人的约定，标的物在有效使用年限届满后应予回收的，出卖人负有自行或者委托第三人对标的物予以回收的义务。**

## 条文解读

本条为《民法典》的新增条款，主要是对买卖标的物有效使用年限届满后的回收义务的规定。

依照法律、行政法规的规定或者依照当事人的约定，标的物在有效使用年限届满后应当予以回收的，由出卖人承担回收义务，而不是买受人。出卖人可以自行回收，也可以委托第三人回收。回收标的物的费用，有约定的依照其约定；没有约定的，应当由出卖人负担，因为出卖人有回收的义务。

**第六百二十六条 【买受人应支付价款的数额和支付方式的认定】买受人应当按照约定的数额和支付方式支付价款。对价款的数额和支付方式没有约定或者约定不明确的,适用本法第五百一十条、第五百一十一条第二项和第五项的规定。**

## 条文解读

本条是对买受人支付价款的数额和支付方式的规定。

支付价款是买受人的主要义务。买卖合同中,对价款数额的确定:买受人应当按照约定的数额支付价款;对价款数额没有约定或者约定不明确的,应当适用《民法典》第五百一十条、第五百一十一条第二项的规定,即:(1)由出卖人和买受人进行补充协议;(2)不能达成补充协议的,按照订立合同时履行地的市场价格履行,依法应当执行政府定价或者政府指导价的,按照规定履行。

对价款支付方式的确定,可以由当事人约定,有约定的,依照其约定的支付方式履行。如果当事人在合同中对价款支付方式没有约定或者约定不明确的,依照《民法典》第五百一十条规定,可以补充协议;不能达成补充协议的,应当依据《民法典》第五百一十一条第五项的规定,按照有利于实现合同目的的方式履行。当事人关于价款支付方式的约定,不得违反国家关于现金管理的规定。

## 配套法规及解读

**《民法典》(2020 年 5 月 28 日)**

**第五百一十条** 合同生效后,当事人就质量、价款或者报酬、履行地点等内容没有约定或者约定不明确的,可以协议补充;不能达成补充协议的,按照合同相关条款或者交易习惯确定。

**※法规解读:**合同生效后,当事人就质量、价款或者报酬、履行地点等内容没有约定或者约定不明确的,有两种处理方式:一是当事人协议补充;二是按照合同相关条款或者交易习惯确定。

## 关联法规索引

《最高人民法院关于审理买卖合同纠纷案件适用法律问题的解释》第15条

**第六百二十七条 【买受人支付价款的地点】** 买受人应当按照约定的地点支付价款。对支付地点没有约定或者约定不明确,依据本法第五百一十条的规定仍不能确定的,买受人应当在出卖人的营业地支付;但是,约定支付价款以交付标的物或者交付提取标的物单证为条件的,在交付标的物或者交付提取标的物单证的所在地支付。

## 条文解读

本条是对买受人价款支付地点的规定。

在买卖合同履行中,买受人支付价款的地点,分为有约定和无约定两种情况。如果双方当事人在买卖合同中约定了价款支付地点,买受人应当按照约定的地点支付价款。如果双方当事人对价款支付地点没有约定或者约定不明确的,则可以依照《民法典》第五百一十条的规定,由双方进行补充协议,按照补充协议的约定地点支付价款。双方当事人不能达成补充协议的,买受人应当在出卖人的营业地支付。但是,如果约定支付价款以交付标的物或者交付提取标的物的单证为条件,则不以出卖人的营业地为支付地点,而应当在交付标的物或者交付提取标的物单证的所在地支付。

## 典型案例

### 马某莲与海原县金丰市场贸易有限公司房屋买卖合同纠纷案[1]

**※案例解读:**我国《民法典》第六百二十七条规定:"买受人应当按照约定的地点支付价款。对支付地点没有约定或者约定不明确,依据本法第五百一十条的规定仍不能确定的,买受人应当在出卖人的营业地支付;但是,约定支付价款以交付标的物或者交付提取标的物单证为条件的,在交付标的物或者交付提取标的物单证的所在

〔1〕 参见宁夏回族自治区中卫市中级人民法院民事判决书,(2017)宁05民终541号。

地支付。”本案中，海原县金丰市场贸易有限公司（以下简称金丰公司）与马某莲签订的《商品房买卖合同》系当事人的真实意思表示，符合法律规定，双方签订的合同成立并生效。生效的合同对各方当事人均具有约束力，合同当事人应当按照合同的约定全面履行自己的合同义务。因金丰公司已经履行了交付房屋的义务，马某莲也应当按照合同的约定，全面履行合同义务，支付金丰公司购房款，但金丰公司支付6万元的主张无事实根据，应按马某莲实欠金丰公司购房款55,016元予以支持。

**第六百二十八条　【买受人支付价款的时间】买受人应当按照约定的时间支付价款。对支付时间没有约定或者约定不明确，依据本法第五百一十条的规定仍不能确定的，买受人应当在收到标的物或者提取标的物单证的同时支付。**

## 条文解读

本条是对买受人支付价款的时间的规定。

买卖合同中，价款的支付时间可以由双方当事人约定；如果没有约定或者约定不明确的，应当按照《民法典》第五百一十条的规定，由双方当事人协议补充，达成补充协议的，按照协议的时间支付价款；如果当事人不能达成补充协议，则买受人应当在收到标的物或者提取标的物单证的同时支付价款；支付迟延时，买受人要继续支付价款，并且要支付迟延支付价款的利息。这实际上是以接受标的物的时间作为支付价款的时间，体现了同时履行的原则，有利于保护买受人的利益。

## 配套法规及解读

**《民法典》（2020年5月28日）**

**第五百二十五条**　当事人互负债务，没有先后履行顺序的，应当同时履行。一方在对方履行之前有权拒绝其履行请求。一方在对方履行债务不符合约定时，有权拒绝其相应的履行请求。

**※法规解读：**本条是关于同时履行抗辩权的规定。

一是关于同时履行抗辩权的制度功能。同时履行抗辩权是指在没有先后履行顺序的双务合同中，一方当事人在对方当事人未予履行或者履行不符合约定的情况下，享有拒绝对待给付的权利。同时履行抗辩权针对的是当事人互负债务，但是没有先后履行顺序的情况。从公平角度考虑，这种情况下当事人应当同时履行，当事人可以同时履行抗辩权对抗对方当事人的履行请求权。同时履行抗辩权制度并非追求双方当事人债务的同时履行,并不是非要促成当事人按照“一手交钱、一手交货”的简单交易方式履行债务。同时履行抗辩权是一种防御性权利,从制度设计上来说,“防御”不是目的,目的在于打破僵局,促使债务履行。

二是关于同时履行抗辩权的成立要件。根据本条规定,同时履行抗辩权的成立,需要具备以下几个要件:(1)须基于同一双务合同互负债务,在履行上存在关联性。例如,买卖合同中,卖方负有交付货物的义务,买方负有交付货款的义务。租赁合同中,出租人负有提供租赁物的义务,承租人负有交付租金的义务。单务合同仅一方负有债务,另一方享有权利,自然不适用同时履行抗辩权。(2)当事人的债务没有先后履行顺序。如果当事人互负债务,但是依照当事人约定等能够确定先后履行顺序,那么自无同时履行抗辩权的适用余地,可能会适用后履行抗辩权和不安抗辩权制度。(3)须双方所负的债务均已届履行期。如果一方当事人的债务尚未到期,在对方当事人请求履行时,该当事人可以主张债务履行期尚未届至的抗辩,无须适用同时履行抗辩权制度。(4)对方当事人未履行自己所负的债务或者履行债务不符合约定仍然提出履行请求。履行债务不符合约定的情况,包括部分履行、瑕疵履行等。

## 关联法规索引

《最高人民法院关于审理商品房买卖合同纠纷案件适用法律若干问题的解释》第11条

**第六百二十九条 【出卖人多交标的物的处理】出卖人多交标的物的,买受人可以接收或者拒绝接收多交的部分。买受人接收多交部分的,按照约定的价格支付价款;买受人拒绝接收多交部分的,应当及时通知出卖人。**

## 条文解读

本条是对出卖人多交标的物的规定。

买卖合同履行过程中,如果出卖人多交标的物,选择权在于买受人。买受人可以接收多交的标的物,也可以拒绝接收多交的标的物。如果买受人选择接收多交部分,对于多交的标的物,应当按照双方订立合同时约定的标的物的价格计算并支付价款,而不是按照交付时的价格计算。如果买受人拒绝接收多交部分,则应当及时通知出卖人，出卖人应当将多交付的标的物取回，取回标的物的费用由出卖人负担。

## 配套法规及解读

**《民法典》(2020 年 5 月 28 日)**

**第九百八十五条**　得利人没有法律根据取得不当利益的，受损失的人可以请求得利人返还取得的利益，但是有下列情形之一的除外：

(一)为履行道德义务进行的给付；

(二)债务到期之前的清偿；

(三)明知无给付义务而进行的债务清偿。

**※法规解读：**不当得利，是指没有法律根据，使他人受到损失而自己获得了利益。不当得利没有法律根据，因此虽属既成事实也不能受到法律的保护，应返还不当利益给受损失的人。这种权利义务关系就是不当得利之债。其中，取得不当利益的人为得利人，是不当得利之债的债务人，负有返还不当得利的债务；财产受损失的人为受损失的人，是不当得利之债的债权人，享有请求受益人返还不当利益的债权。不当得利是一种法律事实，是债的发生根据。不当得利引起的债是基于法律的规定，而不是基于当事人的意思，因此，它不属于民事法律行为。

## 关联法规索引

《最高人民法院关于审理买卖合同纠纷案件适用法律问题的解释》第 3 条

## 典型案例

### 莱芜市航铭商贸有限公司与范县中鑫金属制品有限公司买卖合同纠纷案[1]

**※案例解读：**我国《民法典》第六百二十九条规定："出卖人多交标的物的，买受人可以接收或者拒绝接收多交的部分。买受人接收多交部分的，按照约定的价格支付价款；买受人拒绝接收多交部分的，应当及时通知出卖人。"根据双方签订的合同，

〔1〕 参见山东省莱芜市中级人民法院民事判决书，(2018)鲁 12 民终 83 号。

莱芜市航铭商贸有限公司(以下简称航铭公司)是以材料供应和劳务总承包的方式为范县中鑫金属制品有限公司(以下简称中鑫公司)提供中间包打结服务的,服务内容包括:中间包工作层半干式打结料;中间包液压机构及配套配件、座砖、连体上水口、快换水口、水口胶泥等,故双方签订的合同的标的主要是耐火材料,在双方未签订新的书面合同的情况下,可依照《民法典》关于买卖合同的上述规定来确定中间包打结服务的吨钢单价。中鑫公司于合同期满后接受了航铭公司提供的中间包打结服务,在双方未对结算价格作出新的约定的情况下,应按照合同约定的每吨2.8元结算,其间共生产钢753,447.4吨,共计2,109,652.72元。中鑫公司已支付价款1,248,620元,尚欠航铭公司861,032.72元应予支付。

**第六百三十条 【买卖合同标的物孳息的归属】标的物在交付之前产生的孳息,归出卖人所有;交付之后产生的孳息,归买受人所有。但是,当事人另有约定的除外。**

## 条文解读

本条是对买卖标的物孳息归属的规定。本条规定属任意性规定。

标的物的孳息,是指标的物在合同履行期间产生的增值或者收益,既包括天然孳息,也包括法定孳息。

标的物在交付之前产生的孳息,归出卖人所有。标的物在交付之后产生的孳息,归买受人所有。合同另有约定的,按照其约定,不适用上述规则。

标的物于合同订立前后所生孳息的归属,与买卖合同标的物的风险负担规则密切相关,二者遵循同一原则,即权利归谁所有,利益和风险就归谁享有或者负担。

## 配套法规及解读

**《民法典》(2020年5月28日)**

**第三百二十一条** 天然孳息,由所有权人取得;既有所有权人又有用益物权人的,由用益物权人取得。当事人另有约定的,按照其约定。

法定孳息,当事人有约定的,按照约定取得;没有约定或者约定不明确的,按照交易习惯取得。

**※法规解读：**孳息分为天然孳息和法定孳息。关于天然孳息及法定孳息的归属：天然孳息，由所有权人取得；天然孳息既有所有权人又有用益物权人的，由用益物权人取得；当事人对天然孳息另有约定的，按照其约定。法定孳息，当事人有约定的，按照约定取得；当事人没有约定或者约定不明确的，按照交易习惯取得。

**第六百三十一条 【标的物的主物、从物不符合约定解除合同的效力】因标的物的主物不符合约定而解除合同的，解除合同的效力及于从物。因标的物的从物不符合约定被解除的，解除的效力不及于主物。**

## 条文解读

本条是对交付标的物不符合约定解除合同的从随主原则的规定。

在买卖合同履行中，出卖人交付的标的物不符合约定的，对方当事人可以以对方违约为理由解除合同。当交付的标的物有主物和从物之分时，如果因标的物的主物不符合约定而解除合同，则解除合同的效力及于从物；如果因标的物的从物不符合约定而解除合同的，解除的效力不及于主物，只能解除合同的从物部分。

## 配套法规及解读

**《民法典》（2020 年 5 月 28 日）**

**第三百二十条** 主物转让的，从物随主物转让，但是当事人另有约定的除外。

**※法规解读：**主物与从物是根据两个物之间的关系对物所做的分类。主物，是指为同一所有人所有，需要共同使用才能更好地发挥效用，在两物中起主要作用的物。从物，是指两者中辅助主物发挥效用的物。一般来说，从物须具备以下要件：(1)与主物同属一人所有；(2)能够独立存在；(3)属于附从之物，辅助主物发生作用。为了充分发挥物的效用，从物通常不应与主物相分离，否则可能影响主物功能和价值。

## 典型案例

### 汪某前与湖北万开房地产开发有限公司房屋买卖合同纠纷案[1]

※**案例解读**：根据我国《民法典》第六百三十一条的规定，因标的物的主物不符合约定而解除合同的，解除合同的效力及于从物，因标的物的从物不符合约定被解除的，解除的效力不及于主物。本案中，湖北万开房地产开发有限公司（以下简称万开房地产公司）隐瞒房屋已被查封的事实，与汪某前签订了商品房认购书，该房屋一直处于查封状态，故万开房地产公司应当承担违约责任，汪某前请求解除双方房屋认购合同及双倍返还购房款定金40,000元的诉讼请求符合法律规定。虽然商品房的买卖与车库有偿使用分别为独立的合同，但车库或车位属于房屋之从物，不具备完全独立的物权交易特性，消费者所购买的均为一定期限内的使用权，并且消费者购买车库或车位，系因购买了车库所在小区的商品房，其是为生活便利而购买了附属设施。如无居住之需要，显然无购买车库之必要。作为从物的车库消费支出应依附于商品房买卖的成立，尚能实现其合同目的及实际用途价值。在解除双方商品房的认购协议时，不解除双方关于车库有偿使用的合同，未能实质解决双方的纠纷，也与车库购买及使用的交易习惯不符。虽然汪某前没有明确提出解除《罗马庄园项目车库有偿使用协议书》，但其请求返还车库费并承担违约金的主张，亦包含了解除合同之后果，结合商品房认购协议的解除条件成就，车库有偿协议亦应一并解除。

**第六百三十二条 【数物买卖合同的解除】标的物为数物，其中一物不符合约定的，买受人可以就该物解除。但是，该物与他物分离使标的物的价值显受损害的，买受人可以就数物解除合同。**

## 条文解读

本条是对交付数物时其中一物不符合约定解除合同的规定。

在买卖合同履行过程中，交付的标的物为数物，有的物符合约定，有的物不符合约定时，如果数物不存在主从关系，对合同的实现具有同等价值，买受人可以仅就不

---

〔1〕 参见湖北省襄阳市中级人民法院民事判决书，(2018)鄂06民终2671号。

符合约定的物解除合同;但如果该物与他物分离使标的物的价值明显受损害,即无法实现买受人购买标的物时所期望的目的,买受人可以就数物解除合同。

## 配套法规及解读

**《民法典》(2020 年 5 月 28 日)**

**第五百六十三条**　有下列情形之一的,当事人可以解除合同:

(一)因不可抗力致使不能实现合同目的;

(二)在履行期限届满前,当事人一方明确表示或者以自己的行为表明不履行主要债务;

(三)当事人一方迟延履行主要债务,经催告后在合理期限内仍未履行;

(四)当事人一方迟延履行债务或者有其他违约行为致使不能实现合同目的;

(五)法律规定的其他情形。

以持续履行的债务为内容的不定期合同,当事人可以随时解除合同,但是应当在合理期限之前通知对方。

**※法规解读:**本条是对合同法定解除的规定。法定解除,是指在合同有效成立后尚未履行或未完全履行完毕前,由于法律规定的事由行使解除权,而使合同归于消灭的行为。法定解除的条件是:(1)因不可抗力致使不能实现合同目的,须符合不可抗力和导致不能实现合同目的两个条件。(2)在履行期限届满前,当事人一方明确表示或者以自己的行为表明不履行主要债务,即明示的预期违约和默示的预期违约。(3)当事人一方迟延履行主要债务,经催告后在合理期限内仍未履行,表明债务人根本就没有履行合同的诚意,或者根本就不可能履行合同。(4)当事人一方迟延履行债务或者有其他违约行为致使不能实现合同目的,即根本违约。(5)法律规定的其他情形,如当事人在行使不安抗辩权而中止履行的情况下,如果对方在合理期限内未恢复履行能力并且未提供适当的担保,则中止履行的一方可以解除合同。

## 典型案例

### 上海盟申机械设备有限公司与信百(上海)实业有限公司买卖合同纠纷案〔1〕

※**案例解读**:我国《民法典》第六百三十二条规定:“标的物为数物,其中一物不符合约定的,买受人可以就该物解除。但是,该物与他物分离使标的物的价值显受损害的,买受人可以就数物解除合同。”本案中,双方当事人之间的买卖合同合法有效,对双方均有约束力。卖方自认薄膜粉碎机存在质量问题,买方亦就此多次与其沟通修理调整事宜。依据卖方的发货单,可以推定其确认薄膜粉碎清洗线与主副机造粒机是成套设备,即便造粒机或可单独使用,或可与另行购买的薄膜粉碎清洗线配套使用,也与买方购买系争整体设备的初衷不符,且可能使得造粒机的价值显受损害,增加买方使用整套设备的经济成本,故作为买方的信百(上海)实业有限公司所称不能实现合同目的,合法合理,鉴于此,法院确认解除双方系争合同项下的所有标的物合同,有事实和法律依据。

**第六百三十三条 【分批交付标的物的情况下解除合同的情形】出卖人分批交付标的物的,出卖人对其中一批标的物不交付或者交付不符合约定,致使该批标的物不能实现合同目的的,买受人可以就该批标的物解除。**

**出卖人不交付其中一批标的物或者交付不符合约定,致使之后其他各批标的物的交付不能实现合同目的的,买受人可以就该批以及之后其他各批标的物解除。**

**买受人如果就其中一批标的物解除,该批标的物与其他各批标的物相互依存的,可以就已经交付和未交付的各批标的物解除。**

## 条文解读

本条是对在买卖标的物分批交付的情况下解除合同的规定。

分批交付,是指买卖合同的标的物是种类物并分批进行交付的交付方法。

1. 部分解除。出卖人分批交付标的物的,出卖人对其中一批标的物不交付或交

〔1〕 参见上海市第二中级人民法院民事判决书,(2017)沪02民终5927号。

付不符合约定,致使不能实现合同目的的,买受人可以就该批标的物解除,而效力不及于其他各批交付的标的物;出卖人不交付其中一批标的物或交付不符合约定,致使今后其他各批标的物的交付不能实现合同目的的,买受人可以就该批以及今后其他各批标的物解除,此前交付的各批标的物不能解除。

2. 全部解除。买受人已经就其中一批标的物解除,该批标的物与其他各批标的物相互依存的,买受人可以就已经交付的和未交付的各批标的物全部予以解除。

## 配套法规及解读

**《民法典》(2020年5月28日)**

**第五百六十五条**　当事人一方依法主张解除合同的,应当通知对方。合同自通知到达对方时解除;通知载明债务人在一定期限内不履行债务则合同自动解除,债务人在该期限内未履行债务的,合同自通知载明的期限届满时解除。对方对解除合同有异议的,任何一方当事人均可以请求人民法院或者仲裁机构确认解除行为的效力。

当事人一方未通知对方,直接以提起诉讼或者申请仲裁的方式依法主张解除合同,人民法院或者仲裁机构确认该主张的,合同自起诉状副本或者仲裁申请书副本送达对方时解除。

**※法规解读:**本条是对解除权生效时间的规定。

解除权的性质是形成权,行使解除权的方式是通知。故确定解除权生效时间的基本规则是:

1. 解除权人在行使解除权时,只要将解除合同的意思表示通知对方,即产生解除的效力,解除权生效的时间采取到达主义,即合同自通知到达对方时解除。

2. 通知载明债务人在一定期限内不履行债务则合同自动解除,债务人在该期限内未履行债务的,合同自通知载明的期限届满时解除。如果对方对行使解除权解除合同有异议,则任何一方当事人都可以向法院起诉或者向仲裁机构申请,请求确认解除合同的效力。人民法院或者仲裁机构确认解除权成立的,按照上述解除权生效时间的规定裁判。

如果当事人一方未通知对方,而是直接向法院或者仲裁机构起诉或者申请,以诉讼或者仲裁方式主张解除合同,人民法院或者仲裁机构支持该方当事人该主张,则自起诉状副本或者仲裁申请书副本送达对方时,合同解除。

## 典型案例

### 张某冬与夏某杰买卖合同纠纷案[1]

**※案例解读：**我国《民法典》第六百三十三条规定："出卖人分批交付标的物的，出卖人对其中一批标的物不交付或者交付不符合约定，致使该批标的物不能实现合同目的的，买受人可以就该批标的物解除。出卖人不交付其中一批标的物或者交付不符合约定，致使之后其他各批标的物的交付不能实现合同目的的，买受人可以就该批以及之后其他各批标的物解除。买受人如果就其中一批标的物解除，该批标的物与其他各批标的物相互依存的，可以就已经交付和未交付的各批标的物解除。"本案中，第二批树苗买卖关系双方为张某冬和夏某杰。夏某杰交付给张某冬的第二批树苗大部分不符合约定，因第二批树苗质量问题张某冬拒收后，夏某杰之后未再有其他交付树苗行为，而树苗买卖具有季节性，即使夏某杰再交付树苗也已经不能实现合同目的，故张某冬要求解除第二批树苗买卖合同关系的请求具有事实与法律依据。

**第六百三十四条　【分期付款买卖合同出卖人的法定解除权】分期付款的买受人未支付到期价款的数额达到全部价款的五分之一，经催告后在合理期限内仍未支付到期价款的，出卖人可以请求买受人支付全部价款或者解除合同。**

**出卖人解除合同的，可以向买受人请求支付该标的物的使用费。**

## 条文解读

本条是对分期付款买卖合同付款违约的规定。

分期付款买卖，是指买受人将其应付的总价款按照一定期限分批向出卖人支付的买卖。分期付款买卖是一种特殊形式的买卖。在分期付款买卖中，出卖人须先交付标的物，买受人在受领标的物后分若干次付款，因而出卖人面临不能实现价款债权的风险。

分期付款买卖中，买受人未支付到期价款的数额达到全部价款的1/5，经催告后在合理期限内仍未支付到期价款的，出卖人可以请求买受人支付全部价款或者解除

[1] 参见河北省唐山市中级人民法院民事判决书，(2018)冀02民终7150号。

合同，除非当事人另有约定。出卖人解除合同的，可以请求买受人支付该标的物的使用费，买受人应当向出卖人支付。此时最大限度地保护了出卖人的利益。

交易实践中，在价款的一部分或者全部清偿成就之前，出卖人通常保留标的物的所有权，待条件成就后，再将所有权转移给买受人。

## 配套法规及解读

**《民法典》（2020 年 5 月 28 日）**

**第六百四十一条**　当事人可以在买卖合同中约定买受人未履行支付价款或者其他义务的，标的物的所有权属于出卖人。

出卖人对标的物保留的所有权，未经登记，不得对抗善意第三人。

**※法规解读：**买卖合同的标的物所有权可以保留。通常来讲，买卖合同标的物的所有权自标的物交付时起转移，但法律另有规定或者当事人另有约定的，则应当依照法律规定或者当事人的约定确定所有权转移的时间。本条规定即体现了当事人另外约定的一种情形。因此，本条实际上是一个提示性的条款，当事人可以根据实际情况运用这样的约定确定相互的权利义务关系，而这种约定是当事人根据合同自愿原则确定合同内容的表现，是受法律保护的。

买卖合同中的所有权保留条款，是标的物所有权转移问题中的重要内容。各国法律都允许当事人通过约定这样的条款来明确标的物所有权转移的时间，而且在合同实务中，尤其是在国际贸易中，这种条款也是很常见的。所有权保留条款是有利于出卖人的条款。它的主要功能是可以使出卖人规避不能取得标的物价款的风险。在买受人未履行支付价款义务之前，出卖人仍然享有标的物的所有权。这样就可以避免在出卖人已交付标的物而买受人不履行其主要义务时，因所有权已转移可能给出卖人造成的损害。

## 关联法规索引

《最高人民法院关于审理买卖合同纠纷案件适用法律问题的解释》第 27、28 条

**典型案例**

## 汤某龙与周某海股权转让合同纠纷案[1]

**※案例解读：**我国《民法典》第六百三十四条规定："分期付款的买受人未支付到期价款的数额达到全部价款的五分之一，经催告后在合理期限内仍未支付到期价款的，出卖人可以请求买受人支付全部价款或者解除合同。出卖人解除合同的，可以向买受人请求支付该标的物的使用费。"本案系有限责任公司股东将股权转让给公司股东之外的其他人。尽管涉案股权的转让形式也是分期付款，但由于本案买卖合同的标的物是股权，因此具有与以消费为目的的一般买卖合同不同的特点。股权转让分期付款合同，与一般以消费为目的的分期付款买卖合同有较大区别。有限责任公司的股权分期支付转让款中发生股权受让人延迟或者拒付等违约情形，股权转让人要求解除双方签订的股权转让合同的，不适用《民法典》第六百三十四条关于分期付款买卖中出卖人在买受人未支付到期价款的金额达到合同全部价款的1/5时即可解除合同的规定。

**第六百三十五条　【凭样品买卖合同】凭样品买卖的当事人应当封存样品，并可以对样品质量予以说明。出卖人交付的标的物应当与样品及其说明的质量相同。**

**条文解读**

本条是对样品买卖标的物质量的规定。

样品买卖又称为货样买卖，是指当事人双方约定一定的样品，出卖人交付的标的物应当与样品具有相同品质的买卖。样品买卖是在普通买卖关系中附加了出卖人应交付与样品同样品质与质量的标的物的担保，因此，样品买卖合同除了适用普通买卖的规定以外，还应该具有以下特点：

（1）封存样品予以说明。在订立样品买卖合同时，当事人应当将样品封存，并且可以对样品质量予以说明，作为样品买卖合同标的物的质量标准。

（2）在合同的实际履行中，出卖人交付的标的物的质量，应当与样品的质量及其

---

〔1〕 参见最高人民法院民事判决书，(2015)民申字第2532号。

说明相一致。出卖人交付的标的物与样品及其说明的质量不相同的，如果质量高于样品及其说明的标准，不构成质量问题；如果质量低于样品及其说明的标准，构成违约，买受人可以解除合同或者追究出卖人的违约责任。

## 配套法规及解读

**《民法典》(2020 年 5 月 28 日)**

**第六百一十条**　因标的物不符合质量要求，致使不能实现合同目的的，买受人可以拒绝接受标的物或者解除合同。买受人拒绝接受标的物或者解除合同的，标的物毁损、灭失的风险由出卖人承担。

**※法规解读：**本条是对质量根本违约时拒绝受领权、解除权及意外灭失风险负担的规定。

在买卖合同中，如果出卖人交付的标的物不仅不符合质量要求，而且还致使合同目的不能实现，则构成标的物质量的根本违约，买受人享有拒绝受领权和合同解除权，可以行使拒绝受领权，且并不构成违约；也可以直接行使解除权而解除合同，使合同归于消灭，保护自己的合法权益。买受人拒绝接受标的物或者解除合同的，标的物毁损、灭失的风险由出卖人承担。

## 关联法规索引

《最高人民法院关于审理买卖合同纠纷案件适用法律问题的解释》第 29 条

## 典型案例

### 马某与新疆永生塑业有限公司买卖合同纠纷案[1]

**※案例解读：**我国《民法典》第六百三十五条规定："凭样品买卖的当事人应当封存样品，并可以对样品质量予以说明。出卖人交付的标的物应当与样品及其说明的质量相同。"本案双方当事人之间形成凭样品买卖合同关系。马某与新疆永生塑业有限公司(以下简称永生塑业公司)签订的购销合同未载明样品型号及有关样品质量、

---

[1] 参见新疆生产建设兵团第三师中级人民法院民事判决书，(2018)兵 03 民终 51 号。

使用性能、注意事项等方面的说明,双方也未按规定封存样品。马某主张样品可用于载物长途运输;永生塑业公司主张样品不宜载物长途运输,但鉴于马某收到买卖合同标的物后未在合理期间内提出异议,应视为马某认可永生塑业公司交付的标的物不存在外观和重量方面的瑕疵,其收到的标的物在外观和重量方面与样品一致。永生塑业公司在提供样品时未对样品质量、效能和使用事项进行说明,同时其售后服务也存在欠缺,故应当认定永生塑业公司未履行说明和告知义务,对损失的发生具有过错。马某对涉案塑料小筐在盛装10公斤水果后不宜长途运输已经预见,但轻信能够避免,故应认定其主观上存在过失,而且在首批三车香梨运输过程中,在已知塑料筐变形,存在损失的情况下,其既未就塑料小筐采取退货、换货处理,也未采取其他有效措施防止损失扩大,对损失的发生也有过错,应扣减相应的损失赔偿额。

**第六百三十六条 【凭样品买卖合同的样品存在隐蔽瑕疵的处理】凭样品买卖的买受人不知道样品有隐蔽瑕疵的,即使交付的标的物与样品相同,出卖人交付的标的物的质量仍然应当符合同种物的通常标准。**

## 条文解读

本条是对凭样品买卖合同的样品有隐蔽瑕疵时处理原则的规定,即特殊瑕疵担保责任。

样品买卖合同中,出卖人对隐蔽瑕疵同样承担质量担保责任。买受人不知道样品有隐蔽瑕疵的,即使交付的标的物与样品相同,也不能认定样品买卖合同标的物的质量符合要求,确定出卖人交付的标的物的质量不能以该样品为准,而应当符合同种物的通常标准。出卖人提供的样品存在隐蔽瑕疵,并按照具有隐蔽瑕疵的样品提供买卖合同标的物,不符合同种物的通常标准,买受人不知情的,出卖人仍然需要承担违约责任。

## 配套法规及解读

**《民法典》(2020年5月28日)**

**第六百一十五条** 出卖人应当按照约定的质量要求交付标的物。出卖人提供有关标的物质量说明的,交付的标的物应当符合该说明的质量要求。

**※法规解读:**本条是对出卖人按照约定质量要求交付标的物的规定。

对买卖合同标的物的质量要求，是买卖合同的重要条款，是买受人订立买卖合同实现缔约目的的重要方面。履行买卖合同债务，出卖人应当按照约定的质量要求交付标的物，否则，买卖合同的买受人不能实现合同目的。

确定买卖合同标的物的质量，通常是在买卖合同中专门约定标的物的质量条款，出卖人交付标的物，按照合同的质量条款保证标的物的质量，就符合合同的要求。除此之外，如果出卖人在合同的附件中提供有关标的物的质量说明的，该买卖标的物的质量说明是合同的组成部分，应当作为关于标的物质量的约定，出卖人交付的标的物应当符合该说明的质量要求，不符合该说明的质量标准的，应当认为违反标的物质量的约定，构成违约。

## 关联法规索引

《商品房销售管理办法》第31条；《消费者权益保护法》第8条

## 典型案例

### 苏州天源磁业股份有限公司与抚州市双菱磁性材料有限公司买卖合同纠纷案[1]

**※案例解读：**我国《民法典》第六百三十六条规定："凭样品买卖的买受人不知道样品有隐蔽瑕疵的，即使交付的标的物与样品相同，出卖人交付的标的物的质量仍然应当符合同种物的通常标准。"本案中，抚州市双菱磁性材料有限公司（以下简称双菱公司）、苏州天源磁业股份有限公司（以下简称天源公司）自2013年起建立了较长期固定的购销关系，双菱公司向天源公司提供所采购型号磁芯的性能及参数表，天源公司制作样品交由双菱公司，双方对样品进行检测，如天源公司制作的样品满足性能参数，双菱公司即采用天源公司的产品。本案所涉的买卖合同关系亦依此习惯达成。天源公司作为出卖方，其应对其所有产品质量负责，而不是强调样品、抽检品合格即可。关于损失的赔偿，双方在采购订单中有明确约定：如果天源公司所供应产品品质不良或存在质量瑕疵，双方公司有权退货，供应商应按退货值的10%向双菱公司支付违约金；因供应商所供产品质量缺陷造成双菱公司及其客户的经济损失的，供应商承

[1] 参见江西省抚州市中级人民法院民事判决书，(2017)赣10民终531号。

担全部赔偿责任，包括双菱公司的可得利益、双菱公司对客户承担的赔偿款、违约金等。该条款系双方真实意思表示，合法有效，可以作为计算双菱公司损失的依据。双菱公司经统计库存品后向天源公司退回库存磁芯，符合双方约定，也应予支持。

**第六百三十七条 【试用买卖合同】试用买卖的当事人可以约定标的物的试用期限。对试用期限没有约定或者约定不明确，依据本法第五百一十条的规定仍不能确定的，由出卖人确定。**

## 条文解读

本条是对试用买卖中试用期限的规定。

试用买卖合同，是指当事人双方约定合同成立时，出卖人将标的物交付买受人试用或者检验，并以买受人在约定期限内对标的物的认可为生效要件的买卖合同，因此试用期限对确定买受人的认可具有重要意义。

试用买卖合同当事人可以约定标的物的试用期限。

试用买卖合同的当事人对试用期限没有约定或者约定不明确的，按照《民法典》第五百一十条的规定，可以进行协议补充，达成补充协议的，按照补充协议确定试用期限。

当事人不能达成补充协议的，由出卖人确定试用期限。

## 关联法规索引

《最高人民法院关于审理买卖合同纠纷案件适用法律问题的解释》第30条

## 典型案例

### 深圳悍虎焊接设备有限公司与广东华盈钢构有限公司试用买卖合同纠纷案[1]

**※案例解读：**我国《民法典》第六百三十七条规定："试用买卖的当事人可以约定

〔1〕 参见广东省深圳市中级人民法院民事判决书，(2017)粤03民终7224号。

标的物的试用期限。对试用期限没有约定或者约定不明确,依据本法第五百一十条的规定仍不能确定的,由出卖人确定。”本案中,深圳焊虎焊接设备有限公司(以下简称焊虎公司)把两台焊机及配件交给广东华盈钢构有限公司(以下简称华盈公司),双方虽然没有签订正式的试用买卖合同,但双方之间并不存在其他法律关系,焊虎公司不可能无故向华盈公司交付两台焊机,且收条中也注明了是试用,双方已经达成了口头的试用买卖合同,本案属于试用买卖合同纠纷。焊虎公司在告知函中明确向华盈公司告知了试用期限,而华盈公司在试用期届满时,没有作出是否购买该两台焊机及配件的意思表示,应视为其同意购买。焊虎公司确认焦作市泰鑫机械制造有限公司与其是生产厂家和销售商的关系,焊虎公司销售焦作市泰鑫机械制造有限公司的产品,因此以焦作市泰鑫机械制造有限公司在阿里巴巴五金工具网上所发布的相应型号的焊机的价格认定本案两台焊机的货款并无不当。

**第六百三十八条 【试用买卖合同买受人对标的物的购买选择权】试用买卖的买受人在试用期内可以购买标的物,也可以拒绝购买。试用期限届满,买受人对是否购买标的物未作表示的,视为购买。**

**试用买卖的买受人在试用期内已经支付部分价款或者对标的物实施出卖、出租、设立担保物权等行为的,视为同意购买。**

## 条文解读

本条是对试用买卖合同买受人对标的物的购买选择权的规定。

试用买卖合同中,买受人在试用期限内对试用的标的物享有购买或者拒绝购买的选择权。该权利属于买受人。买受人选择权可以以口头形式,也可以以书面形式行使。

试用期届满后,买受人未作出是否认可的意思表示,既不表示购买,也不表示拒绝购买的,视为认可购买该标的物。

试用买卖的买受人在试用期内已经支付部分价款或者对标的物实施出卖、出租、设立担保物权等行为的,即使买受人未作出认可的意思表示,法律规定也视为认可。

买受人同意购买标的物或者视为同意购买标的物的,买卖合同即发生效力,双方当事人应按约定履行合同。

## 配套法规及解读

**《民法典》(2020年5月28日)**

**第一百四十条** 行为人可以明示或者默示作出意思表示。

沉默只有在有法律规定、当事人约定或者符合当事人之间的交易习惯时,才可以视为意思表示。

**※法规解读:**行为人作出意思表示,最常见的方式是明示,其特点是,行为人通过书面、口头等积极作为的方式,使对方当事人直接了解到意思表示的内容,如行为人通过书面形式或者口头形式作出要约、承诺这种方式,其强调的是“明”,意思表示的内容明确、具体、直接、肯定并且不用再对其意思表示的内容进行推测、揣摩。

默示是与明示相对的一种意思表达方式,是指行为人没有通过书面、口头等积极行为的方式表现,而是通过默示的方式作出意思表示。这种方式,强调的是“默”,就是意思表示没有被口头表达出来,也没有通过书面的方式表示,但仍然是“示”,可以通过行为人的行为来推定认定出行为人意思表示的内容。

明示和默示作为意思表示的形式,可以归入积极行为的一类,是意思表示表现形式的常态。但现实生活中还有一类意思表示的形式,就是既不是明示,也不是默示,而是纯粹的沉默,是一种完全的不作为。现实生活千姿百态,有时这种沉默行为能够推定出行为人意思表示的内容,法律上也应该允许这种意思表示的存在,认可其合法性。例如,根据《民法典》第六百三十八条的规定,试用买卖的买受人在试用期内可以购买标的物,也可以拒绝购买。但是,试用期限届满,买受人对是否购买标的物未作表示的,其沉默行为应当视为购买。

**第六百三十九条 【试用买卖中标的物使用费的承担】试用买卖的当事人对标的物使用费没有约定或者约定不明确的,出卖人无权请求买受人支付。**

## 条文解读

本条是对试用买卖合同标的物使用费用的承担的规定。

在试用期间,买受人对试用标的物的使用是试用而不是购买。如果当事人在试用买卖合同中约定缴纳使用费,则应当缴纳使用费;约定不缴纳使用费,则不缴纳使用费。如果当事人对标的物使用费没有约定或者约定不明确,应当确定为不缴纳使用费,出卖人无权要求买受人缴纳标的物使用费。

## 配套法规及解读

《民法典》(2020年5月28日)

**第五条** 民事主体从事民事活动,应当遵循自愿原则,按照自己的意思设立、变更、终止民事法律关系。

**※法规解读:**在民事活动中,当事人可以自主决定各种事项,不仅可以决定是否实施某行为或参与某民事法律关系,而且可以决定行为的相对人、行为的方式以及法律关系的内容等;当事人不仅可自主决定实体上的权利义务,而且可自主处分其权利,选择处理纠纷的程序、方式等。当事人关于民事事项的约定,只要不违反法律的强制性规定,就有法律效力,并且"约定大于法定",即当事人关于该事项约定的效力优先于法律关于该事项的任意性规定。

在民事活动中,只有当事人的真实意思表示,才能发生法律效力。当事人也只对表达自己的真实意愿的民事行为负责。对于不是当事人的真实意思表示的行为,当事人可不认可其效力,可不受其拘束。并且,当事人对于其在意志不自由的情况下造成的损害,原则上也不承担责任。

**第六百四十条 【试用买卖中的风险承担】标的物在试用期内毁损、灭失的风险由出卖人承担。**

## 条文解读

本条文为《民法典》较之原《合同法》新增法条,是对试用买卖标的物在试用期间毁损灭失的风险负担的规定。

买卖合同中,原则上是由对标的物享有所有权的一方承担标的物意外灭失风险。在试用买卖合同中,同样适用此规则。

试用买卖合同中,在标的物试用期间,标的物的所有权并未转移,买受人仅仅是试用,并不是取得了标的物的所有权,因此试用期间标的物意外毁损灭失的风险,都由出卖人负担。

买受人一方拒绝购买试用标的物时,买受人负有返还试用标的物的义务,如果因可归责于买受人的事由而造成标的物毁损、灭失而返还不能,买受人应当对出卖人负损害赔偿责任。

## 配套法规及解读

**《民法典》(2020 年 5 月 28 日)**

**第六百零四条** 标的物毁损、灭失的风险,在标的物交付之前由出卖人承担,交付之后由买受人承担,但是法律另有规定或者当事人另有约定的除外。

**※法规解读:**本条是对买卖合同标的物意外灭失风险负担规则的规定。

买卖合同标的物意外灭失风险负担规则,是指买卖合同标的物由于不可归责于双方当事人的事由而毁损、灭失所造成的损失应当由谁承担的规则。

买卖合同标的物意外灭失风险负担规则分为以下两种:

(1)当事人约定的规则,是指标的物意外灭失风险负担的规则可以由当事人约定。当事人约定风险负担规则的,按照约定处理。

(2)法律规定的规则,是指当事人没有特别约定的,应当按照法律规定的风险负担的一般规则处理,即标的物毁损、灭失的风险依标的物的交付而转移,即标的物在交付之前发生意外灭失的,风险由出卖人承担;标的物在交付之后发生意外灭失的,风险由买受人承担。

**第六百四十一条 【标的物所有权保留条款】当事人可以在买卖合同中约定买受人未履行支付价款或者其他义务的,标的物的所有权属于出卖人。**

**出卖人对标的物保留的所有权,未经登记,不得对抗善意第三人。**

## 条文解读

本条是对买卖合同所有权保留的一般性规定。

买卖合同中,合同双方当事人可以特别约定所有权保留,即买受人未履行支付价款或者其他义务的,标的物的所有权属于出卖人。所有权保留,既是买卖合同的特别约定,也是一种担保物权。分期付款买卖合同中,所有权保留是分期付款买卖合同的特别约定,也是分期付款买卖合同的出卖人为保护自己的价款债权而设置的物权担保,用保留的标的物的所有权,对债权进行担保。

所有权保留的特别约定一般适用于动产买卖,不适用不动产买卖。

所有权保留的担保物权,可以进行担保物权的登记。出卖人对标的物保留所有权未经登记的,不得对抗善意第三人。

**第六百四十二条　【所有权保留中出卖人的取回权】** 当事人约定出卖人保留合同标的物的所有权，在标的物所有权转移前，买受人有下列情形之一，造成出卖人损害的，除当事人另有约定外，出卖人有权取回标的物：

（一）未按照约定支付价款，经催告后在合理期限内仍未支付；

（二）未按照约定完成特定条件；

（三）将标的物出卖、出质或者作出其他不当处分。

出卖人可以与买受人协商取回标的物；协商不成的，可以参照适用担保物权的实现程序。

**条文解读**

本条是对所有权保留的担保物权人取回权的规定。

基于所有权保留，出卖人享有买卖合同标的物的取回权。如果出现本条规定的危害出卖人价款债权的情形时，出卖人有权取回标的物。

损害出卖人价款债权的情形有：(1)买受人未按照约定支付价款，经催告后在合理期限内仍未支付；(2)买受人未按照约定完成特定条件；(3)买受人将标的物出卖、出质或者作出其他不当处分。

出卖人实现取回权的方法有：(1)出卖人行使取回权，取回标的物；(2)出卖人可以与买受人协商实现取回权；(3)当事人协商不成的，参照适用担保物权的实现程序；(4)取回的标的物价值明显减少的，出卖人有权要求买受人赔偿损失。

**第六百四十三条　【已取回标的物的回赎与再出卖】** 出卖人依据前条第一款的规定取回标的物后，买受人在双方约定或者出卖人指定的合理回赎期限内，消除出卖人取回标的物的事由的，可以请求回赎标的物。

买受人在回赎期限内没有回赎标的物，出卖人可以以合理价格将标的物出卖给第三人，出卖所得价款扣除买受人未支付的价款以及必要费用后仍有剩余的，应当返还买受人；不足部分由买受人清偿。

**条文解读**

本条是对出卖人取回标的物后买受人回赎权的规定。

买卖合同中，出卖人行使取回权取回买卖标的物后，买受人享有回赎权，可以在回赎期间回赎标的物。

买受人的回赎权以出卖人行使取回权为前提，出卖人一旦取回买卖标的物，买受人即产生回赎权。回赎权的行使必须在回赎期间之内，回赎期间由双方当事人约定或者由出卖人指定。

买受人在回赎期间内支付了未按照约定支付的价款，或者按照约定完成了特定条件，或者将出卖、出质或者作出其他不当处分的标的物收回的，出卖人的取回事由消灭，买受人可以要求回赎标的物，出卖人应当将标的物交付买受人。

如果买受人在回赎期间内没有回赎标的物，出卖人可以以合理价格将标的物卖给第三人，出卖所得价款在扣除买受人未支付的价款及必要费用后仍有剩余的，应当返还买受人，不足部分由买受人清偿。

**第六百四十四条 【招标投标买卖合同】招标投标买卖的当事人的权利和义务以及招标投标程序等，依照有关法律、行政法规的规定。**

## 条文解读

本条是对招标投标买卖合同适用法律的规定。

招标投标，是指由招标人向数人或公众发出招标通知或招标公告，在诸多投标中选择自己最满意的投标人并与之订立合同的方式。招标投标买卖的当事人的权利和义务以及招标投标的程序，由法律专门进行规定，应当依照专门的法律和行政法规的规定进行。

## 配套法规及解读

**《招标投标法》(2017年12月27日修正)**

**第一条** 为了规范招标投标活动，保护国家利益、社会公共利益和招标投标活动当事人的合法权益，提高经济效益，保证项目质量，制定本法。

**第二条** 在中华人民共和国境内进行招标投标活动，适用本法。

**第三条** 在中华人民共和国境内进行下列工程建设项目包括项目的勘察、设计、施工、监理以及与工程建设有关的重要设备、材料等的采购，必须进行招标：

（一）大型基础设施、公用事业等关系社会公共利益、公众安全的项目；

（二）全部或者部分使用国有资金投资或者国家融资的项目；

（三）使用国际组织或者外国政府贷款、援助资金的项目。

前款所列项目的具体范围和规模标准，由国务院发展计划部门会同国务院有关部门制订，报国务院批准。

法律或者国务院对必须进行招标的其他项目的范围有规定的，依照其规定。

**第四条**　任何单位和个人不得将依法必须进行招标的项目化整为零或者以其他任何方式规避招标。

**第五条**　招标投标活动应当遵循公开、公平、公正和诚实信用的原则。

**第六条**　依法必须进行招标的项目，其招标投标活动不受地区或者部门的限制。任何单位和个人不得违法限制或者排斥本地区、本系统以外的法人或者其他组织参加投标，不得以任何方式非法干涉招标投标活动。

**第七条**　招标投标活动及其当事人应当接受依法实施的监督。

有关行政监督部门依法对招标投标活动实施监督，依法查处招标投标活动中的违法行为。

对招标投标活动的行政监督及有关部门的具体职权划分，由国务院规定。

**※法规解读：**《招标投标法》详细规定了在我国进行各种招投标过程中应当遵循的规则，例如，在中华人民共和国境内进行下列工程建设项目包括项目的勘察、设计、施工、监理以及与工程建设有关的重要设备、材料等的采购，必须进行招标：(1)大型基础设施、公用事业等关系社会公共利益、公众安全的项目；(2)全部或者部分使用国有资金投资或者国家融资的项目；(3)使用国际组织或者外国政府贷款、援助资金的项目。前述所列项目的具体范围和规模标准，由国务院发展计划部门会同国务院有关部门制定，报国务院批准。招投标单位在招投标活动进行的过程中应当遵守相关法律法规。

**典型案例**

### 侯马市城乡燃气供热有限公司与河北卓唯钢管制造有限公司买卖合同纠纷案[1]

**※案例解读：**本案涉及的是必须进行招投标的工程，我国《民法典》第六百四十四条规定："招标投标买卖的当事人的权利和义务以及招标投标程序等，依照有关法律、行政法规的规定。"《招标投标法》第四十五条规定："中标人确定后，招标人应当向中

〔1〕 参见河北省沧州市中级人民法院民事判决书，(2014)沧民终字第2789号。

标人发出中标通知书,并同时将中标结果通知所有未中标的投标人。中标通知书对招标人和中标人具有法律效力。中标通知书发出后,招标人改变中标结果的,或者中标人放弃中标项目的,应当依法承担法律责任。”《招标投标法》第四十六条第一款规定:“招标人和中标人应当自中标通知书发出之日起三十日内,按照招标文件和中标人的投标文件订立书面合同。招标人和中标人不得再行订立背离合同实质性内容的其他协议。”本案中,河北卓唯钢管制造有限公司(以下简称卓唯钢管公司)被确定为中标人,涉案钢管的买卖合同关系对其与侯马市城乡燃气供热有限公司(以下简称侯马燃气供热公司)就具有法律约束力,双方签订的合同不能背离招投标文件载明的真实履行合同的实质性内容。侯马燃气供热公司未按约定先行给付卓唯钢管公司合同总价款30%的预付款,构成违约,应承担相应的违约责任。

**第六百四十五条　【拍卖合同】拍卖的当事人的权利和义务以及拍卖程序等,依照有关法律、行政法规的规定。**

## 条文解读

本条是对拍卖合同适用法律的规定。

拍卖,是指以公开竞价的方法,将标的物的所有权转移给最高应价者的买卖方式。拍卖人应当履行交付标的物和转移标的物所有权的义务,并应当对交付的标的物承担瑕疵担保责任。买受人应当按照约定向拍卖人支付价款和佣金,未按照约定支付价款的,应当承担违约责任或者由拍卖人将拍卖的标的物再行拍卖。

## 配套法规及解读

**《拍卖法》(2015年4月24日修正)**

**第一条**　为了规范拍卖行为,维护拍卖秩序,保护拍卖活动各方当事人的合法权益,制定本法。

**第二条**　本法适用于中华人民共和国境内拍卖企业进行的拍卖活动。

**第三条**　拍卖是指以公开竞价的形式,将特定物品或者财产权利转让给最高应价者的买卖方式。

**第四条**　拍卖活动应当遵守有关法律、行政法规,遵循公开、公平、公正、诚实信用的原则。

**第五条**　国务院负责管理拍卖业的部门对全国拍卖业实施监督管理。

省、自治区、直辖市的人民政府和设区的市的人民政府负责管理拍卖业的部门对本行政区域内的拍卖业实施监督管理。

**※法规解读：**《拍卖法》是为了规范拍卖行为，维护拍卖秩序，保护拍卖活动各方当事人的合法权益制定的法律。当前版本是2015年4月24日第十二届全国人民代表大会常务委员会第十四次会议修正的，包括总则、拍卖标的、拍卖当事人、拍卖程序、法律责任以及附则共六章，其中详细地规定了在中华人民共和国境内进行拍卖活动的行为规范，有力地维护了经济环境。

## 典型案例

### 曾某龙与江西金马拍卖有限公司、中国银行股份有限公司上饶市分行、徐某炬拍卖纠纷案〔1〕

**※案例解读：**我国《民法典》第六百四十五条规定："拍卖的当事人的权利和义务以及拍卖程序等，依照有关法律、行政法规的规定。"根据《拍卖法》的有关规定，拍卖是以公开竞价的形式，将特定物品或者财产权利转让给最高应价者的买卖方式，拍卖活动必须遵守法律规定和行业惯例，必须符合公平、公正的原则。在拍卖活动中，拍卖师的拍卖行为违反法律规定和行业习惯做法，侵害有关竞买人的合法权益的，应认定其拍卖行为无效。本案中，江西金马拍卖有限公司（以下简称金马公司）的拍卖师在2670万元价位上落槌前，没有向全体竞买人公开报价，也没有进行三次报价，违反了拍卖活动的法定程序和公开、公正的基本原则，其落槌行为无效。曾某龙与金马公司之间的买卖合同没有依法成立，因此也不存在合同解除问题。对于2670万元价位上的落槌，其他竞买人与曾某龙之间发生了争议，这一争议是金马公司拍卖师的违规行为引起的，拍卖师对此未作出合理解释及妥善处理，便宣布落槌无效，继续进行拍卖，不符合公开、公正的拍卖原则。拍卖师在宣布此次拍卖活动结束后，又继续进行拍卖，违反了拍卖程序。当竞买人之间对2670万元落槌有争议，拍卖师无力解释和妥善处理时，拍卖师无权自行宣布该落槌无效，而应通过合法途径确认此落槌行为的效力。在拍卖活动宣告结束后，拍卖师以继续拍卖的方式自行"纠错"，不论曾某龙是否参与，都是违反拍卖程序的。综上所述，2004年5月12日，金马公司受中国银行股

〔1〕　参见最高人民法院民事判决书，(2005)民一终字第43号。

份有限公司上饶市分行委托拍卖"正大商厦"部分产权时，拍卖师先后在2670万元和2740万元价位上的两次落槌均为无效。

**第六百四十六条　【买卖合同准用于有偿合同】法律对其他有偿合同有规定的，依照其规定；没有规定的，参照适用买卖合同的有关规定。**

## 条文解读

本条是对其他有偿合同准用买卖合同规则的规定。

合同分为有偿合同和无偿合同。买卖合同是有偿合同的典型代表。《民法典》合同编规定买卖合同的条文的内容是最完整、最详细的，集中了有偿合同的主要规则。为避免立法条文的重复，某些有偿合同中就不再详细规定有偿合同的一般性规则，法律对其他有偿合同有规定的，直接依照其特别规定；没有明文规定的，则应当参照适用《民法典》合同编有关买卖合同的规定。

## 关联法规索引

《民法典》第595条；《最高人民法院关于审理买卖合同纠纷案件适用法律问题的解释》第32条

**第六百四十七条　【互易合同】当事人约定易货交易，转移标的物的所有权的，参照适用买卖合同的有关规定。**

## 条文解读

本条是对互易合同法律适用的规定。

互易合同，是指当事人双方约定以货币以外的财物进行交换的合同。互易合同与买卖合同的区别在于，互易合同是双方当事人都转移财产的所有权，其中没有货币作为中介。互易合同的当事人互为互易人，互易人各自享有取得对方互易标的物的权利，负有将本人的互易标的物交付对方的义务。

互易合同一经成立生效，其效力适用买卖合同的规定。互易合同当事人应当按照合同约定向对方交付标的物并转移所有权，并且当事人相互对其应交付的标的物负瑕疵担保义务，如果当事人的互易为补足价款的价值互易的，负有补足价款义务的一方，应当按照约定的时间、地点补足应当交纳的价款，当事人不履行补足价款义务的，应当承担违约责任。

## 配套法规及解读

**《民法典》(2020年5月28日)**

**第二百一十四条**　不动产物权的设立、变更、转让和消灭，依照法律规定应当登记的，自记载于不动产登记簿时发生效力。

**※法规解读：**《民法典》第二百一十四条是关于依法应当登记的不动产物权的设立、变更、转让和消灭何时发生效力的规定。本条规定，除法律另有规定外，不动产物权的设立、变更、转让和消灭，经依法登记，发生效力，未经登记，不发生效力，确立了不动产物权登记生效的原则。本条还具体明确了不动产物权设立、变更、转让和消灭登记生效的时间，即"自记载于不动产登记簿时发生效力"，也就是说，不动产物权登记，自登记机构将不动产物权有关事项记载于不动产登记簿时，始告完成。

## 典型案例

### 无锡安尔特起重机械有限公司诉宜兴市易达混凝土有限公司定作合同纠纷案[1]

**※案例解读：**我国《民法典》第六百四十七条规定："当事人约定易货交易，转移标的物的所有权的，参照适用买卖合同的有关规定。"现无锡安尔特起重机械有限公司(以下简称安尔特公司)与宜兴市易达混凝土有限公司(以下简称易达公司)签订的"工业品定作合同"虽属承揽合同，但该合同约定的标的物所有权转移条款，即合同标的物的所有权自易达公司付清价款时转移，易达公司未履行支付价款义务的，标的物属于安尔特公司所有，符合法律规定，合法有效。然而易达公司不仅未按约付款，而且已付价款不足上述定作合同总价款的75%，因此，参照买卖合同的有关规定，安尔特公司可以从易达公司取回上述定作合同所涉的设备，并要求易达公司偿付取回设备的折价损失。

---

〔1〕参见江苏省无锡高新技术产业开发区人民法院民事判决书，(2013)新民商初字第0013号。

# 第十章　供用电、水、气、热力合同

## 本章介绍

本章分别规定了供用电合同、供用水合同、供用气合同、供用热力合同的定义、双方当事人的权利与义务等内容。

**第六百四十八条　【供电合同的概念】供用电合同,是供电人向用电人供电,用电人支付电费的合同。**

**向社会公众供电的供电人,不得拒绝用电人合理的订立合同要求。**

## 条文解读

本条是对供用电合同概念和强制缔约义务的规定。

供用电合同,是指供电人向用电人供电,用电人支付电费的合同。供用电合同的标的物是“电”,是民法上物的一种。因电的特殊作用,国家对供电人的连续供电义务作出了严格要求。供用电合同是强制缔约合同,供电一方负有强制缔约义务,没有正当理由不得拒绝用电人的缔约请求。供用电合同是双务、有偿合同,供电人有义务按合同约定向用电人供应符合合同要求的电能,违约应承担相应责任,而用电人有义务按合同约定向供电人及时、足额交付电费,否则亦应承担相应责任。供用电合同通常是格式合同,实行统一价格。

供电单位负有强制缔约义务。强制缔约义务,是指在若干特殊情形下,个人或者企业负有应相对人的请求与其订立合同的义务,强制性缔约义务人非有正当理由不得拒绝。这种强制力来源于法律的规定,旨在保护消费者,限制居于垄断地位的公用事业单位当事人。供电企业负有强制缔约义务,不得拒绝用电人合理的订立合同要求。

## 配套法规及解读

**《民法典》(2020年5月28日)**

**第一百一十九条** 依法成立的合同,对当事人具有法律约束力。

**第一百三十一条** 民事主体行使权利时,应当履行法律规定的和当事人约定的义务。

**《供电营业规则》(1996年10月8日)**

**第一条** 为加强供电营业管理,建立正常的供电营业秩序,保障供用双方的合法权益,根据《电力供应与使用条例》和国家有关规定,制定本规则。

**第二条** 供电企业和用户在进行电业供应与使用活动中,应遵守本规则的规定。

**第三条** 供电企业和用户应当遵守国家有关规定,服从电网统一调度,严格按指标供电和用电。

**第四条** 本规则应放置在供电企业的用电营业场所,供用户查阅。

**※法规解读:**《民法典》第一百三十一条是关于民事主体权利与义务相统一原则的规定。诚信是民法的基本原则,也是社会主义核心价值观的重要内容。为培养和引领诚实信用、严守契约的精神,在民法中有必要专门就民事权利、义务和责任相统一原则作出规定。因此,本条保留了原《民法总则》的规定。

《民法典》第一百一十九条是关于合同效力的法律规定。合同是民事主体之间设立、变更、终止民事法律关系的协议。由此可见,我国民法强调合同是一种合意,是当事人意思表示一致的产物。(1)合同的主体具有平等性。这种平等性体现在三个方面:①合同当事人的法律地位平等。②协商过程平等。合同是当事人平等协商达成一致的结果,合同当事人不得将自己的意志强加于对方,如一方采取胁迫手段订立合同,相对方有权请求撤销。③权利义务关系对等。一般情况下,合同中的权利义务关系是相对应的,享有权利的同时也应当履行义务。(2)合同的性质是一种民事法律行为。合同是当事人意思表示一致的产物,合同中涉及的权利义务关系是依当事人意志创设,因此,合同是一种民事法律行为。但是,并非所有合同都能够实现一定的法律效果,只有适法的合同才产生法律约束力。(3)合同的目的和宗旨是设立、变更或终止民事权利义务关系。(4)合同的本质是当事人意思表示一致的结果。意思表示可以以明示的方式作出,也可以以默示的方式作出。需要注意的是,默示不等于沉默,默示是指表意人未以口头或者书面形式明确表达意思,但作出了一定的行为,通过该行为可以推断出意思表示。而沉默是指未作出任何意思表示,沉默原则上不得作为意思表示的方式。此外,当事人作出的意思必须达成一致,达成一致的前提是经过平等协商，而不能是一方将其意志强加于另一方。

**典型案例**

## 王某山与国网山东省电力公司淄博供电公司合同纠纷案[1]

**※案例解读：**我国《民法典》第六百四十八条规定："供用电合同是供电人向用电人供电，用电人支付电费的合同。向社会公众供电的供电人，不得拒绝用电人合理的订立合同要求。"本案中，国网山东省电力公司淄博供电公司向王某山供电并收取电费，双方存在事实上的供用电合同关系。《供电营业规则》第四十七条规定，供电设施的运行维护管理范围，按产权归属确定。公用低压线路供电的，以供电接户线用户端最后支持物为分界点，支持物属供电企业。本案涉案电缆事故发生时，自王某山自家围墙外的变电箱至柳店村村东支线6某杆T接点以下线路的产权不属于国网山东省电力公司淄博供电公司所有，因此，国网山东省电力公司淄博供电公司的行为不构成违约，故不承担违约赔偿责任。

**第六百四十九条 【供电合同的内容】供用电合同的内容一般包括供电的方式、质量、时间，用电容量、地址、性质，计量方式，电价、电费的结算方式，供用电设施的维护责任等条款。**

**条文解读**

本条是对供用电合同内容的规定。

供用电合同的主要内容一般包括供电的方式、质量、时间，用电容量、地址、性质，计量方式，电价、电费的结算方式，供用电设施的维护责任等。

供电方式、质量、时间：供电方式，是供电人以何种方式向用电人供电。供电质量，是供电的频率、电压和供电可靠性。用电时间，是用电人有权使用电力的起止时间。

用电容量、地址、性质：用电容量，是供电人认定的用电人受电设备的总容量。用

[1] 参见山东省淄博市中级人民法院民事判决书，(2018)鲁03民终970号。

电地址是用电人使用电力的地址。用电性质包括用电人行业分类和用电分类。

计量方式和电价、电费的结算方式:计量方式是供电人如何计算用电人使用的电量。电价即电网销售电价,实行国家统一电价。电费是电力资源实现商品交换的货币形式,应当按照国家核准的电价和用电计量装置记录,收取电费。

供用电设施的维护责任:供用电设施的维护可以依供用电设施的产权归属划分,也可由双方约定。除此之外,供用电双方还可在合同中约定违约责任及双方同意的其他条款。

## 配套法规及解读

**《民法典》(2020 年 5 月 28 日)**

**第四百七十条** 合同的内容由当事人约定,一般包括下列条款:

(一)当事人的姓名或者名称和住所;

(二)标的;

(三)数量;

(四)质量;

(五)价款或者报酬;

(六)履行期限、地点和方式;

(七)违约责任;

(八)解决争议的方法。

当事人可以参照各类合同的示范文本订立合同。

**《供电营业规则》(1996 年 10 月 8 日)**

**第五条** 供电企业供电的额定频率为交流 50 赫兹。

**第六条** 供电企业供电的额定电压:

1. 低压供电:单相为 220 伏,三相为 380 伏;

2. 高压供电:为 10、35(63)、110、220 千伏。

除发电厂直配电压可采用 3 千伏或 6 千伏外,其他等级的电压应逐步过渡到上列额定电压。

用户需要的电压等级不在上列范围时,应自行采取变压措施解决。

用户需要的电压等级在 110 千伏及以上时,其受电装置应作为终端变电站设计,方案需经省电网经营企业审批。

**第七条** 供电企业对申请用电的用户提供的供电方式,应从供用电的安全、经济、合理和便于管理出发,依据国家的有关政策和规定、电网的规划、用电需求以及当地供电条件等因素,进行技术经济比较,与用户协商确定。

**第八条** 用户单相用电设备总容量不足10千瓦的可采用低压220伏供电。但有单台设备容量超过1千瓦的单相电焊机、换流设备时,用户必须采取有效的技术措施以消除对电能质量的影响,否则应改为其他方式供电。

**第九条** 用户用电设备容量在100千瓦及以下或需用变压器容量在50千伏安及以下者,可采用低压三相四线制供电,特殊情况也可采用高压供电。

用电负荷密度较高的地区,经过技术经济比较,采用低压供电的技术经济性明显优于高压供电时,低压供电的容量界限可适当提高。具体容量界限由省电网经营企业作出规定。

**第十条** 供电企业可以对距离发电厂较近的用户,采用发电厂直配供电方式,但不得以发电厂的厂用电源或变电站(所)的站用电源对用户供电。

**第十一条** 用户需要备用、保安电源时,供电企业应按其负荷重要性、用电容量和供电的可能性,与用户协商确定。

用户重要负荷的保安电源,可由供电企业提供,也可由用户自备。遇有下列情况之一者,保安电源应由用户自备:

1. 在电力系统瓦解或不可抗力造成供电中断时,仍需保证供电的;

2. 用户自备电源比从电力系统供给更为经济合理的。

供电企业向有重要负荷的用户提供的保安电源,应符合独立电源的条件。有重要负荷的用户在取得供电企业供给的保安电源的同时,还应有非电性质的应急措施,以满足安全的需要。

**※法规解读:**《民法典》第四百七十条是关于合同条款的规定。合同的条款是合同中当事人协商一致、规定彼此权利义务的具体条文。合同条款是当事人合意的产物,是合同内容的表现和固定化。合同的权利义务,除少数由法律直接规定产生之外,大多由当事人约定。合同条款对当事人具有非常重要的意义,条款应当明确、肯定、完整,条款之间不能相互矛盾,条款约定得越清晰,越有利于当事人履行。约定不全面或者约定含糊,都容易产生分歧。不同的合同,往往有不同的主要条款。合同的主要条款由合同的类型和性质决定,不同的合同类型和性质,对主要条款有不同的要求。例如,价格是买卖合同的主要条款,却不是赠与合同的主要条款。合同的主要条款,有的由法律直接规定,有的由合同性质决定,有的依当事人约定产生。

## 关联法规索引

《电力供应与使用条例》第32条

## 典型案例

### 严某耀与国网上海市电力公司市北供电公司供用电合同纠纷案[1]

**※案例解读：**我国《民法典》第六百四十九条规定："供用电合同的内容一般包括供电的方式、质量、时间，用电容量、地址、性质，计量方式，电价、电费的结算方式，供用电设施的维护责任等条款。"本案中，双方存在供用电合同关系，严某耀作为用电人应当按照国家有关规定和当事人的约定及时交付电费。在上海市实行分时电价计费之后，双方当事人之间的供电合同如需变更价格条款，需要双方当事人履行变更手续，国网上海市电力公司市北供电公司在电费发票上以书面形式告知了严某耀可以选择变更合同，并告知了所需手续及办理地点，而严某耀疏于办理，严某耀因自己的疏忽而产生了未能及时变更合同价格条款的后果，对此，严某耀应当自行承担，国网上海市电力公司市北供电公司不应承担电费返还责任。

**第六百五十条 【供电合同的履行地点】供用电合同的履行地点，按照当事人约定；当事人没有约定或者约定不明确的，供电设施的产权分界处为履行地点。**

## 条文解读

本条是对供用电合同履行地点的规定。

供用电合同的履行地点是供用电合同双方当事人行使其权利、履行其义务的地点，具体是指供电人将电力的所有权转移给用电人的转移点。由于供电用电的特点，供用电合同的履行地点必须界分清楚。

供用电合同的履行地点可以按照当事人约定，以约定方式界分履行地点。如果

---

〔1〕 参见上海市第二中级人民法院民事判决书，(2014)沪二中民一(民)终字第1848号。

当事人没有约定或者约定不明确的,则以供电设施的产权分界处为履行地点。

## 配套法规及解读

**《民法典》(2020年5月28日)**

**第五百一十一条** 当事人就有关合同内容约定不明确,依据前条规定仍不能确定的,适用下列规定:

(一)质量要求不明确的,按照强制性国家标准履行;没有强制性国家标准的,按照推荐性国家标准履行;没有推荐性国家标准的,按照行业标准履行;没有国家标准、行业标准的,按照通常标准或者符合合同目的的特定标准履行。

(二)价款或者报酬不明确的,按照订立合同时履行地的市场价格履行;依法应当执行政府定价或者政府指导价的,依照规定履行。

(三)履行地点不明确,给付货币的,在接受货币一方所在地履行;交付不动产的,在不动产所在地履行;其他标的,在履行义务一方所在地履行。

(四)履行期限不明确的,债务人可以随时履行,债权人也可以随时请求履行,但是应当给对方必要的准备时间。

(五)履行方式不明确的,按照有利于实现合同目的的方式履行。

(六)履行费用的负担不明确的,由履行义务一方负担;因债权人原因增加的履行费用,由债权人负担。

**※法规解读:**《民法典》第五百一十一条是关于合同内容的补充规定。关于合同成立的要件,《民法典》并未作出规定。按照合同法理论,合同的成立必须基于当事人的合意。所谓合意,是指合同当事人双方的意思表示达成一致。由于合同是双方法律行为,单方法律行为不能构成合同,所以达成一项合同,必须具备两个意思表示,而且这两个意思表示的内容必须一致。根据本条规定,合同内容可以按照合同相关条款或者交易习惯确定。首先,体现合同内容的合同条款,是一个有机整体,相互关联,从合同上下文中往往可以对合同的其他内容作出推定。这样做是为了尊重当事人的合同意志,贯彻合同自由原则,尽量结合合同的上下文,来推定当事人没有约定或者约定不明条款的真意,故应当以体系解释为出发点进行合同内容的补充。比如,运输合同中,所运输的货物丢失时,需要认定其实际价值,但是托运人在托运时,并未与承运人就此进行确认。事后托运人提供购买货物时的出货单以证明其价值,但承运人可能并不认可。但如果运输方式是保价运输,托运书中标明了货物的保险价值,托运人也支付了保险费用,则可以认定双方对货物赔偿额进行了约定。其次,根据交易习

惯确定合同没有约定或者约定不明确的内容。参照习惯和惯例，是指在合同文字或条款的含义存在歧义时，按照习惯和惯例的含义予以明确；在合同存在漏洞，致使合同当事人的权利义务不明确时，参照习惯和惯例加以补充。

## 典型案例

### 胡某与进贤县供电局、进贤县精制米厂人身损害赔偿纠纷案〔1〕

**※案例解读：**我国《民法典》第六百五十条规定："供用电合同的履行地点，按照当事人约定；当事人没有约定或者约定不明确的，供电设施的产权分界处为履行地点。"本案中，触电事故点在进贤县精制米厂电力设施产权界限内，进贤县精制米厂应承担产权责任，其对事故的发生，负有主要过错，应承担主要责任。进贤县精制米厂申请变压器报停后，供电部门应在供电设施的产权分界处履行断电义务，根据《事故调查报告》，双方供电设施的产权分界处即在三相隔离刀闸处，因此，进贤县精制米厂申请变压器报停后，进贤县供电局应当将三相隔离刀闸的 A、B、C 相三个刀闸全部打下，断开电源，不能使任何一相刀闸及引下线带电。C 相刀闸未打下是因进贤县供电局应当操作而未操作，进贤县供电局怠于管理，故对事故的发生，亦具有主要过错，应承担主要责任。进贤县精制米厂和进贤县供电局构成共同侵权，应互负连带责任。胡某在事故发生时，是限制民事行为能力人，对事故的发生自身负有过错，其监护人监护不力，胡某与其监护人应承担相应责任。

**第六百五十一条 【供电人的安全供电义务】供电人应当按照国家规定的供电质量标准和约定安全供电。供电人未按照国家规定的供电质量标准和约定安全供电，造成用电人损失的，应当承担赔偿责任。**

## 条文解读

本条是对供电人安全供电义务与违约责任的规定。

供用电合同订立后，供电人应当按照国家规定的供电标准和合同约定的时间向

〔1〕 参见江西省高级人民法院民事判决书，(2009)赣民再终字第4号。

用电人供电。供电质量标准有约定的,依照约定标准供应;没有特别约定的,应该根据用电人具体的用电意图推定的标准或者国家规定的标准供电。供电必须安全、合格。

供电人违反供电义务,未按照国家规定的供电标准和约定安全供电,并造成用电人的预期利益和固有利益损失的,应当承担违约损害赔偿责任或者侵权损害赔偿责任。损失包括直接损失,也包括合同履行后可以获得的利益,但不得超过供电人订立合同时预见或应当预见到的因违反合同可能造成的损失。因不可抗力和用户者自身的过错造成的,供电人不承担赔偿责任。

## 配套法规及解读

**《供电营业规则》(1996年10月8日)**

**第五十二条** 供电企业和用户都应加强供电和用电的运行管理,切实执行国家和电力行业制订的有关安全供用电的规程制度。用户执行其上级主管机关颁发的电气规程制度,除特殊专用的设备外,如与电力行业标准或规定有矛盾时,应以国家和电力行业标准或规定为准。

供电企业和用户在必要时应制订本单位的现场规程。

**第五十三条** 在电力系统正常状况下,供电频率的允许偏差为:

1. 电网装机容量在300万千瓦及以上的,为±0.2赫兹;

2. 电网装机容量在300万千瓦以下的,为±0.5赫兹。

在电力系统非正常状况下,供电频率允许偏差不应超过±1.0赫兹。

**第五十四条** 在电力系统正常状况下,供电企业供到用户受电端的供电电压允许偏差为:

1. 35千伏及以上电压供电的,电压正、负偏差的绝对值之和不超过额定值的10%;

2. 10千伏及以下三相供电的,为额定值的±7%;

3. 220伏单相供电的,为额定值的+7%,-10%。

在电力系统非正常状况下,用户受电端的电压最大允许偏差不应超过额定值的±10%。

用户用电功率因数达不到本规则第四十一条规定的,其受电端的电压偏差不受此限制。

**第五十五条** 电网公共连接点电压正弦波畸变率和用户注入电网的谐波电流不

得超过国家标准 GB/T 14549—93 的规定。

用户的非线性阻抗特性的用电设备接入电网运行所注入电网的谐波电流和引起公共连接点电压正弦波畸变率超过标准时,用户必须采取措施予以消除。否则,供电企业可中止对其供电。

**第五十六条** 用户的冲击负荷、波动负荷、非对称负荷对供电质量产生影响或对安全运行构成干扰和妨碍时,用户必须采取措施予以消除。如不采取措施或采取措施不力,达不到国家标准 GB 12326—90 或 GB/T 15543—1995 规定的要求时,供电企业可中止对其供电。

**第五十七条** 供电企业应不断改善供电可靠性,减少设备检修和电力系统事故对用户的停电次数及每次停电持续时间。供用电设备计划检修应做到统一安排。供用电设备计划检修时,对 35 千伏及以上电压供电的用户的停电次数,每年不应超过一次;对 10 千伏供电的用户,每年不应超过三次。

**第五十八条** 供电企业和用户应共同加强对电能质量的管理。因电能质量某项指标不合格而引起责任纠纷时,不合格的质量责任由电力管理部门认定的电能质量技术检测机构负责技术仲裁。

**第五十九条** 供电企业和用户的供用电设备计划检修应相互配合,尽量做到统一检修。用电负荷较大,开停对电网有影响的设备,其停开时间,用户应提前与供电企业联系。

遇有紧急检修需停电时,供电企业应按规定提前通知重要用户,用户应予以配合;事故断电,应尽速修复。

**第六十条** 供电企业应根据电力系统情况和电力负荷的重要性,编制事故限电序位方案,并报电力管理部门审批或备案后执行。

**第六十一条** 用户应定期进行电气设备和保护装置的检查、检修和试验,消除设备隐患,预防电气设备事故和误动作发生。

用户电气设备危及人身和运行安全时,应立即检修。

多路电源供电的用户应加装连锁装置,或按照供用双方签订的协议进行调度操作。

**第六十二条** 用户发生下列用电事故,应及时向供电企业报告:(1)人身触电死亡;(2)导致电力系统停电;(3)专线掉闸或全停电;(4)电气火灾;(5)重要或大型电气设备损坏;(6)停电期间向电力系统倒送电。

供电企业接到用户上述事故报告后,应派员赴现场调查,在七天内协助用户提出事故调查报告。

**第六十三条** 用户受电装置应当与电力系统的继电保护方式相互配合，并按照电力行业有关标准或规程进行整定和检验。由供电企业整定、加封的继电保护装置及其二次回路和供电企业规定的继电保护整定值，用户不得擅自变动。

**第六十四条** 承装、承修、承试受电工程的单位，必须经电力管理部门审核合格，并取得电力管理部门颁发的《承装（修）电力设施许可证》。

在用户受电装置上作业的电工，应经过电工专业技能的培训，必须取得电力管理部门颁发的《电工进网作业许可证》，方准上岗作业。

**第六十五条** 供电企业和用户都应经常开展安全供用电宣传教育，普及安全用电常识。

**第六十六条** 在发供电系统正常情况下，供电企业应连续向用户供应电力。但是，有下列情形之一的，须经批准方可中止供电：

1. 对危害供用电安全，扰乱供用电秩序，拒绝检查者；

2. 拖欠电费经通知催交仍不交者；

3. 受电装置经检验不合格，在指定期间未改善者；

4. 用户注入电网的谐波电流超过标准，以及冲击负荷、非对称负荷等对电能质量产生干扰与妨碍，在规定限期内不采取措施者；

5. 拒不在限期内拆除私增用电容量者；

6. 拒不在限期内交付违约用电引起的费用者；

7. 违反安全用电、计划用电有关规定，拒不改正者；

8. 私自向外转供电力者。

有下列情形之一的，不经批准即可中止供电，但事后应报告本单位负责人：

1. 不可抗力和紧急避险；

2. 确有窃电行为。

**第六十七条** 除因故中止供电外，供电企业需对用户停止供电时，应按下列程序办理停电手续：

1. 应将停电的用户、原因、时间报本单位负责人批准。批准权限和程序由省电网经营企业制定；

2. 在停电前三至七天内，将停电通知书送达用户，对重要用户的停电，应将停电通知书报送同级电力管理部门；

3. 在停电前 30 分钟，将停电时间再通知用户一次，方可在通知规定时间实施停电。

**第六十八条** 因故需要中止供电时，供电企业应按下列要求事先通知用户或进行公告：

1. 因供电设施计划检修需要停电时，应提前七天通知用户或进行公告；

2. 因供电设施临时检修需要停止供电时，应当提前24小时通知重要用户或进行公告；

3. 发供电系统发生故障需要停电、限电或者计划限、停电时，供电企业应按确定的限电序位进行停电或限电。但限电序位应事前公告用户。

**第六十九条**　引起停电或限电的原因消除后，供电企业应在三日内恢复供电。不能在三日内恢复供电的，供电企业应向用户说明原因。

**※法规解读：**《供电营业规则》规定了在电力系统正常状况下，供电频率的允许偏差、供电企业供到用户受电端的供电电压允许偏差，并对电网公共连接点电压正弦波畸变率和用户注入电网的谐波电流作出要求与规定。为了保证供电安全与供电效率，供电企业应当严格按照《供电营业规则》进行作业。

## 典型案例

### 吴某先、殷某理与国网湖北省电力公司团风县供电公司供用电合同纠纷案〔1〕

**※案例解读：**我国《民法典》第六百五十一条规定："供电人应当按照国家规定的供电质量标准和约定安全供电。供电人未按照国家规定的供电质量标准和约定安全供电，造成用电人损失的，应当承担赔偿责任。"《电力法》第二十九条规定："供电企业在发电、供电系统正常的情况下，应当连续向用户供电，不得中断。因供电设施检修、依法限电或者用户违法用电等原因，需要中断供电时，供电企业应当按照国家有关规定事先通知用户。"根据上述法律规定，吴某先、殷某理与国网湖北省电力公司团风县供电公司（以下简称国网团风供电公司）之间事实存在的供用电合同，国网团风供电公司应当谨慎履行合同义务，对辖区内的供电设施及时进行检修并以国家规定的供电标准持续不断安全供电。如果突发断电导致用电人损失的，供电人应当承担赔偿责任。此次停电事故是由于线路老化引发的故障性停电，并非因计划检修或临时检修引起，也不是因自然灾害原因而导致的供电中断。故国网团风供电公司对于辖区内的供电设施未尽到管理和维护的义务。因此，国网团风供电公司由于管理疏

〔1〕 参见湖北省黄冈市中级人民法院民事判决书，(2018)鄂11民终247号。

忽导致高压线路老化从而引发低压线路停电，该公司对于吴某先、殷某理鳊鱼养殖的损失应承担主要责任。吴某先、殷某理明知鳊鱼养殖的特性，而未采取适当措施防止损失的进一步扩大，应承担次要责任，因此按照65%、35%的责任比例分担损失符合案件事实和法律规定。

**第六百五十二条 【供电人中断供电时的通知义务和赔偿责任】供电人因供电设施计划检修、临时检修、依法限电或者用电人违法用电等原因，需要中断供电时，应当按照国家有关规定事先通知用电人；未事先通知用电人中断供电，造成用电人损失的，应当承担赔偿责任。**

## 条文解读

本条是对供电人因故中断供电的通知义务与违约责任的规定。

由于电力在社会生产、生活中的特殊作用，供用电合同履行期间，因供电设施计划检修、临时检修、依法限电或者用电人违法用电等原因，需要中断供电时，供电人负有事先通知用电人的义务。如果供电人事先未通知断电造成用电人损失的，供电人应当赔偿。同时，用电人对供电人的正当检修、停电、限电，负有容忍义务。

## 配套法规及解读

**《供电营业规则》(1996年10月8日)**

**第六十七条** 除因故中止供电外，供电企业需对用户停止供电时，应按下列程序办理停电手续：

1. 应将停电的用户、原因、时间报本单位负责人批准。批准权限和程序由省电网经营企业制定；

2. 在停电前三至七天内，将停电通知书送达用户，对重要用户的停电，应将停电通知书报送同级电力管理部门；

3. 在停电前30分钟，将停电时间再通知用户一次，方可在通知规定时间实施停电。

**第六十八条** 因故需要中止供电时，供电企业应按下列要求事先通知用户或进行公告：

1. 因供电设施计划检修需要停电时，应提前七天通知用户或进行公告；

2. 因供电设施临时检修需要停止供电时，应当提前 24 小时通知重要用户或进行公告；

3. 发供电系统发生故障需要停电、限电或者计划限、停电时，供电企业应按确定的限电序位进行停电或限电。但限电序位应事前公告用户。

**第六十九条**　引起停电或限电的原因消除后，供电企业应在三日内恢复供电。不能在三日内恢复供电的，供电企业应向用户说明原因。

**※法规解读：**在供电方进行供电的过程中，不可避免会出现因供电设施计划检修、临时检修、依法限电或者用电人违法用电而中止供电的情形。为最大限度地保证用电人的用电安全，减少中止供电对用电人工作和生活的影响，供电方在法律法规所规定的中止供电的条件成就时，应当按照《供电营业规则》的相关规定，履行对于用电用户的通知等义务，使用电用户对于电力的供应与中止供应能够有较为准确的预期，以合理安排生产生活，最大限度地减少中止供电对用电人的影响。

## 关联法规索引

《电力法》第 29 条；《电力供应与使用条例》第 28 条

## 典型案例

### 都江堰燚达铸钢厂与都江堰双玉电力有限公司供用电合同纠纷案[1]

**※案例解读：**我国《民法典》第六百五十二条规定："供电人因供电设施计划检修、临时检修、依法限电或者用电人违法用电等原因，需要中断供电时，应当按照国家有关规定事先通知用电人；未事先通知用电人中断供电，造成用电人损失的，应当承担赔偿责任。"本案用电合同中约定"双玉公司未提前通知停电给燚达铸钢厂造成损失的，应当赔偿"，都江堰双玉电力有限公司（以下简称双玉公司）未事先通知都江堰燚达铸钢厂（以下简称燚达铸钢厂）中断供电，造成燚达铸钢厂损失的，应当承担损害赔偿责任。而燚达铸钢厂在双玉公司断电后继续使用国家电网恢复了部分生产，故燚达铸钢厂的停产损失不能全部由双玉公司承担。但双玉公司的停电行为客观上使

〔1〕 参见四川省成都市中级人民法院民事判决书，(2016)川 01 民终 5546 号。

燚达铸钢厂的正常生产受到严重影响，造成燚达铸钢厂不能全面恢复生产，而双方对使用国家电网供电恢复生产的程度均无法证明，结合燚达铸钢厂使用国家电网和双玉公司电量占比情况以及双玉公司在整个事件中的过错，法院酌定双玉公司应对燚达铸钢厂的损失承担50%的责任是适当的。

**第六百五十三条 【供电人抢修义务】因自然灾害等原因断电，供电人应当按照国家有关规定及时抢修；未及时抢修，造成用电人损失的，应当承担赔偿责任。**

## 条文解读

本条是对供电人抢修义务的规定。

原则上，由于自然灾害等不可抗力的原因造成的断电，供电人不负责任。但是，由于供电的连续性与重要性，供电人应当按照国家有关规定及时抢修，及时恢复供电。如果供电人怠于职守，故意拖延，迟迟不能恢复供电，使用电人因此遭受损失的，供电人应承担赔偿责任。

## 配套法规及解读

**《民法典》（2020年5月28日）**

**第一百八十条** 因不可抗力不能履行民事义务的，不承担民事责任。法律另有规定的，依照其规定。

不可抗力是不能预见、不能避免且不能克服的客观情况。

**《供电营业规则》（1996年10月8日）**

**第四十六条** 用户独资、合资或集资建设的输电、变电、配电等供电设施建成后，其运行维护管理按以下规定确定：

1. 属于公用性质或占用公用线路规划走廊的，由供电企业统一管理。供电企业应在交接前，与用户协商，就供电设施运行维护管理达成协议。对统一运行维护管理的公用供电设施，供电企业应保留原所有者在上述协议中确认的容量。

2. 属于用户专用性质，但不在公用变电站内的供电设施，由用户运行维护管理。如用户运行维护管理确有困难，可与供电企业协商，就委托供电企业代为运行维护管理有关事项签订协议。

3. 属于用户共用性质的供电设施，由拥有产权的用户共同运行维护管理。如用户共同运行维护管理确有困难，可与供电企业协商，就委托供电企业代为运行维护管理有关事项签订协议。

4. 在公用变电站内由用户投资建设的供电设备，如变压器、通信设备、开关、刀闸等，由供电企业统一经营管理。建成投运前，双方应就运行维护、检修、备品备件等项事宜签订交接协议。

5. 属于临时用电等其他性质的供电设施，原则上由产权所有者运行维护管理，或由双方协商确定，并签订协议。

**第四十七条**　供电设施的运行维护管理范围，按产权归属确定。责任分界点按下列各项确定：

1. 公用低压线路供电的，以供电接户线用户端最后支持物为分界点，支持物属供电企业。

2. 10 千伏及以下公用高压线路供电的，以用户厂界外或配电室前的第一断路器或第一支持物为分界点，第一断路器或第一支持物属供电企业。

3. 35 千伏及以上公用高压线路供电的，以用户厂界外或用户变电站外第一基电杆为分界点。第一基电杆属供电企业。

4. 采用电缆供电的，本着便于维护管理的原则，分界点由供电企业与用户协商确定。

5. 产权属于用户且由用户运行维护的线路，以公用线路分支杆或专用线路接引的公用变电站外第一基电杆为分界点，专用线路第一基电杆属用户。

在电气上的具体分界点，由供用双方协商确定。

**第四十八条**　供电企业和用户分工维护管理的供电和受电设备，除另有约定者外，未经管辖单位同意，对方不得操作或更动；如因紧急事故必须操作或更动者，事后应迅速通知管辖单位。

**第四十九条**　由于工程施工或线路维护上的需要，供电企业须在用户处进行凿墙、挖沟、掘坑、巡线等作业时，用户应给予方便，供电企业工作人员应遵守用户的有关安全保卫制度。用户到供电企业维护的设备区作业时，应征得供电企业同意，并在供电企业人员监护下进行工作。作业完工后，双方均应及时予以修复。

**第五十条**　因建设引起建筑物、构筑物与供电设施相互妨碍，需要迁移供电设施或采取防护措施时，应按建设先后的原则，确定其担负的责任。如供电设施建设在先，建筑物、构筑物建设在后，由后续建设单位负担供电设施迁移、防护所需的费用；如建筑物、构筑物的建设在先，供电设施建设在后，由供电设施建设单位负担建筑物、构筑物的迁移所需的费用；不能确定建设的先后者，由双方协商解决。

供电企业需要迁移用户或其他供电企业的设施时,也按上述原则办理。

城乡建设与改造需迁移供电设施时,供电企业和用户都应积极配合,迁移所需的材料和费用,应在城乡建设与改造投资中解决。

**第五十一条** 在供电设施上发生事故引起的法律责任,按供电设施产权归属确定。产权归属于谁,谁就承担其拥有的供电设施上发生事故引起的法律责任。但产权所有者不承担受害者因违反安全或其他规章制度,擅自进入供电设施非安全区域内而发生事故引起的法律责任,以及在委托维护的供电设施上,因代理方维护不当所发生事故引起的法律责任。

**※法规解读:**《民法典》第一百八十条是关于不可抗力的含义及法律后果的规定。关于不可抗力作为免责事由,原《民法通则》第一百零七条规定:"因不可抗力不能履行合同或者造成他人损害的,不承担民事责任,法律另有规定的除外。"第一百五十三条规定:"本法所称的'不可抗力',是指不能预见、不能避免并不能克服的客观情况。"原《民法总则》基本沿袭了这一思路,只是将这两条合并为一条予以规定,《民法典》总则编保留了这一规定。同原《民法总则》一样,《民法典》总则编在民事责任部分对免责事由作了规定。免责事由,是指被告针对原告的诉讼请求而提出的,证明原告的诉讼请求不成立或不完全成立的事实。免责事由是针对承担民事责任的请求而提出的,所以又称免责或减轻责任的事由,也叫抗辩事由。不可抗力是各国通例中最为典型的免责事由。所谓不可抗力,是指独立于人的行为之外,并且不受当事人的意志所支配的不可预见、不可避免又不可抗拒的客观情况。

## 关联法规索引

《民法典》第 180 条

## 典型案例

### 苏某容诉广州供电局有限公司白云供电局、广州供电局有限公司供用电合同纠纷案[1]

**※案例解读:**我国《民法典》第六百五十三条规定:"因自然灾害等原因断电,供

---

〔1〕 参见广东省广州市中级人民法院民事判决书,(2016)粤 01 民终 12857 号。

电人应当按照国家有关规定及时抢修；未及时抢修，造成用电人损失的，应当承担赔偿责任。"《供电监管办法》第十四条第三款规定："供电企业应当迅速组织人员处理供电故障，尽快恢复正常供电。供电企业工作人员到达现场抢修的时限，自接到报修之时起，城区范围不超过60分钟，农村地区不超过120分钟，边远、交通不便地区不超过240分钟。因天气、交通等特殊原因无法在规定时限内到达现场的，应当向用户做出解释。"本案中，《中国南方电网公司供电服务承诺》规定农村地区抢修人员到场平均时间为90分钟，恢复供电时间为5小时，但广州供电局有限公司白云供电局（以下简称白云供电局）、广州供电局有限公司（以下简称广州供电局）没有提供充分证据证明其已经在上述规定时间内派员到现场检修，且从苏某容报险至恢复电力供应耗时约8小时，也超过了上述规定时间范围，故白云供电局、广州供电局未能及时抢修，造成了苏某容的损失进一步扩大，应承担相应的责任。事发时正值广州的夏季用电高峰期，且事发期间广州经历了雷雨天气，此为导致涉案公用供电设施发生故障的客观原因。苏某容作为从事鱼类养殖多年的养殖户，并未为其承包的鱼塘配备发电机等备用电源，也是导致其鱼类损失的原因之一，由于大部分鱼的死亡与白云供电局、广州供电局迟延抢修并没有因果关系，法院故酌定白云供电局、广州供电局承担30%的责任。

**第六百五十四条　【用电人交付电费的义务】用电人应当按照国家有关规定和当事人的约定及时支付电费。用电人逾期不支付电费的，应当按照约定支付违约金。经催告用电人在合理期限内仍不支付电费和违约金的，供电人可以按照国家规定的程序中止供电。**

**供电人依据前款规定中止供电的，应当事先通知用电人。**

## 条文解读

本条是对用电人及时支付电费义务的规定。

用电人应按照国家有关规定和当事人的约定及时向供电人交付电费。

如果合同中约定了违约金条款，用电人逾期不交电费，应当按照约定向供电人支付违约金；如果没有约定违约金，用电人应当支付电费的逾期利息；如果用电人经催告在合理期限内仍不支付电费和违约金，供电人可以按照国家规定的程序中止供电。供电人中止供电，应当事先通知用电人。

## 配套法规及解读

**《民法典》(2020 年 5 月 28 日)**

**第一百八十六条** 因当事人一方的违约行为,损害对方人身权益、财产权益的,受损害方有权选择请求其承担违约责任或者侵权责任。

**《供电营业规则》(1996 年 10 月 8 日)**

**第九十八条** 用户在供电企业规定的期限内未交清电费时,应承担电费滞纳的违约责任。电费违约金从逾期之日起计算至交纳日止。每日电费违约金按下列规定计算:

1. 居民用户每日按欠费总额的千分之一计算;

2. 其他用户:

(1)当年欠费部分,每日按欠费总额的千分之二计算;

(2)跨年度欠费部分,每日按欠费总额的千分之三计算。

电费违约金收取总额按日累加计收,总额不足 1 元者按 1 元收取。

**※法规解读:**《民法典》第一百八十六条是关于违约责任和侵权责任竞合的规定。关于违约责任与侵权责任的竞合,原《民法通则》并没有规定。原《合同法》第一百二十二条规定:"因当事人一方的违约行为,侵害对方人身、财产权益的,受损害方有权选择依照本法要求其承担违约责任或者依照其他法律要求其承担侵权责任。"原《民法总则》基本沿用这一规定,《民法典》总则编对这一内容予以保留。依据民事主体违反的民事义务性质的不同,可以将民事责任划分为违约责任与侵权责任。违约责任,是指合同一方当事人违反合同的约定义务而对另一方合同当事人所应当承担的民事责任。侵权责任,是指行为人实施违法行为,侵害他人的民事权利,造成人身损害、财产损害或者精神损害,所应当承担的民事责任。

## 关联法规索引

《电力法》第 33 条;《电力供应与使用条例》第 39 条;《供电营业规则》第 98 条

## 典型案例

### 山西省永济市电力铁合金有限公司与山西省永济兴达实业有限公司供用电合同欠款纠纷案[1]

**※案例解读：**我国《民法典》第六百五十四条规定："用电人应当按照国家有关规定和当事人的约定及时支付电费。用电人逾期不支付电费的，应当按照约定支付违约金。经催告用电人在合理期限内仍不支付电费和违约金的，供电人可以按照国家规定的程序中止供电。供电人依据前款规定中止供电的，应当事先通知用电人。"本案中，因山西省永济市电力铁合金有限公司（以下简称铁合金公司）逾期不交付电费，供电人山西省永济兴达实业有限公司（以下简称兴达公司）可以中止供电，但应履行催告程序。然而，兴达公司在中止供电之前未能向铁合金公司明确催告期限，说明停电时间，在没有通知用电方的情况下即中止供电，不仅给铁合金公司造成实际损失，也直接导致铁合金公司停产。综合本案的实际情况以及双方的过错责任，双方应按比例分担所欠电费。铁合金公司拖欠电费在先，应承担主要的过错责任。兴达公司未经催告即停电，给铁合金公司造成一定的实际损失，应自行承担次要责任。铁合金公司关于兴达公司中止供电未经催告、应承担赔偿责任的主张成立，但其要求兴达公司赔偿357万元损失的请求数额过高，仅应予以部分支持。

**第六百五十五条　【用电人安全用电义务】用电人应当按照国家有关规定和当事人的约定安全、节约和计划用电。用电人未按照国家有关规定和当事人的约定用电，造成供电人损失的，应当承担赔偿责任。**

## 条文解读

本条是对用电人安全用电义务与违约责任的规定。

用电人对电设施的安全负有保障义务。用电人应当按照国家有关规定和双方当事人的约定用电。用户用电不得危害供电、用电安全和扰乱供电、用电秩序。

用电人未按照国家有关规定和当事人的约定用电，擅自改动供电人的用电计量装置和供电设施、擅自超负荷用电等，造成供电人损失的，应当承担损害赔偿责任。

---

[1] 参见最高人民法院民事判决书，(2006)民二终字第132号。

## 配套法规及解读

**《供电营业规则》(1996 年 10 月 8 日)**

**第五十二条** 供电企业和用户都应加强供电和用电的运行管理,切实执行国家和电力行业制订的有关安全供用电的规程制度。用户执行其上级主管机关颁发的电气规程制度,除特殊专用的设备外,如与电力行业标准或规定有矛盾时,应以国家和电力行业标准或规定为准。

供电企业和用户在必要时应制订本单位的现场规程。

**第五十六条** 用户的冲击负荷、波动负荷、非对称负荷对供电质量产生影响或对安全运行构成干扰和妨碍时,用户必须采取措施予以消除。如不采取措施或采取措施不力,达不到国家标准 GB 12326—90 或 GB/T 15543—1995 规定的要求时,供电企业可中止对其供电。

**第六十一条** 用户应定期进行电气设备和保护装置的检查、检修和试验,消除设备隐患,预防电气设备事故和误动作发生。

用户电气设备危及人身和运行安全时,应立即检修。

多路电源供电的用户应加装连锁装置,或按照供用双方签订的协议进行调度操作。

**第六十二条** 用户发生下列用电事故,应及时向供电企业报告:(1)人身触电死亡;(2)导致电力系统停电;(3)专线掉闸或全停电;(4)电气火灾;(5)重要或大型电气设备损坏;(6)停电期间向电力系统倒送电。

供电企业接到用户上述事故报告后,应派员赴现场调查,在七天内协助用户提出事故调查报告。

**第六十三条** 用户受电装置应当与电力系统的继电保护方式相互配合,并按照电力行业有关标准或规程进行整定和检验。由供电企业整定、加封的继电保护装置及其二次回路和供电企业规定的继电保护整定值,用户不得擅自变动。

**第六十五条** 供电企业和用户都应经常开展安全供用电宣传教育,普及安全用电常识。

**※法规解读:**在民事法律当中,权利和义务往往是相伴相生的。在供电用电关系当中,供电方承担安全稳定供电的义务,用电方承担安全用电的义务。《供电营业规则》要求用电用户应当严格按照相应的标准使用电力资源,尤其对企业用电提出了更高的要求。用电企业应当在用电的过程中,及时进行设备维护,严格按照相关标准进行作业,以保证用电安全。

## 关联法规索引

《电力法》第32、65条；《电力供应与使用条例》第30、40条

## 典型案例

### 龙某等与国网湖北省电力公司京山县供电公司触电人身损害责任纠纷案〔1〕

**※案例解读：**我国《民法典》第六百五十五条规定："用电人应当按照国家有关规定和当事人的约定安全、节约和计划用电。用电人未按照国家有关规定和当事人的约定用电，造成供电人损失的，应当承担赔偿责任。"本案触电事故发生的线路属龙某等四人所有，龙某等四人应当对其室内的用电线路安全负责；根据《漏电保护器安装和运行》（GB 13955—92）国家标准的规定，触电事故发生线路不是必须安装漏电保护装置的场所，采取安装漏电保护装置或其他安全保护措施属于龙某等四人的安全责任范围。国网湖北省电力公司京山县供电公司对触电事故的发生没有过错，故不应当承担民事责任。

**第六百五十六条　【供用水、供用气、供用热力合同参照适用供用电合同】供用水、供用气、供用热力合同，参照适用供用电合同的有关规定。**

## 条文解读

本条是对供用水、气、热力合同参照适用供用电合同规则的规定。

供用水、供用气、供用热力合同，是指一方提供水、气、热力供另一方使用，另一方支付报酬的合同。提供水、气、热力的一方为供应人，使用水、气、热力的一方为利用人。

由于供用电、水、气、热力合同都具有公用性、公益性、继续性和合同消灭的非溯及性的共同属性，这类合同与供用电合同在性质和规则上基本上是一致的，因此，本条规定这类合同参照适用供用电合同的有关规定。

〔1〕　参见湖北省荆门市中级人民法院民事判决书，（2017）鄂08民终726号。

供用电、水、气、热力合同一般为格式合同，供应人提供格式合同，利用人订立合同时只要在格式合同上签名，合同即告成立，一般不再做更多的协商。

## 配套法规及解读

**《民法典》(2020年5月28日)**

**第六百四十八条** 供用电合同是供电人向用电人供电，用电人支付电费的合同。

向社会公众供电的供电人，不得拒绝用电人合理的订立合同要求。

**第六百四十九条** 供用电合同的内容一般包括供电的方式、质量、时间，用电容量、地址、性质，计量方式，电价、电费的结算方式，供用电设施的维护责任等条款。

**第六百五十条** 供用电合同的履行地点，按照当事人约定；当事人没有约定或者约定不明确的，供电设施的产权分界处为履行地点。

**第六百五十一条** 供电人应当按照国家规定的供电质量标准和约定安全供电。供电人未按照国家规定的供电质量标准和约定安全供电，造成用电人损失的，应当承担赔偿责任。

**第六百五十二条** 供电人因供电设施计划检修、临时检修、依法限电或者用电人违法用电等原因，需要中断供电时，应当按照国家有关规定事先通知用电人；未事先通知用电人中断供电，造成用电人损失的，应当承担赔偿责任。

**第六百五十三条** 因自然灾害等原因断电，供电人应当按照国家有关规定及时抢修；未及时抢修，造成用电人损失的，应当承担赔偿责任。

**第六百五十四条** 用电人应当按照国家有关规定和当事人的约定及时支付电费。用电人逾期不支付电费的，应当按照约定支付违约金。经催告用电人在合理期限内仍不支付电费和违约金的，供电人可以按照国家规定的程序中止供电。

供电人依据前款规定中止供电的，应当事先通知用电人。

**第六百五十五条** 用电人应当按照国家有关规定和当事人的约定安全、节约和计划用电。用电人未按照国家有关规定和当事人的约定用电，造成供电人损失的，应当承担赔偿责任。

**第六百五十六条** 供用水、供用气、供用热力合同，参照适用供用电合同的有关规定。

**※法规解读：**电力资源、水资源、天然气资源与热力资源都是与人民生活息息相关的基础性资源，法律对于供用电合同的相关规定已经较为完善，供用水合同、供用气合同与供用热力合同应当参照供用电合同当中所规定的双方权利义务以及在相应

情况下应当承担的责任进行适用。

## 典型案例

### 高尔夫(南京)房地产有限公司诉吴某梅供用热力合同纠纷案〔1〕

**※案例解读:**《民法典》第六百五十六条规定:"供用水、供用气、供用热力合同,参照适用供用电合同的有关规定。"本案为供热合同纠纷,适用供用电合同的有关规定。非集中供热地区,开发商向业主出售的商品房含有供热设施,且约定由开发商向业主供热的,开发商负有强制缔约义务,是否解除供热合同应由业主或者业主大会决定,吴某梅提交的停用暖气、热水报告中仅要求停用热水及暖气,并未要求解除双方之间的供热合同,高尔夫(南京)房地产有限公司(以下简称高尔夫公司)解除供热合同的请求不成立。吴某梅已经按照供暖期每月每平方米7元、非供暖期每月每平方米0.7元的标准,向高尔夫公司缴纳了2010年3月16日至12月31日的供热费用,应当视为双方已经对《预售合同》中约定的供热费用的标准进行了变更,法院酌定由吴某梅按照其支付的2010年供热费用的缴费标准的60%向高尔夫公司支付供热费用较为合理。

〔1〕参见江苏省南京市江宁区人民法院民事判决书,(2012)江宁民初字第1427号。

# 第十一章 赠与合同

**本章介绍**

本章规定了赠与合同的概念、赠与人与受赠人的权利与义务等内容。

**第六百五十七条 【赠与合同的概念】** 赠与合同是赠与人将自己的财产无偿给予受赠人，受赠人表示接受赠与的合同。

**条文解读**

本条是对赠与合同概念的规定。

赠与合同，是指赠与人将自己的财产及权利无偿给予受赠人，受赠人表示接受赠与的合同。赠与行为是赠与人依法处分自己财产的法律行为，要求自然人作为赠与人必须有民事行为能力，而接受赠与是一种纯获利的行为，法律承认无民事行为能力人和限制民事行为能力人的受赠人法律地位。

赠与是双方法律行为，是诺成合同、无偿合同、单务合同、非要式合同。

赠与合同的赠与人负有交付赠与标的物的义务。赠与合同一般不要求赠与人承担瑕疵担保责任，但在附义务赠与中，赠与人在附义务的限度内承担与出卖人相同的瑕疵担保责任。赠与人故意不告知赠与财产的瑕疵或保证赠与的财产无瑕疵，造成受赠人损失的，应当承担损害赔偿责任。

**配套法规及解读**

**《民法典》(2020 年 5 月 28 日)**

**第五百三十八条** 债务人以放弃其债权、放弃债权担保、无偿转让财产等方式无偿处分财产权益，或者恶意延长其到期债权的履行期限，影响债权人的债权实现的，债权人可以请求人民法院撤销债务人的行为。

**第一千一百二十三条** 继承开始后，按照法定继承办理；有遗嘱的，按照遗嘱继承或者遗赠办理;有遗赠扶养协议的,按照协议办理。

**※法规解读:**撤销权,是指债务人有积极减少责任财产,影响债权实现的行为时,债权人享有撤销该行为的权利。债务人积极减少责任财产的不当行为有两种:一种是债务人无偿处分财产,另一种是债务人有偿处分财产。债权人的撤销权在学理上被称为"形成诉权",即只能以诉讼的方式行使。

《民法典》第五百三十八条一是明确了债务人无偿处分财产时撤销权成立的要件。即债务人有无偿处分财产行为的,撤销权的成立应具备以下条件:第一,债务人有无偿处分财产权益的行为,包括放弃其债权、放弃债权担保、无偿转让财产等方式,或者恶意延长其到期债权的履行期限。第二,债务人的行为影响债权人的债权实现。

二是明确了撤销权的行使主体及决定主体。即撤销权的行使主体是因债务人的行为影响其债权实现的债权人,撤销权只能向人民法院提起,由人民法院审查决定,不能通过仲裁方式行使。

根据《民法典》第一千一百二十三条规定,遗赠扶养协议优先于遗嘱继承,遗嘱继承优先于法定继承,遗赠包含在遗嘱内,是遗嘱人将个人财产赠给国家、集体或者法定继承人以外的人。

## 关联法规索引

《民法典》第 1158 条

## 典型案例

### 蒋某丽诉陈某烈、《家庭教育导报》社返还公益捐赠纠纷案[1]

**※案例解读:**我国《民法典》第六百五十七条规定:"赠与合同是赠与人将自己的财产无偿给予受赠人,受赠人表示接受赠与的合同。"根据法律的规定,捐款人在行使赠与权利时,有权决定捐款的使用方法,包括签订捐赠协议、对捐助对象附加条件或者义务。受赠人在接受捐款时,有义务遵守赠与人为捐款特别设定的条件。本案中,浙江省女记者协会、杭州新世纪外国语学校、杭州天地实验小学在捐款时,均在捐赠

〔1〕 参见《蒋某丽诉陈某烈、〈家庭教育导报〉社返还公益捐赠纠纷案》,载《最高人民法院公报》2003年第4期。

协议中附加了使用捐款的条件，蒋某丽在享受上述受捐款权利时，有义务遵守捐款人设定的条件。现蒋某丽的监护人要求《家庭教育导报》社及陈某烈将浙江省女记者协会、杭州新世纪外国语学校、杭州天地实验小学的捐款交其本人保管，明显不符合赠与人捐款时的意思表示，依法不予支持。

**第六百五十八条 【赠与的任意撤销及限制】赠与人在赠与财产的权利转移之前可以撤销赠与。**

**经过公证的赠与合同或者依法不得撤销的具有救灾、扶贫、助残等公益、道德义务性质的赠与合同，不适用前款规定。**

## 条文解读

本条是对赠与合同的任意撤销权及限制的规定。

赠与的任意撤销，是指无须具备法定情形，由赠与人依其意思任意撤销赠与合同。撤销的时间应当在赠与财产的权利转移之前。赠与人任意撤销赠与合同，没有期限的限制，并且不受除斥期间的约束。

在一定情形下，赠与人不得撤销赠与，不得撤销赠与的情形有：标的物已经交付或已办理登记等有关手续的；赠与合同订立后，经过公证证明的；赠与合同具有救灾、扶贫、助残等公益、道德义务性质。

## 配套法规及解读

**《民法典》（2020年5月28日）**

**第一百五十二条** 有下列情形之一的，撤销权消灭：

（一）当事人自知道或者应当知道撤销事由之日起一年内、重大误解的当事人自知道或者应当知道撤销事由之日起九十日内没有行使撤销权；

（二）当事人受胁迫，自胁迫行为终止之日起一年内没有行使撤销权；

（三）当事人知道撤销事由后明确表示或者以自己的行为表明放弃撤销权。

当事人自民事法律行为发生之日起五年内没有行使撤销权的，撤销权消灭。

**第六百六十三条** 受赠人有下列情形之一的，赠与人可以撤销赠与：

（一）严重侵害赠与人或者赠与人近亲属的合法权益；

（二）对赠与人有扶养义务而不履行；

（三）不履行赠与合同约定的义务。

赠与人的撤销权，自知道或者应当知道撤销事由之日起一年内行使。

**※法规解读：**根据本条规定，赠与合同的法定撤销，指赠与合同成立后，在具备法律规定的情形时，撤销权人可以撤销赠与。

第一，本条规定明确了赠与人的撤销权。即受赠人有下列情形之一的，赠与人可以撤销赠与：

一是严重侵害赠与人或者赠与人近亲属的合法权益；

二是对赠与人有扶养义务而不履行；

三是不履行赠与合同约定的义务。

第二，明确了赠与人的撤销权行使期间为1年。即赠与人的撤销权，自知道或者应当知道撤销事由之日起1年内行使。同时，根据《民法典》第一百五十二条第二款规定："当事人自民事法律行为发生之日起五年内没有行使撤销权的，撤销权消灭。"据此，赠与人的法定撤销权应受该5年期间的限制。

**典型案例**

### 唐某杰与兰某撤销赠与纠纷案[1]

**※案例解读：**我国《民法典》第六百五十八条规定："赠与人在赠与财产的权利转移之前可以撤销赠与。经过公证的赠与合同或者依法不得撤销的具有救灾、扶贫、助残等公益、道德义务性质的赠与合同，不适用前款规定。"本案中，唐某杰与兰某系在婚姻关系存续期间签订赠与协议，该协议明确约定签约目的是婚姻的稳定和给长久的婚姻一个物质基础。唐某杰与兰某均给予了共同的孩子关爱，双方签订的协议并不具有道德义务性质，赠与人唐某杰在赠与财产的权利转移之前可以撤销赠与，唐某杰提出撤销协议中未过户产权部分的赠与请求具有事实和法律依据。

**第六百五十九条　【赠与特殊财产需要办理登记等手续】赠与的财产依法需要办理登记或者其他手续的，应当办理有关手续。**

---

〔1〕参见四川省成都市中级人民法院民事判决书，（2014）成民终字第3149号。

## 条文解读

本条是对赠与特殊财产需要办理登记等手续的规定。

赠与的财产依法需要办理登记或者其他手续的,应当办理有关手续。登记或者办理其他手续可以是转移赠与标的物所有权,也可以是登记备案。因此,登记或者办理其他手续并非赠与合同的成立要件。如果法律规定登记只具有备案的性质,登记并不影响赠与合同的成立。如果法律规定登记是合同成立要件,则赠与合同成立必须履行登记手续,否则合同不成立。如果法律规定登记是合同生效要件,则未经登记不影响合同的成立,只是合同不发生效力。

## 配套法规及解读

**《不动产登记暂行条例》(2019 年 3 月 24 日修订)**

**第十四条** 因买卖、设定抵押权等申请不动产登记的,应当由当事人双方共同申请。

属于下列情形之一的,可以由当事人单方申请:

(一)尚未登记的不动产首次申请登记的;

(二)继承、接受遗赠取得不动产权利的;

(三)人民法院、仲裁委员会生效的法律文书或者人民政府生效的决定等设立、变更、转让、消灭不动产权利的;

(四)权利人姓名、名称或者自然状况发生变化,申请变更登记的;

(五)不动产灭失或者权利人放弃不动产权利,申请注销登记的;

(六)申请更正登记或者异议登记的;

(七)法律、行政法规规定可以由当事人单方申请的其他情形。

**※法规解读:**根据本条规定,不动产登记以共同申请为原则,单方申请为例外。

本条第一款明确了不动产登记以共同申请为原则。共同申请是不动产登记申请的一般方式,主要适用于因法律行为而产生物权变动的情形,如不动产买卖、交换、赠与、抵押等,这些行为都属于民事法律行为中的双方法律行为,需要双方意思表示一致才能成立。其中涉及第三人的,还应该征得第三人的同意。

本条第二款明确规定了可以由当事人单方申请的情形。当事人单方申请情形有限,因此,本款采用了列举的方式对单方申请的情形进行了规定。单独申请的情形基本上可以分为两种:一是不存在不动产权利的交易,因此也就不存在对方当事人,只能单独申请;二是权利来源于法律的规定,不需要征得原不动产权利人的同意,也就不必要求原权利人和现权利人一同申请。

## 典型案例

### 李某甲诉李某乙等赠与合同纠纷案[1]

**※案例解读:**我国《民法典》第六百五十九条规定:"赠与的财产依法需要办理登记或者其他手续的,应当办理有关手续。"本案中,李某乙与魏某花在离婚诉讼中达成调解,同意将涉诉房产赠与李某甲。该调解协议系双方真实意思表示,且经人民法院民事调解书确认,可以认定李某乙、魏某花与李某甲之间成立赠与合同关系。根据法律规定,经过公证的赠与合同,赠与人不交付赠与的财产的,受赠人可以要求交付。人民法院民事调解书的公示效力明显大于公证文书,经过公证的赠与尚不得随意撤销,人民法院民事调解书所确认的赠与更不得随意撤销。李某甲要求李某乙、魏某花配合办理涉诉房产的产权变更登记手续,有充分的事实和法律依据。因涉诉房产已设定抵押权,该权利优先于李某甲基于赠与合同享有的债权请求权,故相关产权变更登记手续应待涉诉房产上设定的抵押权消灭后方可办理。

**第六百六十条　【受赠人的交付请求权及赠与人责任】经过公证的赠与合同或者依法不得撤销的具有救灾、扶贫、助残等公益、道德义务性质的赠与合同,赠与人不交付赠与财产的,受赠人可以请求交付。**

**依据前款规定应当交付的赠与财产因赠与人故意或者重大过失致使毁损、灭失的,赠与人应当承担赔偿责任。**

## 条文解读

本条是对受赠人的交付请求权及赠与人责任的规定。

赠与合同是无偿合同,赠与合同订立后,赠与人可以撤销合同。但具有救灾、扶贫、助残等公益、道德义务性质的赠与合同或者经过公证的赠与合同,不能任意撤销。此类合同,赠与人必须履行赠与义务,交付赠与物并转移赠与物的所有权,赠与人不

[1] 参见福建省厦门市中级人民法院民事判决书,(2014)厦民终字第2198号。

交付赠与的财产的，受赠人可以请求交付、赠与人违反赠与义务的，则应当承担继续履行的违约责任，但仅限于赠与财产本身，不包括迟延利息和其他损害赔偿。

应当交付的赠与财产，如果因赠与人故意或者重大过失致使赠与物毁损、灭失的，赠与人应当承担损害赔偿责任。

## 配套法规及解读

**《公证法》(2017 年 9 月 1 日修正)**

**第十一条** 根据自然人、法人或者其他组织的申请，公证机构办理下列公证事项：

(一)合同；

(二)继承；

(三)委托、声明、赠与、遗嘱；

(四)财产分割；

(五)招标投标、拍卖；

(六)婚姻状况、亲属关系、收养关系；

(七)出生、生存、死亡、身份、经历、学历、学位、职务、职称、有无违法犯罪记录；

(八)公司章程；

(九)保全证据；

(十)文书上的签名、印鉴、日期，文书的副本、影印本与原本相符；

(十一)自然人、法人或者其他组织自愿申请办理的其他公证事项。

法律、行政法规规定应当公证的事项，有关自然人、法人或者其他组织应当向公证机构申请办理公证。

**第二十五条** 自然人、法人或者其他组织申请办理公证，可以向住所地、经常居住地、行为地或者事实发生地的公证机构提出。

申请办理涉及不动产的公证，应当向不动产所在地的公证机构提出；申请办理涉及不动产的委托、声明、赠与、遗嘱的公证，可以适用前款规定。

**※法规解读：**公证机构的业务范围是公正机构根据法律规定和公证机构的职责权限可以办理的公正法律事务。公证机构的证明是公证机构最主要、最基本的业务。

公证管辖是指各公证机构之间受理公证事项的职责划分与权限分工。实践中，当事人办理公证事项首先面临的就是向哪一个公证机构提出公证申请的问题，公证管辖方面的规定就是针对这个问题而设立的。

## 关联法规索引

《公益事业捐赠法》第12～14条

## 典型案例

### 于某波诉于某、于某卿、于某斌赠与合同纠纷案〔1〕

**※案例解读：**我国《民法典》第六百六十条规定："经过公证的赠与合同或者依法不得撤销的具有救灾、扶贫、助残等公益、道德义务性质的赠与合同，赠与人不交付赠与财产的，受赠人可以请求交付。依据前款规定应当交付的赠与财产因赠与人故意或者重大过失致使毁损、灭失的，赠与人应当承担赔偿责任。"具有救灾、扶贫等社会公益、道德义务性质的赠与合同或者经过公证的赠与合同，赠与人不交付赠与的财产的，受赠人可以要求交付。本案中，王某英在其生前将名下的涉案房屋赠与于某波，于某波表示接受赠与并办理公证，故双方之间的赠与合同成立并生效，王某英应按照合同约定将涉案房屋转移登记至于某波名下。王某英去世后，其继承人具有协助于某波将涉案房屋过户至于某波名下的义务。

**第六百六十一条　【附义务的赠与合同】赠与可以附义务。**

**赠与附义务的，受赠人应当按照约定履行义务。**

## 条文解读

本条是对附义务赠与的规定。

附义务的赠与，是指以受赠人对赠与人或者第三人为一定给付为条件的赠与。附义务赠与是在接受赠与时附加一定的条件，并且赠与所附义务的限度应当低于赠与物的价值。一般情况下，赠与行为在后，附条件的履行在先，但履行顺序可以另外约定。赠与所附义务可以向赠与人履行，也可以向第三人履行。所附义务是赠与合同的组成部分，不是独立的合同。

如果附义务的赠与有效，受赠人接受赠与的，应当按照约定履行所附义务；受赠

〔1〕参见北京市第二中级人民法院民事判决书，(2018)京02民终2288号。

人拒绝履行所附义务的,构成违约行为,应当承担违约责任。

## 配套法规及解读

**《民法典》(2020 年 5 月 28 日)**

**第一千一百四十四条** 遗嘱继承或者遗赠附有义务的,继承人或者受遗赠人应当履行义务。没有正当理由不履行义务的,经利害关系人或者有关组织请求,人民法院可以取消其接受附义务部分遗产的权利。

**※法规解读:**附有义务的遗嘱继承或者遗赠指遗嘱继承人或者受遗赠人在继承遗嘱人的财产时需要履行遗嘱人或者遗赠人对其附加的特定义务,否则其接受附义务部分遗产的权利可能被法院取消。

## 关联法规索引

《民法典》第 158 条

**第六百六十二条 【赠与财产存在瑕疵的责任】赠与的财产有瑕疵的,赠与人不承担责任。附义务的赠与,赠与的财产有瑕疵的,赠与人在附义务的限度内承担与出卖人相同的责任。**

**赠与人故意不告知瑕疵或者保证无瑕疵,造成受赠人损失的,应当承担赔偿责任。**

## 条文解读

本条是对赠与人瑕疵担保责任的规定。

赠与是无偿合同,一般不要求赠与人承担瑕疵担保责任,受赠人不得因赠与物有瑕疵而要求赠与人承担违约责任。

例外情况有:在附义务赠与中,如果赠与物有瑕疵,赠与人在附义务的限度内承担与出卖人相同的瑕疵担保责任;赠与人故意不告知赠与财产瑕疵或保证赠与财产无瑕疵,造成受赠人损失的,应当承担损害赔偿责任。

## 配套法规及解读

**《民法典》(2020 年 5 月 28 日)**

**第六百二十三条**　当事人对检验期限未作约定,买受人签收的送货单、确认单等载明标的物数量、型号、规格的,推定买受人已经对数量和外观瑕疵进行检验,但是有相关证据足以推翻的除外。

**※法规解读:**当事人对检验期限未作约定的,签收载明标的物数量、型号、规格的送货单、确认单等可推定其已经对数量和外观瑕疵进行了检验。

有相反证据足以证明当事人没有对数量和外观瑕疵进行检验的,应当以证据证实的内容为准。

## 典型案例

### 阳光一百置业(辽宁)有限公司与刘某商品房销售合同纠纷案[1]

**※案例解读:**我国《民法典》第六百六十二条规定:"赠与的财产有瑕疵的,赠与人不承担责任。附义务的赠与,赠与的财产有瑕疵的,赠与人在附义务的限度内承担与出卖人相同的责任。赠与人故意不告知瑕疵或者保证无瑕疵,造成受赠人损失的,应当承担赔偿责任。"本案中,涉案房屋赠与复式部位的赠与是在刘某支付了购买涉案房屋的对价后才会取得的赠与,属于附义务的赠与,此时,阳光一百置业(辽宁)有限公司作为赠与人承担与出卖人相同的责任。阳光一百置业(辽宁)有限公司未将复式窗户不能完全打开的事实告知刘某,此部位的瑕疵对涉案房屋使用的空间和美观造成影响。因此,阳光一百置业(辽宁)有限公司作为赠与人应当承担相应的责任。

**第六百六十三条　【赠与人的法定撤销情形及撤销权行使期间】受赠人有下列情形之一的,赠与人可以撤销赠与:**

**(一)严重侵害赠与人或者赠与人近亲属的合法权益;**

**(二)对赠与人有扶养义务而不履行;**

---

〔1〕 参见辽宁省沈阳市中级人民法院民事判决书,(2017)辽 01 民终 8580 号。

（三）不履行赠与合同约定的义务。

赠与人的撤销权，自知道或者应当知道撤销事由之日起一年内行使。

## 条文解读

本条是对赠与人法定撤销权与除斥期间的规定。

赠与的法定撤销，是指具备法定条件时，允许赠与人或其继承人、监护人行使撤销权，撤销赠与合同的行为。法定撤销与任意撤销不同，必须具有法定理由，在具备这些法定事由时，权利人可以撤销赠与。

法定的撤销事由包括：受赠人严重侵害赠与人或赠与人的近亲属的合法权益；受赠人对赠与人有扶养义务而不履行；受赠人不履行赠与合同约定的义务。

撤销权行使期间为除斥期间。赠与人行使撤销权应当自知道撤销原因之日起1年内行使，超过1年不行使的，该撤销权消灭。

## 配套法规及解读

**《民法典》（2020年5月28日）**

**第五百七十七条** 当事人一方不履行合同义务或者履行合同义务不符合约定的，应当承担继续履行、采取补救措施或者赔偿损失等违约责任。

**第五百七十八条** 当事人一方明确表示或者以自己的行为表明不履行合同义务的，对方可以在履行期限届满前请求其承担违约责任。

**第六百六十五条** 撤销权人撤销赠与的，可以向受赠人请求返还赠与的财产。

**※法规解读：**违约责任的一般构成要件：具有违约行为；不存在法定或者约定的免责事由。

违约行为根据发生的时间，分为预期违约和实际违约。预期违约分为明示预期违约行为和默示预期违约行为。明示预期违约行为，即当事人一方明确表示不履行合同义务。默示预期违约行为，即当事人一方以自己的行为表明不履行合同义务。预期违约责任承担请求权可以在履行期限届满前行使。

赠与的法定撤销权是形成权，一经撤销即发生效力，赠与人与受赠人关系自始解除。

## 典型案例

### 葛某祥等与葛某云赠与合同纠纷案[1]

**※案例解读：**我国《民法典》第六百六十三条规定："受赠人有下列情形之一的，赠与人可以撤销赠与：(一)严重侵害赠与人或者赠与人近亲属的合法权益；(二)对赠与人有扶养义务而不履行；(三)不履行赠与合同约定的义务。赠与人的撤销权，自知道或者应当知道撤销事由之日起一年内行使。"本案中，葛某祥与葛某云等各方于2010年3月9日所签订的分家析产协议已依法成立并生效。根据该协议，涉案房屋归葛某云所有，葛某云自愿独立赡养葛某祥夫妇，为二老养老送终。葛某祥与葛某云之间成立赠与合同关系，该赠与合同关系受法律保护。葛某祥作为赠与人、葛某云作为受赠人均应按照协议履行自己的合同义务。葛某祥只有在葛某云作为受赠人有严重侵害赠与人或者赠与人近亲属的合法权益、对赠与人有扶养义务而不履行、不履行赠与合同约定的义务情形之一时，才可以撤销赠与。而葛某云作为受赠人一直履行赡养葛某祥的义务，每月向葛某祥支付赡养费用，且涉案房屋至今一直由葛某祥居住使用。因此，葛某祥提出的涉案房屋不归葛某云所有、葛某云未尽赡养义务等主张没有事实根据，其要求撤销赠与的请求缺乏法律依据。

**第六百六十四条　【赠与人的继承人或法定代理人的撤销权】因受赠人的违法行为致使赠与人死亡或者丧失民事行为能力的，赠与人的继承人或者法定代理人可以撤销赠与。**

**赠与人的继承人或者法定代理人的撤销权，自知道或者应当知道撤销事由之日起六个月内行使。**

## 条文解读

本条是对赠与人的继承人或法定代理人法定撤销权与除斥期间的规定。

在一般情况下，法定赠与撤销权应由赠与人本人享有，但在因受赠人的违法行为致使赠与人死亡或者丧失民事行为能力时，赠与人的继承人或者法定代理人享有法定撤销权。

---

〔1〕 参见北京市高级人民法院民事裁定书，(2017)京民申4190号。

赠与人的继承人或者法定代理人的撤销权，自知道或者应当知道撤销事由之日起六个月内行使。继承人和法定代理人的法定撤销权的除斥期间，比赠与人的法定撤销权的除斥期间要短。

## 配套法规及解读

**《民法典》(2020 年 5 月 28 日)**

**第二十一条** 不能辨认自己行为的成年人为无民事行为能力人，由其法定代理人代理实施民事法律行为。

八周岁以上的未成年人不能辨认自己行为的，适用前款规定。

**第二十二条** 不能完全辨认自己行为的成年人为限制民事行为能力人，实施民事法律行为由其法定代理人代理或者经其法定代理人同意、追认；但是，可以独立实施纯获利益的民事法律行为或者与其智力、精神健康状况相适应的民事法律行为。

**第二十三条** 无民事行为能力人、限制民事行为能力人的监护人是其法定代理人。

**第一百七十五条** 有下列情形之一的，法定代理终止：

(一)被代理人取得或者恢复完全民事行为能力；

(二)代理人丧失民事行为能力；

(三)代理人或者被代理人死亡；

(四)法律规定的其他情形。

**※法规解读：**无民事行为能力的人不仅指 8 周岁以下的未成年人，一些成年人可能也没有民事行为能力，如精神病人。无民事行为能力人所做的一切违法事情都由其法定代理人承担相应的民事法律责任。

限制民事行为能力的成年人虽然已满 18 周岁，但是其因智力和精神状况存在问题仍然不能完全辨认自己的行为，只能实施纯粹获利的行为或与其智力、精神状况相适应的法律行为。

无民事行为能力人和限制民事行为能力人因智力和辨认、控制能力水平有限，或者根本不具备相应能力，所以只能由他们的法定代理人代为实施民事法律行为，或其行为经法定代理人的同意、追认。

法定代理在下列情形下终止：被代理人取得或者恢复完全民事行为能力；代理人丧失民事行为能力；代理人或者被代理人死亡；法律规定的其他情形。

## 关联法规索引

《民法典》第 17～20 条

**第六百六十五条　【撤销赠与的效力】撤销权人撤销赠与的，可以向受赠人请求返还赠与的财产。**

## 条文解读

本条是对撤销权行使效果的规定。

赠与人的任意撤销权与赠与人或者其继承人、法定代理人的法定撤销权，其权利性质都为形成权。赠与撤销权一经行使，即发生撤销赠与法律行为的效力，赠与行为一经撤销，自始无效。

赠与人行使撤销权后，赠与人享有返还赠与财产请求权，可以向受赠人请求返还赠与财产；受赠人负有返还赠与财产的义务，应当向赠与人返还赠与财产，并转移财产所有权。

## 配套法规及解读

**《民法典》（2020 年 5 月 28 日）**

**第一百七十九条**　承担民事责任的方式主要有：

（一）停止侵害；

（二）排除妨碍；

（三）消除危险；

（四）返还财产；

（五）恢复原状；

（六）修理、重作、更换；

（七）继续履行；

（八）赔偿损失；

（九）支付违约金；

（十）消除影响、恢复名誉；

（十一）赔礼道歉。

法律规定惩罚性赔偿的,依照其规定。

本条规定的承担民事责任的方式,可以单独适用,也可以合并适用。

**※法规解读:**停止侵害,是指加害人正在实施侵害他人财产或人身的行为的,受害人可以依法请求其停止侵害行为。

排除妨碍,是指不法行为人实施的侵害行为使受害人无法行使或者不能正常行使自己的财产权利、人身权利的,受害人有权请求人民法院责令其排除妨碍。

消除危险,是指行为人实施的行为对他人人身和财产造成威胁,或者存在侵害他人人身和财产的可能的,他人有权要求行为人采取有效措施消除这种现实威胁。

返还财产,是指行为人无权占有他人财产时,行为人应当返还财产。

恢复原状。广义的恢复原状,是指恢复权利被侵害前的原有状态;狭义的恢复原状,是指行为人通过修理等手段使受到损坏的财产恢复到损坏发生前的状况的一种责任方式。

修理、重作、更换。修理,是指行为人造成他人财产毁损重作或者交付的标的物不合格,权利人有权要求行为人对财产进行修缮,以恢复原状或者符合合同的要求。重作,是指行为人造成他人财产毁损或者交付的标的物不合格,权利人有权要求行为人按照原物予以重新制作。更换,是指行为人造成他人财产毁损或者交付的标的物不合格,权利人有权要求行为人另行交付同等质量、同等数量的标的物。

继续履行,是指在一方违反合同时,另一方有权要求其依据合同的规定继续履行。

赔偿损失,是指行为人因违反合同或者侵权行为而给他人造成损害的,应当以其财产赔偿受害人所受的损害的一种责任形式。

支付违约金。违约金,是指当事人通过协商预先确定的,在违约发生后作出的独立于履行行为以外的给付。

消除影响、恢复名誉。消除影响,是指行为人因侵害了公民或者法人的人格权应承担的在影响所及的范围内消除不良后果的一种责任形式。恢复名誉,是指行为人因侵害了公民或者法人的名誉应承担的在影响所及的范围内将受害人的名誉恢复至未受侵害时的状态的一种责任形式。

赔礼道歉,是指违法行为人通过口头、书面或者其他方式向受害人公开认错、表示歉意。

## 关联法规索引

《民法典》第 155 ~ 157 条

**第六百六十六条　【赠与义务的免除】赠与人的经济状况显著恶化，严重影响其生产经营或者家庭生活的，可以不再履行赠与义务。**

## 条文解读

本条是对免除赠与人履行赠与义务的规定。

赠与人在法律规定的情形时，享有拒绝履行赠与义务的权利。

法定情形，是指赠与人经济状况显著恶化，严重影响生产经营或者家庭生活。

拒绝履行赠与义务的权利的性质是形成权。该权利一经行使，即发生效力。赠与人拒绝履行赠与权，可以通过口头或者书面形式行使。

## 配套法规及解读

**《民法典》(2020 年 5 月 28 日)**

**第五百二十七条**　应当先履行债务的当事人，有确切证据证明对方有下列情形之一的，可以中止履行：

(一)经营状况严重恶化；

(二)转移财产、抽逃资金，以逃避债务；

(三)丧失商业信誉；

(四)有丧失或者可能丧失履行债务能力的其他情形。

当事人没有确切证据中止履行的，应当承担违约责任。

**※法规解读：**《民法典》第五百二十七条规定了不安抗辩权的有关内容。不安抗辩权，是指双务合同成立后，应当先履行的当事人有确切证据证明对方不能履行合同义务，或者不能履行合同义务的可能性比较高时，在对方恢复履行能力或者提供担保之前，享有中止履行合同义务的权利。

# 第十二章　借 款 合 同

## 本章介绍

本章规定了借款合同的概念、借款人与贷款人的权利与义务等内容。

**第六百六十七条　【借款合同的定义】借款合同是借款人向贷款人借款，到期返还借款并支付利息的合同。**

## 条文解读

本条是对借款合同概念的规定。

借款合同，是指借款人向贷款人借款，到期返还借款并支付利息的合同。

借款合同的特征是：借款合同的标的物为货币；借款合同是转让借款所有权的合同；借款合同一般是有偿合同，除法律另有规定外，都会向借款人收取一定数额利息；借款合同一般是诺成、双务合同，自然人之间的口头借款合同是实践性合同。

## 配套法规及解读

**《民法典》(2020 年 5 月 28 日)**

**第六百六十九条**　订立借款合同，借款人应当按照贷款人的要求提供与借款有关的业务活动和财务状况的真实情况。

**《最高人民法院关于审理民间借贷案件适用法律若干问题的规定》(2020 年 12 月 29 日修正)**

**第一条**　本规定所称的民间借贷，是指自然人、法人和非法人组织之间进行资金融通的行为。

**※法规解读：**借款人应当按照贷款人的要求提供借款人的业务活动和财务状况的真实情况。贷款人按照约定可以检查、监督借款的使用情况。借款人应当按照约定向贷款人定期提供有关财务会计报表等资料。实践中，对于自然人借款人，金融机

构会要求其授权查询信用情况、要求借款人提供收入证明等；对于企业借款人，金融机构会要求借款企业定期提供财务报表，未按期提供则可能构成违约事件导致借款提前到期。

## 关联法规索引

《贷款通则》第2条

## 典型案例

### 禾田公司诉中聚公司、嵘鼎公司民间借贷纠纷案[1]

**※案例解读：**我国《民法典》第六百六十七条规定："借款合同是借款人向贷款人借款，到期返还借款并支付利息的合同。"民间借贷中，如出借人与借款人约定，提供借款的方式为将借款用于特定用途而非直接向借款人交付款项，在不违反法律、行政法规强制性规定的情况下，系属有效。本案系非典型民间借贷。出借人与借款人对提供借款方式进行了特别约定，与常见的直接交付款项有所区别。此时，对于出借人有无实际提供借款的认定，应当尊重当事人意思自治，根据当事人的约定进行判断。本案的裁判，体现了对民间借贷案件中"提供借款"要件的正确把握。出借人作为承包方为第三人（发包方）垫付工程款，后出借人与借款人签订借款合同，约定提供借款方式为将出借人对已竣工验收合格的建设工程所垫付的工程款作为借款并附加利息，该种情形下借贷款项是否交付，应根据当事人意思自治原则，以当事人的约定为依据作出认定。借款人仅以工程尚未结算、工程对账明细中未涉及上述借款等为由主张出借人未实际提供借款，故人民法院不予支持。

**第六百六十八条　【借款合同的形式和内容】借款合同应当采用书面形式，但是自然人之间借款另有约定的除外。**

**借款合同的内容一般包括借款种类、币种、用途、数额、利率、期限和还款方式等条款。**

---

[1] 参见江苏省高级人民法院民事判决书，(2018)苏民再173号。

## 条文解读

本条是对借款合同形式和内容的规定。

借款合同是要式合同，应当采用书面形式以固定双方当事人的权利义务关系。自然人之间的民间借贷在另有约定的情况下，可以用口头形式订立合同。

借款合同的内容包括借款种类、币种、用途、数额、利率、期限和还款方式等条款。

## 配套法规及解读

**《民法典》(2020年5月28日)**

**第一百三十五条** 民事法律行为可以采用书面形式、口头形式或者其他形式；法律、行政法规规定或者当事人约定采用特定形式的，应当采用特定形式。

**第四百六十九条** 当事人订立合同，可以采用书面形式、口头形式或者其他形式。

以电子数据交换、电子邮件等方式能够有形地表现所载内容，并可以随时调取查用的数据电文，视为书面形式。

**※法规解读：**书面形式多用于设立、变更或者终止重大法律关系，书面形式能够明确当事人设立、变更、终止法律关系的权利和义务，避免歧义。

## 关联法规索引

《商业银行法》第37条；《贷款通则》第29条

## 典型案例

### 张某庆与郎某英、李某儿民间借贷纠纷案[1]

**※案例解读：**我国《民法典》第六百六十八条规定："借款合同应当采用书面形式，但是自然人之间借款另有约定的除外。借款合同的内容一般包括借款种类、币种、用途、数额、利率、期限和还款方式等条款。"本案中，张某庆主张郎某英向其借款，但并未提供借款协议以及提供证据证明双方就借贷事实另有约定，亦未提供证据证明双方就借款用途、利率、期限等作过约定。同时，因张某庆无法准确陈述郎某英向

---

〔1〕 参见浙江省绍兴市中级人民法院民事判决书，(2015)浙绍商终字第1004号。

其借款的时间、用途以及在款项汇出后何时要求郎某英出具借条等事实;而郎某英对借贷事实不予认可。在双方对借贷关系存在争议的情况下,应由债权人(本案原告)就双方存在借贷合意等进一步提供证据证明。张某庆未能就双方存在借贷合意提供进一步的证据证明,应承担举证不能的不利后果。

**第六百六十九条 【借款合同借款人的告知义务】订立借款合同,借款人应当按照贷款人的要求提供与借款有关的业务活动和财务状况的真实情况。**

## 条文解读

本条是对借款人的告知义务规定。

借款人在借款合同订立过程中,应当按照贷款人的要求,提供与借款有关的真实情况,从而使贷款人能够系统地分析借款人的信用状况,为贷款提供依据。如果借款人故意隐瞒上述真实情况或者捏造虚假情况,则构成欺诈,应当按照《民法典》关于欺诈的规定处理。

## 配套法规及解读

**《民法典》(2020 年 5 月 28 日)**

**第六百七十二条** 贷款人按照约定可以检查、监督借款的使用情况。借款人应当按照约定向贷款人定期提供有关财务会计报表或者其他资料。

**※法规解读:**贷款人按照约定可以检查、监督借款的使用情况。这便于贷款人及时掌握借款人偿还贷款的能力,以便及时作出反应。特别是银行机构作为贷款人时,要求借款人定期提供有关财务会计报表等材料,通过检查、监督,及时了解借款人的偿还能力及业务活动和财务状况的真实情况,会增加银行到期收回贷款的安全系数,使贷款的风险大大降低,提高资本运营质量和效率。同时也会促使借款人严格按照借款合同规定使用借款、偿还借款。

## 关联法规索引

《贷款通则》第 19 条

典型案例

## 张某恒等诉中国银行股份有限公司昆明市民航路支行金融借款合同纠纷案[1]

※**案例解读**：我国《民法典》第六百六十九条规定："订立借款合同，借款人应当按照贷款人的要求提供与借款有关的业务活动和财务状况的真实情况。"本案系借款合同纠纷，李某祥持《委托书》代张某恒、孙某仙向中国银行股份有限公司昆明市民航路支行（以下简称中国银行）申请贷款，双方签订《个人循环贷款额度协议》《个人循环贷款最高额抵押合同》《个人抵（质）押循环贷款合同》，合同约定并授权贷款人将贷款划入借款人指定朱某勇账户。李某祥到中国银行借款所持《委托书》经昆明市公正司法鉴定中心鉴定，鉴定结果显示该委托书委托人张某恒、孙某仙签字捺印均非本人所为。李某祥使用伪造张某恒、孙某仙签字捺印的《委托书》是其单方违法行为，但该委托并不改变其真实的代理人身份，张某恒、孙某仙无证据证明双方委托关系已经解除或者终止。李某祥与中国银行签订的《个人循环贷款额度协议》《个人循环贷款最高额抵押合同》《个人抵（质）押循环贷款合同》未超出授权委托范围，李某祥的代理行为成立。中国银行与张某恒、孙某仙形成借款和抵押合同关系，双方当事人应当按照合同约定履行义务。中国银行已按约履行发放贷款的义务，而合同履行期间，张某恒未按约付息，构成违约，符合约定的合同解除条件，中国银行主张解除合同，返还借款本金并支付利息和逾期利息，有事实和法律依据，应当予以支持。中国银行与张某恒、孙某仙形成抵押合同关系，约定的抵押物已经办理抵押登记手续，中国银行的抵押权设立，其主张实现的抵押权未超出约定抵押担保范围，也应予以支持。

**第六百七十条 【借款利息不得预先扣除】借款的利息不得预先在本金中扣除。利息预先在本金中扣除的，应当按照实际借款数额返还借款并计算利息。**

条文解读

本条是对借款合同禁止利息先扣的规定。

[1] 参见云南省昆明市中级人民法院民事判决书，(2016)云01民再40号。

利息先扣，是在贷款人发放借款之时，将部分利息在本金中预先扣除。

借款合同禁止利息先扣。当事人约定利息先扣的，不具有法律效力，应当按照实际借款数额计算借款本金与利息。

## 配套法规及解读

**《民法典》(2020 年 5 月 28 日)**

**第五百六十一条** 债务人在履行主债务外还应当支付利息和实现债权的有关费用，其给付不足以清偿全部债务的，除当事人另有约定外，应当按照下列顺序履行：

(一)实现债权的有关费用；

(二)利息；

(三)主债务。

**《最高人民法院关于审理民间借贷案件适用法律若干问题的规定》(2020 年 12 月 29 日修正)**

**第二十六条** 借据、收据、欠条等债权凭证载明的借款金额，一般认定为本金。预先在本金中扣除利息的，人民法院应当将实际出借的金额认定为本金。

**※法规解读：**债务人除了原本债务之外，还应支付利息和费用之债，而债务人的清偿不足以清偿全部债务时，应当按照清偿抵充的约定顺序进行，没有约定的，依照法定抵充顺序为之。在抵充顺序规则下，前一顺序得对抗后一顺序。

## 关联法规索引

《商业银行法》第 47 条；《贷款通则》第 14 条

## 典型案例

### 柳某军等诉庆阳安泰能源装备有限公司等民间借贷纠纷案[1]

**※案例解读：**我国《民法典》第六百七十条规定："借款的利息不得预先在本金中

[1] 参见甘肃省庆阳市中级人民法院民事判决书，(2014)庆中民初字第 64 号。

扣除。利息预先在本金中扣除的，应当按照实际借款数额返还借款并计算利息。”本案中，2013年6月14日及8月19日，庆阳安泰能源装备有限公司（以下简称安泰公司）、王某强向柳某军等5人借款500万元及200万元，并签订了借款合同。2014年3月12日，柳某军等5人将500万元借款转借，安泰公司、王某强与该5人分别签订了100万元借款合同。2014年3月18日，叶某泽、石某洁将200万元借款转借，安泰公司、王某强亦与该二人分别签订了借款合同，但合同签订后，柳某军等5人并未实际支付款项，柳某军等5人于2014年3月12日及2014年3月18日重新签订的借款合同成立但未生效。柳某军等5人要求安泰公司、王某强依据转借后所签合同约定的款项承担还款义务的诉请不能成立，安泰公司、王某强应按首次借款合同的约定继续承担还款义务。首次借款合同签订后，柳某军等5人在支付款项时，扣除了首月利息，实际支付475万元和190万元，根据上述法律规定，两笔借款本金应分别确定为475万元和190万元。2014年3月12日、18日，安泰公司、王某强及张某娟与柳某军等5人签订了借款抵押合同及保证条款，虽然本次两份借款主合同未生效，但此次合同是对首次借款合同的延续，是在借款合同履行过程中，安泰公司、王某强及张某娟对原告债权实现的承诺，应认定安泰公司自愿以其车辆为两笔借款提供抵押，张某娟亦同意为两笔借款提供担保，故柳某军等5人可以先就该三辆车的抵押实现债权，不足偿还部分由张某娟承担连带保证责任，张某娟在承担保证责任后，有权向安泰公司、王某强追偿。

**第六百七十一条　【支付及收取借款迟延责任】贷款人未按照约定的日期、数额提供借款，造成借款人损失的，应当赔偿损失。**

**借款人未按照约定的日期、数额收取借款的，应当按照约定的日期、数额支付利息。**

## 条文解读

本条是对支付借款迟延责任的规定。

在借贷合同的履行中，贷款人应当按照约定的日期和数额提供借款。如果贷款人违反上述义务，应当承担违约责任。造成借款人损失的，应当对借款人承担赔偿损失的违约责任。

同样，借款人应当按照约定的日期、数额收取借款，不得迟延履行上述义务。借款人未按照约定的日期、数额收取借款的，构成受领迟延的违约责任，应当按照约定的日期、数额支付利息。

## 配套法规及解读

《民法典》(2020 年 5 月 28 日)

**第五百六十六条第二款**　合同因违约解除的,解除权人可以请求违约方承担违约责任,但是当事人另有约定的除外。

**第五百七十九条**　当事人一方未支付价款、报酬、租金、利息,或者不履行其他金钱债务的,对方可以请求其支付。

**※法规解读:**合同因违约而解除的,未违约的一方当事人是解除权人,可以请求违约方承担违约责任,如果当事人另有约定,则按照当事人的约定办理。

当事人一方未按照合同约定履行金钱债务的,对方可以请求其履行。货币具有高度流通性和可替代性,一般不会出现法律上或者事实上的不能履行,或者不适于强制履行、履行费用过高的情形,一般也不会出现因为不可抗力而完全不能继续履行的情形,因此违约方应当继续履行,对方可以请求其支付。

## 关联法规索引

《贷款通则》第 19、22 条

## 典型案例

### 李某与庄某达、云南天素实业有限公司等民间借贷纠纷案〔1〕

**※案例解读:**我国《民法典》第六百七十一条规定:"贷款人未按照约定的日期、数额提供借款,造成借款人损失的,应当赔偿损失。借款人未按照约定的日期、数额收取借款的,应当按照约定的日期、数额支付利息。"《民事诉讼法》第六十七条规定:"当事人对自己提出的主张,有责任提供证据。"对于借款本息的数额问题。在庭审中经法庭组织双方当事人确认,李某实际出借的本金为人民币 864 万元。该款项出借有银行转账凭证可以证实。因庄某达在诉讼前已归还部分本金,经双方对账确认,各方均确认现尚欠本金人民币 3,915,898.47 元。因双方间借款合同约定的利率已高

〔1〕 参见云南省昆明市中级人民法院民事判决书,(2014)昆民三初字第 206 号。

于人民银行规定的同期同类银行贷款利率4倍以上，故法院可以对该利率依法予以调整。在庭审中，法院组织双方当事人按人民银行规定的同期同类银行贷款利率4倍重新计算借款利息，并将已还部分扣减之后分段计算，各方一致确认至2015年3月3日尚欠利息为人民币392,160.9元。本案债务发生于庄某达、杨某婚姻存续期内，为庄某达、杨某夫妻共同债务，庄某达、杨某对借款本息负有共同偿还义务。云南天素实业有限公司以其持有的云南水利机械有限责任公司2250万元的股权为上述借款提供质押担保，并办理了质押登记，依法应承担质押担保责任，李某对该股权享有优先受偿权。

**第六百七十二条 【贷款人对借款使用情况检查、监督的权利】贷款人按照约定可以检查、监督借款的使用情况。借款人应当按照约定向贷款人定期提供有关财务会计报表或者其他资料。**

## 条文解读

本条是对贷款人有权检查、监督借款使用情况的规定。

贷款人是借款合同的出借人，对借款的安全享有重大利益，因此，借款人负有按照约定的用途使用借款的义务，贷款人享有检查、监督的权利。贷款人按照约定可以检查、监督，发现涉及借款安全的问题，可以要求借款人予以纠正或者采取必要措施。

借款人负有按照合同约定的用途使用借款的义务，应当接受贷款人的检查和监督并且负有按照约定向贷款人定期提供有关财务会计报表或者其他资料的义务。违反这些义务，贷款人也有权采取必要措施。

## 配套法规及解读

**《民法典》（2020年5月28日）**

**第六百六十九条** 订立借款合同，借款人应当按照贷款人的要求提供与借款有关的业务活动和财务状况的真实情况。

**《商业银行法》（2015年8月29日修正）**

**第三十五条** 商业银行贷款，应当对借款人的借款用途、偿还能力、还款方式等情况进行严格审查。

商业银行贷款，应当实行审贷分离、分级审批的制度。

**※法规解读：**商业银行办理贷款业务，一般由借款人按照贷款规定的要求，向商业银行提出贷款申请，并附有关资料。商业银行接受贷款申请后，接下来就要进行贷款审查工作。贷款审查是贷款业务的一个重要环节，是银行信贷资金安全的重要保证。商业银行办理贷款业务，必须对贷款审查工作予以高度重视，贯彻严格审查的原则。

**关联法规索引**

《贷款通则》第19、22条

**典型案例**

### 鲍某和与青岛天安建材有限公司民间借贷纠纷案[1]

**※案例解读：**我国《民法典》第六百七十二条规定："贷款人按照约定可以检查、监督借款的使用情况。借款人应当按照约定向贷款人定期提供有关财务会计报表或者其他资料。"根据法律规定，借款合同是借款人向贷款人借款，到期返还借款并支付利息的合同。综合本案合作协议、抵押承诺书、借条、欠条等证据，双方签订的《合作协议》名为投资合作关系，实为借贷关系。鲍某和虽称其亦参与了对青岛天安建材有限公司投资管理及生产经营活动，根据法律规定，贷款人按照约定可以检查、监督借款的使用情况。借款人应当按照约定向贷款人定期提供有关财务会计报表等资料。因此即使鲍某和对青岛天安建材有限公司财务进行了检查监督，亦系贷款人的合法权利，并不能作为双方系投资关系的证据。本案实际借款数额为230万元，上诉人实际还款金额应为136.5万元。双方在《合作协议》中对上诉人偿还款项的约定，其中的保底利润应视为对利率的约定，但双方约定的利息过高，应依法调整为按照年利率24%计算。

**第六百七十三条 【借款人未按照约定的借款用途使用借款的后果】借款人未按照约定的借款用途使用借款的，贷款人可以停止发放借款、提前收回借款或者解除合同。**

---

[1] 参见山东省青岛市中级人民法院民事判决书，(2016)鲁02民终8152号。

## 条文解读

本条是对借款人未按照约定用途使用借款的违约责任的规定。

借款人应当按照合同约定的用途使用借款,保障借款的安全。借款人未按照约定的借款用途使用借款的,构成违约行为,应当承担违约责任。

贷款人可以停止发放借款、提前收回借款或者解除合同,以保障自己的资金安全。

## 配套法规及解读

**《民法典》(2020 年 5 月 28 日)**

**第五百七十七条** 当事人一方不履行合同义务或者履行合同义务不符合约定的,应当承担继续履行、采取补救措施或者赔偿损失等违约责任。

**《商业银行法》(2015 年 8 月 29 日修正)**

**第三十五条** 商业银行贷款,应当对借款人的借款用途、偿还能力、还款方式等情况进行严格审查。

商业银行贷款,应当实行审贷分离、分级审批的制度。

**※法规解读:**违约责任,也称违反合同的民事责任,是指合同当事人因违反合同义务所承担的责任。

违约责任的特征有:违约责任的产生以合同当事人不履行合同义务为条件;违约责任具有相对性;违约责任主要具有补偿性;违约责任可以由当事人约定;违约责任是民事责任的一种形式。

非违约方在另一方违约后有要求继续履行、采取补救措施、损害赔偿救济权。基于合同关系,权利人可以请求义务人履行或给付。

## 关联法规索引

《贷款通则》第 19、20、22、69 ~ 71 条

典型案例

## 山西省第三建筑工程有限公司诉山西德衡房地产开发有限公司合同纠纷案〔1〕

**※案例解读：**我国《民法典》第六百七十三条规定："借款人未按照约定的借款用途使用借款的，贷款人可以停止发放借款、提前收回借款或者解除合同。"本案中，山西省第三建筑工程有限公司与山西德衡房地产开发有限公司签订的《建设工程施工合同合作协议》系双方当事人的真实意思表示，且不违反有关法律法规的强制性规定，合法有效，双方均应按约履行。山西德衡房地产开发有限公司在收到融资款后，拒不履行合同主要义务，已导致山西省第三建筑工程有限公司不能实现《建设工程施工合同合作协议》约定的"承包施工工程"的合同目的，应当依法予以解除。《建设工程施工合同合作协议》解除后，山西德衡房地产开发有限公司应立即偿还山西省第三建筑工程有限公司融资款及其利息。

**第六百七十四条 【借款利息支付期限的确定】借款人应当按照约定的期限支付利息。对支付利息的期限没有约定或者约定不明确，依据本法第五百一十条的规定仍不能确定，借款期间不满一年的，应当在返还借款时一并支付；借款期间一年以上的，应当在每届满一年时支付，剩余期间不满一年的，应当在返还借款时一并支付。**

条文解读

本条是对借款人支付利息期限的规定。

借款合同通常是有偿合同，借款人应当按期支付借款利息。

如果当事人在借款合同中约定借款利息支付期限的，借款人应当按照约定，按期支付利息。

如果当事人对支付利息的期限没有约定或者约定不明确的，应当依照《民法典》第五百一十条的规定进行补充协商，按照补充协议约定的支付利息期间支付利息。

〔1〕参见山西省太原市中级人民法院民事判决书，(2017)晋01民初616号。

不能达成补充协议，按照合同相关条款或者交易习惯仍不能确定的，借款期间不满 1 年的，应当在返还借款时一并支付；借款期间 1 年以上的，应当在每届满 1 年时支付；剩余期间不满 1 年，应当在返还借款时一并支付。

## 配套法规及解读

**《民法典》(2020 年 5 月 28 日)**

**第五百一十条** 合同生效后，当事人就质量、价款或者报酬、履行地点等内容没有约定或者约定不明确的，可以协议补充；不能达成补充协议的，按照合同相关条款或者交易习惯确定。

**《贷款通则》(1996 年 6 月 28 日)**

**第七十一条** 借款人有下列情形之一，由贷款人对其部分或全部贷款加收利息；情节特别严重的，由贷款人停止支付借款人尚未使用的贷款，并提前收回部分或全部贷款：

一、不按借款合同规定用途使用贷款的。

二、用贷款进行股本权益性投资的。

三、用贷款在有价证券、期货等方面从事投机经营的。

四、未依法取得经营房地产资格的借款人用贷款经营房地产业务的；依法取得经营房地产资格的借款人，用贷款从事房地产投机的。

五、不按借款合同规定清偿贷款本息的。

六、套取贷款相互借贷牟取非法收入的。

**※法规解读：**合同生效后，当事人就质量、价款或者报酬、履行地点等内容没有约定或者约定不明确的，可以协议补充。

合同生效后当事人就质量、价款或者报酬、履行地点等内容没有约定或者约定不明确且不能达成补充协议的，按照合同相关条款或者交易习惯确定。

借款人有下列情形之一，由贷款人对其部分或全部贷款加收利息；情节特别严重的，由贷款人停止支付借款人尚未使用的贷款，并提前收回部分或全部贷款：

(1)不按借款合同规定用途使用贷款的。

(2)用贷款进行股本权益性投资的。

(3)用贷款在有价证券、期货等方面从事投机经营的。

(4)未依法取得经营房地产资格的借款人用贷款经营房地产业务的；依法取得经营房地产资格的借款人，用贷款从事房地产投机的。

（5）不按借款合同规定清偿贷款本息的。

（6）套取贷款相互借贷牟取非法收入的。

## 关联法规索引

《商业银行法》第42、71条

## 典型案例

### 中国长城资产管理公司乌鲁木齐办事处与新疆华电工贸有限责任公司、新疆华电红雁池发电有限责任公司、新疆华电苇湖梁发电有限责任公司等借款合同纠纷案[1]

**※案例解读：**我国《民法典》第六百七十四条规定："借款人应当按照约定的期限支付利息。对支付利息的期限没有约定或者约定不明确，依据本法第五百一十条的规定仍不能确定，借款期间不满一年的，应当在返还借款时一并支付；借款期间一年以上的，应当在每届满一年时支付，剩余期间不满一年的，应当在返还借款时一并支付。"本案所涉借款合同系当事人的真实意思表示，不违反法律、行政法规的强制性规定，应为有效。该合同项下借款到期后，新疆华电工贸有限责任公司（以下简称工贸公司）未能全额清偿，应依法向债权人中国长城资产管理公司乌鲁木齐办事处返还借款，并按照约定的期限支付利息。股东出资是公司资本确定、维持原则的基本要求，出资是股东最基本、最重要的义务，股东应当按期足额缴纳公司章程中规定的各自所认缴的出资额，以货币出资的，应当将货币出资足额存入公司在银行开设的账户；以非货币财产出资的，应当依法办理财产权的转移手续。动产物权的设立和转让自交付时发生效力，动产所有权的转移以实际交付为准。股东以动产实物出资的，应当将作为出资的动产按期实际交付给公司。未实际交付的，应当认定股东没有履行出资义务，其出资没有实际到位。本案中，工贸公司股东承诺出资的相关设备并未实际交付给工贸公司，应当认定上述股东未能实际履行实物出资承诺，相关出资没有实际到位，新疆华电红雁池发电有限责任公司、新疆华电苇湖梁发电有限责任公司、哈密发

〔1〕 参见最高人民法院民事判决书，(2008)民二终字第79号。

电公司、喀什发电公司、昌吉热电公司应当在各自出资不实范围内对工贸公司所欠本案债务承担补充清偿责任。

**第六百七十五条 【借款期限的认定】借款人应当按照约定的期限返还借款。对借款期限没有约定或者约定不明确,依据本法第五百一十条的规定仍不能确定的,借款人可以随时返还;贷款人可以催告借款人在合理期限内返还。**

## 条文解读

本条是对借款人返还借款义务与期限的规定。

借款合同履行过程中,借款人负有按期限返还借款的义务。

如果当事人在借款合同中约定了还款期限,借款人应当按照约定的还款期限清偿借款。

如果借款合同对借款期限没有约定或者约定不明确的,依据《民法典》第五百一十条的规定,双方当事人可以协议补充,按照补充协商的期限还款。

通过补充协商仍然不能达成补充协议的,借款人可以随时向贷款人返还借款,贷款人不得拒绝;贷款人也可以随时向借款人请求返还,但应先进行催告,并给借款人合理的准备期限。

如果借款人不能按时归还借款本金和利息,则应承担违约责任。

## 配套法规及解读

**《民法典》(2020 年 5 月 28 日)**

**第五百一十条** 合同生效后,当事人就质量、价款或者报酬、履行地点等内容没有约定或者约定不明确的,可以协议补充;不能达成补充协议的,按照合同相关条款或者交易习惯确定。

**※法规解读:**合同生效后,当事人就质量、价款或者报酬、履行地点等内容没有约定或者约定不明确的,有两种处理方式:一是当事人协议补充;二是按照合同相关条款或者交易习惯确定。

## 典型案例

### 中国长城资产管理公司济南办事处与山东省济南医药采购供应站、山东省医药集团有限公司、山东省医药公司借款担保合同纠纷案[1]

**※案例解读：**我国《民法典》第六百七十五条规定："借款人应当按照约定的期限返还借款。对借款期限没有约定或者约定不明确，依据本法第五百一十条的规定仍不能确定的，借款人可以随时返还；贷款人可以催告借款人在合理期限内返还。"本案中，三份借款合同均是当事人的真实意思表示，内容不违反法律、行政法规的强制性规定，均为有效合同，山东省济南医药采购供应站作为借款人应当按照约定的期限返还借款。中国长城资产管理公司济南办事处受让债权后，已经履行了通知及催收义务，其主张权利合法有据，山东省济南医药采购供应站应当偿还所欠的借款本金和利息。山东省医药集团有限公司在保证合同中声明"完全了解所担保借款的用途"，故其抗辩其不了解该笔借款真实用途，应免于承担保证责任的理由不能成立。本案中的《最高额抵押合同》系各方当事人的真实意思表示，其内容不违反我国法律、行政法规的禁止性规定，抵押人山东省济南医药采购供应站是否就国有土地使用权另行办理抵押登记手续不影响《最高额抵押合同》的效力，《最高额抵押合同》合法有效，抵押权成立。中国长城资产管理公司济南办事处可以依据法定程序行使优先权，但该权利应当在山东省济南医药采购供应站所抵押的涉案房屋被变卖或拍卖的价款（不含房屋所占用的土地使用权价款）范围内实现，且最高限额不得超过该抵押合同所约定的最高限额1200万元。

**第六百七十六条　【借款合同违约责任承担】借款人未按照约定的期限返还借款的，应当按照约定或者国家有关规定支付逾期利息。**

## 条文解读

本条是对借款人未按照约定期限还款责任的规定。

借款人未按照约定的还款期限返还借款，构成违约行为，应当承担违约责任。

[1] 参见最高人民法院民事判决书，(2006)民二终字第153号。

借款人逾期还款的，不但应继续履行，还要按照约定或者依照国家规定，支付逾期利息。

逾期利息应当按照当事人的约定处理，当事人没有约定的，可以协商补充，补充协商不成的依照国家规定的逾期利息的计算方法确定逾期利息。

## 配套法规及解读

**《民法典》(2020 年 5 月 28 日)**

**第五百七十七条** 当事人一方不履行合同义务或者履行合同义务不符合约定的，应当承担继续履行、采取补救措施或者赔偿损失等违约责任。

**第五百七十八条** 当事人一方明确表示或者以自己的行为表明不履行合同义务的，对方可以在履行期限届满前请求其承担违约责任。

**※法规解读：**违约责任，也称为违反合同的民事责任，是指合同当事人因违反合同义务所承担的责任。违约责任以合同当事人不履行合同义务为条件；违约责任具有相对性；违约责任具有补偿性；违约责任由当事人约定；违约责任是民事责任。

## 关联法规索引

《贷款通则》第 14 条

## 典型案例

### 中国信达资产管理公司西安办事处与陕西省粮油食品进出口公司西安中转冷库、陕西省粮油食品进出口公司借款担保合同纠纷案[1]

**※案例解读：**我国《民法典》第六百七十六条规定："借款人未按照约定的期限返还借款的，应当按照约定或者国家有关规定支付逾期利息。"本案中，陕西省粮油食品进出口公司与陕西中行之间的《人民币借款合同》及陕西中行与中国信达资产管理公司西安办事处之间签订的《债权转让协议》，是各方当事人的真实意思表示，且不违反

[1] 参见最高人民法院民事判决书，(2007)民二终字第 222 号。

法律、行政法规的强制性规定，为有效合同。陕西省粮油食品进出口公司未按合同约定履行还款义务，已构成违约，依法应承担相应的民事责任，应当按照约定或者国家有关规定支付逾期利息。《抵押合同》中约定了抵押物名称为“土地、房产”，应视为当事人约定土地使用权与地面建筑物所有权一并抵押。然而，地上建筑物中职工住宅楼的所有权已经移转给购房职工所有，陕西省粮油食品进出口公司西安中转冷库（以下简称中转冷库）并无权利处分。该抵押合同未经地上建筑物所有权人购房职工追认；且西未国用（2000）字第979号土地使用权证书中已经标明该宗土地上存有地上建筑物，并标明为中转冷库的福利区，地上建筑物中职工住宅楼所有权已经登记移转至购房职工名下，而原债权银行却未查明地上建筑物实际权属即接受抵押，也存在过错，因此抵押合同无效，依据该合同设立的抵押权也相应无效。对于造成该部分抵押无效，陕西中行和中转冷库均有过错，但中转冷库的无权处分行为亦是导致抵押无效的主要原因，中转冷库应承担50%的赔偿责任。

**第六百七十七条　【提前偿还借款】借款人提前返还借款的，除当事人另有约定外，应当按照实际借款的期间计算利息。**

## 条文解读

本条是对提前还款及利息的规定。

借款合同中，借款人可以提前返还借款，贷款人应当同意。

提前还款的利息，应按照当事人的约定处理；没有约定的，应当按照实际借款的期间计算利息。

## 配套法规及解读

**《民法典》（2020年5月28日）**

**第五百三十条**　债权人可以拒绝债务人提前履行债务，但是提前履行不损害债权人利益的除外。

债务人提前履行债务给债权人增加的费用，由债务人负担。

**※法规解读：**本条是关于提前履行债务的规定。

《民法典》合同编将全面履行作为合同履行的原则。当事人应当按照约定全面履行自己的义务。当事人全面履行自己的义务就包括按照约定的履行期限履行债务。

履行期限是债权人和债务人双方根据自身经济活动的情况和需要而作出的约定，属于合同的重要内容。债务人提前履行债务，属于违反合同约定的行为，可能会给债权人带来不便，甚至损害债权人利益。

**关联法规索引**

《贷款通则》第 32 条

**典型案例**

### 王某宇与崔某刚等不当得利纠纷案[1]

**※案例解读：**我国《民法典》第六百七十七条规定："借款人提前返还借款的，除当事人另有约定外，应当按照实际借款的期间计算利息。"本案中，崔某刚、陈某与王某宇对双方之间形成 30 万元的债权债务关系、借款利息为月息 2.5%、实际还款日期为 2016 年 10 月 26 日以及还款 402,168 元的事实无异议，王某宇主张崔某刚、陈某隐匿借款协议，其于 2016 年 10 月 26 日还款为提前还款，应按照实际约定的还款日期计算利息，但未提交充分证据证明崔某刚、陈某存在隐匿证据行为，故应以 2016 年 10 月 26 日作为计息的截止日期。按照双方约定的利息，截至 2016 年 10 月 26 日，崔某刚、陈某多付给王某宇利息共计 55,938 元，符合法律规定的不当得利的情形，故王某宇应当返还崔某刚、陈某不当得利款 55,938 元。

**第六百七十八条 【贷款展期】借款人可以在还款期限届满前向贷款人申请展期；贷款人同意的，可以展期。**

**条文解读**

本条是对还款期限届满后展期的规定。

展期，是指把原来约定的期限向后推迟或者延长。

借款合同约定的还款期限届满前，借款人可以根据自己的资金需求，向贷款人申

〔1〕 参见黑龙江省哈尔滨市中级人民法院民事判决书，(2018)黑 01 民终 778 号。

请展期,借款人申请展期需要征得贷款人的同意。借款人申请展期,应当在还款期限届满前申请,超过还款期限,构成违约。

借款合同展期之后,借款人应当按照展期后的期限清偿债务。

## 配套法规及解读

**《民法典》(2020 年 5 月 28 日)**

**第五百三十八条**　债务人以放弃其债权、放弃债权担保、无偿转让财产等方式无偿处分财产权益,或者恶意延长其到期债权的履行期限,影响债权人的债权实现的,债权人可以请求人民法院撤销债务人的行为。

**※法规解读:**本条是对债务人无偿处分财产时债权人行使撤销权条件的规定。

债权人撤销权,是指债权人依法享有的为保全其债权,对债务人无偿或者低价处分现有财产,以及放弃其债权或者债权担保、恶意延长到期债权履行期限的行为,请求法院予以撤销的权利。本条规定的是对债务人无偿处分财产行为的撤销权。

债权人撤销权的目的是保全债务人的一般财产,否定债务人不当减少一般财产的行为(欺诈行为),将已经脱离债务人一般财产的部分,恢复为债务人的一般财产。当债务人实施减少其财产或者放弃其到期债权而损害债权人债权的民事行为时,债权人可以依法行使这一权利,请求法院对该民事行为予以撤销,使已经处分的财产恢复原状,以保护债权人债权实现的物质基础。

## 关联法规索引

《贷款通则》第 12 条

## 典型案例

### 邳州信用社诉富伟公司等借款合同纠纷案[1]

**※案例解读:**我国《民法典》第六百七十八条规定:"借款人可以在还款期限届满前向贷款人申请展期;贷款人同意的,可以展期。"中国人民银行《贷款通则》第十二

[1] 参见江苏省高级人民法院民事判决书,(2012)苏商再终字第 008 号。

条进一步明确规定:不能按期归还贷款的,借款人应当在贷款到期日之前,向贷款人申请贷款展期。是否展期由贷款人决定。申请保证贷款、抵押贷款、质押贷款展期的,还应当由保证人、抵押人、出质人出具同意的书面证明。已有约定的,按照约定执行。短期贷款展期期限累计不得超过原贷款期限;中期贷款展期期限累计不得超过原贷款期限的一半;长期贷款展期期限累计不得超过3年。国家另有规定者除外。借款人未申请展期或申请展期未得到批准,其贷款从到期日次日起,转入逾期贷款账户。因此,认定是否构成贷款展期,应当以上述规定为准绳。本案中,借款人富伟公司没有在贷款到期之前向贷款人邳州信用社申请贷款展期,保证人也没有出具同意保证贷款展期的书面证明。且本案贷款期限在1年以内,属于短期贷款,其展期期限累计不得超过原贷款期限,故本案情形不构成贷款展期。由于不构成贷款展期,按照财政所的承诺,本案保证期间应为自借款之日起至借款到期后2年,即自1999年8月28日、8月30日至2002年4月20日、5月20日。邳州信用社未能举证证明在上述保证期间内向保证人主张权利,保证人的保证责任消灭,其于2008年11月提起诉讼,已经超出保证期间。且仅凭铁富镇政府在2003年12月12日《协议书》上加盖公章的行为,不能认定其有提供保证的意思表示,亦不能认定成立了新的保证行为。故铁富镇政府在本案中不应承担相应的民事责任。

**第六百七十九条 【自然人之间借款合同的成立】自然人之间的借款合同,自贷款人提供借款时成立。**

## 条文解读

本条是对自然人之间借款合同性质的规定。

自然人之间的借款合同是实践性合同,自贷款人提供借款,即贷款人将借款交付借款人时成立。

本条旨在规定自然人之间借款合同的特殊性,除自然人之间的借款合同,其他法人、非法人组织之间或者法人或非法人组织与自然人之间的借款合同,都是诺成性合同,而非实践性合同。

## 配套法规及解读

**《民法典》(2020 年 5 月 28 日)**

**第四百八十三条**　承诺生效时合同成立，但是法律另有规定或者当事人另有约定的除外。

**※法规解读：**本条是关于采用要约、承诺方式订立合同时成立时间的规定。

合同是当事人之间设立、变更、终止民事法律关系的协议，本质上是当事人之间的合意。民事法律行为可以基于双方意思表示一致成立。采用要约、承诺方式订立的合同属于典型的双方民事法律行为。要约人发出要约，受要约人作出的承诺生效之时，要约人与受要约人之间的意思表示达成一致。所以，原则上承诺生效时，就是合同成立之时。因此，本条规定承诺生效时合同成立，原则上将“承诺生效时”作为采用要约、承诺方式所订立合同的成立时间。

## 关联法规索引

《贷款通则》第 2 条

## 典型案例

### 赵某诉项某敏、何某琴民间借贷纠纷案[1]

**※案例解读：**我国《民法典》第六百七十九条规定：“自然人之间的借款合同，自贷款人提供借款时成立。”根据该规定，自然人之间的借款合同属于实践合同，其成立时间是贷款人提供借款时。根据上述规定，对于自然人之间的借款合同纠纷，出借人仅提供借据佐证借贷关系的，应深入调查辅助性事实以判断借款合意的真实性，如举债的必要性、款项用途的合理性等。出借人无法提供证据证明借款交付事实的，应综合考虑出借人的经济状况、资金来源、交付方式、在场见证人等因素判断当事人陈述的可信度。对于大额借款仅有借据而无任何交付凭证、当事人陈述有重大疑点或矛盾之处的，应依据证据规则认定“出借人”未完成举证义务。本案中，赵某请求法院判令项某敏、何某琴归还借款 20 万元及利息，其主张与项某敏、何某琴之间存在借款合

〔1〕 参见《赵某诉项某敏、何某琴民间借贷纠纷案》，载《最高人民法院公报》2014 年第 12 期。

同关系,但其提供的现有证据未能证明涉案借款的交付事实以及其本人的资金出借能力,其陈述的借款过程亦不符合常理,故对于赵某的诉讼请求,依法不予支持。

**第六百八十条 【借款合同利息的规制】** 禁止高利放贷,借款的利率不得违反国家有关规定。

借款合同对支付利息没有约定的,视为没有利息。

借款合同对支付利息约定不明确,当事人不能达成补充协议的,按照当地或者当事人的交易方式、交易习惯、市场利率等因素确定利息;自然人之间借款的,视为没有利息。

## 条文解读

本条是对借款合同利息的规定。

《民法典》禁止高利放贷。这是借款合同必须遵守的准则。借款合同约定支付利息的,借款的利率应当依照国家的有关规定确定,不得违反国家关于利息的有关规定。

借款合同对支付利息没有约定的,视为没有利息,所提供借款为无息借款。

借款合同对支付利息约定不明确的,可以协议补充,协议补充不成的,对于法人、非法人组织之间的借贷,以及法人、非法人组织与自然人之间的借贷,应当按照当地或者当事人的交易方式、交易习惯、市场利率等因素确定利息;对于自然人之间的借款,支付利息约定不明确的,视为没有利息,所提供借款为无息借款。

## 配套法规及解读

**《民法典》(2020 年 5 月 28 日)**

**第五百一十条** 合同生效后,当事人就质量、价款或者报酬、履行地点等内容没有约定或者约定不明确的,可以协议补充;不能达成补充协议的,按照合同相关条款或者交易习惯确定。

**※法规解读:**合同生效后,当事人就质量、价款或者报酬、履行地点等内容没有约定或者约定不明确的,有两种处理方式:一是当事人协议补充;二是按照合同相关条款或者交易习惯确定。即合同生效后,当事人就质量、价款或者报酬、履行地点等内容没有约定或者约定不明确且不能达成补充协议的,按照合同相关条款或者交易习惯确定。

典型案例

## 温某发诉陈某能等民间借贷纠纷案[1]

**※案例解读：**我国《民法典》第六百八十条规定："禁止高利放贷，借款的利率不得违反国家有关规定。借款合同对支付利息没有约定的，视为没有利息。借款合同对支付利息约定不明确，当事人不能达成补充协议的，按照当地或者当事人的交易方式、交易习惯、市场利率等因素确定利息；自然人之间借款的，视为没有利息。"本案中，任某龙于2013年5月17日给陈某能出具的借条，证实陈某能与任某龙之间约定有利息，但该利息超过了同期贷款利率的4倍，超过部分不予保护，故任某龙应当归还陈某能借款10万元，并按照中国人民银行的规定承担自借款之日至还款之日的利息。

[1] 参见甘肃省庆阳市中级人民法院民事判决书，(2014)庆中民终字第623号。

# 第十三章　保证合同

**本章介绍**

本章规定了保证合同的概念、性质、保证方式等，并规定了反担保、最高额保证以及保证责任等。

## 第一节　一般规定

**第六百八十一条　【保证合同的定义】保证合同是为保障债权的实现，保证人和债权人约定，当债务人不履行到期债务或者发生当事人约定的情形时，保证人履行债务或者承担责任的合同。**

**条文解读**

本条规定了保证合同的概念。保证合同是为保障债权的实现，当债务人不履行到期债务或者发生当事人约定的情形时，保证人履行债务或者承担责任的合同。

保证合同属于依附于主合同的从合同，以主合同的存在为基础和前提，是从属于主债的从债；具有人身性，以保证人的信誉作为担保的基础，保证合同的建立与保证人的人格、身份密不可分；具有补充性，当债务期限届满债务人不履行主债务时，保证人才履行保证债务，即保证合同系以主债务的不履行为生效条件的合同；具有相对独立性，尽管依附于主债而存在，却是区别于主债的从债，具有相对独立性。

保证合同的双方当事人为主债权人和保证人，二者通过保证合同约定保证债务。保证人接受主债务人的委托，为债权人的债权提供担保，与债权人构成保证合同关系，与主债务人之间不存在保证合同关系。

## 配套法规及解读

《民法典》(2020年5月28日)

**第三百八十六条** 担保物权人在债务人不履行到期债务或者发生当事人约定的实现担保物权的情形,依法享有就担保财产优先受偿的权利,但是法律另有规定的除外。

**※法规解读:** 担保物权,是指债权人所享有的为确保债权实现,在债务人或者第三人所有的物或者权利之上设定的,就债务人不履行到期债务或者发生当事人约定的实现担保物权的情形,优先受偿的他物权。担保物权的基本性质仍属对担保物的支配权,而不是请求权;担保物权所具有的优先受偿性,是基于物权的排他效力产生的,是对物权而不是对人权;尽管担保物权也以权利作为其客体,但担保物权是价值权,而非实体权,仍属物权范畴。因此,担保物权的基本属性仍然是物权。

**第六百八十二条 【保证合同的性质和主合同与从合同效力关系】保证合同是主债权债务合同的从合同。主债权债务合同无效的,保证合同无效,但是法律另有规定的除外。**

**保证合同被确认无效后,债务人、保证人、债权人有过错的,应当根据其过错各自承担相应的民事责任。**

## 条文解读

本条规定了保证合同与主合同的关系与保证合同无效的责任。

保证合同与主债权债务合同之间的关系是主合同和从合同的关系,即主债权债务合同是主合同,保证合同是从合同。在主债权债务合同的效力与保证合同效力的关系上,保证合同的效力附随于主债权债务合同的效力。如果主债权债务合同有效,保证合同原则上有效;保证合同无效,不影响主债权债务合同的效力。主债权债务合同无效的,则保证合同必定无效,主合同和保证合同均无效。

保证合同无效,包括主债权债务合同无效引发的保证合同无效和保证合同本身无效,并非不产生民事责任,而是应依据过错责任原则的要求,债务人、保证人、债权人根据各自的过错程度,承担相应的民事责任。

## 配套法规及解读

**《民法典》(2020年5月28日)**

**第三百八十八条** 设立担保物权,应当依照本法和其他法律的规定订立担保合同。担保合同包括抵押合同、质押合同和其他具有担保功能的合同。担保合同是主债权债务合同的从合同。主债权债务合同无效的,担保合同无效,但是法律另有规定的除外。

担保合同被确认无效后,债务人、担保人、债权人有过错的,应当根据其过错各自承担相应的民事责任。

**※法规解读:**担保物权的从属性是指担保物权的成立以债权的成立为前提,因债权的转移而转移,因债权的消灭而消灭。从属性在内容上包括:(1)成立的从属性,担保物权是主债权的从属物,以主债权的存在或者将来存在为前提,随着主债权的存在而存在,主债权的消灭而消灭。(2)内容和范围的从属性,担保物权担保的范围要小于或等于主债权。如果用作担保的财物价值大于主债权的价值,也只在主债权的范围内承担保证责任。(3)效力的从属性,在效力上,担保物权从属于主合同,主合同无效,担保合同也随之无效。需要注意的是,在合同履行过程中,如果担保人有过错,担保人承担的是缔约过失责任,而非担保责任。(4)消灭的从属性,如果主债权已经全部消灭,那么担保物权也消灭。但如果主债权只是部分消灭,那么担保物权也只在相应的内容和范围上缩减。(5)转移的从属性,我国《民法典》第百四零七条规定:"抵押权不得与债权分离而单独转让或者作为其他债权的担保。债权转让的,担保该债权的抵押权一并转让,但是法律另有规定或者当事人另有约定的除外。"因此,当债权人对债权进行转让时,除非双方或者法律另有规定,否则担保物权随同债权转让给受让人。

**第六百八十三条 【不得为保证人的主体】机关法人不得为保证人,但是经国务院批准为使用外国政府或者国际经济组织贷款进行转贷的除外。**

**以公益为目的的非营利法人、非法人组织不得为保证人。**

## 条文解读

本条规定了保证人的资格。保证人的资格,是自然人、法人、非法人组织作为保证人,为债权人提供保证的条件。保证人的资格,最主要的是具有民事行为能力和相当财产的保证能力。本条规定排除了不能作为保证人的组织，其他民事主体都具有保证人资格。不得作为保证人的组织包括：(1)机关法人，但是经国务院批准为使用外国政府或者国际经济组织贷款进行转贷的除外。例如，人民政府以及有关部门提供的保证，都因为保证人没有保证资格而无效。(2)以公益为目的的非营利法人、非法人组织，原因是由这种组织承担保证责任会损害公共利益。

## 配套法规及解读

**《民法典》(2020 年 5 月 28 日)**

**第九十七条**　有独立经费的机关和承担行政职能的法定机构从成立之日起，具有机关法人资格，可以从事为履行职能所需要的民事活动。

**第九十八条**　机关法人被撤销的，法人终止，其民事权利和义务由继任的机关法人享有和承担；没有继任的机关法人的，由作出撤销决定的机关法人享有和承担。

**《最高人民法院关于适用〈中华人民共和国民法典〉有关担保制度的解释》(2020 年 12 月 31 日)**

**第五条**　机关法人提供担保的，人民法院应当认定担保合同无效，但是经国务院批准为使用外国政府或者国际经济组织贷款进行转贷的除外。

居民委员会、村民委员会提供担保的，人民法院应当认定担保合同无效，但是依法代行村集体经济组织职能的村民委员会，依照村民委员会组织法规定的讨论决定程序对外提供担保的除外。

**※法规解读：**机关法人，是指依法行使国家权力，并因行使国家权力的需要而享有相应的民事权利能力和民事行为能力的国家机关。在进行民事活动时，国家机关以法人身份出现，与对方自然人或法人一样是平等民事主体，而不是行政主体。机关法人具有以下特征：(1)机关法人主要从事国家行政管理活动。行政机关法人的活动方式是利用国家权力对教育、文化、军事及其他社会事务进行管理。同时，从事司法活动的法院、检察院也属于机关法人的范畴。(2)机关法人成立的方式为特许设立。由于机关法人的设立取决于宪法和法律的规定，因此其设立无须经专门机构核准登记。(3)机关法人的经费由国家预算拨付。机关法人只进行行政管理，不从事经营活动，因此机关法人无法像企业法人那样通过经营获得盈利，机关法人的活动经费由国家拨付。(4)机关法人不得从事商业经营，不得乱集资、乱收费，同时不得滥用经费。这是对机关法人的限制性要求。

**第六百八十四条 【保证合同的内容】** 保证合同的内容一般包括被保证的主债权的种类、数额，债务人履行债务的期限，保证的方式、范围和期间等条款。

**条文解读**

本条规定了保证合同的主要内容。保证合同的内容，依照意思自治原则，应当由当事人约定。保证合同一般包括以下条款：

1. 被保证的主债权的种类、数额：例如，被保证的债权是民间借款，具体金额是多少。

2. 债务人履行债务的期限：它决定保证责任的开始时间。

3. 保证的方式：承担的保证责任是一般保证还是连带责任保证。

4. 保证的范围：即在主债权的何种范围内承担保证责任。

5. 保证的期间：即保证人在保证责任开始后应当在何种期间内承担保证责任。

6. 当事人认为需要约定的其他事项。

**关联法规索引**

《民法典》第470条

**第六百八十五条 【保证合同的订立】** 保证合同可以是单独订立的书面合同，也可以是主债权债务合同中的保证条款。

第三人单方以书面形式向债权人作出保证，债权人接收且未提出异议的，保证合同成立。

**条文解读**

本条规定了保证合同的形式。保证合同是要式合同，必须以书面形式作出。保证合同可以是单独订立的书面合同，也可以是主合同中的保证条款，还可以是保证书或者保函。

## 配套法规及解读

**《民法典》(2020 年 5 月 28 日)**

**第四百六十九条** 当事人订立合同,可以采用书面形式、口头形式或者其他形式。

书面形式是合同书、信件、电报、电传、传真等可以有形地表现所载内容的形式。

以电子数据交换、电子邮件等方式能够有形地表现所载内容,并可以随时调取查用的数据电文,视为书面形式。

**※法规解读:**本条是对于当事人订立合同的形式的规定。合同可以以下列形式签订:(1)书面形式,包括合同书、信件、电报、电传、传真等;(2)口头形式;(3)电子数据交换、电子邮件等可视为书面形式的形式;(4)其他形式。

**第六百八十六条 【保证方式】保证的方式包括一般保证和连带责任保证。**

**当事人在保证合同中对保证方式没有约定或者约定不明确的,按照一般保证承担保证责任。**

## 条文解读

本条规定了保证方式。保证方式,是指保证人承担保证责任的具体方式,有一般保证与连带责任保证两种。保证人承担何种保证方式,由保证合同约定。当事人在保证合同中如果没有对保证方式作出约定或者约定不明确的,原《担保法》的规定是推定为承担连带责任保证。这种规定不妥当,当事人在保证合同中没有约定保证方式或者约定不明确,就推定承担的是连带责任保证,会使保证人的权利义务及利益关系失衡。因此,《民法典》改变了这一规则,即当事人在保证合同中对保证方式没有约定或者约定不明确的,推定为承担一般保证,而不是连带责任保证。

## 配套法规及解读

**《最高人民法院关于适用〈中华人民共和国民法典〉有关担保制度的解释》(2020 年 12 月 31 日)**

**第二十五条** 当事人在保证合同中约定了保证人在债务人不能履行债务或者无

力偿还债务时才承担保证责任等类似内容,具有债务人应当先承担责任的意思表示的,人民法院应当将其认定为一般保证。

当事人在保证合同中约定了保证人在债务人不履行债务或者未偿还债务时即承担保证责任、无条件承担保证责任等类似内容,不具有债务人应当先承担责任的意思表示的,人民法院应当将其认定为连带责任保证。

**※法规解读:**保证责任的承担方式有两种:一种是一般保证,即当事人在保证合同中约定,当债务人不能履行债务时,由保证人承担保证责任;另一种是连带责任保证,即当事人在保证合同中约定保证人与债务人对债务承担连带责任。这两种方式的不同在于:一般保证的保证人在主合同纠纷未经审判或者仲裁,并就债务人财产依法强制执行仍不能履行债务前,可以拒绝对债权人承担保证责任;而连带责任保证的债务人在主合同规定的债务履行期届满没有履行债务的,保证人可以要求债务人履行债务,也可以要求保证人在其保证范围内承担保证责任。

**第六百八十七条 【一般保证的责任承担】 当事人在保证合同中约定,债务人不能履行债务时,由保证人承担保证责任的,为一般保证。**

**一般保证的保证人在主合同纠纷未经审判或者仲裁,并就债务人财产依法强制执行仍不能履行债务前,有权拒绝向债权人承担保证责任,但是有下列情形之一的除外:**

**(一)债务人下落不明,且无财产可供执行;**

**(二)人民法院已经受理债务人破产案件;**

**(三)债权人有证据证明债务人的财产不足以履行全部债务或者丧失履行债务能力;**

**(四)保证人书面表示放弃本款规定的权利。**

## 条文解读

本条规定了一般保证与先诉抗辩权。

一般保证,是指当事人在保证合同中约定,在债务人不能履行债务时,由保证人承担保证责任,代为履行债务的保证方式。一般保证其实就是附条件的保证,即以债务人不能履行债务为条件,条件具备时,保证人才承担保证责任。一般保证的突出特点是保证人享有先诉抗辩权。先诉抗辩权也叫检索抗辩权,是指保证人基于其一般保证的特定地位所享有的,于债权人在主合同纠纷未经审判或者仲裁,并就债务人的财产强制执行无效果前，对债权人得拒绝代债务人向债权人履行清偿义务的抗辩权。所以，债权人仅仅向债务人请求履行，并不能阻止先诉抗辩权的行使，保证人可以先诉抗辩权予以抗辩，保证人一旦行使先诉抗辩权，即可对抗债权人的代债务人履行债务的请求，拒绝承担保证责任。

先诉抗辩权行使的条件是，债权人就债务人的财产强制执行无效果，实际上就是债务人已经无财产可供强制执行。但是，出现法定事由时，保证人不得以先诉抗辩权对抗债权人清偿债务的请求。但是，当债务人下落不明，且无财产可供执行时，保证人不得行使先诉抗辩权；人民法院受理债务人破产案件，中止执行程序时，保证人不得行使先诉抗辩权；债权人有证据证明债务人的财产不足以履行全部债务或者丧失履行债务能力时，保证人不得以先诉抗辩权对抗债权人的请求；保证人书面放弃本款规定的权利，即放弃先诉抗辩权的，应承担保证责任，但该放弃权利的意思表示应当采用书面形式。

## 配套法规及解读

**《最高人民法院关于适用〈中华人民共和国民法典〉有关担保制度的解释》（2020年12月31日）**

**第二十六条**　一般保证中，债权人以债务人为被告提起诉讼的，人民法院应予受理。债权人未就主合同纠纷提起诉讼或者申请仲裁，仅起诉一般保证人的，人民法院应当驳回起诉。

一般保证中，债权人一并起诉债务人和保证人的，人民法院可以受理，但是在作出判决时，除有民法典第六百八十七条第二款但书规定的情形外，应当在判决书主文中明确，保证人仅对债务人财产依法强制执行后仍不能履行的部分承担保证责任。

债权人未对债务人的财产申请保全，或者保全的债务人的财产足以清偿债务，债权人申请对一般保证人的财产进行保全的，人民法院不予准许。

**第二十七条**　一般保证的债权人取得对债务人赋予强制执行效力的公证债权文书后，在保证期间内向人民法院申请强制执行，保证人以债权人未在保证期间内对债务人提起诉讼或者申请仲裁为由主张不承担保证责任的，人民法院不予支持。

**第二十八条**　一般保证中，债权人依据生效法律文书对债务人的财产依法申请强制执行，保证债务诉讼时效的起算时间按照下列规则确定：

（一）人民法院作出终结本次执行程序裁定，或者依照民事诉讼法第二百五十七条第三项、第五项的规定作出终结执行裁定的，自裁定送达债权人之日起开始计算；

（二）人民法院自收到申请执行书之日起一年内未作出前项裁定的，自人民法院收到申请执行书满一年之日起开始计算，但是保证人有证据证明债务人仍有财产可供执行的除外。

一般保证的债权人在保证期间届满前对债务人提起诉讼或者申请仲裁，债权人举证证明存在民法典第六百八十七条第二款但书规定情形的，保证债务的诉讼时效自债权人知道或者应当知道该情形之日起开始计算。

**※法规解读：**当事人在保证合同中约定，债务人不能履行债务时，由保证人承担保证责任的，是一般保证。由一般保证的这一定义可以看出，一般保证具有以下特点：(1)一般保证应当由当事人在保证合同中明确约定。(2)只有在债务人不能履行债务时保证人才承担担保责任。(3)一般保证的保证人有权行使先诉抗辩权。

**第六百八十八条 【连带责任保证的责任承担】当事人在保证合同中约定保证人和债务人对债务承担连带责任的，为连带责任保证。**

**连带责任保证的债务人不履行到期债务或者发生当事人约定的情形时，债权人可以请求债务人履行债务，也可以请求保证人在其保证范围内承担保证责任。**

## 条文解读

本条规定了连带责任保证。连带责任保证，是指债务人在债务履行期届满时未履行债务或者发生当事人约定的情形时，债权人可以请求债务人履行债务，也可以请求保证人在其保证范围内履行保证责任的保证方式。

在连带责任保证中，保证人与债务人的地位平等，保证人不享有先诉抗辩权。只要债务履行期届满或者约定的情形出现，债务人未履行债务的，不问何种原因，也不问债务人有无履行能力，债权人均可不请求债务人履行债务，而直接向保证人请求履行保证债务，保证人则须承担保证责任，不得提出履行顺序的抗辩。

应当明确，连带责任保证属于不真正连带债务。尽管在保证人和债务人之间存在债权人可以选择的连带关系，但最终的债务必定是由债务人承担，而不是各自承担自己的份额，所以，该责任不是典型的连带责任。保证人在承担了保证责任之后，对债务人产生追偿权，可以要求债务人赔偿自己因为债务人清偿债务而造成的全部损失。

## 配套法规及解读

**《民法典》(2020 年 5 月 28 日)**

**第六百九十三条**　一般保证的债权人未在保证期间对债务人提起诉讼或者申请仲裁的,保证人不再承担保证责任。

连带责任保证的债权人未在保证期间请求保证人承担保证责任的,保证人不再承担保证责任。

**第六百九十四条**　一般保证的债权人在保证期间届满前对债务人提起诉讼或者申请仲裁的,从保证人拒绝承担保证责任的权利消灭之日起,开始计算保证债务的诉讼时效。

连带责任保证的债权人在保证期间届满前请求保证人承担保证责任的,从债权人请求保证人承担保证责任之日起,开始计算保证债务的诉讼时效。

**《最高人民法院关于适用〈中华人民共和国民法典〉有关担保制度的解释》(2020 年 12 月 31 日)**

**第二十五条**　当事人在保证合同中约定了保证人在债务人不履行债务或者未偿还债务时即承担保证责任、无条件承担保证责任等类似内容,不具有债务人应当先承担责任的意思表示的,人民法院应当将其认定为连带责任保证。

**※法规解读:**连带责任保证的保证人与债权人未约定保证期间的,债权人有权自主债务履行期届满之日起 6 个月内要求保证人承担保证责任。在合同约定的保证期间和前述保证期间,债权人未要求保证人承担保证责任的,保证人免除保证责任,诉讼时效是 3 年。法律另有规定的,依照其规定。诉讼时效期间自权利人知道或者应当知道权利受到损害以及义务人之日起计算。法律另有规定的,依照其规定。但是,自权利受到损害之日起超过 20 年的,人民法院不予保护,有特殊情况的,人民法院可以根据权利人的申请决定延长。

**第六百八十九条　【反担保的设立】保证人可以要求债务人提供反担保。**

## 条文解读

本条规定了对保证合同的反担保。反担保,又称求偿担保,是第三人为债务人向债权人提供的担保,担保人为将来承担担保责任后对债务人的追偿权的实现而设定的担保。在债务人以外的第三人为债务人向债权人提供保证时,保证人承担了保证责任后，即成为债务人的新债权人，为避免或减少其追偿权实现的风险，可以要求债务人提供反担保。反担保的担保权人为本担保人即保证人，是债务人或者第三人为本担保的保证人提供的担保，担保方式限于保证、抵押和质押。

## 配套法规及解读

**《最高人民法院关于适用〈中华人民共和国民法典〉有关担保制度的解释》（2020年12月31日）**

**第十九条** 担保合同无效，承担了赔偿责任的担保人按照反担保合同的约定，在其承担赔偿责任的范围内请求反担保人承担担保责任的，人民法院应予支持。

反担保合同无效的，依照本解释第十七条的有关规定处理。当事人仅以担保合同无效为由主张反担保合同无效的，人民法院不予支持。

**※法规解读：**所谓反担保，是指第三人为债务人向债权人提供担保时，由债务人或债务人之外的其他人向第三人提供的确保第三人对债务人的追偿权得以实现的一种担保制度。总体来说，即第三人为债务人向债权人提供担保时，可以要求债务人提供反担保。反担保成立必须具备的条件有：(1)第三人向债权人提供了担保。因反担保依附于担保而存在，因此，只有当第三人向债权人提供了担保时，方有权要求债务人提供反担保，反担保方能成立。(2)债务人或债务人之外的其他人向第三人提供了担保。(3)只有在第三人为债务人提供保证、抵押或质押担保时，才能要求债务人向其提供反担保。(4)须符合法定形式，即反担保应当采用书面形式，依法需要办理登记或移交占有的，应当办理登记或转交占有手续。

**第六百九十条 【最高额保证合同】保证人与债权人可以协商订立最高额保证的合同，约定在最高债权额限度内就一定期间连续发生的债权提供保证。**

**最高额保证除适用本章规定外，参照适用本法第二编最高额抵押权的有关规定。**

## 条文解读

本条规定了最高额保证。最高额保证是保证的一种特殊形式，是在最高债权额限度内，对一定期间连续发生的不特定同种类债权提供的保证，在银行融资业务中较为常用。

最高额保证与最高额抵押的基本规则相同，因此，除适用《民法典》第十三章规定外，也参照适用《民法典》物权编最高额抵押权的有关规定。

**配套法规及解读**

**《最高人民法院关于适用〈中华人民共和国民法典〉有关担保制度的解释》（2020年12月31日）**

**第十五条**　最高额担保中的最高债权额，是指包括主债权及其利息、违约金、损害赔偿金、保管担保财产的费用、实现债权或者实现担保物权的费用等在内的全部债权，但是当事人另有约定的除外。

登记的最高债权额与当事人约定的最高债权额不一致的，人民法院应当依据登记的最高债权额确定债权人优先受偿的范围。

**第三十条**　最高额保证合同对保证期间的计算方式、起算时间等有约定的，按照其约定。

最高额保证合同对保证期间的计算方式、起算时间等没有约定或者约定不明，被担保债权的履行期限均已届满的，保证期间自债权确定之日起开始计算；被担保债权的履行期限尚未届满的，保证期间自最后到期债权的履行期限届满之日起开始计算。

前款所称债权确定之日，依照民法典第四百二十三条的规定认定。

**※法规解读：**最高额保证，是指保证人和债权人签订一个总的保证合同，为一定期限内连续发生的借款合同或同种类其他债权提供保证，只要债权人和债务人在保证合同约定的期限且债权额限度内进行交易，保证人则依法承担保证责任的保证。最高额保证的特点有：（1）最高额保证所担保的债务在保证设立时可能已经发生，也可能没有发生，最高额保证的生效与被保证的债务是否实际发生无关；（2）最高额保证所担保的债务为一定期间内连续发生的债务；（3）最高额保证约定了保证人承担保证责任的最高限额；（4）最高额保证所担保的不是多笔债务的简单累加，而是债务整体，各笔债务的清偿期仅对债务人有意义，并不影响保证人承担保证责任。

## 第二节　保证责任

**第六百九十一条　【保证担保的范围】保证的范围包括主债权及其利息、违约金、损害赔偿金和实现债权的费用。当事人另有约定的，按照其约定。**

## 条文解读

本条规定了保证范围。保证范围，是指保证人对债权人债权实现应当承担保证责任的范围。

确定保证范围的规则如下：有约定的，按照约定确定保证责任范围。约定的保证责任范围可以与主债务的范围不一致，但约定的保证责任范围只能比主债务为轻，不能比主债务为重，否则应当缩减至主债务的限度。没有约定保证责任范围的，依照本条规定，保证担保的范围包括主债权及其利息、违约金、损害赔偿金和实现债权的费用。保证债务成立后，主债务人与债权人约定的或约定增加的利息、违约金，属于新增加的债务，保证人未同意担保的，不应列入保证范围。

## 配套法规及解读

**《最高人民法院关于适用〈中华人民共和国民法典〉有关担保制度的解释》(2020年12月31日)**

**第三条** 当事人对担保责任的承担约定专门的违约责任，或者约定的担保责任范围超出债务人应当承担的责任范围，担保人主张仅在债务人应当承担的责任范围内承担责任的，人民法院应予支持。

担保人承担的责任超出债务人应当承担的责任范围，担保人向债务人追偿，债务人主张仅在其应当承担的责任范围内承担责任的，人民法院应予支持；担保人请求债权人返还超出部分的，人民法院依法予以支持。

**※法规解读：**担保人承担的担保责任范围不应当大于主债务，是担保从属性的必然要求。当事人约定的担保责任的范围大于主债务的，如针对担保责任约定专门的违约责任、担保责任的数额高于主债务、担保责任约定的利息高于主债务利息、担保责任的履行期先于主债务履行期届满，等等，均应当认定大于主债务部分的约定无效，从而使担保责任缩减至主债务的范围。

**第六百九十二条 【保证期间】保证期间是确定保证人承担保证责任的期间，不发生中止、中断和延长。**

**债权人与保证人可以约定保证期间，但是约定的保证期间早于主债务履行期限或者与主债务履行期限同时届满的，视为没有约定；没有约定或者约定不明确的，保证期间为主债务履行期限届满之日起六个月。**

**债权人与债务人对主债务履行期限没有约定或者约定不明确的，保证期间自债权人请求债务人履行债务的宽限期届满之日起计算。**

## 条文解读

本条规定了保证期间。保证期间，是确立保证人承担保证责任的期间。保证人只在保证期间内对其担保的主债务负保证责任，保证期间届满后，保证人不再负保证责任。保证期间只能是保证人的保证责任发生后的一定期间，而不能是保证责任发生前的一定期间。保证期间是不变期间，不发生中止、中断、延长的情形。

保证期间的类型有约定的保证期间和法定的保证期间。双方当事人对于保证期间有约定的，按照约定的期间确定。约定的保证期间早于主债务履行期限或者与主债务履行期限同时届满的，视为没有约定。一般保证的保证人与债权人未约定保证期间或者约定不明确的，保证期间为主债务履行期限届满之日起 6 个月。连带责任保证的保证人与债权人未约定保证期间或者约定不明确的，债权人有权自主债务履行期限届满之日起 6 个月内请求保证人承担保证责任。债权人与债务人对主债务履行期限没有约定或者约定不明确的，保证期间自债权人要求债务人履行义务的宽限期限届满之日起计算。一般保证的债权人在合同约定的保证期间和法定的保证期间，未对债务人提起诉讼或者申请仲裁的，保证人免除保证责任。连带责任保证的债权人在合同约定的保证期间和前述保证期间，未请求保证人承担保证责任的，保证人免除保证责任。

## 配套法规及解读

**《最高人民法院关于适用〈中华人民共和国民法典〉有关担保制度的解释》(2020 年 12 月 31 日)**

**第三十一条**　一般保证的债权人在保证期间内对债务人提起诉讼或者申请仲裁后，又撤回起诉或者仲裁申请，债权人在保证期间届满前未再行提起诉讼或者申请仲裁，保证人主张不再承担保证责任的，人民法院应予支持。

连带责任保证的债权人在保证期间内对保证人提起诉讼或者申请仲裁后，又撤回起诉或者仲裁申请，起诉状副本或者仲裁申请书副本已经送达保证人的，人民法院应当认定债权人已经在保证期间内向保证人行使了权利。

**第三十二条**　保证合同约定保证人承担保证责任直至主债务本息还清时为止等

类似内容的,视为约定不明,保证期间为主债务履行期限届满之日起六个月。

**第三十三条** 保证合同无效,债权人未在约定或者法定的保证期间内依法行使权利,保证人主张不承担赔偿责任的,人民法院应予支持。

**※法规解读:**根据原《担保法》的规定,一般保证的保证人须在保证期间内对债务人提起诉讼或者申请仲裁。债权人已提出诉讼或者申请仲裁的,保证期间适用诉讼时效中断的规定。《最高人民法院关于适用〈中华人民共和国担保法〉若干问题的解释》(已失效)中明确,一般保证的债权人在保证期间届满前对债务人提起诉讼或者申请仲裁的,从判决或者仲裁裁决生效之日起,开始计算保证合同的诉讼时效。一般保证情况下,只要债权人在合同约定的保证期间或者法律规定的保证期间内,对债务人提起诉讼或者申请仲裁,保证期间的作用便已结束,诉讼时效制度开始起作用,债权人只要遵守诉讼时效的规定,就可以保护自己的权利。当然,该规定仅适用于债权人单独起诉债务人的情况,如果一般保证的债权人一并起诉债务人和保证人,则不适用该规定。

**第六百九十三条 【保证人免于承担保证责任的情形】一般保证的债权人未在保证期间对债务人提起诉讼或者申请仲裁的,保证人不再承担保证责任。**

**连带责任保证的债权人未在保证期间请求保证人承担保证责任的,保证人不再承担保证责任。**

## 条文解读

根据本条规定,债权人未在保证期间主张权利的,则丧失保证债权。债权人对保证人主张权利,应当在保证期间进行。如果债权人在保证期间没有主张权利,则债权人丧失对保证人的保证债权,保证人不再承担保证责任。

由于一般保证和连带责任保证规则不同,因此,债权人未主张保证债权的形式也有所不同:一般保证的债权人未在保证期间提起诉讼或者申请仲裁,则丧失保证债权,保证人不再对其承担保证责任;连带责任保证的债权人未在保证期间对保证人主张保证责任,既包括未提起诉讼或者申请仲裁,也包括未直接向保证人主张保证责任,此时债权人丧失保证债权,保证人也不再对债权人承担保证责任。

## 配套法规及解读

**《最高人民法院关于适用〈中华人民共和国民法典〉有关担保制度的解释》(2020年12月31日)**

**第三十四条** 人民法院在审理保证合同纠纷案件时,应当将保证期间是否届满、债权人是否在保证期间内依法行使权利等事实作为案件基本事实予以查明。

债权人在保证期间内未依法行使权利的,保证责任消灭。保证责任消灭后,债权人书面通知保证人要求承担保证责任,保证人在通知书上签字、盖章或者按指印,债权人请求保证人继续承担保证责任的,人民法院不予支持,但是债权人有证据证明成立了新的保证合同的除外。

**※法规解读:**保证期间是保证人承担保证责任的期间,债权人只有在保证期间内依法向保证人主张了权利,才能请求保证人承担保证责任,否则保证人的保证责任消灭。保证期间可以由当事人约定,且无中止、中断和延长的情形,故不同于诉讼时效;除斥期间作为法定期间,不允许当事人约定,且除斥期间届满后消灭,故除斥期间和保证期间亦存在本质区别。考虑到保证期间届满消灭的是实体权利,对当事人权利义务的影响较大,人民法院对与保证期间有关的事实进行审理时不宜采取类似诉讼时效那样的当事人抗辩主义,而应当在向当事人释明的基础上查明与保证期间有关的基本事实。在具体案件的审理中,应重点查明保证期间是否已经届满,债权人是否在保证期间内依法行使权利等具体内容。

**第六百九十四条 【保证债务的诉讼时效】一般保证的债权人在保证期间届满前对债务人提起诉讼或者申请仲裁的,从保证人拒绝承担保证责任的权利消灭之日起,开始计算保证债务的诉讼时效。**

**连带责任保证的债权人在保证期间届满前请求保证人承担保证责任的,从债权人请求保证人承担保证责任之日起,开始计算保证债务的诉讼时效。**

## 条文解读

本条规定了保证债务诉讼时效的起算。保证期间和诉讼时效是不同的期间,保证期间是保证债权人可以主张保证债权的期间,这期间,债权人可以对保证债务行使第一次请求权。从债权人主张保证债务,保证人拒绝履行保证债务之时起,债权人获得对保证债权的第二次请求权,第二次请求权适用诉讼时效期间。

## 配套法规及解读

**《最高人民法院关于适用〈中华人民共和国民法典〉有关担保制度的解释》(2020年12月31日)**

**第二十八条** 一般保证中,债权人依据生效法律文书对债务人的财产依法申请强制执行,保证债务诉讼时效的起算时间按照下列规则确定:

(一)人民法院作出终结本次执行程序裁定,或者依照民事诉讼法第二百五十七条第三项、第五项的规定作出终结执行裁定的,自裁定送达债权人之日起开始计算;

(二)人民法院自收到申请执行书之日起一年内未作出前项裁定的,自人民法院收到申请执行书满一年之日起开始计算,但是保证人有证据证明债务人仍有财产可供执行的除外。

一般保证的债权人在保证期间届满前对债务人提起诉讼或者申请仲裁,债权人举证证明存在民法典第六百八十七条第二款但书规定情形的,保证债务的诉讼时效自债权人知道或者应当知道该情形之日起开始计算。

**※法规解读:**一般保证中,保证合同的诉讼时效是从判决或仲裁生效之日起开始计算的,即在保证合同的诉讼时效开始计算后,主债务的诉讼时效又一次中断,比如强制执行时,保证债务诉讼时效随之中断。因为,如果主债务的诉讼时效中断,而保证债务诉讼时效不中断的话,就会产生一个时间段中,主债务诉讼时效没有结束,但保证债务诉讼时效已经中断的荒谬结果。

**第六百九十五条 【债权人与债务人协议变更主合同时保证的效力】债权人和债务人未经保证人书面同意,协商变更主债权债务合同内容,减轻债务的,保证人仍对变更后的债务承担保证责任;加重债务的,保证人对加重的部分不承担保证责任。**

**债权人和债务人变更主债权债务合同的履行期限,未经保证人书面同意的,保证期间不受影响。**

## 条文解读

本条规定了变更主合同对保证责任产生的影响。任何合同在订立之后,都可以经过当事人协商对合同内容进行变更。主合同和保证合同有主合同和从合同之别,是两个不一样的合同。债权人与债务人变更主合同,保证人不知情,即不知道主合同发生变更的，则只有主合同发生变更，原则上从合同不发生变更。具体的规则是：债权人和债务人未经保证人同意，协商变更主债权债务合同内容，减轻债务人的债务的，由于保证合同并未变更，因而保证人仍须对变更后的债务承担保证责任，但是加重债务人的债务的，保证人对加重的部分不承担保证责任，因为保证人并未对变更后的债务承诺提供保证；债权人与债务人变更主合同履行期限，未经保证人书面同意的，由于保证合同并未变更，因而保证期间仍然为原合同约定的期间或者法律规定的期间，保证期间不受影响。

**配套法规及解读**

**《最高人民法院关于适用〈中华人民共和国民法典〉有关担保制度的解释》（2020年12月31日）**

**第三十九条** 主债权被分割或者部分转让，各债权人主张就其享有的债权份额行使担保物权，人民法院应予支持，但是法律另有规定或者当事人另有约定的除外。

主债务被分割或者部分转移，债务人自己提供物的担保，债权人请求以该担保财产担保全部债务履行的，人民法院应予支持；第三人提供物的担保，主张对未经其书面同意转移的债务不再承担担保责任的，人民法院应予支持。

**※法规解读：**主债权被分割或者部分转让，各债权人有权主张就其享有的债权份额行使担保物权，但是法律另有规定或者当事人另有约定的除外。亦即主债权被分割或部分转让的，受让人原则上取得相应份额的担保物权，法律另有规定或当事人另有约定的除外。进一步分析可知，主债权被整体转让的，亦适用该规则。主债务被分割或者部分转移，第三人提供物的担保，有权主张对未经其书面同意转移的债务不再承担担保责任。亦即主债务被分割或部分转移的，应当取得提供担保物权的第三人同意。进一步分析可知，主债务被整体转移的，亦适用该规则。应当注意的是，上述规则与旧法相比，将适用范围从抵押权扩展至担保物权领域，亦即质押权与抵押权适用同一规则。

**第六百九十六条 【债权转让时保证人的保证责任】债权人转让全部或者部分债权，未通知保证人的，该转让对保证人不发生效力。**

**保证人与债权人约定禁止债权转让，债权人未经保证人书面同意转让债权的，保证人对受让人不再承担保证责任。**

## 条文解读

本条规定了债权人转让主债权对保证责任的效力。

债权人转让全部或者部分债权时,实际上是在转让两个债权:一是主合同的债权,二是保证合同的债权。债权人转让这两个债权都应当符合债权转让的规则,即通知债务人,否则转让债权不发生债权转让的后果。因此,债权人将主债权的全部或者部分转让给第三人,如果通知了保证人,保证合同的保证债权也一并转移,转让债权的通知到达保证人后,保证人成为受让人即新债权人的保证人,对受让人即新债权人承担相应的保证责任。未通知保证人的,保证合同的保证债权就不发生转让,因此,该转让主债权的行为对保证人不发生效力。保证人对受让人不承担保证责任,如原债权人的债权已经消灭或者部分消灭,保证债权亦随之消灭或者部分消灭。

例外情形是,如果保证人与债权人在保证合同中约定保证人仅对特定的债权人承担保证责任或者约定禁止债权转让的,债权人在保证期间内未经保证人书面同意转让全部或者部分债权的,因债权人违反保证合同的约定,保证债权不发生转让,保证人就受让人即新债权人的债权就不再承担保证责任。

## 配套法规及解读

**《民法典》(2020 年 5 月 28 日)**

**第五百四十六条** 债权人转让债权,未通知债务人的,该转让对债务人不发生效力。

债权转让的通知不得撤销,但是经受让人同意的除外。

**第五百四十七条** 债权人转让债权的,受让人取得与债权有关的从权利,但是该从权利专属于债权人自身的除外。

受让人取得从权利不因该从权利未办理转移登记手续或者未转移占有而受到影响。

**第五百四十八条** 债务人接到债权转让通知后,债务人对让与人的抗辩,可以向受让人主张。

**第五百四十九条** 有下列情形之一的,债务人可以向受让人主张抵销:

(一)债务人接到债权转让通知时,债务人对让与人享有债权,且债务人的债权先于转让的债权到期或者同时到期;

(二)债务人的债权与转让的债权是基于同一合同产生。

**第五百五十条** 因债权转让增加的履行费用，由让与人负担。

※**法规解读**：债权转让，又称"债权让与"，是指不改变合同内容的合同转让，债权人通过债权转让与第三人订立合同将债权的全部或部分转移于第三人。债权转让的发生须符合法定条件，即《民法典》第五百四十五条规定。依照法律法规规定不得转让的债权都可以全部或者部分的形式转让给第三人。但要注意的是，当事人约定非金钱债权不得转让的，不得对抗善意第三人。

**第六百九十七条 【债务承担对保证责任的影响】债权人未经保证人书面同意，允许债务人转移全部或者部分债务，保证人对未经其同意转移的债务不再承担保证责任，但是债权人和保证人另有约定的除外。**

**第三人加入债务的，保证人的保证责任不受影响。**

## 条文解读

本条规定了主合同债务人转让债务对保证责任的效力。

主合同的债务人转让债务，转让的是对主合同债权人的债务，应当经过债权人同意，就一般规则而言，主合同的债务人转让债务，并不是转让保证合同的债务，对保证人的利益似乎并不产生影响，因为保证人的债权人是主合同的债权人，保证合同并未发生变化，但是，保证人成为债权人的保证债务人，一般都是由于与债务人有相当关系，才愿意为其向债权人提供保证，债务人一旦发生变化，保证人的保证意愿可能就不复存在。所以，主合同的债务人转让债务，也应当经过保证人的同意，即债权人应当征得保证人的同意。

## 配套法规及解读

**《民法典》(2020年5月28日)**

**第五百五十一条** 债务人将债务的全部或者部分转移给第三人的，应当经债权人同意。

债务人或者第三人可以催告债权人在合理期限内予以同意，债权人未作表示的，视为不同意。

**第五百五十二条** 第三人与债务人约定加入债务并通知债权人，或者第三人向债权人表示愿意加入债务，债权人未在合理期限内明确拒绝的，债权人可以请求第三人在其愿意承担的债务范围内和债务人承担连带债务。

**第五百五十三条** 债务人转移债务的，新债务人可以主张原债务人对债权人的抗辩；原债务人对债权人享有债权的，新债务人不得向债权人主张抵销。

**第五百五十四条** 债务人转移债务的，新债务人应当承担与主债务有关的从债务，但是该从债务专属于原债务人自身的除外。

**第五百五十五条** 当事人一方经对方同意，可以将自己在合同中的权利和义务一并转让给第三人。

**※法规解读：**根据《民法典》第五百五十二条的规定，债务加入的构成要件主要包括：一是原债权债务关系有效存在。二是债务人不脱离债务关系，第三人加入债务后，原债务人仍应当在原债务范围内承担履行义务，其并没有因第三人加入债务而免除履行义务，即第三人加入债务只是在原债务人的基础上增加了一个新的债务人，在性质上具有担保债权实现的功能。三是应当通知债权人，第三人加入债务，虽不需债权人同意，但应当通知债权人，或者由第三人直接向债权人表示愿意加入债务。债权人在合理期限内未明确拒绝的，如果未通知债权人则对债权人不发生效力，同时债权人作为权利人，可以拒绝第三人的债务加入行为。四是第三人在其愿意承担的债务范围内与债务人对债权人承担连带清偿责任。

**第六百九十八条 【债权人放弃或怠于行使权利时的免责】一般保证的保证人在主债务履行期限届满后，向债权人提供债务人可供执行财产的真实情况，债权人放弃或者怠于行使权利致使该财产不能被执行的，保证人在其提供可供执行财产的价值范围内不再承担保证责任。**

## 条文解读

本条规定了一般保证的债权人放弃或怠于行使权利时的免除保证责任。

一般保证的保证人享有先诉抗辩权，债务人在未穷尽其财产履行债务之前，债务人不得向一般保证人主张保证债权。一般保证的保证人在主债务履行期限届满后，可以向债权人提供债务人可供执行财产的真实情况，使债权人及时行使自己的债权，向债务人主张债权。在这样的情况下，债权人如果放弃或怠于行使自己的债权致使债务人的该财产不能被执行，债权人向一般保证人主张保证债权，要求保证人承担保证债务的，保证人可以拒绝债权人的请求，并在其提供可供执行财产的价值范围内不再承担保证责任。

## 配套法规及解读

**《民法典》(2020年5月28日)**

**第六百八十七条**　当事人在保证合同中约定,债务人不能履行债务时,由保证人承担保证责任的,为一般保证。

一般保证的保证人在主合同纠纷未经审判或者仲裁,并就债务人财产依法强制执行仍不能履行债务前,有权拒绝向债权人承担保证责任,但是有下列情形之一的除外:

(一)债务人下落不明,且无财产可供执行;

(二)人民法院已经受理债务人破产案件;

(三)债权人有证据证明债务人的财产不足以履行全部债务或者丧失履行债务能力;

(四)保证人书面表示放弃本款规定的权利。

**※法规解读:**一般保证,是指当事人在保证合同中约定,在债务人不能履行债务时,由保证人承担保证责任,代为履行债务的保证方式。一般保证其实就是附条件的保证,即以债务人不履行债务为条件,条件具备时,保证人才承担保证责任。一般保证的突出特点是保证人享有先诉抗辩权。先诉抗辩权,又称检索抗辩权,是指保证人基于其一般保证的特定地位所享有的,于债权人未就债务人的财产强制执行无效果前,对债权人得拒绝代债务人履行清偿义务的抗辩权。保证人一旦行使先诉抗辩权,即可对抗债权人的履行债务的请求,拒绝承担保证责任。

**第六百九十九条　【多人保证责任的承担】同一债务有两个以上保证人的,保证人应当按照保证合同约定的保证份额,承担保证责任;没有约定保证份额的,债权人可以请求任何一个保证人在其保证范围内承担保证责任。**

## 条文解读

本条规定了共同保证。所谓共同保证,是指两个以上的保证人共同为同一债务人的同一债务提供保证。它可分为按份保证和连带保证。

按份保证是数个共同保证人与债权人约定保证的各自份额,按照约定的保证份额承担保证责任的共同保证。在按份保证中,保证人不承担连带责任。按份保证必须由保权人与债权人特别约定,如无特别约定,则数个保证人应负共同保证责任,也就是说,他们共同对债权人负连带责任。

连带保证是数个共同保证人没有与债权人约定保证份额或者约定不明确,其共同作为债务人的保证人,并对全部债务负连带责任的共同保证。在连带保证中,债权人可以请求任何一个保证人承担全部保证责任,保证人都负有担保全部债权实现的义务。连带保证的特点在于各保证人彼此之间是连带关系,都要向债权人负连带责任。

## 配套法规及解读

**《最高人民法院关于适用〈中华人民共和国民法典〉有关担保制度的解释》(2020年12月31日)**

**第十三条** 同一债务有两个以上第三人提供担保,担保人之间约定相互追偿及分担份额,承担了担保责任的担保人请求其他担保人按照约定分担份额的,人民法院应予支持;担保人之间约定承担连带共同担保,或者约定相互追偿但是未约定分担份额的,各担保人按照比例分担向债务人不能追偿的部分。

同一债务有两个以上第三人提供担保,担保人之间未对相互追偿作出约定且未约定承担连带共同担保,但是各担保人在同一份合同书上签字、盖章或者按指印,承担了担保责任的担保人请求其他担保人按照比例分担向债务人不能追偿部分的,人民法院应予支持。

除前两款规定的情形外,承担了担保责任的担保人请求其他担保人分担向债务人不能追偿部分的,人民法院不予支持。

**※法规解读:**根据最新相互追偿规则,仅在下列四种情形下,担保人之间可相互追偿:(1)担保人之间约定相互追偿及分担份额;(2)担保人之间约定相互追偿但未约定分担份额;(3)担保人之间约定连带共同担保;(4)虽无约定,担保人在同一合同上签字、盖章、按手印。在第一种情形下,已承担担保责任的担保人可直接要求其他担保人按份额分担;在第二、第三、第四种情形下,已承担担保责任的担保人仅能就向债务人不能追偿的部分要求其他担保人按比例分担。前述规定虽看似针对不同情形下的追偿范围作出区分,并未直接对担保人行使追偿权的追偿顺序作出规定,但从文义解释角度看,对于有相互追偿权但没有约定明确追偿份额的担保人,在相互追偿之前需先确定向债务人不能追偿的部分,换言之,向债务人追偿是向其他担保人追偿的前置程序。

**第七百条 【保证人的追偿权】保证人承担保证责任后,除当事人另有约定外,有权在其承担保证责任的范围内向债务人追偿,享有债权人对债务人的权利,但是不得损害债权人的利益。**

## 条文解读

本条规定了保证人承担保证责任后享有的追偿权。保证人承担保证责任后,对债务人产生追偿权,该追偿权是请求权,追偿权人即保证人成为债务人的新债权人,债务人对保证人负有债务,保证人有权向债务人追偿。

保证人对债务人即被保证人行使追偿权的条件,即追偿权产生的条件是:保证人向债权人履行了保证债务;因保证人的履行而使债务人对债权人免责;保证人履行保证债务无过错。

保证人取得追偿权,则成为债务人的债权人,享有债权人的权利,有权在其承担保证责任的范围内向债务人追偿,享有债权人对债务人的权利。然而,保证人在行使债权时,不得损害债权人的利益。

## 配套法规及解读

**《最高人民法院关于适用〈中华人民共和国民法典〉有关担保制度的解释》(2020年12月31日)**

**第十八条** 承担了担保责任或者赔偿责任的担保人,在其承担责任的范围内向债务人追偿的,人民法院应予支持。

同一债权既有债务人自己提供的物的担保,又有第三人提供的担保,承担了担保责任或者赔偿责任的第三人,主张行使债权人对债务人享有的担保物权的,人民法院应予支持。

**※法规解读:**该条款整合并完善了原《担保法》及其司法解释关于典型担保(抵押、质押及保证)中担保人承担担保责任及赔偿责任后,担保人有权向债务人进行追偿的规定,同时丰富了《民法典》第七百条仅规定了保证人追偿权的情形,将追偿规则适用于所有典型担保,并补充了担保人承担"赔偿责任"后的追偿情形。这一规定的合理性在于,担保人承担的无论是担保责任还是赔偿责任,本质上都是在代债务人承担责任,所以应当赋予典型担保中承担担保责任的担保人在承担责任范围内对债务人的追偿权。

**第七百零一条　【保证人的抗辩权】保证人可以主张债务人对债权人的抗辩。债务人放弃抗辩的，保证人仍有权向债权人主张抗辩。**

## 条文解读

本条规定了保证人享有债务人对债权人的抗辩。保证合同是主合同的从合同，具有从属性，且是为债务人的利益对债权人提供担保。因此，不论是一般保证还是连带责任保证，债务人对于债权人所有的抗辩，保证人都享有，保证人均可对债权人提出主张，即使债务人对债权人已经放弃抗辩的，保证人仍然有权就此向债权人主张抗辩，并产生抗辩的效果。

## 配套法规及解读

**《民法典》(2020 年 5 月 28 日)**

**第三百八十八条**　设立担保物权，应当依照本法和其他法律的规定订立担保合同。担保合同包括抵押合同、质押合同和其他具有担保功能的合同。担保合同是主债权债务合同的从合同。主债权债务合同无效的，担保合同无效，但是法律另有规定的除外。

担保合同被确认无效后，债务人、担保人、债权人有过错的，应当根据其过错各自承担相应的民事责任。

**※法规解读：**担保合同的从属性主要表现在以下四个方面：一是成立上的从属性，即担保合同的成立应以相应的合同关系的发生和存在为前提，而且担保合同所担保的债务范围不得超过主合同债权的范围。二是处分上的从属性，即担保合同应随主合同债权的移转而移转。三是消灭上的从属性，即主合同关系消灭，为其所设定的担保合同关系也随之消灭。四是效力上的从属性，即担保合同的效力依主合同而定。担保合同可以与主合同同时订立，也可以是主合同订立在先，担保合同随后订立。

**第七百零二条　【抵销权和撤销权范围内的免责】债务人对债权人享有抵销权或者撤销权的，保证人可以在相应范围内拒绝承担保证责任。**

## 条文解读

本条规定了保证人享有债务人所有的抵销权或撤销权。保证合同是主合同的从合同,保证人是为债务人的利益向债权人提供保证的,与主合同的债务人具有一体性,因此,债务人对债权人享有抵销权或者撤销权的,保证人享有相应的利益。当债权人向保证人主张保证债权时,保证人可以在债务人享有的抵销权和撤销权相应的范围内,拒绝承担保证责任。例如,债务人对债权人享有债权或者享有抵销权,就该范围内的债务,保证人可以拒绝承担保证责任。

## 配套法规及解读

**《民法典》(2020 年 5 月 28 日)**

**第五百四十九条**　有下列情形之一的,债务人可以向受让人主张抵销:

(一)债务人接到债权转让通知时,债务人对让与人享有债权,且债务人的债权先于转让的债权到期或者同时到期;

(二)债务人的债权与转让的债权是基于同一合同产生。

**※法规解读:**如果债务人对债权人负有债务,需要在双方当事人约定的期限内,履行完自己的债务。但如果双方当事人互负债务,则可以相互行使债务抵销权的。抵销权有以下构成要件:第一,双方当事人要互负债务、互享债权。第二,双方互负债务标的物的种类、品质相同。第三,债权已届清偿期。第四,双方的债务可用于抵销。不能抵销的债权主要有两种:一是性质上不得用于抵销的,如不作为的债务;二是法律规定不得抵销的,如禁止强制履行的债务。

# 第十四章　租 赁 合 同

## 本章介绍

本章规定了租赁合同的定义、内容、出租人与承租人的权利与义务等内容。

**第七百零三条　【租赁合同的定义】租赁合同是出租人将租赁物交付承租人使用、收益，承租人支付租金的合同。**

## 条文解读

本条规定了租赁合同的定义。租赁合同，是指出租人将租赁物交付承租人使用、收益，承租人支付租金的合同。在出租合同关系中，出租人将租赁物交付对方使用、收益，承租人取得租赁物的使用、收益权并向承租人交付租金。租赁合同的标的物是指出租人于合同生效后应交付承租人使用、收益的物。租赁物既可以为动产，也可以为不动产。

租赁合同的特征包括：租赁合同是双务、有偿、诺成性合同；是转移财产使用、收益权的合同；是承租人须交付租金的合同；具有临时性；租赁合同终止后承租人须返还租赁物。

## 配套法规及解读

**《民法典》(2020 年 5 月 28 日)**

**第四百零五条**　抵押权设立前，抵押财产已经出租并转移占有的，原租赁关系不受该抵押权的影响。

**第一千二百零九条**　因租赁、借用等情形机动车所有人、管理人与使用人不是同一人时，发生交通事故造成损害，属于该机动车一方责任的，由机动车使用人承担赔偿责任；机动车所有人、管理人对损害的发生有过错的，承担相应的赔偿责任。

**※法规解读：**本条根据“买卖不破租赁”原则的精神明确了抵押权设立前，抵押财

产已经出租并转移占有的，原租赁关系不受该抵押权影响。

根据本条规定，原租赁关系不受抵押权影响的前提是：

第一，抵押权设立前，抵押财产已经出租，即租赁关系已成立。

第二，抵押权设立前，抵押财产已转移占有。

机动车租赁，是指机动车所有人将机动车在一定时间内交付承租人使用、收益，机动车所有人收取租赁费用，不提供驾驶劳务的行为。

## 关联法规索引

《城市房地产管理法》第 53 条；《海商法》第 129、144 条；《商品房屋租赁管理办法》第 14 条

## 典型案例

### 北京金悦物业管理有限责任公司诉北京长信汇金投资咨询有限公司、北京置地商贸有限责任公司租赁合同纠纷案〔1〕

**※案例解读：**我国《民法典》第七百零三条规定："租赁合同是出租人将租赁物交付承租人使用、收益，承租人支付租金的合同。"本案中，《写字楼租赁合同》的标的物是金洲大厦，转让的是房屋的使用权和收益权，而且有明确的租金约定，形式上具备租赁合同主要条款，但是，北京金悦物业管理有限责任公司（以下简称金悦公司）提交法院、诉请继续履行的是其与北京置地商贸有限责任公司（以下简称置地公司）于 2003 年 10 月 10 日签订的《写字楼租赁合同》，该合同记载了租赁房屋所有权证书编号，但租赁物所有权证书填发于 2003 年 12 月 18 日，明显不合常理。针对这一疑点，金悦公司与置地公司解释称，原另有租赁合同，但其不能提供原租赁合同原件，也不能提交其他证据证明另行签订合同的事实或其必要性。该《写字楼租赁合同》与《物业管理委托合同》内容存在较大冲突，对同一标的，两种模式不可能并存。诉争房产所有权由置地公司转移到西单建行时，诉争的《写字楼租赁合同》并不存在，金悦公司诉请北京长信汇金投资咨询有限公司（以下简称长信公司）继续履行该《写字楼租赁

〔1〕 参见最高人民法院民事判决书，(2014) 民抗字第 23 号。

合同》的诉讼请求无法获得支持，其基于这一诉请而提出的另外两项诉讼请求亦无法获得支持。关于长信公司要求确认《写字楼租赁合同》无效的反诉请求是否应予支持的问题。金悦公司与置地公司均认可该合同的真实性，即承认印章为其加盖，长信公司没有提交任何证据证明该合同上金悦公司与置地公司的印章不真实或存在其他伪造情形，故其关于《写字楼租赁合同》虚假伪造的主张无法获得支持。诉争房产所有权由置地公司转移到西单建行时，该《写字楼租赁合同》并不存在，长信公司参与拍卖时也不可能知道该合同存在，长信公司通过竞拍依法获得诉争房产所有权后，金悦公司不能要求长信公司继续履行该合同，故该合同不存在损害长信公司利益的情形，故长信公司要求确认《写字楼租赁合同》无效的反诉请求无法获得支持。

**第七百零四条 【租赁合同的内容】租赁合同的内容一般包括租赁物的名称、数量、用途、租赁期限、租金及其支付期限和方式、租赁物维修等条款。**

## 条文解读

本条规定了租赁合同的内容，即租赁合同的主要条款包括租赁物的名称、数量、用途、租赁期限、租金及其支付期限和方式、租赁物维修等。

## 配套法规及解读

**《民法典》(2020 年 5 月 28 日)**

**第五百七十九条** 当事人一方未支付价款、报酬、租金、利息，或者不履行其他金钱债务的，对方可以请求其支付。

**※法规解读:**《民法典》第五百七十九条规定了金钱债务继续履行的有关内容。

金钱债务，是指以债务人给付一定货币作为内容的债务，包括以支付价款报酬、租金、利息，或者以履行其他金钱债务为内容的债务。

根据本条规定，当事人一方未按照合同约定履行金钱债务的，对方可以请求其履行。这样规定有利于强化诚信观念，防止交易当事人以各种不正当理由拒绝继续履行金钱债务。

### 关联法规索引

《城市房地产管理法》第54条;《海商法》第130、145条;《商品房屋租赁管理办法》第7、19条

**第七百零五条 【租赁期限】租赁期限不得超过二十年。超过二十年的,超过部分无效。**

**租赁期限届满,当事人可以续订租赁合同;但是,约定的租赁期限自续订之日起不得超过二十年。**

### 条文解读

本条规定了租赁期限。租赁期限,是出租人与承租人约定的对租赁物的使用期间。租赁期限可由双方自由约定,但是有最高期限的限制。设定租赁合同期限的最高限制,是为适应客观情况的不断变化,由于不动产价格会随经济形势的变化而发生较大的变化,可能对一方当事人产生经济上的不利益,故需要平衡当事人之间的利益关系。

我国法律规定的租赁期限最长为20年,超过20年的,超过的部分无效。对租赁合同最高期限的限制,并不妨碍当事人在租赁期届满后续订租赁合同。

### 配套法规及解读

**《民法典》(2020年5月28日)**

**第一百六十条** 民事法律行为可以附期限,但是根据其性质不得附期限的除外。附生效期限的民事法律行为,自期限届至时生效。附终止期限的民事法律行为,自期限届满时失效。

**※法规解读:**该条规定了附期限的民事法律行为。

附期限,是指当事人以将来客观确定的事实,作为决定法律行为效力的附款。附期限的民事法律行为,是指当事人在法律行为中设定一定的期限,并将期限的到来作为法律行为效力发生或消灭依据的民事法律行为。如双方当事人在合同中约定,自2021年1月1日起甲方将租赁乙方的房屋,为期2年,这类民事法律行为就属于附期限的民事法律行为。

民事法律行为所附的期限与民事法律行为所附的条件一样,都是对民事法律行为效力的特别限制,都能够直接限制法律行为效力的发生或消失。两者的主要区别是:作为条件的事实是否发生是不确定的,期限的到来却具有必然性。即条件是不确定的事实,期限是确定的事实。只有尚未到来且必然到来的时间和期间才能作为附期限的民事法律行为中的期限。

值得注意的是,依据民事法律行为的性质不得附期限的,主要是身份上的行为,如结婚、收养等法律行为,不得附期限。

法律行为所附期限,可以分为生效期限和终止期限、确定期限和不确定期限。

生效期限,又称为延缓期限或始期,是指决定民事法律行为的效力发生的期限。对于附生效期限的民事法律行为,在期限到来之前,民事法律行为已经成立,但其效力仍然处于停止状态,待期限到来时,效力才发生。

终止期限,又称为解除期限或终期,是指决定民事法律行为的效力消灭的期限。对于附终止期限的民事法律行为,在期限到来之前,民事法律行为继续有效力,待期限到来时,法律行为效力才消灭。

本条规定一是确认了民事法律行为可以附期限,但是根据其性质不得附期限(主要是身份上的行为,如结婚、收养等法律行为)的除外;二是明确了附生效期限的民事法律行为,自期限届至时生效;三是明确了附终止期限的民事法律行为,自期限届满时失效。

**典型案例**

## 铜川市耀州区小丘镇小丘村第五村民小组与张某锋等租赁合同纠纷案[1]

**※案例解读:**我国《民法典》第七百零五条规定:“租赁期限不得超过二十年。超过二十年的,超过部分无效。租赁期限届满,当事人可以续订租赁合同;但是,约定的租赁期限自续订之日起不得超过二十年。”本案中,张某锋与铜川市耀州区小丘镇小丘村第五村民小组(以下简称第五村民小组)签订的租赁合同中关于租赁期限约定为40年,租赁费总额为20万元,租赁期超过法律规定的20年,超过部分无效,故将双方签订的租赁合同的期限依法调整为20年,相应的租赁费依法调整为10万元,租赁合

〔1〕 参见陕西省铜川市中级人民法院民事判决书,(2018)陕02民终75号。

同的相对方第五村民小组依法应当返还原告张某锋租赁费 10 万元。该租赁合同约定的其他部分符合法律规定，是双方的真实意思表示，双方当事人均应遵守。因租赁合同的双方是张某锋与第五村民小组，村委会并非租赁合同的相对方，张某锋向村委会主张相关诉讼权利，并不符合相关法律规定，张某锋对村委会的诉讼请求不成立。张某锋主张第五村民小组履行租赁合同义务即交付租赁场地的诉讼请求符合法律规定，有事实和法律依据，予以支持；张某锋要求赔偿损失的主张，因其并未提供相关证据证明，故不予以支持。

**第七百零六条 【租赁合同未登记备案不影响合同效力】当事人未依照法律、行政法规规定办理租赁合同登记备案手续的，不影响合同的效力。**

## 条文解读

本条规定了租赁合同的登记备案。有些租赁合同在订立之后，需要依照法律、行政法规的规定进行登记备案，特别是不动产租赁合同，不过这种租赁合同的登记备案，不对租赁合同的效力产生影响，即使不登记备案，也不影响租赁合同的效力。而如果当事人在租赁合同中约定备案登记才生效的，应当进行登记备案，否则租赁合同不生效。但是，如果约定了备案登记生效，没有备案登记当事人就交付了租货物，并且实际使用、收取租金的，该租赁合同仍然有效。

## 配套法规及解读

**《城市房地产管理法》(2019 年 8 月 26 日修正)**

**第五十四条** 房屋租赁，出租人和承租人应当签订书面租赁合同，约定租赁期限、租赁用途、租赁价格、修缮责任等条款，以及双方的其他权利和义务，并向房产管理部门登记备案。

**※法规解读：**房屋租赁合同中，出租人和承租人应当签订书面租赁合同，并向房产管理部门登记备案。但是，双方未依照法律、行政法规规定办理租赁合同登记备案手续的，不影响租赁合同的效力。

**第七百零七条 【租赁合同的书面形式要求】租赁期限六个月以上的,应当采用书面形式。当事人未采用书面形式,无法确定租赁期限的,视为不定期租赁。**

## 条文解读

本条规定了租赁合同的形式。租赁合同并非绝对的要式合同,不过,根据本条规定,租赁合同的形式有两个要点:一是租赁期限为6个月以上的租赁合同,应当使用书面形式,即为要式合同;二是无论何种租赁合同,如果未采用书面形式,因而无法确定租赁期限的,就不认为是有期限的租赁合同,而视为不定期合同,适用不定期租赁合同的规定。

## 配套法规及解读

**《民法典》(2020年5月28日)**

**第一百三十五条** 民事法律行为可以采用书面形式、口头形式或者其他形式;法律、行政法规规定或者当事人约定采用特定形式的,应当采用特定形式。

**第四百九十条** 当事人采用合同书形式订立合同的,自当事人均签名、盖章或者按指印时合同成立。在签名、盖章或者按指印之前,当事人一方已经履行主要义务,对方接受时,该合同成立。

法律、行政法规规定或者当事人约定合同应当采用书面形式订立,当事人未采用书面形式但是一方已经履行主要义务,对方接受时,该合同成立。

**※法规解读:**《民法典》第一百三十五条规定了民事法律行为的形式。

民事法律行为的形式,也称民事法律行为的成立方式,是指当事人意思表示的外在表现形式。

根据本条规定,民事法律行为的形式包括两个方面:一是法律规定的形式;二是当事人约定的形式。而民事法律行为的具体形式则包括书面形式、口头形式和其他形式。

第一,书面形式。书面形式是指文字等可以再现民事法律行为内容的形式,主要指合同书、信件、电报、电传、传真、微信、QQ等。书面形式可以分为当事人约定的形式和法定形式。当事人约定的书面形式,指当事人约定实施民事法律行为必须采用书面形式。法定的书面形式,指法律、行政法规规定当事人必须以书面形式实施民事法律行为。

第二，口头形式。口头形式是当事人以口头对话的方式实施民事法律行为。如电话预定房间、购买产品等。

第三，其他形式。其他形式是以书面和口头形式以外的行为方式缔约的形式，主要指默示形式，即当事人不是通过语言或者文字的方式作出意思表示，而是通过一定的行为作出意思表示。默示形式包括的范围比较广泛，如房屋租赁合同期满后，出租人继续接受承租人所交纳的租金，则可以推定租赁合同继续有效；乘客乘公共汽车时可推定运输合同成立；商店设置自动售货机，顾客将规定的货币投入自动售货机内，买卖合同即成立，等等。

《民法典》第四百九十条规定了采用书面形式订立的合同成立时间的有关内容。

当事人订立合同的形式之一是书面形式，包括合同书、信件、数据电文等形式。

本条规定一是明确了采用合同书订立的合同成立时间确定规则：第一，采用合同书形式订立合同的，当事人均签名、盖章或者按指印时，合同成立。第二，采用合同书形式订立合同的，在签名、盖章或者按指印之前，当事人一方已经履行主要义务，对方接受时，该合同成立。二是明确了法律、行政法规规定或者当事人约定合同应当采用书面形式订立，当事人未采用书面形式但是一方已经履行主要义务，对方接受时，该合同成立。

## 典型案例

### 马某与马某素夫与中国邮政集团公司林芝市分公司租赁合同纠纷案〔1〕

**※案例解读：**我国《民法典》第七百零七条规定："租赁期限六个月以上的，应当采用书面形式。当事人未采用书面形式，无法确定租赁期限的，视为不定期租赁。"本案中，中国邮政集团公司林芝市分公司（以下简称邮政林芝分公司）在邮政大酒店承包期届满后未收回马某素夫承租的6～8号房屋，反而收取了马某素夫2015年4—7月四个月租金，根据法律规定，马某素夫同邮政林芝分公司实际租赁关系成立，因未能订立书面合同，合同期限视为不定期。马某素夫是不定期租赁关系的承租人，合法占有该房屋。而马某与马某素夫无合同上的直接法律关系，邮政林芝分公司在未与马

〔1〕 参见西藏自治区高级人民法院民事判决书，(2018)藏民再1号。

某素夫解除不定期租赁关系的情形下,又于2015年8月1日与马某签订案涉房屋的租赁合同。根据合同相对性原则,马某有权向邮政林芝分公司主张其应当提供承租房屋及返还租金,而无权向马某素夫主张相关费用,更无权要求承租人马某素夫搬离承租房屋。

**第七百零八条　【出租人义务】出租人应当按照约定将租赁物交付承租人,并在租赁期限内保持租赁物符合约定的用途。**

## 条文解读

本条规定了出租人的主要义务。出租人的主要义务有两个:

一是依合同约定交付租赁物的义务。交付租赁物是移转标的物的占有于承租人。出租人应于合同约定的时间交付租赁物。根据合同约定的使用性质,出租人应使租赁物处于适于承租人使用的状态。租赁物有从物的,出租人于交付租赁物时应当同时交付从物。出租人不能按时交付标的物,应负迟延履行的违约责任。

二是出租人应保持租赁物符合使用、收益的状态。承租人不仅应使交付的租赁物处于约定的使用、收益状态,而且租赁关系存续期限内也应保持租赁物的状态处于约定的使用、收益状态。当承租人的使用、收益因毁损以外的原因受有妨害或有受妨害的危险时,出租人负有除去妨害的义务。第三人侵夺租赁物或为其他妨害时,承租人得基于自己对租赁物的占有权,直接对于第三人主张占有的返还或请求排除妨害,也可代位行使出租人的物上请求权。在标的物受到自然侵害而处于不适于约定的使用、收益状态时,出租人应当予以恢复。

## 配套法规及解读

**《民法典》(2020年5月28日)**

**第五百零九条**　当事人应当按照约定全面履行自己的义务。

当事人应当遵循诚信原则,根据合同的性质、目的和交易习惯履行通知、协助、保密等义务。

当事人在履行合同过程中,应当避免浪费资源、污染环境和破坏生态。

**※法规解读:**从字面上看,诚实信用原则就是要求人们在市场活动中讲究信用,恪守诺言,诚实不欺,在不损害他人利益和社会利益的前提下追求自己的利益,以"诚

实商人”的形象参加经济活动。从内容上看，诚实信用原则并没有确定的内涵，因而有无限的适用范围。即它实际上是一个抽象的法律概念，内容极富于弹性和不确定性，有待于就特定案件具体化，并随着社会的变迁而不断修正自己的价值观和道德标准。从功能上看，诚实信用原则兼有法律调节和道德调节的双重功能，在当事人就合同发生争执时，这一原则赋予法官较大的公平裁量权，如同给予了法官一张空白委任书，可以由法官根据合同履行过程中出现的具体情况，作出不同的解释，直接调整合同当事人的权利义务。有人认为诚实信用原则体现的是人们可以期待的交易的基础；也有人认为诚实信用原则是兼顾当事人双方的利益，求得利益的调和；另有观点认为诚实信用原则旨在谋求利益的公平，而公平就是市场交易中的道德。究其实质，法律不过是借用了“诚实信用”这个带有强烈道德色彩的词来寻求利益的均衡，促进交易，实现交易所带来的社会经济功能，是一种高超的法律技术。根据诚实信用原则，当事人在履行合同时至少应做到以下几点：(1)债务人不得履行自己已知有害于债权人的合同，此种情形下，债权人可以请求撤销合同；(2)在以给付特定物为义务的合同中，债务人在交付物之前，应以善良管理人的注意，妥善保存该物；(3)当发生不可抗力或者其他原因致使合同不能履行或者不能按预定条件履行时，债务人应及时通知债权人，以便双方协商处理合同债务；(4)当合同就某一有关事项未作出明确约定时，债务人应依公平原则并考虑事实状况合理履行。

## 关联法规索引

《商品房屋租赁管理办法》第6、8、21、22条

## 典型案例

### 石某坚与广州市天河区前进街前进第十二股份合作经济社房屋租赁合同纠纷案[1]

**※案例解读：**我国《民法典》第七百零八条规定：“出租人应当按照约定将租赁物交付承租人，并在租赁期限内保持租赁物符合约定的用途。”本案中，双方当事人就案涉场地所签订的《承包厂房场地合同》确立的是租赁合同关系，该合同是双方当事人

---

〔1〕 参见广东省广州市中级人民法院民事判决书，(2009)穗中法民五终字第129号。

的真实意思表示，内容不违反国家法律、行政法规的强制性规定，合法有效，双方当事人均应依约切实履行。石某坚从2006年7月1日起就没有支付租金，违反了合同关于按期支付租金的约定。石某坚抗辩称因地铁施工和案涉场地旁兴办的"穗林码头莲溪堆场"对营业造成影响故不交租，在诉讼中提供了大量的照片来佐证自己的抗辩事由，但这与广州市天河区前进街前进第十二股份合作经济社(以下简称十二社)的合同义务没有直接关系，因为石某坚主张的妨碍使用场地事由在租赁场地之外，十二社的合同义务是提供租赁场地给上诉人使用。根据法律规定，出租人应当按照约定将租赁物交付承租人，并在租赁期间保持租赁物符合约定的用途，本案合同约定十二社提供厂房给石某坚使用，没有明确约定用途，石某坚自称用于木材加工和仓库。石某坚主张其在租赁场地内的财产受外来水淹而发生损失，但石某坚所有证据都是证明案外人地铁施工单位和旁边场地租赁人实施了妨碍行为，不能证明水淹与十二社合同义务的关系，比如石某坚是否要求十二社对租赁场地排水设施进行维护和十二社没有履行租赁房屋维修义务等责任。石某坚实际遭受的财产损失尚没有证据证实，但即使属实，其享有的法律权利是请求侵权责任人赔偿损失，不能免除其交纳租金的合同义务。石某坚既认为租赁场地无法使用，但一直占有该场地不退还给十二社，因此石某坚要求免除租金的违约责任，缺乏依据。石某坚长期拖欠租金，导致十二社不能实现合同目的，十二社要求解除合同，符合法律规定。

**第七百零九条 【承租人义务】承租人应当按照约定的方法使用租赁物。对租赁物的使用方法没有约定或者约定不明确，依据本法第五百一十条的规定仍不能确定的，应当根据租赁物的性质使用。**

## 条文解读

该条规定了承租人使用租赁物的方法。承租人在占有租赁物后，应当合理利用租赁物。对租赁物的合理利用包括：在双方当事人就租赁物的使用方法有明确约定时，应当按照双方约定的方法使用租赁物；在双方当事人对使用方法没有约定或者约定不明确时，可以依据法律的规定，由双方当事人补充协议确定，达成协议的，按照协议的使用方法使用，如果经补充协议无法达成合意的，则应当按照租赁物的性质使用，例如，不得将以居住为使用方式的租赁房屋作为商用使用。承租人不依约定的方法或者租赁物的性质为使用、收益，出租人得请求承租人停止其违反义务的行为。

## 配套法规及解读

**《民法典》(2020年5月28日)**

**第五百一十条**　合同生效后，当事人就质量、价款或者报酬、履行地点等内容没有约定或者约定不明确的，可以协议补充；不能达成补充协议的，按照合同相关条款或者交易习惯确定。

**※法规解读：**根据本条规定，合同生效后，当事人就质量、价款或者报酬、履行地点等内容没有约定或者约定不明确的，有两种处理方式：一是当事人协议补充。即合同生效后，当事人就质量、价款或者报酬、履行地点等进行协议补充。二是按照合同相关条款或者交易习惯确定。即合同生效后，当事人就质量、价款或者报酬、履行地点等内容没有约定或者约定不明确且不能达成补充协议的，按照合同相关条款或者交易习惯确定。

## 关联法规索引

《商品房屋租赁管理办法》第10、11条

## 典型案例

### 毛某劳与西安市鄠邑区大王镇兆伦村第八村民小组租赁合同纠纷案[1]

**※案例解读：**我国《民法典》第七百零九条规定："承租人应当按照约定的方法使用租赁物。对租赁物的使用方法没有约定或者约定不明确，依据本法第五百一十条的规定仍不能确定的，应当根据租赁物的性质使用。"本案中，西安市鄠邑区大王镇兆伦村第八村民小组（以下简称兆伦村八组）与毛某劳签订的《砖厂租地合同》依法成立，受法律保护。《砖厂租地合同》第一条约定，兆伦村八组将砖厂内的90亩地承包给毛某劳自主经营使用；第六条约定，毛某劳要合法经营，遵纪守法。作为承租人，毛某劳应当按照约定的方法使用租赁物。按照法律规定，合同对租赁物的使用方法没有约定或者约定不明确，依照法律的规定仍不能确定的，应当按照租赁物的性质使

〔1〕 参见陕西省西安市中级人民法院民事判决书，(2018)陕01民终898号。

用;承租人未按照约定的方法或者租赁物的性质使用租赁物,致使租赁物受到损失的,出租人可以解除合同并要求赔偿损失。本案中,双方对于涉案土地的使用方法并无明确约定,故应当依法按照租赁物的性质使用,毛某劳的使用应按照土地的总体规划进行,不得擅自改变土地用途。一审庭审中,毛某劳自认其曾挖坑取土被组长阻拦后停止,在坑内存放垃圾后卖掉,现在涉案场地上还有垃圾,主要是渣土。二审庭审中,毛某劳称其并未挖坑取土,现在涉案场地并无垃圾,是建筑渣土和生产材料。毛某劳前后陈述不符,并且不论在涉案场地存放的是建筑垃圾还是建筑渣土,均不符合涉案土地的使用性质。毛某劳的行为构成根本违约,结合整个合同的内容及毛某劳砖厂承包合同的履行情况,继续履行合同已难以实现合同的主要目的,兆伦村八组请求解除双方签订的《砖厂租地合同》,符合相关法律规定。

**第七百一十条 【承租人对合理使用租赁物产生的正常损耗不负赔偿责任】承租人按照约定的方法或者根据租赁物的性质使用租赁物,致使租赁物受到损耗的,不承担赔偿责任。**

## 条文解读

承租人对合理使用租赁物产生的正常损耗不负赔偿责任。承租人在使用租赁物过程中,都会产生正常的损耗,不仅动产如此,不动产在使用中,也会有正常的损耗。对于这种损耗,只要承租人是按照约定的方法或者租赁物的性质使用租赁物,就是正常的损耗,对此,承租人不承担赔偿责任。

## 配套法规及解读

**《民法典》(2020年5月28日)**

**第八百三十二条** 承运人对运输过程中货物的毁损、灭失承担赔偿责任。但是,承运人证明货物的毁损、灭失是因不可抗力、货物本身的自然性质或者合理损耗以及托运人、收货人的过错造成的,不承担赔偿责任。

**第九百一十七条** 储存期内,因保管不善造成仓储物毁损、灭失的,保管人应当承担赔偿责任。因仓储物本身的自然性质、包装不符合约定或者超过有效储存期造成仓储物变质、损坏的,保管人不承担赔偿责任。

**※法规解读:**《民法典》第八百三十二条规定了承运人对于货损的赔偿责任。

第一，本条明确了承运人的赔偿责任，即承运人对运输过程中货物的毁损、灭失承担赔偿责任。

第二，本条明确了承运人免责的情形：

一是不可抗力，即承运人证明货物的毁损、灭失是因不可抗力造成的，不承担赔偿责任。

二是货物本身的自然性质或者合理损耗，即承运人证明货物的毁损、灭失是因货物本身的自然性质或者合理损耗造成的，不承担赔偿责任。

三是托运人、收货人的过错，即承运人证明货物的毁损、灭失是因托运人、收货人的过错造成的，不承担赔偿责任。

《民法典》第九百一十七条规定了保管人赔偿责任的有关内容。

第一，本条明确了保管人保管不善的赔偿责任，即储存期内，因保管不善造成仓储物毁损、灭失的，保管人应当承担赔偿责任。

第二，本条明确了保管人不承担因仓储物本身的自然性质、包装不符合约定或者超过有效储存期造成仓储物变质、损坏的赔偿责任，即因仓储物本身的自燃性质、包装不符合约定或者超过有效储存期造成仓储物变质、损坏的，保管人不承担赔偿责任。

**第七百一十一条　【承租人使租赁物致损的法律后果】承租人未按照约定的方法或者未根据租赁物的性质使用租赁物，致使租赁物受到损失的，出租人可以解除合同并请求赔偿损失。**

## 条文解读

根据本条规定，承租人违约使用租赁物，致使租赁物受到损失的，出租人可以解除合同并请求赔偿损失。与承租人按照约定的方法或者根据租赁物的性质使用租赁物形成损耗相反的是，如果承租人没有按照约定的方法或者租赁物的性质使用租赁物，因此使租赁物受到损失的，不仅是违约行为，而且也是对出租人财产权利的侵害。出租人的救济方法有：(1)出租人有权解除合同，行使法定或者合同约定的解除权；(2)请求出租人承担损害赔偿责任，这一责任既是违约责任，也是侵权责任，出租人可以选择一个请求权救济自己的权利，这两种权利可以一并行使，即出租人既可以请求解除合同，又可以请求损害赔偿。

## 关联法规索引

《民法典》第179、563条;《最高人民法院关于审理城镇房屋租赁合同纠纷案件具体应用法律若干问题的解释》第6条

## 典型案例

### 王某琴诉江苏冠宇机械设备制造有限公司租赁合同纠纷案[1]

**※案例解读:**我国《民法典》第七百一十一条规定:“承租人未按照约定的方法或者未根据租赁物的性质使用租赁物,致使租赁物受到损失的,出租人可以解除合同并请求赔偿损失。”根据该规定,承租人未按照约定的方法或者未根据租赁物的性质使用租赁物,致使租赁物受到损失的,出租人可以解除合同并请求赔偿损失。当承租人未履行对租赁物的善用义务致使租赁物受到损失时,应当承担违约损害赔偿责任。在租赁期限尚未届满时,出租人有权解除合同并要求承租人赔偿损失;在租赁期限届满时,出租人无须解除合同,可直接要求承租人赔偿损失。承租人不仅应对自己的违约行为承担违约责任,而且对其允许的共同居住人和第三人的原因造成的租赁物的毁损亦应当承担赔偿责任。本案中,王某琴将房屋租赁给江苏冠宇机械设备制造有限公司(以下简称冠宇公司)使用,因冠宇公司的工作人员对房屋及其各项设施未能按照租赁合同约定的方法或者其自身的性质使用,导致王某琴房屋房门、楼梯砖、灯具、插座、门玻璃等多处损坏,墙壁、地面、房门、天花板、吊扇等多处污染。冠宇公司应当对其员工所造成的损害承担赔偿责任。因冠宇公司一直拒绝对房屋及其各项设施的损坏进行修复,故王某琴在对损坏进行修复后,有权就修复费用向冠宇公司主张赔偿。因冠宇公司在租赁期间届满后亦未能修复房屋及其设施的损坏之处,客观上造成了王某琴房屋不能及时对外出租的后果,故王某琴有权要求冠宇公司赔偿租金损失。因房屋租赁合同到期日为2013年9月8日,冠宇公司虽于9月20日答应安排修理损坏,但却一直未予修理。在此情况下,依据减损规则,王某琴不应继续放任不管而促成损失扩大,而应在合理期限内积极采取措施先行修复损坏之处,以避免影响房屋的正常对外出租,但王某琴直到租期届满4个月后才开始修复损坏之处,因此难

---

[1] 参见江苏省仪征市人民法院民事判决书,(2014)仪新民初字第0424号。

谓王某琴适当履行了减损义务，应承担相应的不利益。王某琴就因其自身未尽减损义务导致扩大的租金损失无权要求赔偿，故可酌情支持其2个月的租金诉请。

**第七百一十二条 【出租人的维修义务】出租人应当履行租赁物的维修义务，但是当事人另有约定的除外。**

## 条文解读

本条规定了出租人的维修义务。除法律规定或合同另有约定外，出租人对租赁物有维修义务。出租人的该项义务，实际上是出租人应维持租赁物合于使用、收益状态义务的延伸。维修是指于租赁物不合约定的使用、收益状态时，对租赁物予以修理，以使承租人得以按照约定正常使用、收益。维修义务的构成要件包括：确有维修的必要，即租赁物需要维修方能满足承租人依约定对租赁物为使用、收益；有维修的可能，即损毁的租赁物在事实上能够修复，并且经济合算；在租赁期间承租人已向出租人发出维修通知，承租人未通知的，出租人不产生维修租赁物的义务。

## 配套法规及解读

**《民法典》(2020年5月28日)**

**第七百五十条** 承租人应当妥善保管、使用租赁物。

承租人应当履行占有租赁物期间的维修义务。

**※法规解读：**第一，本条明确了承租人的保管义务，即承租人应当妥善保管、使用租赁物。

第二，本条明确了承租人的维修义务，即承租人应当履行占有租赁物期间的维修义务。

## 关联法规索引

《海商法》第147条

## 典型案例

### 刘某海与合水县民政局房屋租赁合同纠纷案[1]

**※案例解读：**我国《民法典》第七百一十二条规定："出租人应当履行租赁物的维修义务，但是当事人另有约定的除外。"本案中，双方没有就租赁物维修事项进行约定，维修义务应由出租人合水县民政局履行，但诉讼中，刘某海提交的维修费用相关证据均系白条或证人书面证言，且无其他证据佐证，其真实性无法判断，故其提供的证据不足以证明其关于维修费的主张，其该项诉讼请求不应得到支持，而一审判决对于刘某海主张的部分维修费用予以支持后，合水县民政局没有提出上诉，视为对该部分维修费用的认可。合同期满后，双方的租赁关系已经终止，合水县民政局已经通知刘某海交回租赁房屋及《财产清册》中登记的财产，刘某海应及时交回租赁物，刘某海久拖不交，应支付合水县民政局延期交房占用费，刘某海以租金每月 2000 元为标准支付延期交房占用费。

**第七百一十三条 【租赁物的维修和维修费承担】承租人在租赁物需要维修时可以请求出租人在合理期限内维修。出租人未履行维修义务的，承租人可以自行维修，维修费用由出租人负担。因维修租赁物影响承租人使用的，应当相应减少租金或者延长租期。**

**因承租人的过错致使租赁物需要维修的，出租人不承担前款规定的维修义务。**

## 条文解读

本条规定了租赁物的维修和维修费承担。承租人在租赁物需要维修时，可以发出通知，要求出租人在合理期限内维修，如果出租人接到通知后，不履行维修义务，承租人可以对租赁物自行进行维修，维修费用由出租人负担。如果因维修租赁物而影响承租人使用，承租人享有减少租金或者延长租期的请求权，出租人应当依照其请求，相应减少出租人的租金或者相应延长租期，以弥补承租人的损失。在承租过程中，如果是因承租人的过错致使租赁物需要维修，则承租人应当承担责任，出租人不

[1] 参见甘肃省庆阳市中级人民法院民事判决书，(2014)庆中民终字第 507 号。

承担负担维修费用、减少租金或者延长租期的义务。

## 配套法规及解读

《民法典》(2020 年 5 月 28 日)

**第五百二十二条** 当事人约定由债务人向第三人履行债务,债务人未向第三人履行债务或者履行债务不符合约定的,应当向债权人承担违约责任。

法律规定或者当事人约定第三人可以直接请求债务人向其履行债务,第三人未在合理期限内明确拒绝,债务人未向第三人履行债务或者履行债务不符合约定的,第三人可以请求债务人承担违约责任;债务人对债权人的抗辩,可以向第三人主张。

**第七百一十二条** 出租人应当履行租赁物的维修义务,但是当事人另有约定的除外。

**※法规解读:**《民法典》第五百二十二条规定了利益第三人合同的有关内容。

涉他合同,又称为涉及第三人的合同,包括利益第三人合同和由第三人履行的合同。本条规定的是利益第三人合同,指由债务人向第三人履行债务的合同,包括不真正的利益第三人合同和真正的利益第三人合同。

本条一是根据合同相对性原则,明确了在不真正的利益第三人合同中,当事人的约定不对第三人产生法律效力。即当事人约定由债务人向第三人履行债务,债务人未向第三人履行债务或者履行债务不符合约定的,应当向债权人承担违约责任。

二是明确了在真正的利益第三人合同中,第三人取得履行请求权及其法律后果。第一,第三人取得履行请求权的条件包括:首先,有法律规定或者当事人约定;其次,利益第三人合同是为第三人的利益而设置;最后,第三人有拒绝权。第二,第三人取得履行请求权的法律后果就是第三人取得了直接请求债务人履行的权利以及承担不履行或者履行不符合约定的违约责任。也就是说,法律规定或者当事人约定第三人可以直接请求债务人向其履行债务,第三人未在合理期限内明确拒绝,债务人未向第三人履行债务或者履行债务不符合约定的,第三人可以请求债务人承担违约责任。第三,债务人对第三人的抗辩权。即当第三人请求债务人承担违约责任时,债务人对债权人的抗辩,可以向第三人主张。

《民法典》第七百一十二条规定了出租人的维修义务。

根据本条规定:第一,租赁物的维修义务原则上应当由出租人履行。第二,当事人对租赁物的维修义务另有约定的,按照约定执行。

典型案例

## 山西数源华石化工能源有限公司与山西三维集团股份有限公司企业租赁经营合同纠纷案[1]

※**案例解读**：我国《民法典》第七百一十三条规定："承租人在租赁物需要维修时可以请求出租人在合理期限内维修。出租人未履行维修义务的，承租人可以自行维修，维修费用由出租人负担。因维修租赁物影响承租人使用的，应当相应减少租金或者延长租期。因承租人的过错致使租赁物需要维修的，出租人不承担前款规定的维修义务。"本案纠纷发生后，山西三维集团股份有限公司（以下简称三维公司）与山西数源华石化工能源有限公司（以下简称数源公司）在洪洞县政府主持下于2007年10月16日召开协调会并形成会议纪要，该纪要由双方当事人签字确认，表达了双方当事人均同意终止履行租赁合同及补充协议的意思表示。双方当事人在会议纪要达成后虽也曾试图协商恢复履行租赁合同，但未达成新的一致意见，故数源公司与三维公司之间的租赁合同及补充协议自2007年10月16日解除。关于三维公司与数源公司对于因违约造成的损失，各自应当承担的责任比例，综合全案事实和双方违约行为与合同不能继续履行的关联性，酌定数源公司承担50%的责任，三维公司承担50%的责任。本案审核报告是双方当事人在会议纪要的基础上，共同委托会计师事务所作出的，三维公司虽然对审核报告结论不予认可，但未举证证明该报告存在法律规定不能作为证据使用的情形，因此应当将该审核报告作为确定相关案件事实的证据。本案中，租赁合同约定了由数源公司对租赁设备及现场环境进行改造，但对维修改造费用的承担未作出明确约定，依照上述法律规定，该费用应由三维公司承担，根据审核报告确认的数额，更新改造项目及大修项目投入合计7,972,311.77元，应当由三维公司支付给数源公司。

**第七百一十四条　【承租人租赁物妥善保管义务】承租人应当妥善保管租赁物，因保管不善造成租赁物毁损、灭失的，应当承担赔偿责任。**

〔1〕 参见最高人民法院民事判决书，(2012)民一终字第67号。

## 条文解读

本条规定了承租人对租赁物的妥善保管义务。承租人在租赁期间占有租赁物的，负有妥善保管租赁物的义务，承租人应以善良管理人的注意保管租赁物，租赁物有收益能力的，应保持其收益能力。承租人保管不善，违背妥善保管租赁物的义务致使租赁物毁损、灭失的，应对出租人承担损害赔偿责任，该责任可以依照债务不履行的违约责任确定；在承租人系因故意或过失致租赁物毁损时，违约责任与侵权责任产生竞合，出租人可选择其一要求承租人赔偿损失。

## 配套法规及解读

**《民法典》(2020 年 5 月 28 日)**

**第七百八十四条**　承揽人应当妥善保管定作人提供的材料以及完成的工作成果，因保管不善造成毁损、灭失的，应当承担赔偿责任。

**第七百五十条**　承租人应当妥善保管、使用租赁物。

承租人应当履行占有租赁物期间的维修义务。

**第八百三十二条**　承运人对运输过程中货物的毁损、灭失承担赔偿责任。但是，承运人证明货物的毁损、灭失是因不可抗力、货物本身的自然性质或者合理损耗以及托运人、收货人的过错造成的，不承担赔偿责任。

**※法规解读：**《民法典》第七百八十四条规定了承揽人对材料和工作成果的保管责任。

第一，本条明确了承揽人对材料和工作成果的保管责任，即承揽人应当妥善保管定作人提供的材料以及完成的工作成果。第二，本条明确了承揽人不履行保管责任的后果，即承揽人对定作人提供的材料以及完成的工作成果，因保管不善造成毁损、灭失的，应当承担赔偿责任。

《民法典》第七百五十条明确了承租人的保管义务，即承租人应当妥善保管、使用租赁物；明确了承租人的维修义务，即承租人应当履行占有租赁物期间的维修义务。

《民法典》第八百三十二条规定了承运人对于货损的赔偿责任。第一，明确了承运人的赔偿责任，即承运人对运输过程中货物的毁损、灭失承担赔偿责任。第二，明确了承运人免责的情形：一是不可抗力，即承运人证明货物的毁损、灭失是因不可抗力造成的，不承担赔偿责任；二是货物本身的自然性质或者合理损耗，即承运人证明货物的毁损、灭失是因货物本身的自然性质或者合理损耗造成的，不承担赔偿责任；

三是托运人、收货人的过错,即承运人证明货物的毁损、灭失是因托运人、收货人的过错造成的,不承担赔偿责任。

## 典型案例

### 北京冠华盛嘉传媒文化有限公司与北京光影时代文化传播有限公司租赁合同纠纷案〔1〕

**※案例解读:**我国《民法典》第七百一十四条规定:"承租人应当妥善保管租赁物,因保管不善造成租赁物毁损、灭失的,应当承担赔偿责任。"本案中,北京冠华盛嘉传媒文化有限公司(以下简称冠华盛嘉公司)与北京光影时代文化传播有限公司(以下简称光影时代公司)签订的《航拍制作服务合同》系双方当事人的真实意思表示,内容未违反法律、行政法规的强制性规定,应认定为合法有效,双方均应依约履行。光影时代公司提供的证据可以形成证据链条,证明涉案航拍设备系光影时代公司从 Shotover 购买。冠华盛嘉公司租用光影时代公司的航拍设备,应当按时支付租金并妥善保管航拍设备。本案中,涉案航拍设备在冠华盛嘉公司使用期间毁损,虽然双方在合同中约定航拍设备在运输和使用期间的保险和保险费由光影时代公司承担,但合同并未约定未投保的责任由谁承担,在双方对未投保的原因各执一词的情况下,因冠华盛嘉公司负有保管涉案航空设备的责任,且冠华盛嘉公司在涉案设备未投保的情况下就贸然使用高风险的航拍设备,其应当就涉案航拍设备的毁损向光影时代公司承担损害赔偿责任。

**第七百一十五条 【承租人对租赁物进行改善或增设他物】承租人经出租人同意,可以对租赁物进行改善或者增设他物。**

**承租人未经出租人同意,对租赁物进行改善或者增设他物的,出租人可以请求承租人恢复原状或者赔偿损失。**

## 条文解读

承租人对租赁物进行改善或者增设他物需经出租人同意。承租人在承租租赁物期间,原则上不得随意对租赁物进行改善或者增设他物。除非出租人同意,承租人在

〔1〕 参见北京市第二中级人民法院民事判决书,(2018)京02民终4011号。

对租赁物进行改善或者增设他物时,应当在约定的范围内进行。承租人未经出租人同意对租赁物进行改善或者增设他物的,违反承租人的义务,属于违约行为,出租人可以请求承租人恢复原状。因改善或者增设他物给租赁物造成损失的,承租人应当承担损害赔偿责任。

## 关联法规索引

《民法典》第179条;《商品房屋租赁管理办法》第10条

**第七百一十六条 【转租】承租人经出租人同意,可以将租赁物转租给第三人。承租人转租的,承租人与出租人之间的租赁合同继续有效;第三人造成租赁物损失的,承租人应当赔偿损失。**

**承租人未经出租人同意转租的,出租人可以解除合同。**

## 条文解读

本条规定了转租。在租赁合同中,承租人的义务之一是未经出租人同意不得转租。承租人经出租人同意,将租赁物转租给第三人的,构成合法转租,转租合同有效。

出租人的同意,既可以在承租人转租前,以概括授权或个别认可的方式表示,还可以在转租事实发生后采用追认的方式表示。

转租合同成立后,同一个租赁物上就出现了出租人、转租人(承租人)和次承租人三种主体,形成转租的法律关系。

转租是以承租人享有租赁权为基础的,在承租人的租赁权因合同终止等原因消灭时,次承租人不能向出租人主张权利。如果因此导致次承租人不能得到租赁权而受到损害时,次承租人也只能向转租人请求赔偿。

未经出租人同意,承租人对租赁物进行转租的,构成违约行为,是不合法的转租。承租人擅自转租为严重的违约行为,出租人有权解除合同。

## 配套法规及解读

**《民法典》(2020年5月28日)**

**第一百七十九条** 承担民事责任的方式主要有:

（一）停止侵害；
（二）排除妨碍；
（三）消除危险；
（四）返还财产；
（五）恢复原状；
（六）修理、重作、更换；
（七）继续履行；
（八）赔偿损失；
（九）支付违约金；
（十）消除影响、恢复名誉；
（十一）赔礼道歉。

法律规定惩罚性赔偿的，依照其规定。

本条规定的承担民事责任的方式，可以单独适用，也可以合并适用。

**第七百一十八条**　出租人知道或者应当知道承租人转租，但是在六个月内未提出异议的，视为出租人同意转租。

**※法规解读：**《民法典》第七百一十八条规定了出租人转租的有关内容。

出租人同意转租属于意思表示。根据《民法典》第一百四十条关于“行为人可以明示或者默示作出意思表示。沉默只有在有法律规定、当事人约定或者符合当事人之间的交易习惯时，才可以视为意思表示”的规定，本条规定的出租人明知承租人转租，但在6个月内不提出任何异议的不作为，就是一项法律关于沉默的意思表示的特殊规定，根据本条规定，出租人知道或者应当知道承租人转租，但是在6个月内未提出异议的，视为出租人同意转租。

《民法典》第一百七十九条规定了承担民事责任的方式。

承担民事责任的方式，指行为人承担民事责任的具体方法，也可以说是行为人具体承担法律上不利后果的方式，是民事责任的具体体现。

从理论上，承担民事责任的方式可以分为救济性的责任方式（如赔偿损失）、预防性的责任方式（如停止侵害、排除妨害、消除危险等）和惩罚性的责任方式（惩罚性赔偿）。

## 关联法规索引

《海商法》第137、150条；《商品房屋租赁管理办法》第11条

## 典型案例

### 刘某清与赵某生等房屋租赁合同纠纷案[1]

**※案例解读:**我国《民法典》第七百一十六条规定:“承租人经出租人同意,可以将租赁物转租给第三人。承租人转租的,承租人与出租人之间的租赁合同继续有效;第三人造成租赁物损失的,承租人应当赔偿损失。承租人未经出租人同意转租的,出租人可以解除合同。”本案中,赵某生与杨某林签订的房屋租赁合同于2010年5月31日到期后,双方虽然按照以前的合同约定继续履行,但再未续签合同,按照法律规定,此为不定期租赁合同,双方在合理期限内可以随时解除原租赁合同。杨某林其将该房屋转租给刘某清时,赵某生并不知情,因此,该转租行为对赵某生无约束力。赵某生仍可依据法律规定随时要求杨某林或者房屋现实际承租人刘某清交回房屋。且2014年1月27日赵某生、杨某林、刘某清三人达成的腾房协议,意思表示真实,杨某林、刘某清应当本着诚信原则,履行向赵某生交付租赁房屋的承诺,赵某生要求收回房屋的诉讼请求,应依法予以支持。

**第七百一十七条 【转租期限】承租人经出租人同意将租赁物转租给第三人,转租期限超过承租人剩余租赁期限的,超过部分的约定对出租人不具有法律约束力,但是出租人与承租人另有约定的除外。**

## 条文解读

本条规定了转租期限。出租人同意转租的,转租合同约定的租赁期限应当在承租人的剩余租赁期限内,即转租期限不能超过本租所剩期限,超出承租人本租所剩余租赁期限的转租期间无效,对出租人不发生法律上的拘束力。不过,转租期限超过本租的期限部分,如果出租人与承租人另有约定,出租人同意的,等于对本租又约定了新的租赁期间,超出本租期限的转租期限就成为本租期限,对各方当事人都具有法律效力。转租合同的次承租人在本租当事人之间发生争议时,可以参加诉讼,次承租人的身份是无独立请求权的第三人。

---

[1] 参见甘肃省庆阳市中级人民法院民事判决书,(2014)庆中民终字第291号。

**配套法规及解读**

《民法典》(2020年5月28日)

**第七百零七条** 租赁期限六个月以上的,应当采用书面形式。当事人未采用书面形式,无法确定租赁期限的,视为不定期租赁。

**※法规解读:**《民法典》第七百零七条规定了租赁合同的形式。

当事人订立合同有书面形式、口头形式和其他形式。法律并不特别要求合同当事人采用何种形式订立合同,但是法律、行政法规规定采用书面形式的,应当采用书面形式。

书面形式可以是合同书、信件等有形的形式,也可以是能随时调查取用的数据电文,如电报、传真、电子邮件等形式。

本条一是明确了租赁期限不满6个月的租赁合同,可以采用口头形式也可以采用书面形式。二是明确了租赁期限6个月以上的,应当采用书面形式。三是明确了租赁期限6个月以上、未采用书面形式,无法确定租赁期限的,视为不定期租赁。

**第七百一十八条 【出租人未提出异议的推定规则】出租人知道或者应当知道承租人转租,但是在六个月内未提出异议的,视为出租人同意转租。**

**条文解读**

本条规定了出租人对转租的默示同意。出租人对承租人转租的默示同意是指出租人知道或者应当知道承租人转租,超过异议期限而不反对,即发生同意转租的效力。出租人自知道或者应当知道承租人转租之日起,享有6个月的异议期。在6个月内可以提出异议,一经提出异议,转租即为无效。超出6个月异议期,出租人没有提出异议的,则推定出租人默示同意转租,认可承租人和次承租人之间转租合同的效力。

**配套法规及解读**

《民法典》(2020年5月28日)

**第七百一十六条** 承租人经出租人同意,可以将租赁物转租给第三人。承租人转租的,承租人与出租人之间的租赁合同继续有效;第三人造成租赁物损失的,承租人应当赔偿损失。

承租人未经出租人同意转租的,出租人可以解除合同。

**※法规解读:**第一,本条明确了承租人经出租人同意可以转租,即承租人经出租人同意,可以将租赁物转租给第三人。

第二,本条明确了承租人经出租人同意转租后原租赁合同及第三人造成租赁物损失的处理规则,即承租人转租的,承租人与出租人之间的租赁合同继续有效;第三人造成租赁物损失的,承租人应当赔偿损失。

第三,本条明确了承租人未经出租人同意转租的后果,即承租人未经出租人同意转租的,出租人可以解除合同。

**第七百一十九条 【次承租人代为支付租金和违约金的情形】承租人拖欠租金的,次承租人可以代承租人支付其欠付的租金和违约金,但是转租合同对出租人不具有法律约束力的除外。**

**次承租人代为支付的租金和违约金,可以充抵次承租人应当向承租人支付的租金;超出其应付的租金数额的,可以向承租人追偿。**

## 条文解读

本条规定了承租人拖欠租金的,次承租人可以代缴。在转租法律关系中,承租人对出租人承担缴纳租金义务,次承租人对转租人承担缴纳租金义务。承租人拖欠出租人租金,属于根本违约,出租人当然可以向承租人主张解除合同。但是,由于转租关系涉及次承租人的转租合同利益,如果因为承租人未缴纳租金而解除租赁合同,次承租人的转租合同将因无处依附而消灭。对此,次承租人可以代承租人缴纳拖欠的租金和违约金,并可以此作为抗辩理由进行抗辩,主张出租人不得解除合同。次承租人交纳的租金和违约金其实是替承租人履行义务,因此,次承租人支付的租金和违约金,可以充抵转租的租金;超出其应付的租金数额的,次承租人可以向承租人追偿。

## 关联法规索引

《民法典》第179条

**第七百二十条 【承租人的租赁物收益权】在租赁期限内因占有、使用租赁物获得的收益,归承租人所有,但是当事人另有约定的除外。**

## 条文解读

本条规定了承租人的租赁物收益权。占有、使用、收益,是承租人签订租赁合同使用租赁物的应有之义,是承租人通过租赁合同实现的合同目的。因此,承租人在租赁期限内对租赁物的占有、使用而使租赁物获得收益的,其收益权当然属于承租人所有。如果当事人在合同中另有约定,应当按照约定处理。

## 配套法规及解读

**《民法典》(2020年5月28日)**

**第二百七十二条** 业主对其建筑物专有部分享有占有、使用、收益和处分的权利。业主行使权利不得危及建筑物的安全,不得损害其他业主的合法权益。

**第四百五十八条** 基于合同关系等产生的占有,有关不动产或者动产的使用、收益、违约责任等,按照合同约定;合同没有约定或者约定不明确的,依照有关法律规定。

**※法规解读:**《民法典》第二百七十二条规定了业主对专有部分行使所有权的有关内容。

本条一是规定了业主对其建筑物专有部分享有占有、使用、收益和处分的权利;二是规定了业主行使权利不得危及建筑物的安全,不得损害其他业主的合法权益。

理解本条需要注意以下三点:

第一,要准确把握"专有部分"的范围。根据《民法典》第二百七十一条规定,专有部分指建筑物内的住宅、经营性用房等。《最高人民法院关于审理建筑物区分所有权纠纷案件适用法律若干问题的解释》(法释〔2020〕17号)第二条规定:"建筑区划内符合下列条件的房屋,以及车位、摊位等特定空间,应当认定为民法典第二编第六章所称的专有部分:(一)具有构造上的独立性,能够明确区分;(二)具有利用上的独立性,可以排他使用;(三)能够登记成为特定业主所有权的客体。规划上专属于特定房屋,且建设单位销售时已经根据规划列入该特定房屋买卖合同中的露台等,应当认定为前款所称的专有部分的组成部分。本条第一款所称房屋,包括整栋建筑物。"

第二,准确把握业主对建筑物专有部分的权利。业主对专有部分的权利是所有权的一种,根据《民法典》第二百四十条和本条的规定,业主对其建筑物专有部分享有占有、使用、收益和处分的权利。

第三,准确把握业主对专有部分行使权利的限制。业主的专有部分是建筑物的重要组成部分,但又与共有部分不可分离,其与共有部分具有一体性、不可分离性,因此业主对专有部分行使所有权应当受到一定的限制。根据本条规定,这种限制主要包括两个方面:一方面,业主行使权利不得危及建筑物的安全;另一方面,业主行使权利不得损害其他业主的合法权益。

《民法典》第四百五十八条规定了有权占有的法律适用。

占有是对物的一种事实上的控制与支配。

根据占有是否具有法律上的原因,占有分为有权占有和无权占有。有权占有,主要指基于合同等债的关系而产生的占有。无权占有,主要是指占有人对不动产或者动产的占有无正当法律关系,或者原法律关系被撤销或无效时占有人对占有物的占有,包括误将他人之物认作己有或者借用他人之物到期不还等。

根据本条规定,基于合同关系等产生的占有,有关不动产或者动产的使用、收益、违约责任等,按照合同约定;合同没有约定或者约定不明确的,依照有关法律规定。

## 典型案例

### 袁某家等诉本溪满族自治县高官镇人民政府财产损害赔偿纠纷案[1]

**※案例解读:**我国《民法典》第七百二十条规定:"在租赁期限内因占有、使用租赁物获得的收益,归承租人所有,但是当事人另有约定的除外。"本案中,袁某家、谢某敏与本溪满族自治县高官镇人民政府(以下简称高官镇政府)并未约定袁某家、谢某敏租赁经营所得的铁矿石、铁精粉全部或部分归高官镇政府,故袁某家、谢某敏租赁偏岭铁选厂期间经营所得的铁矿石、铁精粉依法应归袁某家、谢某敏所有,显然这是袁某家、谢某敏最基本的缔约目的,也符合相关的交易习惯。本案中双方当事人均认可袁某家、谢某敏对于偏岭铁选厂的租赁经营期限到期后,双方进行了企业交接,那么袁某家、谢某敏对于自己租赁经营所得且此时已存于偏岭铁选厂的铁矿石、铁精粉依法享有财产所有权,高官镇政府、偏岭铁选厂占有这些铁矿石、铁精粉无合法依据,其不予返还,构成对袁某家、谢某敏财产所有权的侵害;袁某家、谢某敏要求高官镇政府、偏岭铁选厂予以返还,符合法律规定,应予支持。至于袁某家、谢某敏主张高官镇政府、偏岭铁选厂使用了属于袁某家、谢某敏所有的铁矿石、铁精粉,将其加工后出售,高官镇政府、偏岭铁选厂对此予以否认。然而,无论高官镇政府、偏岭铁选厂加

〔1〕 参见最高人民法院民事判决书,(2017)最高法民终649号。

工、出售这些铁矿石和铁精粉的事实能否认定,高官镇政府、偏岭铁选厂均负有及时向袁某家、谢某敏返还属于袁某家、谢某敏所有的铁矿石、铁精粉的责任;若不能返还,应依法折价赔偿。

**第七百二十一条 【租金支付期限的确定规则】承租人应当按照约定的期限支付租金。对支付租金的期限没有约定或者约定不明确,依据本法第五百一十条的规定仍不能确定,租赁期限不满一年的,应当在租赁期限届满时支付;租赁期限一年以上的,应当在每届满一年时支付,剩余期限不满一年的,应当在租赁期限届满时支付。**

## 条文解读

本条是关于租金支付期限的确定规则。租金,是承租人使用、收益租赁物的对价,一般以金钱计算,但当事人可以约定以租赁物的孳息或其他物品充当租金。

租金的数额由当事人自行约定,但法律对租金数额有特别规定的,应依法律的规定;当事人约定的租金高于法律规定的最高限额的,其超过部分无效。承租人应依当事人约定的数额支付租金。租金虽为租赁物使用、收益的代价,但因承租人自己的事由而致不能对租赁物的部分或全部进行使用、收益的,不能免除或部分免除承租人交付租金的义务,仍应按约定的数额支付租金。由于承租人的原因致租赁物全部毁损、灭失的,当事人之间的租赁合同终止,承租人应负损害赔偿责任,但其支付租金的义务应当终止。承租人应当按照约定的支付期限支付租金。

## 配套法规及解读

**《民法典》(2020 年 5 月 28 日)**

**第五百七十九条** 当事人一方未支付价款、报酬、租金、利息,或者不履行其他金钱债务的,对方可以请求其支付。

**第七百零四条** 租赁合同的内容一般包括租赁物的名称、数量、用途、租赁期限、租金及其支付期限和方式、租赁物维修等条款。

**※法规解读:**《民法典》第五百七十九条规定了金钱债务继续履行的有关内容。

金钱债务,是指以债务人给付一定货币作为内容的债务,包括以支付价款报酬、租金、利息,或者以履行其他金钱债务为内容的债务。

根据本条规定，当事人一方未按照合同约定履行金钱债务的，对方可以请求其履行。这样规定有利于强化诚信观念，防止交易当事人以各种不正当理由拒绝继续履行金钱债务。

《民法典》第七百零四条规定了租赁合同的主要条款。

根据本条规定，租赁合同一般包括以下条款：

第一，有关租赁物的条款：一是租赁物的名称；二是租赁物的数量；三是租赁物的用途。

第二，有关租赁期限的条款。

第三，有关租金及其支付期限和方式的条款。

第四，有关租赁物维修的条款。

除了上述条款外，当事人还可以根据需要订立某些条款，如违约责任、解决争议的方式以及解除合同的条件等。

## 关联法规索引

《海商法》第140条

## 典型案例

### 高某合等诉袁某海等土地租赁合同纠纷案[1]

**※案例解读：**我国《民法典》第七百二十一条规定："承租人应当按照约定的期限支付租金。对支付租金的期限没有约定或者约定不明确，依据本法第五百一十条的规定仍不能确定，租赁期限不满一年的，应当在租赁期限届满时支付；租赁期限一年以上的，应当在每届满一年时支付，剩余期限不满一年的，应当在租赁期限届满时支付。"本案中，陈某康与卢某同达成协议，卢某同将涉案土地的租赁合同权利和义务转让给陈某康，袁某海同意由陈某康继续租赁该土地，双方虽未重新签订租赁合同，但应视为双方按照原合同的约定形成新的租赁合同关系。陈某康、高某合、王某银入伙经营涉案窑厂后，虽未与袁某海签订租赁合同，但对外系与陈某康共同租赁涉案土地，该土地租赁合同的效力及于陈某康、高某合、王某银，土地租金系陈某康、高某合、王某银合伙对外债务。陈某康、高某合、王某银在合伙协议中并未明确约定土地租金由

---

〔1〕 参见山东省菏泽市中级人民法院民事判决书，(2018)鲁17民终1361号。

陈某康一人负担,即使有约定,也是其内部约定,该约定不能对抗袁某海。故涉案土地租金应由陈某康、高某合、王某银共同承担,并互负连带责任。袁某海与陈某康、高某合、王某银之间的租赁合同约定租赁土地80亩,每亩每年租赁费600元,袁某海要求陈某康、高某合、王某银支付2015年和2016年的租赁费共计96,000元,依法应予以支持。

**第七百二十二条 【承租人的租金支付义务】承租人无正当理由未支付或者迟延支付租金的,出租人可以请求承租人在合理期限内支付;承租人逾期不支付的,出租人可以解除合同。**

## 条文解读

本条是关于承租人违反租金支付义务的规定。承租人负有按期支付租金的义务。承租人没有正当理由,未支付或者迟延支付租金的,构成违约行为。承租人未支付租金或者迟延支付租金的,出租人可通知承租人在合理期间内支付租金,这个合理期间是宽限期,在出租人提出的宽限期内,承租人仍不支付租金的,出租人产生解除权,可以解除合同,一经行使该解除权,该租赁合同即告解除。

## 关联法规索引

《民法典》第563、579条;《海商法》第141、152条

## 典型案例

### 庆阳圣鼎商务服务有限公司与庆阳天泽电子科技有限公司及庆阳三元商贸有限公司房屋租赁合同纠纷案[1]

**※案例解读:**我国《民法典》第七百二十二条规定:"承租人无正当理由未支付或者迟延支付租金的,出租人可以请求承租人在合理期限内支付;承租人逾期不支付的,出租人可以解除合同。"本案中,根据双方签订的圣鼎国际商铺租赁合同中"乙方有下列情形之一的,甲方有权利终止合同并无条件收回商铺:拖欠租金累计达3天以

[1] 参见甘肃省庆阳市中级人民法院民事判决书,(2013)庆中民初字第30号。

上"的约定,庆阳圣鼎商务服务有限公司(以下简称圣鼎公司)可以要求庆阳天泽电子科技有限公司(以下简称天泽公司)在合理期限内支付拖欠租金,若天泽公司逾期不予支付,圣鼎公司可依法解除合同。2013 年 4 月 18 日,圣鼎公司向天泽数码电脑城发出通知,要求天泽公司于 2013 年 4 月 30 日之前缴纳所欠租金及相关费用,如逾期不缴,视为放弃商铺租赁经营权,圣鼎公司将依照合同约定收回商铺,双方签订的租赁合同及相关运营管理合同也一并失效。后天泽公司并未如期缴纳租金,视为天泽公司放弃商铺租赁权,双方签订的圣鼎国际商铺租赁合同及圣鼎国际商业步行街商业运营管理合同自 2013 年 4 月 30 日解除。合同解除后,庆阳三元商贸有限公司实际占用租赁商铺,应承担与天泽公司共同腾交租赁房屋的义务,天泽公司支付所欠圣鼎公司商铺租金、运营管理费并依法承担支付违约金的责任。

**第七百二十三条 【出租人的权利瑕疵担保责任】因第三人主张权利,致使承租人不能对租赁物使用、收益的,承租人可以请求减少租金或者不支付租金。**

**第三人主张权利的,承租人应当及时通知出租人。**

## 条文解读

出租人应承担权利瑕疵担保责任。出租人的权利瑕疵担保责任,是指出租人应担保不因第三人对承租人主张权利而使承租人不能依约使用、收益租赁物的责任。如果出租人未经租赁物的所有权人或处分权人许可即出租他人之物或者租赁物因受其他用益物权的限制,致使承租人事实上不能对租赁物进行使用、收益的,即发生出租人承担权利瑕疵担保责任问题。出租人承担权利瑕疵担保责任的,承租人可以请求减少价金或者不支付价金,其中,不支付价金既包括暂时不支付价金,也包括解除租赁合同而终局地不支付价金。

出租人权利瑕疵担保责任的构成要件有:有第三人就租赁物向承租人主张权利的事实发生;第三人就租赁物向承租人所主张的权利发生于租赁物交付之前,妨害了承租人对租赁物的使用、收益;承租人于合同订立时不知有权利瑕疵存在;承租人在第三人主张权利时及时通知了出租人。

## 配套法规及解读

**《民法典》(2020 年 5 月 28 日)**

**第六百一十三条** 买受人订立合同时知道或者应当知道第三人对买卖的标的物

享有权利的，出卖人不承担前条规定的义务。

**※法规解读：**根据本条规定，出卖人权利担保义务免除有以下两个条件：一是买受人知道或者应当知道第三人对买卖的标的物享有权利；二是买受人在订立合同时就知道或者应当知道第三人对买卖的标的物享有权利。

## 典型案例

### 海南定安以利亚房地产开发有限公司与海南湘源房地产开发有限公司租赁合同纠纷案[1]

**※案例解读：**我国《民法典》第七百二十三条规定："因第三人主张权利，致使承租人不能对租赁物使用、收益的，承租人可以请求减少租金或者不支付租金。第三人主张权利的，承租人应当及时通知出租人。"本案中，根据补充协议的约定，双方同意将租赁期限延期，变更为2013年12月1日至2016年11月30日，从2013年12月1日起计算租金，没有免收租金期；河南定安以利亚房地产开发有限公司（以下简称以利亚公司）同意自行与相关方（如物业管理机构和业主委员会等）交涉进场，若无法进场或在经营过程中出现与相关方的纠纷，造成的一切损失及后果全部由其自行负责，河南湘源房地产开发有限公司（以下简称湘源公司）概不负责。由此可见，双方对租金的起算时间已作了明确的约定，以利亚公司是否在该期间实际使用了租赁物与湘源公司无关。湘源公司主张以利亚公司应当按照合同约定向其交纳2013年12月1日起至合同解除之日止的租金，有事实和法律依据，应予支持。

**第七百二十四条　【承租人解除合同的法定情形】**有下列情形之一，非因承租人原因致使租赁物无法使用的，承租人可以解除合同：

（一）租赁物被司法机关或者行政机关依法查封、扣押；

（二）租赁物权属有争议；

（三）租赁物具有违反法律、行政法规关于使用条件的强制性规定情形。

---

[1] 参见海南省海口市中级人民法院民事判决书，(2017)琼01民终3631号。

## 条文解读

本条规定了承租人的法定解除权。非因承租人的原因使租赁物无法使用的，构成根本违约，因此承租人产生法定解除权。

承租人产生法定解除权的事由有：在租赁过程中，司法机关或者行政机关依法查封了租赁房屋，承租人无法使用；租赁房屋出现了权属争议，租赁房屋的权属不清；租赁物违反《建筑法》《消防法》等法律、行政法规关于房屋使用条件的强制性规定。在上述三种情况下，承租人享有法定解除权，可以要求解除租赁合同。

## 关联法规索引

《民法典》第 563 条

**第七百二十五条　【买卖不破租赁】租赁物在承租人按照租赁合同占有期限内发生所有权变动的，不影响租赁合同的效力。**

## 条文解读

本条是关于买卖不破租赁的规定。买卖不破租赁，是租赁权物权化的体现，是指在租赁关系存续期间，承租人对租赁物的占有和使用可以对抗第三人，即使是该租赁物所有权人或享有其他物权的人也不例外。租赁权的对抗效力不以登记备案为前提：无论是需要进行登记的租赁还是不需要进行登记的租赁，无论是动产租赁还是不动产租赁，租赁权都具有对抗效力。承租人可以基于租赁权对第三人主张排除妨害请求权。

适用买卖不破租赁的条件是：租赁合同成立并且已经生效；租赁物已经交付承租人，被承租人实际占有；租赁物的所有权变动发生在租赁期间；出租人或者租赁物的所有人将租赁物所有权让与第三人。具备上述条件，即使租赁物的买受人不知道该租赁合同的存在，租赁关系仍然能够对抗该买受人，租赁关系对买受人具有拘束力。

## 关联法规索引

《商品房屋租赁管理办法》第 12 条

## 典型案例

### 德庆金松建材有限公司等与劳某明等租赁经营合同纠纷案[1]

**※案例解读：**我国《民法典》第七百二十五条规定："租赁物在承租人按照租赁合同占有期限内发生所有权变动的，不影响租赁合同的效力。"本案中，何某新、何某忠、刘某诗与劳某明于2006年12月12日签订的《转让协议》，德庆金松建材有限公司（以下简称金松公司）与劳某明、南松公司于2007年1月18日签订的《协议书》，以及原租赁生产线的《租赁经营合同》，均是平等主体之间当事人自愿达成的合意，是双方当事人的真实意思表示，且不违反法律、行政法规的强制性规定，依法成立，受法律保护。南松公司因债务原因于2006年10月8日被肇庆市中级人民法院查封第一条生产线及土地等，其后将该财产抵押给深圳银仓投资有限公司，南松公司第一条生产线及土地等所有权的变化，并不影响何某新、何某忠及刘某诗与劳某明签订的《转让协议》的效力。金松公司、何某新、何某忠请求确认《转让协议》、《协议书》和《租赁经营合同》无效的主张，因没有事实根据和法律依据而不能成立，金松公司、何某新、何某忠要求劳某明返还转让款278万元，理据不足，依法应予驳回。

**第七百二十六条　【房屋承租人的优先购买权】出租人出卖租赁房屋的，应当在出卖之前的合理期限内通知承租人，承租人享有以同等条件优先购买的权利；但是，房屋按份共有人行使优先购买权或者出租人将房屋出卖给近亲属的除外。**

**出租人履行通知义务后，承租人在十五日内未明确表示购买的，视为承租人放弃优先购买权。**

## 条文解读

本条规定了房屋承租人享有优先购买权。承租人的优先购买权，是指当出租人出卖承租人租赁的房屋时，承租人在同等条件下，依法享有优先于其他人而购买房屋的权利。优先购买权只属于特定人享有，具有一定的专属性，承租人不能将该权利转

〔1〕 参见广东省肇庆市中级人民法院民事判决书，(2009)肇中法民商终字第179号。

让给他人。承租人在以下特定的法律事实出现时可以行使优先购买权:承租人的优先购买权发生于出租人转让房屋所有权时;出租人出卖租赁房屋时通知了承租人。承租人应当在接到通知之后的15日之内行使优先购买权;承租人仅在同等条件下享有优先购买权。同等条件是指价格的同一,主要是指出价,以及支付房款的期限、方式等,至于所出售房屋的部位、数量应无区别。如果出租人基于某种特殊原因给予了其他买受人一个较优惠的价格,而此种优惠能以金钱计算,则应折合入价格中;如果不能以金钱计算,则应以市场价格来确定房价。

对抗承租人优先购买权的事由有:房屋按份共有人行使优先购买权的,依照物权优先原则,可以对抗承租人的优先购买权;出租人将房屋出卖给近亲属,包括配偶、父母、子女、兄弟姐妹、祖父母、外祖父母、孙子女、外孙子女的,其近亲属的购买权优先。承租人放弃优先购买权,即出租人履行通知义务后,承租人在15日内未明确表示购买的,视为承租人放弃优先购买权。

## 配套法规及解读

**《民法典》(2020年5月28日)**

**第七百二十八条** 出租人未通知承租人或者有其他妨害承租人行使优先购买权情形的,承租人可以请求出租人承担赔偿责任。但是,出租人与第三人订立的房屋买卖合同的效力不受影响。

**※法规解读:**本条规定了出租人侵害承租人优先购买权的救济。出租人违反义务侵害承租人的优先购买权的行为,主要是指未通知承租人以及其他妨害承租人行使优先购买权的行为。其救济方式是损害赔偿,而不是必须保障承租人优先购买,其理由是:承租人的优先购买权基于租赁的债权而产生,与基于物权而产生的共有人的优先购买权不同。出租人未通知承租人或者其他妨害承租人行使优先购买权的行为构成侵害承租人的优先购买权,承租人可以请求出租人承担损害赔偿责任。

对于出租人与第三人订立的房屋买卖合同,由于采用对承租人所受损害承担赔偿责任的方式救济,而不是保障承租人优先购买,因此出租人与第三人买卖合同的效力不受影响。

## 关联法规索引

《商品房屋租赁管理办法》第13条

**第七百二十七条 【承租人对拍卖房屋的优先购买权】出租人委托拍卖人拍卖租赁房屋的,应当在拍卖五日前通知承租人。承租人未参加拍卖的,视为放弃优先购买权。**

## 条文解读

本条规定了承租人对拍卖房屋的优先购买权。出租人委托拍卖人拍卖租赁房屋时的通知方式与一般的房屋买卖不同,出租人委托拍卖行对出租房屋进行拍卖时,应当在拍卖的5日前,以通知方式通知承租人,承租人主张购买出租房屋的,应当参加拍卖,通过竞买的方式实现自己的权利,但是在竞买中不存在优先购买权的问题,仍然是出价高者获得购买的资格,如果经通知后承租人未参加拍卖,应当认定承租人放弃优先购买权。

## 配套法规及解读

**《民法典》(2020年5月28日)**

**第三百零六条** 按份共有人转让其享有的共有的不动产或者动产份额的,应当将转让条件及时通知其他共有人。其他共有人应当在合理期限内行使优先购买权。

两个以上其他共有人主张行使优先购买权的,协商确定各自的购买比例;协商不成的,按照转让时各自的共有份额比例行使优先购买权。

**※法规解读:**共有人行使先购买权时应注意以下几点:一是转让通知,即按份共有人转让其享有的共有不动产或者动产份额的,应当将转让条件及时通知其他共有人。二是在合理期限内行使优先购买权,即其他共有人应当在合理期限内行使优先购买权。三是协商购买比例,即两个以上其他共有人主张行使优先购买权的,协商确定各自的购买比例。四是按照份额比例购买,即两个以上其他共有人主张行使优先购买权且协商不成的,按照转让时各自的共有份额比例行使优先购买权。

**第七百二十八条 【侵害承租人优先购买权的赔偿责任】出租人未通知承租人或者有其他妨害承租人行使优先购买权情形的,承租人可以请求出租人承担赔偿责任。但是,出租人与第三人订立的房屋买卖合同的效力不受影响。**

**条文解读**

本条规定了出租人侵害承租人优先购买权的救济。出租人违反义务侵害承租人的优先购买权的行为,主要是指未通知承租人以及其他妨害承租人行使优先购买权的行为。其救济方式是损害赔偿,而不是必须保障承租人优先购买,其理由是:承租人的优先购买权基于租赁的债权而产生,与基于物权而产生的共有人的优先购买权不同。出租人未通知承租人或者其他妨害承租人行使优先购买权的行为构成侵害承租人的优先购买权,承租人可以请求出租人承担损害赔偿责任。

对于出租人与第三人订立的房屋买卖合同,由于采用了对承租人所受损害承担赔偿责任的方式救济,而不是保障承租人优先购买,因此出租人与第三人买卖合同的效力不受影响。

**第七百二十九条　【租赁物的灭失】因不可归责于承租人的事由,致使租赁物部分或者全部毁损、灭失的,承租人可以请求减少租金或者不支付租金;因租赁物部分或者全部毁损、灭失,致使不能实现合同目的的,承租人可以解除合同。**

**条文解读**

本条是关于租赁物意外灭失风险负担的处理规则。租赁物意外灭失的风险负担,即由于不可归责于承租人和出租人双方当事人的事由,致使租赁物部分或全部毁损、灭失的法律后果,自罗马法以来就形成了由物之所有人负担风险,即“不幸事件只能落在被击中者头上”的法律观念,出租人应负担此种情形下标的物毁损、灭失的风险。

出现不可归责于承租人的事由,致使租赁物部分或者全部毁损、灭失的,除风险由出租人负担外,对于承租人而言,可以适用的救济方法有:承租人可以请求减少租金或者不支付租金,出租人应当准许;因租赁物部分或者全部毁损、灭失,致使不能实现合同目的的,承租人可以解除合同,既可以协商解除,也可以单方解除。

**关联法规索引**

《民法典》第237、563条

**第七百三十条 【租期不明的处理】当事人对租赁期限没有约定或者约定不明确，依据本法第五百一十条的规定仍不能确定的，视为不定期租赁；当事人可以随时解除合同，但是应当在合理期限之前通知对方。**

## 条文解读

本条是关于租期不明情形的处理规则。租赁合同通常是定期租赁合同，不定期租赁合同表现为以下三种情形：一是租赁合同当事人明确约定是不定期租赁；二是当事人在租赁合同中对租赁期限没有约定；三是当事人在租赁合同中对租赁期限有约定，但是约定不明确，依据《民法典》第五百一十条关于补充协议的规定仍不能确定。其中，第一种是确定的不定期租赁，第二种是推定的不定期租赁，第三种是视为不定期租赁。不管是哪种不定期租赁合同，当事人都可以随时解除合同，但是在解除合同之前应当进行催告，并且给出合理期限作为宽限期，当宽限期届满时，当事人可以解除租赁合同。

## 关联法规索引

《民法典》第458条

**第七百三十一条 【租赁物的瑕疵担保责任】租赁物危及承租人的安全或者健康的，即使承租人订立合同时明知该租赁物质量不合格，承租人仍然可以随时解除合同。**

## 条文解读

本条是对租赁物瑕疵担保责任的规定。在租赁合同中，对于租赁物的质量，出租人负有告知义务。在一般情况下，租赁物的质量问题一经告知，承租人在使用、收益租赁物时，就会加以注意，防止危险发生。但是，租赁物存在危及承租人的安全或者健康的质量问题时，租赁物的质量问题就不是一般的质量问题了，而是危及承租人的人身健康和安全的严重问题。对此，即使承租人订立合同时明知该租赁物质量不合格，但承租人只要以租赁物存在危及自身的安全和健康的情形为由行使解除权，主张解除合同的，人民法院就应当支持。

## 关联法规索引

《民法典》第563条

## 典型案例

### 武汉红鼎豆捞餐饮股份有限公司等诉杨某航等公司房屋租赁合同纠纷案〔1〕

**※案例解读：**我国《民法典》第七百三十一条规定："租赁物危及承租人的安全或者健康的，即使承租人订立合同时明知该租赁物质量不合格，承租人仍然可以随时解除合同。"本案中，汪某芳（钰隆旅社）与武汉红鼎豆捞餐饮股份有限公司临江分公司（以下简称红鼎豆捞临江分公司）签订《承包合同》，将其所有的房屋提供给红鼎豆捞临江分公司使用，名为承包合同实为房屋租赁合同。该合同系双方的真实意思表示，不违反法律、行政法规的强制性规定，合法有效。红鼎豆捞临江分公司系武汉红鼎豆捞餐饮股份有限公司（以下简称红鼎豆捞公司）的分支机构，不具有法人资格，其签订合同的行为及后果应由红鼎豆捞公司承担。红鼎豆捞临江分公司作为承租人应合理使用租赁物（案涉房屋）并以善良管理人的注意义务妥善保管租赁物。现红鼎豆捞临江分公司不当使用案涉房屋，致使该房屋屋面长期浸泡在水中，房间多处被破坏，该公司未尽到善良管理人的注意义务合理使用并妥善保管该房屋，明显为违约行为，应承担相应的违约责任。同时，因汪某芳不存在不维修漏水渗水房屋、不进行消防整改、擅自对案涉房屋加锁等违约行为，不符合法定解除权的行使条件，故红鼎豆捞临江分公司亦不能行使法定解除权。因红鼎豆捞临江分公司解除合同不符合法律规定和合同约定，其行为系擅自解除合同的违约行为。

**第七百三十二条　【共同居住人的继续承租权】承租人在房屋租赁期限内死亡的，与其生前共同居住的人或者共同经营人可以按照原租赁合同租赁该房屋。**

〔1〕 参见湖北省高级人民法院民事判决书，(2017)鄂民再66号。

## 条文解读

本条规定了房屋租赁权的主体变更。所谓房屋租赁权的主体变更，是指在房屋租赁合同存续期间，当承租人死亡后，租赁权的主体可以依照本条规定进行变更的规则，包括租赁权的法定让与和租赁权的承继。租赁权的法定让与，是承租人在房屋租赁期限内死亡，与其生前共同居住的人可以按照原租赁合同继续租赁该房，租赁合同期限届满为止。租赁权的承继，是承租人租赁房屋后以个体工商户或者合伙方式从事经营活动，承租人在租赁期限内死亡、被宣告失踪或者宣告死亡后，其共同经营人或者其他合伙人承继租赁权的地位，请求按照原租赁合同租赁房屋的，承租人发生变更，共同经营人或其他合伙人可以继续租赁该房屋进行经营活动，至原房屋租赁合同租赁期间届满为止。

## 关联法规索引

《商品房屋租赁管理办法》第19条

## 典型案例

### 陈某知与漳州市保障性住房管理中心房屋租赁合同纠纷案〔1〕

**※案例解读：**我国《民法典》第七百三十二条规定："承租人在房屋租赁期限内死亡的，与其生前共同居住的人或者共同经营人可以按照原租赁合同租赁该房屋。"本案中，在郑某离世后，与郑某生前共同居住的陈某知等人承继了郑某与公房管理处于1997年11月3日签订的《住宅用房租赁合同》的权利义务。2008年10月28日，陈某知作为被拆迁人与钱鸿公司签订《漳州钱鸿房地产开发有限公司拆迁安置选择房协议书》，应视为承租人实际变更为郑某的儿子陈某知。陈某知与漳州市保障性住房管理中心（以下简称漳州房管中心）未签订书面租赁合同，未明确约定租赁期限，故形成了不定期租赁合同关系，出租人漳州房管中心有权随时解除合同。由于陈某知于2012年11月、2017年1月接收了案涉房屋后，从未交纳过租金，已严重违约，漳州房

〔1〕 参见福建省漳州市中级人民法院民事判决书，(2018)闽06民终722号。

管中心主张解除合同合法有据。

**第七百三十三条 【租赁物的返还】租赁期限届满,承租人应当返还租赁物。返还的租赁物应当符合按照约定或者根据租赁物的性质使用后的状态。**

## 条文解读

本条是关于租赁物的返还规则。承租人应于租赁合同约定的租赁期限届满,租赁关系消灭时,向出租人返还租赁物。返还租赁物应当按照约定或者租赁物的性质使用后的状态,理由是承租人在租赁期限内占有、使用和收益租赁物时,负有妥善保管租赁物的义务。返还的租赁物状态要么符合租赁合同约定,即约定的对返还租赁物状态的要求,要么符合根据租赁物的性质进行使用后的状态,例如,租赁房屋的性质是办公,返还租赁房屋时,仍然应当是办公的状态。

## 典型案例

### 齐某麟与庆阳长庆精华实业有限责任公司、潘某平房屋租赁合同纠纷案[1]

**※案例解读:**我国《民法典》第七百三十三条规定:"租赁期限届满,承租人应当返还租赁物。返还的租赁物应当符合按照约定或者根据租赁物的性质使用后的状态。"本案中,庆阳长庆精华实业有限责任公司(以下简称长庆精华公司)与潘某平签订的《房屋租赁合同》系双方的真实意思表示,且不违反相关法律规定,为有效合同,双方均应按合同约定履行义务及享有权利。潘某平虽在将房屋转租给齐某麟时未经长庆精华公司同意,但长庆精华公司在齐某麟已实际使用涉案房屋时并未提出异议,且收取了齐某麟交纳的房租,应视为对潘某平转租行为的认可,故潘某平与齐某麟之间的转租协议应为有效。该转租协议明确约定租赁期限至2014年4月30日止,转租协议的租赁期限并未超过长庆精华公司与潘某平之间租赁合同的租赁期限,故该协议到期后,协议双方未就续租事宜达成一致意见,且合同中未对到期后续租事宜进行约定,故出租人长庆精华公司要求收回房屋的请求应予支持。

---

〔1〕 参见甘肃省庆阳市中级人民法院民事判决书,(2014)庆中民终字第582号。

**第七百三十四条 【续租】** 租赁期限届满，承租人继续使用租赁物，出租人没有提出异议的，原租赁合同继续有效，但是租赁期限为不定期。

租赁期限届满，房屋承租人享有以同等条件优先承租的权利。

## 条文解读

本条是关于续租和优先承租的规定。租赁合同约定的租赁期限届满后，承租人享有以下权利：第一，续租权。在租赁合同约定的租赁期限届满后，如果承租人继续使用租赁物，出租人没有提出异议的，原租赁合同继续有效，实际上是成立了新的租赁合同。这个新成立的租赁合同是不定期租赁合同，应适用不定期租赁合同的规定确定双方当事人的权利义务关系。第二，优先承租权。房屋租赁合同约定的租赁期限届满后，承租人要求续租，他人也要求承租的，原承租人享有优先承租权，在同等条件下优先承租。优先承租权的前提是同等条件，主要指租金数额，也包括租赁期限等。在订立新的租赁合同时，只要约定条件是一样的，原承租人就可以优先承租。

## 配套法规及解读

**《民法典》(2020年5月28日)**

**第七百二十六条** 出租人出卖租赁房屋的，应当在出卖之前的合理期限内通知承租人，承租人享有以同等条件优先购买的权利；但是，房屋按份共有人行使优先购买权或者出租人将房屋出卖给近亲属的除外。

**※法规解读：**本条规定了房屋承租人享有优先购买权。承租人的优先购买权，是指当出租人出卖承租人租赁的房屋时，承租人在同等条件下，依法享有优先于其他人而购买房屋的权利。优先购买权只属于特定人享有，具有一定的专属性，承租人不能将该权利转让给他人。承租人在以下特定的法律事实出现时可以行使优先购买权：承租人的优先购买权发生于出租人转让房屋所有权时；出租人出卖租赁房屋时通知了承租人。承租人应当在接到通知之后的15日之内行使优先购买权；承租人仅在同等条件下享有优先购买权。同等条件是指价格的同一，主要是指出价以及支付房款的期限、方式等，至于所出售房屋的部位、数量应无区别；如果出租人基于某种特殊原因给予了其他买受人一个较优惠的价格，而此种优惠能以金钱计算，则应折合入价格中；如果不能以金钱计算，则应以市场价格来确定房价。

对抗承租人优先购买权的事由有：房屋按份共有人行使优先购买权的，依照物权优先原则，可以对抗承租人的优先购买权；出租人将房屋出卖给近亲属，包括配偶、父母、子女、兄弟姐妹、祖父母、外祖父母、孙子女、外孙子女的，其近亲属的购买权优先。承租人放弃优先购买权，即出租人履行通知义务后，承租人在15日内未明确表示购买的，视为承租人放弃优先购买权。

## 关联法规索引

《商品房屋租赁管理办法》第19条

## 典型案例

### 张某生与吕某鹏房屋租赁合同纠纷案[1]

**※案例解读：**我国《民法典》第七百三十四条规定："租赁期限届满，承租人继续使用租赁物，出租人没有提出异议的，原租赁合同继续有效，但是租赁期限为不定期。租赁期限届满，房屋承租人享有以同等条件优先承租的权利。"本案中，原合同到期后，吕某鹏继续占有使用所租房屋，现无证据证实张某生对此提出异议，张某生也未提交证据证实其曾主张收回房屋，依据法律规定，双方之间应当认定为不定期租赁关系。不定期租赁关系为合法的民事法律关系，双方协议中约定的具有惩罚性的加倍处罚约定不适用于房租费用的确定，故房租费用应当按照双方所签订的租房协议第二年的房租费用标准确定。

---

〔1〕 参见甘肃省庆阳市中级人民法院民事判决书，(2014)庆中民终字第372号。

# 第十五章　融资租赁合同

## 本章介绍

本章规定了融资租赁合同的概念、内容、双方当事人的权利与义务等。

**第七百三十五条　【融资租赁合同的定义】融资租赁合同是出租人根据承租人对出卖人、租赁物的选择，向出卖人购买租赁物，提供给承租人使用，承租人支付租金的合同。**

## 条文解读

本条明确了融资租赁合同的概念。融资租赁合同，是指出租人根据承租人对出卖人、租赁物的选择，向出卖人购买租货物，提供给承租人使用，承租人支付租金的合同。融资租赁合同涉及两个合同、三方当事人，两个合同是由融资租赁公司与承租人所签订的融资性租赁合同和由融资租赁公司与供应商所签订的买卖合同。三方当事人包括出卖人、出租人（买受人）和承租人。

## 配套法规及解读

**《民法典》（2020 年 5 月 28 日）**

**第七百零三条**　租赁合同是出租人将租赁物交付承租人使用、收益，承租人支付租金的合同。

**※法规解读：**租赁合同是出租人将租赁物交付承租人使用、收益，承租人支付租金的合同。

租赁合同的特征：第一，租赁合同是转移财产使用权的合同；第二，承租人取得租赁物的使用权是以支付租金为代价；第三，租赁合同的标的物是有体物、非消耗物；第四，租赁合同是双务、有偿的合同；第五，租赁合同具有临时性。

## 关联法规索引

《民用航空法》第27条;《最高人民法院关于适用〈中华人民共和国民事诉讼法〉的解释》第19条;《最高人民法院关于审理融资租赁合同纠纷案件适用法律问题的解释》第1、2条

**第七百三十六条 【融资租赁合同的内容】融资租赁合同的内容一般包括租赁物的名称、数量、规格、技术性能、检验方法,租赁期限,租金构成及其支付期限和方式、币种,租赁期限届满租赁物的归属等条款。**

**融资租赁合同应当采用书面形式。**

## 条文解读

本条规定了融资租赁合同的内容和形式。融资租赁合同应当约定的主要内容有:租赁物名称、数量、规格、技术性能、检验方法、租赁期限、租金构成及其支付期限和方式及其币种、租赁期间届满租赁物的归属等。由于融资租赁合同的法律关系复杂,融资金额较大,履行期较长,为了明确当事人的权利义务关系,法律规定融资租赁合同应当采用书面形式,为要式合同。

## 配套法规及解读

**《民法典》(2020年5月28日)**

**第七百零四条** 租赁合同的内容一般包括租赁物的名称、数量、用途、租赁期限、租金及其支付期限和方式、租赁物维修等条款。

**第七百零七条** 租赁期限六个月以上的,应当采用书面形式。当事人未采用书面形式,无法确定租赁期限的,视为不定期租赁。

**※法规解读:**租赁合同的内容一般包括租赁物的名称、数量、用途、租赁期限、有关租金及其支付期限和方式、租赁物维修等条款。

当事人订立合同可以采用书面形式、口头形式和其他形式。法律并不特别要求合同当事人采用何种形式订立合同,但是法律、行政法规规定采用书面形式的,应当采用书面形式。

## 关联法规索引

《民用航空法》第26条

## 典型案例

### 张某周、杨某召与斗山（中国）融资租赁有限公司融资租赁合同纠纷案[1]

**※案例解读：**我国《民法典》第七百三十六条规定："融资租赁合同的内容一般包括租赁物的名称、数量、规格、技术性能、检验方法，租赁期限，租金构成及其支付期限和方式、币种，租赁期限届满租赁物的归属等条款。融资租赁合同应当采用书面形式。"本案中，张某周、杨某召虽表示其并不清楚本案所涉《融资租赁合同》的内容，其只知道自己是向新斗山公司购买挖掘机，由于钱不够新斗山公司为其办理融资贷款，本案是借款关系，但张某周认可《融资租赁合同》上承租人处"张某周"的签名系其本人所签，杨某召认可《融资租赁合同》上担保人处"杨某召"的签名系其本人所签，且《融资租赁合同》能与张某周（承租人）、新斗山公司（卖方）与斗山（中国）融资租赁有限公司（以下简称斗山融资公司，出租人）共同签订的《买卖合同》相印证，《融资租赁合同》签订后，张某周实际已按约向斗山融资公司支付了部分租金，故根据上述事实及法律规定，足以认定张某周与斗山融资公司之间形成融资租赁合同法律关系，张某周、杨某召主张本案系借贷合同关系不能成立。张某周逾期支付租金，构成违约，斗山融资公司有权根据《融资租赁合同》的约定要求解除合同，收回租赁物。

**第七百三十七条　【融资租赁合同无效的情形】当事人以虚构租赁物方式订立的融资租赁合同无效。**

## 条文解读

本条规定了虚构租赁物订立的融资租赁合同的效力。当事人以虚构租赁物方式订立融资租赁合同掩盖非法目的的，就是以虚构的租赁物作为标的，签订虚假的融资

〔1〕 参见云南省昆明市中级人民法院民事判决书，(2015)昆民四终字第324号。

租赁合同,以掩盖其非法目的。在融资租赁合同中,排除了虚构的租赁物后,不存在租赁物和购买租赁物的法律关系,其实剩下的就是融资法律关系了。用虚构租赁物的方式订立的融资租赁合同,其实就是非法融资合同。按照本条规定,这种以虚构租赁物的方式订立的融资租赁合同属于无效合同。依照《民法典》总则编第一百四十六条第二款的规定,以合法形式掩盖非法目的的民事法律行为是隐藏行为,应当根据被隐藏的行为的性质适用法律,当用形式上的融资租赁合同掩盖非法的融资行为时,因融资行为是非法的,则该融资行为当然是无效的。

## 配套法规及解读

**《民法典》(2020年5月28日)**

**第一百四十六条**　行为人与相对人以虚假的意思表示实施的民事法律行为无效。

以虚假的意思表示隐藏的民事法律行为的效力,依照有关法律规定处理。

**第一百五十五条**　无效的或者被撤销的民事法律行为自始没有法律约束力。

**第一百五十七条**　民事法律行为无效、被撤销或者确定不发生效力后,行为人因该行为取得的财产,应当予以返还;不能返还或者没有必要返还的,应当折价补偿。有过错的一方应当赔偿对方由此所受到的损失;各方都有过错的,应当各自承担相应的责任。法律另有规定的,依照其规定。

**※法规解读:**以虚假的意思表示实施的民事法律行为无效,以虚假的意思表示隐藏的民事法律行为的效力,依照有关法律规定进行处理。

民事法律行为的效力包括有效、无效、可撤销、效力待定等。无效的民事法律行为有:无民事行为能力人实施的民事法律行为;虚假的民事法律行为;违反法律、行政法规的强制性规定及违背公序良俗的民事法律行为;恶意串通的民事法律行为。

民事法律行为无效,是指民事法律行为因具备无效条件而被确定为自始无效、当然无效、绝对无效。民事法律行为被撤销,是指民事法律行为因具备撤销事由,经撤销权人行使撤销权而无效。

## 关联法规索引

《民法典》第154、156条

**第七百三十八条 【特定租赁物经营未经行政许可对合同效力的影响】依照法律、行政法规的规定，对于租赁物的经营使用应当取得行政许可的，出租人未取得行政许可不影响融资租赁合同的效力。**

## 条文解读

本条规定了特定租赁物经营未经行政许可对融资租赁合同效力的影响。在融资租赁合同中，一般的租赁物的经营是不需要经过行政许可的，但是，对于一些特定的机器设备等的融资租赁经营，需要经过行政许可的，出租人在经营此类需要经过行政许可的租赁物时，如果没有经过政府的行政许可，是否影响融资租赁合同的效力问题，本条规定，这种情形并不影响融资租赁合同的效力，该合同仍须履行。对于出租人的违规行为，则应当依照相应的法律、行政法规的规定予以处罚。

## 配套法规及解读

**《民法典》(2020 年 5 月 28 日)**

**第五百零二条** 依法成立的合同，自成立时生效，但是法律另有规定或者当事人另有约定的除外。

依照法律、行政法规的规定，合同应当办理批准等手续的，依照其规定。未办理批准等手续影响合同生效的，不影响合同中履行报批等义务条款以及相关条款的效力。应当办理申请批准等手续的当事人未履行义务的，对方可以请求其承担违反该义务的责任。

依照法律、行政法规的规定，合同的变更、转让、解除等情形应当办理批准等手续的，适用前款规定。

**※法规解读：**依法成立的合同，自成立时生效。对于合同生效的时间，法律另有规定或者当事人另有约定的，依照法律规定或者当事人约定。

未办理批准等手续影响合同生效的法律后果有两种：一是合同不生效，但不影响履行报批等义务条款；二是未报批的一方应承担违反该义务的责任。

## 关联法规索引

《金融租赁公司管理办法》第 7 条

**第七百三十九条　【融资租赁标的物的交付】出租人根据承租人对出卖人、租赁物的选择订立的买卖合同，出卖人应当按照约定向承租人交付标的物，承租人享有与受领标的物有关的买受人的权利。**

## 条文解读

本条规定了融资租赁标的物的交付。在融资租赁合同中，承租人具有买受人的地位，出租人是根据承租人对出卖人、租赁物的选择订立买卖合同，并且租赁物也是由承租人使用，将来还会把所有权转移给承租人。因此，虽然买卖合同是出租人和出卖人订立的，但是买卖合同的标的物，也就是融资租赁合同的租赁物，须由出卖人直接交付承租人。同时，承租人在融资租赁合同中的地位相当于出卖人与出租人订立的买卖合同中的买受人，享有受领买卖合同标的物等买受人的权利。买卖合同中买受人的一切权利承租人都享有，出卖人向承租人交付标的物，承担租赁物的瑕疵担保责任。

## 配套法规及解读

**《民法典》(2020 年 5 月 28 日)**

**第七百零八条**　出租人应当按照约定将租赁物交付承租人，并在租赁期限内保持租赁物符合约定的用途。

**第七百零九条**　承租人应当按照约定的方法使用租赁物。对租赁物的使用方法没有约定或者约定不明确，依据本法第五百一十条的规定仍不能确定的，应当根据租赁物的性质使用。

**※法规解读：**出租人的交付义务，即出租人应当按照约定将租赁物交付承租人；出租人对租赁物的瑕疵担保责任，即出租人应当在租赁期限内保持租赁物符合约定的用途。

承租人按照约定使用租赁物的义务，即承租人应当按照约定的方法使用租赁物。

对租赁物的使用方法没有约定或者约定不明确的，依据《民法典》第五百一十条的规定确定，仍不能确定的，应当根据租赁物的性质使用。

## 关联法规索引

《民用航空法》第 28 条

**第七百四十条 【承租人拒绝受领租赁物的情形】** 出卖人违反向承租人交付标的物的义务,有下列情形之一的,承租人可以拒绝受领出卖人向其交付的标的物:

(一)标的物严重不符合约定;

(二)未按照约定交付标的物,经承租人或者出租人催告后在合理期限内仍未交付。

承租人拒绝受领标的物的,应当及时通知出租人。

## 条文解读

本条规定了承租人对出卖人交付标的物的拒绝受领权。在买卖合同中,买受人享有拒绝受领权,当出卖人交付的标的物不符合约定等情形出现时,买受人就可以拒绝受领交付的标的物。在融资租赁合同中,承租人具有买受人的地位,也享有买受人所享有的拒绝受领权。承租人行使拒绝受领权的事由有:租赁物严重不符合约定;出卖人未按照约定交付租赁物,经承租人或者出租人催告,在催告的合理期限内仍未交付。承租人行使买受人的拒绝受领权,拒绝受领租赁物的,应当及时通知出租人。符合上述规定的条件的,出卖人构成违约行为,应当取回租赁物,采取补救措施或者承担其他违约责任。

## 配套法规及解读

**《民法典》(2020年5月28日)**

**第五百九十八条** 出卖人应当履行向买受人交付标的物或者交付提取标的物的单证,并转移标的物所有权的义务。

**第六百零一条** 出卖人应当按照约定的时间交付标的物。约定交付期限的,出卖人可以在该交付期限内的任何时间交付。

**※法规解读:** 现实的交付,是指出卖人将标的物的占有直接转移于买受人,使标的物处于买受人的实际控制下。

拟制的交付,是指出卖人将标的物的占有的权利转移于买受人,以替代现实的交付。

出卖人应当按照约定的时间交付,约定交付期限的,可以在该交付期限内的任何时间交付。

## 关联法规索引

《最高人民法院关于审理融资租赁合同纠纷案件适用法律问题的解释》第5条

**第七百四十一条 【承租人的索赔权】出租人、出卖人、承租人可以约定，出卖人不履行买卖合同义务的，由承租人行使索赔的权利。承租人行使索赔权利的，出租人应当协助。**

## 条文解读

本条规定了承租人的索赔权。在融资租赁合同中，出租人根据承租人的委托和选择，向出卖人购买租赁物而出租给承租人使用，构成融资、买卖和租赁多重合同关系。在如此复杂的法律关系中，各方当事人即出租人、出卖人、承租人可以在融资租赁合同中对索赔权由谁行使作出约定，例如，约定出卖人不履行买卖合同义务的，由承租人行使索赔的权利，而不是约定由出租人即买受人行使索赔权。但是，即使在融资租赁合同中没有此种约定，由于承租人在融资租赁合同中的地位相当于买受人，承租人也享有索赔权。当承租人向出卖人行使索赔权时，由于出租人是名义上的买受人，因此，其对承租人行使索赔权负有协助义务。

## 配套法规及解读

**《民法典》(2020年5月28日)**

**第七百四十二条** 承租人对出卖人行使索赔权利，不影响其履行支付租金的义务。但是，承租人依赖出租人的技能确定租赁物或者出租人干预选择租赁物的，承租人可以请求减免相应租金。

**※法规解读：**承租人对出卖人行使索赔权利，不影响其履行支付租金的义务。但是，承租人依赖出租人的技能确定租赁物或者出租人干预选择租赁物的，承租人可以请求减免相应租金。

## 典型案例

### 台新融资租赁(中国)有限公司与上海益震机床设备有限公司等买卖合同纠纷案[1]

※**案例解读**:我国《民法典》第七百四十一条规定:"出租人、出卖人、承租人可以约定,出卖人不履行买卖合同义务的,由承租人行使索赔的权利。承租人行使索赔权利的,出租人应当协助。"本案中,台新融资租赁(中国)有限公司(以下简称台新公司)作为买方与卖方上海益震机床设备有限公司(以下简称益震公司)、承租方钧统公司签订的买卖合同依法成立生效,各方当事人应当按照约定全面履行自己的义务。该买卖合同中明确约定,台新公司向卖方益震公司付款的条件是承租方钧统公司收到货物并验货无误后将《起租通知书》交给出租方,台新公司在收到该通知后15个工作日内付款给卖方益震公司。本案中,虽然台新公司持有钧统公司盖章的《起租通知书》,但该通知书系双方签订融资租赁合同时钧统公司应台新公司要求事先出具的,台新公司在明知益震公司尚未实际交付货物,也未得到钧统公司收货确认的情况下,即于次日向益震公司付款,现案涉合同因益震公司违约无法履行,钧统公司在合同履行中并无过错,台新公司要求钧统公司与益震公司共同承担退还货款的责任,无事实和法律依据。

**第七百四十二条 【承租人行使索赔权的租金支付】承租人对出卖人行使索赔权利,不影响其履行支付租金的义务。但是,承租人依赖出租人的技能确定租赁物或者出租人干预选择租赁物的,承租人可以请求减免相应租金。**

## 条文解读

融资租赁合同的租赁物是出租人按照承租人的选择向出卖人购买的,并且直接交给承租人使用,只要出卖人将租赁物交付承租人,承租人就应当向出租人支付租金,因此,承租人因买卖合同的标的物有瑕疵或者出卖人有其他违约行为,在向出卖人主张索赔权的期间,也应当向出租人支付租金,没有理由拒付租金的,出租人应当承担违约责任。例外的情形是,承租人依赖出租人的技能确定租赁物或者出租人干

[1] 参见江苏省南京市中级人民法院民事判决书,(2016)苏01民终10629号。

预选择租赁物的，由于租赁物并非真正由承租人所选择，因此，承租人在索赔期间，可以向出租人请求减轻或者免除租金。出租人应当根据实际情况，与承租人就减免租金进行协商，如果不能达成一致而发生争议，法院和仲裁机构应当根据实际情况确定租金的减免数额。

## 配套法规及解读

**《民法典》(2020年5月28日)**

**第七百一十三条** 承租人在租赁物需要维修时可以请求出租人在合理期限内维修。出租人未履行维修义务的，承租人可以自行维修，维修费用由出租人负担。因维修租赁物影响承租人使用的，应当相应减少租金或者延长租期。

**第七百二十三条** 因第三人主张权利，致使承租人不能对租赁物使用、收益的，承租人可以请求减少租金或者不支付租金。

第三人主张权利的，承租人应当及时通知出租人。

**※法规解读：**《民法典》第七百一十三条明确了承租人的维修请求权，明确了出租人不履行维修义务的处理规则。

《民法典》第七百二十三条规定了权利瑕疵担保责任。权利瑕疵担保责任，是指当第三人对租赁物主张权利时，出租人所应承担的责任。权利瑕疵担保责任的构成要件有：权利瑕疵在合同成立时已经存在；相对人不知道有权利瑕疵的存在；权利瑕疵在合同成立后仍未排除。

## 关联法规索引

《民用航空法》第127条

**第七百四十三条 【承租人索赔不能的违约责任承担】** 出租人有下列情形之一，致使承租人对出卖人行使索赔权利失败的，承租人有权请求出租人承担相应的责任：

（一）明知租赁物有质量瑕疵而不告知承租人；

（二）承租人行使索赔权利时，未及时提供必要协助。

出租人怠于行使只能由其对出卖人行使的索赔权利，造成承租人损失的，承租人有权请求出租人承担赔偿责任。

## 条文解读

在融资租赁合同中，出卖人交付买卖合同标的物违约的索赔权，原则上属于承租人，因此，承租人行使索赔权失败，应当由承租人自己承担后果。只有因出租人违反义务致使承租人对出卖人行使索赔权失败的，出租人才应当承担赔偿责任。出租人承担责任的事由有：(1)明知租赁物有质量瑕疵而不告知承租人。这将会使承租人因出租人的不作为无法查知标的物质量瑕疵，因而不能及时行使索赔权，导致索赔逾期。(2)承租人行使索赔权利时，未及时提供必要协助。这违反出租人对承租人索赔的协助义务，也是索赔失败的原因。出现这两种情形之一的，承租人有权要求出租人承担赔偿责任。

## 配套法规及解读

**《民法典》(2020 年 5 月 28 日)**

**第五百条** 当事人在订立合同过程中有下列情形之一，造成对方损失的，应当承担赔偿责任：

(一)假借订立合同，恶意进行磋商；

(二)故意隐瞒与订立合同有关的重要事实或者提供虚假情况；

(三)有其他违背诚信原则的行为。

**第七百二十八条** 出租人未通知承租人或者有其他妨害承租人行使优先购买权情形的，承租人可以请求出租人承担赔偿责任。但是，出租人与第三人订立的房屋买卖合同的效力不受影响。

**※法规解读：**当事人在订立合同时有下列情形的，应当承担赔偿责任：假借订立合同，恶意进行磋商；故意隐瞒与订立合同有关的重要事实或者提供虚假情况；有其他违背诚信原则的行为。

出租人妨害承租人行使优先购买权的，承租人可要求出租人承担赔偿责任；出租人妨害承租人行使优先购买权的，出租人与第三人订立的房屋买卖合同的效力不受影响。

## 关联法规索引

《民用航空法》第 125 条

**第七百四十四条 【出租人不得擅自变更买卖合同内容】出租人根据承租人对出卖人、租赁物的选择订立的买卖合同,未经承租人同意,出租人不得变更与承租人有关的合同内容。**

## 条文解读

本条规定出租人根据承租人对出卖人、租赁物的选择订立的买卖合同,未经承租人同意,出租人不得变更与承租人有关的合同内容。在通常情况下,融资租赁合同约定购买的租赁物,是由承租人选择确定的,出租人再与出卖人订立买卖合同。出租人购买的标的物,体现的是承租人的需求和意思表示。因此,出租人与出卖人订立租赁物的买卖合同之后,出租人不得独立行使合同变更权。

## 配套法规及解读

**《民法典》(2020 年 5 月 28 日)**

**第一百三十六条** 民事法律行为自成立时生效,但是法律另有规定或者当事人另有约定的除外。

行为人非依法律规定或者未经对方同意,不得擅自变更或者解除民事法律行为。

**第四百八十八条** 承诺的内容应当与要约的内容一致。受要约人对要约的内容作出实质性变更的,为新要约。有关合同标的、数量、质量、价款或者报酬、履行期限、履行地点和方式、违约责任和解决争议方法等的变更,是对要约内容的实质性变更。

**※法规解读:**民事法律行为原则上自成立时生效,即民事法律行为的生效时间和民事法律行为的成立时间原则上是一致的。对民事法律行为生效法律另有规定或者当事人另有约定的,按照法律规定或者当事人的约定执行。行为人非依法律规定或者经对方同意,不得擅自变更或者解除民事法律行为。

## 关联法规索引

《最高人民法院关于审理融资租赁合同纠纷案件适用法律若干问题的解释》第 8 条

**第七百四十五条 【租赁物的登记对抗效力】出租人对租赁物享有的所有权,未经登记,不得对抗善意第三人。**

## 条文解读

本条规定了租赁物的登记对抗效力。融资租赁合同中租赁物的所有权,归属于出租人,理由是融资租赁合同毕竟是租赁合同,租赁物的所有权只有属于出租人,承租人才能够依据租赁合同对自己没有所有权的标的物进行占有、使用和收益。如果租赁物属于承租人所有,就失去了租赁合同的意义,不成为融资租赁合同了。融资租赁的租赁物多数是大型机器设备等,要依照法律或者行政法规的规定进行登记。出租人对租赁物未按照规定进行登记的,不得对抗善意第三人。对此,出租人应当尽所有权人的注意义务,因为租赁物尽管属于自己所有,但是占有和使用、收益权能均脱离了自己而在承租人手中,为避免出现意外,造成损失,应当进行登记。

## 配套法规及解读

**《民法典》(2020年5月28日)**

**第二百二十五条** 船舶、航空器和机动车等的物权的设立、变更、转让和消灭,未经登记,不得对抗善意第三人。

**第四百零三条** 以动产抵押的,抵押权自抵押合同生效时设立;未经登记,不得对抗善意第三人。

**第六百四十一条** 当事人可以在买卖合同中约定买受人未履行支付价款或者其他义务的,标的物的所有权属于出卖人。

出卖人对标的物保留的所有权,未经登记,不得对抗善意第三人。

**※法规解读:**船舶、航空器和汽车的物权变动应当以登记为公示方法,但在登记的效力上不采用登记生效主义,如果不进行登记,就不能对抗善意第三人。

动产办理与不办理抵押登记的法律后果是不一样的:未办理抵押登记的,不得对抗善意第三人。办理抵押登记的,抵押权人具有对抗第三人的法律效力,即抵押财产登记后,不论抵押财产转移到谁手中,只要债务履行期限届满债务人没有履行债务,抵押权就具有追及效力,抵押权人可以就该抵押财产实现抵押权。

买卖合同的标的物所有权可以保留。所有权经登记才能取得对抗第三人的效力,即出卖人对标的物保留的所有权,未经登记,不得对抗善意第三人。

## 关联法规索引

《民用航空法》第 28 条

## 典型案例

### 吴某庆等与周某健合同纠纷案[1]

**※案例解读：**我国《民法典》第七百四十五条规定："出租人对租赁物享有的所有权，未经登记，不得对抗善意第三人。"本案中，案涉租赁物车辆的所有权属于该车出租人汇通信诚租赁有限公司。吴某庆将该车质押转让给周某健并未得到所有权人汇通信诚租赁有限公司或登记车主许某昌的追认，故周某健、吴某庆之间的《质押债权转让协议》无效。合同无效或者被撤销后，因该合同取得的财产，应当予以返还，因此，吴某庆应将 76,000 元返还给周某健。由于汇通信诚租赁有限公司已取回涉案车辆，吴某庆可另行主张权利。

**第七百四十六条　【租金的确定规则】融资租赁合同的租金，除当事人另有约定外，应当根据购买租赁物的大部分或者全部成本以及出租人的合理利润确定。**

## 条文解读

本条规定了融资租赁合同租金的确定规则。确定融资租赁合同租赁物的租金，有两种方式：一是约定，由当事人双方约定，按照约定的租金确定承租人支付的租金数额；二是法定，根据本条规定，融资租赁合同租赁物的法定租金，由购买租赁物的成本和出租人的合理利润两部分构成。购买租赁物的成本，可以是大部分，也可以是全部。合理利润应在合理的限度内确定，不得过高。这两部分加在一起，就是法定的租金数额。事实上，即使双方当事人对租金有约定，也应当按照这样的租金构成因素来确定，使租金数额更为合理、公平。

---

〔1〕 参见广东省梅州市中级人民法院民事判决书，(2018)粤 14 民终 137 号。

## 配套法规及解读

**《民法典》(2020 年 5 月 28 日)**

**第七百五十二条** 承租人应当按照约定支付租金。承租人经催告后在合理期限内仍不支付租金的，出租人可以请求支付全部租金；也可以解除合同，收回租赁物。

**※法规解读：**承租人有按照约定支付租金的义务，承租人不按照约定支付租金的，出租人可以请求支付全部租金；承租人在催告后在合理期限内仍不支付租金的，出租人也可以解除合同，收回租赁物。

## 关联法规索引

《民用航空法》第 27 条；《最高人民法院关于审理城镇房屋租赁合同纠纷案件具体应用法律若干问题的解释》第 4 条

## 典型案例

### 赖某宾等与江苏公信资产经营管理有限公司融资租赁合同纠纷案〔1〕

**※案例解读：**我国《民法典》第七百四十六条规定："融资租赁合同的租金，除当事人另有约定外，应当根据购买租赁物的大部分或者全部成本以及出租人的合理利润确定。"法律承认合同双方当事人对融资租赁合同租金的约定，但是，对租金的约定也应体现承租人的资金占用费用以及合理利润，符合出租人签订融资租赁合同的目的。本案中，案涉《融资租赁合同》约定，设备的总价款为 485 万元，赖某宾每月支付的租金为 13.2674 万元，租赁期限为 36 个月，故在租赁期限内赖某宾应支付的租金总额为 477.6264 万元，如果将首期租金 48.5 万元从其中扣减，则赖某宾支付的款项仅为 429.1264 万元，出租人的资金占用费用以及合理利润将无法体现，这有违出租人签订该合同的目的。根据《融资租赁合同》的约定，在赖某宾违约时，江苏公信资产经营管理有限公司（以下简称江苏公信公司）有权不退还履约保证金，但该款项应用于冲抵赖某宾所欠租金及其他应付款项，不应用于冲抵迟延付款的利息。赖某宾在

〔1〕 参见江苏省高级人民法院民事判决书，(2014)苏商终字第 00515 号。

合同签订后支付的两期租金计26.5348万元应计入赖某宾已付租金中，江苏公信公司已认可赖某宾支付该两笔租金的事实，故该款项应计入赖某宾已付租金中。徐工租赁公司与江苏公信公司签订了《债权转让协议》，将徐工租赁公司的涉案全部合同权利依法转让给江苏公信公司，并已经通知赖某宾、刘某芳，符合债权转让的生效要件，因此，江苏公信公司取得了徐工租赁公司对赖某宾、刘某芳享有的权利。刘某芳应依据其签订的《保证担保合同》对赖某宾因案涉《融资租赁合同》产生的债务向江苏公信公司承担连带清偿责任。

**第七百四十七条　【租赁物瑕疵担保责任】租赁物不符合约定或者不符合使用目的的，出租人不承担责任。但是，承租人依赖出租人的技能确定租赁物或者出租人干预选择租赁物的除外。**

## 条文解读

本条规定了租赁物瑕疵担保责任。融资租赁合同在履行期间，出现租赁物不符合约定或者不符合使用目的之情形的，有责任的一方应当承担租赁物质量瑕疵担保责任。租赁物瑕疵担保责任分配的规则是：(1)一般规则，出租人不承担责任，而是由承租人承担该责任，理由是租赁物的选择是由承租人确定的，承租人承担租赁物质量瑕疵担保责任具有正当性；(2)特殊规则，如果承租人选择购买租赁物是依赖出租人的技能确定的或者是出租人干预选择租赁物的，租赁物质量瑕疵担保责任应当由出租人承担。

## 配套法规及解读

**《民法典》(2020年5月28日)**

**第六百一十八条**　当事人约定减轻或者免除出卖人对标的物瑕疵承担的责任，因出卖人故意或者重大过失不告知买受人标的物瑕疵的，出卖人无权主张减轻或者免除责任。

**第七百四十三条**　出租人有下列情形之一，致使承租人对出卖人行使索赔权利失败的，承租人有权请求出租人承担相应的责任：

(一)明知租赁物有质量瑕疵而不告知承租人；

(二)承租人行使索赔权利时，未及时提供必要协助。

出租人怠于行使只能由其对出卖人行使的索赔权利，造成承租人损失的，承租人有权请求出租人承担赔偿责任。

**※法规解读：**《民法典》第六百一十八条明确了当事人有权约定减轻或者免除出卖人对标的物瑕疵承担的责任；明确了因出卖人故意或者重大过失不告知买受人标的物瑕疵的，出卖人无权主张减轻或者免除责任。

《民法典》第七百四十三条明确了因出租人的原因致使承租人对出卖人行使索赔权利失败的，承租人有权请求出租人承担相应责任的情形；明确了承租人要求出租人承担赔偿责任的请求权。

## 关联法规索引

《最高人民法院关于审理融资租赁合同纠纷案件适用法律问题的解释》第3条

## 典型案例

### 彭某洪与厦门海翼融资租赁有限公司等融资租赁合同纠纷案[1]

**※案例解读：**我国《民法典》第七百四十七条规定："租赁物不符合约定或者不符合使用目的的，出租人不承担责任。但是，承租人依赖出租人的技能确定租赁物或者出租人干预选择租赁物的除外。"融资租赁合同通常是出租人在承租人的指示下出资购买特定的设备，出租人仅仅是为承租人提供资金购买承租人需要的设备，因此，租赁物不符合合同约定或者不符合承租人的使用目的的，出租人并不承担责任，需要由承租人承担租赁物不符合约定或使用目的的风险。但是，承租人依赖出租人的技能确定租赁物或者出租人干预选择租赁物的除外。因此，本条文的核心在于融资租赁合同的标的，是依据合同双方中的哪一方的意思或者影响而确定，就由哪一方承担租赁物不符合约定或使用目的的责任。本案中，彭某洪并未举证证实其系依赖厦门海翼融资租赁有限公司（以下简称海翼公司）的技能确定租赁物或者海翼公司干预了租赁物的选择。彭某洪关于李某璋系海翼公司业务员并向其推荐了涉案挖掘机的主张，亦无证据证实。故彭某洪要求要求海翼公司承担租赁物瑕疵担保责任，缺乏相应

[1] 参见云南省昆明市中级人民法院民事判决书，(2013)昆民四终字第394号。

的法律依据，不应当予以支持。彭某洪依法应向海翼公司支付租金，其未依约向海翼公司支付租金，应向海翼公司承担违约责任。

**第七百四十八条　【出租人保证承租人占有和使用租赁物】**出租人应当保证承租人对租赁物的占有和使用。

出租人有下列情形之一的，承租人有权请求其赔偿损失：

（一）无正当理由收回租赁物；

（二）无正当理由妨碍、干扰承租人对租赁物的占有和使用；

（三）因出租人的原因致使第三人对租赁物主张权利；

（四）不当影响承租人对租赁物占有和使用的其他情形。

## 条文解读

本条规定出租人应当保证承租人对租赁物的占有和使用，并规定了承租人对出租人的损失赔偿请求权。出租人有下列情形的，承租人可请求出租人赔偿损失：无正当理由收回租赁物，构成根本违约；无正当理由妨碍、干扰承租人对租赁物的占有和使用；因出租人的原因致使第三人对租赁物主张权利；不当影响承租人对租赁物占有和使用的其他情形。上述情形将致使承租人无法正常使用租赁物，不能正常发挥租赁物的效益，故承租人享有违约损害赔偿请求权，出租人应当承担赔偿责任。

## 配套法规及解读

**《民法典》（2020年5月28日）**

**第四百五十八条**　基于合同关系等产生的占有，有关不动产或者动产的使用、收益、违约责任等，按照合同约定；合同没有约定或者约定不明确的，依照有关法律规定。

**第七百二十条**　在租赁期限内因占有、使用租赁物获得的收益，归承租人所有，但是当事人另有约定的除外。

**※法规解读：**占有是对物的一种事实上的控制与支配。根据占有是否具有法律上的原因，占有分为有权占有和无权占有。有权占有，主要指基于合同等债的关系而产生的占有。无权占有，主要指占有人对不动产或者动产的占有无正当法律关系，或者原法律关系被撤销或者无效时占有人对占有物的占有，包括误将他人之物认作己

有或者借用他人之物到期不还等。

《民法典》第七百二十条的收益是指承租人在租赁期限内因占有、使用租赁物获得的效益。租赁物的收益原则上归承租人所有，即在租赁期限内因占有、使用租赁物获得的收益，归承租人所有；当事人对租赁物的收益归属另有约定的，按照约定。

## 关联法规索引

《最高人民法院关于审理融资租赁合同纠纷案件适用法律问题的解释》第6条

## 典型案例

### 小松（中国）融资租赁有限公司与施某民融资租赁合同纠纷案[1]

**※案例解读：**我国《民法典》第七百四十八条规定："出租人应当保证承租人对租赁物的占有和使用。出租人有下列情形之一的，承租人有权请求其赔偿损失：（一）无正当理由收回租赁物；（二）无正当理由妨碍、干扰承租人对租赁物的占有和使用；（三）因出租人的原因致使第三人对租赁物主张权利；（四）不当影响承租人对租赁物占有和使用的其他情形。"承租人订立融资租赁合同的主要目的在于融通资金，在不需要一次支付所有价金的情况下实现对租赁物的利用。融资租赁合同承租人通常与一般租赁合同承租人相同，通过对租赁物的占有、使用实现自己的利益。离开对租赁物的占有、使用，承租人无法达到融资的最终目的。并且，承租人为此向出租人支付了对价。因此，基于承租人订立合同的目的以及民法等价有偿的原则，出租人应当保证承租人对标的物的占有和使用。本案中，小松（中国）融资租赁有限公司（以下简称小松公司）未举证证明系因施某民原因导致租赁物长期停放福建小松公司，小松公司亦未督促其代理人福建小松公司及时将租赁物交还施某民使用，故小松公司已违反法律规定。施某民提出其未支付2013年12月20日之后的租金系行使合同履行抗辩权的主张符合法律规定。

[1] 参见福建省福州市中级人民法院民事判决书，(2015)榕民终字第1741号。

**第七百四十九条 【租赁物造成损害的责任】承租人占有租赁物期间,租赁物造成第三人人身损害或者财产损失的,出租人不承担责任。**

## 条文解读

本条规定了租赁物造成损害的责任承担。在一般情况下,物件造成第三人损害,应当适用《民法典》侵权责任编关于物件损害责任的规定,由物件的所有人、使用人、管理人承担赔偿责任。按照上述规定,租赁物造成第三人损害,也应当由所有人、使用人承担责任,融资租赁合同中使用人就是承租人。由于在融资租赁合同中,承租人对租赁物享有独占使用的权利,特别是出租人依照承租人的意志购买租赁物并交付承租人占有、使用,因此,租赁物造成第三人损害的,不论是人身损害还是财产损失,都应排除出租人的责任,由承租人负责。

## 配套法规及解读

**《民法典》(2020年5月28日)**

**第一百二十条** 民事权益受到侵害的,被侵权人有权请求侵权人承担侵权责任。

**第一百八十六条** 因当事人一方的违约行为,损害对方人身权益、财产权益的,受损害方有权选择请求其承担违约责任或者侵权责任。

**第一千一百六十五条** 行为人因过错侵害他人民事权益造成损害的,应当承担侵权责任。

依照法律规定推定行为人有过错,其不能证明自己没有过错的,应当承担侵权责任。

**※法规解读:**如果一方当事人的违约行为损害了对方人身权益、财产权益,则同时构成侵权行为,即违约方的同一行为违反了两种法律义务。根据公平原则,受损害方可以在两种请求权中选择行使一种请求权,即受损害方只能行使一种请求权。

我国侵权责任归责原则有三个:过错责任原则、过错推定责任原则和无过错责任原则。过错责任原则,是指以过错作为价值判断标准,判断行为人对其造成的损害应否承担侵权责任的归责原则。过错推定责任原则,是指在法律有特别规定的场合,从损害事实的本身推定加害人有过错,并据此确定造成他人损害的行为人赔偿责任的归责原则。无过错责任原则,是指没有过错造成他人损害的,依法律由与造成损害原因有关的人承担民事责任的归责原则。

## 关联法规索引

《民法典》第1209条

## 典型案例

### 张某方诉詹某干等机动车交通事故责任纠纷案[1]

**※案例解读：**我国《民法典》第七百四十九条规定："承租人占有租赁物期间，租赁物造成第三人人身损害或者财产损失的，出租人不承担责任。"融资租赁合同与一般的租赁合同相比有其特殊性，出租人通常根据承租人的选择购买租赁物，出租人不承担租赁物的瑕疵担保责任，亦不履行租赁物的维修义务。其实质是出租人对承租人的融资。出租人与租赁物本身没有紧密的联系，亦没有对租赁物形成支配，无法控制租赁物侵害第三人的风险，因此本条免除了出租人承担的对第三人的损害赔偿义务。本案中，金宗公司作为融资租赁公司仅为融资租赁合同的出租人，其融资购买租赁物给詹某干使用，对詹某干使用租赁物给第三人造成的损害不负赔偿责任。

**第七百五十条 【租赁物的保管、使用、维修】承租人应当妥善保管、使用租赁物。**

**承租人应当履行占有租赁物期间的维修义务。**

## 条文解读

本条规定了承租人的保管、使用和维修义务。在租赁期间，承租人占有和使用租赁物，因而对租赁物负有妥善保管、使用的义务。承租人在对租赁物使用、收益时，应当充分保护出租人利益，妥善保管、正确使用，防止对租赁物造成损害。承租人在占有租赁物期间，还须承担租赁物维修义务。融资租赁合同具有较强的融资性，因而与一般的租赁合同有所不同，不是由出租人承担维修义务，而由承租人履行租赁物占有期间的维修义务，承租人应当善尽此项义务，未尽此义务造成租赁物损坏的，应当承担赔偿责任。

---

[1] 参见福建省明溪县人民法院民事判决书，(2015)明民初字第365号。

## 配套法规及解读

**《民法典》(2020 年 5 月 28 日)**

**第七百一十三条** 承租人在租赁物需要维修时可以请求出租人在合理期限内维修。出租人未履行维修义务的,承租人可以自行维修,维修费用由出租人负担。因维修租赁物影响承租人使用的,应当相应减少租金或者延长租期。

因承租人的过错致使租赁物需要维修的,出租人不承担前款规定的维修义务。

**第七百一十四条** 承租人应当妥善保管租赁物,因保管不善造成租赁物毁损、灭失的,应当承担赔偿责任。

**※法规解读:**出租人不履行维修义务时,承租人享有自行维修权,出租人负有维修费用支付义务。

因维修租赁物影响承租人使用的,应当相应减少租金或者延长租期。

承租人有妥善保管租赁物的义务,即按照约定的方式或者租赁物的性质所要求的方法保管租赁物,按照租赁物的使用状况进行正常的维护。承租人因保管不善造成租赁物毁损、灭失的,应当承担赔偿责任。

## 关联法规索引

《民法典》第 712 条

## 典型案例

### 胡某远诉平顶山市缘来商贸有限公司等公司融资租赁合同纠纷案〔1〕

**※案例解读:**我国《民法典》第七百五十条规定:“承租人应当妥善保管、使用租赁物。承租人应当履行占有租赁物期间的维修义务。”妥善保管租赁物是承租人的一项重要义务。租赁物为出租人所有,但被承租人占有、使用,出租人无法对租赁物进行管理控制。为了保障出租人租赁期满后收回租赁物的利益,承租人被科以妥善保管、使用租赁物的义务,不得擅自转租,更不得擅自处分。本案中,平顶山市缘来商贸

〔1〕 参见河南省郏县人民法院民事判决书,(2015)郏民初字第 1194 号。

有限公司（以下简称缘来商贸公司）在胡某远不知情的情况下将承租的设备借给可佳利公司使用，是对妥善保管、使用租赁物义务的严重违反，应当承担违约责任。胡某远请求依法解除2013年4月1日与缘来商贸公司所签订的融资租赁合同并要求缘来商贸公司、可佳利公司共同返还租赁物的诉讼请求，符合法律规定，依法应予支持。

**第七百五十一条 【承租人占有期间租赁物损毁、灭失的租金承担】承租人占有租赁物期间，租赁物毁损、灭失的，出租人有权请求承租人继续支付租金，但是法律另有规定或者当事人另有约定的除外。**

## 条文解读

承租人占有租赁物期间，租赁物毁损、灭失的，出租人有权请求承租人继续支付租金。例外的情况是，如果法律另有规定或者当事人另有约定的，则按照法律规定或者当事人的约定处理，不适用该规则。

## 配套法规及解读

**《民法典》（2020年5月28日）**

**第二百三十七条** 造成不动产或者动产毁损的，权利人可以依法请求修理、重作、更换或者恢复原状。

**第六百零四条** 标的物毁损、灭失的风险，在标的物交付之前由出卖人承担，交付之后由买受人承担，但是法律另有规定或者当事人另有约定的除外。

**※法规解读：**修理、重作、更换或者恢复原状请求权属于债权请求权。造成不动产或者动产毁损的，权利人可以依法请求修理、重作、更换或恢复原状。

风险承担，指买卖标的物在合同生效后因不可归责于当事人双方的事由发生毁损、灭失时，该损失应当由哪方当事人承担。风险承担制度的特点：发生在双务合同之中；因标的物毁损、灭失而引起，不是当事人的违约行为而引起；是对因不可归责于当事人双方的事由而产生的损失的分配制度。

## 关联法规索引

《民法典》第714条

## 典型案例

### 先锋太盟融资租赁有限公司与王某合融资租赁合同纠纷案[1]

**※案例解读：**我国《民法典》第七百五十一条规定："承租人占有租赁物期间，租赁物毁损、灭失的，出租人有权请求承租人继续支付租金，但是法律另有规定或者当事人另有约定的除外。"本案中，先锋太盟融资租赁有限公司（以下简称先锋太盟公司）与王某合签订的《融资租赁合同》系双方当事人的真实意思表示，不违反法律及行政法规的强制性规定，故合法有效。双方应严格履行合同约定的义务。在合同签订后，先锋太盟公司已按约定向王某合提供了符合要求的车辆，王某合在持有车辆过程中未依约向先锋太盟公司按期支付租金，根据法律规定，租赁期间，租赁物的风险由承租人承担，况且本案中，王某合未提供充分证据证明案涉租赁车辆已经被盗的事实，其应依融资租赁合同约定向先锋太盟公司履行支付剩余租金的义务，王某合的行为构成违约，其应承担相应的违约责任。

**第七百五十二条 【承租人支付租金的义务】承租人应当按照约定支付租金。承租人经催告后在合理期限内仍不支付租金的，出租人可以请求支付全部租金；也可以解除合同，收回租赁物。**

## 条文解读

本条规定了租金的支付。支付租金，是融资租赁合同的承租人应当履行的主要义务，承租人支付租金，应当按照约定的租金数额和方式履行，不得违反合同的约定。如果承租人不按照约定支付租金，出租人应当对承租人进行催告，并且确定合理的宽限期，要求承租人在宽限期内支付租金。承租人在宽限期届满后仍不支付的，可以采取的措施有：请求承租人支付到期和未到期的全部租金；解除合同，收回租赁物。

---

〔1〕 参见四川省成都市中级人民法院民事判决书，(2018)川01民终4419号。

## 配套法规及解读

**《民法典》(2020 年 5 月 28 日)**

**第六百四十二条** 当事人约定出卖人保留合同标的物的所有权,在标的物所有权转移前,买受人有下列情形之一,造成出卖人损害的,除当事人另有约定外,出卖人有权取回标的物:

(一)未按照约定支付价款,经催告后在合理期限内仍未支付;

(二)未按照约定完成特定条件;

(三)将标的物出卖、出质或者作出其他不当处分。

出卖人可以与买受人协商取回标的物;协商不成的,可以参照适用担保物权的实现程序。

**第七百一十九条** 承租人拖欠租金的,次承租人可以代承租人支付其欠付的租金和违约金,但是转租合同对出租人不具有法律约束力的除外。

**※法规解读:** 出卖人取回权,指在所有权保留买卖合同中,当买受人出现违约的情形时,出卖人享有取回标的物的权利。当事人约定出卖人保留合同标的物的所有权,在标的物所有权转移前,买受人有下列情形之一,造成出卖人损害的,除当事人另有约定外,出卖人有权取回标的物:(1)未按照约定支付价款,经催告后在合理期限内仍未支付;(2)未按照约定完成特定条件;(3)将标的物出卖、出质或者作出其他不当处分。出卖人行使取回权的程序:出卖人可以与买受人协商取回标的物;协商不成的,可以参照适用担保物权的实现程序。

根据严格的合同的相对性原则,承租人承担向出租人支付租金的义务,次承租人承担向承租人支付租金的义务。次承租人与出租人之间不存在合同关系,次承租人本不应该向出租人支付租金。在承租人无正当理由未支付或者延迟支付租金时,出租人享有法定解除合同的权利。

## 关联法规索引

《最高人民法院关于审理城镇房屋租赁合同纠纷案件具体应用法律若干问题的解释》第 13 条

**第七百五十三条 【承租人擅自处分租赁物时出租人的解除权】** 承租人未经出租人同意，将租赁物转让、抵押、质押、投资入股或者以其他方式处分的，出租人可以解除融资租赁合同。

## 条文解读

本条规定了承租人擅自处分租赁物时出租人的解除权。在融资租赁合同中，承租人对租赁物有权占有、使用、收益，出租人应当予以保证。但是，承租人对租赁物不享有处分权，如果承租人对租赁物行使处分权，就是承租人对租赁物所有权的侵害。因此，本条规定承租人一旦未经出租人的同意而处分租赁物，不仅侵害出租人的所有权，而且构成根本违约，出租人可以行使法定解除权，解除该融资租赁合同，收回自己的租赁物。

## 配套法规及解读

**《民法典》(2020 年 5 月 28 日)**

**第七百一十一条** 承租人未按照约定的方法或者未根据租赁物的性质使用租赁物，致使租赁物受到损失的，出租人可以解除合同并请求赔偿损失。

**第七百一十六条** 承租人经出租人同意，可以将租赁物转租给第三人。承租人转租的，承租人与出租人之间的租赁合同继续有效；第三人造成租赁物损失的，承租人应当赔偿损失。

承租人未经出租人同意转租的，出租人可以解除合同。

**※法规解读：**《民法典》第七百一十一条规定了承租人没有按照约定的方法使用租赁物的义务的法律后果，即承租人未按照约定的方法或者未根据租赁物的性质使用租赁物，致使租赁物受到损失的，出租人可以解除合同并请求赔偿损失。

转租是指承租人将租赁物转让给第三人使用、收益，承租人与第三人形成新的租赁合同关系，而承租人与出租人的租赁关系继续合法有效的一种交易形式。

## 关联法规索引

《最高人民法院关于审理融资租赁合同纠纷案件适用法律问题的解释》第 11 条

典型案例

### 安徽信成融资租赁有限公司诉乐山市沙湾中盛陶瓷有限公司、乐山市商业银行股份有限公司沙湾支行融资租赁合同纠纷案[1]

**※案例解读**：我国《民法典》第七百五十三条规定："承租人未经出租人同意，将租赁物转让、抵押、质押、投资入股或者以其他方式处分的，出租人可以解除融资租赁合同。"本案中，安徽信成融资租赁有限公司（以下简称安徽信成公司）已在租赁设备的显著位置上作出标识，表明此批设备属于融资租赁物且属于安徽信成公司所有；乐山市商业银行股份有限公司沙湾支行（以下简称商业银行沙湾支行）与乐山市沙湾中盛陶瓷有限公司（以下简称沙湾中盛公司）签订抵押合同时，未按照银行行业规定登录融资租赁登记公示系统进行融资租赁交易查询；商业银行沙湾支行亦未要求沙湾中盛公司提供抵押设备的增值税发票原件，以确定该抵押设备归沙湾中盛公司所有。鉴于以上情形，商业银行沙湾支行提出的其与沙湾中盛公司签订抵押合同时尽到了审查义务，有理由相信案涉设备属于沙湾中盛公司所有，属于善意第三人的抗辩与法院查明事实不符，商业银行沙湾支行应当知道抵押物"工程一套"设备属于融资租赁物且属于安徽信成公司所有，其不属于善意第三人，对其抗辩不予采信。商业银行沙湾支行不能享有对上述融资租赁物的抵押物权。鉴于沙湾中盛公司与乐山银行沙湾支行对上述融资租赁设备设定抵押的行为无效，沙湾中盛公司与乐山银行沙湾支行应依法对上述融资租赁设备的抵押登记予以注销。

**第七百五十四条　【融资租赁合同的解除情形】** 有下列情形之一的，出租人或者承租人可以解除融资租赁合同：

（一）出租人与出卖人订立的买卖合同解除、被确认无效或者被撤销，且未能重新订立买卖合同；

（二）租赁物因不可归责于当事人的原因毁损、灭失，且不能修复或者确定替代物；

（三）因出卖人的原因致使融资租赁合同的目的不能实现。

[1] 参见四川省乐山市沙湾区人民法院民事判决书，(2015)沙湾民初字第850号。

## 条文解读

本条规定了融资租赁合同双方当事人的法定解除权。融资租赁合同成立之后，当出现的情形使融资租赁合同无法继续履行时，出租人或者承租人都产生法定解除权，都可以解除融资租赁合同。出租人或者承租人解除融资租赁合同的事由有：出租人与出卖人订立的买卖合同解除、被确认无效或者被撤销，且未能重新订立买卖合同；租赁物因不可归责于当事人的原因毁损、灭失，且不能修复或者确定替代物；因出卖人的原因致使融资租赁合同的目的不能实现。

## 配套法规及解读

**《民法典》(2020年5月28日)**

**第一百三十六条**　民事法律行为自成立时生效，但是法律另有规定或者当事人另有约定的除外。

行为人非依法律规定或者未经对方同意，不得擅自变更或者解除民事法律行为。

**第五百六十二条**　当事人协商一致，可以解除合同。

当事人可以约定一方解除合同的事由。解除合同的事由发生时，解除权人可以解除合同。

**※法规解读：**民事法律行为生效后，主要产生三个方面的法律约束力：一是对内即对当事人产生法律约束力；二是对外即对当事人以外的第三人产生一定的法律约束力，也就是民事法律行为生效后，任何组织和个人不得侵犯当事人的权利，不得非法阻挠当事人履行义务；三是违反民事法律行为的应当依法承担民事责任。

合同解除，包括当事人协商解除、行使约定解除权和行使法定解除权三种方式。

## 关联法规索引

《最高人民法院关于审理融资租赁合同纠纷案件适用法律问题的解释》第5条

**第七百五十五条　【承租人承担损失赔偿责任的情形】融资租赁合同因买卖合同解除、被确认无效或者被撤销而解除，出卖人、租赁物系由承租人选择的，出租人有权请求承租人赔偿相应损失；但是，因出租人原因致使买卖合同解除、被确认无效或者被撤销的除外。**

出租人的损失已经在买卖合同解除、被确认无效或者被撤销时获得赔偿的，承租人不再承担相应的赔偿责任。

## 条文解读

本条规定了承租人承担损失赔偿责任的几种情形。在融资租赁合同履行过程中，如果融资租赁合同因买卖合同解除、被确认无效或者被撤销而解除，损失承担责任的基本标准是究竟是谁选择的出卖人及租赁物。处理的规则是：出卖人及租赁物系由承租人选择的，出租人有权要求承租人赔偿相应损失，但是，因出租人原因致使买卖合同解除、被确认无效或者被撤销的除外；出卖人及租赁物是由出租人选择的，出租人自己承担损失后果，不得向承租人主张赔偿责任。

## 配套法规及解读

**《民法典》(2020 年 5 月 28 日)**

**第五百八十四条** 当事人一方不履行合同义务或者履行合同义务不符合约定，造成对方损失的，损失赔偿额应当相当于因违约所造成的损失，包括合同履行后可以获得的利益；但是，不得超过违约一方订立合同时预见到或者应当预见到的因违约可能造成的损失。

**第五百九十二条** 当事人都违反合同的，应当各自承担相应的责任。

当事人一方违约造成对方损失，对方对损失的发生有过错的，可以减少相应的损失赔偿额。

**※法规解读：**违约赔偿损失，是指行为人违反合同约定造成对方损失时，行为人向受害人支付一定数额的金钱以弥补其损失，是运用最广泛的一种责任形式。

双方违约，是指合同的双方当事人都违反了其依据合同所应尽的义务。

过错相抵，是指一方违约造成对方损失，对方对损失的发生有过错的，可以减少相应的损失赔偿额。

## 关联法规索引

《最高人民法院关于审理融资租赁合同纠纷案件适用法律问题的解释》第 11 条

**第七百五十六条 【合同解除时对租赁物的折旧补偿】** 融资租赁合同因租赁物交付承租人后意外毁损、灭失等不可归责于当事人的原因解除的，出租人可以请求承租人按照租赁物折旧情况给予补偿。

## 条文解读

本条规定了租赁物意外毁损、灭失时承租人应补偿损失。融资租赁合同存续期间，租赁物交付承租人后，因意外等不可归责于当事人的原因毁损、灭失，融资租赁合同被解除的，按照标的物意外灭失风险负担规则，应当由租赁物的所有人承担损害。由于融资租赁合同的特殊性，特别是承租人在租赁物意外毁损、灭失之前已经占有、使用、收益租赁物的，应当适当分担租赁物意外灭失的风险。按照本条的规定，出租人可以要求承租人按照租赁物折旧情况给予补偿。具体的办法是，按照意外风险发生之时标的物的折旧情况，例如，当时的折旧是五成，则承租人补偿出租人损失的范围就是50%左右。

## 配套法规及解读

**《民法典》(2020年5月28日)**

**第七百二十九条** 因不可归责于承租人的事由，致使租赁物部分或者全部毁损、灭失的，承租人可以请求减少租金或者不支付租金；因租赁物部分或者全部毁损、灭失，致使不能实现合同目的的，承租人可以解除合同。

※**法规解读：**租赁物发生毁损、灭失时承租人的请求权有：承租人的减少租金或者不支付租金请求权，即因不可归责于承租人的事由，致使租赁物部分或者全部毁损、灭失的，承租人可以请求减少租金或者不支付租金；承租人的合同解除权，即因租赁物部分或者全部毁损、灭失，致使不能实现合同目的的，承租人可以解除合同。

## 关联法规索引

《最高人民法院关于审理城镇房屋租赁合同纠纷案件具体应用法律若干问题的解释》第7条

**第七百五十七条　【租赁期满租赁物的归属】** 出租人和承租人可以约定租赁期限届满租赁物的归属;对租赁物的归属没有约定或者约定不明确,依据本法第五百一十条的规定仍不能确定的,租赁物的所有权归出租人。

## 条文解读

本条规定了租赁期限届满租赁物权利归属的确定方法。具体方法是:出租人和承租人在合同中约定了租赁物权利归属的,按照约定处理;对租赁物的权利归属没有约定或者约定不明确的,依照《民法典》第五百一十条规定,由双方当事人补充协议,达成合意的,按照合意处理;仍然不能达成补充协议,不能确定租赁物的权利归属的,租赁物的所有权归属于出租人。

## 配套法规及解读

**《民法典》(2020 年 5 月 28 日)**

**第七百三十三条**　租赁期限届满,承租人应当返还租赁物。返还的租赁物应当符合按照约定或者根据租赁物的性质使用后的状态。

**第七百三十四条**　租赁期限届满,承租人继续使用租赁物,出租人没有提出异议的,原租赁合同继续有效,但是租赁期限为不定期。

租赁期限届满,房屋承租人享有以同等条件优先承租的权利。

**※法规解读:** 租赁期限届满,承租人应当返还租赁物。承租人向出租人返还租赁物的义务主要包括以下内容:一是承租人应于租赁关系终止时向出租人返还租赁物;二是承租人返还的租赁物应当符合按照约定或者根据租赁物的性质使用后的状态;三是租赁期限届满,承租人应当及时向出租人返还租赁物。

## 关联法规索引

《最高人民法院关于审理融资租赁合同纠纷案件适用法律问题的解释》第 11 条

**第七百五十八条　【租赁期间届满租赁物归属及处理办法】**当事人约定租赁期限届满租赁物归承租人所有，承租人已经支付大部分租金，但是无力支付剩余租金，出租人因此解除合同收回租赁物，收回的租赁物的价值超过承租人欠付的租金以及其他费用的，承租人可以请求相应返还。

当事人约定租赁期限届满租赁物归出租人所有，因租赁物毁损、灭失或者附合、混合于他物致使承租人不能返还的，出租人有权请求承租人给予合理补偿。

## 条文解读

本条规定了租赁期间届满租赁物归属及处理办法。融资租赁合同的租赁期限届满，租赁物的归属应当依照融资租赁合同的约定确定，并根据约定租赁期限届满租赁物权利归属的不同，确定具体的办法。

## 配套法规及解读

《民法典》(2020 年 5 月 28 日)

**第四百一十三条**　抵押财产折价或者拍卖、变卖后，其价款超过债权数额的部分归抵押人所有，不足部分由债务人清偿。

**第四百三十八条**　质押财产折价或者拍卖、变卖后，其价款超过债权数额的部分归出质人所有，不足部分由债务人清偿。

**※法规解读**：抵押财产变价款的归属原则：变价款超过债权数额的部分归抵押人所有；变价款不足债权数额的，由债务人清偿。

质权设定的目的是确保债务的清偿。当质押所担保的债权履行期限届满而未受清偿时，质权人可以就质押财产的变价款优先受偿。

## 关联法规索引

《最高人民法院关于审理融资租赁合同纠纷案件适用法律问题的解释》第 12 条

## 典型案例

### 史某强诉海通恒信国际租赁有限公司（原恒信金融租赁有限公司）等公司融资租赁合同纠纷案〔1〕

※**案例解读**：我国《民法典》第七百五十八条规定："当事人约定租赁期限届满租赁物归承租人所有，承租人已经支付大部分租金，但是无力支付剩余租金，出租人因此解除合同收回租赁物，收回的租赁物的价值超过承租人欠付的租金以及其他费用的，承租人可以请求相应返还。当事人约定租赁期限届满租赁物归出租人所有，因租赁物毁损、灭失或者附合、混合于他物致使承租人不能返还的，出租人有权请求承租人给予合理补偿。"为了合同关系的稳定性，违约所获得的收益不应该过分超出合同全部履行所获得的可预见收益。本条规定了当承租人已经支付大部分租金但无力继续履行时，收回的租赁物价值超过了承租人欠付的租金和其他费用的，承租人可请求部分返还。这样就避免了出租人在解除合同以后获得过多的收益。但此条的适用前提在于"当事人约定租赁期间届满租赁物归承租人所有"。本案中，史某强虽已支付了大部分租金，但并未满足"当事人约定租赁期间届满租赁物归承租人所有"的前提。当《租赁合同》中约定的租赁期满时，承租人可以以支付留购价的方式取得租赁设备所有权，这并不等同于约定"租赁期间届满租赁物归承租人所有"的情形。"租赁期间届满"属于必然到来的事实，到期后租赁物直接归承租人所有的约定属于附期限条款；而本案约定的留购价条款中，承租人选择以支付留购价为对价换取租赁物所有权的，须以不违约为前提，因此该约定属于附条件条款，只有所附条件成就时，承租人才能行使留购的权利。上述两种约定的性质不同，因此不能将系争留购价条款等同于约定了"租赁期间届满租赁物归承租人所有"。本案中因史某强逾期支付租金构成违约，故其行使留购权利的条件并未成就，故租赁物的所有权仍应归出租人所有，史某强无权要求海通恒信国际租赁有限公司返还收回的租赁设备价值超过史某强欠付租金的部分。

---

〔1〕 参见上海市黄浦区人民法院民事判决书，(2014)黄浦民五(商)初字第9736号。

**第七百五十九条 【租赁物所有权归承租人所有的推定】当事人约定租赁期限届满，承租人仅需向出租人支付象征性价款的，视为约定的租金义务履行完毕后租赁物的所有权归承租人。**

## 条文解读

在融资租赁合同中，如果当事人约定租赁期限届满，承租人仅需向出租人支付象征性价款的，尽管没有明确约定租赁物应当归属于承租人，但是约定承租人仅需向出租人支付象征性价款的事实，就足以证明支付了象征性价款的后果，承租人因此取得租赁物的所有权。因此，本条将此视为约定的租金义务履行完毕，租赁物的所有权归承租人。

## 配套法规及解读

**《民法典》(2020年5月28日)**

**第二百四十条** 所有权人对自己的不动产或者动产，依法享有占有、使用、收益和处分的权利。

**※法规解读:**所有权的权能包括占有、使用、收益和处分。

占有，就是对于财产的实际管理或者控制。

使用，是权利主体对财产的运用。

收益，是通过财产的占有、使用等方式取得的经济效益。

处分，指财产所有人对其财产在事实上和法律上的最终处置。

## 关联法规索引

《民法典》第647条

**第七百六十条 【融资租赁合同无效时租赁物的归属】融资租赁合同无效，当事人就该情形下租赁物的归属有约定的，按照其约定；没有约定或者约定不明确的，租赁物应当返还出租人。但是，因承租人原因致使合同无效，出租人不请求返还或者返还后会显著降低租赁物效用的，租赁物的所有权归承租人，由承租人给予出租人合理补偿。**

## 条文解读

本条规定了融资租赁合同无效时租赁物的归属。融资租赁合同无效，解决合同无效后的租赁物权利归属问题，应当根据原合同是否有约定而确定。具体办法是：融资租赁合同无效，当事人就合同无效情形下租赁物的归属有约定的，按照约定；当事人对合同无效情形下租赁物的归属没有约定或者约定不明确的，租赁物应当返还出租人；因承租人原因致使合同无效，出租人不要求返还租赁物或者返还出租人后，会显著降低租赁物效用的，租赁物的所有权归承租人，并由承租人对出租人给予合理补偿。

## 配套法规及解读

《民法典》(2020 年 5 月 28 日)

**第七百三十七条** 当事人以虚构租赁物方式订立的融资租赁合同无效。

**第七百五十五条** 融资租赁合同因买卖合同解除、被确认无效或者被撤销而解除，出卖人、租赁物系由承租人选择的，出租人有权请求承租人赔偿相应损失；但是，因出租人原因致使买卖合同解除、被确认无效或者被撤销的除外。

出租人的损失已经在买卖合同解除、被确认无效或者被撤销时获得赔偿的，承租人不再承担相应的赔偿责任。

**※法规解读：**行为人与相对人以虚假的意思表示实施的民事法律行为无效。以虚假的意思表示隐藏的民事法律行为的效力，依照有关法律规定处理。

承租人赔偿相应损失的情形：融资租赁合同因买卖合同解除、被确认无效或者被撤销而解除，出卖人、租赁物系由承租人选择的，出租人有权请求承租人赔偿相应损失。

承租人不赔偿相应损失的情形：因出租人原因致使买卖合同解除、被确认无效或者被撤销的，承租人不赔偿相应损失。

承租人不再承担相应赔偿责任的情形：出租人的损失已经在买卖合同解除、被确认无效或者被撤销时获得赔偿的，承租人不再承担相应的赔偿责任。

## 关联法规索引

《最高人民法院关于审理融资租赁合同纠纷案件适用法律问题的解释》第 2 条

# 第十六章　保 理 合 同

**本章介绍**

本章规定了保理合同的概念、内容与形式以及当事人的权利与义务。

**第七百六十一条　【保理合同的定义】保理合同是应收账款债权人将现有的或者将有的应收账款转让给保理人，保理人提供资金融通、应收账款管理或者催收、应收账款债务人付款担保等服务的合同。**

**条文解读**

本条规定了保理合同的概念。保理合同是应收账款债权人将现有的和将有的应收账款转让给保理人，保理人提供资金融通、应收账款管理或者催收、应收账款债务人付款担保等服务的合同。其特征有：保理合同以货物贸易合同和服务贸易合同所产生的应收账款的转让为前提；基于应收账款的转让，受让方为转让方提供综合型的金融服务；提供金融服务的内容是提供资金融通、应收账款管理或催收、应收账款债务人的付款保证等服务。在保理合同中，转让应收账款债权的一方是应收账款债权人，接受应收账款债权并提供金融服务的一方是保理人。以保理人对应收账款是否享有追索权为标准，保理合同分为有追索权的保理和无追索权的保理。

**关联法规索引**

《民法典》第 762 条

**第七百六十二条　【保理合同的内容与形式】保理合同的内容一般包括业务类型、服务范围、服务期限、基础交易合同情况、应收账款信息、保理融资款或者服务报酬及其支付方式等条款。**

**保理合同应当采用书面形式。**

## 条文解读

本条规定了保理合同的内容和形式。

保理合同的主要内容包括：

1. 业务类型。保理分为三类：一是商业保理，指由非银行保理人开展的保理业务；二是国内保理，指保理人为在国内贸易中的买方、卖方提供的保理业务；三是国际保理，指保理人为在国际贸易中的买方、卖方提供的保理业务。保理分类有追索权的保理和无追索权的保理，合同中应当写清楚是哪一种保理。

2. 服务范围。保理人为应收账款债权人提供的保理服务类型，即融资、管理或者催收应收账款，或为应收账款债务人的付款提供担保。

3. 基础交易合同情况。基础交易合同是应收账款债权人据以产生应收账款债权的交易合同，合同中应当记载清楚。

4. 应收账款信息。合同应当写明交给保理人的应收账款债权的具体信息，便于保理人按照约定对该应收账款债权提供服务、获得利益等。

5. 保理融资款或者服务报酬及支付方式。保理人为应收账款债权人进行保理，应当得到的保理融资款或者服务报酬的数额及支付的方式。

保理合同是要式合同，必须采用书面形式订立。

## 配套法规及解读

**《民法典》(2020 年 5 月 28 日)**

**第四百六十九条** 当事人订立合同，可以采用书面形式、口头形式或者其他形式。

书面形式是合同书、信件、电报、电传、传真等可以有形地表现所载内容的形式。

以电子数据交换、电子邮件等方式能够有形地表现所载内容，并可以随时调取查用的数据电文，视为书面形式。

**※法规解读：**本条一是明确了合同形式的原则性规定。即当事人订立合同，可以采用书面形式、口头形式或者其他形式。二是明确了书面形式的概念。即书面形式是合同书、信件、电报、电传、传真等可以有形地表现所载内容的形式。三是明确了符合形式的数据电文视为书面形式。即以电子数据交换、电子邮件等方式能够有形地表现所载内容，并可以随时调取查用的数据电文，视为书面形式。也就是说，数据电文要符合书面形式，应同时满足以下两个条件：第一，能够有形地表现所载内容；第

二，可以随时调取查用。

**第七百六十三条　【虚构应收账款的处理规则】应收账款债权人与债务人虚构应收账款作为转让标的，与保理人订立保理合同的，应收账款债务人不得以应收账款不存在为由对抗保理人，但是保理人明知虚构的除外。**

## 条文解读

在保理合同中，设置保理的应收账款应当是真实存在的应收账款债权，保理人基于转让的应收账款债权，为应收账款债权人提供融资服务。如果应收账款债权人和应收账款债务人虚构应收账款作为转让标的，与保理人订立保理合同，其实质是骗取保理人的融资等服务。如果保理人是善意且无过失的，在订立了保理合同之后，就实际取得了应收账款债权，有权对应收账款债务人主张债权，如果应收账款债务人以应收账款债权是虚构的、并不存在的债权进行抗辩，将会使保理人接受转让的应收账款债权落空，失去保理合同订立的基础，使善意的保理人受到损失。因此，应收账款债务人不得以应收账款不存在为由对抗保理人，即应收账款债务人必须承担应收账款的清偿债务；至于应收账款的债权人或者债务人之间的关系，由其自行处理。只有在应收账款债权人和应收账款债务人虚构应收账款，保理人明知其转让的应收账款为虚构时，才不受这一规则的约束，法律不保护不具有善意的保理人的利益。

## 配套法规及解读

**《民法典》(2020年5月28日)**

**第五百四十五条**　债权人可以将债权的全部或者部分转让给第三人，但是有下列情形之一的除外：

(一)根据债权性质不得转让；

(二)按照当事人约定不得转让；

(三)依照法律规定不得转让。

当事人约定非金钱债权不得转让的，不得对抗善意第三人。当事人约定金钱债权不得转让的，不得对抗第三人。

**※法规解读：**债权转让，指不改变债权的内容，由债权人通过合同将债权转让给第三人。本条一是明确了债权原则上具有可转让性，即债权人可以将债权的全部或

者部分转让给第三人。二是对债权的可转让性作了一定程度的限制,即具有下列情形之一的,债权人不得转让其权利:第一,根据债权性质不得转让;第二,按照当事人约定不得转让;第三,依照法律规定不得转让。三是区分非金钱债权和金钱债权,并明确了第三人的抗辩权:第一,当事人约定非金钱债权不得转让的,不得对抗善意第三人。即如果转让的是非金钱债权,在受让人为善意时,受让人取得债权,债务人不能对受让人主张债权禁止转让的抗辩;在受让人为恶意时,受让人仍然取得债权,但债务人有权向受让人主张债权禁止转让的抗辩。第二,当事人约定金钱债权不得转让的,不得对抗第三人。即如果转让的是金钱债权,受让人无论善意或恶意,都能取得债权,债务人不能对受让人主张禁止债权转让的抗辩。债务人因此遭受的损失,有权请求让与人承担责任。

**第七百六十四条 【保理人发出转让通知时表明身份的义务】保理人向应收账款债务人发出应收账款转让通知的,应当表明保理人身份并附有必要凭证。**

## 条文解读

本条规定了保理人向债务人行使权利时表明身份的义务。在保理合同中,保理人接受了应收账款债权人转让的应收账款,并支付了提供融资服务的对价之后,就取得了应收账款债权,成为应收账款债权的实际债权人,有权利请求应收账款债务人对其清偿债务,自己受领应收账款债务人实施的清偿债务的给付。

保理人对应收账款债务人行使应收账款债权,应当遵守如下规则:向应收账款债务人发出应收账款转让通知,说明对其行使债权;表明自己是保理人的身份,说明自己取得保理人的事实依据;在通知中,须附有转让应收账款债权以及自己取得保理人身份的必要凭证。这是因为保理合同的当事人是应收账款债权人和保理人,并不包括应收账款债务人,保理人依据保理合同向应收账款债务人主张债权,须向应收账款债务人明确保理人的身份、地位以及事实依据和法律依据。

## 配套法规及解读

**《民法典》(2020 年 5 月 28 日)**

**第七百六十五条** 应收账款债务人接到应收账款转让通知后,应收账款债权人与债务人无正当理由协商变更或者终止基础交易合同,对保理人产生不利影响的,对保理人不发生效力。

**※法规解读:**本条适用的前提是:第一,应收账款债权人与债务人协商作出了有关转让债权的民事法律行为,该民事法律行为必须是有关转让债权的,如果不涉及转让债权,不会对保理人产生影响,就不适用本条。第二,对保理人产生不利影响。第三,该民事法律行为发生在应收账款债务人接到应收账款转让通知后。第四,对保理人产生不利影响的民事法律行为无正当理由。其他债权转让中出现类似问题的,可以参照适用本条予以处理。

**第七百六十五条 【基础合同的变更、终止不对保理人发生效力】应收账款债务人接到应收账款转让通知后,应收账款债权人与债务人无正当理由协商变更或者终止基础交易合同,对保理人产生不利影响的,对保理人不发生效力。**

## 条文解读

本条规定基础合同的变更、终止不对保理人发生效力。应收账款债权人订立保理合同,将应收账款债权转让给保理人后,保理人向应收账款债务人发出应收账款转让的通知,就完成了应收账款转让的行为,保理人取得应收账款债权人的地位,应收账款债务人收到应收账款转让通知后,该通知对应收账款债务人发生法律效力,即保理人成为应收账款债务人的债权人,应收账款债务人负有对保理人履行应收账款债务的义务。如果应收账款债权人和债务人无正当理由协商变更或者终止基础交易合同,对保理人产生不利影响,由于应收账款债权人将债权转让给保理人后,已经无权对已经转让的应收账款进行变更或者终止,因此,对保理人不发生效力,保理人仍然按照保理合同的约定行使保理的权利。

## 配套法规及解读

**《民法典》(2020年5月28日)**

**第一百五十七条** 民事法律行为无效、被撤销或者确定不发生效力后,行为人因该行为取得的财产,应当予以返还;不能返还或者没有必要返还的,应当折价补偿。有过错的一方应当赔偿对方由此所受到的损失;各方都有过错的,应当各自承担相应的责任。法律另有规定的,依照其规定。

**※法规解读:**民事法律行为无效,指民事法律行为因具备无效条件而被确定为自始无效、当然无效、绝对无效。民事法律行为被撤销,指民事法律行为因具备撤销事由,经撤销权人行使撤销权而无效。民事法律行为确定不发生效力,指民事法律行为虽已成立,但由于生效条件确定无法具备而不能生效的情况。确定不生效包括以下两种典型情形:第一,法律、行政法规规定须经批准生效的民事法律行为,因未经批准而无法生效;第二,附条件生效的民事法律行为,生效条件确定无法具备。民事法律行为无效、被撤销或者确定不发生效力后,由于其法律效果相当于这一行为未曾实施,因此需要恢复到实施前的状态。已经履行或者部分履行的,各方需要承担相应的法律后果。

**第七百六十六条 【当事人约定追索权的保理】当事人约定有追索权保理的,保理人可以向应收账款债权人主张返还保理融资款本息或者回购应收账款债权,也可以向应收账款债务人主张应收账款债权。保理人向应收账款债务人主张应收账款债权,在扣除保理融资款本息和相关费用后有剩余的,剩余部分应当返还给应收账款债权人。**

## 条文解读

本条规定了有追索权的保理人行使权利及后果。在保理合同中,如果当事人约定为有追索权保理的,保理人享有追索权,可以向应收账款债权人主张返还保理融资款的本息或者回购应收账款债权,也可以向应收账款债务人主张应收账款债权,保理人享有的追索权,就是有权选择向应收账款债权人主张返还保理的融资款或者主张应收账款债权人回购应收账款债权。行使了追索权,保理人就可以保障自己的合法权益不受损害,如果保理人不行使追索权,可以直接向应收账款债务人主张实现债权。保理人向应收账款债务人主张应收账款债权并实现其债权的,在扣除保理融资款的本息和相关费用后有剩余的,剩余部分应当返还给应收账款债权人。

**典型案例**

## 重庆巨能建设(集团)有限公司与重庆市金科商业保理有限公司合同纠纷案〔1〕

※**案例解读**:我国《民法典》第七百六十六条规定:“当事人约定有追索权保理的,保理人可以向应收账款债权人主张返还保理融资款本息或者回购应收账款债权,也可以向应收账款债务人主张应收账款债权。保理人向应收账款债务人主张应收账款债权,在扣除保理融资款本息和相关费用后有剩余的,剩余部分应当返还给应收账款债权人。”本案中,重庆市金科商业保理有限公司(以下简称金科保理公司)与彤阳建司约定的有追索权的保理,金科保理公司可以选择彤阳建司追偿,也可选择向重庆巨能建设(集团)有限公司(以下简称巨能建司)主张应收账款债权,所以无论彤阳建司是否偿还了全部保理融资款,金科保理公司都可以向巨能建司追偿应收账款债权,其再与彤阳建司结算。而巨能建司对其债务仅需清偿一次,并未加重其责任,也未造成不公平,巨能建司不能以此为由免除其相应清偿责任。巨能建司与彤阳建司之间如有纠纷,可另行解决。巨能建司关于彤阳建司已经全部偿还了保理融资款,金科保理公司就不应再向其要求偿还款项的主张不成立。

**第七百六十七条　【当事人约定无追索权的保理】当事人约定无追索权保理的,保理人应当向应收账款债务人主张应收账款债权,保理人取得超过保理融资款本息和相关费用的部分,无需向应收账款债权人返还。**

**条文解读**

本条规定了无追索权保理合同的保理人行使权利的方式及效力。在保理合同中,如果当事人约定为无追索权保理,保理人不享有追索权,不能选择向应收账款债权人主张返还保理融资款本息或者回购应收账款债权,只能向应收账款债务人主张应收账款债权。保理人实现应收账款债权取得的利益超过保理融资款本息和相关费用部分的,也无须向应收账款债权人返还,应收账款债权人无权请求保理人返还超过保理融资款本息和相关费用的部分。

〔1〕 参见重庆市高级人民法院民事判决书,(2018)渝民终 413 号。

## 配套法规及解读

《民法典》(2020年5月28日)

**第七百六十六条** 当事人约定有追索权保理的,保理人可以向应收账款债权人主张返还保理融资款本息或者回购应收账款债权,也可以向应收账款债务人主张应收账款债权。保理人向应收账款债务人主张应收账款债权,在扣除保理融资款本息和相关费用后有剩余的,剩余部分应当返还给应收账款债权人。

**※法规解读:**第一,本条明确了有追索权保理的保理人选择权,一是当事人约定有追索权保理的,保理人可以向应收账款债权人主张返还保理融资款本息或者回购应收账款债权;二是当事人约定有追索权保理的,保理人也可以向应收账款债务人主张应收账款债权。第二,明确了保理人向应收账款债务人主张应收账款债权后剩余部分的归属,即保理人向应收账款债务人主张应收账款债权,在扣除保理融资款本息和相关费用后有剩余的,剩余部分应当返还给应收账款债权人。

**第七百六十八条 【多个保理权的优先顺序】应收账款债权人就同一应收账款订立多个保理合同,致使多个保理人主张权利的,已经登记的先于未登记的取得应收账款;均已经登记的,按照登记时间的先后顺序取得应收账款;均未登记的,由最先到达应收账款债务人的转让通知中载明的保理人取得应收账款;既未登记也未通知的,按照保理融资款或者服务报酬的比例取得应收账款。**

## 条文解读

本条规定了多个保理人主张权利的顺序。应收账款债权人将同一应收账款重复转让,就同一应收账款重复设置保理合同,致使多个保理人主张权利的,确定行使保理权利顺序的方法是:(1)登记在先,权利优先,即已经登记的保理权利先于未登记的保理权利取得应收账款;(2)时间在先,权利优先,即多重保理合同的保理权利均已登记的,按照登记的先后顺序取得应收账款;(3)通知在先,权利优先,即多重保理合同的保理权利均未登记的,由最先到达应收账款债务人的转让通知中载明的保理人优先取得应收账款;(4)既未登记也未通知的,按照保理融资款或者服务报酬的比例取得应收账款。

## 配套法规及解读

《民法典》(2020年5月28日)

**第五百二十六条** 当事人互负债务,有先后履行顺序,应当先履行债务一方未履行的,后履行一方有权拒绝其履行请求。先履行一方履行债务不符合约定的,后履行一方有权拒绝其相应的履行请求。

**※法规解读:**第一,本条明确了后履行抗辩权的成立要件:一是当事人互负债务。也就是说须基于同一双务合同互负债务,在履行上存在关联性。二是当事人的债务有先后履行顺序。三是应当先履行的当事人不履行自己所负的债务或者履行债务不符合约定仍然提出履行请求。四是后履行的一方当事人的债务已届履行期。也就是说,当事人互负债务,有先后履行顺序,应当先履行债务一方未履行的,后履行一方有权拒绝其履行请求。先履行一方履行债务不符合约定的,后履行一方有权拒绝其相应的履行请求。

第二,本条明确了后履行抗辩权的效力:一是应当先履行债务一方未履行的,后履行一方有权拒绝其履行请求。二是应当先履行一方履行债务不符合约定的,后履行一方有权拒绝其相应的履行请求。

**第七百六十九条 【参照适用债权转让的规定】本章没有规定的,适用本编第六章债权转让的有关规定。**

## 条文解读

本条规定了保理合同准用债权转让的有关规定。以往的法律没有规定保理合同,《民法典》也只是规定了保理合同的基本规则,没有细节的规定。由于保理的实质就是应收账款债权的转让,因此,本章没有规定的,适用合同编第六章关于合同债权转让的具体规则,以弥补立法的不足。

## 配套法规及解读

《民法典》(2020年5月28日)

**第五百四十五条** 债权人可以将债权的全部或者部分转让给第三人,但是有下列情形之一的除外:

(一)根据债权性质不得转让;

(二)按照当事人约定不得转让;

(三)依照法律规定不得转让。

当事人约定非金钱债权不得转让的,不得对抗善意第三人。当事人约定金钱债权不得转让的,不得对抗第三人。

**※法规解读:**债权转让,指不改变债权的内容,由债权人通过合同将债权转让给第三人。本条一是明确了债权原则上具有可转让性,即债权人可以将债权的全部或者部分转让给第三人。二是对债权的可转让性作了一定程度的限制,即具有下列情形之一的,债权人不得转让其权利:第一,根据债权性质不得转让。第二,按照当事人约定不得转让。第三,依照法律规定不得转让。三是区分非金钱债权和金钱债权,明确了第三人的抗辩权:第一,当事人约定非金钱债权不得转让的,不得对抗善意第三人。即如果转让的是非金钱债权,在受让人为善意时,受让人取得债权,债务人不能对受让人主张债权禁止转让的抗辩;在受让人为恶意时,受让人仍然取得债权,但债务人有权向受让人主张债权禁止转让的抗辩。第二,当事人约定金钱债权不得转让的,不得对抗第三人。即如果转让的是金钱债权,受让人无论善意或恶意,都能取得债权,债务人不能对受让人主张禁止债权转让的抗辩。债务人因此遭受的损失,有权请求让与人承担责任。

# 第十七章　承揽合同

## 本章介绍

本章规定了承揽合同的定义、内容、双方当事人的权利与义务等内容。

**第七百七十条　【承揽合同的定义】承揽合同是承揽人按照定作人的要求完成工作，交付工作成果，定作人支付报酬的合同。**

**承揽包括加工、定作、修理、复制、测试、检验等工作。**

## 条文解读

本条规定了承揽合同的定义和承揽的种类。承揽合同，是指承揽人按照定作人的要求完成工作，交付工作成果，定作人支付报酬的合同。根据当事人间订立的承揽合同，承揽人应使用自己的设备、技术和劳力，为定作人加工、定作、修理或完成其他工作；定作人应给付相应报酬。提出工作要求并给付报酬的一方是定作人，按照要求完成一定工作的人是承揽人，都可以是自然人、法人或者非法人组织。承揽合同是双务、有偿、诺成合同，其特征是：承揽合同以完成一定的工作并表现为一定的劳动成果为目的；承揽合同的定作物是具有特定性质的物；承揽人须以自己的设备、技术和劳力独立完成主要工作；承揽人在工作中自己承担风险；承揽合同以留置定作物的方式实现担保。

承揽合同的种类主要有加工合同、定作合同、修理合同、复制合同和其他承揽合同。

## 配套法规及解读

**《民法典》（2020 年 5 月 28 日）**

**第四百六十四条**　合同是民事主体之间设立、变更、终止民事法律关系的协议。

婚姻、收养、监护等有关身份关系的协议，适用有关该身份关系的法律规定；没有规定的，可以根据其性质参照适用本编规定。

**※法规解读：**合同是民事主体之间的协议，即平等主体的自然人、法人和非法人组织之间的协议。

民事法律关系，即民事主体从事民事活动，应当遵循自愿原则，按照自己的意思设立、变更、终止民事法律关系。

合同的主要特征：合同是一种合意；合同是发生法律上效果的民事法律行为；合同是发生民法上效果的民事行为。

## 关联法规索引

《民法典》第467条

## 典型案例

### 苏州横泾建设工程有限公司与上海华尔润五金装潢有限公司定作合同纠纷案[1]

**※案例解读：**我国《民法典》第七百七十条规定："承揽合同是承揽人按照定作人的要求完成工作，交付工作成果，定作人支付报酬的合同。承揽包括加工、定作、修理、复制、测试、检验等工作。"买卖合同是以转让标的物的所有权为目的的合同，而承揽合同则是以承揽人按照定作人的要求完成一定的劳动成果并交付给定作人为目的的合同。判断合同的性质，不能只从文字的表面进行认定，应当在确认了双方在合同中各自的权利义务基础上进行判断。本案中，上海华尔润五金装潢有限公司按照苏州横泾建设工程有限公司的要求制作并安装铝合金门窗及采光棚等，故双方之间系定作合同关系。在对合同的性质进行正确认定之后，再处理当事人之间的关系。本案中，合同明确约定了付款期限，苏州横泾建设工程有限公司逾期付款，显然构成违约，应按约承担违约责任。

---

〔1〕 参见上海市第一中级人民法院民事判决书，(2016)沪01民终115号。

**第七百七十一条　【承揽合同的主要条款】承揽合同的内容一般包括承揽的标的、数量、质量、报酬,承揽方式,材料的提供,履行期限,验收标准和方法等条款。**

## 条文解读

本条规定了承揽合同的主要条款,包括承揽的标的、数量、质量、报酬,承揽方式,材料的提供,履行期限,验收标准和方法等条款。

## 配套法规及解读

**《民法典》(2020 年 5 月 28 日)**

**第四百七十条**　合同的内容由当事人约定,一般包括下列条款:

(一)当事人的姓名或者名称和住所;

(二)标的;

(三)数量;

(四)质量;

(五)价款或者报酬;

(六)履行期限、地点和方式;

(七)违约责任;

(八)解决争议的方法。

当事人可以参照各类合同的示范文本订立合同。

**※法规解读:**合同的主要条款,即合同的内容由当事人约定,一般包括当事人的姓名或者名称和住所,标的,数量,质量,价款或者报酬,履行期限、地点和方式,违约责任,解决争议的方法。

当事人还可以参照各类合同的示范文本订立合同。

**典型案例**

### 董某清诉刘某娃承揽合同纠纷案[1]

**※案例解读：**我国《民法典》第七百七十一条规定："承揽合同的内容一般包括承揽的标的、数量、质量、报酬，承揽方式，材料的提供，履行期限，验收标准和方法等条款。"承揽合同的成立必须具有明确的承揽标的，也就是承揽人必须按照定作人的要求完成一定的工作成果并交付于定作人。这里的标的不仅包含交付的最终劳动成果，还有承揽人按照定作人的要求进行工作的行为。也就是本条中规定的承揽标的、数量、质量、报酬、承揽方式、材料的提供、履行期限、验收标准和方法等。本案中，刘某娃将烘干厂塔基坑部分交由董某清完成，双方虽然没有签订书面合同，但口头约定了价款的计算方式："砖 3.5 元块、混凝土 120 元/方(发包人发包价格 80%)"，可见价款是以完成的工作量计算的。刘某娃并不是将工程以确定数额的价款承包给董某清，董某清只是组织工人完成一定的工作，按完成的工作量计算报酬，双方成立承揽合同关系，故刘某娃应当按照完成的工作量向董某清支付报酬。

**第七百七十二条 【承揽工作的完成】承揽人应当以自己的设备、技术和劳力，完成主要工作，但是当事人另有约定的除外。**

**承揽人将其承揽的主要工作交由第三人完成的，应当就该第三人完成的工作成果向定作人负责；未经定作人同意的，定作人也可以解除合同。**

**条文解读**

本条规定了承揽工作的完成，包括自己完成以及交由第三人完成的规则。承揽合同建立在定作人对承揽人信任的基础上，因此承揽人应当以自己的设备、技术和劳力独立完成主要工作，当事人另有约定的除外。主要工作是指对定作人提交的工作构成实质意义的部分，即对定作物的质量有决定性作用的部分或者数量上的大部分。经过定作人的同意，承揽人可以将其承揽的主要工作交由第三人完成，并应当就该第三人完成的工作成果向定作人负责，而不是第三人向定作人负责。未经定作人的同意，承揽人将其承揽的主要工作交由第三人完成的，定作人享有法定解除权。解除权

[1] 参见新疆维吾尔自治区塔城市人民法院民事判决书，(2014)塔民一初字第 1111 号。

的行使以通知的方式进行。

## 配套法规及解读

**《民法典》(2020年5月28日)**

**第五百二十三条**　当事人约定由第三人向债权人履行债务,第三人不履行债务或者履行债务不符合约定的,债务人应当向债权人承担违约责任。

**第五百五十五条**　当事人一方经对方同意,可以将自己在合同中的权利和义务一并转让给第三人。

※**法规解读:**由第三人履行的合同,又称为第三人负担的合同,指双方当事人约定债务由第三人履行的合同。

合同权利义务的一并转让,又称概括转让或者合同地位转让,是指合同关系的一方当事人将其合同权利义务一并转让给第三人,由第三人全部地承受这些权利义务。

## 关联法规索引

《民法典》第563条

## 典型案例

### 上海兆维工贸发展有限公司诉上海视训电子科技发展有限公司定作合同纠纷案[1]

※**案例解读:**我国《民法典》第七百七十二条规定:“承揽人应当以自己的设备、技术和劳力,完成主要工作,但是当事人另有约定的除外。承揽人将其承揽的主要工作交由第三人完成的,应当就该第三人完成的工作成果向定作人负责;未经定作人同意的,定作人也可以解除合同。”承揽人应当以自己的设备、技术和劳力完成主要的承揽工作。合同中约定承揽人必须亲自完成工作的,承揽人未经定作人同意,不得将承揽人工作的主要部分交由第三人完成。承揽人擅自将工作交由第三人完成的,将构成根本违约。但是,对于是否经定作人同意,不能仅从一方当事人的陈述予以确定,

〔1〕 参见上海市第一中级人民法院民事判决书,(2015)沪一中民四(商)终字第1850号。

而应该根据具体案件事实，尽可能地探求当事人的真意。本案系定作合同纠纷，按照常理，上海兆维工贸发展有限公司（以下简称兆维公司）作为定作人，必然就定作事项的进程与承揽人进行沟通、检验等。本案中，兆维公司收取常州泰坦机械有限公司交付的注塑件，并在二次加工后又退回部分注塑件等的行为，表明其对由常州泰坦机械有限公司完成合同项下工作是知情且认可的。因此，法院推定定作人同意承揽人将工作的主要部分交由第三人完成，兆维公司并无证据证明曾提出质量异议，也未向上海视训电子科技发展有限公司（以下简称视训公司）提出模具主张，证明兆维公司对视训公司所交付的货物质量是认可的。视训公司的合同义务已经履行完毕，兆维公司应支付所欠款项。

**第七百七十三条 【承揽人对辅助性工作的责任】 承揽人可以将其承揽的辅助工作交由第三人完成。承揽人将其承揽的辅助工作交由第三人完成的，应当就该第三人完成的工作成果向定作人负责。**

## 条文解读

承揽人对辅助性工作负有责任。承揽人可以将其承揽的辅助工作交由第三人完成，不必征求定作人的同意。承揽工作中的辅助工作是指承揽工作中主要工作之外的部分，如定制服装合同中缝扣子、熨烫等工作就是主要工作之外的辅助工作。承揽人将其承揽的辅助工作交由第三人完成的，应当就该第三人完成的工作成果向定作人负责，如果第三人完成的辅助工作不符合承揽合同的要求，承揽人应当承担违约责任，而不是由第三人承担违约责任。

## 配套法规及解读

**《民法典》（2020年5月28日）**

**第五百二十二条** 当事人约定由债务人向第三人履行债务，债务人未向第三人履行债务或者履行债务不符合约定的，应当向债权人承担违约责任。

法律规定或者当事人约定第三人可以直接请求债务人向其履行债务，第三人未在合理期限内明确拒绝，债务人未向第三人履行债务或者履行债务不符合约定的，第三人可以请求债务人承担违约责任；债务人对债权人的抗辩，可以向第三人主张。

**※法规解读：**涉他合同，又称为涉及第三人的合同，包括利益第三人合同和由第

三人履行的合同。

利益第三人合同，是指由债务人向第三人履行债务的合同，包括不真正的利益第三人合同和真正的利益第三人合同。

由第三人履行的合同，又称第三人负担的合同，是指当事人约定由第三人向债权人履行债务的合同，第三人不履行债务或者履行债务不符合约定，债务人应当向债权人承担违约责任。

## 典型案例

### 安吉长衡塑胶模具厂与安吉欧麦斯家具有限公司等定作合同纠纷案[1]

**※案例解读：**我国《民法典》第七百七十三条规定："承揽人可以将其承揽的辅助工作交由第三人完成。承揽人将其承揽的辅助工作交由第三人完成的，应当就该第三人完成的工作成果向定作人负责。"本案中，蒋某民与安吉长衡塑胶模具厂（以下简称长衡模具厂）负责人王某刚所签订的《模具制作协议》明确约定"王某刚委托蒋某民负责制作 4 套模具"，可以认定长衡模具厂与蒋某民之间是独立的合同关系，双方并非共同的合同承揽人。同时，结合蒋某民直接从安吉欧麦斯家具有限公司（以下简称欧麦斯公司）领取款项的事实，可以认定欧麦斯公司对长衡模具厂将模具加工交由蒋某民完成予以了认可，长衡模具厂应就蒋某民完成的工作成果向欧麦斯公司负责，故欧麦斯公司要求蒋某民共同承担责任的诉讼请求不成立。

**第七百七十四条　【承揽人提供材料的义务】承揽人提供材料的，应当按照约定选用材料，并接受定作人检验。**

## 条文解读

本条规定了承揽人提供材料的义务。由承揽人提供原材料的，承揽人应当按照合同的约定选用材料。承揽人选用材料应当接受定作人检验。定作人对材料的检验是定作人的一项权利，承揽人选用材料应接受定作人检验是承揽人的法定义务，不以

[1] 参见浙江省湖州市中级人民法院民事判决书，(2015)浙湖商终字第 388 号。

当事人在合同中有约定为必要。

## 配套法规及解读

**《民法典》(2020 年 5 月 28 日)**

**第七百三十九条** 出租人根据承租人对出卖人、租赁物的选择订立的买卖合同，出卖人应当按照约定向承租人交付标的物，承租人享有与受领标的物有关的买受人的权利。

**※法规解读:**融资租赁与传统租赁的一个重要区别，就是出卖人按照约定向承租人交付标的物，承租人享有与受领标的物有关的买受人的权利。

出租人根据承租人对出卖人、租赁物的选择订立的买卖合同，出卖人应当按照约定向承租人交付标的物，承租人享有与受领标的物有关的买受人的权利。

出卖人应该直接向承租人交付标的物；出卖人承担租赁物的瑕疵担保责任；承租人应当按照合同约定的时间、地点、验收方法接收标的物。

## 关联法规索引

《民法典》第 771 条

## 典型案例

### 青岛江南鸿运门窗有限公司与孙某友加工合同纠纷案[1]

**※案例解读:**我国《民法典》第七百七十四条规定:“承揽人提供材料的，应当按照约定选用材料，并接受定作人检验。”如果当事人在承揽合同中约定由承揽人提供材料，并约定了提供材料的时间、材料的数量和质量的，承揽人应当按照约定准备材料。承揽人准备好材料后，应当及时通知定作人检验，并如实提供发票以及数量和质量的说明文件。定作人接到通知后，应当及时检验该材料，认真查看承揽人提供的材料以及有关文件。定作人认为承揽人选用的材料符合约定，应当告知承揽人，或者根据承揽人的要求以书面形式确认。对于由定作人选取材料不当造成损失的风险，承

〔1〕 参见山东省青岛市中级人民法院民事判决书,(2015)青民二商终字第 823 号。

揽人不应承担责任。本案中,青岛江南鸿运门窗有限公司在未经孙某友同意的情况下,擅自使用了其他品牌的门窗进行安装加工,违反了合同的约定,需要承担违约责任。根据双方的加工合同第七条约定:孙某友在验收时发现产品外观品种不符合合同约定,有权拒绝该产品,拒付货款,因此,孙某友拒付合同剩余价款符合合同约定。

**第七百七十五条　【定作人提供材料及双方义务】定作人提供材料的,应当按照约定提供材料。承揽人对定作人提供的材料应当及时检验,发现不符合约定时,应当及时通知定作人更换、补齐或者采取其他补救措施。**

**承揽人不得擅自更换定作人提供的材料,不得更换不需要修理的零部件。**

## 条文解读

本条规定了定作人提供材料时双方的义务。由定作人提供原材料的,定作人应当按照约定提供材料,承揽人应当及时接受定作人交付的材料。及时接受,是指在定作人向承揽人提出材料的交付时,承揽人能够按照合同的约定接受材料,不得拒受或者迟延接受。因承揽人不能及时接受材料,造成的材料的一切损失以及其他增加的一切必要费用,应当由承揽人承担或者赔偿。

## 配套法规及解读

**《民法典》(2020年5月28日)**

**第六百一十条**　因标的物不符合质量要求,致使不能实现合同目的的,买受人可以拒绝接受标的物或者解除合同。买受人拒绝接受标的物或者解除合同的,标的物毁损、灭失的风险由出卖人承担。

**第六百一十七条**　出卖人交付的标的物不符合质量要求的,买受人可以依据本法第五百八十二条至第五百八十四条的规定请求承担违约责任。

**※法规解读:**因标的物不符合质量要求,致使不能实现合同目的的,买受人可以拒绝接受标的物或者解除合同。买受人拒绝接受标的物或者解除合同的,标的物毁损、灭失的风险由出卖人承担。

出卖人交付的标的物不符合质量要求的,承担违约责任的方式有两种:按照当事人的约定承担违约责任;当事人对违约责任没有约定或者约定不明确的,按照法定的方式承担违约责任。

## 关联法规索引

《民法典》第511条

## 典型案例

### 富国工业(惠阳)有限公司诉惠州奥尔提精密部品有限公司加工合同纠纷案[1]

**※案例解读：**我国《民法典》第七百七十五条规定："定作人提供材料的，应当按照约定提供材料。承揽人对定作人提供的材料应当及时检验，发现不符合约定时，应当及时通知定作人更换、补齐或者采取其他补救措施。承揽人不得擅自更换定作人提供的材料，不得更换不需要修理的零部件。"根据上述规定，当定作人按约定提供原材料时，承揽人应当检验原材料。检验原材料的质量是否达到合同约定的质量要求。如果经检验定作人提供的原材料质量不符合约定，承揽人应当及时通知定作人更换以达到合同要求。因承揽人原因未及时通知定作人原材料不符合约定，影响完成工作时间的，承揽人应当承担违约责任。本案中，由惠州奥尔提精密部品有限公司(以下简称奥尔提公司)提供来料给富国工业(惠阳)有限公司(以下简称富国公司)进行加工，双方虽然并未对该原料的质量进行约定，但是根据一般的行业标准，富国公司仍应该对该原料进行检测，如果存在质量问题，应当通知定作人进行更换。本案中，富国公司并未履行该检验义务，且经检验奥尔提公司提供的来料也存在质量问题，富国公司与奥尔提公司都违反合同，应当各自承担相应的责任。故本案造成的损失应当各自承担，富国公司与奥尔提公司要求对方承担过错责任、赔偿损失的请求均应予以驳回。

**第七百七十六条 【承揽人的通知义务】承揽人发现定作人提供的图纸或者技术要求不合理的，应当及时通知定作人。因定作人怠于答复等原因造成承揽人损失的，应当赔偿损失。**

## 条文解读

本条规定了承揽人的通知义务。在承揽合同中，如果约定承揽的工作由定作人

[1] 参见广东省惠州市惠阳区人民法院民事判决书，(2015)惠阳法民二初字第77号。

提供图纸和技术要求,承揽人在接受其提供的图纸和技术要求后,发现定作人提供的图纸或者技术要求不合理的,应当及时通知定作人,要求定作人改进。双方意见不一致的,应当进行协商,达成合意,如果因定作人怠于答复等,给承揽人造成损失,定作人应当承担赔偿责任。

## 配套法规及解读

**《民法典》(2020 年 5 月 28 日)**

**第六百二十一条**　当事人约定检验期限的,买受人应当在检验期限内将标的物的数量或者质量不符合约定的情形通知出卖人。买受人怠于通知的,视为标的物的数量或者质量符合约定。

当事人没有约定检验期限的,买受人应当在发现或者应当发现标的物的数量或者质量不符合约定的合理期限内通知出卖人。买受人在合理期限内未通知或者自收到标的物之日起二年内未通知出卖人的,视为标的物的数量或者质量符合约定;但是,对标的物有质量保证期的,适用质量保证期,不适用该二年的规定。

出卖人知道或者应当知道提供的标的物不符合约定的,买受人不受前两款规定的通知时间的限制。

**※法规解读:**本条规定了买受人检验发现标的物不符合约定的通知义务及通知期限要求,即当事人约定检验期限的,买受人应当在检验期限内将标的物的数量或者质量不符合约定的情形通知出卖人。当事人没有约定检验期限的,买受人应当在发现或者应当发现标的物的数量或者质量不符合约定的合理期限内通知出卖人。

买受人检验发现标的物不符合约定未履行通知义务的后果,即当事人约定检验期限的,买受人应当在检验期限内将标的物的数量或者质量不符合约定的情形通知出卖人。买受人怠于通知的,视为标的物的数量或者质量符合约定。当事人没有约定检验期限的,买受人应当在发现或者应当发现标的物的数量或者质量不符合约定的合理期限内通知出卖人。买受人在合理期限内未通知或者自收到标的物之日起 2 年内未通知出卖人的,视为标的物的数量或者质量符合约定;但是,对标的物有质量保证期的,适用质量保证期,不适用该 2 年的规定。

## 关联法规索引

《民法典》第 141 条

## 典型案例

### 俞某辉诉许某祥承揽合同纠纷案[1]

**※案例解读：**我国《民法典》第七百七十六条规定："承揽人发现定作人提供的图纸或者技术要求不合理的，应当及时通知定作人。因定作人怠于答复等原因造成承揽人损失的，应当赔偿损失。"承揽人在工作之前或者工作之中发现定作人提供的图纸或者技术要求不合理，即按此图纸或者技术要求难以产生符合合同约定的工作成果，在此情况下，承揽人应当及时将该情况通知定作人。定作人在接到承揽人关于图纸或者技术要求不合理的通知后，应当立即采取措施，修改图纸和技术要求。定作人仍然坚持按照原设计方案进行，致使最后的工作成果无法达到预期要求的，由定作人承担责任。本案中，设计图纸上成品柜台面平整无拼接，许某祥应按照图纸要求制作。许某祥辩称，其使用刨花板替换中纤板制作成品柜，是经过华城建设公司施工员同意，但无法提供证据证明，因此不予采信。许某祥应返还俞某辉不符合质量要求的成品柜预付款项9000元。

**第七百七十七条　【中途变更工作要求的责任】定作人中途变更承揽工作的要求，造成承揽人损失的，应当赔偿损失。**

## 条文解读

本条规定了定作人中途变更工作要求的责任。在承揽合同的履行过程中，定作人认为确有必要的，可以中途变更承揽工作的要求，承揽人应当按照定作人的变更要求完成承揽工作。依照公平原则，定作人改变承揽工作要求，给承揽人造成损失的，应当承担赔偿责任。对于已经按照要求完成的部分工作，定作人应当支付这一部分工作的报酬。

## 配套法规及解读

**《民法典》(2020年5月28日)**

**第一百三十六条**　民事法律行为自成立时生效，但是法律另有规定或者当事人

---

〔1〕 参见江西省抚州市临川区人民法院民事判决书，(2015)临民初字第311号。

另有约定的除外。

行为人非依法律规定或者未经对方同意，不得擅自变更或者解除民事法律行为。

**第五百四十三条**　当事人协商一致，可以变更合同。

※**法规解读**：民事法律行为原则上自成立时生效，即民事法律行为的生效时间和民事法律行为的成立时间原则上是一致的。对民事法律行为生效法律另有规定或者当事人另有约定的，按照法律规定或者当事人的约定执行。行为人非依法律规定或者未经对方同意，不得擅自变更或者解除民事法律行为。

合同变更，是指合同成立后，当事人对合同的内容进行修改或者补充，不包括合同当事人或者合同主体的改变。债权人和债务人的改变，是通过债权转让、债务转移等制度调整的。

## 关联法规索引

《民法典》第5、544条

## 典型案例

### 大连华锐重工集团股份有限公司与山东信远集团有限公司承揽合同纠纷申请再审案〔1〕

※**案例解读**：我国《民法典》第七百七十七条规定："定作人中途变更承揽工作的要求，造成承揽人损失的，应当赔偿损失。"定作人在承揽人工作期间认为按照原先的要求不能满足自己的需要，定作人可以中途变更承揽工作的要求，承揽人应当按照定作人的新要求工作。承揽人认为定作人提出的新要求不合理的，应当及时通知定作人。定作人不予修改的，承揽人可以解除合同。本案中，案涉承揽合同履行过程中，大连华锐重工集团股份有限公司（以下简称华锐公司）作为定作人以设计变更为由通知承揽人山东信远集团有限公司（以下简称信远公司）停止生产，嗣后双方长期未就已生产产品的处理及合同继续履行问题达成合意。信远公司可以合同目的不能实现为由，诉请解除合同。定作人华锐公司中途变更承揽工作的要求，造成承揽人信远公司的损失，定作人华锐公司应当赔偿因此给承揽人带来的损失。

---

〔1〕　参见最高人民法院民事裁定书，（2015）民申字第2753号。

**第七百七十八条 【定作人的协助义务】承揽工作需要定作人协助的,定作人有协助的义务。定作人不履行协助义务致使承揽工作不能完成的,承揽人可以催告定作人在合理期限内履行义务,并可以顺延履行期限;定作人逾期不履行的,承揽人可以解除合同。**

## 条文解读

承揽工作需要定作人协助的,定作人有协助的义务。定作人不履行协助义务,致使承揽工作不能完成的,承揽人的权利有:催告定作人在合理期限内履行义务,催告以通知的方式进行,该合理期限就是宽限期;按照定作人迟延履行协助义务的时间,顺延履行期限;定作人超过宽限期而仍不履行,承揽人可以解除该承揽合同。

## 配套法规及解读

**《民法典》(2020 年 5 月 28 日)**

**第八百五十二条** 委托开发合同的委托人应当按照约定支付研究开发经费和报酬,提供技术资料,提出研究开发要求,完成协作事项,接受研究开发成果。

**第八百五十五条** 合作开发合同的当事人应当按照约定进行投资,包括以技术进行投资,分工参与研究开发工作,协作配合研究开发工作。

※**法规解读**:委托开发合同的委托人的主要义务有:支付研究开发经费和报酬义务;提供技术资料义务;提出研究开发要求义务;完成协作事项义务;接受研究开发成果义务。

合作开发合同的当事人的主要义务有:按照约定进行投资,包括以技术进行投资的义务;分工参与研究开发工作的义务;协作配合研究开发工作的义务。

## 关联法规索引

《民法典》第 794、795 条

**典型案例**

## 江阴市伟业房屋拆修工程有限公司诉建昌兰剑水泥有限公司承揽合同纠纷案[1]

※**案例解读**：我国《民法典》第七百七十八条规定："承揽工作需要定作人协助的，定作人有协助的义务。定作人不履行协助义务致使承揽工作不能完成的，承揽人可以催告定作人在合理期限内履行义务，并可以顺延履行期限；定作人逾期不履行的，承揽人可以解除合同。"定作人应当及时提供符合完成工作所要求的生活条件和工作环境。如果定作人的协助义务是完成承揽合同的前提条件，定作人不履行的，承揽人应当催告定作人在合理期限内履行，并可以顺延完成工作的期限。如果在合理期限内定作人仍未履行协助义务，将构成本条所称的逾期不履行，定作人的逾期不履行将导致合同不能继续履行，承揽工作无法按约完成，此时，承揽人可以解除合同。本案中，承揽人江阴市伟业房屋拆修工程有限公司（以下简称江阴伟业公司）在实施拆迁行为的过程中，遭到了与定作人建昌兰剑水泥有限公司（以下简称建昌兰剑公司）存在承包关系的建昌兰河建材有限公司水泥经销商及职工的阻拦，江阴伟业公司及时将情况向建昌兰剑公司反映，并敦促建昌兰剑公司处理妥当与内部承包人和水泥经销商间经济纠纷。经建昌兰剑公司协调矛盾仍未解决，拆迁工作难以正常开展，合同目的难以实现，建昌兰剑公司未能及时提供符合完成工作所要求的生活条件和工作环境，故对江阴伟业公司的诉请予以支持。

**第七百七十九条 【承揽人接受监督检验的义务】 承揽人在工作期间，应当接受定作人必要的监督检验。定作人不得因监督检验妨碍承揽人的正常工作。**

**条文解读**

在工作期间，承揽人应当接受定作人必要的监督检验。在定作人提出对承揽工作进行检验时，承揽人不得拒绝。承揽人对定作人的监督检验应当提供必要的方便。承揽人应当如实向定作人反映工作情况，不得故意隐瞒工作中存在的问题。

---

[1] 参见辽宁省葫芦岛市中级人民法院民事判决书，（2015）葫民初字第00075号。

定作人在对承揽人的工作进行监督检验时,不得妨碍承揽人的正常工作。

## 配套法规及解读

**《民法典》(2020 年 5 月 28 日)**

**第六百七十二条** 贷款人按照约定可以检查、监督借款的使用情况。借款人应当按照约定向贷款人定期提供有关财务会计报表或者其他资料。

**※法规解读:**贷款人按照约定可以检查、监督借款的使用情况,但需要注意的是,贷款人检查、监督借款的使用情况必须按照约定开展,不能随意开展。借款人应当按照约定向贷款人定期提供有关财务会计报表或者其他资料。

## 关联法规索引

《民法典》第 970 条

## 典型案例

### 中山市羽昊五金制品有限公司与罗姆尼光电系统技术(广东)有限公司定作合同纠纷案[1]

**※案例解读:**我国《民法典》第七百七十九条规定:"承揽人在工作期间,应当接受定作人必要的监督检验。定作人不得因监督检验妨碍承揽人的正常工作。"承揽合同是为了满足定作人对于其所需要的工作成果的要求,因此定作人有权在工作期间对承揽的工作进行必要的监督检验,监督进度、材料的使用、图纸或者技术要求等方面是否符合合同约定和定作人的要求。如果定作人发现承揽人的工作不符合约定,可以要求承揽人返工、修理或者更换。接受定作人的监督检验是法律为承揽人规定的义务,对于定作人提出的合理建议和指示,应当及时采纳,改进自己的工作。本案中,中山市羽昊五金制品有限公司(以下简称羽昊公司)以其制作工艺属于商业秘密而拒绝罗姆尼光电系统技术(广东)有限公司(以下简称罗姆尼公司)的检验,法院认为模具已经制作完毕后的试产过程中,不涉及该模具本身的生产工艺,而且不允许第

〔1〕 参见广东省中山市中级人民法院民事判决书,(2015)中中法民二终字第332号。

三方专业模具人员进入其车间，也完全可以和罗姆尼公司协商解决该问题，而不应直接拒绝。因此，羽昊公司构成违约，应当承担相应的法律责任。

**第七百八十条　【验收质量保证】承揽人完成工作的，应当向定作人交付工作成果，并提交必要的技术资料和有关质量证明。定作人应当验收该工作成果。**

**条文解读**

本条规定了承揽人应当提交必要的技术资料和有关质量证明。向定作人按期交付工作成果，是承揽人的主要义务。承揽人向定作人交付工作成果，应当向定作人提交必要的技术资料和有关质量证明，如实反映工作成果的情况，以便定作人进行验收。在承揽人交付工作成果时，定作人应当对工作成果进行验收，对承揽人提交的工作成果的数量、质量进行检验，以确定与合同约定的工作成果的质量和数量是否相同。

**配套法规及解读**

**《民法典》(2020年5月28日)**

**第六百一十五条**　出卖人应当按照约定的质量要求交付标的物。出卖人提供有关标的物质量说明的，交付的标的物应当符合该说明的质量要求。

**第六百二十二条**　当事人约定的检验期限过短，根据标的物的性质和交易习惯，买受人在检验期限内难以完成全面检验的，该期限仅视为买受人对标的物的外观瑕疵提出异议的期限。

约定的检验期限或者质量保证期短于法律、行政法规规定期限的，应当以法律、行政法规规定的期限为准。

**※法规解读：**出卖人应当按照约定的质量要求交付标的物。出卖人提供有关标的物质量说明的，交付的标的物应当符合该说明的质量要求。

约定的检验期限过短视为外观瑕疵提出异议的期限，即当事人约定的检验期限过短，根据标的物的性质和交易习惯，买受人在检验期限内难以完成全面检验的，该期限仅视为买受人对标的物的外观瑕疵提出异议的期限。

约定的检验期限或者质量保证期短于法定期限，即约定的检验期限或者质量保证期短于法律、行政法规规定期限的，应当以法律、行政法规规定的期限为准。

## 关联法规索引

《民法典》第510、617条

## 典型案例

### 福州东荣塑胶制品有限公司诉湖州通特机械设备有限公司等定作合同纠纷案[1]

**※案例解读：**我国《民法典》第七百八十条规定："承揽人完成工作的，应当向定作人交付工作成果，并提交必要的技术资料和有关质量证明。定作人应当验收该工作成果。"定作人对于承揽人交付的工作成果有检验的权利和义务，经检验，工作成果有严重的质量缺陷的，定作人可以拒收并通知承揽人。定作人在检验中发现定作物的数量或者质量不符合要求的，应当在合同约定的期限内通知承揽人，未有约定或者约定不明确的，定作人在发现数量或者质量不符合要求时，应当在合理期间内通知承揽人。本案中，法院认为福州东荣塑胶制品有限公司（以下简称东荣公司）支付95%的定作款的行为不能默认为机器设备已经验收合格，东荣公司收到设备后，设备无法正常运行生产，通知湖州通特机械设备有限公司（以下简称通特公司）、骏荣机械厂对设备进行多次调试，均未调试成功，东荣公司已经履行了通知义务。通特公司、骏荣机械厂多次对设备进行修理，依旧不符合质量标准。设备未通过验收，东荣公司据此要求解除合同并赔偿损失，符合法律的规定。

**第七百八十一条 【工作成果不符合质量要求的违约责任】承揽人交付的工作成果不符合质量要求的，定作人可以合理选择请求承揽人承担修理、重作、减少报酬、赔偿损失等违约责任。**

[1] 参见浙江省湖州市南浔区人民法院民事判决书，(2014)湖浔商初字第438号。

## 条文解读

承揽合同的基本内容是承揽人按照定作人的请求完成承揽工作,交付工作成果。对工作成果的最主要要求是符合定作人在合同中约定的质量标准。如果承揽人交付的工作成果不符合质量要求,定作人可以合理选择请求承揽人承担修理、重作、减少报酬、赔偿损失等违约责任。

## 配套法规及解读

**《民法典》(2020 年 5 月 28 日)**

**第六百一十条**　因标的物不符合质量要求,致使不能实现合同目的的,买受人可以拒绝接受标的物或者解除合同。买受人拒绝接受标的物或者解除合同的,标的物毁损、灭失的风险由出卖人承担。

**※法规解读:**本条规定了出卖人根本违约的情况下风险承担的内容。因标的物不符合质量要求,致使不能实现合同目的的,买受人可以拒绝接受标的物或者解除合同。买受人拒绝接受标的物或者解除合同的,标的物毁损、灭失的风险由出卖人承担。

## 关联法规索引

《民法典》第 511 条

## 典型案例

### 无锡市青山铁路器材有限公司与北京丰怀轨枕有限公司承揽合同纠纷案〔1〕

**※案例解读:**我国《民法典》第七百八十一条规定:"承揽人交付的工作成果不符合质量要求的,定作人可以合理选择请求承揽人承担修理、重作、减少报酬、赔偿损失等违约责任。"承揽人交付工作成果后,定作人应当及时进行验收,检验工作成果是否

---

〔1〕 参见北京市第三中级人民法院民事判决书,(2015)三中民(商)终字第 07602 号。

符合质量要求。经验收发现工作成果不符合约定的，定作人可以要求承揽人承担修理、重作、减少报酬、赔偿损失等违约责任。本案中，承揽人无锡市青山铁路器材有限公司（以下简称青山公司）提供的尼龙套管存在质量问题，不符合合同约定，定作人北京丰怀轨枕有限公司有权要求青山公司赔偿相应的损失。

**第七百八十二条 【支付报酬期限】定作人应当按照约定的期限支付报酬。对支付报酬的期限没有约定或者约定不明确，依据本法第五百一十条的规定仍不能确定的，定作人应当在承揽人交付工作成果时支付；工作成果部分交付的，定作人应当相应支付。**

## 条文解读

本条规定了定作人应当按照约定的期限支付报酬。对支付报酬的期限没有约定或者约定不明确的，应当依照《民法典》第五百一十条的规定达成补充协议，按照补充协议确定支付期限。补充协议仍不能确定的，定作人应当在交付工作成果的同时支付报酬；工作成果部分交付的，定作人应当作相应支付。

## 配套法规及解读

**《民法典》（2020 年 5 月 28 日）**

**第五百一十条** 合同生效后，当事人就质量、价款或者报酬、履行地点等内容没有约定或者约定不明确的，可以协议补充；不能达成补充协议的，按照合同相关条款或者交易习惯确定。

**※法规解读：**合同生效后，当事人就质量、价款或者报酬、履行地点等内容没有约定或者约定不明确的，有两种处理方式：一是当事人协议补充，即合同生效后，当事人就质量、价款或者报酬、履行地点等内容没有约定或者约定不明确的，可以协议补充。二是按照合同相关条款或者交易习惯确定，即合同生效后，当事人就质量、价款或者报酬、履行地点等内容没有约定或者约定不明确且不能达成补充协议的，按照合同相关条款或者交易习惯确定。

## 关联法规索引

《民法典》第488、511条

## 典型案例

### 潘某青与王某承揽合同纠纷案[1]

**※案例解读：**我国《民法典》第七百八十二条规定："定作人应当按照约定的期限支付报酬。对支付报酬的期限没有约定或者约定不明确，依据本法第五百一十条的规定仍不能确定的，定作人应当在承揽人交付工作成果时支付；工作成果部分交付的，定作人应当相应支付。"向承揽人支付报酬是定作人最基本的义务。定作人应当按照合同约定的期限，以合同约定的币种、数额，向承揽人支付报酬。如果合同对报酬支付期限未约定，根据法律其他规定仍不能确定的，定作人应当在承揽人交付工作成果的同时支付，也就是承揽人将其完成的工作成果交给定作人占有的时间，为定作人支付报酬的时间。本案中，双方没有订立书面承揽合同，存在以下事实情形：潘某青关于张某正认为其是委托潘某青加工，潘某青又委托王某加工的陈述，表明张某正并未认可与王某存在承揽合同关系；潘某青向王某转账支付的加工费，系潘某青自张某正处取得的加工费中支付；王某提供的单据中确认了张某正加工毛领欠付加工费的事实，潘某青在该单据中作出同意付王某84,000元的意思表示；潘某青对潘某青、王某共同承揽毛领加工的主张未能提供足够证据予以证明。在上述情形下，可认定王某与潘某青之间存在承揽合同，双方当事人未约定支付价款的时间，只约定了数额，且潘某青未按照约定支付王某加工费，构成违约，故王某要求潘某青支付加工费84,000元的诉讼请求具有事实和法律依据，应予支持。

**第七百八十三条　【承揽人的留置权】定作人未向承揽人支付报酬或者材料费等价款的，承揽人对完成的工作成果享有留置权或者有权拒绝交付，但是当事人另有约定的除外。**

[1] 参见北京市第二中级人民法院民事判决书，(2015)二中民(商)终字第07254号。

## 条文解读

定作人未向承揽人支付报酬或者材料费等价款的，构成违约行为。对此，承揽人享有两项权利：(1)留置权。承揽人可以留置定作物，并应当向定作人催告，给予合理的宽限期，宽限期届满仍未支付报酬或者材料费等价款的，可以拍卖或者变卖加工物，实现留置权。(2)拒绝交付权。承揽人拒绝交付工作成果，直至定作人支付报酬或者材料费等价款后交付或者责令其承担违约责任。如果当事人在承揽合同中另有约定，则应当依照约定处理。

## 配套法规及解读

**《民法典》(2020年5月28日)**

**第四百四十七条** 债务人不履行到期债务，债权人可以留置已经合法占有的债务人的动产，并有权就该动产优先受偿。

前款规定的债权人为留置权人，占有的动产为留置财产。

**第四百四十九条** 法律规定或者当事人约定不得留置的动产，不得留置。

**※法规解读：**留置权成立的要件是债权人已经合法占有债务人的动产，债务人不履行到期债务。

《民法典》没有明文列举留置权的适用范围，而只是对留置权的适用范围作出限制，即法律规定或者当事人约定不得留置的动产，不得留置。

## 关联法规索引

《民法典》第453条

## 典型案例

### 杨某光诉马某英等加工合同纠纷案[1]

**※案例解读：**我国《民法典》第七百八十三条规定："定作人未向承揽人支付报酬

[1] 参见浙江省诸暨市人民法院民事判决书，(2015)绍诸草商初字第658号。

或者材料费等价款的,承揽人对完成的工作成果享有留置权或者有权拒绝交付,但是当事人另有约定的除外。"承揽人对完成的工作成果享有留置权。付款期限届满时,定作人未向承揽人支付报酬或者材料等价款的,承揽人有权留置工作成果,并通知定作人在不少于两个月的期限内支付报酬以及其他应付价款,定作人逾期仍不履行的,承揽人可以与债务人协议将留置的工作成果折价,也可以依法拍卖、变卖该工作成果,以所得价款优先受偿。本案中,马某英已向杨某光部分交付成品裤胚,但杨某光未支付分文,承揽人马某英有权行使留置权,故杨某光要求马某英交付剩余裤胚及原材料的诉讼请求不能成立。

**第七百八十四条 【材料的保管】承揽人应当妥善保管定作人提供的材料以及完成的工作成果,因保管不善造成毁损、灭失的,应当承担赔偿责任。**

## 条文解读

本条规定了承揽人应当妥善保管定作人提供的材料以及完成的工作成果。因保管不善,造成定作材料和工作成果毁损、灭失的,应当承担损害赔偿责任。

## 配套法规及解读

《民法典》(2020年5月28日)

**第四百三十二条** 质权人负有妥善保管质押财产的义务;因保管不善致使质押财产毁损、灭失的,应当承担赔偿责任。

质权人的行为可能使质押财产毁损、灭失的,出质人可以请求质权人将质押财产提存,或者请求提前清偿债务并返还质押财产。

**第七百一十四条** 承租人应当妥善保管租赁物,因保管不善造成租赁物毁损、灭失的,应当承担赔偿责任。

**※法规解读:**质权人负有妥善保管质押财产的义务。质权人因保管不善致使质押财产毁损、灭失的,应当承担赔偿责任。质权人的行为可能使质押财产毁损、灭失的,出质人可以请求质权人将质押财产提存,也可以请求提前清偿债务并返还质押财产。

承租人的保管义务:按照约定的方式或者租赁物的性质所要求的方法保管租赁物;按照租赁物的使用状况进行正常的维护;通知和协助。

## 关联法规索引

《民法典》第316、451条

## 典型案例

### 李某冬诉韩某辉承揽合同纠纷案[1]

**※案例解读：**我国《民法典》第七百八十四条规定："承揽人应当妥善保管定作人提供的材料以及完成的工作成果，因保管不善造成毁损、灭失的，应当承担赔偿责任。"定作人按约提供材料后，该材料处在承揽人的占有之下，因此承揽人有义务妥善保管定作人提供的材料，保持材料的质量状态，防止材料非正常损耗，从而保证工作成果的质量。由于承揽人未尽保管义务，致使材料毁损、灭失的，承揽人应当承担赔偿责任，自负费用补齐、更换与定作人提供材料同质同量的材料，因此造成定作人损失的，应当赔偿损失；造成迟延交付的，应当承担违约责任。本案中，韩某辉、李某冬之间存在承揽合同关系，双方约定由韩某辉负责修理李某冬提供的汽车，但嗣后由于韩某辉保管不善，导致标的汽车丢失，无法继续进行修理。因此，韩某辉未履行其妥善保管的义务，构成违约，应由其承担赔偿责任。

**第七百八十五条　【承揽人的保密义务】承揽人应当按照定作人的要求保守秘密，未经定作人许可，不得留存复制品或者技术资料。**

## 条文解读

本条规定了承揽人应当按照定作人的要求保守秘密。承揽合同约定保密条款或者虽然没有约定保密条款，但是定作人有保密要求的，承揽人对其所完成的工作负有保密义务，未经定作人许可，不得泄露定作人的秘密，不得留存定作成果的复制品或者技术资料。否则，定作人因此而受到的损失应由泄密的承揽人负责赔偿。

〔1〕 参见北京市大兴区人民法院民事判决书，(2015)大民(商)初字第2099号。

## 配套法规及解读

**《民法典》(2020 年 5 月 28 日)**

**第五百零一条**　当事人在订立合同过程中知悉的商业秘密或者其他应当保密的信息,无论合同是否成立,不得泄露或者不正当地使用;泄露、不正当地使用该商业秘密或者信息,造成对方损失的,应当承担赔偿责任。

**※法规解读:**当事人在订立合同过程中知悉的商业秘密或者其他应当保密的信息,无论合同是否成立,不得泄露或者不正当地使用。

当事人泄露、不正当地使用在订立合同过程中知悉的商业秘密或者其他应当保密的信息,造成对方损失的,应当承担赔偿责任。

## 关联法规索引

《民法典》第 509 条

## 典型案例

### 恩平昱普电子科技有限公司诉周某彬著作权侵权纠纷案[1]

**※案例解读:**我国《民法典》第七百八十五条规定:"承揽人应当按照定作人的要求保守秘密,未经定作人许可,不得留存复制品或者技术资料。"承揽人在工作中,应当妥善保管有关图纸和技术资料及其他应保密的信息,不得将秘密泄露给他人,也不得不正当地利用保密信息。定作人提供图纸、技术资料、样品的情况下,承揽人未经定作人许可不得擅自复制工作成果。周某彬是基于两个不同的承揽合同关系,分别为恩平昱普电子科技有限公司(以下简称昱普公司)和海天公司加工模具。对于制作编号为×××-0608、JD-0609 模具所根据的图纸等技术资料,周某彬提供了海天公司的图纸,来源合法,并有相应的承揽合同作为佐证。至于海天公司与昱普公司委托周某彬加工的模具是否存在相同或者近似,周某彬作为承揽人,法律并没有要求其负有审查的义务;而且,海天公司、昱普公司都与周某彬签订了保密条款,周某彬对两份合同的定作人都负有不向第三方提供技术资料的义务,即周某彬没有义务告知昱

〔1〕 参见广东省江门市中级人民法院民事判决书,(2005)江中法民四初字第 164-1 号。

普公司或者海天公司,两公司委托周某彬加工的模具存在相同或者近似;由于模具分属海天公司和昱普公司所有,而海天公司不是本案的当事人,所以海天公司与昱普公司委托周某彬加工的模具是否真正存在相同或者近似,不属于本案调整的范围。周某彬是依据海天公司的技术资料加工出来编号为×××-0608、JD-0609的模具,没有侵犯昱普公司对编号为×××、M05031902、M05031903、M05031904、M05031905模具所享有的著作权,昱普公司的所有诉讼请求,没有事实依据和法律依据,对于周某彬侵害昱普公司商业秘密,违反承揽人保密义务的证明责任属于昱普公司。当昱普公司无法充分证明周某彬违反商业保密义务的事实,则应当承担相应的不利后果。

**第七百八十六条 【共同承揽】共同承揽人对定作人承担连带责任,但是当事人另有约定的除外。**

## 条文解读

本条规定共同承揽人对定作人承担连带责任。在共同承揽中,承揽工作由共同承揽人共同完成,每一个承揽人都负有完成承揽工作的义务。构成共同承揽关系的,各承揽人承担连带责任。在承揽工作未能按约定完成或者因承揽人造成其他损失的,定作人可以向共同承揽人全体或其中的任何一个请求赔偿,被请求者应当承担全部责任。其中一个承揽人对定作人承担法律责任后,其实际承担的部分超过其应当承担的份额的,有权向其他承揽人追偿。

## 配套法规及解读

**《民法典》(2020年5月28日)**

**第一百七十八条** 二人以上依法承担连带责任的,权利人有权请求部分或者全部连带责任人承担责任。

连带责任人的责任份额根据各自责任大小确定;难以确定责任大小的,平均承担责任。实际承担责任超过自己责任份额的连带责任人,有权向其他连带责任人追偿。

连带责任,由法律规定或者当事人约定。

**※法规解读:**连带责任,是指依照法律规定或者当事人约定,2人或者2人以上的当事人对共同产生的不履行民事义务的民事责任承担全部责任,并因此引起内部债务关系的一种民事责任。连带责任的意义在于增加责任主体的数量,加强对受损害

人的保护，确保受损害人获得赔偿。

**关联法规索引**

《民法典》第 307 条

**第七百八十七条 【定作人的解除权】定作人在承揽人完成工作前可以随时解除合同，造成承揽人损失的，应当赔偿损失。**

**条文解读**

本条规定定作人在承揽人完成工作前可以随时解除合同，这是由承揽合同的性质决定的。承揽合同是按照定作人的要求完成定作工作，当定作人觉得定作工作已经没有必要，再继续完成定作工作会造成双方的损失时，解除合同就是必要的，可以避免更大的损失。承揽合同解除后，双方各自负有返还义务。承揽人应当将已经完成的部分工作成果交付定作人，定作人提供材料有剩余的，返还定作人。定作人预先支付报酬的，在扣除已完成部分的报酬外，承揽人应当将剩余部分返还定作人。

**配套法规及解读**

**《民法典》（2020 年 5 月 28 日）**

**第一百三十六条** 民事法律行为自成立时生效，但是法律另有规定或者当事人另有约定的除外。

行为人非依法律规定或者未经对方同意，不得擅自变更或者解除民事法律行为。

**※法规解读：** 民事法律行为生效后，产生以下几方面法律约束力：对内即对当事人产生法律约束力；对外即对当事人以外的第三人产生一定的法律约束力；违反民事法律行为的应当依法承担民事责任。

**关联法规索引**

《民法典》第 566 条

**典型案例**

## 北京塔星宏翔石材有限公司与北京天一晋达石材有限公司承揽合同纠纷案[1]

**※案例解读：**我国《民法典》第七百八十七条规定："定作人在承揽人完成工作前可以随时解除合同，造成承揽人损失的，应当赔偿损失。"根据本条的规定，定作人享有随时解除合同的权利，但是解除权的行使必须在合同有效期内行使，并且通知承揽人，造成承揽人损失的还应该赔偿损失。本案中，北京塔星宏翔石材有限公司（以下简称塔星宏翔公司）与北京天一晋达石材有限公司（以下简称天一晋达公司）签订的《石材加工订购合同》系塔星宏翔公司按照天一晋达公司的要求完成工作，交付工作成果，天一晋达公司给付报酬的合同，故该合同属于加工承揽合同。作为定作人，天一晋达公司有权依照法律的规定行使合同的单方解除权，但如因此造成塔星宏翔公司的损失，应当予以赔偿。但塔星宏翔公司在本案中未行使索赔权，故对于损失部分双方当事人可以另行解决。

[1] 参见北京市第三中级人民法院民事判决书，(2015)三中民(商)终字第09617号。

# 第十八章　建设工程合同

## 本章介绍

本章规定了建设工程合同的定义、内容、双方当事人的权利与义务等内容。

**第七百八十八条　【建设工程合同的定义】建设工程合同是承包人进行工程建设，发包人支付价款的合同。**

**建设工程合同包括工程勘察、设计、施工合同。**

## 条文解读

本条规定了建设工程合同的定义和类型。建设工程合同是承包人进行工程建设，发包人支付价款的合同，是承揽合同的一种。其特征是：合同的标的物仅限于基本建设，指土木建筑工程和建筑业范围内的线路、管道、设备安装，工程的新建、扩建、改建，以及大型的建筑修装饰活动；合同的承包主体应当具备相应的条件，要符合法律规定的资质要求；建设工程合同具有很强的国家管理性，具有强烈的国家干预色彩。建设工程合同包括建设工程勘察合同、建设工程设计合同和建设工程施工合同三种不同形式。

## 配套法规及解读

**《建设工程勘察设计管理条例》（2017 年 10 月 7 日修订）**

**第二条**　从事建设工程勘察、设计活动，必须遵守本条例。

本条例所称建设工程勘察，是指根据建设工程的要求，查明、分析、评价建设场地的地质地理环境特征和岩土工程条件，编制建设工程勘察文件的活动。

本条例所称建设工程设计，是指根据建设工程的要求，对建设工程所需的技术、经济、资源、环境等条件进行综合分析、论证，编制建设工程设计文件的活动。

**第三条**　建设工程勘察、设计应当与社会、经济发展水平相适应，做到经济效益、社会效益和环境效益相统一。

**第四条** 从事建设工程勘察、设计活动,应当坚持先勘察、后设计、再施工的原则。

**※法规解读:**勘察设计合同的发包人应当是法人或者自然人,承接方必须具有法人资格。甲方是建设单位或项目管理部门,乙方是持有建设行政主管部门颁发的工程勘察设计资质证书、工程勘察设计收费资格证书和工商行政管理部门核发的企业法人营业执照的工程勘察设计单位。为了保证建设工程项目的质量达到预期的投资目的,实施过程必须遵循项目建设的内在规律,即坚持先勘察、后设计、再施工的程序。建设工程勘察设计合同属于建设工程合同的范畴,分为建设工程勘察合同和建设工程设计合同两种。建设工程勘察合同是指根据建设工程的要求,查明、分析、评价建设场地的地质地理环境特征和岩土工程条件,编制建设工程勘察文件的协议。建设工程设计合同是指根据建设工程的要求,对建设工程所需的技术、经济、资源、环境等条件进行综合分析、论证,编制建设工程设计文件的协议。

## 典型案例

### 北京侨信装饰工程有限公司与北京东方雨虹防水工程有限公司建设工程施工合同纠纷案[1]

**※案例解读:**我国《民法典》第七百八十八条规定:"建设工程合同是承包人进行工程建设,发包人支付价款的合同。建设工程合同包括工程勘察、设计、施工合同。"建设工程合同包括工程勘察、设计、施工合同等类型。在一般的建设工程合同中,亦可同时存在勘察责任、设计责任和施工责任。本案中,北京东方雨虹防水工程有限公司(以下简称东方雨虹公司)与北京侨信装饰工程有限公司(以下简称侨信装饰公司)签订的《防水工程施工合同》系建设工程合同,合法有效,双方均应履行各自合同义务。涉案工程已经验收合格,侨信装饰公司应当向东方雨虹公司支付工程欠款189,441.55元,东方雨虹公司无须返还侨信装饰公司已经支付的预付款50,000元。侨信装饰公司主张的270,000元的损失并未实际全部发生,且与涉案工程延期无直接因果关系,东方雨虹公司无须赔偿上述损失。

---

〔1〕 参见北京市第三中级人民法院民事判决书,(2015)三中民终字第10270号。

**第七百八十九条 【建设工程合同形式】建设工程合同应当采用书面形式。**

## 条文解读

建设工程合同属于要式合同，应当采用书面形式。原因是：建设工程合同的标的通常规模大、要求高，涉及安全问题，合同履行时间长，采用要式形式订立合同较为稳妥。同时，这也是国家对基本建设实行监督的需要，是由建设工程合同的签订大多经过招标投标程序，其履行经常需要由发包方派驻工地代表、监理工程师和承包人会签文件等特点决定。

## 配套法规及解读

**《民法典》（2020 年 5 月 28 日）**

**第四百六十九条** 当事人订立合同，可以采用书面形式、口头形式或者其他形式。

书面形式是合同书、信件、电报、电传、传真等可以有形地表现所载内容的形式。

以电子数据交换、电子邮件等方式能够有形地表现所载内容，并可以随时调取查用的数据电文，视为书面形式。

**※法规解读：**按照相关法律的规定，当事人订立合同，可以采用书面形式、口头形式和其他形式。但法律、行政法规规定采用书面形式的，应当采用书面形式。当事人约定采用书面形式的，也应当采用书面形式。

书面形式包括合同书、信件等多种形式，还包括电报、电传、传真、电子数据交换和电子邮件。

合同的书面形式有多种，最常见的是当事人双方对合同有关内容进行协商订立的并由双方签字的合同文本，也称作合同书或者书面合同。通常合同书中明确地记载合同双方当事人的权利义务、解决争议的方法等具体内容。因此，发生争议可以按照合同的约定进行处理，比较容易解决纠纷，摆脱了“口说无凭”的状况。所以，除即时清结的合同以外，最好采用签订合同书的形式。合同也可以信件订立，也就是平时我们所说的书信。通过书信不仅可以叙事问候，也可以签订合同。书信有平信、邮政快件、挂号信以及特快专递等多种形式。电报、电传、传真也是传统的通信方式，大量的合同通过这三种形式订立。

## 典型案例

### 刘某诉涿州市建筑安装工程公司等建设工程施工合同纠纷案[1]

**※案例解读：**我国《民法典》第七百八十九条规定："建设工程合同应当采用书面形式。"建设工程合同除双方当事人意思表示达成一致外，还应当采用书面形式明确双方的权利义务。建设工程合同未采用书面形式订立的，不能成立，但是如果一方已经履行主要义务，对方接受的，该合同成立。综合本案证据，可以认定刘某从张某永处承包了新悦佳园3号楼顶板和二次结构清工工程，并已结清该工程款。2010年7月26日、8月2日的收据上有张某刚的签字，但上述两张收据时间都在新悦佳园二次结构清工工程承包期间，其内容也未能反映出该款项是否系主体结构工程款，而对于剩余13张票据、罚款单、剔槽协议、结算单被告不予认可，又无其他证据证明刘某系涉案工程楼主体结构承包人，故刘某主张的工程款缺乏事实依据，依法不予支持。

**第七百九十条 【招标投标】建设工程的招标投标活动，应当依照有关法律的规定公开、公平、公正进行。**

## 条文解读

建设工程的招标投标活动，应当依照《招标投标法》等有关法律的规定公开、公平、公正进行。我国有关建设工程招投标活动的法律是《招标投标法》，按照该法的要求，在我国境内进行下列工程建设项目包括项目的勘察、设计、施工、监理以及与工程建设有关的重要设备、材料等的采购，必须进行招标：大型基础设施、公用事业等关系社会公共利益、公众安全的项目；全部或者部分使用国有资金投资或者国家融资的项目；使用国际组织或者外国政府贷款、援助资金的项目。

---

[1] 参见河北省涿州市人民法院民事判决书，(2015)涿民初字第1614号。

## 配套法规及解读

《民法典》(2020 年 5 月 28 日)

**第六条**　民事主体从事民事活动,应当遵循公平原则,合理确定各方的权利和义务。

**※法规解读:**民事主体从事民事活动,应当遵循公平原则,合理确定各方的权利和义务。公平原则要求民事主体从事民事活动时要秉持公平理念,公正、平允、合理地确定各方的权利和义务,并依法承担相应的民事责任。适用本条时,还应注意以下两个方面:(1)民事主体在进行民事活动时,按照公平观念行使权利、履行义务,不能一方只承担义务而另一方只享有权利,也不能双方享受的权利和承担的义务相差悬殊。(2)民事主体合理承担民事责任,在通常情况下适用过错责任,要求责任与过错的程度相适应;在特殊情况下,也可以根据公平原则合理分担责任。公平原则作为民法的基本原则,既是民事主体从事民事活动应当遵守的基本行为准则,也是人民法院审理民事纠纷应当遵守的基本裁判准则。

## 典型案例

### 新疆吉臣生态木质别墅制造有限公司与新疆北屯市新城房地产开发有限公司建设工程施工合同纠纷案[1]

**※案例解读:**我国《民法典》第七百九十条规定:"建设工程的招标投标活动,应当依照有关法律的规定公开、公平、公正进行。"建设工程施工合同具有较强的国家管理性即建设工程应当进行招投标,实行工程全程监理。本案中工程发包人应是经过批准的建设工程的法人,承包人只能是具有建筑、安装资格的民事主体。新疆吉臣生态木质别墅制造有限公司与新疆北屯市新城房地产开发有限公司签订多份木质房屋建设工程施工合同,虽然签订合同是双方的真实意思表示,但因违反了《招标投标法》等强制性规定,所签合同均属无效。

〔1〕 参见新疆维吾尔自治区高级人民法院生产建设兵团分院民事判决书,(2015)新兵民一终字第00040 号。

**第七百九十一条 【总包和分包】** 发包人可以与总承包人订立建设工程合同,也可以分别与勘察人、设计人、施工人订立勘察、设计、施工承包合同。发包人不得将应当由一个承包人完成的建设工程支解成若干部分发包给数个承包人。

总承包人或者勘察、设计、施工承包人经发包人同意,可以将自己承包的部分工作交由第三人完成。第三人就其完成的工作成果与总承包人或者勘察、设计、施工承包人向发包人承担连带责任。承包人不得将其承包的全部建设工程转包给第三人或者将其承包的全部建设工程支解以后以分包的名义分别转包给第三人。

禁止承包人将工程分包给不具备相应资质条件的单位。禁止分包单位将其承包的工程再分包。建设工程主体结构的施工必须由承包人自行完成。

## 条文解读

本条规定了总包和分包。无论是总发包还是平行发包,都必须贯彻禁止支解建设工程承包合同的原则,即发包人不得将应当由一个承包人完成的建设工程支解成若干部分发包给数个承包人。

## 配套法规及解读

**《建设工程勘察设计管理条例》(2017年10月7日修订)**

**第十九条** 除建设工程主体部分的勘察、设计外,经发包方书面同意,承包方可以将建设工程其他部分的勘察、设计再分包给其他具有相应资质等级的建设工程勘察、设计单位。

**※法规解读:**建设工程合同的履行尤其是大型建设工程的建设涉及众多的专业技能,承包人往往并不具备实施全部工程业务的能力,尤其是一些专业工程,如安装、电气等,因此分包就在所难免。就其实质而言,分包就是承包人将其合同义务部分转让于第三人的行为,但分包又不同于通常意义上所说的合同义务的部分转让,因为承包人并不因其分包行为而不承担对发包人应承担的合同义务。依相关法律法规的规定,承包人分包应以发包人同意为条件,否则无效。分包后,承包人仍应对其全部合同义务承担责任,对分包部分,承包人与分包人对发包人承担连带责任。法律对承包人从事建设工程业务的资质规定同样适用于分包人,且禁止分包人将其分包的工程

再分包。从合同相对性的角度来说，分包并不改变发包人与承包人之间合同相对人的关系，而分包合同的相对人则分别是承包人与分包人。至于承包人与分包人之间的连带责任关系，则是一种突破合同相对性的法定责任。

**典型案例**

## 北京路桥瑞通养护中心有限公司十处与北京延红机械施工有限公司建设工程施工合同纠纷案[1]

**※案例解读：**我国《民法典》第七百九十一条规定："发包人可以与总承包人订立建设工程合同，也可以分别与勘察人、设计人、施工人订立勘察、设计、施工承包合同。发包人不得将应当由一个承包人完成的建设工程支解成若干部分发包给数个承包人。总承包人或者勘察、设计、施工承包人经发包人同意，可以将自己承包的部分工作交由第三人完成。第三人就其完成的工作成果与总承包人或者勘察、设计、施工承包人向发包人承担连带责任。承包人不得将其承包的全部建设工程转包给第三人或者将其承包的全部建设工程支解以后以分包的名义分别转包给第三人。禁止承包人将工程分包给不具备相应资质条件的单位。禁止分包单位将其承包的工程再分包。建设工程主体结构的施工必须由承包人自行完成。"为了保证工程的质量，防止某些承包单位在拿到工程项目后以分包的名义倒手转包，损害发包人的利益，破坏市场秩序，禁止承包人将工程分包给不具备相应资质条件的单位。本案中，北京路桥瑞通养护中心有限公司十处将工程转包给无资质的北京延红机械施工有限公司（以下简称延红机械公司），双方签订的建设工程施工合同应属无效。虽然建设工程施工合同无效，但建设工程经竣工验收合格，承包人请求参照合同约定支付工程价款的，法院应予以支持。双方签订施工协议后，本案所涉工程发生了设计变更，但工程量的变化不影响双方所签协议的效力，在双方没有解除该施工协议的情况下，该施工协议对双方当事人仍然有约束力。故延红机械公司要求按照施工协议的约定支付工程款，于法有据，法院应予支持。本案所涉工程经验收合格，并由审计单位出具了《京银路高庙屯1#、2#、3#桥改建工程竣工决算造价咨询报告》，双方均对该审计报告无异议，故本案工程款应以该审计报告为计算依据。

---

〔1〕 参见北京市第一中级人民法院民事判决书，(2015)一中民终字第05990号。

**第七百九十二条 【重大建设工程合同的订立】国家重大建设工程合同，应当按照国家规定的程序和国家批准的投资计划、可行性研究报告等文件订立。**

### 条文解读

本条是对国家重大建设工程合同订立要求的规定。建设工程合同中的国家重大建设工程合同，关乎国计民生的重大利益，应当按照国家规定的程序和国家批准的投资计划、可行性研究报告等文件订立。

### 配套法规及解读

**《民法典》(2020 年 5 月 28 日)**

**第五百零二条** 依法成立的合同，自成立时生效，但是法律另有规定或者当事人另有约定的除外。

依照法律、行政法规的规定，合同应当办理批准等手续的，依照其规定。未办理批准等手续影响合同生效的，不影响合同中履行报批等义务条款以及相关条款的效力。应当办理申请批准等手续的当事人未履行义务的，对方可以请求其承担违反该义务的责任。

依照法律、行政法规的规定，合同的变更、转让、解除等情形应当办理批准等手续的，适用前款规定。

**※法规解读：**民法尊重意思自治，在通常情况下，合同一经依法成立就产生效力。但是，出于维护特定的社会经济秩序以及行政管理需要，法律规定部分合同的生效，除了具备合同一般的生效要件外，还需满足特殊要件的要求。本条便是关于法定特别生效要件的规定。根据法律、行政法规的规定应当办理批准等手续的合同以及变更、转让、解除等情形应当办理批准等手续的合同，只有在合同当事人办理批准等手续之后，合同或合同的变更、转让和解除才能发生效力。

**第七百九十三条 【建设工程施工合同无效的处理】建设工程施工合同无效，但是建设工程经验收合格的，可以参照合同关于工程价款的约定折价补偿承包人。**

**建设工程施工合同无效，且建设工程经验收不合格的，按照以下情形处理：**

**（一）修复后的建设工程经验收合格的，发包人可以请求承包人承担修复费用；**

**（二）修复后的建设工程经验收不合格的，承包人无权请求参照合同关于工程价款的约定折价补偿。**

**发包人对因建设工程不合格造成的损失有过错的，应当承担相应的责任。**

## 条文解读

本条规定了建设工程施工合同无效的处理规则。建设工程施工合同无效应当是自始无效，不具有法律的拘束力。但是，建设工程施工合同本身无效，而建造的建设工程已经完成，且经过验收合格的，应本着实事求是、物当其用的效益原则，对施工者予以补偿。因此，建设工程施工合同无效，但是建设工程经验收合格的，可以参照合同关于工程价款的约定折价补偿承包人，实际上还是要实事求是地给付承包人应当给付的工程费用。

## 典型案例

### 帅某贵与汪某元、周某海建设工程分包合同纠纷案[1]

**※案例解读：**我国《民法典》第七百九十三条规定："建设工程施工合同无效，但是建设工程经验收合格的，可以参照合同关于工程价款的约定折价补偿承包人。建设工程施工合同无效，且建设工程经验收不合格的，按照以下情形处理：（一）修复后的建设工程经验收合格的，发包人可以请求承包人承担修复费用；（二）修复后的建设工程经验收不合格的，承包人无权请求参照合同关于工程价款的约定折价补偿。发包人对因建设工程不合格造成的损失有过错的，应当承担相应的责任。"本案中，汪某元等借用求实公司的名义与鑫华公司签订了《建设工程施工合同》，汪某元等按施工合同的约定，从基础开始施工至一层楼面完毕后，因无能力再垫资又将未完工程违法转包给帅某贵施工，并签订了一份《工程转包合同》，帅某贵接手后，将工程施工至封顶，也因无能力垫资停工并将已完成的工程移交鑫华公司。由于涉案《建设工程施工合同》和《工程转包合同》为无效合同，未竣工的建设工程未经验收，因此帅某贵现要

〔1〕 参见福建省泰宁县人民法院民事裁定书，(2019)闽0429民初732号。

求鑫华公司支付所欠工程款等诉讼请求，因其起诉条件尚未成就，故应待未竣工的建设工程经验收合格后，再行起诉。

**第七百九十四条 【勘察、设计合同主要内容】勘察、设计合同的内容一般包括提交有关基础资料和概预算等文件的期限、质量要求、费用以及其他协作条件等条款。**

## 条文解读

本条规定了勘察合同和设计合同的主要内容。勘察、设计合同与施工合同不同。

勘察、设计合同是对勘察合同和设计合同的统称，是指建设工程的发包人或承包人与勘察人、设计人订立的，由勘察人、设计人完成特定的勘察、设计工作，发包人向承包人支付相应对价的合同。勘察是指勘察人对工程的地理状况进行调查研究，包括对工程建设地址、水文进行调查等工作。设计是指设计人对工程结构进行设计、对工程价款进行概预算。

## 关联法规索引

《民法典》第470条

## 典型案例

### 刘某与南京同仁堂乐家老铺投资股份有限公司建设工程设计合同纠纷案〔1〕

**※案例解读：**我国《民法典》第七百九十四条规定："勘察、设计合同的内容一般包括提交有关基础资料和概预算等文件的期限、质量要求、费用以及其他协作条件等条款。"作为勘察设计合同，这些条款是其主要的内容，这些条款对于规范当事人之间的权利和义务，具有重要的作用。委托书作为一方授权于另一方的文件，主要规定的是受托方的权利和义务，对于委托方的权利和义务往往规定得不完全。我国《民法

〔1〕 参见江苏省南京市中级人民法院民事判决书，(2015)宁民终字第4531号。

典》明确规定，建设工程合同为要式合同，需要订立书面的合同。本案中，刘某与南京同仁堂乐家老铺投资股份有限公司（以下简称同仁堂公司）并未签订任何书面形式的设计合同，也未提供证据证明其与同仁堂公司就设计标准、交付时间、设计费用等内容达成合意；虽然刘某作为应标单位向同仁堂公司提供了部分设计图册，但刘某并未提供充分证据证明同仁堂公司最终的施工设计方案采用的系其提交的设计图纸。据此，刘某的主张无事实和法律依据，依法不予支持。

**第七百九十五条 【施工合同主要内容】施工合同的内容一般包括工程范围、建设工期、中间交工工程的开工和竣工时间、工程质量、工程造价、技术资料交付时间、材料和设备供应责任、拨款和结算、竣工验收、质量保修范围和质量保证期、相互协作等条款。**

## 条文解读

建设施工合同，是指发包方即建设单位与承包方即施工人为完成商定的施工工程，明确相互权利、义务的协议。依照施工合同，施工单位应当完成建设单位交给的施工任务，建设单位应当按照约定提供必要的条件并支付工程价款。

建设施工合同的主要内容是：工程范围、建设工期、中间交工工程的开工和竣工时间、工程质量、工程造价、技术资料交付时间、材料和设备的供应责任、拨款和结算、竣工验收、质量保修范围和质量保证期、相互协作条款等。

## 配套法规及解读

**《建设工程质量管理条例》（2019 年 4 月 23 日修订）**

**第二十六条** 施工单位对建设工程的施工质量负责。

施工单位应当建立质量责任制，确定工程项目的项目经理、技术负责人和施工管理负责人。

建设工程实行总承包的，总承包单位应当对全部建设工程质量负责；建设工程勘察、设计、施工、设备采购的一项或者多项实行总承包的，总承包单位应当对其承包的建设工程或者采购的设备的质量负责。

**第二十七条** 总承包单位依法将建设工程分包给其他单位的，分包单位应当按照分包合同的约定对其分包工程的质量向总承包单位负责，总承包单位与分包单位对分包工程的质量承担连带责任。

**※法规解读：**在建设工程施工过程中，施工单位应该对建设工程的施工质量负责。对于实行总承包的建设工程，总承包单位不因部分项目的分包而不对建设工程的质量负责，总承包单位应当对全部建设工程质量负责。对于分包出去的部分建设工程，分包单位应当对总承包单位负责，如果出现建设工程的质量问题，总承包单位与分包单位应当承担连带责任。

**第七百九十六条 【建设工程监理】建设工程实行监理的，发包人应当与监理人采用书面形式订立委托监理合同。发包人与监理人的权利和义务以及法律责任，应当依照本编委托合同以及其他有关法律、行政法规的规定。**

## 条文解读

本条规定了建设工程监理合同的法律适用。建设工程监理，是由具有法定资质条件的工程监理单位，受发包人的委托，依据国家批准的工程项目建设文件，有关工程建设的法律、法规和工程建设监理合同及其他工程建设合同，代表发包人对承包人的工程建设工作实施监督的专业服务活动。对建设工程进行监理的，发包人应当与监理人采用书面形式订立委托监理合同。发包人与监理人的权利和义务以及法律责任，应当依照本编委托合同以及其他有关法律、行政法规的规定。

## 配套法规及解读

**《建设工程质量管理条例》（2019 年 4 月 23 日修订）**

**第三十四条** 工程监理单位应当依法取得相应等级的资质证书，并在其资质等级许可的范围内承担工程监理业务。

禁止工程监理单位超越本单位资质等级许可的范围或者以其他工程监理单位的名义承担工程监理业务。禁止工程监理单位允许其他单位或者个人以本单位的名义承担工程监理业务。

工程监理单位不得转让工程监理业务。

**第三十五条** 工程监理单位与被监理工程的施工承包单位以及建筑材料、建筑构配件和设备供应单位有隶属关系或者其他利害关系的，不得承担该项建设工程的监理业务。

**第三十六条**　工程监理单位应当依照法律、法规以及有关技术标准、设计文件和建设工程承包合同，代表建设单位对施工质量实施监理，并对施工质量承担监理责任。

**第三十七条**　工程监理单位应当选派具备相应资格的总监理工程师和监理工程师进驻施工现场。

未经监理工程师签字，建筑材料、建筑构配件和设备不得在工程上使用或者安装，施工单位不得进行下一道工序的施工。未经总监理工程师签字，建设单位不拨付工程款，不进行竣工验收。

**第三十八条**　监理工程师应当按照工程监理规范的要求，采取旁站、巡视和平行检验等形式，对建设工程实施监理。

**※法规解读：**上述法规是对于建设工程当中监理单位与其相应职责的规定。建设工程监理即指具有相应资质的工程监理企业，接受建设单位的委托，承担其项目管理工作，并代表建设单位对承建单位的建设行为进行监控的专业化服务活动。监理单位与项目法人之间是委托与被委托的合同关系，与被监理单位是监理与被监理的关系。监理单位应按照“公正、独立、自主”的原则，开展工程建设监理工作，公平地维护项目法人和被监理单位的合法权益。

## 典型案例

### 北京和平诚信工程建设监理有限公司诉三河市长城重机房地产开发有限公司建设工程监理合同纠纷案〔1〕

**※案例解读：**我国《民法典》第七百九十六条规定：“建设工程实行监理的，发包人应当与监理人采用书面形式订立委托监理合同。发包人与监理人的权利和义务以及法律责任，应当依照本编委托合同以及其他有关法律、行政法规的规定。”建设工程监理人应当依照法律、行政法规及有关的技术标准、设计文件和建设工程合同，对承包人在工程建设质量、建设工期和建设资金使用等方面，代表发包人对工程建设进行监督。本案中，北京和平诚信工程建设监理有限公司（以下简称和平诚信公司）与三河市长城重机房地产开发有限公司（以下简称长城公司）签订了《建设工程委托监理合同》及《补充协议》，双方应按照《建设工程委托监理合同》及《补充协议》的约定履

〔1〕　参见河北省三河市人民法院民事判决书，（2014）三民初字第4001号。

行各自义务,和平诚信公司按约定履行了监理义务,并向长城公司提交了相关的报告。长城公司未按约定履行付款义务,应承担相应的违约责任。

**第七百九十七条 【发包人的检查权】发包人在不妨碍承包人正常作业的情况下,可以随时对作业进度、质量进行检查。**

## 条文解读

本条规定了发包人的检查权。发包人将自己建设的工程的勘察、设计、施工工程发包给承包人进行,故发包人有权对承包人进行的勘察、设计、施工工程的作业进度和质量进行检查、行使自己的检查权。发包人行使检查权的方式,一是委派工地代表进行,二是委托工程监理人进行。工地代表和工程监理人为了维护发包人的利益,保证工程质量和进度,随时可以进行检查,发现问题,及时提出,予以解决,防止出现工程拖延和质量不符合要求的问题。对发包人行使检查权的要求是不得妨碍承包人正常作业。如果发包人的工地代表或者工程监理人对工程行使检查权的不当行为造成承包人停工、返工、窝工等损失,则承包人有权要求发包人承担损害赔偿责任。

## 配套法规及解读

**《建设工程质量管理条例》(2019 年 4 月 23 日修订)**

**第三十七条** 工程监理单位应当选派具备相应资格的总监理工程师和监理工程师进驻施工现场。

未经监理工程师签字,建筑材料、建筑构配件和设备不得在工程上使用或者安装,施工单位不得进行下一道工序的施工。未经总监理工程师签字,建设单位不拨付工程款,不进行竣工验收。

**※法规解读:**为了保证工程质量,在监理工程师工作的过程中,对于建筑材料、建筑构件、建筑配件、建筑设备,如果未经监理工程师签字,不得在工程上使用或者安装。建筑工程质量是指工程满足建设单位需要的,符合国家法律、法规、技术规范标准、设计文件及合同规定的特性综合。建设工程作为一种特殊的产品,除具有一般产品共有的质量特性,如适用性、寿命、可靠性、安全性、经济性等满足社会需要的使用价值和属性外,还具有特定的内涵。

**第七百九十八条　【隐蔽工程的验收】** 隐蔽工程在隐蔽以前，承包人应当通知发包人检查。发包人没有及时检查的，承包人可以顺延工程日期，并有权请求赔偿停工、窝工等损失。

## 条文解读

隐蔽工程在隐蔽以前，承包人应当通知发包人检查。对建设工程的隐蔽工程进行的检查验收，要早于主体工程的检查验收，不能在隐蔽工程被覆盖后再与主体工程一起进行检查验收。对此，法律规定承包人应承担通知义务，在隐蔽工程隐蔽以前，承包人应当及时通知发包人进行检查验收，以确定隐蔽工程的质量是否符合合同约定和法律规定的要求。怠于通知或未及时通知造成的损失，由承包人负担。发包人负有及时进行检查验收的义务。然而，即使发包人没有及时对隐蔽工程进行检查，承包人也不能自行检查后将工程隐蔽。发包人不及时履行检查验收义务时，承包人可以要求顺延工期，并享有请求赔偿停工、窝工损失的权利。

## 配套法规及解读

**《建设工程质量管理条例》(2019 年 4 月 23 日修订)**

**第三十条**　施工单位必须建立、健全施工质量的检验制度，严格工序管理，作好隐蔽工程的质量检查和记录。隐蔽工程在隐蔽前，施工单位应当通知建设单位和建设工程质量监督机构。

**※法规解读：** 隐蔽工程在隐蔽后，如果发生质量问题，还得重新覆盖和掩盖，会造成返工等非常大的损失，为了避免资源的浪费和当事人双方的损失，保证工程的质量和工程顺利完成，承包人在隐蔽工程隐蔽以前，应当通知发包人检查，发包人检查合格的，方可进行隐蔽工程。实践中，当工程具备覆盖、掩盖条件的，承包人应当先进行自检，自检合格后，在隐蔽工程进行隐蔽前及时通知发包人或发包人派驻的工地代表对隐蔽工程的条件进行检查并参加隐蔽工程的作业。通知包括承包人的自检记录、隐蔽的内容、检查时间和地点。发包人或其派驻的工地代表接到通知后，应当在要求的时间内到达隐蔽现场，对隐蔽工程的条件进行检查，检查合格的，发包人或者其派驻的工地代表在检查记录上签字，承包人检查合格后方可进行隐蔽施工。

典型案例

### 代某圣等与肖某国建设工程施工合同纠纷案[1]

※**案例解读**：我国《民法典》第七百九十八条规定："隐蔽工程在隐蔽以前，承包人应当通知发包人检查。发包人没有及时检查的，承包人可以顺延工程日期，并有权请求赔偿停工、窝工等损失。"根据上述法律规定，关于隐蔽工程的检查验收，应当注意以下规则：(1)承包人的通知义务。即在隐蔽工程隐蔽之前，承包人应当及时通知发包人进行检查，以确定工程质量是否符合合同约定和法律法规规定的要求。怠于通知或未及时通知造成的损失，由承包人承担。(2)在隐蔽前对隐蔽工程的检查，既是发包人的权利，又是发包人的义务。在发包人没有及时检查的情况下，承包人也不能自行检查后将工程隐蔽。同时，法律赋予承包人可以因此顺延工程日期，并享有请求赔偿停工、窝工损失的权利。但如果建设工程事后实际使用且通过交工验收，则认定建设工程通过了发包人的检查。本案中，代某圣、岳阳公路工程公司二者之间系建设工程转包关系，代某圣将其中的路基工程转包给肖某国。本案所争议的建设工程中的路基工程，属于隐蔽性工程，涉案建设工程所在的公路已经实际通车使用，慈茶公路B3标段亦于2015年2月10日交工验收，故代某圣、岳阳公路工程公司主张本案所涉建设工程未经竣工验收等理由不能成立。岳阳公路工程公司、代某圣应支付所欠肖某国的工程款。

**第七百九十九条 【竣工验收】建设工程竣工后，发包人应当根据施工图纸及说明书、国家颁发的施工验收规范和质量检验标准及时进行验收。验收合格的，发包人应当按照约定支付价款，并接收该建设工程。**

**建设工程竣工经验收合格后，方可交付使用；未经验收或者验收不合格的，不得交付使用。**

条文解读

本条规定了建设工程的竣工验收。建设工程完工后，验收是发包人的义务，也是发包人的权利。承包人报告发包人工程竣工后，发包人应当及时对工程进行验收。

---

[1] 参见湖南省张家界市中级人民法院民事判决书，(2015)张中民二终字第11号。

验收的依据是:施工图纸及说明书,施工图纸有更改的,验收时应当以修改后的施工图纸为准;国家颁发的施工验收规范;国家颁发的建设工程质量检验标准。施工验收规范和质量检验标准是指国家制定、颁发的,在全国范围内统一实行的考核基本建设投产项目的重要技术经济法规,是进行基本建设项目竣工验收和检查建筑安装工程质量的依据和标准。在建设工程施工合同中,验收合格是发包人支付全部工程款的条件。

## 配套法规及解读

**《建设工程质量管理条例》(2019 年 4 月 23 日修订)**

**第十六条** 建设单位收到建设工程竣工报告后,应当组织设计、施工、工程监理等有关单位进行竣工验收。

建设工程竣工验收应当具备下列条件:

(一)完成建设工程设计和合同约定的各项内容;

(二)有完整的技术档案和施工管理资料;

(三)有工程使用的主要建筑材料、建筑构配件和设备的进场试验报告;

(四)有勘察、设计、施工、工程监理等单位分别签署的质量合格文件;

(五)有施工单位签署的工程保修书。

建设工程经验收合格的,方可交付使用。

**第十七条** 建设单位应当严格按照国家有关档案管理的规定,及时收集、整理建设项目各环节的文件资料,建立、健全建设项目档案,并在建设工程竣工验收后,及时向建设行政主管部门或者其他有关部门移交建设项目档案。

**※法规解读:**交付竣工验收的建设工程,必须符合规定的建筑工程质量标准,有完整的工程技术经济资料和经签署的工程保修书,并具备国家规定的其他竣工条件。建设工程竣工经验收合格后,方可交付使用;未经验收或者验收不合格的,不得交付使用。建设工程竣工验收应当具备下列条件:(1)完成建设工程设计和合同约定的各项内容;(2)有完整的技术档案和施工管理资料;(3)有工程使用的主要建筑材料、建筑构配件和设备的进场试验报告;(4)有勘察、设计、施工、工程监理等单位分别签署的质量合格文件;(5)有施工单位签署的工程保修书。建设工程经验收合格的,方可交付使用。

典型案例

## 宜兴市工业设备安装有限公司等与上海天坛国际贸易有限公司等建设工程施工合同纠纷案[1]

※**案例解读**：我国《民法典》第七百九十九条规定："建设工程竣工后，发包人应当根据施工图纸及说明书、国家颁发的施工验收规范和质量检验标准及时进行验收。验收合格的，发包人应当按照约定支付价款，并接收该建设工程。建设工程竣工经验收合格后，方可交付使用；未经验收或者验收不合格的，不得交付使用。"建设工程的竣工验收是工程建设全过程的最后一道程序，是对工程质量实行控制的最后一个重要环节。发包人在验收后应当及时作出批准或提出修改意见。承包人应当按照发包人提出的修改意见进行修理或者改建，并承担由自身原因造成的修理、改建的费用。发包人应当认真对待建设工程的验收，验收后视为该工程已经合格。本案中，海鸥可可公司无正当合法理由，未组织设计、施工、工程监理等单位进行竣工验收，故其关于系因宜兴市工业设备安装有限公司（以下简称宜兴安装公司）导致工程无法竣工验收的辩解意见，无事实和法律依据。本案工程系因海鸥可可公司出现停工及工期延长，故海鸥可可公司应赔偿宜兴安装公司因此所受的损失。

**第八百条　【勘察、设计人的质量责任】勘察、设计的质量不符合要求或者未按照期限提交勘察、设计文件拖延工期，造成发包人损失的，勘察人、设计人应当继续完善勘察、设计，减收或者免收勘察、设计费并赔偿损失。**

条文解读

本条规定了勘察、设计人的质量责任。勘察人、设计人的违约行为主要有：勘察、设计的质量不符合要求，质量没有达到合同要求或者勘察、设计不符合法律、法规的强制性标准；勘察人、设计人未按照合同约定的期限提交勘察、设计文件，致使工期拖延。勘察人、设计人承担违约责任的方式有：实际履行即继续完善勘察、设计；赔偿损失即减收或者免收应得的勘察、设计费用以补偿相对人的损失，如果减收或者免收勘察、设计费用仍不足以赔偿的，应当继续承担赔偿损失的责任。

---

[1] 参见江苏省高级人民法院民事判决书，(2015)苏民终字第0069号。

## 配套法规及解读

**《建设工程质量管理条例》(2019年4月23日修订)**

**第十九条**　勘察、设计单位必须按照工程建设强制性标准进行勘察、设计,并对其勘察、设计的质量负责。

注册建筑师、注册结构工程师等注册执业人员应当在设计文件上签字,对设计文件负责。

**※法规解读:**建设工程的勘察、设计单位必须对其勘察、设计的质量负责。勘察、设计文件应当符合有关法律、行政法规的规定和建筑工程质量,安全标准,建筑工程勘察、设计技术规范以及合同的约定,必须按照工程建设强制性标准进行勘察、设计。

## 典型案例

### 广州环发环保工程有限公司与广州市东海鹏染整织造有限公司建设工程合同纠纷案[1]

**※案例解读:**我国《民法典》第八百条规定:"勘察、设计的质量不符合要求或者未按照期限提交勘察、设计文件拖延工期,造成发包人损失的,勘察人、设计人应当继续完善勘察、设计,减收或者免收勘察、设计费并赔偿损失。"勘察、设计的质量是决定整个建设工程质量的基础,如果勘察、设计的质量存在问题,整个建设工程质量也就没有保障,因此工程的勘察、设计必须符合质量要求。建设工程的勘察人、设计人必须对其勘察、设计的质量负责,其所提交的建设工程的勘察、设计文件应当符合建设工程质量、安全标准。本案中,双方对设计方案中注明的3%是否属于整个工程的设计费意见不一,涉案合同对设计费如何计算亦没有明确约定,参照《工程勘察设计收费管理规定》(已失效)计算设计费并无不当。广州环发环保工程有限公司(以下简称环发公司)主张按照非标准设备设计费率计算涉案工程设计费,但未提交充分证据证明其对本案所需设备进行了何种设计,无法体现其对设备的非标准设计,其提交的设计方案及图纸中也无法反映出对设备的设计内容,其所述称的对材料的长短、数量的设计和内部加工不足以证明其设计属于对设备的非标准设计,故其请求按照《非标准设备设计费率表》中的16%的费率来计算设计费依据不充分。根据《工程勘察设

〔1〕 参见广东省广州市中级人民法院民事判决书,(2014)穗中法民五终字第2762号。

计收费管理规定》(已失效)中《工程设计收费计价表》的规定,按照直线内插法计算设计费的基价为17.33万元。环发公司应向广州市东海鹏染整织造有限公司(以下简称东海鹏公司)返还132,000元,即环发公司收取的款项为198,000元,结合环发公司的设计方案及图纸有缺陷,且未完成或交付全部设计,故环发公司收取的款项应已包含全部设计费,环发公司要求东海鹏公司在33万元之外另行支付设计费657,501元依据不充分,依法应不予支持。

**第八百零一条 【施工人的质量责任】因施工人的原因致使建设工程质量不符合约定的,发包人有权请求施工人在合理期限内无偿修理或者返工、改建。经过修理或者返工、改建后,造成逾期交付的,施工人应当承担违约责任。**

## 条文解读

本条规定了施工人的质量责任。发包人有权要求施工人承担的违约责任是:

在合理期限内无偿修理或者返工、改建。修理是对建设工程质量不符合要求的部分进行改进,返工是对不符合质量要求的部分重新进行施工,改建是对已经建好的部分重新建设;经过修理或者返工、改建后,即使质量符合约定,造成建设工程逾期交付的,也构成迟延履行,承包人应当承担迟延履行的违约责任,施工人还应当承担逾期交付的违约责任,赔偿发包人因此而遭受的损失。

## 配套法规及解读

**《民法典》(2020年5月28日)**

**第五百七十七条** 当事人一方不履行合同义务或者履行合同义务不符合约定的,应当承担继续履行、采取补救措施或者赔偿损失等违约责任。

**※法规解读:**违约责任的承担方式,是合同各方在合同中约定或者补充约定的,当事人出现违约行为时应当采取的补救措施。违约责任也不是一成不变的,合同各方在违约以后,可以再行约定采取合适的补救措施。常用的违约责任的承担方式:(1)继续履行。指合同义务没有履行或者履行不符合约定的,守约方可以要求违约方按照合同约定继续履行,直至达到合同目的。此种方式多适用于标的物是特定的必须履行的、不得替代履行的情况,比如委托加工特定的半成品、特种型号或规格的元器件。(2)采取补救措施。指履行债务的标的物品质不符合合同约定的条件,在不需

继续履行而只需采取适当补救措施时，即可达到合同目的或守约方认为满意的目的。比如交付的产品质量不符合约定的，受损害方根据标的的性质以及损失的大小，可以合理选择要求对方承担修理、更换、重作、退货、减少价款或者报酬等违约责任。(3)违约金。指合同各方在合同中约定的一方或各方违约时，违约方要支付给守约方一定数额的货币，以弥补守约方损失同时兼有惩罚违约行为作用的违约责任方式。承担违约责任后，是否还要继续履行或采取补救措施，可由合同各方协商确定。但是，当事人就迟延履行约定违约金的，违约方支付违约金后，还应当履行债务。(4)赔偿金。指合同各方在合同中约定，一方因违约给对方造成实际损害的，按实际损害数额给予赔偿的责任承担方式。当事人在履行义务或者采取补救措施后，对方还有其他损失的，应当赔偿损失。上述违约责任可以选择适用，也可以几种方式同时适用，但宗旨是达到合同目的，而且需经合同各方一致同意，实际操作以便捷、有效为宜。

## 典型案例

### 南通市元泰置业有限公司诉江苏辉业集团有限公司建设工程施工合同纠纷案〔1〕

**※案例解读：**我国《民法典》第八百零一条规定："因施工人的原因致使建设工程质量不符合约定的，发包人有权请求施工人在合理期限内无偿修理或者返工、改建。经过修理或者返工、改建后，造成逾期交付的，施工人应当承担违约责任。"建设施工人对存在质量问题的工程承担进行修理、返工或改建并赔偿损失等民事责任。本案中，玻璃更换系江苏辉业集团有限公司（以下简称辉业公司）的施工范围，虽然天平鉴定所曾就如皋市人民法院组织的分户验收复查所列问题进行了检查并出具了司法鉴定报告，但该鉴定报告具有针对性和局限性，仅针对分户验收复查的遗留问题作出检查与鉴定，并不是针对门窗质量是否符合专项验收条件进行的鉴定。而且鉴定范围也不全面，对于建筑施工中的通病，也没有明确具体的部位。故该鉴定报告不能作为辉业公司主张玻璃质量符合门窗专项验收标准的依据，辉业公司对其施工范围内的问题玻璃仍然具有维修与更换的义务。如皋市人民法院在强制执行过程中，对于门窗专项验收中发现的部分塑钢窗漏气的中空玻璃问题，曾多次督促辉业公司履行整修义务，在辉业公司拒不配合的情况下，如皋市人民法院委托瑞隆公司代为完成，对

〔1〕 参见江苏省南通市中级人民法院民事判决书，(2014)通中民初字第0062号。

于瑞隆公司代为履行所发生的费用，理应由辉业公司承担。

**第八百零二条 【质量保证责任】因承包人的原因致使建设工程在合理使用期限内造成人身损害和财产损失的，承包人应当承担赔偿责任。**

## 条文解读

本条规定了承包人的质量保证责任。因承包人的原因致使建设工程在合理使用期限内造成人身损害和财产损失的，是指承包人承包建设的工程质量不符合约定，造成建设工程施工合同期待利益以外的人身损害或者财产损失的固有利益损害。这种损害构成不动产的加害给付责任。加害给付责任既是违约责任，也是侵权责任，构成违约责任和侵权责任的竞合。对此，受害人可以选择依照《民法典》总则编第一百八十六条的规定，要求承包人承担违约责任或者依照《民法典》侵权责任编的规定，要求承包人承担侵权责任，承包人应当对因此造成的损害承担赔偿责任。

## 配套法规及解读

**《民法典》(2020 年 5 月 28 日)**

**第一千一百七十九条** 侵害他人造成人身损害的，应当赔偿医疗费、护理费、交通费、营养费、住院伙食补助费等为治疗和康复支出的合理费用，以及因误工减少的收入。造成残疾的，还应当赔偿辅助器具费和残疾赔偿金；造成死亡的，还应当赔偿丧葬费和死亡赔偿金。

**第一千一百八十条** 因同一侵权行为造成多人死亡的，可以以相同数额确定死亡赔偿金。

**※法规解读：**《民法典》关于侵权行为的规定的主要功能在于赔偿，使受害人尽可能恢复到受害之前的状态，即人身损害赔偿的根本目的是弥补损害。侵权人已经履行赔偿责任的，应当免除继续赔偿责任，否则，应当继续承担赔偿责任。

## 典型案例

### 苏州变色龙染色有限公司诉吴江市八都建筑有限公司建设工程施工合同及侵权责任纠纷案[1]

**※案例解读：**我国《民法典》第八百零二条规定："因承包人的原因致使建设工程在合理使用期限内造成人身损害和财产损失的，承包人应当承担赔偿责任。"本案中，房屋抹灰层的法定最低保修期限为2年，如将建设工程的保修期限认定为合理使用期限，意即房屋抹灰层的安全保证期限仅为2年，这显然不符合房屋应当可长期使用的特性，也与社会公众的普遍认知相悖。另外，法律没有对建设工程的合理使用期限作出明确规定，将建设工程的保修期限认定为合理使用期限亦无法律依据。因此，不能认定保修期限即为合理使用年限。本案涉事厂房自2004年至2012年抹灰层脱落时使用了8年左右，如厂房使用8年左右，厂房抹灰层即没有安全保证，显然不符合公众的房屋应有一定合理使用期限的预期。因此，本案涉事厂房的抹灰层还在合理使用期限内。抹灰层脱落的主要原因是吴江市八都建筑有限公司（以下简称八都公司）施工有质量问题，故因抹灰层脱落所造成的损失主要由八都公司承担。

**第八百零三条　【发包人违约责任】发包人未按照约定的时间和要求提供原材料、设备、场地、资金、技术资料的，承包人可以顺延工程日期，并有权请求赔偿停工、窝工等损失。**

## 条文解读

本条规定了发包人的违约行为和违约责任的种类。在建设工程施工合同中，发包人负有协助义务，保证建设工程承包合同得以顺利履行。发包人必须履行的协助义务包括按照约定提供相关材料、设备、场地、资金、技术资料等。

发包人违约行为的主要表现是：违反材料和设备的协助义务、没有按照约定的时间向承包人提供施工场地、没有按照约定的时间和支付方式支付工程价款、未按照合同要求及时全面地提供相关技术资料。如果影响建设工程进度，发包人应当承担违约责任，承包人可以要求发包人顺延工期，还可以请求赔偿停工、窝工给自己造成的

[1] 参见苏州市吴中区人民法院民事判决书，(2014)吴甪民初字第383号。

实际损失。

## 配套法规及解读

**《民法典》(2020 年 5 月 28 日)**

**第五百八十二条** 履行不符合约定的,应当按照当事人的约定承担违约责任。对违约责任没有约定或者约定不明确,依据本法第五百一十条的规定仍不能确定的,受损害方根据标的的性质以及损失的大小,可以合理选择请求对方承担修理、重作、更换、退货、减少价款或者报酬等违约责任。

**第五百八十三条** 当事人一方不履行合同义务或者履行合同义务不符合约定的,在履行义务或者采取补救措施后,对方还有其他损失的,应当赔偿损失。

**第五百八十四条** 当事人一方不履行合同义务或者履行合同义务不符合约定,造成对方损失的,损失赔偿额应当相当于因违约所造成的损失,包括合同履行后可以获得的利益;但是,不得超过违约一方订立合同时预见到或者应当预见到的因违约可能造成的损失。

**※法规解读:**对于非金钱债务,如果债务人履行不符合约定,应当承担的违约责任主要是采取补救措施。如果在合同中对因履行不符合约定承担违约责任没有约定或者约定不明确,则应当采取办法进行确定。确定的办法有:(1)依照《民法典》第五百一十条规定进行确定。合同当事人就质量、价款或者报酬、履行地点等内容的违约责任没有约定或者约定不明确的,可以协议补充,不能达成协议的,按照合同的有关条款、合同性质、合同目的或者交易习惯确定采取补救措施的违约责任。(2)受损害方可以根据标的的性质以及损失的大小,合理选择应当采取的补救措施,如请求对方承担修理、重作、更换、退货、减少价款或者报酬等违约责任。

## 典型案例

### 宁强县明盛水电开发有限责任公司与福建省安溪城关建筑工程有限公司建设工程施工合同纠纷案[1]

**※案例解读:**我国《民法典》第八百零三条规定:"发包人未按照约定的时间和要

〔1〕 参见陕西省高级人民法院民事判决书,(2015)陕民一终字第 00116 号。

求提供原材料、设备、场地、资金、技术资料的,承包人可以顺延工程日期,并有权请求赔偿停工、窝工等损失。”发包人未能按照约定履行协助义务的,承包人有权暂停工作,顺延工期,并有权请求发包人承担因停工、窝工所造成的损失。本案中,如果该工程如期于2014年8月31日完工,宁强县明盛水电开发有限责任公司(以下简称明盛公司)应于工程验收后45日内清偿福建省安溪城关建筑工程有限公司(以下简称安溪公司)垫资款500万元,逾期则应按合同支付利息。本案主体工程已经完工,由于明盛公司未提供发电机组等设备进场,因此安溪公司收尾工程不能施工,发电机组等设备未进场的责任在明盛公司,故明盛公司不能以工程未竣工为由拒绝返还垫资款,明盛公司应当返还安溪公司500万元垫资款。

**第八百零四条 【发包人原因致工程停建、缓建的责任】因发包人的原因致使工程中途停建、缓建的,发包人应当采取措施弥补或者减少损失,赔偿承包人因此造成的停工、窝工、倒运、机械设备调迁、材料和构件积压等损失和实际费用。**

## 条文解读

本条规定了发包人的原因致工程停建、缓建的责任。在建设工程合同履行中,发包人应当对承包人进行必要的协助,相互配合完成施工任务。如果是发包人的原因,包括未履行协助义务、未及时获得建设手续等,致使建设工程在中途停建、缓建,则发包人构成违约,发包人应当承担以下违约责任:采取措施弥补;采取其他措施减少损失;赔偿承包人因此造成的停工、窝工、倒运、机械设备调迁、材料和构件积压等损失,赔偿实际支出的费用。

## 配套法规及解读

**《民法典》(2020年5月28日)**

**第七条** 民事主体从事民事活动,应当遵循诚信原则,秉持诚实,恪守承诺。

**※法规解读:**诚信原则要求所有民事主体在从事任何民事活动时,包括在行使民事权利、履行民事义务、承担民事责任时,都应该秉持诚实、善意,信守自己的承诺。诚信原则作为民法最重要的基本原则,被称为民法的“帝王条款”,通常认为,诚信原则要求民事主体从事民事活动时应当讲诚信、守信用,以善意的方式行使权利、履行

义务,不诈不欺,言行一致,信守承诺。具体而言,民事主体应当从以下几个方面遵循诚信原则:一是民事主体在着手开展民事活动时即应当讲诚信,如实告知交易方自己的相关信息,表里如一,不弄虚作假;二是民事主体在与他人建立民事法律关系后,应当信守诺言、恪守信用,按照自己作出的承诺行使权利并履行义务,言而有信;三是民事主体应当本着善意的原则,互相配合,保护对方的合理期待与信赖;四是民事主体应该尊重他人的合法权益,尊重社会公共利益;五是民事主体应当善意行使权利,不得滥用权利;六是民事主体不得规避法律,不得故意曲解合同条款;等等。诚信原则的内涵和外延都是概括性的、抽象性的,因此诚信原则有很大的适用性。

## 典型案例

### 河北澳丽房地产开发有限公司与河北宜江建筑工程有限公司建设工程施工合同纠纷案[1]

**※案例解读:**我国《民法典》第八百零四条规定:"因发包人的原因致使工程中途停建、缓建的,发包人应当采取措施弥补或者减少损失,赔偿承包人因此造成的停工、窝工、倒运、机械设备调迁、材料和构件积压等损失和实际费用。"发包人未按照合同约定预付工程款的,承包人可以向发包人发出预付工程款的通知,发包人在收到通知后仍不能按照要求预付工程款的,承包人可以停止工作并顺延工期,发包人应当从应付之日起向承包人支付应付款的利息,并赔偿因此造成承包人停工、窝工的损失。本案中,根据河北澳丽房地产开发有限公司(以下简称澳丽房地产公司)向河北宜江建筑工程有限公司(以下简称宜江建筑公司)发出的《停工通知单》,宜江建筑公司停工是由于澳丽房地产公司在开发水印长滩项目中存在违法行为导致工程不能正常进行,过错在澳丽房地产公司。因此,澳丽房地产公司应向宜江建筑公司赔偿因此造成的损失。

**第八百零五条 【发包人原因致勘察、设计返工、停工或修改设计的责任】因发包人变更计划,提供的资料不准确,或者未按照期限提供必需的勘察、设计工作条件而造成勘察、设计的返工、停工或者修改设计,发包人应当按照勘察人、设计人实际消耗的工作量增付费用。**

---

〔1〕 参见河北省石家庄市中级人民法院民事判决书,(2015)石民六终字第00591号。

## 条文解读

本条规定了发包人原因致勘察、设计返工、停工或修改设计的责任。因发包人造成勘察人、设计人损失的，构成发包人的违约行为。其主要违约行为有：发包人变更计划，使勘察人、设计人增加工作量；提供的资料不准确，造成勘察人、设计人工作成果出现问题；未按照期限提供必要的勘察、设计工作条件，使勘察人、设计人无法正常进行工作。发包人的这些违约行为造成的后果是，使勘察人、设计人进行的勘察、设计返工、停工或者修改设计，造成财产上的损失。对此，发包人应当承担的违约责任是，按照勘察人、设计人实际消耗的工作量，增加付出的实际费用。

## 典型案例

### 王某民诉杨某华等建设工程施工合同纠纷案[1]

**※案例解读：**我国《民法典》第八百零五条规定："因发包人变更计划，提供的资料不准确，或者未按照期限提供必需的勘察、设计工作条件而造成勘察、设计的返工、停工或者修改设计，发包人应当按照勘察人、设计人实际消耗的工作量增付费用。"建设工程合同在性质上属于承揽合同，发包方作为承揽合同的定作人，应当按照合同的约定尽协助义务，发包人未按照约定的时间和要求向承包人提供建设工程基础性资料造成工程无法按期开工的，发包人应当为此承担相应的违约责任。发包人变更勘察、设计项目、规模、条件需要重新进行勘察、设计的，应当及时通知勘察人、设计人，勘察人、设计人在接到通知后，应当返工或者修改设计，并有权顺延工期，有权要求发包人赔偿停工、窝工等损失。本案中，鉴定意见中有关误工索赔的内容没有签证资料予以证明，该内容是鉴定机构根据合同时间到退场时间进行推算的，驿阳公司不予认可，但由于驿阳公司多次变更图纸、拖延付款时间等致王某民大量窝工、机械设备及构件材料积压，故王某民按双方合同约定请求驿阳公司向其支付误工费用的理由成立。

**第八百零六条　【建设工程合同的解除】承包人将建设工程转包、违法分包的，发包人可以解除合同。**

---

〔1〕参见河南省信阳市中级人民法院民事判决书，(2014)信中法民初字第114号。

发包人提供的主要建筑材料、建筑构配件和设备不符合强制性标准或者不履行协助义务，致使承包人无法施工，经催告后在合理期限内仍未履行相应义务的，承包人可以解除合同。

合同解除后，已经完成的建设工程质量合格的，发包人应当按照约定支付相应的工程价款；已经完成的建设工程质量不合格的，参照本法第七百九十三条的规定处理。

## 条文解读

本条规定了承包人的法定解除权。承包人产生法定解除权的要件是：发包人提供的主要建筑材料、建筑构配件和设备不符合强制性标准或者不履行协助义务；上述原因须致使承包人无法施工；承包人进行了催告，发包人在催告后的合理期限内仍未履行相应义务。符合上述三个要件的要求，承包人产生法定解除权，可以通知发包人解除建设工程合同。建设工程合同解除后，应当处理的事宜是：已经完成的建设工程质量合格的，发包人应当按照约定支付相应的价款；已经完成的建设工程质量不合格的，参照《民法典》合同编第七百九十三条的规定处理，即修复后的建设工程经验收合格的，发包人可以请求承包人承担修复费用，修复后的建设工程经验收不合格的，承包人不能请求参照合同关于价款的约定补偿，发包人对因建设工程不合格造成的损失有过错的，应当承担相应的责任。

## 配套法规及解读

**《民法典》（2020 年 5 月 28 日）**

**第五百六十三条**　有下列情形之一的，当事人可以解除合同：

（一）因不可抗力致使不能实现合同目的；

（二）在履行期限届满前，当事人一方明确表示或者以自己的行为表明不履行主要债务；

（三）当事人一方迟延履行主要债务，经催告后在合理期限内仍未履行；

（四）当事人一方迟延履行债务或者有其他违约行为致使不能实现合同目的；

（五）法律规定的其他情形。

以持续履行的债务为内容的不定期合同，当事人可以随时解除合同，但是应当在合理期限之前通知对方。

**※法规解读：**本条是对合同法定解除的规定。

法定解除，是指在合同有效成立后尚未履行或未完全履行完毕前，由于法律规定的事由行使解除权，而使合同归于消灭的行为。

法定解除的条件是：(1)因不可抗力致使不能实现合同目的，须符合不可抗力和导致不能实现合同目的两个条件。(2)在履行期限届满前，当事人一方明确表示或者以自己的行为表明不履行主要债务，即明示的预期违约和默示的预期违约。(3)当事人一方迟延履行主要债务，经催告后在合理期限内仍未履行，表明债务人根本就没有履行合同的诚意，或者根本就不可能履行合同。(4)当事人一方迟延履行债务或者有其他违约行为致使不能实现合同目的，即根本违约。(5)法律规定的其他情形，如当事人在行使不安抗辩权而中止履行的情况下，如果对方在合理期限内未恢复履行能力并且未提供适当的担保，则中止履行的一方可以解除合同。另外，《消费者权益保护法》第二十四条规定的7天无理由退货，就是该法规定的法定的合同解除权。以持续履行的债务为内容的不定期合同，如房屋租赁合同，当事人在合理期限之前通知对方后，都可以解除合同。

## 典型案例

### 大连胜德建设工程有限公司与大连海蓝光电材料有限公司建设工程施工合同纠纷案[1]

**※案例解读：**我国《民法典》第八百零六条规定："承包人将建设工程转包、违法分包的，发包人可以解除合同。发包人提供的主要建筑材料、建筑构配件和设备不符合强制性标准或者不履行协助义务，致使承包人无法施工，经催告后在合理期限内仍未履行相应义务的，承包人可以解除合同。合同解除后，已经完成的建设工程质量合格的，发包人应当按照约定支付相应的工程价款；已经完成的建设工程质量不合格的，参照本法第七百九十三条的规定处理。"本案中，大连胜德建设工程有限公司(以下简称胜德公司)与大连海蓝光电材料有限公司(以下简称海蓝公司)签订《建设工程施工合同》后，胜德公司依约进行了施工建设，海蓝公司应按合同约定的付款条件及时履行付款义务。因海蓝公司资金链断裂，涉案工程现已停工，对胜德公司已实际完工的项目，海蓝公司亦未按合同约定的付款期限履行付款义务，胜德公司请求解除

〔1〕 参见辽宁省大连市中级人民法院民事判决书，(2019)辽02民初1590号。

涉案《建设工程施工合同》具有法律事实依据。基于前述，涉案合同因海蓝公司违约而被解除，双方合同的权利义务虽然终止，但并不影响合同中结算和清理条款的效力。涉案合同解除后，海蓝公司仍应按涉案合同约定的付款义务向胜德公司支付已完工部分的工程款。

**第八百零七条 【承包人的法定优先权】发包人未按照约定支付价款的，承包人可以催告发包人在合理期限内支付价款。发包人逾期不支付的，除根据建设工程的性质不宜折价、拍卖外，承包人可以与发包人协议将该工程折价，也可以请求人民法院将该工程依法拍卖。建设工程的价款就该工程折价或者拍卖的价款优先受偿。**

## 条文解读

本条规定了承包人的法定优先权。建设工程验收合格后，发包人未按照约定支付价款的，承包人有权对其进行催告，并确定支付价款的宽限期，通知发包人在宽限期内支付价款，发包人逾期不支付的，应当依照法律规定承担违约责任，承包人享有法定优先权。

承包人行使法定优先权的基本规则是：发包人未按时支付建设工程价款，由于此时建设工程仍在承包人手中，只要不交付发包人，实际上就是以该工程担保自己的价款受偿，承包人可以对发包人进行催告，同时规定支付价款的合理期限，即付款宽限期。宽限期届满发包人仍不支付的，承包人可以行使优先权，方式有两种：一是通过发包人与承包人之间的协议，对建设工程折价，发包人在支付折价款与工程款的差额后，取得该项建设工程的所有权，使承包人的工程价款债权得到实现。二是对建设工程进行拍卖，对于拍卖变价款，承包人优先受偿；优先受偿权优先于发包人已经在建设工程上为其他债权人所设定的抵押权，即工程价款受偿权优先实现之后，其他抵押权才可以行使；没有规定对建设工程行使优先权要进行登记，原因是其性质属于法定担保物权，是基于法定条件的符合而直接取得，因此不需要进行登记。

## 配套法规及解读

**《民法典》(2020 年 5 月 28 日)**

**第三百八十六条** 担保物权人在债务人不履行到期债务或者发生当事人约定的

实现担保物权的情形，依法享有就担保财产优先受偿的权利，但是法律另有规定的除外。

**※法规解读：**担保物权中就担保财产优先受偿的权利指的是当债务人无法偿还债务且有多个债权人时，担保物可以用来优先偿还给拥有担保物权的债务人。

## 典型案例

### 湖南华建建筑工程有限公司诉湖南蓉泰薯业科技有限公司建设工程施工合同纠纷案[1]

**※案例解读：**我国《民法典》第八百零七条规定："发包人未按照约定支付价款的，承包人可以催告发包人在合理期限内支付价款。发包人逾期不支付的，除根据建设工程的性质不宜折价、拍卖外，承包人可以与发包人协议将该工程折价，也可以请求人民法院将该工程依法拍卖。建设工程的价款就该工程折价或者拍卖的价款优先受偿。"在法律适用上，该条确立了承包人的优先受偿权，但并未明确规定承包人优先受偿权行使的时间限制。《最高人民法院关于建设工程价款优先受偿权问题的批复》（已失效）第四条规定："建设工程承包人行使优先权的期限为六个月，自建设工程竣工之日或者建设工程合同约定的竣工之日起计算。"本案中，湖南华建建筑工程有限公司（以下简称华建公司）在工程竣工验收后6个月内提起诉讼，要求变卖华建公司承建的房屋、厂房，工程款就变卖价款优先受偿的诉讼请求，具有事实和法律依据，依法应予支持。

**第八百零八条　【适用承揽合同的规定】本章没有规定的，适用承揽合同的有关规定。**

## 条文解读

本条规定了适用承揽合同的规定。建设工程合同的本质属性是承揽合同，即建设工程合同实际上也是承揽合同。承揽合同是建设工程合同等合同的基准性合同，尽管本章对建设工程合同的规则作了详细规定，但是仍有不足，由于建设工程合同也

〔1〕 参见湖南省岳阳市中级人民法院民事判决书，(2014)岳中民一初字第8号。

是承揽合同,故本章对建设工程合同的规则没有规定的,应当适用承揽合同的有关规定。

## 配套法规及解读

《民法典》(2020 年 5 月 28 日)

**第七百七十条** 承揽合同是承揽人按照定作人的要求完成工作,交付工作成果,定作人支付报酬的合同。

承揽包括加工、定作、修理、复制、测试、检验等工作。

**※法规解读:**承揽合同是日常生活中除买卖合同外常见的合同,在承揽合同中,完成工作并交付工作成果的一方为承揽人;接受工作成果并支付报酬的一方称为定作人。在日常生活中,如果合同中没有以承揽人、定作人指称的双方当事人,也不影响对其法律性质的认定。承揽合同的承揽人可以是一人,也可以是数人。在承揽人为数人时,数个承揽人即为共同承揽人,如无相反约定,共同承揽人对定作人负连带清偿责任。

## 典型案例

### 成都兆前室内装修设计咨询有限公司与都江堰百伦投资有限公司建设工程设计合同纠纷案[1]

**※案例解读:**我国《民法典》第八百零八条规定:“本章没有规定的,适用承揽合同的有关规定。”考虑到建设工程合同具有与一般承揽合同一些不同的特点,因此《民法典》既规定了承揽合同,也规定了建设工程合同。但是,建设工程合同与承揽合同都是以完成一定的工作成果为目的的合同,二者存在一定的共同特征。本条规定在建设工程合同中没有规定的,可以适用承揽合同的有关规定。本案中,都江堰百伦投资有限公司(以下简称百伦公司)与成都兆前室内装修设计咨询有限公司(以下简称兆前公司)签订的《装修设计合同》无效,根据《民法典》第一百五十七条的规定,合同无效或者被撤销后,因该合同取得的财产应当予以返还;不能返还或者没有必要返还的,应当折价补偿。但建设工程设计合同的特殊之处在于,建设工程的设计过程,是

[1] 参见四川省成都市中级人民法院民事判决书,(2012)成民终字第 911 号。

设计人将智力成果转化为设计成果的过程，无法适用无效恢复原状的返还原则，只能折价补偿。如果承揽人按照定作人的要求完成工作，且交付工作成果，那么即使合同无效也应由定作人按合同约定向承揽人支付相应报酬。涉案合同本质上属于承揽合同，承揽人兆前公司按照要求完成工作且交付工作成果的，即使合同无效，定作人百伦公司也应当支付相应的报酬。

# 第十九章　运 输 合 同

**本章介绍**

本章规定了运输合同的定义、内容等，并规定了客运合同、货运合同等。

## 第一节　一 般 规 定

**第八百零九条　【运输合同的定义】运输合同是承运人将旅客或者货物从起运地点运输到约定地点，旅客、托运人或者收货人支付票款或者运输费用的合同。**

**条文解读**

本条规定了运输合同的定义。运输合同又叫运送合同，是指承运人将旅客或者货物从起运点运输到约定地点，旅客、托运人或者收货人支付票款或者运输费用的合同。其特征是：双务、有偿合同；诺成合同；多为格式条款。以运输的对象为标准，可以将运输合同分为旅客运输合同与货物运输合同；以运输方式为标准，可以将运输合同分为铁路运输合同、公路运输合同、航空运输合同、水路运输合同、海上运输合同以及管道运输合同等；以承运人的多少为标准，运输合同可以分为单一运输合同和联合运输合同。

**配套法规及解读**

**《民法典》(2020 年 5 月 28 日)**

**第五百零九条**　当事人应当按照约定全面履行自己的义务。

当事人应当遵循诚信原则，根据合同的性质、目的和交易习惯履行通知、协助、保密等义务。

当事人在履行合同过程中，应当避免浪费资源、污染环境和破坏生态。

**※法规解读:**合同的履行,是指债务人依据合同约定和法律规定作出给付的行为。合同必须得到履行是“合同严守”原则的题中应有之义。合同的履行是实现合同订立目的的基本途径。违约责任制度设立的宗旨和目的就是保证合同的履行,合同保全制度也是保障合同债权的实现,而合同的担保是促使合同履行、保障债权实现的法律制度。总之,合同的履行是合同关系从产生到消亡过程的中心环节,合同的履行制度是整个合同制度中最核心的制度。

## 典型案例

### 何某山诉杨某其他运输合同纠纷案[1]

**※案例解读:**我国《民法典》第八百零九条规定:“运输合同是承运人将旅客或者货物从起运地点运输到约定地点,旅客、托运人或者收货人支付票款或者运输费用的合同。”运输合同是双务合同,合同成立生效后,承运人应当依照法律规定与合同约定履行运输旅客或者货物的义务,旅客、托运人或者收货人应当履行支付票款或运费的义务。本案中,何某山为杨某运输碎石,杨某支付部分运费,这是双方当事人的真实意思表示,未违反法律规定,该运输合同应认定为合法有效。何某山要求杨某支付运费 14,156.50 元并提交了对账单予以证实,其诉讼请求于法有据,应予以支持。

**第八百一十条 【公共运输承运人的强制缔约义务】从事公共运输的承运人不得拒绝旅客、托运人通常、合理的运输要求。**

## 条文解读

公共运输承运人负有强制缔约义务。公共运输是班轮、班机运输以及其他对外公布的以固定路线、固定时间、固定价格进行商业性运输的运输服务行为。公共运输合同承运人承担的义务既包括运送旅客,也包括运送货物,都是关乎广大群众利益的工作,具有非常重要的社会意义,因而法律规定公共运输承运人承担强制缔约义务,即从事公共运输的承运人对要求订立合同的旅客和托运人,负有必须签订合同的义务,不得拒绝旅客、托运人通常、合理的运输要求。如果拒载,就是违反了强制缔约义

[1] 参见云南省陇川县人民法院民事判决书,(2014)陇民初字第 121 号。

务，应当对旅客、托运人承担违约责任。

## 配套法规及解读

**《民法典》(2020 年 5 月 28 日)**

**第四百九十四条** 国家根据抢险救灾、疫情防控或者其他需要下达国家订货任务、指令性任务的，有关民事主体之间应当依照有关法律、行政法规规定的权利和义务订立合同。

依照法律、行政法规的规定负有发出要约义务的当事人，应当及时发出合理的要约。

依照法律、行政法规的规定负有作出承诺义务的当事人，不得拒绝对方合理的订立合同要求。

**※法规解读：**强制缔约义务源于法律的直接规定，对当事人的意思自治进行了一定程度的限制。强制缔约制度的主要适用领域是存在垄断的行业，比如供水、供电、供气、电信、邮政以及医疗机构等，以保护弱势群体利益以及维护公共利益。本条规定的强制缔约制度，主要是基于国家订货事关国家利益以及公共利益的特殊需要，虽然对当事人的缔约自由进行了限制，但由于国家订货合同仅在例外的情况下适用，实践中较少，因而本规定并没有冲击契约自由制度。

## 典型案例

### 王某碧与利川市时代出租汽车有限责任公司公路旅客运输合同纠纷案[1]

**※案例解读：**我国《民法典》第八百一十条规定："从事公共运输的承运人不得拒绝旅客、托运人通常、合理的运输要求。"运输合同是双务合同，合同成立生效后，承运人应当依照法律规定与合同约定履行运输旅客或者货物的义务，旅客、托运人或者收货人应当履行支付票款或运费的义务。本案中，王某碧于 2016 年 1 月 9 日乘坐利川市时代出租汽车有限责任公司（以下简称时代出租公司）的专线车到南坪，与时代出租公司之间形成了运输合同关系。运输合同关系形成后，时代出租公司应当将王某

〔1〕 参见湖北省利川市人民法院民事判决书，(2016)鄂 2802 民初 280 号。

碧安全运输到约定地点南坪，而时代出租公司司机、售票员在运输途中因王某碧1月8日支付乘车费的问题与王某碧发生争吵，时代出租公司的售票员将王某碧强行拉下车的行为属于违约，因此应赔偿给王某碧造成的损失。

**第八百一十一条 【按约定期限运输的义务】承运人应当在约定期限或者合理期限内将旅客、货物安全运输到约定地点。**

## 条文解读

本条规定了承运人在运输期限将客货运送到目的地的义务。在运输合同中，承运人的主要义务是按时、安全地将旅客、货物运输到约定的地点。这是运输合同中适当履行义务的表现，具体为按照运输期限、地点和约定方式，由特定主体进行。

**第八百一十二条 【按约定路线运输的义务】承运人应当按照约定的或者通常的运输路线将旅客、货物运输到约定地点。**

## 条文解读

承运人应当按照约定的或者通常的运输路线运输。在运输合同中，承运人负有按照约定的或者通常的运输路线运送旅客或者货物的义务，对运输路线的不同选择，影响着客货的运输时间以及其他利益，按照约定的运输路线运送，是运输合同选择运输路线的基本要求。承运人没有按照约定的或者通常的运输路线运送旅客、货物的，构成违约，应当承担违约责任。

## 配套法规及解读

**《道路运输条例》(2022年3月29日修订)**

**第四十一条** 道路旅客运输站(场)经营者应当为客运经营者合理安排班次，公布其运输线路、起止经停站点、运输班次、始发时间、票价，调度车辆进站、发车，疏导旅客，维持上下车秩序。

道路旅客运输站(场)经营者应当设置旅客购票、候车、行李寄存和托运等服务设施，按照车辆核定载客限额售票，并采取措施防止携带危险品的人员进站乘车。

※**法规解读**：道路旅客运输站（场）的经营者应当从事的经营活动：(1)对出站的车辆进行安全检查，防止无证经营的车辆进站从事经营活动，防止超载车辆或者未经安全检查的车辆出站。(2)公平对待运输站（场）的客运经营者和货运经营者，无正当理由不得拒绝道路运输车辆进站从事经营活动。(3)向旅客和货主提供安全、便捷、优质的服务；保持站（场）卫生、清洁；不得随意改变站（场）用途和服务功能。(4)为客运经营者合理安排班次，公布其运输线路、起止经停站点、运输班次、始发时间、票价，调度车辆进站、发车，疏导旅客，维持上下车秩序。(5)设置旅客购票、候车、行李寄存和托运等服务设施，按照车辆核定载客限额售票，并采取措施防止携带危险品的人员进站乘车。(6)按照国务院交通主管部门规定的业务操作规程装卸、储存、保管货物。

## 典型案例

### 巨野县绿源春果蔬有限公司与巨野陆宇集装箱运输有限公司、山东盛安物流有限公司、齐某炼大蒜货物运输合同纠纷案[1]

※**案例解读**：我国《民法典》第八百一十二条规定："承运人应当按照约定的或者通常的运输路线将旅客、货物运输到约定地点。"运输合同关系成立后，承运人应当按照约定的或者通常的运输路线将旅客、货物运输到约定地点。这是承运人最主要的义务。本案中，齐某炼与巨野县绿源春果蔬有限公司（以下简称绿源春公司）之间依法成立货物运输合同关系，齐某炼就负有按照约定的或通常的路线将货物安全运送至约定地点的义务，齐某炼从事货物运输多年，对于涉案货物运输路线及目的地为青岛是知晓的，装车后也是沿通常运输路线向目的地行驶。然而齐某炼并未完成该项义务，给绿源春公司造成了损失，应当承担违约责任。齐某炼未完成义务的原因虽然是陈某朋的欺骗，但这并不影响其违约责任的承担。齐某炼在承担违约责任后，可依法向陈某朋追偿。

---

〔1〕 参见山东省巨野县人民法院民事判决书，(2015)巨民初字第852号。

**第八百一十三条 【支付票款或运输费用】** 旅客、托运人或者收货人应当支付票款或者运输费用。承运人未按照约定路线或者通常路线运输增加票款或者运输费用的,旅客、托运人或者收货人可以拒绝支付增加部分的票款或者运输费用。

## 条文解读

旅客、托运人或者收货人应当支付票款或者运输费用。旅客、托运人或者收货人按照约定支付票款和运费是其在运输合同中的主要义务,对客货运输中杂费的支付,也属于旅客、托运人、收货人的义务,不应拒绝。支付费用的主要依据是运输合同的约定。只要约定的费用不违反国家的强制性规定,旅客、托运人、收货人予以承诺的,就应当依约履行。如果承运人未按照约定的或者通常的路线运送,使旅客、托运人或者收货人增加票款或者运费,则应承担违约责任,具体方式是旅客、托运人、收货人有权拒绝支付增加的部分票款和运费,对承运人未按照规定多收的杂费等,旅客、托运人、收货人也有权拒付。

## 配套法规及解读

**《道路运输条例》(2022 年 3 月 29 日修订)**

**第十七条** 旅客应当持有效客票乘车,遵守乘车秩序,讲究文明卫生,不得携带国家规定的危险物品及其他禁止携带的物品乘车。

**※法规解读:**客运合同中旅客的义务主要是支付规定的票价和行李运费。旅客在运输中应当按照约定的限量携带行李,旅客不得携带或在行李中夹运危禁品。旅客无票乘坐、超程乘坐、越级乘坐或者持不符合减价条件的优惠客票乘坐的,应当补交票款。

## 典型案例

**唐港铁路有限责任公司与大同煤矿集团朔州矿业公司怀仁南窑煤炭联合集运站铁路货物运输合同纠纷案**〔1〕

**※案例解读:**我国《民法典》第八百一十三条规定:"旅客、托运人或者收货人应

〔1〕 参见大同铁路运输法院民事判决书,(2015)同铁商初字第 28 号。

当支付票款或者运输费用。承运人未按照约定路线或者通常路线运输增加票款或者运输费用的，旅客、托运人或者收货人可以拒绝支付增加部分的票款或者运输费用。”托运人与承运人之间的运输合同成立生效后，如果对运输路线没有明确约定，承运人应当按照惯常路线将货物运输到约定地点，而一旦双方对运输路线作出了明确的约定，承运人应当按照约定的运输路线将货物运输到约定地点，未经托运人同意不得随意改变路线，否则托运人对因此造成的损失或者额外的费用不承担责任。本案中，涉案煤炭被“调卸”到京唐港明显违背了双方合同的约定，未经托运人大同煤矿集团朔州矿业公司怀仁南窑煤炭联合集运站（以下简称联合集运站）的同意，托运人联合集运站依法不承担因此导致的额外费用，故唐港铁路有限责任公司要求联合集运站支付运杂费的诉讼请求，没有事实和法律依据，不能成立。

## 第二节　客运合同

**第八百一十四条　【客运合同的成立】客运合同自承运人向旅客出具客票时成立，但是当事人另有约定或者另有交易习惯的除外。**

### 条文解读

本条规定客运合同原则上自承运人向旅客出具客票时成立。旅客提出购票的请求为要约，客运合同自承运人向旅客出具客票时成立，但是在特殊情况下，承运人出具客票并不意味着合同成立，例如，旅客先上交通工具而后补票的情形。客运合同何时生效，本条没有规定，一般认为在办理登机、乘船手续时生效，开始约束双方当事人。实行电子客票的，按照交易习惯确定生效时间。

### 配套法规及解读

**《民法典》（2020 年 5 月 28 日）**

**第四百九十条**　当事人采用合同书形式订立合同的，自当事人均签名、盖章或者按指印时合同成立。在签名、盖章或者按指印之前，当事人一方已经履行主要义务，对方接受时，该合同成立。

法律、行政法规规定或者当事人约定合同应当采用书面形式订立，当事人未采用书面形式但是一方已经履行主要义务，对方接受时，该合同成立。

**※法规解读：**当事人意思表示达成一致的，合同成立。合同成立的实质判断标准是意思表示达成一致，但意思形成于当事人的内心，如果不以一定的形式表示出来，他人无从判断。本条规定了以合同书和信件、数据电文等形式订立的合同成立的判断依据。根据本条规定：(1)采用合同书形式订立的合同，自当事人均签名、盖章或者按指印时成立；(2)未签名、盖章或者按指印，但是一方已经履行主要义务，对方接受时，合同成立。

**关联法规索引**

《海商法》第110条、第114条第1款

**典型案例**

## 吴某玲诉荆州先行运输集团有限公司运输合同纠纷案[1]

**※案例解读：**我国《民法典》第八百一十四条规定："客运合同自承运人向旅客出具客票时成立，但是当事人另有约定或者另有交易习惯的除外。"承运人应当对运输过程中旅客的伤亡承担损害赔偿责任。客运合同自承运人向旅客出具客票时成立，但当事人另有约定或者另有交易习惯的除外，意即在客运合同法律关系中，承运人向旅客出具客票并不是客运合同成立生效的必要条件。在很多情况下，根据长期形成的交易习惯，旅客上车即表示双方自愿同意订立客运合同，本案中，吴某玲搭乘荆州先行运输集团有限公司（以下简称先行集团）所有的鄂D06429号客车，双方的客运合同成立并生效，合同双方应当依法履行各自相应的义务，承担相应的法律责任。先行集团车辆发生交通事故，造成吴某玲受伤，应当赔偿给吴某玲造成的各项损失。

**第八百一十五条　【持有效客票乘运的义务】旅客应当按照有效客票记载的时间、班次和座位号乘坐。旅客无票乘坐、超程乘坐、越级乘坐或者持不符合减价条件的优惠客票乘坐的，应当补交票款，承运人可以按照规定加收票款；旅客不支付票款的，承运人可以拒绝运输。**

---

〔1〕　参见湖北省荆州市沙市区人民法院民事判决书，(2014)鄂沙市民初字第00616号。

实名制客运合同的旅客丢失客票的，可以请求承运人挂失补办，承运人不得再次收取票款和其他不合理费用。

## 条文解读

旅客应当按照有效客票记载的时间、班次和座位号乘坐。在客运合同中，客票是表示承运人负有运送其持有人义务的书面凭证，是收到旅客乘坐费用的收据，是旅客和承运人之间存在客运合同的有效凭证。旅客必须出示有效客票，按照有效客票记载的时间、班次和座位号乘坐，不能无票乘坐。旅客无票乘坐、持不符合减价条件的优惠客票乘坐的，都是逃票行为；旅客超程乘坐、越级乘坐的，是违约行为，应当承担违约责任。旅客承担违约责任的主要方式是补交票款，承运人可以按照规定加收票款。旅客不支付票款的，承运人可以拒绝运输。多数客运合同都实行实名制，实名制客运合同的旅客丢失客票的，可以请求承运人挂失、补办，承运人不得再次收取票款和其他不合理费用，这样的规定合情合理，有利于保护旅客的合法权益。

## 关联法规索引

《海商法》第 112 条；《铁路法》第 14 条

## 典型案例

### 武广铁路客运专线有限责任公司等与何某铁路旅客运输合同纠纷案[1]

**※案例解读：**我国《民法典》第八百一十五条规定："旅客应当按照有效客票记载的时间、班次和座位号乘坐。旅客无票乘坐、超程乘坐、越级乘坐或者持不符合减价条件的优惠客票乘坐的，应当补交票款，承运人可以按照规定加收票款；旅客不支付票款的，承运人可以拒绝运输。实名制客运合同的旅客丢失客票的，可以请求承运人挂失补办，承运人不得再次收取票款和其他不合理费用。"在客运合同法律关系中，旅客依法负有足额支付票款的义务，而车票则是旅客已经履行支付票款义务的债权凭

〔1〕 参见广州铁路运输中级法院民事判决书，(2014)广铁中法民终字第 47 号。

证。发生纠纷时,旅客对自己已经按照约定支付票款的事实负有举证责任,如其不能有效证明,则将承担不利后果。本案中,旅客何某在出站时未能提供有效车票,即无法证明其已支付票款,即使其确实已经购票,也应当承担补足票款的责任。铁路运输企业在运输义务已经履行完毕,何某又不能提供充分有效证据证明已经购票的情况下,为其办理了补票手续,符合法律规定和合同约定。故何某以铁路运输企业违约为由要求返还已支付补票款164.5元的诉讼请求不成立。

**第八百一十六条　【退票与变更】旅客因自己的原因不能按照客票记载的时间乘坐的,应当在约定的期限内办理退票或者变更手续;逾期办理的,承运人可以不退票款,并不再承担运输义务。**

## 条文解读

本条规定了旅客的退票或改签。在客运合同中,旅客由于自己的原因不能按照客票记载的时间乘坐的,可以退票或者改签。其中退票是解除客运合同,改签是变更客运合同。旅客由于自己的原因,可以解除合同或者变更合同,这是旅客的权利。旅客要求退票或者改签,应当在约定的期限内办理,办理好退票或者改签的手续,解除客运合同或者变更客运合同。旅客逾期办理退票和改签的,承运人可以不退票款并不再承担运输义务。旅客应当注意保护自己的期限利益,避免超过期限要求而使自己承担不利后果。

## 配套法规及解读

**《民法典》(2020年5月28日)**

**第五百四十三条**　当事人协商一致,可以变更合同。

**第五百六十二条**　当事人协商一致,可以解除合同。

当事人可以约定一方解除合同的事由。解除合同的事由发生时,解除权人可以解除合同。

**※法规解读:**《民法典》第五百六十二条是对合同协议解除和约定解除的规定。合同的解除分为协议解除、约定解除和法定解除三种类型。协议解除,也叫合意解除、解除契约或反对契约,是指在合同有效成立后、尚未履行完毕之前,当事人双方通过协商达成协议,而使合同效力消灭的双方民事法律行为。协议解除,双方当事人须

在解除合同的事项上达成意思表示一致,确定合同解除;双方当事人还要就合同存续期间发生的各种权利义务关系如何处理达成意思表示一致。当事人在这两方面达成合意的,合同即可解除。约定解除,是指在原合同中通过解除权条款,或另外签订一个合同,赋予一方或双方当事人在一定条件下享有解除权,有权解除合同。

## 典型案例

### 韩某诉上海申通地铁集团有限公司城市公交运输合同纠纷案[1]

**※案例解读:** 我国《民法典》第八百一十六条规定:“旅客因自己的原因不能按照客票记载的时间乘坐的,应当在约定的期限内办理退票或者变更手续;逾期办理的,承运人可以不退票款,并不再承担运输义务。”旅客应当严格按照客票记载的时间乘坐,如不能按照客票记载的时间乘坐,必须在约定的期限内办理退票或变更手续。若逾期办理,承运人可以不再承担运输义务,而且不予退款或变更。客票本质上属于格式条款,通常承运人会将运输合同双方的权利义务尤其是对旅客的权利有重大影响的内容以非常显著的方式记载于客票上,足以引起旅客注意。旅客对于自己的权利义务应当给予合理的重视。本案中,单程票为上海申通地铁集团有限公司所发行,其本身系双方运输合同的证明和依据,票面载明的合同履行期间理应约束双方当事人,故韩某的主张无法律和合同依据。

**第八百一十七条 【按约定限量携带行李义务】旅客随身携带行李应当符合约定的限量和品类要求;超过限量或者违反品类要求携带行李的,应当办理托运手续。**

## 条文解读

本条规定了旅客携带行李的要求。旅客在运输中携带行李,既是权利也是义务,可以携带行李是权利,携带行李须受到数量和品类要求的限制则是义务。客运合同允许旅客携带行李一同乘运,为保障旅客旅行安全而限制旅客携带行李的数量和品

〔1〕 参见上海铁路运输法院民事判决书,(2014)沪铁民初字第147号。

类,旅客应当履行义务,原因是客运合同毕竟不是货运合同。旅客携带行李超出限量的,旅客应当办理行李托运手续,承运人应当向旅客出具行李票。这里包括两种情形:可以随身携带行李超出限量和品类要求的要托运;超出免费托运行李的限量和品类要求的,超量部分的托运实际上是订立了货运合同,应当支付托运费用。

## 配套法规及解读

**《公共航空运输旅客服务管理规定》(2021 年 3 月 1 日)**

**第三十五条**　承运人、地面服务代理人、机场管理机构应当建立托运行李监控制度,防止行李在运送过程中延误、破损、丢失等情况发生。

承运人、机场管理机构应当积极探索行李跟踪等新技术应用,建立旅客托运行李全流程跟踪机制。

**第三十六条**　旅客的托运行李、非托运行李不得违反国家禁止运输或者限制运输的相关规定。

在收运行李时或者运输过程中,发现行李中装有不得作为行李运输的任何物品,承运人应当拒绝收运或者终止运输,并通知旅客。

**※法规解读:**在航空运输合同的履行过程中,承运人一方应当建立完善的托运行李监控机制,以在最大程度上保护旅客的财产安全。旅客在携带行李的问题上,同样需要履行不违反国家禁止运输或者限制运输之规定的义务,否则,一经发现,承运人有权拒绝收运或者终止合同。

## 关联法规索引

《铁路旅客运输规程》第 35 ~ 37 条

## 典型案例

**谢某星与芬兰航空公司航空旅客运输合同纠纷案**〔1〕

**※案例解读:**我国《民法典》第八百一十七条规定:"旅客随身携带行李应当符

〔1〕　参见上海市第一中级人民法院民事判决书,(2014)沪一中民一(民)终字第 1473 号。

合约定的限量和品类要求；超过限量或者违反品类要求携带行李的，应当办理托运手续。”旅客在运输中应当按照约定的限量携带行李。超过限量携带行李的，应当办理托运手续。这是《民法典》赋予旅客的一项义务。所以旅客在出行前或者购票时一定要注意了解承运人单位关于行李携带的限量。本案中，谢某星随身超额携带了行李的事实可予采信。谢某星并非第一次单独出境，其或监护人对航空公司关于携带行李的限量规定应有一定认知，谢某星可以在出行前了解一下芬兰航空公司的相关规定。芬兰航空公司在登机口拒绝谢某星登机时，谢某星对芬兰航空公司提出的解决措施可以考虑采纳或者与其监护人商议后可以采取措施，但谢某星不采取任何措施导致其未能登机，而芬兰航空公司在处理整个事件的过程中对仍属未成年人的乘客谢某星，应当给予更恰当、更人性化的处理方式，而不是采取放任的态度。本案中航空旅客运输合同的当事人双方在处理问题的过程中均有责任，法院基于客观实际酌定芬兰航空公司按照20%的比例承担谢某星的再次购票损失无明显不当。

**第八百一十八条　【违禁品或危险物品的禁止携带】旅客不得随身携带或者在行李中夹带易燃、易爆、有毒、有腐蚀性、有放射性以及可能危及运输工具上人身和财产安全的危险物品或者违禁物品。**

**旅客违反前款规定的，承运人可以将危险物品或者违禁物品卸下、销毁或者送交有关部门。旅客坚持携带或者夹带危险物品或者违禁物品的，承运人应当拒绝运输。**

## 条文解读

本条规定不得携带或夹带危险物品或违禁物品。旅客在行使客运合同的权利时，负有保障运输安全的义务，不得随身携带或者在行李中夹带易燃、易爆、有腐蚀性、有放射性以及有可能危及运输工具上他人人身和财产安全的危险物品或者其他违禁物品。对于这些义务旅客都须履行，如果违反，应当承担违约责任：承运人有权将上述影响公共安全的物品予以卸下、销毁或者送交有关部门，如果旅客坚持携带或者夹带，承运人有权拒绝运输，即强制解除客运合同。

## 配套法规及解读

**《铁路法》(2015 年 4 月 24 日修正)**

**第二十八条**　托运、承运货物、包裹、行李,必须遵守国家关于禁止或者限制运输物品的规定。

**《海商法》(1992 年 11 月 7 日)**

**第一百一十三条第一款**　旅客不得随身携带或者在行李中夹带违禁品或者易燃、易爆、有毒、有腐蚀性、有放射性以及有可能危及船上人身和财产安全的其他危险品。

**※法规解读:**我国《民法典》明确规定,民事主体在民事活动中,不得违反法律、行政法规的强制性规定,不违背公序良俗。旅客在乘坐交通工具时,不得违反法律、行政法规的强制性规定,不得携带或者夹带违禁品或者其他有危险性的物品。

## 关联法规索引

《民用航空法》第 100 条

## 典型案例

### 广东省韶关市汽运集团有限公司韶关汽车客运南站诉梁某华公路旅客运输合同纠纷案[1]

**※案例解读:**我国《民法典》第八百一十八条规定:“旅客不得随身携带或者在行李中夹带易燃、易爆、有毒、有腐蚀性、有放射性以及可能危及运输工具上人身和财产安全的危险物品或者违禁物品。旅客违反前款规定的,承运人可以将危险物品或者违禁物品卸下、销毁或者送交有关部门。旅客坚持携带或者夹带危险物品或者违禁物品的,承运人应当拒绝运输。”本案中,梁某华亲属携带大量的鞭炮上车,鞭炮属于易燃危险物品,经广东省韶关市汽运集团有限公司韶关汽车客运南站(以下简称客运南站)司机劝告后仍然坚持带鞭炮上车辆,并沿路燃烧,违反了上述法律规定,已经构成违约行为。同时客运南站司机明知梁某华亲属携带易燃危险品上车,除简单的口

〔1〕 参见广东省韶关市曲江区人民法院民事判决书,(2014)韶曲法民一初字 140 号。

头劝阻未果外,并未按照上述法律规定履行将违禁物品卸下、销毁或者送交有关部门,或者拒绝运输的义务,也同样构成了违约行为。鉴于客运南站、梁某华双方均存在违约行为,故双方对于本案事故造成客运南站车辆损失,均存在同等过错,应承担同等责任。

**第八百一十九条　【承运人告知重要事项的义务】承运人应当严格履行安全运输义务,及时告知旅客安全运输应当注意的事项。旅客对承运人为安全运输所作的合理安排应当积极协助和配合。**

## 条文解读

本条规定了承运人负有告知重要事项的义务。在客运合同中,在承运人应当履行的义务中,安全运输义务是重要的义务之一。承运人在履行安全运输义务时,有必要履行告知义务,即及时告知旅客安全运输应当注意的事项,要求旅客按照要求进行。例如,告知乘坐飞机要系好安全带。旅客对承运人为安全运输所作的合理安排,负有积极协助和配合的义务。

## 典型案例

### 王某军与张某华等运输合同纠纷案[1]

**※案例解读:**我国《民法典》第八百一十九条规定:"承运人应当严格履行安全运输义务,及时告知旅客安全运输应当注意的事项。旅客对承运人为安全运输所作的合理安排应当积极协助和配合。"运输活动是一项比较危险的活动,保证运输的安全是承运人重要的义务,运输安全包括旅客人身安全以及旅客携带的行李等物品的安全。因此,法律规定了承运人的安全运输事项告知义务。如果因为承运人未告知导致乘客受损,那么即使乘客有过错,承运人也应当承担损害赔偿责任。本案中,承运人未向张某华告知安全运输应当注意的事项,也没有按规定对张某华的行李粘贴标签,未对行李箱采取任何保护措施,司乘人员对中途下车取行李的旅客也没有予以核对,王某军作为客车所有人未尽到安全保障义务,对张某华的行李丢失存在过错,应

〔1〕 参见甘肃省白银市中级人民法院民事判决书,(2015)白中民二终字第33号。

当承担主要赔偿责任。

**第八百二十条 【承运人迟延运输】承运人应当按照有效客票记载的时间、班次和座位号运输旅客。承运人迟延运输或者有其他不能正常运输情形的，应当及时告知和提醒旅客，采取必要的安置措施，并根据旅客的要求安排改乘其他班次或者退票；由此造成旅客损失的，承运人应当承担赔偿责任，但是不可归责于承运人的除外。**

## 条文解读

本条规定了承运人迟延运输的责任。客票上载明的时间、班次和座位号，是客运合同双方当事人的合意，承运人应当按照约定的内容履行，将旅客安全运送到约定地点。因承运人迟延运输而造成旅客损失的，承运人应当承担赔偿责任，但是不可归责于承运人的除外，如洪水、地震等不可抗力导致的运输迟延，承运人不承担赔偿责任。

## 配套法规及解读

**《铁路法》(2015 年 4 月 24 日修正)**

**第十二条** 铁路运输企业应当保证旅客按车票载明的日期、车次乘车，并到达目的站。因铁路运输企业的责任造成旅客不能按车票载明的日期、车次乘车的，铁路运输企业应当按照旅客的要求，退还全部票款或者安排改乘到达相同目的站的其他列车。

**※法规解读：**本条规定了铁路运输企业在履行铁路运输合同的过程中应当保证旅客按车票载明的日期、车次乘车并到达目的站的义务。如果是铁路运输企业的原因，导致旅客无法按照车票中载明的日期、车次乘车的，那么根据铁路运输合同的约定或者旅客的要求，铁路运输企业应当退还全部票款或者安排其他运输方案，以保护旅客的合法权益。

## 关联法规索引

《民用航空法》第 95、126 条

**典型案例**

## 梁某清诉北京八方达客运有限责任公司天桥分公司城市公交运输合同纠纷案[1]

※**案例解读**：我国《民法典》第八百二十条规定："承运人应当按照有效客票记载的时间、班次和座位号运输旅客。承运人迟延运输或者有其他不能正常运输情形的，应当及时告知和提醒旅客，采取必要的安置措施，并根据旅客的要求安排改乘其他班次或者退票；由此造成旅客损失的，承运人应当承担赔偿责任，但是不可归责于承运人的除外。"改乘其他班次与退票是法律赋予旅客的权利，旅客可二选一行使之。安排旅客改乘其他班次或退票是法律赋予承运人的义务，迟延运输时，承运人根据旅客意愿二选一履行之。本案中，承运人依法为旅客提供了换乘机会，旅客自愿放弃，所以承运人全额退还票款即可，梁某清要求北京八方达客运有限责任公司天桥分公司返还车票12元，有事实及法律依据，应当予以支持。

**第八百二十一条 【承运人擅自降低服务标准】承运人擅自降低服务标准的，应当根据旅客的请求退票或者减收票款；提高服务标准的，不得加收票款。**

**条文解读**

在客运合同中，承运人应当按照约定的标准提供运输工具。承运人没有经过旅客的同意而擅自变更运输工具等降低服务标准的，旅客享有解除权和减收票款的变更权，承运人应当根据旅客的请求退票即解除合同或者减收票款即变更合同价款条款。如果承运人擅自变更运输工具而提高服务标准，则承运人不得加收票款。

**配套法规及解读**

**《民法典》(2020年5月28日)**

**第五百八十条** 当事人一方不履行非金钱债务或者履行非金钱债务不符合约定的，对方可以请求履行，但是有下列情形之一的除外：

---

[1] 参见北京铁路运输法院民事判决书，(2014)京铁民初字第695号。

（一）法律上或者事实上不能履行；

（二）债务的标的不适于强制履行或者履行费用过高；

（三）债权人在合理期限内未请求履行。

有前款规定的除外情形之一，致使不能实现合同目的的，人民法院或者仲裁机构可以根据当事人的请求终止合同权利义务关系，但是不影响违约责任的承担。

**※法规解读：**本条是对非金钱债务继续履行及除外条款以及不能继续履行致使合同目的不能实现的当事人请求终止合同的规定。与原《合同法》第一百一十条的规定相比，该条增加了不能继续履行致使合同目的不能实现的当事人有权请求终止合同的新规则。除了金钱债务之外的其他合同债务，都是非金钱债务。债务人对非金钱债务不履行或者履行债务不符合约定的，是违约行为，应当承担继续履行的责任。

**第八百二十二条　【对旅客的救助义务】承运人在运输过程中，应当尽力救助患有急病、分娩、遇险的旅客。**

## 条文解读

本条规定了承运人对旅客的救助义务。在客运合同履行过程中，承运人对旅客负有救助义务。在运输过程中，如果旅客出现意外情况，如患病、遇险等，承运人应当尽力救助，尽力采取救助措施，使旅客脱离危险。这是承运人负担安全运输义务的表现，也是保障旅客安全的内容，承运人应当善尽这一义务。违反该义务造成后果的，应当承担违约责任。

## 配套法规及解读

**《最高人民法院关于审理旅游纠纷案件适用法律若干问题的规定》（2022 年 12 月 29 日修正）**

**第十七条**　旅游者在自行安排活动期间遭受人身损害、财产损失，旅游经营者未尽到必要的提示义务、救助义务，旅游者请求旅游经营者承担相应责任的，人民法院应予支持。

前款规定的自行安排活动期间，包括旅游经营者安排的在旅游行程中独立的自由活动期间、旅游者不参加旅游行程的活动期间以及旅游者经导游或者领队同意暂时离队的个人活动期间等。

※**法规解读**：本条规定了旅游经营者对于游客在自由安排活动期间遭受的侵害应当承担责任的情况。如果在旅游经营者安排的旅游行程中，在游客独立自由活动期间，经营者未尽到必要的提示义务和救助义务，旅游者可以请求旅游经营者承担相应的责任。

**典型案例**

## 赵某侠等与合肥公交集团有限公司生命权、健康权、身体权纠纷案[1]

※**案例解读**：我国《民法典》第八百二十二条规定："承运人在运输过程中，应当尽力救助患有急病、分娩、遇险的旅客。"承运人负有将乘客安全运送至目的地的义务。在运送途中，乘客发生疾病的，承运人应当积极采取对旅客施救、拨打"120"等救助措施。若承运人选择消极不作为或作为达不到应有的合理的程度，则构成对救助义务的违反，造成乘客损失的，应当承担赔偿责任。本案中，王某华在149路公交车上晕倒后，虽有乘客告知其已拨打了"120"急救电话，但并不能因此而免除149路公交车驾驶员所负有的拨打"120"急救电话的救助义务；149路公交车的驾驶员在王某华晕倒后不积极拨打"120"急救电话，而是选择先拨打"110"报警电话进行报警，并在乘客的建议下又将车辆开往就近的派出所报案，而不是直接将车辆开往就近的医疗机构进行救治，其行为并非在履行法定的积极救助义务，而是在消极地、被动地履行救助义务，以规避自身的风险。149路公交车驾驶员没有积极地履行法定的救助义务，客观上使王某华丧失了可能得到及时救治的机会，对王某华的死亡存在一定过错，故酌定由合肥公交集团有限公司对王某华的死亡承担30%的赔偿责任较为适当。

**第八百二十三条　【旅客伤亡的损害赔偿责任】承运人应当对运输过程中旅客的伤亡承担赔偿责任；但是，伤亡是旅客自身健康原因造成的或者承运人证明伤亡是旅客故意、重大过失造成的除外。**

**前款规定适用于按照规定免票、持优待票或者经承运人许可搭乘的无票旅客。**

---

〔1〕参见安徽省合肥市中级人民法院民事判决书，(2016)皖01民终1159号。

## 条文解读

承运人应当对运输过程中旅客的伤亡承担赔偿责任。承运人应当保证旅客的人身安全,对旅客在运输过程中伤亡的,应当承担赔偿责任。该赔偿责任,既是违约责任,也是侵权责任,受害的旅客可以选择适当的请求权。承运人免除责任的事由有:旅客因自身健康造成的伤亡;承运人能够证明伤亡是由旅客的故意、重大过失造成的。承运人对旅客伤亡的损害赔偿责任及免责事由,不仅适用于正常购票乘运的旅客,而且也适用于按照规定免票、持优待票或者经承运人许可搭乘的无票旅客。对于没有合法有效的合同关系、未经允许乘坐的无票乘坐人,承运人对其伤亡不承担赔偿责任。

## 配套法规及解读

**《民法典》(2020 年 5 月 28 日)**

**第一千一百六十五条** 行为人因过错侵害他人民事权益造成损害的,应当承担侵权责任。

依照法律规定推定行为人有过错,其不能证明自己没有过错的,应当承担侵权责任。

**※法规解读:**在过错责任原则下,只有同时满足以下四个构成要件时,行为人才应当承担侵权责任:(1)客观要件是行为人实施了某一侵害行为。在现代社会,不侵害他人,是任何一个民事主体都应遵守的普遍性义务,没有合法依据或者法律授权,不得损害他人的民事权益,否则,就有可能承担一定的法律后果。(2)主观要件是行为人行为时有过错。过错,就是行为人行为时的心理状态是应受谴责的,也正是由于这种应受谴责的心理状态,法律要对行为人实施的行为进行否定性评价,让其承担侵权责任。(3)有损害事实,即受害人的民事权益受到损害。损害,是指行为人的行为对受害人的民事权益造成的不利后果,它是一个比较广泛的概念,不但包括现实的已经存在的不利后果,如身体残疾、财产损失等现实损害,还包括构成现实威胁的有可能侵害他人的人身、财产安全的危险。(4)有因果关系,即行为人的侵害行为与受害人遭受的损害之间有因果关系。因果关系,是指行为人的行为作为原因,损害事实作为结果,在两者之间存在前者导致后者发生的客观联系。有因果关系,就有可能构成侵权责任;没有因果关系,必然不构成侵权责任。

## 关联法规索引

《铁路法》第 58 条;《民用航空法》第 124 条;《海商法》第 118 条

## 典型案例

### 通化市公共汽车公司与彭某凤城市公交运输合同纠纷案[1]

**※案例解读:**我国《民法典》第八百二十三条规定:"承运人应当对运输过程中旅客的伤亡承担赔偿责任;但是,伤亡是旅客自身健康原因造成的或者承运人证明伤亡是旅客故意、重大过失造成的除外。前款规定适用于按照规定免票、持优待票或者经承运人许可搭乘的无票旅客。"旅客运输是一项极具危险性的活动,旅客发生伤亡的情形多发,且通常与承运人的运输行为有关。在旅客运输活动中,承运人对旅客的伤亡损失承担无过错责任,即无论对于伤亡的发生是否存在过错,承运人一律应当承担责任。对于法律规定的例外情形,承运人需承担证明责任,而旅客无须承担。这样可以促使承运人积极采取和改进措施充分保障旅客人身安全。本案中,彭某凤与通化市公共汽车公司(以下简称公汽公司)形成了客运合同关系,公汽公司在运输过程中,对彭某凤的生命健康负有安全保障义务,根据法律规定,只有身体伤害是彭某凤自身健康原因造成的或者公汽公司能证明身体伤害是彭某凤故意、重大过失造成的,公汽公司才能免责。但是在一审及二审庭审过程中,公汽公司均未能提供证据证明彭某凤身体受伤是因其自身存在健康问题或者存在故意、重大过失行为,故公汽公司应承担举证不能的法律后果。对公汽公司提出的彭某凤自身存在过错,彭某凤应承担50%的责任的主张,不应予以支持。

**第八百二十四条 【对行李的赔偿责任】在运输过程中旅客随身携带物品毁损、灭失,承运人有过错的,应当承担赔偿责任。**

**旅客托运的行李毁损、灭失的,适用货物运输的有关规定。**

[1] 参见吉林省通化市中级人民法院民事判决书,(2016)吉05民终515号。

## 条文解读

本条规定了承运人对行李的赔偿责任。在客运合同中,承运人对运输过程中旅客随身携带的行李的毁损、灭失承担赔偿责任。行李损害赔偿责任分为以下两种情形:旅客随身携带的行李毁损、灭失的,承运人应当承担过错责任的损害赔偿责任,没有过错不承担责任;旅客托运的行李毁损、灭失的,适用货物运输的有关规定,承运人如果能够证明货物的毁损、灭失是不可抗力、货物本身的自然性质或者合理损耗以及托运人、收货人的过错造成的,不承担赔偿责任。

## 配套法规及解读

**《民法典》(2020年5月28日)**

**第一百七十九条** 承担民事责任的方式主要有:

(一)停止侵害;

(二)排除妨碍;

(三)消除危险;

(四)返还财产;

(五)恢复原状;

(六)修理、重作、更换;

(七)继续履行;

(八)赔偿损失;

(九)支付违约金;

(十)消除影响、恢复名誉;

(十一)赔礼道歉。

法律规定惩罚性赔偿的,依照其规定。

本条规定的承担民事责任的方式,可以单独适用,也可以合并适用。

**第五百七十七条** 当事人一方不履行合同义务或者履行合同义务不符合约定的,应当承担继续履行、采取补救措施或者赔偿损失等违约责任。

**※法规解读:**赔偿损失亦称损害赔偿,我国民法对损害赔偿采金钱赔偿主义。《民法典》第一百七十九条规定的承担民事责任的方式中包括"赔偿损失"。违约损害赔偿系转换的损害赔偿之债,通常认为它与原来的债权或履行请求权具有同一性。损害赔偿是最重要的违约责任形式,并且其他任何责任形式都可以转化为损害赔偿。

由于金钱是一般等价物，因此任何损失一般都可以转化为金钱赔偿。特别是在违约责任中，损害赔偿具有根本救济功能，这完全符合民法的等价有偿及赔偿的补偿性。因此，作为违约责任的继续履行、采取补救措施等皆可转化为损害赔偿。

## 关联法规索引

《海商法》第 116 条；《民用航空法》第 125 条

## 典型案例

### 刘某伟与徐州公路运输集团有限责任公司沛县分公司公路旅客运输合同纠纷案[1]

**※案例解读：**我国《民法典》第八百二十四条规定："在运输过程中旅客随身携带物品毁损、灭失，承运人有过错的，应当承担赔偿责任。旅客托运的行李毁损、灭失的，适用货物运输的有关规定。"承运人对旅客随身携带行李的损失承担过错责任。本案中，旅客自身对自己的贵重物品重视不够，几乎未采取任何合理有效的措施加以防范保护，这是最终导致财物丢失的主要原因，所以旅客自己承担大部分的责任。但是，作为承运人，仍然负有对旅客运输安全的提示义务和对旅客随身携带物品的一般注意义务，如果不履行或不适当履行这类义务，仍可认定其存在过错，对于旅客财物的损失仍要承担相应的责任。

## 第三节　货 运 合 同

**第八百二十五条　【托运人的告知义务】托运人办理货物运输，应当向承运人准确表明收货人的姓名、名称或者凭指示的收货人，货物的名称、性质、重量、数量，收货地点等有关货物运输的必要情况。**

**因托运人申报不实或者遗漏重要情况，造成承运人损失的，托运人应当承担赔偿责任。**

---

〔1〕 参见江苏省徐州市中级人民法院民事判决书，(2014)徐商终字第 0346 号。

## 条文解读

本条规定了货运合同中托运人的告知义务。货运合同,是指承运人将托运人交付的运输货物运送到约定地点,托运人支付运费的合同。托运人托运货物应当办理托运手续,托运人负有如实申报义务,应如实填报托运单,承运人在托运单上签字认可后,货运合同即告成立。因托运人申报不实或者遗漏重要情况,造成承运人损失的,托运人应当承担赔偿责任。

## 配套法规及解读

**《民用航空法》(2021年4月29日修正)**

**第一百一十七条** 托运人应当对航空货运单上所填关于货物的说明和声明的正确性负责。

因航空货运单上所填的说明和声明不符合规定、不正确或者不完全,给承运人或者承运人对之负责的其他人造成损失的,托运人应当承担赔偿责任。

**《铁路法》(2015年4月24日修正)**

**第十九条** 托运人应当如实填报托运单,铁路运输企业有权对填报的货物和包裹的品名、重量、数量进行检查。经检查,申报与实际不符的,检查费用由托运人承担;申报与实际相符的,检查费用由铁路运输企业承担,因检查对货物和包裹中的物品造成的损坏由铁路运输企业赔偿。

托运人因申报不实而少交的运费和其他费用应当补交,铁路运输企业按照国务院铁路主管部门的规定加收运费和其他费用。

**《海商法》(1992年11月7日)**

**第六十六条** 托运人托运货物,应当妥善包装,并向承运人保证,货物装船时所提供的货物的品名、标志、包数或者件数、重量或者体积的正确性;由于包装不良或者上述资料不正确,对承运人造成损失的,托运人应当负赔偿责任。

承运人依照前款规定享有的受偿权利,不影响其根据货物运输合同对托运人以外的人所承担的责任。

**※法规解读:**在空运、海运和铁路运输等各个运输途径中,托运人在办理运输手续时都应当践行诚实信用原则,妥善包装,向承运人如实说明所提供的货物的品名、标志、包数或者件数、重量或者体积。托运人未履行说明义务,给承运人或者其他人造成损失的,托运人应当承担赔偿责任。

典型案例

**魏某云诉上海耀达货运代理有限公司委托合同纠纷案**[1]

**※案例解读：**我国《民法典》第八百二十五条规定："托运人办理货物运输，应当向承运人准确表明收货人的姓名、名称或者凭指示的收货人，货物的名称、性质、重量、数量，收货地点等有关货物运输的必要情况。因托运人申报不实或者遗漏重要情况，造成承运人损失的，托运人应当承担赔偿责任。"托运人办理货物运输，应当向承运人准确表明收货地址，本案中，魏某云对收货地址申报不实，因此给承运人造成运输成本增加的不利后果，承运人据此要求魏某云补交相应的运费，于法有据，托运人依法应当承担这部分损失。

**第八百二十六条　【托运人提交文件的义务】货物运输需要办理审批、检验等手续的，托运人应当将办理完有关手续的文件提交承运人。**

条文解读

本条规定了托运人提交文件的义务。对于货物的运输，有的会涉及各种审批、检验等手续问题，例如，国际货物须向海关办理出口货物的报关，出口货物的检疫、检验等，这些手续是货物运输所必需的，没有这些手续，无法进行正常的运输。所以，对需要办理审批、检验的货物，托运人应当按照规定办理，并将办理完的审批、检验等手续的文件提交给承运人，以保证货物运输的正常进行。

配套法规及解读

**《民用航空法》(2021年4月29日修正)**

**第一百二十三条**　托运人应当提供必需的资料和文件，以便在货物交付收货人前完成法律、行政法规规定的有关手续；因没有此种资料、文件，或者此种资料、文件不充足或者不符合规定造成的损失，除由于承运人或者其受雇人、代理人的过错造成的外，托运人应当对承运人承担责任。

---

〔1〕 参见上海市青浦区人民法院民事判决书，(2015)青民一(民)初字第408号。

除法律、行政法规另有规定外，承运人没有对前款规定的资料或者文件进行检查的义务。

**《海商法》(1992 年 11 月 7 日)**

**第六十七条** 托运人应当及时向港口、海关、检疫、检验和其他主管机关办理货物运输所需要的各项手续，并将已办理各项手续的单证送交承运人；因办理各项手续的有关单证送交不及时、不完备或者不正确，使承运人的利益受到损害的，托运人应当负赔偿责任。

**※法规解读：**托运人在办理手续的过程中，应当准备和提供必需的资料和文件，以保证货物能够在符合法律以及相关法规规定的前提下，由承运人完成运输。运输货物时，在港口、海关、检疫等部门的查验程序中，托运人如果未能提供或者不及时、不正确、不完备地提供必需的文件和资料，使承运人的利益受到损害，则其应当承担赔偿责任。

## 关联法规索引

《民用航空法》第 123 条；《海商法》第 67 条

## 典型案例

### 蓬莱市金海港船务有限公司与孙某华等水路货物运输合同纠纷案[1]

**※案例解读：**我国《民法典》第八百二十六条规定："货物运输需要办理审批、检验等手续的，托运人应当将办理完有关手续的文件提交承运人。"本案中，蓬莱市金海港船务有限公司(以下简称金海港船务公司)不具备国内水路运输经营资质，其与孙某华签订的国内水路货物运输合同为无效合同，对于合同的无效，金海港船务公司与孙某华均有过错。孙某华、金海港船务公司托运涉案货物，应向起运港、港务监督(含港航监督)、承运船舶提供由装船口岸地方产品质量监督检验部门签发的有关含水率、静止角、货物的物化性能和积载因数的证明文件，但其未提供，致使船方不能了解货物是否适运，其对货物损失的发生有过错，应当承担民事责任。奥龙航运公司作为

〔1〕 参见山东省高级人民法院民事判决书，(2015)鲁民四终字第 35 号。

涉案货物的实际承运人,没有按照规定采取相应措施,造成货物随船沉没灭失,应对货物灭失承担相应的民事责任。

**第八百二十七条 【托运人的包装义务】托运人应当按照约定的方式包装货物。对包装方式没有约定或者约定不明确的,适用本法第六百一十九条的规定。**

**托运人违反前款规定的,承运人可以拒绝运输。**

## 条文解读

本条规定了托运人的包装义务,托运人应当按照约定的方式包装货物。在货运合同中,托运人对托运的货物负有包装的义务,以避免货物在运输途中因包装不妥而毁损、灭失。托运人违反包装义务,没有采取适当方式包装托运货物的,承运人有权拒绝运输,这并不违反强制缔约义务的规定。

## 配套法规及解读

**《铁路法》(2015年4月24日修正)**

**第二十条** 托运货物需要包装的,托运人应当按照国家包装标准或者行业包装标准包装;没有国家包装标准或者行业包装标准的,应当妥善包装,使货物在运输途中不因包装原因而受损坏。

铁路运输企业对承运的容易腐烂变质的货物和活动物,应当按照国务院铁路主管部门的规定和合同的约定,采取有效的保护措施。

**《海商法》(1992年11月7日)**

**第六十六条** 托运人托运货物,应当妥善包装,并向承运人保证,货物装船时所提供的货物的品名、标志、包数或者件数、重量或者体积的正确性;由于包装不良或者上述资料不正确,对承运人造成损失的,托运人应当负赔偿责任。

承运人依照前款规定享有的受偿权利,不影响其根据货物运输合同对托运人以外的人所承担的责任。

**※法规解读:**运输合同的当事人对货物的包装标准可以进行约定,但是当事人对包装的约定不得违反国家对包装标准的强制性规定,在当事人对包装约定的标准不违反国家规定的强制性标准的情况下,托运人应当按照约定的包装标准对货物进行包装。对包装方式没有约定或者约定不明确,依照《民法典》的规定仍不能确定的,应

当按照通用的方式包装,没有通用方式的,应当采取足以保护标的物的包装方式。足以保护标的物的包装方式,在运输合同中是指托运人根据货物的性质、重量、运输方式、运输距离,气候条件及运输工具的装载条件,使用符合运输要求,便于装卸和保证货物安全的包装。

## 关联法规索引

《铁路法》第20条;《海商法》第66条

## 典型案例

### 张某锐与夏某凤公路货物运输合同纠纷案[1]

**※案例解读:** 我国《民法典》第八百二十七条规定:"托运人应当按照约定的方式包装货物。对包装方式没有约定或者约定不明确的,适用本法第六百一十九条的规定。托运人违反前款规定的,承运人可以拒绝运输。"本案中,双方对于包装方式未明确约定,又不存在通用的包装方式,所以托运人应当采取足以保护标的物的包装方式,然而由于托运人包装不当,导致运输过程中货物受损,故承运人无须对此承担赔偿责任。

**第八百二十八条 【托运人运送危险货物时的义务】托运人托运易燃、易爆、有毒、有腐蚀性、有放射性等危险物品的,应当按照国家有关危险物品运输的规定对危险物品妥善包装,做出危险物品标志和标签,并将有关危险物品的名称、性质和防范措施的书面材料提交承运人。**

**托运人违反前款规定的,承运人可以拒绝运输,也可以采取相应措施以避免损失的发生,因此产生的费用由托运人承担。**

## 条文解读

本条规定了托运人托运危险物品时的义务。托运人托运易燃、易爆、有毒、有腐蚀性、有放射性等危险物品的,应当履行相应的义务,包括:应当按照国家关于危险物

〔1〕 参见广东省韶关市中级人民法院民事判决书,(2014)韶中法民二终字第39号。

品运输的规定对危险物品妥善包装;做出危险物品标志等;将有关危险物品的名称、性质和防范措施的书面材料提交承运人。托运人违反托运危险物品义务的后果是:承运人可以拒绝运输,拒绝签订货运合同;承运人也可以采取相应措施以避免损失的发生,由此产生的费用由托运人承担。

## 配套法规及解读

**《道路运输条例》(2022 年 3 月 29 日修订)**

**第二十三条** 申请从事危险货物运输经营的,还应当具备下列条件:

(一)有 5 辆以上经检测合格的危险货物运输专用车辆、设备;

(二)有经所在地设区的市级人民政府交通运输主管部门考试合格,取得上岗资格证的驾驶人员、装卸管理人员、押运人员;

(三)危险货物运输专用车辆配有必要的通讯工具;

(四)有健全的安全生产管理制度。

**第二十四条** 申请从事货运经营的,应当依法向市场监督管理部门办理有关登记手续后,按照下列规定提出申请并分别提交符合本条例第二十一条、第二十三条规定条件的相关材料:

(一)从事危险货物运输经营以外的货运经营的,向县级人民政府交通运输主管部门提出申请;

(二)从事危险货物运输经营的,向设区的市级人民政府交通运输主管部门提出申请。

依照前款规定收到申请的交通运输主管部门,应当自受理申请之日起 20 日内审查完毕,作出许可或者不予许可的决定。予以许可的,向申请人颁发道路运输经营许可证,并向申请人投入运输的车辆配发车辆营运证;不予许可的,应当书面通知申请人并说明理由。

使用总质量 4500 千克及以下普通货运车辆从事普通货运经营的,无需按照本条规定申请取得道路运输经营许可证及车辆营运证。

**※法规解读:**由于危险货物的特殊性以及危险货物运输的危险性,《道路运输条例》第二十三条对申请从事危险货物运输经营的条件进行了较为详细的规定,其中包括:(1)有 5 辆以上经检测合格的危险货物运输专用车辆、设备;(2)有经所在地设区的市级人民政府交通运输主管部门考试合格,取得上岗资格证的驾驶人员、装卸管理人员、押运人员;(3)危险货物运输专用车辆配有必要的通讯工具;(4)有健全的安全生

产管理制度。第二十四条对受理申请从事危险货物运输经营的单位作出了详细的规定,即从事危险货物运输经营的,向设区的市级人民政府交通运输主管部门提出申请。

## 关联法规索引

《海商法》第68条;《铁路法》第28条;《民用航空法》第101条;《危险化学品安全管理条例》第63条

## 典型案例

### 李某庆等与张某昌等公路货物运输合同、居间合同纠纷案[1]

**※案例解读:**我国《民法典》第八百二十八条规定:"托运人托运易燃、易爆、有毒、有腐蚀性、有放射性等危险物品的,应当按照国家有关危险物品运输的规定对危险物品妥善包装,做出危险物品标志和标签,并将有关危险物品的名称、性质和防范措施的书面材料提交承运人。托运人违反前款规定的,承运人可以拒绝运输,也可以采取相应措施以避免损失的发生,因此产生的费用由托运人负担。"托运人托运危险货物,应当向承运人说明运输危险货物的品类、性质、危害、注意事项和应急措施。本案中,托运方没有严格执行国家在危险化学品安全管理方面的法律法规,在未认真履行告知义务以及安全防护措施不到位的情况下,就违规装运,造成承运人损失,应承担主要赔偿责任。

**第八百二十九条 【托运人请求变更的权利】在承运人将货物交付收货人之前,托运人可以要求承运人中止运输、返还货物、变更到达地或者将货物交给其他收货人,但是应当赔偿承运人因此受到的损失。**

## 条文解读

本条规定了托运人请求变更的权利。在货运合同履行过程中,托运人享有特别

[1] 参见河南省安阳市中级人民法院民事判决书,(2013)安中民三终字第225号。

的解除权和变更权，这是因为货物运输是一个过程，在这个过程中，托运人有可能对托运的货物作出新的处分行为，因而应当享有这样的权利。托运人变更或解除货运合同的后果是，因变更或者解除货运合同而给承运人增加额外负担的，应当对承运人因此而受到的损失承担赔偿责任。

## 配套法规及解读

**《海商法》(1992年11月7日)**

**第八十九条** 船舶在装货港开航前，托运人可以要求解除合同。但是，除合同另有约定外，托运人应当向承运人支付约定运费的一半；货物已经装船的，并应当负担装货、卸货和其他与此有关的费用。

**《民用航空法》(2021年4月29日修正)**

**第一百一十九条** 托运人在履行航空货物运输合同规定的义务的条件下，有权在出发地机场或者目的地机场将货物提回，或者在途中经停时中止运输，或者在目的地点或者途中要求将货物交给非航空货运单上指定的收货人，或者要求将货物运回出发地机场；但是，托运人不得因行使此种权利而使承运人或者其他托运人遭受损失，并应当偿付由此产生的费用。

托运人的指示不能执行的，承运人应当立即通知托运人。

承运人按照托运人的指示处理货物，没有要求托运人出示其所收执的航空货运单，给该航空货运单的合法持有人造成损失的，承运人应当承担责任，但是不妨碍承运人向托运人追偿。

收货人的权利依照本法第一百二十条规定开始时，托运人的权利即告终止；但是，收货人拒绝接受航空货运单或者货物，或者承运人无法同收货人联系的，托运人恢复其对货物的处置权。

**※法规解读：**货物运输合同中，托运人在合同成立以后且没有履行或没有全部履行前，有权变更或解除合同。有关运输的法律对托运人变更和解除合同的权利作了不同的规定，主要体现在托运人不需要得到承运人同意即可在开航、起飞前任意解除或变更合同。如我国《海商法》第八十九条规定："船舶在装货港开航前，托运人可以要求解除合同……"此处虽使用了"可以要求"字样，但实质上，对于托运人的解除要求，承运人必须同意，因此仍属单方任意解除。《民用航空法》第一百一十九条规定："托运人在履行航空货物运输合同规定的义务的条件下，有权在出发地机场或者目的地机场将货物提回，或者在途中经停时中止运输，或者在目的地点或者途中要求将货

物交给非航空货运单上指定的收货人，或者要求将货物运回出发地机场……”

## 关联法规索引

《海商法》第89条；《民用航空法》第119条

## 典型案例

### 郭某与孟某江运输合同纠纷案[1]

**※案例解读：**我国《民法典》第八百二十九条规定：“在承运人将货物交付收货人之前，托运人可以要求承运人中止运输、返还货物、变更到达地或者将货物交给其他收货人，但是应当赔偿承运人因此受到的损失。”本案中，孟某江变更了货物到达地，因此造成郭某的运输成本增加，故依法应当增加运费，以赔偿郭某因此受到的损失。

**第八百三十条 【承运人的通知义务及收货人的及时提货义务】货物运输到达后，承运人知道收货人的，应当及时通知收货人，收货人应当及时提货。收货人逾期提货的，应当向承运人支付保管费等费用。**

## 条文解读

本条规定了承运人的通知义务及收货人的及时提货义务，收货人逾期提货的，应当向承运人支付保管费等费用。

## 配套法规及解读

**《民法典》(2020年5月28日)**

**第五百零九条** 当事人应当按照约定全面履行自己的义务。

当事人应当遵循诚信原则，根据合同的性质、目的和交易习惯履行通知、协助、保密等义务。

---

[1] 参见吉林省白城市洮北区人民法院民事判决书，(2016)吉0802民初482号。

当事人在履行合同过程中,应当避免浪费资源、污染环境和破坏生态。

**《海商法》(1992 年 11 月 7 日)**

**第八十六条** 在卸货港无人提取货物或者收货人迟延、拒绝提取货物的,船长可以将货物卸在仓库或者其他适当场所,由此产生的费用和风险由收货人承担。

**第八十七条** 应当向承运人支付的运费、共同海损分摊、滞期费和承运人为货物垫付的必要费用以及应当向承运人支付的其他费用没有付清,又没有提供适当担保的,承运人可以在合理的限度内留置其货物。

**※法规解读:**根据《民法典》合同编第五百零九条的规定,货到目的港后的提领源自海上货物运输合同。货物运输合同是一项有名合同。结合海上货物运输合同自身的特性,当承运人业已将托运人委托其运输的货物安全运至目的港并使该货物处于交付状态时,作为海上运输合同当事人的托运人或其指定的收货人向承运人主张提取货物,就是协助承运人完成海上运输合同下的货物交付,该提货行为既是海上货物运输合同下的履约行为,又是运输合同下的合同义务。如果货到目的港无人前来提货,托运人或收货人则违反了根据货物运输合同的性质所需承担的义务。综上,目的港无人提货的责任是海上运输合同一方当事人的违约行为导致的民事责任,该民事责任符合违约责任的性质。

## 关联法规索引

《海商法》第 86、87 条

## 典型案例

### 闫某勇与张某兵公路货物运输合同纠纷案[1]

**※案例解读:**我国《民法典》第八百三十条规定:"货物运输到达后,承运人知道收货人的,应当及时通知收货人,收货人应当及时提货。收货人逾期提货的,应当向承运人支付保管费等费用。"货物送达后,收货人负有及时提货的义务,若收货人不能及时提货,则可能导致承运人负担保管费等费用,就这类费用承运人依法有权请求收

〔1〕 参见新疆维吾尔自治区高级人民法院伊犁哈萨克自治州分院民事判决书,(2015)伊州民二终字第 480 号。

货人支付。但是，当事人一方违约后，对方应当采取适当措施防止损失的扩大；没有采取适当措施致使损失扩大的，不得就扩大的损失要求赔偿。所以，当收货人一方违约不及时提货时，并非因此产生的一切额外费用都由收货人承担，若承运人未采取合理措施而导致损失扩大，则就扩大的损失承运人无权要求收货人赔偿。本案中，闫某勇作为承运人在张某兵不履行提货义务，已给其造成压车停运 34 天损失的情况下，其可以依法对所承运的货物进行提存，避免损失的进一步扩大，而闫某勇明知张某兵拒绝提货，仍采用租赁库房存放玉米的方式保管该批玉米，致使其损失更进一步扩大，闫某勇不得就扩大的损失要求张某兵赔偿，故闫某勇要求张某兵承担租赁库房的费用及装卸费 34,500 元的请求没有依据。

**第八百三十一条　【收货人对货物的检验】收货人提货时应当按照约定的期限检验货物。对检验货物的期限没有约定或者约定不明确，依据本法第五百一十条的规定仍不能确定的，应当在合理期限内检验货物。收货人在约定的期限或者合理期限内对货物的数量、毁损等未提出异议的，视为承运人已经按照运输单证的记载交付的初步证据。**

## 条文解读

收货人提货时应当按照约定的期限检验货物。收货人接到承运人货到的通知或者托运人的货到通知后，应当如期检验货物，确定是否收货。收货人检验货物期限的确定方法是：按照约定的期限检验货物，即约定的是什么期限，就按照该约定的期限检验；对检验货物的期限没有约定或者约定不明确的，依据《民法典》合同编第五百一十条的规定重新协议，按照协议确定的期限检验货物；通过新协议仍不能确定的，应当在合理期限内检验货物。

## 配套法规及解读

**《民用航空法》（2021 年 4 月 29 日修正）**

**第一百三十四条第一款**　旅客或者收货人收受托运行李或者货物而未提出异议，为托运行李或者货物已经完好交付并与运输凭证相符的初步证据。

**《海商法》（1992 年 11 月 7 日）**

**第八十一条第一款**　承运人向收货人交付货物时，收货人未将货物灭失或者损坏的情况书面通知承运人的,此项交付视为承运人已经按照运输单证的记载交付以及货物状况良好的初步证据。

※**法规解读:**按照我国《民用航空法》的规定,旅客或者收货人收受托运行李或者货物而未提出异议,为托运行李或者货物已经完好交付并与运输凭证相符的初步证据。托运行李或者货物发生损失的,旅客或者收货人应当在发现损失后向承运人提出异议。托运行李发生损失的,至迟应当自收到托运行李之日起7日内提出;货物发生损失的,至迟应当自收到货物之日起14日内提出。托运行李或者货物发生延误的,至迟应当自托运行李或者货物交付旅客或者收货人处置之日起21日内提出。任何异议均应在上述规定的期间内写在运输凭证上或者另以书面提出。除承运人有欺诈行为外,旅客或者收货人未在规定的期间内提出异议的,不能向承运人提出索赔诉讼。航空运输的诉讼时效期间为2年,自民用航空器到达目的地点、应当到达目的地点或者运输终止之日起计算。

## 关联法规索引

《民用航空法》第134条第1款;《海商法》第81条第1款

## 典型案例

### 李某与李某亚公路货物运输合同纠纷案[1]

※**案例解读:**我国《民法典》第八百三十一条规定:"收货人提货时应当按照约定的期限检验货物。对检验货物的期限没有约定或者约定不明确,依据本法第五百一十条的规定仍不能确定的,应当在合理期限内检验货物。收货人在约定的期限或者合理期限内对货物的数量、毁损等未提出异议的,视为承运人已经按照运输单证的记载交付的初步证据。"货物运达后,收货人应及时对货物进行检验,收货人在约定的期限或者合理期限内对货物的数量、毁损等未提出异议的,视为承运人已经按照运输单证的记载交付的初步证据。本案中,李某亚在其指定的收货人叶某枝收到货物后,未及时提出异议,视为承运人已将货物完整、安全运输到指定的地点并交付收货人,所以李某亚主张赔偿的诉请不能得到支持。

---

[1] 参见安徽省亳州市中级人民法院民事判决书,(2014)亳民二终字第00043号。

**第八百三十二条 【承运人的赔偿责任及免责理由】承运人对运输过程中货物的毁损、灭失承担赔偿责任。但是,承运人证明货物的毁损、灭失是因不可抗力、货物本身的自然性质或者合理损耗以及托运人、收货人的过错造成的,不承担赔偿责任。**

## 条文解读

承运人对运输过程中货物的毁损、灭失承担赔偿责任。在货运合同中,对于在运输过程中发生的货损,即托运货物毁损、灭失,根据运输中的货物毁损、灭失风险负担规则的要求,应当由承运人负担,即承运人将货物交付收货人后,收货人检验发现货物毁损或者灭失的,承运人基于运输合同,对承运的货物毁损、灭失负赔偿责任。如果存在以下免责事由,承运人应当免责:在运输过程中货物毁损、灭失是不可抗力所致的,承运人不承担赔偿责任;因货物本身自然性质、合理损耗发生的损失;托运人、收货人的过错造成的损失。对于符合上述情形的损失,承运人不承担赔偿责任。

## 配套法规及解读

**《铁路法》(2015 年 4 月 24 日修正)**

**第十八条** 由于下列原因造成的货物、包裹、行李损失的,铁路运输企业不承担赔偿责任:

(一)不可抗力。

(二)货物或者包裹、行李中的物品本身的自然属性,或者合理损耗。

(三)托运人、收货人或者旅客的过错。

**第十九条** 托运人应当如实填报托运单,铁路运输企业有权对填报的货物和包裹的品名、重量、数量进行检查。经检查,申报与实际不符的,检查费用由托运人承担;申报与实际相符的,检查费用由铁路运输企业承担,因检查对货物和包裹中的物品造成的损坏由铁路运输企业赔偿。

托运人因申报不实而少交的运费和其他费用应当补交,铁路运输企业按照国务院铁路主管部门的规定加收运费和其他费用。

**※法规解读:**在铁路运输的过程中,旅客的行李或者所运货物有损失的,铁路运输企业应当承担赔偿责任,但是铁路运输企业有以下免责理由:(1)铁路运输企业可以证明物品损失是不可抗力引起的;(2)物品损失是运输物品的本身自然属性或者合

理损耗造成的;(3)托运人、收货人或者旅客有过错的。托运人在办理运输手续时,应当如实填写物品相关资料,铁路运输企业有权对所运货物进行检查,若所报如实,检查费用由铁路运输企业承担;若不实,检查费用由托运人承担。

## 关联法规索引

《民用航空法》第125条;《铁路法》第18、19条;《海商法》第46条

## 典型案例

### 河南腾某物流有限公司与张某公路货物运输合同纠纷案[1]

**※案例解读:**我国《民法典》第八百三十二条规定:"承运人对运输过程中货物的毁损、灭失承担赔偿责任。但是,承运人证明货物的毁损、灭失是因不可抗力、货物本身的自然性质或者合理损耗以及托运人、收货人的过错造成的,不承担赔偿责任。"根据国家《危险货物品名表》,火柴为易燃固体,应当采取特殊的包装和运输方式,但由于托运人未进行申报,未履行告知义务,因此承运人无法事先采取防范措施。火柴在运输过程中,由于长期摩擦发生自燃。本案中,货物灭失是托运人的过错造成的,承运人不承担赔偿责任。河南腾某物流有限公司没有证据证明张某在处理委托事务过程中存在过错行为,其要求张某承担赔偿责任没有法律依据。

**第八百三十三条 【确定赔偿额的方法】货物的毁损、灭失的赔偿额,当事人有约定的,按照其约定;没有约定或者约定不明确,依据本法第五百一十条的规定仍不能确定的,按照交付或者应当交付时货物到达地的市场价格计算。法律、行政法规对赔偿额的计算方法和赔偿限额另有规定的,依照其规定。**

## 条文解读

本条规定了确定赔偿额的方法。在货运合同中,货损发生后,确定由承运人承担

---

〔1〕 参见河南省郑州市中级人民法院民事判决书,(2011)郑民三终字第280号。

赔偿责任的，赔偿数额的确定方法是：货运合同对赔偿数额有约定的，按照其约定确定；货运合同对赔偿数额没有约定或者约定不明确的，有补充协议的，按照补充协议确定赔偿数额；补充协议仍然不能确定的，按照交付或者应当交付时货物到达地的市场价格计算；法律和行政法规另有计算方法和赔偿数额规定的，依照规定。

## 配套法规及解读

**《铁路法》(2015 年 4 月 24 日修正)**

**第十七条**　铁路运输企业应当对承运的货物、包裹、行李自接受承运时起到交付时止发生的灭失、短少、变质、污染或者损坏，承担赔偿责任：

（一）托运人或者旅客根据自愿申请办理保价运输的，按照实际损失赔偿，但最高不超过保价额。

（二）未按保价运输承运的，按照实际损失赔偿，但最高不超过国务院铁路主管部门规定的赔偿限额；如果损失是由于铁路运输企业的故意或者重大过失造成的，不适用赔偿限额的规定，按照实际损失赔偿。

托运人或者旅客根据自愿可以向保险公司办理货物运输保险，保险公司按照保险合同的约定承担赔偿责任。

托运人或者旅客根据自愿，可以办理保价运输，也可以办理货物运输保险；还可以既不办理保价运输，也不办理货物运输保险。不得以任何方式强迫办理保价运输或者货物运输保险。

**※法规解读：**铁路运输企业对货物运输中产生的货物因灭失、短少、变质、污染、损坏导致的货物实际价值的损失，应当承担赔偿责任。铁路运输企业按照实际损失赔偿时，对灭失、短少的货物，按照其实际价值赔偿；对变质、污染、损坏的货物即降低原有价值的货物，可按照其受损前后实际价值的差额或者加工、修复费用赔偿。赔偿的价格标准是：货物的赔偿价格按照托运时的实际价值计算。实际价值中未包含已支付的铁路运杂费、包装费、保险费、短途搬动费等费用的，按照损失部分的比例计算。

## 关联法规索引

《民用航空法》第 128 条；《海商法》第 55 条

**典型案例**

## 陈某诉刘某公路货物运输合同纠纷案[1]

**※案例解读：**我国《民法典》第八百三十三条规定："货物的毁损、灭失的赔偿额，当事人有约定的，按照其约定；没有约定或者约定不明确，依据本法第五百一十条的规定仍不能确定的，按照交付或者应当交付时货物到达地的市场价格计算。法律、行政法规对赔偿额的计算方法和赔偿限额另有规定的，依照其规定。"在运输合同法律关系中，货物受损后，关于赔偿数额计算的问题容易引起纠纷，故当事人通常要在合同中明确约定赔偿数额或者赔偿数额的计算方式。本案中，刘某是承运人，在运输货物的过程中，其使用的运输车辆着火导致陈某的家具全部被烧毁，其依法应当负赔偿责任，由于双方就赔偿额没有约定，故而陈某主张以其购买的家具的市场价为准，于法有据。

**第八百三十四条 【相继运输的责任承担】两个以上承运人以同一运输方式联运的，与托运人订立合同的承运人应当对全程运输承担责任；损失发生在某一运输区段的，与托运人订立合同的承运人和该区段的承运人承担连带责任。**

**条文解读**

本条规定了相继运输责任承担的规则。相继运输合同又称单式联运合同，是指托运人以同一种运输方式与两个以上承运人就货物运输所订立的合同，其特点是存在转车、转机、转船的运输，实行一票到底，托运人只要与第一承运人签订了运输合同，就可以享受全程所有区段的运输。各承运人的责任负担方式是：与托运人订立合同的承运人即第一承运人，应当对全程运输的货物风险承担责任，凡是在全程运输中发生的货损，第一承运人都应当承担赔偿责任；损失发生在某一个运输区段的，与托运人订立合同的承运人和该区段的承运人都应当承担赔偿责任，责任形态是连带责任，托运人或者收货人可以向任何一方主张由其承担全部赔偿责任，任何一方都应当对全部损失承担赔偿责任。

---

[1] 参见江西省大余县人民法院民事判决书，(2014)余民二初字第101号。

## 关联法规索引

《海商法》第104条;《民用航空法》第136条

## 典型案例

### 合肥天路货运有限公司与合肥合纵连横货运有限公司等公路货物运输合同纠纷案[1]

※**案例解读**:我国《民法典》第八百三十四条规定:"两个以上承运人以同一运输方式联运的,与托运人订立合同的承运人应当对全程运输承担责任;损失发生在某一运输区段的,与托运人订立合同的承运人和该区段的承运人承担连带责任。"货物联运中,承运人的责任制度是立法中的一个难点,也是一个重点。在签订合同时,除非承运人明确与托运人约定,各承运人之间应视为合伙关系,否则托运人无从知道各承运人之间的关系。区段承运人并非托运人的合同相对人,但该条却规定区段承运人需承担连带责任,这可以视为对合同相对性原则的一个突破。本案中,合肥合纵连横货运有限公司(以下简称合纵连横公司)与聚源公司都是采取公路运输方式承运合肥天路货运有限公司的货物,合纵连横公司将货物交由聚源公司运输,在聚源公司运输过程中发生的货物损失,应当由合纵连横公司与聚源公司共同承担连带赔偿责任。

**第八百三十五条 【货物的灭失与运费的处理】货物在运输过程中因不可抗力灭失,未收取运费的,承运人不得请求支付运费;已经收取运费的,托运人可以请求返还。法律另有规定的,依照其规定。**

## 条文解读

本条规定了发生不可抗力造成的货物的灭失与运费的处理。在货运合同中,货物在运输过程中因不可抗力灭失的,因货物的所有权属于托运人或者收货人,因而应当由其承担意外灭失风险,其不得向承运人主张赔偿责任。如何处理该货物的运费关系当事人之间的利益平衡问题,规则是:未收取运费的,承运人不得请求支付运费;

[1] 参见安徽省合肥市中级人民法院民事判决书,(2015)合民二终字第00141号。

已经收取运费的，托运人可以请求返还，承运人应当返还。

## 配套法规及解读

**《海商法》（1992 年 11 月 7 日）**

**第九十条** 船舶在装货港开航前，因不可抗力或者其他不能归责于承运人和托运人的原因致使合同不能履行的，双方均可以解除合同，并互相不负赔偿责任。除合同另有约定外，运费已经支付的，承运人应当将运费退还给托运人；货物已经装船的，托运人应当承担装卸费用；已经签发提单的，托运人应当将提单退还承运人。

**※法规解读：**在海路运输的过程中，如果是不可抗力或者不可归责于承运人和托运人的原因，造成运输货物毁损灭失，则合同双方互相不负赔偿责任，如果造成合同履行不能，则双方可以解除合同。对于运费的归属，除合同另有约定外，托运人已经支付的，承运人应当退还，托运人还未支付的，不必承担支付义务。

## 关联法规索引

《铁路法》第 18 条

## 典型案例

### 莒县永生物流有限公司与青岛云达食品有限公司公路货物运输合同纠纷案[1]

**※案例解读：**我国《民法典》第八百三十五条规定："货物在运输过程中因不可抗力灭失，未收取运费的，承运人不得请求支付运费；已经收取运费的，托运人可以请求返还。法律另有规定的，依照其规定。"货物在运输过程中因不可抗力灭失的，承运人不得收取运费，因承运人的过错造成货物灭失的，更不得要求托运人支付运费。本案中，是莒县永生物流有限公司在运输过程中的过错导致青岛云达食品有限公司（以下简称云达食品公司）的货物灭失，故其更不应要求云达食品公司支付运费。

[1] 参见山东省青岛市中级人民法院民事判决书，（2014）青民二商终字第 468 号。

**第八百三十六条 【运送物的留置】托运人或者收货人不支付运费、保管费或者其他费用的，承运人对相应的运输货物享有留置权，但是当事人另有约定的除外。**

## 条文解读

承运人对相应的运输货物享有留置权。在货运合同中，托运人应当承担支付运费等费用的义务，有的是由收货人承担支付运费等费用的义务，如约定到付的情形。托运人或者收货人不支付运费、保管费以及其他费用的，由于承运人对运输货物的实际占有，因此承运人对相应的运输货物享有留置权，作为清偿运费等费用债权的担保。按照留置权的法律规定，承运人可以继续占有该运输货物，并进行催告，给予宽限期，宽限期届满，可以对占有的运输货物进行拍卖、变卖，并以其价款优先受偿。但是，如果当事人对支付价款的担保另有约定的，则依照约定处理。

## 配套法规及解读

**《民法典》(2020 年 5 月 28 日)**

**第四百四十七条** 债务人不履行到期债务，债权人可以留置已经合法占有的债务人的动产，并有权就该动产优先受偿。

前款规定的债权人为留置权人，占有的动产为留置财产。

**※法规解读：**留置权，是指债权人以合法手段占有债务人的财物，在由此产生的债权未得到清偿以前留置该项财物并在超过一定期限仍未得到清偿时依法变卖留置财物，从价款中优先受偿的权利。留置权的效力主要体现为留置权人的占有权和优先受偿权。留置权人的占有权须受一定限制，即除了保管上的必要或经债务人同意外不得使用留置物，未经债务人同意不得将留置物出租或抵押。债权人就留置物优先受偿后，如留置物的价值超过应交偿范围，债权人应将剩余部分的价款返还给债务人，留置物的价值不足以清偿时，债权人得请求补足。留置权人只能从留置财产中优先受偿根据本合同应得的款项，对于其他债务，不得利用本合同的财物行使留置权。

## 关联法规索引

《海商法》第 87、88 条

**典型案例**

## 刘某龙与合力叉车有限公司运输合同纠纷案[1]

**※案例解读：**我国《民法典》第八百三十六条规定："托运人或者收货人不支付运费、保管费或者其他费用的，承运人对相应的运输货物享有留置权，但是当事人另有约定的除外。"托运人不支付运费、保管费以及其他运输费用的，承运人可以对相应的运输货物行使留置权。但是，留置权的行使必须满足一个前提条件，即托运人或者收货人未支付的运费、保管费及其他运输费用必须是所要留置的货物产生的。本案中，刘某龙认可双方之间争议的运输费用产生于之前的交易中而并非本案货运关系中，故刘某龙主张其对4台叉车享有留置权，没有法律及事实依据。

**第八百三十七条 【货物的提存】收货人不明或者收货人无正当理由拒绝受领货物的，承运人依法可以提存货物。**

**条文解读**

承运人依法可以提存货物。提存是履行债务的方式之一，提存后债务人就完成了交付标的物的债务，债权人就实现了债权。在货运合同的履行中，收货人不明或者收货人无正当理由拒绝受领货物的，承运人无法向收货人交付货物，不能将运输义务履行完毕。在这种情形下，承运人就具备了以提存方式消灭债务的条件，可以依法提存货物，即完成交付，履行完毕运输债务，消灭货运合同的债权。

**配套法规及解读**

**《民法典》(2020年5月28日)**

**第五百七十条** 有下列情形之一，难以履行债务的，债务人可以将标的物提存：

(一)债权人无正当理由拒绝受领；

(二)债权人下落不明；

(三)债权人死亡未确定继承人、遗产管理人，或者丧失民事行为能力未确定监

---

〔1〕 参见浙江省嘉兴市中级人民法院民事判决书，(2014)浙嘉商终字第623号。

护人；

（四）法律规定的其他情形。

标的物不适于提存或者提存费用过高的，债务人依法可以拍卖或者变卖标的物，提存所得的价款。

※**法规解读**：提存，是指由于法律规定的情形债务人难以向债权人履行债务时，债务人将标的物交给提存部门而消灭债务的制度。提存是一种履行的替代。提存的意义是，债务人可以将无法交付债权人的标的物交付提存部门，消灭债权债务关系，从而免除债务人履行债务的困扰，为保护债务人的利益提供了一项行之有效的措施。

**关联法规索引**

《铁路法》第22条；《海商法》第86条

**典型案例**

**肖某梅诉董某军等公路货物运输合同纠纷案**〔1〕

※**案例解读**：我国《民法典》第八百三十七条规定："收货人不明或者收货人无正当理由拒绝受领货物的，承运人依法可以提存货物。"当承运人按照约定将货物运达指定地点而收货人不明或者收货人无正当理由拒绝受领货物时，承运人可以依法将货物提存，提存视为交付。本案中，承运人直接将货物拉回自己家中，属于非理性的处理方式，同时该行为违反了法律规定和合同约定，构成违约，所以承运人对于肖某梅的损失要承担赔偿责任。

## 第四节　多式联运合同

**第八百三十八条　【多式联运经营人的权利义务】** 多式联运经营人负责履行或者组织履行多式联运合同，对全程运输享有承运人的权利，承担承运人的义务。

〔1〕参见湖南省临湘市人民法院民事判决书，(2015)临民初字第522号。

## 条文解读

本条规定了多式联运经营人的权利与义务。多式联运，是与单一运输以及单式联运相对立的运输形式。多式联运合同，是指多式联运经营人与托运人订立的，约定以两种或者两种以上的不同运输方式，采用同一种运输凭证将货物运输至约定地点的合同。多式联运经营人是多式联运活动的组织者、经营者，与托运人相对应，负责履行或者组织履行多式联运合同，享有全程运输的全部权利，包括收取运输费用、在托运人违约时请求赔偿等，同时，其也应履行全部义务和承担全部责任，对各实际承运人在运送中造成的迟延或者货物损害，都要承担赔偿责任。

## 配套法规及解读

**《铁路法》(2015 年 4 月 24 日修正)**

**第二十九条** 铁路运输企业与公路、航空或者水上运输企业相互间实行国内旅客、货物联运，依照国家有关规定办理；国家没有规定的，依照有关各方的协议办理。

**第三十条** 国家铁路、地方铁路参加国际联运，必须经国务院批准。

**※法规解读：**国际联运是指由两个或两个以上国家的运输企业在国际间衔接运送货物或旅客的运输业务。国际间的旅客联运，一般以航空运输为主，以铁路运输为辅，大多由各国航空公司签订合同或协议，办理旅客联运。国际间的货物联运，按参加国共同商定的联运规则办理。若国家之间没有规定，依照各方的协议办理。国家铁路、地方铁路参加国际联运，必须经过国务院批准。

## 典型案例

### 滑某全诉广州创远物流代理有限公司多式联运合同纠纷案[1]

**※案例解读：**我国《民法典》第八百三十八条规定："多式联运经营人负责履行或者组织履行多式联运合同，对全程运输享有承运人的权利，承担承运人的义务。"本案中，原告向被告支付一笔总费用，要求被告在收货地接收集装箱货物后，将货物交到原告指定的收货人手上才算完成运输任务。至于被告采用何种方式运输、交由哪家

〔1〕 参见广州海事法院民事判决书，(2013)广海法初字第 520 号。

公司实际运输,原告并不在意,只要货物能够及时交到收货人手中即可,故而被告实质上就是多式联运经营人,所以被告应对全程运输承担承运人的义务,对于顺德公司违约造成的损失,被告作为委托人依法应当承担责任。

**第八百三十九条　【多式联运的责任制度】多式联运经营人可以与参加多式联运的各区段承运人就多式联运合同的各区段运输约定相互之间的责任;但是,该约定不影响多式联运经营人对全程运输承担的义务。**

## 条文解读

本条规定了多式联运的责任制度。多式联运经营人对多式联运承担责任,是多式联运合同责任承担的基本原则。由于多式联运的各区段承运人之间都存在通过共同合作从事联合运输的内部协作,所以在各承运人之间存在一种事实上的合同型的联营关系。在多式联运经营人与托运人签订了多式联运合同后,各承运人都参与了这一合同关系,都应当承担责任。

## 配套法规及解读

**《民法典》(2020年5月28日)**

**第一百七十八条**　二人以上依法承担连带责任的,权利人有权请求部分或者全部连带责任人承担责任。

连带责任人的责任份额根据各自责任大小确定;难以确定责任大小的,平均承担责任。实际承担责任超过自己责任份额的连带责任人,有权向其他连带责任人追偿。

连带责任,由法律规定或者当事人约定。

**※法规解读:**民事法律关系中的连带责任是连带债务关系中数个债务人向债权人承担民事责任的一种形式。因此,连带责任需具备民事责任的一般构成要件,即连带责任人主观上须有过错;行为须具有违法性;须造成损害事实;违法行为与损害后果之间须存在因果关系。但是,由于民事立法上允许连带责任无因设置,即由当事人自行约定,所以连带责任的构成又有例外。比如担保合同中的保证人,其主观上虽无过错,也未实施违法行为,但其仍应承担连带责任。因此,连带责任的构成还有其自身的条件和特点。

在多式联运合同中,并非适用连带责任。多式联运经营人应当对运输全程承担责任,即使多式联运经营人与其他联运人约定了各分段的责任分配,多式联运经营人也不得以此为由不对运输全程承担责任。即内部约定不可进行外部抵抗,这一点类比于连带责任的承担。

## 典型案例

### 中国太平洋财产保险股份有限公司深圳分公司诉惠州润盛运输有限公司等多式联运合同纠纷案[1]

**※案例解读:**我国《民法典》第八百三十九条规定:"多式联运经营人可以与参加多式联运的各区段承运人就多式联运合同的各区段运输约定相互之间的责任;但是,该约定不影响多式联运经营人对全程运输承担的义务。"本案中,惠州润盛运输有限公司(以下简称惠州润盛公司)作为多式联运经营人对于由区段承运人大律双捷公司负责的区段运输承担义务。对于天津双捷公司负全部责任造成的涉案货物损失,惠州润盛公司应当承担相应的责任。依据招商局物流惠州公司和惠州润盛公司签订的国内沿海集装箱货运合同中"惠州润盛公司的过错造成货损、货差、毁损、丢失,惠州润盛公司应向招商局物流惠州公司赔偿货物全部损失,惠州润盛公司将按货物销售价值赔偿招商局物流惠州公司"的约定,惠州润盛公司应当承担按货物销售价格赔偿的责任。

**第八百四十条 【联运单据的转让】多式联运经营人收到托运人交付的货物时,应当签发多式联运单据。按照托运人的要求,多式联运单据可以是可转让单据,也可以是不可转让单据。**

## 条文解读

本条规定了多式联运的单据。多式联运的托运人在办理多式联运手续时,在交付货物、支付运费的同时,还应当填好相关的联运单据,确认相关事项,多式联运经营人在收到托运人交付的货物时,根据托运人提供的资料,签发多式联运单据,多式联运单据既是债权文书,也是货权凭证。多式联运单据可以是可转让单据,也可以是不可转让单据。多式联运经营人应根据托运人的要求签发多式联运单据,托运人对是否可转让有选择权。

---

〔1〕 参见广州海事法院民事判决书。

配套法规及解读

《民法典》(2020 年 5 月 28 日)

**第五百五十五条**　当事人一方经对方同意,可以将自己在合同中的权利和义务一并转让给第三人。

**第五百五十六条**　合同的权利和义务一并转让的,适用债权转让、债务转移的有关规定。

**※法规解读:**债权债务概括移转是指把全部或某一特定的债权、债务全部移转给受让人,而不仅仅是权利或义务的移转。债权债务概括移转可为全部债权债务的移转,也可为部分债权债务的移转。合同承受是指一方当事人把自己合同的全部权利、义务,经对方当事人同意后,移转给第三人。合同承受,必须符合以下要件:一是必须有合法有效的合同存在,这是合同承受的根本前提;二是所承受的合同为双务有偿合同,在单务合同中,当事人或者仅承担义务,或者仅享有权利,单务合同的移转不是债权债务的概括移转;三是原合同出让人必须与第三人达成移转协议;四是合同承受必须经过对方当事人同意。合同承受的效力是指原合同当事人的一切债权债务关系由第三人承担,原合同当事人脱离合同关系。

**第八百四十一条　【托运人的赔偿责任】因托运人托运货物时的过错造成多式联运经营人损失的,即使托运人已经转让多式联运单据,托运人仍然应当承担赔偿责任。**

条文解读

本条规定了托运人的赔偿责任。在多式联运合同中,由于托运人托运货物时的过错造成多式联运经营人损失的,托运人应当赔偿。即使托运人已经转让了多式联运单据,也不能免除其责任或者将赔偿责任转移给多式联运单据的权利人承担,托运人仍然应对自己的过错行为造成的损害承担赔偿责任。

配套法规及解读

《民法典》(2020 年 5 月 28 日)

**第一百七十九条**　承担民事责任的方式主要有:

(一)停止侵害;

(二)排除妨碍;

（三）消除危险；

（四）返还财产；

（五）恢复原状；

（六）修理、重作、更换；

（七）继续履行；

（八）赔偿损失；

（九）支付违约金；

（十）消除影响、恢复名誉；

（十一）赔礼道歉。

法律规定惩罚性赔偿的，依照其规定。

本条规定的承担民事责任的方式，可以单独适用，也可以合并适用。

**※法规解读：**根据本条规定，承担民事责任的主要方式有《民法典》规定的 11 种，民事责任承担的方式可以根据当事人的自由选择，单独或者合并适用。

## 关联法规索引

《海商法》第 204、207、252 条

**第八百四十二条　【赔偿责任适用法律的规定】货物的毁损、灭失发生于多式联运的某一运输区段的，多式联运经营人的赔偿责任和责任限额，适用调整该区段运输方式的有关法律规定；货物毁损、灭失发生的运输区段不能确定的，依照本章规定承担赔偿责任。**

## 条文解读

本条规定不同赔偿责任适用不同的法律。在多式联运合同履行中，由于使用不同的运输方式进行货物运输，而我国的专门运输法律、法规关于不同的运输方式的赔偿责任和责任限额的规定是不同的，因而出现不同运输区段有不同的赔偿责任和责任限额的问题，依据能否确定货损发生的运输区段的标准，适用不同的规则。

## 配套法规及解读

**《民用航空法》（2021 年 4 月 29 日修正）**

**第一百二十九条**　国际航空运输承运人的赔偿责任限额按照下列规定执行：

（一）对每名旅客的赔偿责任限额为16600计算单位；但是，旅客可以同承运人书面约定高于本项规定的赔偿责任限额。

（二）对托运行李或者货物的赔偿责任限额，每公斤为17计算单位。旅客或者托运人在交运托运行李或者货物时，特别声明在目的地点交付时的利益，并在必要时支付附加费的，除承运人证明旅客或者托运人声明的金额高于托运行李或者货物在目的地点交付时的实际利益外，承运人应当在声明金额范围内承担责任。

托运行李或者货物的一部分或者托运行李、货物中的任何物件毁灭、遗失、损坏或者延误的，用以确定承运人赔偿责任限额的重量，仅为该一包件或者数包件的总重量；但是，因托运行李或者货物的一部分或者托运行李、货物中的任何物件的毁灭、遗失、损坏或者延误，影响同一份行李票或者同一份航空货运单所列其他包件的价值的，确定承运人的赔偿责任限额时，此种包件的总重量也应当考虑在内。

（三）对每名旅客随身携带的物品的赔偿责任限额为332计算单位。

**※法规解读：**我国《民用航空法》对国际航空运输承运人的赔偿责任限额作出了上述详细规定，对旅客、行李与货物以及旅客随身携带的物品分别规定了赔偿责任限额。在具体案件中，除当事人之间另有书面约定外，国际航空运输承运人应当按照上述规定承担赔偿责任。

**典型案例**

## 上海中杰物流有限公司诉甘肃西部物流有限责任公司运输合同纠纷案[1]

**※案例解读：**我国《民法典》第八百四十二条规定："货物的毁损、灭失发生于多式联运的某一运输区段的，多式联运经营人的赔偿责任和责任限额，适用调整该区段运输方式的有关法律规定；货物毁损、灭失发生的运输区段不能确定的，依照本章规定承担赔偿责任。"本案中，货物的毁损灭失可以确定发生在罗某荣承运的公路运输区段中，所以多式联运经营人即上海中杰物流有限公司（以下简称中杰物流）的赔偿责任和责任限额适用调整该区段运输方式即公路运输的有关法律规定。中杰物流是本案多式联运合同的总经营承运人，货物毁损发生在罗某荣承运的公路运输区段中，中杰物流承担赔偿责任后，主张甘肃西部物流有限责任公司承担其在履行合同过程中造成的货物损失没有依据。

---

〔1〕 参见甘肃省高级人民法院民事裁定书，(2014)甘民申字第713号。

# 第二十章 技术合同

**本章介绍**

本章规定了技术合同的定义、订立技术合同的原则等，并规定了技术开发合同、技术转让合同、技术许可合同、技术咨询合同、技术服务合同。

## 第一节 一般规定

**第八百四十三条 【技术合同的定义】技术合同是当事人就技术开发、转让、许可、咨询或者服务订立的确立相互之间权利和义务的合同。**

**条文解读**

本条规定了技术合同的定义。技术合同，是指当事人就技术开发、转让、咨询或者服务订立的确立相互之间权利和义务的合同。其特征有：标的是技术成果；受多重法律调整；为双务、有偿合同；主体一方具有特定性。技术合同包括技术开发合同、技术转让合同、技术许可合同、技术咨询合同和技术服务合同。

**配套法规及解读**

**《民法典》(2020 年 5 月 28 日)**

**第六条** 民事主体从事民事活动，应当遵循公平原则，合理确定各方的权利和义务。

**※法规解读：**本条规定了公平原则。公平原则是法律的最高价值目标，公平正义是人类共同追求的基本价值，也是法律追求的基本价值，公平原则作为《民法典》的基本原则是综合考虑各方意见的结果。公平原则指民事主体应本着公平、正义的观念实施民事行为，司法机关应根据公平的观念处理民事纠纷，民事立法也应该充分体现公平的理念。公平原则体现了民法促进社会公平正义的基本价值，对规范民事主体

的行为发挥着重要作用。

第一，民事主体在从事民事活动时，按照公平观念行使权利履行义务，双方之间的权利和承担的义务应当对等。第二，公平原则还要求民事主体合理承担民事责任，通常情况下适用过错责任，要求责任与过错的程度相适应，特殊情况下，也可以根据公平原则合理分担责任。

## 关联法规索引

《最高人民法院关于审理技术合同纠纷案件适用法律若干问题的解释》第7、8、42～45条

## 典型案例

### 孙某明与北京美吉和电子商务技术有限公司合同纠纷案〔1〕

**※案例解读：**我国《民法典》第八百四十三条规定："技术合同是当事人就技术开发、转让、许可、咨询或者服务订立的确立相互之间权利和义务的合同。"技术合同的标的是提供技术的行为，本案中，人民法院在审理过程中发现，综合庭审状况以及现有证据表明双方签订合同的目的不仅限于一方为另一方提供技术，而是合作经营创业，所以并非技术合同。

**第八百四十四条　【订立技术合同的原则】订立技术合同，应当有利于知识产权的保护和科学技术的进步，促进科学技术成果的研发、转化、应用和推广。**

## 条文解读

本条是关于订立技术合同的原则的规定。订立技术合同，须遵循有利于科学技术的进步、促进科学技术成果的转化、应用和推广的原则，理由是，人类智慧凝成的各

〔1〕参见北京市海淀区人民法院民事审判书，(2015)京知民终字第555号。

项科技成果，已成为现代经济发展的主要动力，要从根本上推动科学技术进步，发挥科技是第一生产力的作用，就必须实现科学技术与经济建设的结合，加速科研成果的物化过程，使之广泛运用于生产实践转化为直接的生产力。将引领科学技术进步、加速科学技术成果应用和推广作为技术合同订立的原则，目的在于鼓励和引导当事人正确运用技术合同这一法律形式，在科研与生产之间架起桥梁。非法垄断技术、妨碍技术进步的技术合同是无效技术合同，从订立时起就没有法律约束力。

## 配套法规及解读

**《民法典》(2020 年 5 月 28 日)**

**第一百二十三条** 民事主体依法享有知识产权。

知识产权是权利人依法就下列客体享有的专有的权利：

(一)作品；

(二)发明、实用新型、外观设计；

(三)商标；

(四)地理标志；

(五)商业秘密；

(六)集成电路布图设计；

(七)植物新品种；

(八)法律规定的其他客体。

**※法规解读：**知识产权是国际上广泛使用的法律概念，是民事主体对其创造性的客体依法享有的专有权利。知识产权的法律特征包括：第一，知识产权是一种无形财产权；第二，知识产权具有财产权和人身权的双重属性；第三，知识产权具有专有性；第四，知识产权具有地域性；第五，知识产权具有时间性。

根据本条规定：(1)民事主体依法享有知识产权。这宣示了知识产权作为一种民事权利应当受到法律保护，同时宣示知识产权可适用《民法典》的规定。(2)知识产权是权利人依法就下列客体所享有的专有权利：作品；发明、实用新型、外观设计；商标；地理标志；商业秘密；集成电路布图设计；植物新品种；法律规定的其他客体。

## 典型案例

### 眉山市中能生物科技研究所与西宁信利机械制造有限公司技术转让合同纠纷案[1]

※**案例解读**：我国《民法典》第八百四十四条规定："订立技术合同，应当有利于知识产权的保护和科学技术的进步，促进科学技术成果的研发、转化、应用和推广。"本案中，眉山市中能生物科技研究所转让的技术根本无法推广应用，故而技术转让合同无继续履行之意义。技术受让人西宁信利机械制造有限公司订立合同时不注意了解技术的实用性，对技术转化以及产品性能等未作通盘考察论证，应依约承担相应的经营风险，其诉求返还技术入门费20,000元以及161,790元经济损失依据不足。

**第八百四十五条　【技术合同的主要条款】技术合同的内容一般包括项目的名称，标的的内容、范围和要求，履行的计划、地点和方式，技术信息和资料的保密，技术成果的归属和收益的分配办法，验收标准和方法，名词和术语的解释等条款。**

**与履行合同有关的技术背景资料、可行性论证和技术评价报告、项目任务书和计划书、技术标准、技术规范、原始设计和工艺文件，以及其他技术文档，按照当事人的约定可以作为合同的组成部分。**

**技术合同涉及专利的，应当注明发明创造的名称、专利申请人和专利权人、申请日期、申请号、专利号以及专利权的有效期限。**

## 条文解读

本条规定了技术合同的主要条款。技术合同的条款由当事人约定，包括的主要条款有项目名称、标的的内容与范围和要求，履行的计划、进度、期限、地点、地域和方式，技术信息和资料的保密，技术成果的归属和收益的分配办法，验收标准和方法，名词和术语的解释等。

[1] 参见青海省高级人民法院民事判决书，(2012)青民三终字第4号。

## 配套法规及解读

**《民法典》(2020 年 5 月 28 日)**

**第四百七十条** 合同的内容由当事人约定,一般包括下列条款:

(一)当事人的姓名或者名称和住所;

(二)标的;

(三)数量;

(四)质量;

(五)价款或者报酬;

(六)履行期限、地点和方式;

(七)违约责任;

(八)解决争议的方法。

当事人可以参照各类合同的示范文本订立合同。

**※法规解读:**本条规定,一是明确了合同的内容由当事人约定,一般包括下列条款:(1)当事人的姓名或者名称和住所;(2)标的;(3)数量;(4)质量;(5)价款或者报酬;(6)履行期限、地点和方式;(7)违约责任;(8)解决争议的方法。二是明确了当事人可以参照各类合同的示范文本订立合同。

## 典型案例

### 包头市鼎配纳米材料有限公司诉徐某武技术转让合同纠纷案[1]

**※案例解读:**我国《民法典》第八百四十五条规定:“技术合同的内容一般包括项目的名称,标的的内容、范围和要求,履行的计划、地点和方式,技术信息和资料的保密,技术成果的归属和收益的分配办法,验收标准和方法,名词和术语的解释等条款。与履行合同有关的技术背景资料、可行性论证和技术评价报告、项目任务书和计划书、技术标准、技术规范、原始设计和工艺文件,以及其他技术文档,按照当事人的约定可以作为合同的组成部分。技术合同涉及专利的,应当注明发明创造的名称、专利申请人和专利权人、申请日期、申请号、专利号以及专利权的有效期限。”专利实施许

〔1〕 参见内蒙古自治区包头市中级人民法院民事判决书,(2014)包民知初字第13号。

可合同有效成立的条件之一是专利处于权利保护期，对于超过专利保护期的专利实施许可可以依法宣布为无效合同，本案中，双方因为技术合同发生纠纷，包头市鼎配纳米材料有限公司意图以专利无效来否决合同的法律效力。法院在处理本案时，根据法律规定，判定本案涉及的技术合同与专利无关，故而否定了包头市鼎配纳米材料有限公司的主张。

**第八百四十六条 【技术合同价款、报酬或使用费】技术合同价款、报酬或者使用费的支付方式由当事人约定，可以采取一次总算、一次总付或者一次总算、分期支付，也可以采取提成支付或者提成支付附加预付入门费的方式。**

**约定提成支付的，可以按照产品价格、实施专利和使用技术秘密后新增的产值、利润或者产品销售额的一定比例提成，也可以按照约定的其他方式计算。提成支付的比例可以采取固定比例、逐年递增比例或者逐年递减比例。**

**约定提成支付的，当事人可以约定查阅有关会计账目的办法。**

## 条文解读

本条规定技术合同价款、报酬或者使用费的支付方式由当事人约定。技术合同价款、报酬和使用可以采用的支付方式有：一次总算、一次总付；一次总算、分期支付；提成支付；“入门费 + 提成”等。

## 配套法规及解读

**《民法典》(2020 年 5 月 28 日)**

**第一百七十六条** 民事主体依照法律规定或者按照当事人约定，履行民事义务，承担民事责任。

**※法规解读：**根据本条规定：(1)民事主体依照法律规定或者按照当事人约定履行的民事义务分为两类：一是法律直接规定的义务，如《民法典》第八条规定的“民事主体从事民事活动，不得违反法律，不得违背公序良俗”中的“不得违反法律，不得违背公序良俗”，就是每个民事主体的法律义务。二是在法律允许范围内当事人约定的义务，如当事人双方在合同中约定的义务。(2)民事主体无论违反哪一类民事义务都要承担民事责任。

## 关联法规索引

《最高人民法院关于审理技术合同纠纷案件适用法律若干问题的解释》第 14 条

## 典型案例

### 广东阳江制药厂有限公司与北京中西经纬释药技术有限公司技术转让合同纠纷案[1]

**※案例解读:**我国《民法典》第八百四十六条规定:“技术合同价款、报酬或者使用费的支付方式由当事人约定,可以采取一次总算、一次总付或者一次总算、分期支付,也可以采取提成支付或者提成支付附加预付入门费的方式。约定提成支付的,可以按照产品价格、实施专利和使用技术秘密后新增的产值、利润或者产品销售额的一定比例提成,也可以按照约定的其他方式计算。提成支付的比例可以采取固定比例、逐年递增比例或者逐年递减比例。约定提成支付的,当事人可以约定查阅有关会计账目的办法。”本案的合同应定性为技术转让合同,而双方当事人的争议点在于技术合同的价款支付条款,在不违反法律法规的情况下,合同的履行应当依据合同的内容,也就是当事人的真实意思表示。

**第八百四十七条 【职务技术成果的权利归属】职务技术成果的使用权、转让权属于法人或者非法人组织的,法人或者非法人组织可以就该项职务技术成果订立技术合同。法人或者非法人组织订立技术合同转让职务技术成果时,职务技术成果的完成人享有以同等条件优先受让的权利。**

**职务技术成果是执行法人或者非法人组织的工作任务,或者主要是利用法人或者非法人组织的物质技术条件所完成的技术成果。**

## 条文解读

本条规定了职务技术成果的权利归属。职务技术成果的权利归属的原则是:职务技术成果的使用权、转让权属于法人或者非法人组织的,法人或者非法人组织可以

〔1〕 参见广东省高级人民法院民事判决书,(2011)粤高法民三终字第 174 号。

就该项职务技术成果订立技术合同；对于职务技术成果，成果完成人享有优先受让权，法人或者非法人组织转让职务技术成果时，职务技术成果的完成人在同等条件下，享有优先受让的权利。

## 关联法规索引

《专利法》第6条、第15条第1款、第16条

## 典型案例

**王某安诉卫生部国际交流与合作中心劳动争议案**〔1〕

**※案例解读：**我国《民法典》第八百四十七条规定："职务技术成果的使用权、转让权属于法人或者非法人组织的，法人或者非法人组织可以就该项职务技术成果订立技术合同。法人或者非法人组织订立技术合同转让职务技术成果时，职务技术成果的完成人享有以同等条件优先受让的权利。职务技术成果是执行法人或者非法人组织的工作任务，或者主要是利用法人或者非法人组织的物质技术条件所完成的技术成果。"为了鼓励科研人员创新，我国法律明确了科技成果奖励制度，要求用人单位对员工的科技成果给予奖励。但是，单位员工的贡献是纷繁复杂的，在法律上只有科技成果有特别的奖励制度。本案中，由于科技成果强调的是在科学技术活动中取得的科学成果或技术成果，《卫生部国际交流中心分配制度改革办法》不属于"科技成果"，故王某安完成的改革方案不被承认为科技成果，故其诉讼请求没有依据。

**第八百四十八条　【非职务技术成果的权利归属】非职务技术成果的使用权、转让权属于完成技术成果的个人，完成技术成果的个人可以就该项非职务技术成果订立技术合同。**

## 条文解读

完成技术成果的个人享有非职务技术成果的使用权、转让权。由于非职务技术

〔1〕参见北京市西城区人民法院民事判决书，(2014)西民初字第16422号。

成果不是执行法人或者非法人组织的工作任务，也不是利用法人或者非法人组织的物质技术条件所完成的技术成果，而是利用自己的条件和能力完成的技术成果，因而对于非职务技术成果，其使用权和转让权都属于技术成果的完成人，完成人可以就该项成果与他人订立相应的技术合同。

## 关联法规索引

《宪法》第 47 条；《科学技术进步法》第 8、9 条；《最高人民法院关于审理技术合同纠纷案件适用法律若干问题的解释》第 6 条

## 典型案例

### 贾某信与阜新蒙古族自治县卧凤沟乡人民政府其他科技成果权纠纷案〔1〕

**※案例解读：**我国《民法典》第八百四十八条规定："非职务技术成果的使用权、转让权属于完成技术成果的个人，完成技术成果的个人可以就该项非职务技术成果订立技术合同。"非职务技术成果属于完成该技术成果的个人，完成该技术成果的人有权与第三人签订技术合同并享受由此带来的收益。本案中，贾某信是"合成黑炭"技术的主要完成人，依法对该技术享有处分收益的权利。阜新蒙古族自治县卧凤沟乡人民政府事实上已与贾某信之间完成该技术成果的转让，依法应当支付相应费用。

**第八百四十九条　【技术成果完成者的权利和取得荣誉证书、奖励的权利】完成技术成果的个人享有在有关技术成果文件上写明自己是技术成果完成者的权利和取得荣誉证书、奖励的权利。**

## 条文解读

技术成果的权利包括财产权和人身权，技术成果的完成人所享有的人身权，其实就是完成人与技术成果之间的身份关系，表明该技术成果完成人的身份，其基本性质

〔1〕 参见辽宁省高级人民法院民事判决书，(2015)辽民三终字第 00046 号。

属于身份权。技术成果人身权属于完成技术成果的个人,其身份权的内容是完成技术成果的个人享有在有关技术成果文件上写明自己是技术成果完成者的权利,还可以取得荣誉证书、奖励。

## 配套法规及解读

**《民法典》(2020年5月28日)**

**第一百一十条**　自然人享有生命权、身体权、健康权、姓名权、肖像权、名誉权、荣誉权、隐私权、婚姻自主权等权利。

法人、非法人组织享有名称权、名誉权和荣誉权。

**※法规解读:**人格权,指以主体依法固有的人格利益为客体的,以维护和实现人格平等、人格尊严、人身自由为目的的权利,包括生命权、身体权、健康权、姓名权、名称权、肖像权、名誉权、荣誉权、隐私权、婚姻自主权等权利。人格权是民事主体最基本、最重要的权利,其特征:一是人身权的一种;二是民事主体固有的权利;三是以主体享有的人格利益为客体;四是以维护和实现人格平等、人格尊严、人身自由为目的。

根据本条规定,具体人格权包括以下两大类:一是自然人的人格权包括生命权、身体权、健康权、姓名权、肖像权、名誉权、荣誉权、隐私权、婚姻自主权等权利。二是法人、非法人组织的人格权包括名称权、名誉权和荣誉权三种。

## 关联法规索引

《促进科技成果转化法》第40条

## 典型案例

### 张某根诉北京有色稀土研究总院等技术成果完成人署名权、荣誉权、奖励权纠纷案[1]

**※案例解读:**我国《民法典》第八百四十九条规定:"完成技术成果的个人享有在有关技术成果文件上写明自己是技术成果完成者的权利和取得荣誉证书、奖励的权

〔1〕 参见北京市第一中级人民法院民事判决书,(2011)一中民初字第6985号。

利。"《最高人民法院关于审理技术合同纠纷案件适用法律若干问题的解释》第六条规定,完成技术成果的"个人",包括对技术成果单独或者共同作出创造性贡献的人,即技术成果的发明人或者设计人。人民法院在对创造性贡献进行认定时,应当分解所涉及技术成果的实质性技术构成。提出实质性技术构成并由此实现技术方案的人,是作出创造性贡献的人。提供资金、设备、材料、试验条件,进行组织管理,协助绘制图纸、整理资料、翻译文献等人员,不属于完成技术成果的个人。本案中,获奖项目涉及9个主要技术发明点,其中4个发明点均包含张某根作为发明人之一的发明专利。虽然北京有色稀土研究总院和有研稀土公司主张张某根在该4项发明专利实质审查过程中已经离职,未参与实质性工作,但是该4项发明专利自申请至最终授权始终保留了张某根的发明人署名,在无相反证据证明的情况下,应当认定张某根对该4项发明专利作出了创造性贡献。因此,应当确认张某根属于完成获奖项目技术成果的个人之一。

**第八百五十条 【技术合同的无效】非法垄断技术或者侵害他人技术成果的技术合同无效。**

## 条文解读

本条规定非法垄断技术或者侵害他人技术成果的技术合同为无效合同。我国法律一方面采取必要的措施保障技术合同当事人在合法的范围内行使自己的权利,另一方面又不允许当事人滥用这种权利损害社会公共利益。技术合同除适用民事法律行为无效的一般规定外,以下技术合同一律无效:涉及非法垄断技术的技术合同;侵害他人技术成果的技术合同。

## 配套法规及解读

**《民法典》(2020年5月28日)**

**第五百零七条** 合同不生效、无效、被撤销或者终止的,不影响合同中有关解决争议方法的条款的效力。

**※法规解读:**《民法典》第一百五十七条规定:"民事法律行为无效、被撤销或者确定不发生效力后,行为人因该行为取得的财产,应当予以返还;不能返还或者没有必要返还的,应当折价补偿。有过错的一方应当赔偿对方由此所受到的损失;各方都

有过错的，应当各自承担相应的责任。法律另有规定的，依照其规定。”据此，合同不生效、无效、被撤销或者终止后，仍然会产生一定法律后果。当事人在合同中订立的有关解决争议的条款，其效力独立于合同效力，合同的生效与否、有效与否或者终止与否均不影响解决争议条款的效力。

本条关于“合同不生效、无效、被撤销或者终止的，不影响合同中有关解决争议方法的条款的效力”的规定：一是明确了合同中有关解决争议方法的条款的独立性，即合同不生效、无效、被撤销或者终止的，不影响合同中有关解决争议方法的条款的效力。二是要把握合同中有关解决争议方法的条款的四种形式：第一，仲裁协议。《仲裁法》第十九条第一款规定，仲裁协议独立存在，合同的变更、解除、终止或者无效，不影响仲裁协议的效力。第二，选择受诉法院的条款。《民事诉讼法》第三十五条规定，合同或者其他财产权益纠纷的当事人可以书面协议选择被告住所地、合同履行地、合同签订地、原告所在地、标的物所在地等与争议有实际联系地点的人民法院管辖，但不得违反级别管辖和专属管辖的规定。当事人选择受诉人民法院的条款，不受合同效力的影响。第三，选择检验、鉴定机构的条款。第四，法律适用条款。

## 关联法规索引

《最高人民法院关于审理技术合同纠纷案件适用法律若干问题的解释》第 10 条

## 典型案例

### 伍某洁等与重庆派威能源管理有限责任公司计算机软件开发合同纠纷案[1]

**※案例解读：**我国《民法典》第八百五十条规定：“非法垄断技术或者侵害他人技术成果的技术合同无效。”根据该规定，侵害他人技术成果的技术合同为无效合同。本案中，原、被告双方协议所涉 C/S 结构软件侵犯了嘉力达公司商业秘密（实质上是嘉力达公司作为商业秘密保护的技术成果），故而协议关于 C/S 结构软件的部分无效。重庆派威能源管理有限责任公司（以下简称派威公司）用于计算机软件著作权登记的 C/S 结构软件是伍某洁、郭某提供的，且其并未证明派威公司明知 C/S 结构软

〔1〕 参见最高人民法院民事裁定书，(2012) 民申字第 855 号。

件侵犯嘉利达公司计算机软件著作权，故伍某洁、郭某作为有过错的一方应赔偿派威公司因此所受到的损失。

## 第二节 技术开发合同

**第八百五十一条 【技术开发合同的定义及形式】** 技术开发合同是当事人之间就新技术、新产品、新工艺、新品种或者新材料及其系统的研究开发所订立的合同。

技术开发合同包括委托开发合同和合作开发合同。

技术开发合同应当采用书面形式。

当事人之间就具有实用价值的科技成果实施转化订立的合同，参照适用技术开发合同的有关规定。

### 条文解读

本条规定了技术开发合同的定义，并规定技术开发合同应当采用书面形式。技术开发合同，是指当事人之间就新技术、新产品、新工艺或者新材料及其系统的研究开发所订立的合同。其特征是：标的是具有创造性的技术成果；是双务、有偿、诺成、要式合同；当事人须共担风险。技术开发合同包括委托开发合同和合作开发合同。

### 配套法规及解读

**《民法典》(2020 年 5 月 28 日)**

**第一百三十五条** 民事法律行为可以采用书面形式、口头形式或者其他形式；法律、行政法规规定或者当事人约定采用特定形式的，应当采用特定形式。

**※法规解读：**民事法律行为的形式，也称民事法律行为的成立方式，指当事人意思表示的外在表现形式。根据本条规定，民事法律行为的形式包括两个方面：一是法律规定的形式；二是当事人约定的形式。而民事法律行为的具体形式则包括书面形式、口头形式和其他形式。(1)书面形式，是以文字等可以再现民事法律行为内容的形式，主要指合同书、信件、电报、电传、传真、微信、QQ 等。书面形式可以分为当事人约定的形式和法定形式。当事人约定的书面形式，指当事人约定实施民事法律行为必须采用书面形式；法定的书面形式，指法律、行政法规规定当事人必须以书面形式

实施民事法律行为。(2)口头形式,是当事人以口头对话的方式实施民事法律行为,如电话预订房间、购买产品等。(3)其他形式,是以书面和口头形式以外的行为方式缔约的形式,主要指默示形式,即当事人不是通过语言或者文字的方式来作出意思表示,而是通过一定的行为作出意思表示。默示形式包括的范围也比较广泛。例如:房屋租赁合同期满后,出租人继续接受承租人交纳的租金,则可以推定租赁合同继续有效;乘客乘公共汽车并到达目的地,则推定运输合同成立;商店设置自动售货机,顾客将规定的货币投入自动售货机内,买卖合同即成立;等等。

## 关联法规索引

《专利法》第2条

## 典型案例

### 北京八达实创科技有限公司诉宁夏领鲜物流有限公司技术委托开发合同纠纷案[1]

**※案例解读:**我国《民法典》第八百五十一条规定:"技术开发合同是当事人之间就新技术、新产品、新工艺、新品种或者新材料及其系统的研究开发所订立的合同。技术开发合同包括委托开发合同和合作开发合同。技术开发合同应当采用书面形式。当事人之间就具有实用价值的科技成果实施转化订立的合同,参照适用技术开发合同的有关规定。"在民法领域,法不禁止即自由,合同双方只要是在平等的基础上,基于意思自治订立的合同,且合同内容不违反法律、行政法规的强制性规定,合同即有效。技术开发合同是合同中的一种,当事人间就新技术、新产品、新工艺、新材料以及系统的研究开发而订立的合同为技术开发合同,其自然也需满足合同有效的条件。本案中,合同双方的《技术开发合同书》满足合同成立有效的条件,且满足技术开发合同的定义,因此,法院确定其为技术开发合同纠纷。原告已依合同约定履行了自己的义务,完成了原、被告签订的合同中约定的技术开发项目,并经相关部门验收合格,被告理应按照合同约定向原告支付相应的开发费用。

---

〔1〕 参见宁夏回族自治区灵武市人民法院民事判决书,(2015)灵民商初字第214号。

**第八百五十二条 【委托人的义务】**委托开发合同的委托人应当按照约定支付研究开发经费和报酬，提供技术资料，提出研究开发要求，完成协作事项，接受研究开发成果。

## 条文解读

本条规定了技术开发合同的委托人的义务。委托开发合同的委托方应当履行的义务是：按照合同约定支付研究开发费用和报酬；提供研究开发所需要的技术资料、原始数据；提出研究开发要求；按照约定完成协作事项；按期接受研究开发成果。

## 典型案例

### 上海灵镭信息科技有限公司诉上海集集数字技术有限公司计算机软件开发合同纠纷案[1]

**※案例解读：**我国《民法典》第八百五十二条规定："委托开发合同的委托人应当按照约定支付研究开发经费和报酬，提供技术资料，提出研究开发要求，完成协作事项，接受研究开发成果。"依照合同的约定，在受托方完成工作并按时交付工作成果后，委托方应支付相应报酬，这是委托开发合同委托人的义务之一。本案中，上海集集数字技术有限公司（以下简称集集公司）在上海灵镭信息科技有限公司（以下简称灵镭公司）完成了软件开发、履行了合同约定的义务之后，没有按照合同约定足额支付软件开发服务费，也未向灵镭公司确认验收通过或者要求灵镭公司对开发成果进行相应的修改完善，违反了合同约定和法律对委托人义务的规定，因此集集公司应当按照合同的约定向灵镭公司全额支付软件开发服务费并承担相应利息。

**第八百五十三条 【研究开发人的义务】**委托开发合同的研究开发人应当按照约定制定和实施研究开发计划，合理使用研究开发经费，按期完成研究开发工作，交付研究开发成果，提供有关的技术资料和必要的技术指导，帮助委托人掌握研究开发成果。

---

〔1〕 参见上海市浦东新区人民法院民事判决书，(2015)浦民三(知)初字第517号。

## 条文解读

本条规定了研究开发人应负的义务。研究开发人应当按照约定制订和实施研究开发计划,合理使用研究开发经费,按期完成研究开发工作,交付研究开发成果等。

## 典型案例

### 富居网络科技(上海)有限公司诉翔傲信息科技(上海)有限公司技术委托开发合同纠纷案[1]

**※案例解读:**我国《民法典》第八百五十三条规定:"委托开发合同的研究开发人应当按照约定制定和实施研究开发计划,合理使用研究开发经费,按期完成研究开发工作,交付研究开发成果,提供有关的技术资料和必要的技术指导,帮助委托人掌握研究开发成果。"依照合同的约定,按期完成研究开发工作并交付工作成果是委托开发合同的研究开发人的义务之一。当合同的目的不能实现时,被违约方有权解除合同。本案中,富居网络科技(上海)有限公司(以下简称富居公司)已经在合同签订后支付翔傲信息科技(上海)有限公司(以下简称翔傲公司)80,000元的首期开发费用,翔傲公司并没有在《技术开发合同》约定的期限完成产品的开发;富居公司给予翔傲公司延期后,翔傲公司仍未在期限内履行交付产品并上线的义务。翔傲公司没有履行作为开发人应尽的义务,已经构成了违约,应当承担违约责任。因此,根据合同,富居公司有权解除合同,并要求翔傲公司返还开发费用、承担违约金。

**第八百五十四条　【当事人的违约责任】委托开发合同的当事人违反约定造成研究开发工作停滞、延误或者失败的,应当承担违约责任。**

## 条文解读

委托开发合同的当事人违反约定的,应当承担违约责任。构成违约责任的要件有:一方当事人具有违反委托开发合同约定的行为,包括违反法律规定的委托人义务和研究开发人义务的行为;研究开发工作停滞、延误或者失败;一方当事人违约行为

〔1〕　参见上海市闸北区人民法院民事判决书,(2015)闸民二(商)初字第730号。

与研究开发工作停滞、延误或者失败之间具有因果关系。

## 配套法规及解读

《民法典》(2020年5月28日)

**第一百八十六条** 因当事人一方的违约行为,损害对方人身权益、财产权益的,受损害方有权选择请求其承担违约责任或者侵权责任。

※**法规解读:**民事责任竞合,指同一法律事实符合数个责任的构成要件,同时产生数个责任。从请求权的角度,也称为请求权竞合,指同一法律事实产生后发生多项请求权。违约责任与侵权责任竞合,指当事人实施的违约行为,既符合违约责任的构成要件,也符合侵权责任的构成要件,受损害方有权选择请求其承担违约责任或者侵权责任。根据本条规定,如果一方当事人的违约行为损害了对方的人身权益、财产权益,则同时构成了侵权行为即违约方的同一行为违反了两种法律义务。根据公平原则,受损害方可以在两种请求权中选择行使一种请求权,即受损害方只能行使一种请求权。

违约责任或者侵权责任在归责原则、举证责任、义务内容、诉讼时效构成要件和免责条件、责任形式、责任范围、诉讼管辖及对第三人责任等多方面明显不同,允许受损害方选择有利于自己的一种诉由提起诉讼,对受损害方比较方便,有利于对受损害方的保护。对违约方来说,无论对方要求其承担这两种责任中的哪一种,都是合理的。

## 典型案例

### 刘某龙诉温州凯宏科技有限公司委托开发合同纠纷案〔1〕

※**案例解读:**我国《民法典》第八百五十四条规定:"委托开发合同的当事人违反约定造成研究开发工作停滞、延误或者失败的,应当承担违约责任。"委托开发合同的委托人应按约定履行合同义务,否则应承担违约责任。本案中,刘某龙委托温州凯宏科技有限公司(以下简称凯宏公司)开发《移动电子商务应用平台系统的技术开发》

〔1〕 参见浙江省温州市鹿城区人民法院民事判决书,(2015)温鹿东商初字第645号。

项目,但没有按照协议约定向凯宏公司提供任何资料,完成协助义务。委托人违反约定造成项目开发失败,应当承担相应的违约责任。

**第八百五十五条 【合作开发各方的主要义务】合作开发合同的当事人应当按照约定进行投资,包括以技术进行投资,分工参与研究开发工作,协作配合研究开发工作。**

## 条文解读

本条规定了合作开发各方的主要义务。在合作开发合同中,双方当事人应当负担的主要义务是:依照合同约定投资;依照合同约定的分工参与研究开发工作;协作配合研究开发工作等。

## 典型案例

### 孙某西与林某团技术合作开发合同纠纷案[1]

**※案例解读:**我国《民法典》第八百五十五条规定:"合作开发合同的当事人应当按照约定进行投资,包括以技术进行投资,分工参与研究开发工作,协作配合研究开发工作。"根据该条规定,合作开发合同的当事人应当按照合同约定分工参与研究开发工作,协作配合研究开发工作,全面履行合同约定的义务。由于技术开发合同的标的物是研发创造性的技术成果,难度较大,蕴藏着开发失败的风险。合同当事人即使尽了最大的努力,投入了适当的人力、物力,也难免未能取得合同约定的预期成果,由此,技术研发失败的风险应依据合同的约定或者从公平原则的角度考量,由当事人双方合理分担风险及损失。本案中,讼争双方对于技术开发失败的原因各执一词,现有证据也不足以证明系当事人一方导致无法研发出合同约定的技术成果。在此情况下,在不违反法律、法规的强制性规定的情况下,当事人双方有合同约定的,应优先适用合同的约定确定损失负担的比例。

[1] 参见福建省高级人民法院民事判决书,(2015)闽民终字第614号。

**第八百五十六条 【合作开发各方的违约责任】** 合作开发合同的当事人违反约定造成研究开发工作停滞、延误或者失败的,应当承担违约责任。

**条文解读**

合作开发合同当事人违反约定造成研究开发工作停滞、延误或者失败的,应当承担违约责任。违约行为主要表现为:不按照合同约定进行投资,包括以技术进行投资;不按照合同约定的分工参与研究开发工作;不按照合同约定与其他各方完成协作配合任务。违约方承担责任的方式依照合同约定和法律规定,包括继续履行、采取补救措施、支付违约金以及损害赔偿。

**典型案例**

**广州医药研究总院有限公司与辰欣药业股份有限公司技术委托开发合同纠纷案**〔1〕

**※案例解读:**我国《民法典》第八百五十六条规定:"合作开发合同的当事人违反约定造成研究开发工作停滞、延误或者失败的,应当承担违约责任。"本案中,广州医药研究总院有限公司(以下简称广州医药公司)与辰欣药业股份有限公司(以下简称辰欣药业公司)依真实意思表示签订的《技术开发(委托)合同》未违反法律法规规定,合法有效,辰欣药业公司委托广州医药公司研发的药品未按期完成工艺处方研究工作,未能满足辰欣药业公司的需要,因此广州医药公司构成违约,应当承担相应的违约责任。

**第八百五十七条 【技术开发合同的解除】** 作为技术开发合同标的的技术已经由他人公开,致使技术开发合同的履行没有意义的,当事人可以解除合同。

**条文解读**

技术开发合同在履行过程中,作为技术合同标的的技术如果已经由他人公开,技术开发合同的履行就可能没有意义,故当出现这种情形时,当事人的任何一方都可以

〔1〕 参见山东省高级人民法院民事判决书,(2015)鲁民三终字第20号。

行使法定解除权，解除该合同。合同解除之后，应当依照合同解除后的规则处理。

## 配套法规及解读

**《民法典》(2020 年 5 月 28 日)**

**第五百六十三条** 有下列情形之一的，当事人可以解除合同：

(一)因不可抗力致使不能实现合同目的；

(二)在履行期限届满前，当事人一方明确表示或者以自己的行为表明不履行主要债务；

(三)当事人一方迟延履行主要债务，经催告后在合理期限内仍未履行；

(四)当事人一方迟延履行债务或者有其他违约行为致使不能实现合同目的；

(五)法律规定的其他情形。

以持续履行的债务为内容的不定期合同，当事人可以随时解除合同，但是应当在合理期限之前通知对方。

**※法规解读：**本条规定，一是明确了有下列情形之一的，当事人可以解除合同：第一，因不可抗力致使不能实现合同目的。"不可抗力"指《民法典》第一百八十条第二款规定的"不可抗力是不能预见、不能避免且不能克服的客观情况"，一般认为自然灾害、战争、社会异常事件、政府行为等属于不可抗力。第二，在履行期限届满前，当事人一方明确表示或者以自己的行为表明不履行主要债务。第三，当事人一方迟延履行主要债务，经催告后在合理期限内仍未履行。第四，当事人一方迟延履行债务或者有其他违约行为致使不能实现合同目的。第五，法律规定的其他情形。二是明确了以持续履行的债务为内容的不定期合同，当事人可以随时解除合同，但是应当在合理期限之前通知对方。

## 典型案例

### 禹某清与秀之梦信息科技江苏有限公司计算机软件开发合同纠纷案[1]

**※案例解读：**我国《民法典》第八百五十七条规定："作为技术开发合同标的的技

〔1〕 参见江苏省无锡市中级人民法院民事判决书，(2016)苏02民终755号。

术已经由他人公开,致使技术开发合同的履行没有意义的,当事人可以解除合同。”技术开发合同中的关键即在于技术,这是整个合同乃至整个研究开发项目的核心,是在市场拥有竞争力的重要条件,属于应重点保护的对象。一旦技术被公开,则技术开发合同也无存在的必要。该法条的规定是针对拟开发的特定技术已被公开的情况下,导致继续履行合同已无意义而赋予合同当事人解除合同的权利。本案中,因双方在合同中并未明确具体的技术标准,故禹某清主张技术已经由他人公开并无事实依据。禹某清要求秀之梦信息科技江苏有限公司开发的是交友软件,同类软件众多,若仅以存在同类型软件就认为该软件技术已被公开,显然与常理不符。因此,为避免产生合同解除纠纷,作为技术开发合同的解除条件,应当在合同中对该技术的标准进行明确具体的约定。

**第八百五十八条 【风险负担及通知义务】技术开发合同履行过程中,因出现无法克服的技术困难,致使研究开发失败或者部分失败的,该风险由当事人约定;没有约定或者约定不明确,依据本法第五百一十条的规定仍不能确定的,风险由当事人合理分担。**

**当事人一方发现前款规定的可能致使研究开发失败或者部分失败的情形时,应当及时通知另一方并采取适当措施减少损失;没有及时通知并采取适当措施,致使损失扩大的,应当就扩大的损失承担责任。**

## 条文解读

本条规定了技术开发合同履行中风险负担及通知义务。合作开发合同风险负担方法是:该风险如何分担,由当事人约定;当事人对风险负担没有约定或者约定不明确的,进行补充协议。达成协议的,按照补充协议确定的方法分担;补充协议仍然不能确定的,研发的风险由当事人合理分担。在技术开发合同中,当事人都负有风险通知义务,当事人一方如果发现研发风险可能出现,致使研究开发失败或者部分失败时,应当及时通知另一方当事人,并采取适当措施以减少损失。发现风险的一方未履行通知义务,没有及时通知并采取适当措施,致使损失扩大的,应当就扩大的损失向对方承担赔偿责任。

## 配套法规及解读

**《民法典》(2020 年 5 月 28 日)**

**第一百七十九条**　承担民事责任的方式主要有:

(一)停止侵害;

(二)排除妨碍;

(三)消除危险;

(四)返还财产;

(五)恢复原状;

(六)修理、重作、更换;

(七)继续履行;

(八)赔偿损失;

(九)支付违约金;

(十)消除影响、恢复名誉;

(十一)赔礼道歉。

法律规定惩罚性赔偿的,依照其规定。

本条规定的承担民事责任的方式,可以单独适用,也可以合并适用。

**※法规解读:**承担民事责任的方式,指行为人承担民事责任的具体方法,也可以说是行为人具体承担法律上不利后果的方式,是民事责任的具体体现。从理论上讲,承担民事责任的方式可以分为救济性的责任方式(如赔偿损失)、预防性的责任方式(如停止侵害、排除妨碍、消除危险等)和惩罚性的责任方式(惩罚性赔偿)。

## 典型案例

### 江苏刻维科技信息有限公司诉长乐市诗漫针纺有限公司技术委托开发合同纠纷案[1]

**※案例解读:**我国《民法典》第八百五十八条规定:"技术开发合同履行过程中,因出现无法克服的技术困难,致使研究开发失败或者部分失败的,该风险由当事人约定;没有约定或者约定不明确,依据本法第五百一十条的规定仍不能确定的,风险由当事人

〔1〕 参见江苏省镇江经济开发区人民法院民事判决书,(2015)镇经丁商初字第 0005 号。

合理分担。当事人一方发现前款规定的可能致使研究开发失败或者部分失败的情形时,应当及时通知另一方并采取适当措施减少损失;没有及时通知并采取适当措施,致使损失扩大的,应当就扩大的损失承担责任。”公平原则是民法中的兜底原则,当没有法律法规可以依据的时候,法官则需依照公平原则进行一定的自由裁量。在技术开发合同中,对于风险的分担首先应依约定,没有约定或约定不明的,进行补充约定,若补充约定仍不能解决时,应依照公平原则由当事人合理分担。在本案中,当事人之间关于技术转化失败造成的损失没有进行约定,因此,依照法律规定,由当事人相互合理分担。

**第八百五十九条 【技术成果的归属】委托开发完成的发明创造,除法律另有规定或者当事人另有约定外,申请专利的权利属于研究开发人。研究开发人取得专利权的,委托人可以依法实施该专利。**

**研究开发人转让专利申请权的,委托人享有以同等条件优先受让的权利。**

## 条文解读

本条规定了委托开发完成的技术成果的归属。确定委托开发合同技术成果权益归属的规则是:委托开发所完成的技术成果如可以申请专利,申请专利的权利在一般情况下归研究开发人;研究开发人取得专利权的,委托人有权依法实施该项专利;研究开发人转让专利权的,委托人有优先受让权。

## 关联法规索引

《专利法》第 8 条;《民法典》第 849 条

## 典型案例

### 张某影等诉江苏鸿联钢杆有限公司等专利权权属纠纷案〔1〕

**※案例解读:**我国《民法典》第八百五十九条规定:“委托开发完成的发明创造,

〔1〕 参见江苏省高级人民法院民事判决书,(2014)苏知民终字第 0048 号。

除法律另有规定或者当事人另有约定外,申请专利的权利属于研究开发人。研究开发人取得专利权的,委托人可以依法实施该专利。研究开发人转让专利申请权的,委托人享有以同等条件优先受让的权利。"本案中,实际得到履行的是涉案第一份委托开发合同,第二份委托开发合同并未实际履行。而根据第一份委托开发合同关于技术成果的归属和分享的约定,涉案专利的专利权应归江苏鸿联钢杆有限公司和国防科技大学,双方各占50%。

**第八百六十条 【合作开发技术成果的归属】合作开发完成的发明创造,申请专利的权利属于合作开发的当事人共有;当事人一方转让其共有的专利申请权的,其他各方享有以同等条件优先受让的权利。但是,当事人另有约定的除外。**

**合作开发的当事人一方声明放弃其共有的专利申请权的,除当事人另有约定外,可以由另一方单独申请或者由其他各方共同申请。申请人取得专利权的,放弃专利申请权的一方可以免费实施该专利。**

**合作开发的当事人一方不同意申请专利的,另一方或者其他各方不得申请专利。**

## 条文解读

本条规定了合作开发技术成果的归属。确定合作开发研究成果权属的规则是:合作开发所完成的技术成果属可以申请专利的,申请专利的权利属于合作开发的当事人共有,但当事人约定归其中一方或几方所有的,从其约定;当事人有放弃专利申请的权利,一方如果声明放弃其共有的专利申请权,除当事人另有约定外,可以由另一方单独申请或者由其他各方共同申请;当事人对申请专利享有否决权,任何一方如果不同意对研发成果申请专利,另一方或者其他各方不得申请专利。

## 关联法规索引

《专利法》第8条;《民法典》第845条

典型案例

## 武汉郑武物资有限公司诉武汉源生铁路配件制造有限公司专利权权属纠纷案[1]

※**案例解读**:我国《民法典》第八百六十条规定:"合作开发完成的发明创造,申请专利的权利属于合作开发的当事人共有;当事人一方转让其共有的专利申请权的,其他各方享有以同等条件优先受让的权利。但是,当事人另有约定的除外。合作开发的当事人一方声明放弃其共有的专利申请权的,除当事人另有约定外,可以由另一方单独申请或者由其他各方共同申请。申请人取得专利权的,放弃专利申请权的一方可以免费实施该专利。合作开发的当事人一方不同意申请专利的,另一方或者其他各方不得申请专利。"本案中,武汉郑武物资有限公司(以下简称郑武公司)与武汉源生铁路配件制造有限公司签订的《技术开发(合作)合同》系双方的真实意思表示,内容合法,属于有效的民事合同,应为当事人所遵守。因此,在双方签署的《技术开发(合作)合同》明确约定合作完成的研发技术成果及相关知识产权由双方共同享有的情况下,郑武公司应为"机车限鸣系统高指向性电笛"实用新型专利的共同专利权人。

**第八百六十一条　【技术秘密成果的归属与分配】委托开发或者合作开发完成的技术秘密成果的使用权、转让权以及收益的分配办法,由当事人约定;没有约定或者约定不明确,依据本法第五百一十条的规定仍不能确定的,在没有相同技术方案被授予专利权前,当事人均有使用和转让的权利。但是,委托开发的研究开发人不得在向委托人交付研究开发成果之前,将研究开发成果转让给第三人。**

条文解读

本条规定了委托开发或者合作开发完成的技术秘密成果的归属与分配。委托开发或者合作开发完成的技术秘密成果,尽管不申请专利或者不能申请专利,但是其仍然存在权属问题。对其使用权、转让权以及收益的分配办法的确定规则是:当事人有明确约定的,依照当事人的约定确定;没有约定或者约定不明确的,依据《民法典》第

[1] 参见湖北省武汉市中级人民法院民事判决书,(2015)鄂武汉中知初字第00023号。

五百一十条的规定进行补充协议，按照补充协议的约定确定；补充协议仍然不能确定的，在没有相同技术方案被授予专利权前，当事人均有使用和转让的权利，但是委托开发的研究开发人不得在向委托人交付研究开发成果之前，将研究开发成果转让给第三人。

## 配套法规及解读

**《民法典》(2020年5月28日)**

**第五百一十条**　合同生效后，当事人就质量、价款或者报酬、履行地点等内容没有约定或者约定不明确的，可以协议补充；不能达成补充协议的，按照合同相关条款或者交易习惯确定。

**※法规解读**：根据本条的规定，合同生效后，当事人就质量、价款或者报酬、履行地点等内容没有约定或者约定不明确的，有两种处理方式：一是当事人协议补充，即合同生效后，当事人就质量、价款或者报酬、履行地点等内容没有约定或者约定不明确的，可以协议补充。二是按照合同相关条款或者交易习惯确定，即合同生效后，当事人就质量、价款或者报酬、履行地点等内容没有约定或者约定不明确且不能达成补充协议的，按照合同相关条款或者交易习惯确定。

## 关联法规索引

《专利法》第8条；《促进科技成果转化法》第41、42、51条

## 典型案例

### 深圳市宇凯晟科技有限公司与东莞厚街溪头亨丰电子厂技术委托开发合同纠纷案[1]

**※案例解读**：我国《民法典》第八百六十一条规定："委托开发或者合作开发完成的技术秘密成果的使用权、转让权以及收益的分配办法，由当事人约定；没有约定或者约定不明确，依据本法第五百一十条的规定仍不能确定的，在没有相同技术方案被

〔1〕　参见广东省高级人民法院民事判决书，(2011)粤高法民三终字第7号。

授予专利权前,当事人均有使用和转让的权利。但是,委托开发的研究开发人不得在向委托人交付研究开发成果之前,将研究开发成果转让给第三人。”在合同法领域,只要不违反法律规定,遵从的是当事人的意思自治,即合同的内容,当事人另有约定的依约定。委托开发或合作开发完成的技术秘密成果,未经当事人向对方同意,不得随意转让给第三人。关于技术秘密成果也须严格依照合同的约定进行使用、处分。本案中,深圳市宇凯晟科技有限公司(以下简称宇凯晟公司)与东莞厚街溪头亨丰电子厂(以下简称亨丰电子厂)在《合作协议书》中明确约定了技术成果的使用、处分,而亨丰电子厂违反了约定。因此,亨丰电子厂应对宇凯晟公司进行赔偿。

## 第三节　技术转让合同和技术许可合同

**第八百六十二条　【技术转让合同和技术许可合同的定义】**技术转让合同是合法拥有技术的权利人,将现有特定的专利、专利申请、技术秘密的相关权利让与他人所订立的合同。

技术许可合同是合法拥有技术的权利人,将现有特定的专利、技术秘密的相关权利许可他人实施、使用所订立的合同。

技术转让合同和技术许可合同中关于提供实施技术的专用设备、原材料或者提供有关的技术咨询、技术服务的约定,属于合同的组成部分。

### 条文解读

本条规定了技术转让合同和技术许可合同的概念。技术转让合同是指合法拥有技术的权利人,将现有待定的专利、专利申请、技术秘密的相关权利让与他人所订立的合同。技术许可合同是合法拥有技术的权利人,将现有特定的专利、技术秘密的相关权利许可他人实施、使用所订立的合同。技术转让合同和技术许可合同的特殊问题是:关于提供实施技术的专用设备、原材料或者提供有关的技术咨询、技术服务的约定属于合同的组成部分,具有合同的法律效力。

**第八百六十三条　【技术转让合同与技术许可合同的类型与形式】**技术转让合同包括专利权转让、专利申请权转让、技术秘密转让等合同。

**技术许可合同包括专利实施许可、技术秘密使用许可等合同。**
**技术转让合同和技术许可合同应当采用书面形式。**

## 条文解读

本条规定了技术转让合同与技术许可合同的类型与形式。技术转让合同的类型包括专利权转让合同、专利申请权转让合同、技术秘密转让合同。技术许可合同的类型包括专利实施许可合同、技术秘密使用许可合同。技术转让合同和技术许可合同都是要式合同,都应当采用书面形式。

## 关联法规索引

《民法典》第862条;《专利法》第10、12、14条;《最高人民法院关于审理技术合同纠纷案件适用法律若干问题的解释》第22条

## 典型案例

### 河北新华乾通线缆有限公司与江苏金思维软件有限公司技术合同纠纷案[1]

**※案例解读:**我国《民法典》第八百六十三条规定:"技术转让合同包括专利权转让、专利申请权转让、技术秘密转让等合同。技术许可合同包括专利实施许可、技术秘密使用许可等合同。技术转让合同和技术许可合同应当采用书面形式。"技术转让合同,是指合法拥有技术的权利人,包括其他有权对外转让技术的人,将现有特定的专利、专利申请、技术秘密的相关权利让与他人,或者许可他人实施、使用所订立的合同。但就尚待研究开发的技术成果或者不涉及专利、专利申请或者技术秘密的知识、技术、经验和信息所订立的合同除外。由于本案所涉及的ERP系统需要针对河北新华乾通线缆有限公司自身的业务流程而开发,属于尚待研究开发的技术成果,故不属于原《合同法》所规定的技术转让合同。

[1] 参见江苏省南京市中级人民法院民事判决书,(2015)宁知民终字第31号。

**第八百六十四条 【技术转让合同的约定内容】**技术转让合同和技术许可合同可以约定实施专利或者使用技术秘密的范围，但是不得限制技术竞争和技术发展。

## 条文解读

本条规定技术转让合同和技术许可合同不得限制技术竞争和技术发展。技术转让和技术许可都能够促进社会经济发展，因此法律予以鼓励。当事人在签订技术转让合同和技术许可合同时，可以依照自己的意愿，约定实施专利或者使用技术秘密的范围，双方都应当按照约定的范围使用专利或者技术秘密，超出范围使用构成违约，应当承担违约责任。但是，技术转让合同和技术许可合同的当事人不得以合同条款限制技术竞争和技术发展，具体要求是：不得通过合同条款限制另一方在合同标的技术的基础上进行新的研究开发；不得通过合同条款限制另一方从其他渠道吸收技术，或者阻碍根据市场的需求按照合同的方式充分实施专利和使用技术秘密。

## 关联法规索引

《民法典》第862条；《最高人民法院关于审理技术合同纠纷案件适用法律若干问题的解释》第28条

## 典型案例

### 朝阳梨花王饮品有限公司与沈阳麦金利食品制造有限公司技术转让合同纠纷案[1]

**※案例解读：**我国《民法典》第八百六十四条规定："技术转让合同和技术许可合同可以约定实施专利或者使用技术秘密的范围，但是不得限制技术竞争和技术发展。"本案中，由于双方没有对技术转让的范围进行约定，双方对该涉案技术是否已经提交并由朝阳梨花王饮品有限公司验收产生纠纷。对于该情况，技术转让的范围应当符合合同的真实目的，从整体上确认当事人的权利和义务。

[1] 参见最高人民法院民事裁定书，(2013)民申字第30号。

**第八百六十五条　【专利实施许可合同效力的限制】专利实施许可合同仅在该专利权的存续期限内有效。专利权有效期限届满或者专利权被宣告无效的，专利权人不得就该专利与他人订立专利实施许可合同。**

## 条文解读

本条规定了专利实施许可合同效力的限制，专利实施许可合同仅在该专利权的存续期间内有效。如果专利权有效期限届满或者专利权被宣告无效的，专利权人不得就该专利与他人订立专利实施许可合同，订立的合同也是无效的专利实施许可合同。

## 关联法规索引

《民法典》第867条；《专利法》第42条第1款、第43、44、47条；《专利法实施细则》第98条

## 典型案例

### 姜某诉大庆锐鑫机械制造有限公司实用新型专利实施许可合同纠纷案[1]

**※案例解读：**我国《民法典》第八百六十五条规定："专利实施许可合同仅在该专利权的存续期限内有效。专利权有效期限届满或者专利权被宣告无效的，专利权人不得就该专利与他人订立专利实施许可合同。"专利实施许可合同只在该专利权的存续期间有效。本案因专利权人姜某未按时缴纳年费导致专利权终止，合同的标的已不存在，不能继续履行，双方签订的专利实施许可合同也因法律规定的专利权终止的情形出现而终止。姜某的名称为"网眼防水连组皮带"的实用新型专利，申请日为2003年12月16日，因2008年未缴纳专利年费，国家知识产权局于2008年8月22日发出专利权终止通知书，根据《专利法实施细则》第九十八条规定，本案合同所涉专利权自应当缴纳年费期满之日起终止。

〔1〕 参见黑龙江省齐齐哈尔市中级人民法院民事判决书，(2013)齐知民初字第47号。

**第八百六十六条 【专利实施许可合同让与人的义务】** 专利实施许可合同的许可人应当按照约定许可被许可人实施专利，交付实施专利有关的技术资料，提供必要的技术指导。

## 条文解读

本条规定了专利实施许可合同让与人的义务。许可人应当按照约定许可被许可人实施专利，交付实施专利有关的技术资料，提供必要的技术指导。

## 关联法规索引

《专利法》第53～56条

## 典型案例

### 山东镭蒙机械设备有限公司与浙江镭蒙机械设备有限公司技术合同纠纷案〔1〕

**※案例解读：** 我国《民法典》第八百六十六条规定："专利实施许可合同的许可人应当按照约定许可被许可人实施专利，交付实施专利有关的技术资料，提供必要的技术指导。"专利实施许可合同是双方当事人之间的合意表达，当该合意合法确定时，让与人与受让人都应当按照合同约定履行义务。对于专利实施许可合同的让与人来说，其应当交付专利、提供相关资料与技术指导，以保证受让人专利实施与利用的顺利进行。本案中，浙江镭蒙机械设备有限公司（以下简称浙江镭蒙公司）与山东镭蒙机械设备有限公司（以下简称山东镭蒙公司）的专利实施许可合同明确约定了浙江镭蒙公司应向山东镭蒙公司交付的技术情报资料，并提供技术指导，以完成机械式立体车库的制造，但浙江镭蒙公司未按照合同约定全面履行义务，仅向山东镭蒙公司交付了四项技术资料，违反了合同义务。

〔1〕 参见山东省高级人民法院民事判决书，（2015）鲁民三终字第17号。

**第八百六十七条　【专利实施许可合同受让人的义务】** 专利实施许可合同的被许可人应当按照约定实施专利，不得许可约定以外的第三人实施该专利，并按照约定支付使用费。

## 条文解读

专利实施许可合同的被许可人实施专利应当符合约定。专利实施许可合同被许可人的主要义务是：按照约定实施专利，在约定的范围、期限内实施专利技术；不得许可约定以外的第三人实施该专利，被许可人将许可使用的专利许可第三人使用，构成违约行为，应当承担违约责任；按照约定支付专利使用费。

## 关联法规索引

《民法典》第865条；《最高人民法院关于审理技术合同纠纷案件适用法律若干问题的解释》第26、27条

## 典型案例

### 宁夏永宁县永中育源印刷有限公司与甘肃省武威市光明印刷物资有限公司、曹某发明专利实施许可合同纠纷案[1]

**※案例解读：**我国《民法典》第八百六十七条规定："专利实施许可合同的被许可人应当按照约定实施专利，不得许可约定以外的第三人实施该专利，并按照约定支付使用费。"本案中，宁夏永宁县永中育源印刷有限公司、甘肃省武威市光明印刷物资有限公司签订的《专利实施许可合同》系双方的真实意思表示，内容不违反法律规定，应为有效合同，双方均应当按照约定全面履行自己的义务。原告迟延履行主要债务，被告应当在行使合同解除权之前催告原告在合理期限内履行，但被告未进行催告直接向原告发出解除合同通知，该通知不发生法律效力。

〔1〕 参见甘肃省兰州市中级人民法院民事判决书，(2014)兰民三初字第16号。

**第八百六十八条 【技术秘密让与人和许可人的义务】** 技术秘密转让合同的让与人和技术秘密使用许可合同的许可人应当按照约定提供技术资料，进行技术指导，保证技术的实用性、可靠性，承担保密义务。

前款规定的保密义务，不限制许可人申请专利，但是当事人另有约定的除外。

## 条文解读

本条规定了技术秘密转让合同让与人和技术秘密使用许可合同许可人的主要义务。技术秘密转让合同的让与人和技术秘密使用许可合同的许可人应当按照约定提供技术资料等，并承担保密义务。

## 配套法规及解读

**《民法典》(2020 年 5 月 28 日)**

**第五百零一条** 当事人在订立合同过程中知悉的商业秘密或者其他应当保密的信息，无论合同是否成立，不得泄露或者不正当地使用；泄露、不正当地使用该商业秘密或者信息，造成对方损失的，应当承担赔偿责任。

**※法规解读：**本条规定：一是明确了合同订立过程中当事人的保密义务，即当事人在订立合同过程中知悉的商业秘密或者其他应当保密的信息，无论合同是否成立，不得泄露或者不正当地使用。二是明确了违反保密义务的责任，即当事人泄露、不正当地使用在订立合同过程中知悉的商业秘密或者其他应当保密的信息，造成对方损失的，应当承担赔偿责任。

## 关联法规索引

《促进科技成果转化法》第 41、42、51 条；《最高人民法院关于审理技术合同纠纷案件适用法律若干问题的解释》第 29 条

**第八百六十九条 【技术秘密受让人与被许可人的义务】** 技术秘密转让合同的受让人和技术秘密使用许可合同的被许可人应当按照约定使用技术，支付转让费、使用费，承担保密义务。

## 条文解读

本条规定了技术秘密转让合同的受让人和技术秘密使用许可合同的被许可人应当承担的主要义务，具体是按照约定使用技术，支付转让费、使用费，承担保密义务。违反以上义务，构成违约行为，应当承担违约责任。

## 配套法规及解读

**《民法典》(2020 年 5 月 28 日)**

**第五百零九条** 当事人应当按照约定全面履行自己的义务。

当事人应当遵循诚信原则，根据合同的性质、目的和交易习惯履行通知、协助、保密等义务。

当事人在履行合同过程中，应当避免浪费资源、污染环境和破坏生态。

**※法规解读：**从字面上看，诚实信用原则就是要求人们在市场活动中讲究信用，恪守诺言，诚实不欺，在不损害他人利益和社会利益的前提下追求自己的利益，以“诚实商人”的形象参加经济活动。从内容上看，诚实信用原则并没有确定的内涵，因而有无限的适用范围，即它实际上是一个抽象的法律概念，内容极富弹性和不确定性，有待于就特定案件予以具体化，并随着社会的变迁而不断修正自己的价值观和道德标准。从功能上看，诚实信用原则兼有法律调节和道德调节的双重功能，在当事人就合同发生争执时，赋予法官较大的公平裁量权，如同给予了法官一张空白委任书，可以由法官根据合同履行过程中出现的具体情况，作出不同的解释，直接调整合同当事人的权利义务。有人认为诚实信用原则体现的是人们可以期待的交易的基础；也有人认为诚实信用原则是兼顾当事人双方的利益，求得利益的调和；还有人认为诚实信用原则旨在谋求利益的公平，而公平就是市场交易中的道德。究其实质，法律不过是借用了“诚实信用”这个带有强烈道德色彩的词来寻求利益的均衡，促进交易，实现交易带来的社会经济功能，是一种高超的法律技术。根据诚实信用原则的要求，当事人在履行合同时至少应做到以下几点：(1)债务人不得履行自己已知有害于债权人的合同，于此种情形，债权人可以请求撤销合同；(2)在以给付特定物为义务的合同中，债务人于交付物之前，应以善良管理人的注意妥善保存该物；(3)在发生不可抗力或者其他原因致使合同不能履行或者不能按预定条件履行时，债务人应及时通知债权人，以便双方协商处理合同债务；(4)在合同就某一有关事项未明确规定时，债务人应依公平原则并考虑事实状况合理履行。

**第八百七十条 【技术转让合同让与人的保证义务】** 技术转让合同的让与人和技术许可合同的许可人应当保证自己是所提供的技术的合法拥有者，并保证所提供的技术完整、无误、有效，能够达到约定的目标。

## 条文解读

本条规定了技术转让合同让与人对技术的保证义务。技术转让合同让与人和技术转让许可人的保证义务是：保证自己是所提供技术的合法拥有者，而不是剽窃、冒充、仿造的技术，自己有权转让或者有权许可他人使用、实施该技术；保证所提供的技术是完整的、无误的、有效的，通过受让人对受让技术的使用，能够达到约定的目标，实现技术转让合同的预期利益。

## 配套法规及解读

**《民法典》（2020 年 5 月 28 日）**

**第十三条** 自然人从出生时起到死亡时止，具有民事权利能力，依法享有民事权利，承担民事义务。

**※法规解读：**自然人的民事权利能力，是指自然人参与民事法律关系，享有民事权利、承担民事义务的法律资格，是每个自然人平等地享有民事权利、承担民事义务的可能性。自然人的民事权利能力有平等性、普遍性、不可剥夺性、不得转让和抛弃、内容上的广泛性等特征，即自然人生存期间，其民事权利能力不会丧失、消灭。法律不会对自然人的民事权利能力进行限制或者剥夺。自然人受到刑事处罚、丧失民事行为能力，即使在监狱服刑，或者被剥夺政治权利，也并不导致民事权利能力的减损或者消灭，自然人的民事权利能力这一法律资格不受影响。

## 典型案例

### 浙江富健生物科技有限公司诉赵某德技术合同纠纷案[1]

**※案例解读：**我国《民法典》第八百七十条规定："技术转让合同的让与人和技术

〔1〕 参见浙江省舟山市中级人民法院民事判决书，(2015)浙舟知初字第 1 号。

许可合同的许可人应当保证自己是所提供的技术的合法拥有者，并保证所提供的技术完整、无误、有效，能够达到约定的目标。”在技术转让合同中，让与人应当承担一定的义务，上述规定是对让与人基本义务的规定，也是法律的强制规定，让与人不得违反。除此之外，合同是双方当事人之间的真实意思表示，只要双方的合意合法、确定，对于让与人的义务作出约定的，让与人也应当按照合同约定履行。本案中，依据现有证据，浙江富健生物科技有限公司未能举证证明赵某德技术存在缺陷导致番茄红素产品不合格，对其本诉请求不予支持。

**第八百七十一条　【技术转让受让人和被许可人的义务】技术转让合同的受让人和技术许可合同的被许可人应当按照约定的范围和期限，对让与人、许可人提供的技术中尚未公开的秘密部分，承担保密义务。**

### 条文解读

本条规定了技术转让合同受让人和技术许可合同的被许可人的保密义务。技术转让合同让与人与受让人转让的技术，以及技术许可合同许可人与被许可人许可使用的技术，有的尚处于秘密状态，有的技术虽然已经公开，但是相关的背景资料、技术参数等仍未公开，需要保密。由于这些秘密部分对当事人的利益重大，一旦泄露，将会造成重大影响，因此，技术转让合同受让人和技术许可合同的被许可人应当履行的主要义务，是按照约定的范围和期限，对让与人、许可人提供的技术中尚未公开的秘密部分，承担保密义务，不得泄露。如果泄露，造成让与人、许可人损失的，应当承担赔偿责任。

### 关联法规索引

《民法典》第501条

**第八百七十二条　【许可人和让与人的违约责任】许可人未按照约定许可技术的，应当返还部分或者全部使用费，并应当承担违约责任；实施专利或者使用技术秘密超越约定的范围的，违反约定擅自许可第三人实施该项专利或者使用该项技术秘密的，应当停止违约行为，承担违约责任；违反约定的保密义务的，应当承担违约责任。**

**让与人承担违约责任，参照适用前款规定。**

## 条文解读

本条规定了许可人的以下三种违约责任：(1)许可人未按照约定许可技术的，应当承担的违约责任是返还部分或者全部使用费，并应当承担继续履行、采取补救措施、支付违约金、损害赔偿等违约责任；(2)实施专利或者使用技术秘密超越约定的范围和违反约定擅自许可第三人实施该项专利或者使用该项技术秘密的，是两种不同的违约行为，都应当停止违约行为，应当承担支付违约金、损害赔偿等违约责任；(3)违反约定的保密义务的，应当承担采取补救措施、支付违约金、损害赔偿等违约责任。本条规定让与人承担违约责任，参照适用前款规定。

## 关联法规索引

《民法典》第501条

## 典型案例

### 淄博泰德化工科技有限公司诉王某尧技术转让合同纠纷案〔1〕

**※案例解读：**我国《民法典》第八百七十二条规定："许可人未按照约定许可技术的，应当返还部分或者全部使用费，并应当承担违约责任；实施专利或者使用技术秘密超越约定的范围的，违反约定擅自许可第三人实施该项专利或者使用该项技术秘密的，应当停止违约行为，承担违约责任；违反约定的保密义务的，应当承担违约责任。让与人承担违约责任，参照适用前款规定。"本案中，王某尧提供的球形四氧化三铁磁粉生产技术不成熟，存在缺陷，在试生产阶段达不到合同约定的国际同类产品的技术指标，系违约行为，应当按照合同约定承担违约责任。

**第八百七十三条 【被许可人和受让人的违约责任】**被许可人未按照约定支付使用费的，应当补交使用费并按照约定支付违约金；不补交使用费或者支

〔1〕 参见山东省淄博市中级人民法院民事判决书，(2015)鲁民三终字第328号。

付违约金的，应当停止实施专利或者使用技术秘密，交还技术资料，承担违约责任；实施专利或者使用技术秘密超越约定的范围的，未经许可人同意擅自许可第三人实施该专利或者使用该技术秘密的，应当停止违约行为，承担违约责任；违反约定的保密义务的，应当承担违约责任。

受让人承担违约责任，参照适用前款规定。

## 条文解读

本条规定了技术许可合同被许可人的违约责任。被许可人的违约责任有以下情形：(1)被许可人未按照约定支付使用费的，应当承担的违约责任方式是补交使用费，并按照约定支付违约金；(2)不补交使用费或者支付违约金的，构成根本违约，许可人可以行使解除权，应停止实施专利或者使用技术秘密，交还技术资料；(3)实施专利或者使用技术秘密超越约定的范围的，未经许可人同意擅自许可第三人实施该专利或者使用该技术秘密的，都应当停止违约行为，按照约定的范围使用以及禁止第三人继续使用，还需承担违约责任；违反约定的保密义务的，应当承担违约责任支付违约金或者承担赔偿责任。

本条规定受让人承担违约责任，参照适用前款规定。

## 关联法规索引

《民法典》第 501 条；《专利法》第 12 条

## 典型案例

### 深圳市硕星交通电子设备有限公司诉玉环隆中机车零部件有限公司专利实施许可及技术服务合同纠纷案[1]

**※案例解读：**我国《民法典》第八百七十三条规定："被许可人未按照约定支付使用费的，应当补交使用费并按照约定支付违约金；不补交使用费或者支付违约金的，应当停止实施专利或者使用技术秘密，交还技术资料，承担违约责任；实施专利或者

〔1〕 参见最高人民法院民事裁定书，(2009)民中字第 1325 号。

使用技术秘密超越约定的范围的，未经许可人同意擅自许可第三人实施该专利或者使用该技术秘密的，应当停止违约行为，承担违约责任；违反约定的保密义务的，应当承担违约责任。受让人承担违约责任，参照适用前款规定。”在技术转让合同中，转让人与受让人签订的技术转让合同中应明确各自的违约责任，约定违约责任是确保技术秘密转让合同订立的双方当事人完全地履行各自的义务，对妨碍技术秘密合同或者专利合同顺利实施的一方给予相应的惩罚。本案中，深圳市硕星交通电子设备有限公司未能依约帮助玉环隆中机车零部件有限公司生产合格产品，没有全面履行双方合同所约定的义务，不能要求玉环隆中机车零部件有限公司支付第三批专利实施许可费及违约责任。

**第八百七十四条 【让与人或者许可人实施专利的侵权责任】受让人或者被许可人按照约定实施专利、使用技术秘密侵害他人合法权益的，由让与人或者许可人承担责任，但是当事人另有约定的除外。**

## 条文解读

本条规定了实施专利、使用技术秘密侵害他人合法权益的责任。在技术转让合同的履行中，如果受让人或者被许可人按照约定实施专利、使用技术秘密，侵害了他人合法权益，构成侵权行为，该侵权责任应当由让与人或者许可人承担。当事人对此情形如何承担侵权责任如果另有约定，则不受此规则的限制，应当依照约定办理。

## 配套法规及解读

**《民法典》(2020年5月28日)**

**第一百二十条** 民事权益受到侵害的，被侵权人有权请求侵权人承担侵权责任。

**※法规解读：**侵权责任，指侵权人因实施侵害或者损害他人民事权益的行为而依据侵权责任法所应当承担的法律后果，是民事责任的一种类型。侵权责任法律制度的基本作用一是保护被侵权人，二是减少侵权行为，而保护被侵权人是建立和完善侵权责任法律制度的主要目的。债权是一种请求权。请求权，指请求他人为一定行为或不为一定行为的权利。根据本条规定，侵权行为是责任承担的前提和依据，凡是实施了侵权行为的行为人，都要承担相应的后果。被侵权人可以直接向侵权人行使请求权，也可以向法院提起诉讼，请求法院保护自己的合法权益。承担民事责任的方式

见《民法典》第一百七十九条的规定。

**第八百七十五条 【后续改进技术成果的归属和分享】当事人可以按照互利的原则，在合同中约定实施专利、使用技术秘密后续改进的技术成果的分享办法；没有约定或者约定不明确，依据本法第五百一十条的规定仍不能确定的，一方后续改进的技术成果，其他各方无权分享。**

## 条文解读

本条规定了技术转让合同后续改进技术成果的分享办法。在技术转让合同履行中，一方或者双方当事人对作为合同标的的专利技术或者技术秘密成果进行了革新和改良，取得了后续改进技术成果，不仅实现了技术转移、推广，还改进了技术，取得了新的后续改进技术成果的分享办法是：当事人可以按照互利的原则，在合同中约定实施专利、使用技术秘密后续改进的技术成果的分享办法，按照约定的分享办法处理；没有约定或者约定不明确的，依据《民法典》第五百一十条的规定达成补充协议，按照补充协议约定的办法处理；补充协议仍不能确定的，一方后续改进的技术成果属于改进技术成果的一方享有，其他各方无权分享。

## 配套法规及解读

**《民法典》(2020年5月28日)**

**第五百一十条** 合同生效后，当事人就质量、价款或者报酬、履行地点等内容没有约定或者约定不明确的，可以协议补充；不能达成补充协议的，按照合同相关条款或者交易习惯确定。

**※法规解读：**本条规定，合同生效后，当事人就质量、价款或者报酬、履行地点等内容没有约定或者约定不明确的，有两种处理方式：一是当事人协议补充，即合同生效后，当事人就质量、价款或者报酬、履行地点等内容没有约定或者约定不明确的，可以协议补充。二是按照合同相关条款或者交易习惯确定，即合同生效后，当事人就质量、价款或者报酬、履行地点等内容没有约定或者约定不明确且不能达成补充协议的，按照合同相关条款或者交易习惯确定。

**第八百七十六条　【其他知识产权转让和许可的参照适用】集成电路布图设计专有权、植物新品种权、计算机软件著作权等其他知识产权的转让和许可，参照适用本节的有关规定。**

## 条文解读

本条规定了其他知识产权转让和许可准用技术转让合同和技术许可合同适用法律的规则。《民法典》第一百二十三条规定的集成电路布局设计专有权、植物新品种权、计算机软件著作权等其他知识产权，与专利权等具有同样的性质，都可以转让实施或者许可使用。对于这些知识产权的转让和许可使用，参照适用《民法典》关于技术转让合同和技术许可使用合同的规定，调整让与人与受让人之间的权利义务关系。

## 配套法规及解读

**《民法典》(2020 年 5 月 28 日)**

**第八百六十二条**　技术转让合同是合法拥有技术的权利人，将现有特定的专利、专利申请、技术秘密的相关权利让与他人所订立的合同。

技术许可合同是合法拥有技术的权利人，将现有特定的专利、技术秘密的相关权利许可他人实施、使用所订立的合同。

技术转让合同和技术许可合同中关于提供实施技术的专用设备、原材料或者提供有关的技术咨询、技术服务的约定，属于合同的组成部分。

**※法规解读：**本条规定了技术转让合同和技术许可合同的概念。技术转让合同是指合法拥有技术的权利人，将现有待定的专利、专利申请、技术秘密的相关权利让与他人所订立的合同。技术许可合同是合法拥有技术的权利人，将现有特定的专利、技术秘密的相关权利许可他人实施、使用所订立的合同。技术转让合同和技术许可合同的特殊问题是关于提供实施技术的专用设备、原材料或者提供有关的技术咨询、技术服务的约定属于合同的组成部分，具有合同的法律效力。

**第八百七十七条　【技术出口合同和专利、专利申请合同的法律适用】法律、行政法规对技术进出口合同或者专利、专利申请合同另有规定的，依照其规定。**

## 条文解读

本条规定了技术进出口合同和专利、专利申请合同的法律适用。由于技术进出口的情况比较复杂,订立技术进出口合同虽然是市场主体的自主行为,但对涉及产业发展或者国计民生的重大技术进出口,还要经过有关部门的审批,故法律、行政法规另有规定的,应当依照法律、行政法规的特别规定。专利权的转让、专利申请权转让涉及专利问题,当事人订立专利权转让合同或者专利申请权转让合同,要遵守《民法典》的规定,法律、行政法规另有规定的,也应当适用法律、行政法规的特别规定。

## 配套法规及解读

**《技术进出口管理条例》(2020 年 11 月 29 日修订)**

**第四条**　技术进出口应当符合国家的产业政策、科技政策和社会发展政策,有利于促进我国科技进步和对外经济技术合作的发展,有利于维护我国经济技术权益。

**※法规解读:**我国对技术进出口实行统一的管理制度,依法维护公平、自由的技术进出口秩序,有利于促进我国科技进步和对外经济技术合作的发展,有利于维护我国经济技术权益等一系列问题。

## 关联法规索引

《技术进出口管理条例》第 13 ~ 26、33 ~ 40 条

## 典型案例

### 坦萨土工合成材料(中国)有限公司诉三明市水利水电工程有限公司侵害发明专利权纠纷案[1]

**※案例解读:**我国《民法典》第八百七十七条规定:"法律、行政法规对技术进出口合同或者专利、专利申请合同另有规定的,依照其规定。"技术进出口合同,是指中华人民共和国境内的公司、企业、团体或者个人,通过贸易或者经济技术合作的途径,

〔1〕 参见福建省福州市中级人民法院民事判决书,(2013)榕民初字第 1258 号。

从中华人民共和国境外的公司、企业、团体或者个人取得技术或者向中华人民共和国境外的公司、企业、团体或者个人提供技术而与之订立的合同。本案中，坦萨土工合成材料(中国)有限公司与坦萨科技公司签订技术转让协议，进口涉案专利并享有独占许可实施权。三明市水利水电工程有限公司在工程施工中未经坦萨土工合成材料(中国)有限公司的许可使用涉案专利，构成《专利法》及相关法律法规规定的专利侵权行为，应当承担相应的损害赔偿责任。

## 第四节　技术咨询合同和技术服务合同

**第八百七十八条　【定义】技术咨询合同是当事人一方以技术知识为对方就特定技术项目提供可行性论证、技术预测、专题技术调查、分析评价报告等所订立的合同。**

**技术服务合同是当事人一方以技术知识为对方解决特定技术问题所订立的合同，不包括承揽合同和建设工程合同。**

### 条文解读

本条规定了技术咨询合同和技术服务合同的定义。技术咨询合同，是指当事人一方以技术知识为对方就特定技术项目提供可行性论证、技术预测、专题技术调查、分析评价报告等所订立的合同。技术服务合同，是指当事人一方以技术知识为另一方解决特定技术问题所订立的合同，不包括建设工程的勘察、设计、施工合同和承揽合同。技术服务合同的种类包括技术辅助服务合同、技术中介合同、技术培训合同。

### 配套法规及解读

**《民法典》(2020年5月28日)**

**第八百八十条**　技术咨询合同的受托人应当按照约定的期限完成咨询报告或者解答问题，提出的咨询报告应当达到约定的要求。

**※法规解读：**本条规定了技术咨询合同受托人的主要义务。在技术咨询合同中，受托人的主要义务是：依照合同约定的期限，完成咨询报告或者解答问题，技术咨询要有实用性和针对性，应在系统、全面考虑的基础上，抓住问题的核心，提出解决的方法；提出的咨询报告应当达到约定的要求，受托人应当在咨询报告中向委托人提供全

面、可靠的信息资料，具体标准应达到约定的要求。

## 典型案例

### 江苏圣泰环境科技股份有限公司诉大丰新明精细化工有限公司技术咨询合同纠纷案〔1〕

**※案例解读：**我国《民法典》第八百七十八条规定："技术咨询合同是当事人一方以技术知识为对方就特定技术项目提供可行性论证、技术预测、专题技术调查、分析评价报告等所订立的合同。技术服务合同是当事人一方以技术知识为对方解决特定技术问题所订立的合同，不包括承揽合同和建设工程合同。"根据该规定，技术服务合同是当事人利用技术知识为另一方解决特定的技术问题的合同，合同的内容是对产品结构或工艺进行改良、提高产品的质量和经济效益、降低成本、节能环保等，即在已有技术的基础上进行重新改良。本案中，大丰新明精细化工有限公司（以下简称新明公司）委托江苏圣泰环境科技股份有限公司（以下简称圣泰公司）对新明公司原料泄漏地块污染场地进行调查监测，双方签订了《调查监测协议书》，约定新明公司负责圣泰公司原料泄漏地块污染场地调查项目的调查方案制定、现场采样、分析和调查检测报告的编制工作，圣泰公司支付新明公司技术咨询费14万元，属于技术咨询合同。

**第八百七十九条　【技术咨询合同委托人的义务】技术咨询合同的委托人应当按照约定阐明咨询的问题，提供技术背景材料及有关技术资料，接受受托人的工作成果，支付报酬。**

## 条文解读

本条规定了技术咨询合同委托人的主要义务。在技术咨询合同中，委托人的义务是：阐明咨询的问题，并按照合同的约定向受托人提供有关技术背景资料及有关材料、数据；按时接受受托人的工作成果并按约定支付报酬，委托方迟延支付报酬的，应当支付违约金，不支付报酬的，应当退还咨询报告和意见，补交报酬，支付违约金或者赔偿损失。

〔1〕参见江苏省盐城市大丰区人民法院民事判决书，（2015）大港商初字第00036号。

## 典型案例

### 南京盛丰精细化工有限公司与江苏省元之臻工程咨询有限公司技术咨询合同纠纷案[1]

**※案例解读：**我国《民法典》第八百七十九条规定："技术咨询合同的委托人应当按照约定阐明咨询的问题，提供技术背景材料及有关技术资料，接受受托人的工作成果，支付报酬。"技术咨询合同中，受托人应依照合同约定及时完成自己的任务并交付工作成果，委托人应接受成果并向受托人支付报酬。本案中，根据双方当事人的约定，江苏省元之臻工程咨询有限公司（以下简称元之臻公司）需在合同签订、资料提供齐全之后的规定期限内，提供符合要求的评估报告，南京盛丰精细化工有限公司（以下简称盛丰公司）则需及时、如实提供相关技术资料，资料交接由盛丰公司出具清单，元之臻公司签收。针对涉案四项报告延迟交付的问题，盛丰公司关于元之臻公司应就涉案报告延迟交付承担违约责任的诉讼主张缺乏事实和法律依据，应当依约支付元之臻公司相应的报酬。

**第八百八十条 【技术咨询合同受托人的义务】技术咨询合同的受托人应当按照约定的期限完成咨询报告或者解答问题，提出的咨询报告应当达到约定的要求。**

## 条文解读

本条规定了技术咨询合同受托人的主要义务。在技术咨询合同中，受托人的主要义务是：应当依照合同约定的期限，完成咨询报告或者解答问题，技术咨询要有实用性和针对性，应在系统、全面考虑的基础上，抓住问题的核心，提出解决的方法；提出的咨询报告应当达到约定的要求，受托人应当在咨询报告中向委托人提供全面、可靠的信息资料，具体标准应达到约定的要求。

---

[1] 参见江苏省高级人民法院民事判决书，(2014)苏知民终字第00257号。

**关联法规索引**

《民法典》第 878 条

**典型案例**

### 华北水利水电大学与河南黄河河务局供水局郑州供水分局技术咨询合同纠纷案〔1〕

**※案例解读**：我国《民法典》第八百八十条规定："技术咨询合同的受托人应当按照约定的期限完成咨询报告或者解答问题，提出的咨询报告应当达到约定的要求。"技术咨询合同是指当事人一方为另一方就特定技术项目提供可行性论证、技术预测、专题技术调查、分析评价报告所订立的合同。受托人依合同约定履行调查论证、对错误数据进行修改并及时通知、保密、完成咨询报告或解答问题、承担相应调查分析费用等一系列义务，否则应承担相应违约责任。本案中，双方签订的技术咨询合同合法有效，合同约定河南黄河河务局供水局郑州供水分局在合同签订后应当向华北水利水电大学支付 5 万元技术咨询费。合同签订后，华北水利水电大学依约提交《工作大纲》，履行了合同义务。河南黄河河务局供水局郑州供水分局不支付 5 万元，系违约行为，应当承担违约责任。

**第八百八十一条 【技术咨询合同当事人的违约责任】技术咨询合同的委托人未按照约定提供必要的资料，影响工作进度和质量，不接受或者逾期接受工作成果的，支付的报酬不得追回，未支付的报酬应当支付。**

**技术咨询合同的受托人未按期提出咨询报告或者提出的咨询报告不符合约定的，应当承担减收或者免收报酬等违约责任。**

**技术咨询合同的委托人按照受托人符合约定要求的咨询报告和意见作出决策所造成的损失，由委托人承担，但是当事人另有约定的除外。**

〔1〕 参见河南省郑州市中级人民法院民事判决书，(2015)郑知民初字第 516 号。

## 条文解读

本条规定了委托人与受托人的违约责任和风险负担。技术咨询合同委托人的违约行为有:(1)未按照约定提供必要的资料和数据,影响工作进度和质量,主要表现是迟延提供、提供的资料和数据有严重缺陷、不提供三种情形;(2)不接受或者逾期接受工作成果。承担的违约责任是支付的报酬不得追回,未支付的报酬应当支付。技术咨询合同受托人的违约行为有未按期提出咨询报告和提出的咨询报告不符合约定两种情形,受托人应当承担减收或者免收报酬等违约责任。技术咨询合同的委托方采纳和实施受托方作出的符合合同约定的咨询报告和意见后,出现的风险责任承担的原则是,除合同另有规定外,委托方按照受托方符合约定要求的咨询报告和意见作出决策所造成的损失,应当由委托方承担,受托方不承担责任。

## 典型案例

### 徐州华朔机电科技有限公司诉徐州际标中大管理咨询有限公司咨询合同纠纷案〔1〕

**※案例解读:**我国《民法典》第八百八十一条规定:“技术咨询合同的委托人未按照约定提供必要的资料,影响工作进度和质量,不接受或者逾期接受工作成果的,支付的报酬不得追回,未支付的报酬应当支付。技术咨询合同的受托人未按期提出咨询报告或者提出的咨询报告不符合约定的,应当承担减收或者免收报酬等违约责任。技术咨询合同的委托人按照受托人符合约定要求的咨询报告和意见作出决策所造成的损失,由委托人承担,但是当事人另有约定的除外。”根据该规定,技术咨询合同的委托人未按照约定提供必要的资料和数据,影响工作进度和质量,不接受或者逾期接受工作成果的,支付的报酬不得追回,未支付的报酬应当支付。本案中,徐州华朔机电科技有限公司(以下简称华朔机电公司)支付给徐州际标中大管理咨询有限公司(以下简称际标中大公司)首期费用,际标中大公司依约履行了自己的义务,但由于华朔机电公司未按合同约定提交企业技术资料,使咨询合同无法如期进行,应当承担违约责任,其已经支付给际标中大公司的费用不得追回。

〔1〕 参见江苏省徐州市泉山区人民法院民事判决书,(2015)泉商初字第167号。

**第八百八十二条　【技术服务合同的委托人义务】技术服务合同的委托人应当按照约定提供工作条件，完成配合事项，接受工作成果并支付报酬。**

## 条文解读

本条规定了技术服务合同委托人的主要义务。在技术服务合同中，委托人的主要义务有：按照约定提供工作条件，完成配合事项；按照合同的约定按期接受受托人的工作成果，在验收工作成果时，发现工作成果不符合合同规定的技术指标和要求，在约定的期限内及时通知对方返工或改进；按照约定向受托人给付报酬。

## 典型案例

### 宁波甬绿环境保护技术工程有限公司诉杭州鼎中鼎机械制造有限公司技术服务合同纠纷案〔1〕

**※案例解读：**我国《民法典》第八百八十二条规定："技术服务合同的委托人应当按照约定提供工作条件，完成配合事项，接受工作成果并支付报酬。"本案中，宁波甬绿环境保护技术工程有限公司（以下简称甬绿公司）已经按照合同约定履行了就涉案项目编制环境影响报告表的义务，并已将该环境影响报告表交付杭州鼎中鼎机械制造有限公司（以下简称鼎中鼎公司）。从鼎中鼎公司出具的《环评确认书》可以看出，其已于2014年3月3日之前收到了甬绿公司交付的涉案项目环境影响报告表，并且对该环境影响报告表无异议。因此，鼎中鼎公司应当依约向甬绿公司支付相应的报酬。

**第八百八十三条　【技术服务合同的受托人义务】技术服务合同的受托人应当按照约定完成服务项目，解决技术问题，保证工作质量，并传授解决技术问题的知识。**

## 条文解读

本条规定了技术服务合同受托人的主要义务。在技术服务合同中，受托人的主

〔1〕　参见浙江省杭州市中级人民法院民事判决书，(2015)浙杭知初字第434号。

要义务是，按照合同约定完成服务项目，解决技术问题，保证工作质量，并传授解决技术问题的知识。此外，还应当履行的义务有：未经委托人同意，不得擅自改动合同中注明的技术指标和要求；在合同中有保密条款时，不得将有关技术资料、数据、样品或其他工作成果擅自引用、发表或提供给第三人；发现委托人提供的技术资料、数据、样品、材料或工作条件不符合合同约定时，应在约定期限内通知委托人改进或者更换；应妥善保管委托人交给的技术资料、样品等。

## 典型案例

### 威海银河风力发电有限公司诉上海山丽信息安全有限公司技术服务合同纠纷案〔1〕

**※案例解读：**我国《民法典》第八百八十三条规定："技术服务合同的受托人应当按照约定完成服务项目，解决技术问题，保证工作质量，并传授解决技术问题的知识。"根据该规定，技术服务合同中，受托人应依照约定完成工作，保证工作质量，并传授解决技术问题的知识，若受托人未履行自己的义务，应承担相应的违约责任。本案中，上海山丽信息安全有限公司没有按照合同约定完成服务项目，致使合同目的无法实现，系违约行为，应当承担违约责任。

**第八百八十四条 【委托人与受托人的违约责任】** 技术服务合同的委托人不履行合同义务或者履行合同义务不符合约定，影响工作进度和质量，不接受或者逾期接受工作成果的，支付的报酬不得追回，未支付的报酬应当支付。

技术服务合同的受托人未按照约定完成服务工作的，应当承担免收报酬等违约责任。

## 条文解读

本条规定了技术服务合同双方当事人的违约责任。技术服务合同的委托人违约行为的表现是：不履行合同义务或者履行合同不符合约定，影响工作进度和质量；不接受或者逾期接受工作成果。委托人应当承担的违约责任是，已经支付的报酬不得

〔1〕 参见山东省威海市中级人民法院民事判决书，(2016)鲁民终20号。

追回，未支付的报酬应当继续支付。技术服务合同的受托人的违约行为是未按照合同约定完成服务工作，应当承担免收报酬等违约责任。

## 典型案例

### 浙江优淘网络科技有限公司诉李某盼服务合同纠纷案[1]

**※案例解读：**我国《民法典》第八百八十四条规定："技术服务合同的委托人不履行合同义务或者履行合同义务不符合约定，影响工作进度和质量，不接受或者逾期接受工作成果的，支付的报酬不得追回，未支付的报酬应当支付。技术服务合同的受托人未按照约定完成服务工作的，应当承担免收报酬等违约责任。"根据该规定，技术服务合同中，委托人不履行合同义务或履行不符合约定的，应承担违约责任。受托人未完成或完成的工作成果不符合约定的，应承担免收报酬等违约责任，并支付违约金。本案中，浙江优淘网络科技有限公司未能按照合同约定提供店铺运营、完成销售目标等服务，系未完成工作成果，应当承担免收报酬等违约责任。李某盼没有及时发货，导致多起交易关闭，影响了店铺的信用，未能全面履行合同约定的义务，也应当承担相应的违约责任。

**第八百八十五条　【技术成果的归属】技术咨询合同、技术服务合同履行过程中，受托人利用委托人提供的技术资料和工作条件完成的新的技术成果，属于受托人。委托人利用受托人的工作成果完成的新的技术成果，属于委托人。当事人另有约定的，按照其约定。**

## 条文解读

本条规定了创新技术成果的归属和分享。技术咨询合同、技术服务合同履行过程中，如果产生了新的技术成果，该成果的归属规则是：受托人利用委托人提供的技术资料和工作条件完成的新的技术成果，属于受托人，理由是受托人是该新的技术成果的发明创造人；委托人利用受托人的工作成果完成的新的技术成果，属于委托人，理由是委托人委托受托人完成工作成果，就是要予以利用，进行技术开发，将利用其

[1] 参见浙江省义乌市人民法院民事判决书，(2015)金义民初字第3260号。

工作成果完成的新的技术成果归属于委托人；当事人另有约定的，应当按照其约定处理，不适用以上规则。

**关联法规索引**

《民法典》第845条

**典型案例**

### 乌苏市奔成植保机械有限公司与米某技术服务合同纠纷案[1]

**※案例解读：**我国《民法典》第八百八十五条规定："技术咨询合同、技术服务合同履行过程中，受托人利用委托人提供的技术资料和工作条件完成的新的技术成果，属于受托人。委托人利用受托人的工作成果完成的新的技术成果，属于委托人。当事人另有约定的，按照其约定。"根据该规定，在技术服务合同履行过程中，受托人利用委托人提供的技术资料和工作条件完成的新的技术成果，属于受托人。本案中，米某为乌苏市奔成植保机械有限公司提供技术服务，并以此技术申请专利，该技术是米某新的技术成果，应当属于受托人米某，因此米某应当承担专利申请费用。

**第八百八十六条 【工作费用的负担】技术咨询合同和技术服务合同对受托人正常开展工作所需费用的负担没有约定或者约定不明确的，由受托人负担。**

**条文解读**

本条规定了技术咨询合同和技术服务合同受托人的工作费用负担规则。技术咨询合同和技术服务合同都是有偿合同，在委托人的义务中，都有支付报酬的义务内容，受托人正常开展工作所需费用的负担规则是：有明确的约定的，遵守约定；合同中没有约定或者约定不明确的，由受托人负担。这与委托方支付报酬的规定是一致的。

---

〔1〕 参见新疆维吾尔自治区乌苏市人民法院民事判决书，(2016)新4202民初368号。

## 配套法规及解读

**《民法典》(2020 年 5 月 28 日)**

**第五百一十条**　合同生效后,当事人就质量、价款或者报酬、履行地点等内容没有约定或者约定不明确的,可以协议补充;不能达成补充协议的,按照合同相关条款或者交易习惯确定。

**※法规解读:**本条规定,合同生效后,当事人就质量、价款或者报酬、履行地点等内容没有约定或者约定不明确的,有两种处理方式:一是当事人协议补充,即合同生效后,当事人就质量、价款或者报酬、履行地点等内容没有约定或者约定不明确的,可以协议补充。二是按照合同相关条款或者交易习惯确定,即合同生效后,当事人就质量、价款或者报酬、履行地点等内容没有约定或者约定不明确且不能达成补充协议的,按照合同相关条款或者交易习惯确定。

**第八百八十七条　【技术中介合同和技术培训合同法律适用】法律、行政法规对技术中介合同、技术培训合同另有规定的,依照其规定。**

## 条文解读

本条规定了技术中介合同、技术培训合同的法律适用。对这两种技术合同,《民法典》没有作出具体规定,应当适用本章一般规定,法律、行政法规另有规定的,应当适用特别规定。

## 典型案例

### 蒙城春蕾光彩机动车驾驶员培训有限公司与余某春技术培训合同纠纷案[1]

**※案例解读:**我国《民法典》第八百八十七条规定:"法律、行政法规对技术中介合同、技术培训合同另有规定的,依照其规定。"《机动车驾驶员培训管理规定》第三十二条规定:"机动车驾驶员培训机构应当按照全国统一的教学大纲教学培训。培训

〔1〕 参见安徽省亳州市中级人民法院民事判决书,(2014)亳民二终字第 00019 号。

结束时,应当向结业人员颁发《机动车驾驶员培训结业证书》。”本案中,余某春是蒙城春蕾光彩机动车驾驶员培训有限公司(以下简称春蕾驾驶员培训公司)的学员,并向春蕾驾驶员培训公司缴纳了培训费,春蕾驾驶员培训公司并向余某春代收了向亳州市车辆管理所缴纳的考试费用。春蕾驾驶员培训公司提供的驾驶员培训记录上,余某春虽签字确认已完成学时,但并不表示余某春为培训考核合格的学员,且余某春未获得春蕾驾驶员培训公司颁发的结业证书,故余某春在涡阳雉河驾校进行科目二考试时仍是春蕾驾驶员培训公司未获得结业证书的学员。余某春在驾驶员科目二考试过程中,由于过分紧张发生事故,致使人伤车毁,春蕾驾驶员培训公司作为培训机构对其学员在培训阶段的损害应当承担责任。

# 第二十一章　保 管 合 同

## 本章介绍

本章规定了保管合同的定义、内容、双方当事人的权利与义务等。

**第八百八十八条　【保管合同的定义】保管合同是保管人保管寄存人交付的保管物,并返还该物的合同。**

**寄存人到保管人处从事购物、就餐、住宿等活动,将物品存放在指定场所的,视为保管,但是当事人另有约定或者另有交易习惯的除外。**

## 条文解读

本条规定了保管合同的概念。保管合同又称寄托合同、寄存合同,是指保管人保管寄存人交付的保管物并返还该物的合同。交付物品保管的一方为寄存人,保管物品的一方为保管人,所保管的物品为保管物。保管合同包括一般保管合同和仓储合同,本法分别作出规定。保管合同的特征是:实践合同;无偿合同、不要式合同、双务合同;合同的标的是保管行为;移转保管物的占有。本条第二款规定的是特殊保管合同,即到商场、饭店、宾馆等地进行购物、就餐、住宿等活动的人,将自己的物品存放在这些单位的指定场所,如将行李交给饭店寄存、在商场将物品放在保管箱内等,都视为保管,构成保管合同关系,保管人和寄存人产生保管合同的权利义务。但是,当事人如果另有约定或者另有交易习惯的除外。

## 配套法规及解读

**《民法典》(2020 年 5 月 28 日)**

**第一百一十九条**　依法成立的合同,对当事人具有法律约束力。

**※法规解读:**合同是债权发生的重要原因,而且是基于当事人的意思而产生的债权。合同之债是当事人在平等的基础上自愿设立的,是民事主体参与民事活动,积极

开展各种经济交往的法律表现。

**关联法规索引**

《民法典》第458条

**典型案例**

**王某文与上海盛安物业管理有限公司保管合同纠纷案**[1]

**※案例解读：**我国《民法典》第八百八十八条规定："保管合同是保管人保管寄存人交付的保管物，并返还该物的合同。寄存人到保管人处从事购物、就餐、住宿等活动，将物品存放在指定场所的，视为保管，但是当事人另有约定或者另有交易习惯的除外。"理论上租赁合同的标的是对特定物的利用，而保管合同的标的则是保管行为的实施，即二者的对象一为物，一为人的行为。但是实践中，有时二者的界限并非始终清晰，尤其是对于当事人未作出明确的合同约定，仅凭实践行为或交易习惯订立的合同，区分合同性质成为正确处理纠纷的关键。区分这两种合同的关键在于牢牢把握二者的定义，仔细判断合同的标的是什么，以及合同当事人权利义务关系符合哪一类合同的主要特征。保管合同是保管人保管寄存人交付的保管物，并返还该物的合同。保管合同自保管物交付时成立，但当事人另有约定的除外。本案中，王某文认为与上海盛安物业管理有限公司（以下简称盛安物业公司）达成保管合同关系，但从双方当事人的合意过程及事后行为分析，王某文既未举证证明其与盛安物业公司达成保管车辆的合意，亦未将系争车辆的实际控制权向盛安物业公司交付，现王某文仅凭盛安物业公司的收费收据而认为双方达成保管合同关系，缺乏事实依据，不予支持。

**第八百八十九条　【寄存人的义务】寄存人应当按照约定向保管人支付保管费。**

**当事人对保管费没有约定或者约定不明确，依据本法第五百一十条的规定仍不能确定的，视为无偿保管。**

[1] 参见上海市第二中级人民法院民事判决书，(2016)沪02民终149号。

## 条文解读

本条规定了寄存人的主要义务。保管合同既可以是有偿合同，也可以是无偿合同，确定保管费的规则如下：当事人约定为有偿保管合同的，寄存人应当按照约定向保管人支付保管费；当事人对保管费没有约定或者约定不明确的，应当依据《民法典》第五百一十条的规定达成补充协议，按照补充协议的规定确定保管费；补充协议仍然不能确定的，应当确定保管是无偿的，因为保管合同主要是社会成员之间相互提供帮助或者服务部门向社会提供服务的方式，这种保管合同通常是无偿的，因而在无法确定保管合同是否有偿时，按照无偿保管处理。

## 配套法规及解读

**《民法典》(2020 年 5 月 28 日)**

**第六条**　民事主体从事民事活动，应当遵循公平原则，合理确定各方的权利和义务。

**第一百三十一条**　民事主体行使权利时，应当履行法律规定的和当事人约定的义务。

**※法规解读：**民事主体依法享有的民事权利和承担的民事义务是民事法律关系的内容。在民事法律关系中，民事权利和民事义务是相互对立、相互联系的：民事权利的内容要通过相应的民事义务表现，民事义务的内容由相应的民事权利限定。

## 关联法规索引

《民法典》第 176 条

## 典型案例

**陈某德等与陈某保管合同纠纷案**〔1〕

**※案例解读：**我国《民法典》第八百八十九条规定："寄存人应当按照约定向保管

〔1〕 参见上海市第二中级人民法院民事判决书，(2016)沪 02 民终 1267 号。

人支付保管费。当事人对保管费没有约定或者约定不明确，依据本法第五百一十条的规定仍不能确定的，视为无偿保管。”保管合同以无偿合同为原则，即保管费没有约定或者约定不明确，依照《民法典》第五百一十条的规定仍不能确定的，保管是无偿的。该条规定解决保管人的责任问题，尤其在无偿保管下保管人是否承担责任的问题。本案中，因双方未就保管费进行约定，故该保管是无偿的。因双方未就保管期限明确约定，陈某作为系争红木床的寄存人，可随时向作为保管人的陈某德、张某珍主张领取系争红木床。

**第八百九十条 【保管合同的成立】保管合同自保管物交付时成立，但是当事人另有约定的除外。**

## 条文解读

本条规定了保管合同的成立时间。保管合同是实践性合同，不是诺成性合同，保管合同的成立，不仅需要当事人双方意思表示一致，而且寄存人须将保管物交付保管人，即寄存人交付保管物是保管合同成立的要件。保管合同自保管物交付时成立，当事人对保管合同的成立另有约定的除外，依照约定确定合同成立的时间。

## 配套法规及解读

**《民法典》(2020年5月28日)**

**第一百三十六条** 民事法律行为自成立时生效，但是法律另有规定或者当事人另有约定的除外。

行为人非依法律规定或者未经对方同意，不得擅自变更或者解除民事法律行为。

**※法规解读：**民事法律行为原则上自成立时生效，即民事法律行为的生效时间和民事法律行为的成立时间原则上是一致的，但是法律另有规定或者当事人另有约定的除外。行为人非依法律规定或者未经对方同意，不得擅自变更或者解除民事法律行为。

## 关联法规索引

《民法典》第119、465条

## 典型案例

### 陈某德诉马某龙保管合同纠纷案[1]

**※案例解读：**我国《民法典》第八百九十条规定："保管合同自保管物交付时成立，但是当事人另有约定的除外。"根据该规定，保管物的交付是保管合同的成立要件，也是保管合同区别于其他合同类型的特征。因此，在保管合同中对于保管物是否交付的判断至关重要，而保管物交付即寄存人将对保管物的控制权转移给保管人并经保管人接受。本案中，陈某德将涉案首饰交给马某龙保管，保管合同关系在保管物交付给马某龙后即告成立，马某龙应承担保管合同下返还保管物的义务。

**第八百九十一条 【保管人给付保管凭证的义务】寄存人向保管人交付保管物的，保管人应当出具保管凭证，但是另有交易习惯的除外。**

## 条文解读

本条规定了保管凭证。由于保管合同是实践性合同，因而当寄存人向保管人交付保管物后，在通常情况下，保管人应当向寄存人出具保管凭证，证明收到了保管物，成立了保管合同。保管凭证既是保管合同成立的证明，也是领取保管物的凭证，如果没有订立书面的保管合同，保管凭证就是保管合同的债权文书。保管凭证的作用有：表明保管人收到了保管物；证明保管合同关系已经存在；寄存人凭保管凭证领取保管物。不过，在很多情形下，保管合同并不需要交付保管凭证。例如，在酒店的停车场停车，按照交易习惯就不给付保管凭证，有车位就可以停车，离开时付款即可。因而规定另有交易习惯的除外条款。

## 配套法规及解读

**《民法典》(2020年5月28日)**

**第五百九十八条** 出卖人应当履行向买受人交付标的物或者交付提取标的物的单证，并转移标的物所有权的义务。

---

[1] 参见上海市松江区人民法院民事判决书，(2015)松民一(民)初字第2403号。

**第五百九十九条** 出卖人应当按照约定或者交易习惯向买受人交付提取标的物单证以外的有关单证和资料。

※**法规解读:**出卖人有两项基本义务:一是交付,即出卖人向买受人交付标的物或者交付提取标的物的单证;二是转移标的物所有权。

出卖人有义务按照约定或者交易习惯向买受人交付提取标的物单证以外的有关单证和资料。

## 关联法规索引

《民法典》第441、512条

## 典型案例

### 赵某甲与周某方保管合同纠纷案[1]

※**案例解读:**我国《民法典》第八百九十一条规定:"寄存人向保管人交付保管物的,保管人应当出具保管凭证,但是另有交易习惯的除外。"保管凭证并非保管合同的成立条件,保管合同作为实践性合同,自保管交付起成立。如果当事人另有约定或者依交易习惯无须给付保管凭证,也可以不给付保管凭证,但也不影响保管合同的成立。本案中,赵某甲并未提供证据证明其与周某方存在保管合同关系,赵某甲的诉讼请求,无事实和法律依据,故不予支持。

**第八百九十二条 【保管人的妥善保管义务】保管人应当妥善保管保管物。**

**当事人可以约定保管场所或者方法。除紧急情况或者为维护寄存人利益外,不得擅自改变保管场所或者方法。**

## 条文解读

本条规定了保管人的妥善保管义务。妥善保管保管物,是保管人应负的主要义

〔1〕 参见浙江省杭州市中级人民法院民事判决书,(2015)浙杭商终字第1284号。

务。保管人对保管物的保管，在保管合同为无偿时，应尽与处理自己的事务同一的注意，负具体过失责任；在保管合同为有偿时，应尽善良管理人的注意，负抽象过失责任。为充分保护消费者的利益，经营场所对顾客寄存的物品，无论其保管是有偿还是无偿，都应尽善良管理人的注意。对保管物的保管方法和场所，当事人有约定的，从其约定；无约定的，应依保管物的性质、合同的目的以及诚实信用原则确定。除紧急情况或者为维护寄存人利益外，不得擅自改变保管场所或者方法。

## 配套法规及解读

**《民法典》(2020 年 5 月 28 日)**

**第四百五十一条**　留置权人负有妥善保管留置财产的义务；因保管不善致使留置财产毁损、灭失的，应当承担赔偿责任。

**第七百五十条**　承租人应当妥善保管、使用租赁物。

承租人应当履行占有租赁物期间的维修义务。

**※法规解读：**留置权人负有妥善保管留置财产的义务，留置权人因保管不善致使留置财产毁损、灭失的，应当承担赔偿责任。

承租人的保管义务，即承租人应当妥善保管、使用租赁物。承租人的维修义务，即承租人应当履行占有租赁物期间的维修义务。

## 关联法规索引

《民法典》第 316、714 条

## 典型案例

### 安华农业保险股份有限公司沈阳中心支公司等诉宋某等保管合同纠纷案〔1〕

**※案例解读：**我国《民法典》第八百九十二条规定："保管人应当妥善保管保管物。当事人可以约定保管场所或者方法。除紧急情况或者为维护寄存人利益外，不

〔1〕 参见辽宁省沈阳市中级人民法院民事判决书，(2015)沈中民三终字第 01228 号。

得擅自改变保管场所或者方法。”根据该规定，保管合同是为寄存人保管保管物，即维持保管物的现状并予以返还。因此保管人为返还保管物并实现合同目的应当妥善保管保管物，这是保管人应负的主要义务之一。本案中，宋某缴纳停车管理费后，将涉案轿车停放在捷安泊公司停车场内，保管合同成立。由于捷安泊公司对涉案轿车未尽到妥善的保管义务，致使轿车因受到人为纵火而损害，应当承担赔偿责任。

**第八百九十三条 【寄存人如实告知义务】寄存人交付的保管物有瑕疵或者根据保管物的性质需要采取特殊保管措施的，寄存人应当将有关情况告知保管人。寄存人未告知，致使保管物受损失的，保管人不承担赔偿责任；保管人因此受损失的，除保管人知道或者应当知道且未采取补救措施外，寄存人应当承担赔偿责任。**

## 条文解读

本条规定了保管物有瑕疵或需特殊保管时寄存人的义务。在保管合同中，寄存人对保管人负有通知义务的情形有两种：(1)保管物有瑕疵，应将保管物的真实情况告知保管人；(2)根据保管物的性质，需要采取特殊保管措施的，寄存人应当将其特殊要求告知保管人，如保管物属于易燃、易爆、有毒、有腐蚀性、有放射性等危险物品或者易变质物品等。寄存人未尽告知义务应当承担以下责任：因寄存人未告知致使保管物受损失的，保管人不承担赔偿责任；由于保管物本身的性质或者瑕疵使保管人受到损害的，寄存人应当承担赔偿责任。在保管人于合同成立时已知保管物有发生危险的性质或瑕疵的情况下，寄存人免除赔偿责任，但保管人因过失而不知上述情形时，寄存人不能免责，应适用过失相抵原则，寄存人以保管人于合同成立时知道保管物有发生危险的性质或瑕疵而主张免责的，应负举证责任；因保管物的性质或瑕疵而给第三人造成损害的，寄存人应负侵权赔偿责任。本条对此没有规定，依照《民法典》的规定应负此责。

## 配套法规及解读

**《民法典》(2020 年 5 月 28 日)**

**第六百一十八条** 当事人约定减轻或者免除出卖人对标的物瑕疵承担的责任，因出卖人故意或者重大过失不告知买受人标的物瑕疵的，出卖人无权主张减轻或者免除责任。

※**法规解读**：当事人有权约定减轻或者免除出卖人对标的物瑕疵承担的责任。因出卖人故意或者重大过失不告知买受人标的物瑕疵的，出卖人无权主张减轻或者免除责任。

## 关联法规索引

《民法典》第662条

## 典型案例

### 顾某波诉袁某平保管合同纠纷案[1]

※**案例解读**：我国《民法典》第八百九十三条规定："寄存人交付的保管物有瑕疵或者根据保管物的性质需要采取特殊保管措施的，寄存人应当将有关情况告知保管人。寄存人未告知，致使保管物受损失的，保管人不承担赔偿责任；保管人因此受损失的，除保管人知道或者应当知道且未采取补救措施外，寄存人应当承担赔偿责任。"本案中，顾某波的车辆受损是由于车辆大灯线束插头处电源线路接触不良引起电线着火，引燃保险杠成灾，车辆自燃袁某平无过错，因此造成的损失顾某波应当自行承担。但袁某平对何时发生的火灾都未发现，以致未能及时采取相应灭火措施，车辆发生慢燃1小时左右自灭，其对损害结果有一定责任，但责任较小。

**第八百九十四条　【保管人亲自保管义务及赔偿责任】保管人不得将保管物转交第三人保管，但是当事人另有约定的除外。**

**保管人违反前款规定，将保管物转交第三人保管，造成保管物损失的，应当承担赔偿责任。**

## 条文解读

保管人不得将保管物转交第三人保管，保管人违反规定，将保管物转交第三人保

〔1〕参见贵州省兴仁县人民法院民事判决书，(2015)仁民初字第673号。

管,造成保管物损失的,应当承担赔偿责任。

## 配套法规及解读

**《民法典》(2020年5月28日)**

**第五百九十三条** 当事人一方因第三人的原因造成违约的,应当依法向对方承担违约责任。当事人一方和第三人之间的纠纷,依照法律规定或者按照约定处理。

**※法规解读:**因第三人的原因造成违约的,原则上应当依法向对方承担违约责任,即当事人一方因第三人的原因造成违约的,应当依法向对方承担违约责任。因第三人的原因造成违约,法律有特别规定第三人也应对债权人承担责任的,或者特别规定债务人不承担责任的,依照该特别规定。

## 关联法规索引

《民法典》第716条

## 典型案例

### 辽阳星德大型钢管厂诉锦州晟源防腐保温有限公司保管合同纠纷案〔1〕

**※案例解读:**我国《民法典》第八百九十四条规定:"保管人不得将保管物转交第三人保管,但是当事人另有约定的除外。保管人违反前款规定,将保管物转交第三人保管,造成保管物损失的,应当承担赔偿责任。"根据该规定,保管人应当亲自保管保管物,保管人违反该义务,擅自将保管物转卖给第三人,使保管物因此造成损害,保管人应当承担损害赔偿责任。本案中,锦州晟源防腐保温有限公司未经辽阳星德大型钢管厂及锦州石化公司的同意,私自将他人委托存放保管的财产转卖第三方的行为违反法律规定,应承担赔偿损失责任。

〔1〕 参见辽宁省辽阳市太子河区人民法院民事判决书,(2015)辽阳太民二初字第00003号。

**第八百九十五条　【保管人不得使用保管物义务】保管人不得使用或者许可第三人使用保管物，但是当事人另有约定的除外。**

## 条文解读

本条规定了保管人不得使用保管物的义务。交付保管人保管的保管物，其所有权并未转移，仍为寄存人享有，保管人享有的是占有权，基于保管合同而有权占有保管物，不得使用保管物，也不得许可第三人使用。只有寄存人与保管人约定或者基于保管物的性质必须使用（保管物的使用属于保管方法的一部分）的情形除外。如果没有此种约定，保管人未经寄存人同意，使用也不为保管物的性质所必要，擅自使用保管物或者许可第三人使用保管物的，则无论保管人有无过错，均应向寄存人支付相当的报酬作为补偿。

## 配套法规及解读

**《民法典》（2020 年 5 月 28 日）**

**第四百四十四条**　以注册商标专用权、专利权、著作权等知识产权中的财产权出质的，质权自办理出质登记时设立。

知识产权中的财产权出质后，出质人不得转让或者许可他人使用，但是出质人与质权人协商同意的除外。出质人转让或者许可他人使用出质的知识产权中的财产权所得的价款，应当向质权人提前清偿债务或者提存。

**※法规解读：**以注册商标专用权、专利权、著作权等知识产权中的财产权出质的，双方当事人应当订立书面质押合同。以注册商标专用权、专利权、著作权等知识产权中的财产权出质的，质权自办理出质登记时设立。注册商标专用权、专利权、著作权等知识产权中的财产权出质后，以不得转让或者许可他人使用为原则、当事人约定转让或者许可他人使用为例外。注册商标专用权、专利权、著作权等知识产权中的财产权出质后，当事人协商同意转让或者许可他人使用的，出质人转让注册商标专用权、专利权、著作权等知识产权中的财产权所得的价款，应当向质权人提前清偿债务或者提存。

## 关联法规索引

《民法典》第 785、993 条

## 典型案例

### 沈某诉张某龙保管合同纠纷案[1]

**※案例解读：**我国《民法典》第八百九十五条规定："保管人不得使用或者许可第三人使用保管物，但是当事人另有约定的除外。"根据该规定，保管合同中保管人只有权占有保管物，而不能使用保管物。保管人不得没有约定或未经允许擅自将保管物许可第三人使用。本案中，沈某向张某龙的洗车行支付费用，将洗车行的洗车场租来当车库使用，因此双方之间形成了保管合同关系。张某龙应当尽到妥善保管的义务，保证涉案车辆不受损害。王某作为张某龙雇用的洗车工，其私自将车辆开出并损害，作为雇主的张某龙应当承担赔偿责任。

**第八百九十六条　【第三人主张权利时保管人对寄存人的返还义务和通知义务】第三人对保管物主张权利的，除依法对保管物采取保全或者执行措施外，保管人应当履行向寄存人返还保管物的义务。**

**第三人对保管人提起诉讼或者对保管物申请扣押的，保管人应当及时通知寄存人。**

## 条文解读

在第三人主张权利时，保管人对寄存人负有返还义务和通知义务。第三人对保管物主张权利的，会对寄存人对保管物的权属产生危险，保管人知悉后，应当对寄存人承担的义务是：(1)返还保管物。除人民法院依法对保管物采取保全或者执行措施外，保管人应当履行向寄存人返还保管物的义务，使寄存人占有自己的保管物，行使自己的权利，避免发生危险。(2)危险通知义务。危险通知是指寄存人寄存的保管物因第三人可能会出现丧失的危险情形时，保管人应当及时通知寄存人，由寄存人对自己寄存的保管物采取必要措施，保全自己的权利。在保管物意外毁损、灭失或者危险程度增大时，保管人也应及时将有关情况通知寄存人。

---

[1] 参见黑龙江省牡丹江市爱民区人民法院民事判决书，(2015)爱商初字第110号。

## 配套法规及解读

**《民法典》(2020 年 5 月 28 日)**

**第二百二十七条** 动产物权设立和转让前,第三人占有该动产的,负有交付义务的人可以通过转让请求第三人返还原物的权利代替交付。

**※法规解读:**指示交付,也称返还请求权的让与,指在设定或者转让动产物权时,如果转让动产物权或者为他人设定动产物权之人的动产由第三人占有,负有交付义务的人可以将其享有的针对第三人的返还请求权让与受让人,以代替现实交付。

## 关联法规索引

《民法典》第 122、462 条

## 典型案例

### 江苏江中集团有限公司与杨某光保管合同纠纷案[1]

**※案例解读:**我国《民法典》第八百九十六条规定:"第三人对保管物主张权利的,除依法对保管物采取保全或者执行措施外,保管人应当履行向寄存人返还保管物的义务。第三人对保管人提起诉讼或者对保管物申请扣押的,保管人应当及时通知寄存人。"根据该规定,第三人对保管物主张权利的,除依法对保管物采取保全或者执行的以外,保管人应当履行向寄存人返还保管物的义务。若不能返还保管物,保管人应当承担违约责任。本案中,工程完工后,杨某光将 SBS 油毡 230 卷、沥青 10 桶存放在江苏江中集团有限公司(以下简称江中公司)金和泰项目部工人宿舍内,江中公司金和泰项目部未表示反对,双方已形成事实上的无偿保管关系。江中公司终止与金和泰公司在乌海市海南区承建江中公司金和泰广场项目工程,将金和泰广场项目施工设施转让给张某某时,未对其下属工作部门金和泰广场项目部保管的杨某光的施工材料尽到同处理自己事务的一致注意义务,存在重大过失。江中公司作为独立的法人,对下属工作部门的行为负有监督管理职责,应承担该行为产生的民事责任。

---

〔1〕 参见内蒙古自治区乌海市中级人民法院民事判决书,(2015)乌中民一终字第 252 号。

**第八百九十七条 【保管物毁损、灭失责任】** 保管期内,因保管人保管不善造成保管物毁损、灭失的,保管人应当承担赔偿责任。但是,无偿保管人证明自己没有故意或者重大过失的,不承担赔偿责任。

## 条文解读

本条规定了保管物的毁损、灭失责任。保管物毁损、灭失责任,是保管物在保管期内毁损、灭失,应当由哪一方当事人承担责任的规则。在一般情况下,保管物在保管期内,因保管人保管不善造成毁损、灭失的,保管人应当承担损害赔偿责任。这是保管人的职责所在。如果保管行为是无偿的,只要保管人能够证明自己没有故意或者重大过失,即使存在一般过失,也不承担赔偿责任。不能证明自己没有故意或者重大过失的,应当承担赔偿责任。

## 配套法规及解读

**《民法典》(2020 年 5 月 28 日)**

**第四十三条** 财产代管人应当妥善管理失踪人的财产,维护其财产权益。

失踪人所欠税款、债务和应付的其他费用,由财产代管人从失踪人的财产中支付。

财产代管人因故意或者重大过失造成失踪人财产损失的,应当承担赔偿责任。

**※法规解读:** 财产代管人的职责主要有妥善管理失踪人的财产、清偿失踪人的债务,并追索其债权等。失踪人的代管人从事的是一种无偿的行为。财产代管人应当妥善管理失踪人的财产,维护其财产权益。从失踪人的财产中支付失踪人所欠税款、债务和应付的其他费用。财产代管人因故意或者重大过失造成失踪人财产损失的,应当承担赔偿责任,对于一般的过失造成的损害不承担赔偿责任。

## 关联法规索引

《最高人民法院关于审理旅游纠纷案件适用法律若干问题的规定》第 19 条

## 典型案例

### 王某新与何某红保管合同纠纷案[1]

**※案例解读：**我国《民法典》第八百九十七条规定："保管期内，因保管人保管不善造成保管物毁损、灭失的，保管人应当承担赔偿责任。但是，无偿保管人证明自己没有故意或者重大过失的，不承担赔偿责任。"根据该规定，保管人应当对保管物尽到妥善保管的义务。保管期间，因保管人保管不善造成保管物毁损、灭失的，原则上保管人都应当承担损害赔偿责任。本案中，何某红将涉案车辆停放在王某新看管的小区，王某新向何某红收取停车费，双方形成有偿保管合同关系，该合同合法有效，应受法律保护。依据上述规定，保管期内因保管人保管不善造成保管物毁损、灭失的，保管人应当承担损害赔偿责任。据此，涉案车辆被盗，王某新应当承担赔偿责任。

**第八百九十八条 【寄存货币、有价证券或其他贵重物品的声明义务】寄存人寄存货币、有价证券或者其他贵重物品的，应当向保管人声明，由保管人验收或者封存；寄存人未声明的，该物品毁损、灭失后，保管人可以按照一般物品予以赔偿。**

## 条文解读

本条规定了寄存人在寄存货币、有价证券或其他贵重物品时负有声明义务。在保管合同中，保管一般物品和保管贵重物品的责任不同，规则也不相同。具体规则是，寄存人寄存货币、有价证券或者其他贵重物品，如珠宝、金银等，应当向保管人作出特别声明，并且要由保管人验收或者封存。保管人验收、封存之后，应当尽最大的注意义务保管贵重物品、避免毁损、灭失，使自己承担更大的责任。寄存人寄存贵重物品未按照要求声明的，该物品毁损、灭失后，保管人可以按照一般物品予以赔偿，如按件或者其他方法进行赔偿，不能按照贵重物品的价值进行赔偿。

---

〔1〕 参见甘肃省定西市中级人民法院民事判决书，(2015)定中民三终字第214号。

## 配套法规及解读

**《民法典》(2020 年 5 月 28 日)**

**第一千一百九十六条** 网络用户接到转送的通知后,可以向网络服务提供者提交不存在侵权行为的声明。声明应当包括不存在侵权行为的初步证据及网络用户的真实身份信息。

网络服务提供者接到声明后,应当将该声明转送发出通知的权利人,并告知其可以向有关部门投诉或者向人民法院提起诉讼。网络服务提供者在转送声明到达权利人后的合理期限内,未收到权利人已经投诉或者提起诉讼通知的,应当及时终止所采取的措施。

**※法规解读:**网络用户的声明权,即网络用户接到转送的通知后,可以向网络服务提供者提交不存在侵权行为的声明。声明的要件,即声明应当包括不存在侵权行为的初步证据及网络用户的真实身份信息。网络服务提供者接到声明后转送的义务,即网络服务提供者接到声明后,应当将该声明转送发出通知的权利人,并告知其可以向有关部门投诉或者向人民法院提起诉讼。网络服务提供者接到声明后及时终止所采取措施的义务,即网络服务提供者在转送声明到达权利人后的合理期限内,未收到权利人已经投诉或者提起诉讼通知的,应当及时终止所采取的措施。

## 典型案例

### 辽阳市弓长岭碧波牧月洗浴中心与赵某西服务合同纠纷案[1]

**※案例解读:**我国《民法典》第八百九十八条规定:"寄存人寄存货币、有价证券或者其他贵重物品的,应当向保管人声明,由保管人验收或者封存;寄存人未声明的,该物品毁损、灭失后,保管人可以按照一般物品予以赔偿。"本案中,赵某西到辽阳市弓长岭碧波牧月洗浴中心(以下简称碧波牧月洗浴中心)处洗浴,双方已形成服务合同关系,碧波牧月洗浴中心作为提供服务一方,应履行相应的合同义务,包括合同附随的安全保障义务。碧波牧月洗浴中心在经营场所对贵重物品请存放到服务台的提示虽尽到了相应的注意义务,但该提示注意义务的履行并不能完全免除碧波牧月洗

〔1〕 参见辽宁省辽阳市中级人民法院民事判决书,(2015)辽阳民一终字第 00476 号。

浴中心加强安全管理为消费者提供财物及人身安全保障的责任。本案中，赵某西将貂皮大衣放入更衣箱符合常理，貂皮大衣属于正常保暖衣物，碧波牧月洗浴中心有义务妥善保管，对于貂皮大衣的灭失，碧波牧月洗浴中心负有赔偿责任。但寄存人未声明的，该物品毁损、灭失后，保管人可以按照一般物品予以赔偿。

**第八百九十九条　【保管物的领取时间】寄存人可以随时领取保管物。**

**当事人对保管期限没有约定或者约定不明确的，保管人可以随时请求寄存人领取保管物；约定保管期限的，保管人无特别事由，不得请求寄存人提前领取保管物。**

### 条文解读

本条规定了保管期限。保管合同无论是否约定期限，也无论是否已经到期，寄存人都可以随时领取寄存物，保管人有返还义务，保管人返还保管物的时间为保管合同终止之时。合同的保管期限由当事人约定。如果保管合同没有约定期间或者约定不明确，保管人可以随时要求寄存人领取保管物。在保管期限之内，除非有特别理由，保管人不得要求寄存人提前领取保管物。

### 配套法规及解读

**《民法典》(2020 年 5 月 28 日)**

**第五百七十四条**　债权人可以随时领取提存物。但是，债权人对债务人负有到期债务的，在债权人未履行债务或者提供担保之前，提存部门根据债务人的要求应当拒绝其领取提存物。

债权人领取提存物的权利，自提存之日起五年内不行使而消灭，提存物扣除提存费用后归国家所有。但是，债权人未履行对债务人的到期债务，或者债权人向提存部门书面表示放弃领取提存物权利的，债务人负担提存费用后有权取回提存物。

**※法规解读：**债权人原则上可以随时领取提存物。

债权人不能领取提存物的情形是，债权人对债务人负有到期债务，在债权人未履行债务或者提供担保之前，提存部门根据债务人的要求应当拒绝其领取提存物。

领取提存物的权利的存续期间是 5 年，即债权人领取提存物的权利，自提存之日起 5 年内不行使而消灭。

提存权消灭后提存物归国家所有,即债权人领取提存物的权利,自提存之日起5年内不行使而消灭,提存物扣除提存费用后归国家所有。

债务人的提存物取回权,即债权人未履行对债务人的到期债务,或者债权人向提存部门书面表示放弃领取提存物权利的,债务人负担提存费用后有权取回提存物。

## 关联法规索引

《民法典》第314、315条

## 典型案例

### 徐某友与赵某香保管合同纠纷案[1]

**※案例解读:**我国《民法典》第八百九十九条规定:"寄存人可以随时领取保管物。当事人对保管期限没有约定或者约定不明确的,保管人可以随时请求寄存人领取保管物;约定保管期限的,保管人无特别事由,不得请求寄存人提前领取保管物。"无论保管有偿无偿,寄存人均可以随时领取保管物,保管人有义务返还。本案中,赵某香与徐某友的保管合同成立,在保管合同存续期间,寄存人赵某香可以随时要求徐某友返还保管物。

**第九百条 【保管人归还原物及孳息的义务】保管期限届满或者寄存人提前领取保管物的,保管人应当将原物及其孳息归还寄存人。**

## 条文解读

本条规定保管人负有归还原物及其孳息的义务。原物产生的孳息原则上由所有权人取得,在保管合同中,保管物的孳息主要是自然孳息,应当由保管物的所有权人即寄存人取得。因此,无论是在保管期限届满后还是寄存人提前领取保管物的,保管人都应当将原物及其孳息一并归还寄存人。

[1] 参见上海市第二中级人民法院民事判决书,(2014)沪二中民一(民)终字第1612号。

## 配套法规及解读

《民法典》(2020 年 5 月 28 日)

**第三百二十一条**　天然孳息,由所有权人取得;既有所有权人又有用益物权人的,由用益物权人取得。当事人另有约定的,按照其约定。

法定孳息,当事人有约定的,按照约定取得;没有约定或者约定不明确的,按照交易习惯取得。

**※法规解读:**孳息分为天然孳息和法定孳息。天然孳息,由所有权人取得;天然孳息既有所有权人又有用益物权人的,由用益物权人取得;当事人对天然孳息另有约定的,按照其约定。法定孳息,当事人有约定的,按照约定取得;当事人没有约定或者约定不明确的,按照交易习惯取得。

## 关联法规索引

《民法典》第 412、630 条

## 典型案例

### 赵某安诉赵某耀保管合同纠纷案[1]

**※案例解读:**我国《民法典》第九百条规定:"保管期限届满或者寄存人提前领取保管物的,保管人应当将原物及其孳息归还寄存人。"根据该规定,保管人在保管期间届满或者应寄存人的要求而返还保管物时,除返还保管物外,如果保管物有孳息还应一并返还孳息。本案中,因双方当事人对保管期间没有约定,现赵某安要求返还款项,赵某耀应向赵某安归还保管的款项,被保管物为货币,其孳息的表现形式为利息,故应将存放现金与其在保管期间所生利息一并返还。

[1] 参见广东省江门市新会区人民法院民事判决书,(2015)江新法三民初字第 46 号。

**第九百零一条　【保管可替代物的返还】** 保管人保管货币的，可以返还相同种类、数量的货币；保管其他可替代物的，可以按照约定返还相同种类、品质、数量的物品。

## 条文解读

本条规定了消费保管合同中可替代物的返还。消费保管合同是指保管物为种类物，双方约定保管人取得保管物的所有权或处分权，而仅负以种类、品质、数量相同的物返还寄存人义务的合同。消费保管合同也以保管物的保管为目的，属于实践合同，并以寄存人将物品交付保管人时为成立。但其与一般保管合同有以下不同：消费保管合同的保管物须为种类物；消费保管合同须移转保管物的所有权或处分权于保管人；消费保管合同的保管人须以种类、品质、数量相同的物予以返还；消费保管合同的保管物所有权或使用权既已移转于保管人，则保管物利益及危险由保管人享受和负担；在保管人破产时，寄存人对保管物无取回权。

## 配套法规及解读

**《民法典》（2020 年 5 月 28 日）**

**第八百九十二条**　保管人应当妥善保管保管物。

当事人可以约定保管场所或者方法。除紧急情况或者为维护寄存人利益外，不得擅自改变保管场所或者方法。

**※法规解读：** 本条规定保管人有妥善保管保管物的义务，即保管人应当妥善保管保管物。当事人可以约定保管场所或者方法，不得擅自改变保管场所或者方法，即除紧急情况或者为维护寄存人利益外，不得擅自改变保管场所或者方法。

## 关联法规索引

《民法典》第 754 条

典型案例

### 汪某珍诉高某华民间借贷纠纷案[1]

※**案例解读**：我国《民法典》第九百零一条规定："保管人保管货币的，可以返还相同种类、数量的货币；保管其他可替代物的，可以按照约定返还相同种类、品质、数量的物品。"寄存货币的消费保管合同与民间借贷有着本质上的区别。民间借贷合同是从借款人借款的角度来规定双方的权利义务关系，而寄存货币的消费保管主要是从寄存人寄存货币的角度来规定双方的权利义务关系。二者不能用同一种法律规范来调整。本案中，原告寄存被告处的人民币40,000元，原告依法可以随时向被告领取该笔寄存款并主张按银行一年定期存款利率计算利息。

**第九百零二条　【保管费的支付】有偿的保管合同，寄存人应当按照约定的期限向保管人支付保管费。**

**当事人对支付期限没有约定或者约定不明确，依据本法第五百一十条的规定仍不能确定的，应当在领取保管物的同时支付。**

条文解读

本条规定了保管费的支付及其支付期限。保管合同为有偿合同，寄存人负有向保管人支付保管费的义务，有关部门对保管费有规定的，应从其规定；无规定的，从当事人的约定。对于支付保管费期限的确定，具体方法是：当事人有约定的，依照其约定确定；当事人没有约定或者约定不明确的，依据《民法典》第五百一十条的规定确定，即由当事人达成补充协议，按照补充协议的约定确定；补充协议仍然不能确定的，领取保管物的时间是支付保管费的期限。

配套法规及解读

**《民法典》（2020年5月28日）**

**第六百二十六条**　买受人应当按照约定的数额和支付方式支付价款。对价款的

[1] 参见重庆市云阳县人民法院民事判决书，(2011)云法民初字第1258号。

数额和支付方式没有约定或者约定不明确的，适用本法第五百一十条、第五百一十一条第二项和第五项的规定。

**第六百二十八条** 买受人应当按照约定的时间支付价款。对支付时间没有约定或者约定不明确，依据本法第五百一十条的规定仍不能确定的，买受人应当在收到标的物或者提取标的物单证的同时支付。

**※法规解读：**买受人应当按照约定的数额和支付方式支付价款，对价款没有约定或者约定不明确的处理依据：一是适用《民法典》第五百一十条关于“合同生效后，当事人就质量、价款或者报酬、履行地点等内容没有约定或者约定不明确的，可以协议补充；不能达成补充协议的，按照合同相关条款或者交易习惯确定”的规定。二是当事人就价款的数额和支付方式约定不明确，依据《民法典》第五百一十条规定仍不能确定的，适用第五百一十一条第二项和第五项，即“价款或者报酬不明确的，按照订立合同时履行地的市场价格履行；依法应当执行政府定价或者政府指导价的，依照规定履行”“履行方式不明确的，按照有利于实现合同目的的方式履行”的规定。

## 关联法规索引

《民法典》第317条

## 典型案例

### 白某亮诉杨某亮等保管合同纠纷案[1]

**※案例解读：**我国《民法典》第九百零二条规定：“有偿的保管合同，寄存人应当按照约定的期限向保管人支付保管费。当事人对支付期限没有约定或者约定不明确，依据本法第五百一十条的规定仍不能确定的，应当在领取保管物的同时支付。”本案中，双方未对保管期限没有明确的约定，二被告应当在领取保管物的同时向原告支付保管费。

[1] 参见天津市北辰区人民法院民事判决书，(2015)辰民初字第2172号。

**第九百零三条　【保管人的留置权】寄存人未按照约定支付保管费或者其他费用的，保管人对保管物享有留置权，但是当事人另有约定的除外。**

## 条文解读

本条规定保管人依法可以行使留置权。寄存人未按照约定支付保管费以及其他费用的，由于保管物被保管人所占有，并且符合同一法律关系等要件，因而保管人对保管物享有留置权，可以进行留置、催告、规定宽限期，宽限期届满寄存人仍不履行的，即可变卖、拍卖保管物，就其价金优先受偿。如果当事人约定保管人不得行使留置权等，保管人不得因此行使留置权，依照约定办理。

## 配套法规及解读

**《民法典》(2020 年 5 月 28 日)**

**第四百四十七条**　债务人不履行到期债务，债权人可以留置已经合法占有的债务人的动产，并有权就该动产优先受偿。

前款规定的债权人为留置权人，占有的动产为留置财产。

**第四百五十七条**　留置权人对留置财产丧失占有或者留置权人接受债务人另行提供担保的，留置权消灭。

**※法规解读：**留置权，是指债务人不履行到期债务，债权人有权留置已经合法占有的债务人的动产并有权就该动产优先受偿的权利。

留置权人对留置财产丧失占有的，留置权消灭。留置权人接受债务人另行提供担保的，留置权消灭。

## 关联法规索引

《民法典》第 451、452 条

## 典型案例

### 周口市跨世纪运输有限公司与北京顺宏停车管理有限公司物权保护纠纷案[1]

**※案例解读：**我国《民法典》第九百零三条规定："寄存人未按照约定支付保管费或者其他费用的，保管人对保管物享有留置权，但是当事人另有约定的除外。"根据该规定，在当事人没有特殊约定的情况下，寄存人未按照约定支付保管费以及其他费用的，保管人对保管物享有留置权，本案中，周口市跨世纪运输有限公司（以下简称跨世纪运输公司）与北京顺宏停车管理有限公司（以下简称顺宏停车公司）形成了事实上的有偿保管合同关系，由于跨世纪运输公司未交纳车辆保管费，顺宏停车公司可以依法行使对保管车辆的留置权。跨世纪运输公司基于物权保护的理由，要求顺宏停车公司返还车辆，难以支持。就车辆返还以及费用标准的问题，跨世纪运输公司与顺宏停车公司可另案进行合同之诉加以解决。

---

〔1〕 参见北京市第三中级人民法院民事判决书，（2014）三中民终字第08090号。

# 第二十二章　仓 储 合 同

## 本章介绍

本章规定了仓储合同的定义、内容、双方当事人的主要权利与义务等。

**第九百零四条　【仓储合同的定义】仓储合同是保管人储存存货人交付的仓储物，存货人支付仓储费的合同。**

## 条文解读

本条规定了仓储合同的概念。仓储合同是保管人储存存货人交付的仓储物，存货人支付仓储费的合同。其特征是：保管人须有仓储设备且是专门从事仓储保管业务的仓库营业人；仓储合同的保管对象须为动产，不能以不动产为保管对象而订立仓储合同；仓储合同为诺成、双务、有偿、不要式合同；存货人主张货物已交付或行使返还请求权以仓单为凭证。

## 配套法规及解读

**《民法典》(2020年5月28日)**

**第四百六十四条**　合同是民事主体之间设立、变更、终止民事法律关系的协议。

婚姻、收养、监护等有关身份关系的协议，适用有关该身份关系的法律规定；没有规定的，可以根据其性质参照适用本编规定。

**第四百六十五条**　依法成立的合同，受法律保护。

依法成立的合同，仅对当事人具有法律约束力，但是法律另有规定的除外。

**※法规解读：**合同是民事主体之间的协议，即平等主体的自然人、法人和非法人组织之间的协议。

民事主体从事民事活动，应当遵循自愿原则，按照自己的意思设立、变更、终止民事法律关系。

依法成立的合同受法律保护。对当事人依法成立的合同予以法律保护,有利于维护契约精神,鼓励交易,是加强市场法律制度建设的重要内容。

## 关联法规索引

《民法典》第119条

## 典型案例

### 吴某飚与江苏苏糖物流有限公司等合同纠纷案[1]

**※案例解读:**我国《民法典》第九百零四条规定:“仓储合同是保管人储存存货人交付的仓储物,存货人支付仓储费的合同。”仓储合同突出的特性在于存放货物的占有权从货物交付时发生转移,即占有权从所有权人处转移至仓储保管人,即使是所有权人提货仍需凭保管人签发的仓单。租赁合同是出租人将租赁物交付给承租人占有、使用、收益,承租人支付租金的合同。本案中,吴某飚与江苏苏糖物流有限公司签订的《仓库管理合同》中约定,商品由吴某飚自己保管,并未转移物品的占有权,所以不属于仓储合同,该约定符合租赁合同的法律特征,应为房屋租赁合同。

**第九百零五条 【仓储合同的成立时间】仓储合同自保管人和存货人意思表示一致时成立。**

## 条文解读

仓储合同是诺成合同。尽管有学说主张仓储合同为实践合同,但立法采取的立场是诺成合同,以此区别仓储合同与保管合同。仓储合同的成立时间就是保管人和存货人就货物进行仓储的意思表示一致的时间,而无须以仓储物交付保管人时为成立时间。

[1] 参见江苏省南京市中级人民法院民事判决书,(2015)宁商终字第1017号。

## 配套法规及解读

**《民法典》(2020 年 5 月 28 日)**

**第二百一十五条**　当事人之间订立有关设立、变更、转让和消灭不动产物权的合同,除法律另有规定或者当事人另有约定外,自合同成立时生效;未办理物权登记的,不影响合同效力。

**※法规解读:**除非法律有特别规定,合同一经成立,只要不违反法律的强制性规定和社会公共利益,就可以发生效力,并不必然与登记联系在一起。登记是针对民事权利的变动设定的,与物权变动联系在一起,是一种物权变动的公示方法。如果当事人只是就物权的变动达成合意,而没有办理登记,合同仍然有效。

**第九百零六条　【危险品和易变质物品的储存】储存易燃、易爆、有毒、有腐蚀性、有放射性等危险物品或者易变质物品的,存货人应当说明该物品的性质,提供有关资料。**

**存货人违反前款规定的,保管人可以拒收仓储物,也可以采取相应措施以避免损失的发生,因此产生的费用由存货人负担。**

**保管人储存易燃、易爆、有毒、有腐蚀性、有放射性等危险物品的,应当具备相应的保管条件。**

## 条文解读

本条规定了危险品和易变质物品的储存。对于储存危险物品或者易变质物品的仓储合同,由于储存物具有危险性和不易保管的特点,因而法律提出特别要求:

(1)存货人的说明义务。储存易燃、易爆、有毒、有腐蚀性、有放射性等危险物品或者易变质物品的,存货人应当说明该物品的性质,提供有关资料,存货人应当善尽此义务。

(2)保管人可以拒收或者采取相应措施。存货人违反说明义务的,保管人可以拒收仓储物,也可以采取相应措施以避免损失的发生,采取相应措施是为存货人的利益,因此产生的费用由存货人负担;保管人储存易燃、易爆、有毒、有腐蚀性、有放射性等危险物品的,应当具备相应的保管条件,保管人没有相应的保管条件而进行仓储的,损害后果由其承担。

## 配套法规及解读

**《民法典》(2020 年 5 月 28 日)**

**第九百零四条** 仓储合同是保管人储存存货人交付的仓储物,存货人支付仓储费的合同。

※**法规解读**:仓储合同的法律特征:保管人应该具备仓储设备并具有从事仓储保管业务的资质;仓储合同的保管对象为动产;仓储合同为诺成、双务、有偿、不要式合同;存货方主张货物已交付或者行使返还请求权以仓单为凭证。

## 关联法规索引

《民法典》第 599、888 条

**第九百零七条 【仓储物的验收】保管人应当按照约定对入库仓储物进行验收。保管人验收时发现入库仓储物与约定不符合的,应当及时通知存货人。保管人验收后,发生仓储物的品种、数量、质量不符合约定的,保管人应当承担赔偿责任。**

## 条文解读

本条规定保管人应当按照约定对入库仓储物进行验收等。仓储合同的标的是储存实物,保管人对仓储的实物承担保管责任。因此,保管人在仓储物入库时,应当按照约定对入库的仓储物进行验收,保管人在验收时发现入库仓储物与约定不符合的,应当及时通知存货人进行核对和确认,避免出现责任不清。正因为仓储物验收的重要性,所以当保管人对仓储物验收后,发现仓储物的品种、数量、质量不符合约定的,保管人应当承担赔偿责任,而不是由存货人负责。

## 配套法规及解读

**《民法典》(2020 年 5 月 28 日)**

**第八百九十八条** 寄存人寄存货币、有价证券或者其他贵重物品的,应当向保管人声明,由保管人验收或者封存;寄存人未声明的,该物品毁损、灭失后,保管人可以按照一般物品予以赔偿。

**※法规解读：**本条规定了寄存贵重物品寄存人的声明义务，即寄存人寄存货币、有价证券或者其他贵重物品的，应当向保管人声明，由保管人验收或者封存。

寄存贵重物品寄存人未履行声明义务的后果，即寄存人寄存货币、有价证券或者其他贵重物品未向保管人声明的，该物品毁损、灭失后，保管人可以按照一般物品予以赔偿。

**典型案例**

### 北京前航物流有限责任公司与深圳市华澳酒业有限公司仓储合同纠纷案〔1〕

**※案例解读：**我国《民法典》第九百零七条规定："保管人应当按照约定对入库仓储物进行验收。保管人验收时发现入库仓储物与约定不符合的，应当及时通知存货人。保管人验收后，发生仓储物的品种、数量、质量不符合约定的，保管人应当承担赔偿责任。"保管人是储存物的有权占有人，对储存物的保管负全责，按照法律规定，经过验收后，如果发生储存物的品种、数量、质量不符合约定的情况，保管人应当承担损害赔偿责任。本案中，北京前航物流有限责任公司已经对货物进行了验收并入库，说明其已经知晓并认可货物的品种、数量、质量，成为货物的占有权利人并负有妥善保管的义务，在此之后不能就储存后货物品种、数量、质量与储存前不一致提出免责请求。北京前航物流有限责任公司主张并非其人为因素造成损失，拒绝赔偿深圳市华澳酒业有限公司损失，其主张缺乏依据。

**第九百零八条　【仓单的交付】存货人交付仓储物的，保管人应当出具仓单、入库单等凭证。**

**条文解读**

本条规定存货人交付仓储物的，保管人应当出具仓单、入库单等凭证。仓单是指保管人在收到仓储物时，向存货人出具的表示收到了一定数量的仓储物的法定文书。

〔1〕 参见北京市第二中级人民法院民事判决书，(2011)二中民终字第16259号。

存货人交付了仓储物的,保管人应当向存货人开具由其签名的仓单。仓单的作用是:证明保管人已经收到仓储物,保管人与存货人之间仓储关系客观存在;是有价证券,是物权证券,存单可以背书转让;是提取仓储物的凭证,存货人或者仓单持有人可以凭仓单提取仓储物。入库单,是仓储合同的保管人收到存货人的仓储物后给存货人的凭证。

## 配套法规及解读

**《民法典》(2020 年 5 月 28 日)**

**第五百九十八条** 出卖人应当履行向买受人交付标的物或者交付提取标的物的单证,并转移标的物所有权的义务。

**第五百九十九条** 出卖人应当按照约定或者交易习惯向买受人交付提取标的物单证以外的有关单证和资料。

**※法规解读:**出卖人有两项基本义务:一是交付,即出卖人应当履行向买受人交付标的物或者交付提取标的物的单证;二是转移标的物所有权。

出卖人有义务按照约定或者交易习惯向买受人交付提取标的物单证以外的有关单证和资料。

## 关联法规索引

《民法典》第 609 条

## 典型案例

### 衣某国与栖霞市源学果蔬冷藏厂仓储合同纠纷案[1]

**※案例解读:**我国《民法典》第九百零八条规定:“存货人交付仓储物的,保管人应当出具仓单、入库单等凭证。”仓单既是存货人已经交付仓储物的凭证,又是存货人或者持单人提取仓储物的凭证,仓单上所记载的事项是主张权利义务的依据。本案中,虽然衣某国持有仓单,但是仓单上所记载的存储人并不是或并不仅是衣某国,所

[1] 参见山东省烟台市中级人民法院民事判决书,(2014)烟民四终字第 1486 号。

以衣某国只能就其单独所有的仓单主张权利。

**第九百零九条 【仓单的内容】**保管人应当在仓单上签名或者盖章。仓单包括下列事项:

(一)存货人的姓名或者名称和住所;

(二)仓储物的品种、数量、质量、包装及其件数和标记;

(三)仓储物的损耗标准;

(四)储存场所;

(五)储存期限;

(六)仓储费;

(七)仓储物已经办理保险的,其保险金额、期间以及保险人的名称;

(八)填发人、填发地和填发日期。

## 条文解读

本条规定了仓单应载事项。仓单是仓库营业人应存货人的请求而签发的一种有价证券,除保管人应当签字或者盖章外,还须明确记载法定的内容,不能有缺项。

## 配套法规及解读

**《民法典》(2020年5月28日)**

**第四百七十条** 合同的内容由当事人约定,一般包括下列条款:

(一)当事人的姓名或者名称和住所;

(二)标的;

(三)数量;

(四)质量;

(五)价款或者报酬;

(六)履行期限、地点和方式;

(七)违约责任;

(八)解决争议的方法。

当事人可以参照各类合同的示范文本订立合同。

**※法规解读:**本条规定了合同的主要条款,即合同的内容由当事人约定,一般包

括下列条款:(1)当事人的姓名或者名称和住所;(2)标的;(3)数量;(4)质量;(5)价款或者报酬;(6)履行期限、地点和方式;(7)违约责任;(8)解决争议的方法。当事人可以参照各类合同的示范文本订立合同。

## 关联法规索引

《民法典》第511条

## 典型案例

### 王某平诉湖北省大自然生物科技有限公司合同纠纷案[1]

**※案例解读:**我国《民法典》第九百零九条规定:"保管人应当在仓单上签名或者盖章。仓单包括下列事项:(一)存货人的姓名或者名称和住所;(二)仓储物的品种、数量、质量、包装及其件数和标记;(三)仓储物的损耗标准;(四)储存场所;(五)储存期限;(六)仓储费;(七)仓储物已经办理保险的,其保险金额、期间以及保险人的名称;(八)填发人、填发地和填发日期。"根据该规定,仓单上所记载的事项是主张权利义务的依据,完整合格的仓单应记载完备的信息。本案中,湖北省大自然生物科技有限公司的仓单上没有记载仓储物的质量情况,视为其对仓储物质量没有异议,之后在发生仓储物质量争议时,湖北省大自然生物科技有限公司不得就仓储物质量不合格主张免责。王某平的诉请没有法律依据,依法不予支持。

**第九百一十条　【仓单的性质及背书转让】仓单是提取仓储物的凭证。存货人或者仓单持有人在仓单上背书并经保管人签名或者盖章的,可以转让提取仓储物的权利。**

## 条文解读

本条规定了仓单的性质、背书及其效力。仓单以给付一定的物品为标的,为物品证券,是提取仓储物的凭证。仓单的效力是:(1)提取仓储物的效力。仓库营业人一

〔1〕 参见湖北省罗田县人民法院民事判决书,(2015)鄂罗田凤民一初字第00239号。

经填发仓单,则持单人对仓储物的受领,不仅应提示仓单,而且还应缴回仓单。(2)移转仓储物的效力。仓单所载的货物,由货物所有人在仓单上背书并经仓库营业人签名,发生所有权转移的效力。(3)以仓单出质的效力。存货人或者仓单持有人可以凭仓单设立质权。当存货人或者仓单持有人转移仓单的货物时,应在仓单上背书,并经保管人签字或者盖章,将背书的仓单交给受让人,提取仓储物的权利即转移给被背书人。

## 配套法规及解读

**《民法典》(2020 年 5 月 28 日)**

**第二百二十四条**　动产物权的设立和转让,自交付时发生效力,但是法律另有规定的除外。

**※法规解读:**除法律另有规定外,动产物权的设立和转让,自交付时发生效力。“法律另有规定”指下列三种情形:一是动产物权设立和转让前,权利人已经占有该动产的,物权自民事法律行为生效时发生效力。二是对主要是非依法律行为而发生的物权变动问题所作的规定。三是担保物权对动产抵押权和留置权的相关规定。

## 关联法规索引

《民法典》第 228 条

## 典型案例

**王某城诉南京广康仓储有限公司仓储合同纠纷案**〔1〕

**※案例解读:**我国《民法典》第九百一十条规定:“仓单是提取仓储物的凭证。存货人或者仓单持有人在仓单上背书并经保管人签名或者盖章的,可以转让提取仓储物的权利。”任何人想要提取仓储物,必须凭仓单为之,保管人也只能将仓储物交付给持有仓单或相当于仓单凭证的人,保管人如果将仓储物交付给不适格的仓单持有人,应承担由此而产生的赔偿责任。本案中,王某城为仓单的持有者,有权凭仓单要求南京广康仓储有限公司交付保管物,而南京广康仓储有限公司因不能交付而承担赔偿责任。

〔1〕　参见江苏省南京市秦淮区人民法院民事判决书,(2013)白商初字第 212 号。

**第九百一十一条　【检查仓储物或提取样品的权利】**保管人根据存货人或者仓单持有人的要求，应当同意其检查仓储物或者提取样品。

## 条文解读

本条规定了存货人或仓单持有人检查仓储物或提取样品的权利。仓储合同生效之后，仓储物被保管人占有，存放于保管人的仓库。存货人或者仓单持有人为了了解仓库保管的安全程度与保管行为，有权检查仓储物或者提取仓储物样品，保管人应当同意其进行检查或者提取。

## 配套法规及解读

**《民法典》（2020年5月28日）**

**第六百二十条**　买受人收到标的物时应当在约定的检验期限内检验。没有约定检验期限的，应当及时检验。

**第七百七十四条**　承揽人提供材料的，应当按照约定选用材料，并接受定作人检验。

**※法规解读：**买受人对标的物的检验义务，即买受人收到标的物时应当在约定的检验期限内检验。没有约定检验期限的，应当及时检验。

承揽人提供材料的，应当按照约定选用材料，并接受定作人检验。

## 关联法规索引

《民法典》第672、797条

## 典型案例

### 邵某富诉马某方等仓储合同纠纷案[1]

**※案例解读：**我国《民法典》第九百一十一条规定："保管人根据存货人或者仓单持有人的要求，应当同意其检查仓储物或者提取样品。"检查权是法律赋予仓储合同

〔1〕参见山东省高密市人民法院民事判决书，（2013）高商初字第545号。

中存货人的一项重要权利，存货人为了防止货物在存储期间变质或有其他损坏，有权随时检查仓储物或者提取样品，但检查仓储物或提取样品的行为不得妨碍保管人的正常工作。本案中，邵某富作为存货人，是仓储物的所有人，有权对存储于李某好、马某方处的土豆进行检查或提取，并可以就对方拒绝检查或提取存储物而给自己造成的损失要求赔偿。

**第九百一十二条　【保管人的通知义务】保管人发现入库仓储物有变质或者其他损坏的，应当及时通知存货人或者仓单持有人。**

## 条文解读

本条规定了保管人的通知义务。如果仓储物在仓储期间有可能发生变质或者其他损坏，保管人应当及时通知存货人或者仓单持有人，由他们对仓储物进行妥善处理，以避免损失扩大。存货人或者仓单持有人在接到通知后，应当及时处理。仓储物存货人或者仓单持有人处理不及时或者不处理造成损失的，由自己承担损失。

## 配套法规及解读

**《民法典》(2020年5月28日)**

**第五百零九条**　当事人应当按照约定全面履行自己的义务。

当事人应当遵循诚信原则，根据合同的性质、目的和交易习惯履行通知、协助、保密等义务。

当事人在履行合同过程中，应当避免浪费资源、污染环境和破坏生态。

**※法规解读：**当事人在履行合同过程中应当按照约定全面履行自己的义务。当事人应当遵循诚信原则，根据合同的性质、目的和交易习惯履行通知、协助、保密等义务。当事人在履行合同过程中，应当避免浪费资源、污染环境和破坏生态。

## 关联法规索引

《民法典》第621条

**第九百一十三条 【保管人的催告义务】** 保管人发现入库仓储物有变质或者其他损坏,危及其他仓储物的安全和正常保管的,应当催告存货人或者仓单持有人作出必要的处置。因情况紧急,保管人可以作出必要的处置;但是,事后应当将该情况及时通知存货人或者仓单持有人。

## 条文解读

本条规定了保管人的催告义务等。在仓储物仓储期间,保管人如果发现入库仓储物有变质或者其他损坏,危及其他仓储物的安全和正常保管的,处理的规则是:及时催告存货人或者仓单持有人对其仓储物作出必要的处置;如果情况紧急,保管人可以作出必要的处置,但是事后应当将该情况及时通知存货人或者仓单持有人,使存货人或者仓单持有人了解情况,便于处理。

## 配套法规及解读

**《民法典》(2020 年 5 月 28 日)**

**第九百一十六条** 储存期限届满,存货人或者仓单持有人不提取仓储物的,保管人可以催告其在合理期限内提取;逾期不提取的,保管人可以提存仓储物。

**※法规解读:**对于储存期限届满,存货人或者仓单持有人不提取仓储物的,保管人可以按照下列规则处理:

(1)催告提取,即储存期限届满,存货人或者仓单持有人不提取仓储物的,保管人可以催告其在合理期限内提取。

(2)提存,即储存期限届满,存货人或者仓单持有人逾期不提取仓储物的,保管人可以提存仓储物。

## 关联法规索引

《民法典》第 564 条

典型案例

**于某溟与邵某扬、王某芹仓储合同纠纷案**〔1〕

**※案例解读:**我国《民法典》第九百一十三条规定:“保管人发现入库仓储物有变质或者其他损坏,危及其他仓储物的安全和正常保管的,应当催告存货人或者仓单持有人作出必要的处置。因情况紧急,保管人可以作出必要的处置;但是,事后应当将该情况及时通知存货人或者仓单持有人。”仓储物发生变质,保管人与存货人可能相互推诿从而造成损失进一步扩大,因此法律对保管人和存货人均规定了防止损失扩大的责任,违反法律规定的义务即应承担相应的赔偿责任。本案中,虽然由于保管人的过错使梨变质、损坏,但保管人履行了及时告知存货人的义务,而于某溟作为存货人在得知货物变质的情况下未及时采取处理措施减少损失,从而对损害结果也具有过错,也应承担责任。

**第九百一十四条 【仓储物的提取时间】 当事人对储存期限没有约定或者约定不明确的,存货人或者仓单持有人可以随时提取仓储物,保管人也可以随时请求存货人或者仓单持有人提取仓储物,但是应当给予必要的准备时间。**

条文解读

本条规定了仓储物提取时间。当事人对仓储合同的储存期限没有约定或者约定不明确的,处理的方法是:存货人或者仓单持有人可以随时提取仓储物;保管人也可以随时要求存货人或者仓单持有人提取仓储物;无论是存货人或者仓单持有人提取仓储物,还是保管人要求存货人或者仓单持有人提取仓储物,都应给予必要的准备时间,以便妥善进行提取仓储物的准备工作。

配套法规及解读

**《民法典》(2020 年 5 月 28 日)**

**第五百一十一条第四项** 履行期限不明确的,债务人可以随时履行,债权人也可

〔1〕 参见山东省临沂市兰山区人民法院民事判决书,(2014)临兰商初字第 1554 号。

以随时请求履行,但是应当给对方必要的准备时间。

**※法规解读:**合同内容约定不明且既不能通过协商达成补充协议又不能按照合同的有关条款或者交易习惯确定时,适用以下规定:履行期限不明确的,债务人可以随时履行,债权人也可以随时请求履行,但是应当给对方必要的准备时间。

## 关联法规索引

《民法典》第 511 条

## 典型案例

### 上海大金物流有限公司诉上海贝甜服饰有限公司仓储合同纠纷案〔1〕

**※案例解读:**我国《民法典》第九百一十四条规定:"当事人对储存期限没有约定或者约定不明确的,存货人或者仓单持有人可以随时提取仓储物,保管人也可以随时请求存货人或者仓单持有人提取仓储物,但是应当给予必要的准备时间。"在仓储合同中,如果当事人对仓储期间未作明确约定,则可能对仓储合同存在与否和仓储合同期间问题产生争议。如果存货人能够提供优势证据证明仓储合同的存在,则存货人有权随时要求提取货物。本案中,虽然双方仓储合同已到期,但是双方的实际履行视为继续合同关系且没有约定合同期间,上海贝甜服饰有限公司可以随时要求提取存放于上海大金物流有限公司处的货物。双方均有怠于行使权利的情况,双方对于相关货物在 2014 年 11 月至 2015 年 7 月 17 日滞留于原告仓库一事均有责任,由此造成的费用,应由双方共同承担。

**第九百一十五条 【仓储物的提取规则】储存期限届满,存货人或者仓单持有人应当凭仓单、入库单等提取仓储物。存货人或者仓单持有人逾期提取的,应当加收仓储费;提前提取的,不减收仓储费。**

〔1〕 参见上海市浦东新区人民法院民事判决书,(2015)沪一中民四(商)终字第 2592 号。

## 条文解读

本条规定了仓储物的提取规则。仓储物的储存期限届满,存货人或者仓单持有人应依约提取仓储物。存货人或者仓单持有人提货应持仓单、入库单等进行,保管人凭单付货。存货人或者仓单持有人逾期提货的,应当对逾期部分补交仓储费用,没有按照合同的约定提货,对已经收取的仓储费用不予减收。

## 配套法规及解读

**《民法典》(2020 年 5 月 28 日)**

**第九百一十条**　仓单是提取仓储物的凭证。存货人或者仓单持有人在仓单上背书并经保管人签名或者盖章的,可以转让提取仓储物的权利。

**※法规解读:**仓单是收取仓储物的凭证和提取仓储物的凭证,既可以通过背书转让,也可以依法出质。

仓单可以转让和出质,即存货人或者仓单持有人在仓单上背书并经保管人签名或者盖章的,可以转让提取仓储物的权利。

## 关联法规索引

《民法典》第 513 条

## 典型案例

### 广西南宁贵海装卸服务有限公司诉广西高速物流股份有限公司仓储合同纠纷案[1]

**※案例解读:**我国《民法典》第九百一十五条规定:"储存期限届满,存货人或者仓单持有人应当凭仓单、入库单等提取仓储物。存货人或者仓单持有人逾期提取的,应当加收仓储费;提前提取的,不减收仓储费。"仓储合同中约定的储存期间,也是保管人履行保管仓储物义务的期间,如果存货人或者仓单持有人超过储存期间提取仓储物,等于增加了保管人的保管义务,按照权利义务对等的原则,存货人或者仓单持

〔1〕 参见广西壮族自治区南宁市西乡塘区人民法院民事判决书,(2014)西民二初字第 254 号。

有人应当付出相应的代价，即加收仓储费。本案中，被告应当在合同期满后及时提取仓储物，故原告要求被告提取其存放在原告仓库内的仓储物的诉讼请求，应当予以支持。

**第九百一十六条 【保管人的催告权、提存权】储存期限届满，存货人或者仓单持有人不提取仓储物的，保管人可以催告其在合理期限内提取；逾期不提取的，保管人可以提存仓储物。**

## 条文解读

本条规定了保管人的催告权与提存权。储存期限届满，存货人或者仓单持有人不按时提货的规则是：保管人应当对存货人或者仓单持有人进行催告，确定宽限期，通知存货人或者仓单持有人，限其在宽限期内提货；在催告的合理期限内仍不提货的，保管人可以对该仓储物予以提存，其后果由存货人或者仓单持有人负责。

## 配套法规及解读

**《民法典》(2020年5月28日)**

**第五百七十四条** 债权人可以随时领取提存物。但是，债权人对债务人负有到期债务的，在债权人未履行债务或者提供担保之前，提存部门根据债务人的要求应当拒绝其领取提存物。

债权人领取提存物的权利，自提存之日起五年内不行使而消灭，提存物扣除提存费用后归国家所有。但是，债权人未履行对债务人的到期债务，或者债权人向提存部门书面表示放弃领取提存物权利的，债务人负担提存费用后有权取回提存物。

**※法规解读：**债权人原则上可以随时领取提存物。

债权人不能领取提存物的情形，即债权人对债务人负有到期债务的，在债权人未履行债务或者提供担保之前，提存部门根据债务人的要求应当拒绝其领取提存物。

领取提存物的权利的存续期间是5年，提存权消灭后提存物归国家所有，即债权人领取提存物的权利，自提存之日起5年内不行使而消灭，提存物扣除提存费用后归国家所有。

债务人的提存物取回权，即债权人未履行对债务人的到期债务，或者债权人向提存部门书面表示放弃领取提存物权利的，债务人负担提存费用后有权取回提存物。

**关联法规索引**

《民法典》第570、571条

**典型案例**

**张某峰等诉刘某建仓储合同纠纷案**〔1〕

**※案例解读：**我国《民法典》第九百一十六条规定："储存期限届满，存货人或者仓单持有人不提取仓储物的，保管人可以催告其在合理期限内提取；逾期不提取的，保管人可以提存仓储物。"本案中，张某峰等人到期不提取货物，刘某建可以行使提存权而对之后的货物损失免责，但是其本人没有行使该项权利，也没有其他证据证明货物损坏灭失，应承担损害赔偿责任。张某峰等人经催告未提取仓储物，属违约行为，对损失的发生有一定过错，可以减轻刘某建的民事责任。

**第九百一十七条 【保管不善的责任承担】储存期内，因保管不善造成仓储物毁损、灭失的，保管人应当承担赔偿责任。因仓储物本身的自然性质、包装不符合约定或者超过有效储存期造成仓储物变质、损坏的，保管人不承担赔偿责任。**

**条文解读**

本条规定了保管人保管不善的违约责任。在仓储合同中，仓储物在储存期限，因保管人保管不善造成毁损、灭失的，构成违约，应当承担违约责任，对存货人或者仓单持有人予以赔偿。如果仓储物的毁损、灭失是因仓储物的性质、包装不符合约定或者超过有效储存期造成，不可归责于保管人的，保管人不承担赔偿责任，由存货人或者仓单持有人自负其责。

〔1〕 参见山东省兰陵县人民法院民事判决书，(2014)苍商初字第353号。

## 配套法规及解读

《民法典》(2020 年 5 月 28 日)

**第四百六十一条** 占有的不动产或者动产毁损、灭失,该不动产或者动产的权利人请求赔偿的,占有人应当将因毁损、灭失取得的保险金、赔偿金或者补偿金等返还给权利人;权利人的损害未得到足够弥补的,恶意占有人还应当赔偿损失。

**※法规解读:**占有的不动产或者动产毁损、灭失,该不动产或者动产的权利人请求赔偿的,占有人应当将因毁损、灭失取得的保险金、赔偿金或者补偿金等返还给权利人。

占有的不动产或者动产毁损、灭失,该不动产或者动产的权利人请求赔偿,权利人的损害未得到足够弥补的,善意占有人不承担赔偿损失。

占有的不动产或者动产毁损、灭失,该不动产或者动产的权利人请求赔偿,权利人的损害未得到足够弥补的,恶意占有人还应当赔偿损失。

## 关联法规索引

《民法典》第 434、451 条

## 典型案例

### 中远物流仓储配送有限公司与中国大地财产保险股份有限公司绵阳中心支公司保险人代位求偿权纠纷案〔1〕

**※案例解读:**我国《民法典》第九百一十七条规定:“储存期内,因保管不善造成仓储物毁损、灭失的,保管人应当承担赔偿责任。因仓储物本身的自然性质、包装不符合约定或者超过有效储存期造成仓储物变质、损坏的,保管人不承担赔偿责任。”本案中,根据《仓储及货物保管合同》的约定,结合本案查明的事实,依照上述规定,中远物流仓储配送有限公司应当就火灾所致三被保险人的货物损失承担赔偿责任。保险人代位求偿权系法定债权转移,当保险标的遭受损失,自保险人向被保险人赔偿保险金之日起,保险人在赔偿保险金的范围内对有过错的第三者享有代位求偿权,无须追

〔1〕 参见四川省高级人民法院民事判决书,(2013)川民终字第 626 号。

加被保险人为第三人，代位求偿权的成立也无须以被保险人作出权利转让的意思表示以及通知第三者的行为为要件。本案中，中国大地财产保险股份有限公司绵阳中心支公司有权向中远物流仓储配送有限公司主张行使保险人代位求偿权。

**第九百一十八条 【参照适用保管合同的规定】本章没有规定的，适用保管合同的有关规定。**

## 条文解读

本条规定了仓储合同的法律适用。仓储合同与保管合同是最相类似的合同类型，在很多方面适用的规则是一样的。因此，本章在规定了仓储合同的主要规则之后，规定关于仓储合同没有规定的部分，适用保管合同的规定。

## 配套法规及解读

**《民法典》(2020 年 5 月 28 日)**

**第八百八十八条** 保管合同是保管人保管寄存人交付的保管物，并返还该物的合同。

寄存人到保管人处从事购物、就餐、住宿等活动，将物品存放在指定场所的，视为保管，但是当事人另有约定或者另有交易习惯的除外。

**第八百九十条** 保管合同自保管物交付时成立，但是当事人另有约定的除外。

**※法规解读：**保管合同又称寄托合同、寄存合同，指双方当事人约定一方当事人保管另一方当事人交付的物品，并返还该物的合同。

保管合同的主要特征：保管合同既可以是有偿合同，也可以是无偿合同；既可以是单务合同，也可以是双务合同；保管合同是不要式合同，以物品的保管为目的，须转移标的物的占有。

## 关联法规索引

《民法典》第 891、892 条

## 典型案例

### 黑龙江龙煤瑞隆能源有限责任公司、靖江苏通港务有限公司港口作业纠纷案〔1〕

**※案例解读：**我国《民法典》第九百一十八条规定："本章没有规定的，适用保管合同的有关规定。"本案中，根据涉案合同约定，涉案货物在靖江苏通港务有限公司（以下简称苏通公司）装卸作业和堆存等形成事实港口作业法律关系。各方对货物的装卸、堆存、筛分为有偿服务无异议，货物经过装卸、筛分作业后长期堆存在码头，凭货物所有权人的指令提取货物，并在有关单据中列明堆存费用及相应标准，符合仓储合同的法律特征。苏通公司作为码头经营人，无权自行处置被查封的煤炭，且对黑龙江龙煤瑞隆能源有限责任公司（以下简称龙煤公司）享有支付堆场费的请求权，但龙煤公司未支付堆场费。根据保管合同中保管人留置权的规定，苏通公司对与堆场费金额相对应的货物享有留置权。

〔1〕 参见湖北省高级人民法院民事判决书，(2019)鄂民终1126号。

# 第二十三章　委托合同

## 本章介绍

本章规定了委托合同的定义、内容、双方当事人的权利与义务等。

**第九百一十九条　【委托合同的定义】委托合同是委托人和受托人约定，由受托人处理委托人事务的合同。**

## 条文解读

本条规定了委托合同的定义。委托合同也称委任合同，是指委托人和受托人约定，由受托人处理委托人事务的合同。委托他方处理事务者为委托人，为他方处理事务者为受托人。委托合同的特征是：委托合同是以为他人处理事务为目的的合同；委托合同的订立以委托人和受托人之间的相互信任为前提；委托合同是诺成合同、不要式合同；委托合同是否有偿由当事人约定。

## 配套法规及解读

**《民法典》(2020 年 5 月 28 日)**

**第四百六十四条**　合同是民事主体之间设立、变更、终止民事法律关系的协议。

婚姻、收养、监护等有关身份关系的协议，适用有关该身份关系的法律规定；没有规定的，可以根据其性质参照适用本编规定。

**第四百六十五条**　依法成立的合同，受法律保护。

依法成立的合同，仅对当事人具有法律约束力，但是法律另有规定的除外。

**※法规解读：**本条是对合同效力的规定。依法成立的合同受法律保护，指的是合同成立后所发生的法律效力，是在当事人之间发生了法律的效力，当事人必须受到合同约定效力的约束。如果当事人在合同依法成立后，不履行合同义务，或者不完全履行合同义务，法律将强制其履行，并使其接受违约责任的制裁。因此，合同的法律效

力,一方面是依法成立的合同对当事人具有法律上的拘束力,另一方面是不履行合同是法律基于合同而保护当事人的债权。

合同的法律约束力是有限度的,即只对合同当事人发生,对合同以外的人不发生法律约束力,这就是合同相对性原则,是指合同的法律约束力不可扩张到合同当事人之外的其他民事主体的原则。

**典型案例**

### 周某均、周某达诉王某琼委托合同纠纷案[1]

**※案例解读:**我国《民法典》第九百一十九条规定:"委托合同是委托人和受托人约定,由受托人处理委托人事务的合同。"在借贷关系中,出借人为防止借款无法按期收回而要求借款人提供不动产作为债权担保的,双方应签订抵押合同并办理抵押物登记。出借人回避抵押担保制度,选择指定第三人与借款人签订委托合同并由该第三人取得出售借款人的不动产等重大权利的,此时委托合同虽意在实现抵押担保功能,但其项下的权利义务关系仍应受委托合同的法律规则的制约。在委托合同项下,受托人负有遵照委托人指示,本着诚实信用的原则在授权范围内依法善意处理委托事务的法定义务。受托人无视委托人的真实意愿与切身利益,转而根据出借人指令恶意处分委托人财产,即使该处分行为对交易相对方发生效力,受托人仍应就其严重侵害委托人利益的行为承担相应赔偿责任。本案中,孙某某为避免抵押权实现过程中的烦琐与不可控之因,而联络上诉人王某琼,以王某琼与周某均、周某达签订并公证《委托书》和《委托书风险声明书》的方式,以确保其对抵押物的随意处置。既然债权人会同王某琼以与债务人建立委托合同的方式保证债权的实现,则王某琼应当受委托合同法律规范的调整。王某琼出售控江路房屋的过程,其具有放任两原告财产利益受损结果发生的间接故意,周某均、周某达采取了放任态度,故其对损失的发生亦有一定过错。

**第九百二十条 【特别委托与概括委托】委托人可以特别委托受托人处理一项或者数项事务,也可以概括委托受托人处理一切事务。**

[1] 参见《周某均、周某达诉王某琼委托合同纠纷案》,载《最高人民法院公报》2018年第3期。

## 条文解读

本条规定了委托的范围。根据委托权限的不同,委托合同分为特别委托与概括委托。特别委托是指委托受托人处理一项或者数项特别事务的委托;概括委托是指委托人委托受托人处理一切事务的委托。

## 配套法规及解读

**《民事诉讼法》(2023 年 9 月 1 日修正)**

**第六十二条**　委托他人代为诉讼,必须向人民法院提交由委托人签名或者盖章的授权委托书。

授权委托书必须记明委托事项和权限。诉讼代理人代为承认、放弃、变更诉讼请求,进行和解,提起反诉或者上诉,必须有委托人的特别授权。

侨居在国外的中华人民共和国公民从国外寄交或者托交的授权委托书,必须经中华人民共和国驻该国的使领馆证明;没有使领馆的,由与中华人民共和国有外交关系的第三国驻该国的使领馆证明,再转由中华人民共和国驻该第三国使领馆证明,或者由当地的爱国华侨团体证明。

**※法规解读:**一般授权代理是指代理人仅享有出庭、收集提供证据、辩论、起草代写诉状等法律文书的诉讼权利。根据委托人授权,享有一般授权的代理人只能代理当事人行使一般民事诉讼权利的代理;特别授权代理是指代理人除享有一般授权代理的诉讼权利外,还可行使代为和解、上诉等涉及当事人实体利益的诉讼权利。

## 典型案例

### 张甲与张乙民间委托理财合同纠纷案[1]

**※案例解读:**我国《民法典》第九百二十条规定:"委托人可以特别委托受托人处理一项或者数项事务,也可以概括委托受托人处理一切事务。"本案中,张甲、张丙和张丁于 2007 年 9 月委托张乙处理的事务只有申购新股一项,该委托事项清楚、明确。张乙在处理该委托事项过程中,还实际进行了债券买卖和股票增发的事项操作,该操

[1] 参见北京市第一中级人民法院民事判决书,(2012)一中民终字第 4835 号。

作事项显然在当初张乙受托的申购新股的事项之外。张甲、张丁虽称其不同意张乙进行债券买卖和股票增发的事项操作,但张乙对此予以否认,且张甲、张丙和张丁作为委托人并未采取积极有效措施及时阻止张乙对该事项的操作,并已接受了该事项操作的收益成果,故应视为其对张乙操作该事项事实的认可,据此可认定双方在债券买卖和股票增发的操作事项上存在事实上的委托关系,因委托事务或事项的不同,该委托关系与张甲、张丙和张丁委托张乙进行申购新股操作应属两个不同的委托关系,而并不仅是张乙在履行操作申购新股事项过程中超越代理权限或变更委托人指示,即不适当履行的问题。因此,张乙在接受进行申购新股操作委托时所作出的不需要支付报酬的意思表示,并不当然适用于其操作的债券买卖和股票增发事项,张甲等未能提供相应证据证明张乙就债券买卖和股票增发的操作事项承诺过不收取提成或报酬。综上,张甲以双方就申购新股形成无偿委托合同关系为由,认为张乙就其进行的债券买卖和股票增发操作事项不应获得报酬的主张,缺乏合同依据,不能成立。

**第九百二十一条 【委托费用】委托人应当预付处理委托事务的费用。受托人为处理委托事务垫付的必要费用,委托人应当偿还该费用并支付利息。**

## 条文解读

本条规定委托人应当预付处理委托事务的费用。不论委托合同是否有偿,委托人都负有支付委托事务费用的义务。委托人履行支付费用的义务有两种方式:(1)预付费用。预付费用系为委托人利益而使用的,与委托事务的处理并不成立对价关系,二者之间不存在适用同时履行抗辩权的问题。(2)偿还费用。当事人约定受托人垫付委托事务费用的,委托人应当偿还费用,偿还范围一般应限于受托人为处理事务所支出的必要费用及利息。在有偿委托合同中,因委托人拒付费用以致影响受托人基于该合同的收益或给受托人造成损失时,受托人有权请求赔偿。

## 配套法规及解读

**《民法典》(2020年5月28日)**

**第六百四十六条** 法律对其他有偿合同有规定的,依照其规定;没有规定的,参照适用买卖合同的有关规定。

**※法规解读:**有偿合同是指当事人一方享有合同约定的权利,须向对方当事人支

付相应对价的合同。有偿合同又称"有偿契约",是"无偿合同"的对称。买卖合同、租赁合同、保险合同等是其典型。无偿合同是指当事人一方享有合同约定的权利,不必向对方当事人支付相应对价的合同。赠与合同、借用合同和无偿保管合同等为其典型。有偿合同与无偿合同的划分同双务合同与单务合同的划分,但并不完全等同。一般来说,双务合同都是有偿合同,但单务合同却并非皆为无偿合同。有些单务合同是无偿的,如赠与合同;而有些单务合同则为有偿合同,如借款合同。

## 典型案例

### 包某新与董某满委托合同纠纷案〔1〕

**※案例解读:**我国《民法典》第九百二十一条规定:"委托人应当预付处理委托事务的费用。受托人为处理委托事务垫付的必要费用,委托人应当偿还该费用并支付利息。"本案中,董某满与包某新之间合同法律关系性质,符合法律规定委托合同情形,董某满依据合同约定完成受托事宜,包某新应当支付董某满所垫的有关费用。

**第九百二十二条　【受托人服从指示的义务】受托人应当按照委托人的指示处理委托事务。需要变更委托人指示的,应当经委托人同意;因情况紧急,难以和委托人取得联系的,受托人应当妥善处理委托事务,但是事后应当将该情况及时报告委托人。**

## 条文解读

本条规定受托人处理委托事务应当服从委托人的指示。受托人是以委托人的名义和费用为委托人处理委托事务的,故受托人应当按委托人的指示处理委托事务,不能背离委托人的指示而为委托行为。出现以下情形才可以变更委托人的指示:委托人同意变更指示;紧急情况出现后需要变更指示,又难以和委托人取得联系的,受托人应当妥善处理委托事务,事后应当将该情况及时报告委托人。

〔1〕 参见甘肃省庆阳市中级人民法院民事判决书,(2014)庆中民终字第687号。

## 配套法规及解读

**《民法典》(2020 年 5 月 28 日)**

**第一百六十二条** 代理人在代理权限内,以被代理人名义实施的民事法律行为,对被代理人发生效力。

**※法规解读:**代理是以扩张及补充私法自治为目的,依他人行为而取得权利或承担义务的制度。根据代理权的取得方式不同,代理可分为委托代理与法定代理。通过委托代理,被代理人可以不亲自参与民事活动而直接与第三人产生法律关系,极大地扩大了被代理人的活动领域。而对于行为能力有缺陷的人,法定代理则弥补了其不能通过自身活动从事民事法律行为的不足。代理人必须在代理权限内以被代理人的名义实施民事法律行为才能对被代理人发生效力。

## 典型案例

### 大连倖旗投资管理有限公司与中国外运辽宁储运公司等借款合同纠纷案[1]

**※案例解读:**我国《民法典》第九百二十二条规定:“受托人应当按照委托人的指示处理委托事务。需要变更委托人指示的,应当经委托人同意;因情况紧急,难以和委托人取得联系的,受托人应当妥善处理委托事务,但是事后应当将该情况及时报告委托人。”本案中,根据涉案《动产质押监管协议》第一条约定,中国外运辽宁储运公司(以下简称辽宁储运公司)对出质人进行监督、对质物进行监控、对出质人对质物的入库、提货等过程进行监督,一旦发现违反本协议约定的行为,辽宁储运公司应及时制止并向大连倖旗投资管理有限公司(以下简称倖旗公司)报告。质物监控是指对质物的品名、数量等进行查验、核对,及时向倖旗公司报告质物状况。如大连谷物公司交予的货物及实际库存与《代出质通知书》记载不一致,辽宁储运公司不得接收货物并签发《收到货物通知书》,并应立即书面通知倖旗公司、大连谷物公司。辽宁储运公司派驻监管员在监管场地查验、核对、清点质物,获取和记录质物状况数据;对质物进行监控,发现质物不足或其他异常情况及时报告倖旗公司和大连谷物公司,并要求大连谷物公司采取措施制止、纠正。监管期间,因各种原因质物发生短少、毁损、变质、

[1] 参见最高人民法院民事判决书,(2016)最高法民终 650 号。

灭失等可能影响倖旗公司权益的情形，辽宁储运公司应当在24小时内通知倖旗公司，并采取适当的应急措施。监管期间，辽宁储运公司应接受倖旗公司对质物及相关单证的查询，接受倖旗公司对质物的检查，并给予必要的协助。本案中，辽宁储运公司作为专业监管人，首先应对涉案质物进行核对和查验，但其无视《动产质押监管协议》的约定，在未经实际审查质物交付情况及实际库存的情况下，于签订监管协议的当日即随意出具《收到货物通知书》，并且未将该情况及时报告、通知倖旗公司。在倖旗公司查验质物时，向倖旗公司出具所谓的台账、仓位图等证明质物存在。辽宁储运公司上述行为明显违反了《动产质押监管协议》约定的义务。由于辽宁储运公司对倖旗公司因质权不能设立所造成的损失存在过错，且这种过错行为违反了《动产质押监管协议》的约定，其对该损失也应当承担相应责任。

**第九百二十三条　【受托人亲自处理委托事务的义务和转委托】受托人应当亲自处理委托事务。经委托人同意，受托人可以转委托。转委托经同意或者追认的，委托人可以就委托事务直接指示转委托的第三人，受托人仅就第三人的选任及其对第三人的指示承担责任。转委托未经同意或者追认的，受托人应当对转委托的第三人的行为承担责任；但是，在紧急情况下受托人为了维护委托人的利益需要转委托第三人的除外。**

## 条文解读

本条规定了受托人亲自处理委托事务和转委托。由于委托合同的当事人之间存在相互信赖关系，原则上受托人应亲自处理受托事务，意在防止出现受托人有负委托人信任致委托人利益受损的情形。如果委托人同意转委托或者有紧急情况发生，受托人可以转委托。

## 配套法规及解读

**《民法典》(2020年5月28日)**

**第一百六十九条**　代理人需要转委托第三人代理的，应当取得被代理人的同意或者追认。

转委托代理经被代理人同意或者追认的，被代理人可以就代理事务直接指示转委托的第三人，代理人仅就第三人的选任以及对第三人的指示承担责任。

转委托代理未经被代理人同意或者追认的，代理人应当对转委托的第三人的行为承担责任；但是，在紧急情况下代理人为了维护被代理人的利益需要转委托第三人代理的除外。

**※法规解读：**本条是关于转代理或复代理的规定。复代理，是指代理人为了实施其代理权限内的行为，而以自己的名义为被代理人选任代理人的代理。复代理中存在两层代理关系。在委托代理中，代理关系一般是建立在被代理人对代理人一定的人身信任基础上，被代理人在委托授权时会充分考虑代理人是否合适，而且若代理人认为自己不再胜任代理一职，可以随时辞任，因此法律规定原则上不允许代理人选任复代理人。目前本条明确了只有在两种情况下才允许复代理：第一，被代理人允许，包括事先同意和事后追认。第二，出现了紧急情况。

**典型案例**

### 吴某风诉李某民间委托理财合同纠纷案[1]

**※案例解读：**我国《民法典》第九百二十三条规定："受托人应当亲自处理委托事务。经委托人同意，受托人可以转委托。转委托经同意或者追认的，委托人可以就委托事务直接指示转委托的第三人，受托人仅就第三人的选任及其对第三人的指示承担责任。转委托未经同意或者追认的，受托人应当对转委托的第三人的行为承担责任；但是，在紧急情况下受托人为了维护委托人的利益需要转委托第三人的除外。"根据该规定，委托合同中受托人应亲自处理委托事务。本案中，虽然委托理财合同中约定委托人承担一定的亏损份额，但前提是双方严格按照理财合同的约定履行各自义务。原告委托被告进行黄金期货理财，被告作为受托人应当按照合同约定亲自作为操盘手为原告理财，但在合同履行期间被告却将部分理财事务转交给他人，理财协议到期后，原告遭受损失，被告没有严格按照协议约定亲自进行理财事务，存在过错，由此被告应对委托人的损失承担相应的赔偿责任。

**第九百二十四条　【受托人的报告义务】受托人应当按照委托人的要求，报告委托事务的处理情况。委托合同终止时，受托人应当报告委托事务的结果。**

---

〔1〕 参见河南省巩义市人民法院民事判决书，(2011)巩民初字第2689号。

## 条文解读

本条规定了受托人的及时报告义务。受托人在履行委托事项过程中，应当按照委托人的要求，随时或者定期向委托人报告委托事务的处理情况。受托事务终了或者委托合同终止时，受托人应当将处理委托事务的始末和处理结果报告给委托人，并提交必要的证明文件。受托人作有关汇报不以有委托人的请求为前提，尤其是委托事务办理终了的报告，应包括有关收支的计算及提交必要的证明文件。受托人因怠于报告所致损害，委托人有权请求受托人赔偿。

## 配套法规及解读

**《民法典》(2020年5月28日)**

**第一百七十三条**　有下列情形之一的，委托代理终止：

(一)代理期限届满或者代理事务完成；

(二)被代理人取消委托或者代理人辞去委托；

(三)代理人丧失民事行为能力；

(四)代理人或者被代理人死亡；

(五)作为代理人或者被代理人的法人、非法人组织终止。

**※法规解读：**本条是关于委托代理终止的规定。委托代理终止，是指被代理人与代理人之间的代理关系消灭。委托代理终止有以下五种情形：(1)代理期限届满或者代理事务完成。例如，授权期限届满后没有继续授权，委托代理终止；代理人完成了全部代理事务，代理关系终止。(2)被代理人取消委托或者代理人辞去委托。(3)代理人丧失民事行为能力。代理人以被代理人的名义实施民事法律行为，必须具有行为能力。如果代理人丧失民事行为能力，委托代理当然终止。(4)代理人或者被代理人死亡。委托代理关系是建立在被代理人与代理人之间信任的基础之上，具有严格的人身属性，如果代理人或者被代理人死亡，原则上委托代理也应终止。(5)作为代理人或者被代理人的法人、非法人组织终止。

**第九百二十五条　【受托人以自己的名义从事受托事务的法律效果】受托人以自己的名义，在委托人的授权范围内与第三人订立的合同，第三人在订立合同时知道受托人与委托人之间的代理关系的，该合同直接约束委托人和第三人；但是，有确切证据证明该合同只约束受托人和第三人的除外。**

## 条文解读

本条规定了间接代理第三人知道代理关系的规则。间接代理，是指受托人接受委托人的委托，以自己的名义，在委托人的授权范围内与第三人实施民事法律行为的代理。在间接代理中，第三人在订立合同时知道受托人与委托人之间的代理关系的，该合同直接约束委托人和第三人；但是，有确切证据证明该合同只约束受托人和第三人的除外。

## 配套法规及解读

**《民法典》(2020 年 5 月 28 日)**

**第一百六十二条** 代理人在代理权限内，以被代理人名义实施的民事法律行为，对被代理人发生效力。

**※法规解读：**代理是以扩张及补充私法自治为目的，依他人行为而取得权利或承担义务的制度。根据代理权的取得方式不同，代理分为委托代理与法定代理。通过委托代理，被代理人可以不亲自参与民事活动而直接与第三人产生法律关系，极大地扩大了被代理人的活动领域。而对于行为能力有缺陷的人，法定代理则弥补了其不能通过自身活动从事民事法律行为的不足。代理人必须在代理权限内以被代理人的名义实施民事法律行为才能对被代理人发生效力。

## 典型案例

### 北京长富基金与武汉中森华世纪房地产开发有限公司等委托贷款合同纠纷案[1]

**※案例解读：**我国《民法典》第九百二十五条规定："受托人以自己的名义，在委托人的授权范围内与第三人订立的合同，第三人在订立合同时知道受托人与委托人之间的代理关系的，该合同直接约束委托人和第三人；但是，有确切证据证明该合同只约束受托人和第三人的除外。"本案中，武汉中森华世纪房地产开发有限公司（以下简称中森华房地产公司）在 2013 年 9 月 27 日与北京长富基金（以下简称长富基金）、

〔1〕 参见最高人民法院民事判决书，(2016)最高法民终 124 号。

兴业银行武汉分行、中森华投资公司、郑某云、陈某夏签订《投资合作协议》,以及与长富基金、兴业银行武汉分行签订《委托贷款合同》的行为及合同内容,表明中森华房地产公司在签订《委托贷款合同》时明知兴业银行武汉分行与长富基金之间的代理关系,中森华房地产公司并未提供证据证明《委托贷款合同》只约束兴业银行武汉分行和中森华房地产公司,因此,《委托贷款合同》直接约束长富基金和中森华房地产公司,长富基金可以自己的名义直接向中森华房地产公司主张权利,中森华房地产公司应当对案涉《委托贷款合同》的解除承担相应的违约责任,而长富基金没有责任。

**第九百二十六条　【委托人的介入权、第三人的选择权】受托人以自己的名义与第三人订立合同时,第三人不知道受托人与委托人之间的代理关系的,受托人因第三人的原因对委托人不履行义务,受托人应当向委托人披露第三人,委托人因此可以行使受托人对第三人的权利。但是,第三人与受托人订立合同时如果知道该委托人就不会订立合同的除外。**

**受托人因委托人的原因对第三人不履行义务,受托人应当向第三人披露委托人,第三人因此可以选择受托人或者委托人作为相对人主张其权利,但是第三人不得变更选定的相对人。**

**委托人行使受托人对第三人的权利的,第三人可以向委托人主张其对受托人的抗辩。第三人选定委托人作为其相对人的,委托人可以向第三人主张其对受托人的抗辩以及受托人对第三人的抗辩。**

## 条文解读

本条规定了委托人对第三人的权利及第三人选择相对人的权利。在间接代理中,在受托人以自己的名义与第三人订立合同时,第三人不知道受托人与委托人之间的代理关系的,受托人由于第三人的原因,对委托人不履行义务,受托人应向委托人披露第三人,委托人因此可以行使受托人对第三人的权利,但是第三人与受托人订立合同时如果知道该委托人就不会订立合同的,则不得披露。

## 配套法规及解读

**《民法典》(2020 年 5 月 28 日)**

**第一百七十二条**　行为人没有代理权、超越代理权或者代理权终止后,仍然实施代理行为,相对人有理由相信行为人有代理权的,代理行为有效。

**※法规解读:**表见代理是指被代理人的行为足以使诚信第三人相信无权代理人具有代理权,基于此信赖与代理人进行交易,由此造成的法律效果由法律强制被代理人承担的代理。构成要件是:代理人无代理权、客观上有使第三人相信无权代理人有代理权的情形;第三人需善意无过失,指第三人不知无权代理人无代理权,且不是因为第三人的疏忽造成的。

## 典型案例

### 上海闽路润贸易有限公司与上海钢翼贸易有限公司买卖合同纠纷案〔1〕

**※案例解读:**我国《民法典》第九百二十六条规定:"受托人以自己的名义与第三人订立合同时,第三人不知道受托人与委托人之间的代理关系的,受托人因第三人的原因对委托人不履行义务,受托人应当向委托人披露第三人,委托人因此可以行使受托人对第三人的权利。但是,第三人与受托人订立合同时如果知道该委托人就不会订立合同的除外。受托人因委托人的原因对第三人不履行义务,受托人应当向第三人披露委托人,第三人因此可以选择受托人或者委托人作为相对人主张其权利,但是第三人不得变更选定的相对人。委托人行使受托人对第三人的权利的,第三人可以向委托人主张其对受托人的抗辩。第三人选定委托人作为其相对人的,委托人可以向第三人主张其对受托人的抗辩以及受托人对第三人的抗辩。"本案中,在上海闽路润贸易有限公司(以下简称闽路润公司)向上海钢翼贸易有限公司(以下简称钢翼公司)主张权利之前,兴盟公司并未向钢翼公司主张权利,故不能认为兴盟公司已经行使介入权。既然兴盟公司没有行使介入权,则不是《购销合同》的主体,不享有《购销合同》项下的权利,无权将基于《购销合同》产生的债权进行转让,故兴盟公司与闽路润公司之间所谓的债权转让无法实际发生。兴盟公司发给闽路润公司的《函》,从合同解释角度可认定为,兴盟公司承诺放弃介入权,由闽路润公司行使《购销合同》项下的权利,该函件并不影响闽路润公司作为《购销合同》的主体地位。因此,闽路润公司虽是基于兴盟公司的委托与钢翼公司订立合同,且在合同履行过程中向兴盟公司披露第三人钢翼公司,但并没有证据表明兴盟公司行使了介入权,故闽路润公司仍是

〔1〕 参见最高人民法院民事裁定书,(2015)民申字第956号。

《购销合同》的主体。钢翼公司认为闽路润公司不是《购销合同》主体的主张与事实不符。

**第九百二十七条　【受托人转移委托事务所得利益的义务】受托人处理委托事务取得的财产,应当转交给委托人。**

## 条文解读

本条规定受托人办理事务所得利益应交给委托人。受托人因处理委托事务所取得的各项财产,应当转交给委托人,包括金钱、物品及其孳息、权利等。不论是以委托人名义取得的,还是以受托人自己名义取得的,受托人均应将其交还给委托人,委托人可以请求受托人交付财产的各项权利,也可以让与他人。

## 配套法规及解读

**《民法典》(2020年5月28日)**

**第九百八十五条**　得利人没有法律根据取得不当利益的,受损失的人可以请求得利人返还取得的利益,但是有下列情形之一的除外:

(一)为履行道德义务进行的给付;

(二)债务到期之前的清偿;

(三)明知无给付义务而进行的债务清偿。

**※法规解读:**不当得利,是指没有法律根据,使他人受到损失而自己获得了利益。不当得利没有法律根据,因此虽属既成事实也不能受到法律的保护,应返还不当利益给受损失的人。这种权利义务关系就是不当得利之债。其中,取得不当利益的人为得利人,是不当得利之债的债务人,负有返还不当得利的债务;财产受损失的人为受损失的人,是不当得利之债的债权人,享有请求受益人返还不当利益的债权。不当得利是一种法律事实,是债的发生根据。不当得利引起的债是基于法律的规定,而不是基于当事人的意思,因此,它不属于民事法律行为。

## 典型案例

### 苏州阳光新地置业有限公司新地中心酒店诉苏州文化国际旅行社有限公司新区塔园路营业部、苏州文化国际旅行社有限公司委托合同纠纷案[1]

※**案例解读**:我国《民法典》第九百二十七条规定:"受托人处理委托事务取得的财产,应当转交给委托人。"本案中,国外客户伪冒卡进行交易的行为,非 POS 机进行"无卡无密"结算行为无法成就,而苏州阳光新地置业有限公司新地中心酒店(以下简称新地中心)作为获得专业培训、掌握专业知识并常年进行 POS 机刷卡及信用卡支付的受托人,未对涉案的 25 笔交易的授权书、身份证明和签字进行谨慎审核,也未提示委托人苏州文化国际旅行社有限公司新区塔园路营业部"无卡无密"支付方式存在的风险,因此在处理委托事务方面存在重大过失。因此,新地中心认为自身不存在过失而不应承担责任的主张不能成立。

**第九百二十八条 【有偿委托合同的报酬支付】受托人完成委托事务的,委托人应当按照约定向其支付报酬。**

**因不可归责于受托人的事由,委托合同解除或者委托事务不能完成的,委托人应当向受托人支付相应的报酬。当事人另有约定的,按照其约定。**

## 条文解读

本条规定有偿委托合同应当支付报酬。有偿的委托合同,委托人应负支付报酬的义务。报酬的标的和数额由双方当事人自行约定,无约定的从习惯。因可归责于受托人的事由而致委托合同终止或委托事务不能完成时,受托人无报酬请求权。因不可归责于受托人的事由而致合同解除或者委托事务不能完成的,委托人应支付相应的报酬。

〔1〕 参见《苏州阳光新地置业有限公司新地中心酒店诉苏州文化国际旅行社有限公司新区塔园路营业部、苏州文化国际旅行社有限公司委托合同纠纷案》,载《江苏省高级人民法院公报》2012 年第 1 期。

## 关联法规索引

《民法典》第646条

## 典型案例

### 大连佳期置业代理有限公司诉大连德享房地产开发有限公司委托合同纠纷案[1]

※**案例解读：**我国《民法典》第九百二十八条规定："受托人完成委托事务的，委托人应当按照约定向其支付报酬。因不可归责于受托人的事由，委托合同解除或者委托事务不能完成的，委托人应当向受托人支付相应的报酬。当事人另有约定的，按照其约定。"本案中，大连德享房地产开发有限公司（以下简称德享公司）委托大连佳期置业代理有限公司（以下简称佳期公司）办理贷款，佳期公司如约完成代理事项，且德享公司也按照协议约定支付了部分代理费。德享公司亦承认，佳期公司在银行作出贷款决定之前进行过办理贷款的相关事宜。在委托法律关系中，一般情况下受托人是以委托人名义从事民事活动，因此相关银行出具的佳期公司未参加德享公司与银行之间房屋贷款工作的证明，不能推翻上述佳期公司已经完成委托工作的证据。德享公司在原审中抗辩称佳期公司未完成代理事项，与双方签订的协议和德享公司在原审诉讼中的自认不符。德享公司又称上述协议系在佳期公司的胁迫下签订，但没有提供证据证明，对此法院均不予采信。关于上述委托代理行为是否合法的问题，本案中，佳期公司并非向德享公司发放贷款，而仅是受托办理贷款，相关银行也是直接针对德享公司的贷款申请进行审查，并未增加银行的贷款风险，佳期公司的代理行为不违反法律强制性规定，应当认定双方签订的委托代理协议合法有效，其据此请求德享公司依约支付代理费，符合法律规定，应予支持。

**第九百二十九条　【因受托人过错致委托人损失的赔偿责任】有偿的委托合同，因受托人的过错造成委托人损失的，委托人可以请求赔偿损失。无偿的**

[1] 参见最高人民法院民事判决书，(2013)民抗字第18号。

委托合同,因受托人的故意或者重大过失造成委托人损失的,委托人可以请求赔偿损失。

受托人超越权限造成委托人损失的,应当赔偿损失。

## 条文解读

本条规定了受托人的损害赔偿责任。在委托合同中,受托人对委托人承担赔偿责任的规则是:有偿委托合同,因受托人的过错(包括故意、重大过失、过失)给委托人造成损失的,委托人可以要求赔偿损失,受托人应当承担赔偿责任;无偿的委托合同,因受托人的故意或者重大过失(不包括过失)给委托人造成损失的,委托人可以要求赔偿损失。

## 配套法规及解读

**《民法典》(2020 年 5 月 28 日)**

**第一百六十四条** 代理人不履行或者不完全履行职责,造成被代理人损害的,应当承担民事责任。

代理人和相对人恶意串通,损害被代理人合法权益的,代理人和相对人应当承担连带责任。

**※法规解读:**本条是关于代理人不当履职的民事责任及代理人和相对人恶意串通的民事责任的规定。代理人行使代理权,应当基于被代理人利益的考虑,忠实履行代理职责,否则,就要承担相应的民事责任。本条第一款就是对此进行了明确规定。但就代理的职责具体涵盖哪些内容,以及如何履行代理职责才没有不当履职,因在委托代理和法定代理情况下各有不同,因此《民法典》没有作出统一的规定。在委托代理时,被代理人对于代理事项、权限和期限等一般都有明确的授权,因此被代理人应当首先按照授权来行使代理权,在该授权范围内认真维护被代理人的合法权益,如律师接受被代理人的委托作为诉讼代理人参与诉讼,应当依照双方授权书的约定尽力维护被代理人的合法权益。法定代理时,法律会对代理人的权限及相关职责作明确规定,代理人必须根据法律规定来行使代理权。

## 典型案例

### 刘某生诉陕西同泰律师事务所委托合同纠纷案[1]

**※案例解读：**我国《民法典》第九百二十九条规定："有偿的委托合同，因受托人的过错造成委托人损失的，委托人可以请求赔偿损失。无偿的委托合同，因受托人的故意或者重大过失造成委托人损失的，委托人可以请求赔偿损失。受托人超越权限造成委托人损失的，应当赔偿损失。"本案中，陕西同泰律师事务所（以下简称同泰所）接受刘某生的委托，代理其与房产公司的商品房购销合同纠纷，并指派两名律师实际履行委托代理合同，参加诉讼。该两名代理律师在庭审及代理词中明确阐述了房产公司隐瞒未取得商品房预售许可证的事实，并提出房产公司构成恶意欺诈的代理观点，依约完成了委托代理义务。而且该案原一审、二审判决也支持了刘某生的部分诉讼请求。对于刘某生请求房产公司赔偿其房款一倍的损失，该案一审、二审判决虽未支持，但刘某生不能提供证据证明未支持其诉请是同泰所的过错造成。故本案原审判决对刘某生称因同泰所指派律师严重不负责任，存在过错，导致其部分诉讼请求未获支持的理由不予支持，并无不当。

**第九百三十条　【受托人的受偿权】受托人处理委托事务时，因不可归责于自己的事由受到损失的，可以向委托人请求赔偿损失。**

## 条文解读

本条规定了委托人的赔偿责任。受托人处理委托事务时，因不可归责于自己的事由受到损失的，可以要求委托人赔偿损失，理由是：受托人依据委托人的委托为委托人处理委托事务，而非为其他原因，按照权利义务相适应的原则，既然受托人为委托人执行委托事务，只要不是因为受托人的故意、过失或者其他可归责于自己的原因造成自己损害的，委托人应当对受托人的损失承担赔偿责任。

---

〔1〕 参见陕西省高级人民法院民事裁定书，（2010）陕审民申字第00666号。

## 配套法规及解读

《民法典》(2020 年 5 月 28 日)

**第七条** 民事主体从事民事活动,应当遵循诚信原则,秉持诚实,恪守承诺。

**※法规解读:**诚实信用原则,简称诚信原则。诚信原则要求一切市场参加者在不损害他人利益和社会公益的前提下,追求自己的利益。诚实信用原则并没有固定的意义,但作为民法最重要的原则,其含义不能从语义的角度来理解,它属于一般条款,外延和内涵都不确定。诚实信用是市场经济活动中的道德准则。市场经济条件下,每一个有劳动能力的人,都应当通过市场交换获取利益和生活资料。法律绝不允许靠损害他人利益和社会利益,以获得利益。诚实信用原则要求一切市场参加者在不损害他人利益和社会公益的前提下,追求自己的利益,目的是在当事人之间的利益关系和当事人与社会之间的利益关系中实现平衡,并维持市场道德秩序。

**第九百三十一条 【委托第三人处理委托事务的处理】委托人经受托人同意,可以在受托人之外委托第三人处理委托事务。因此造成受托人损失的,受托人可以向委托人请求赔偿损失。**

## 条文解读

本条规定了另行委托的规则。在委托合同存续期间,受托人依照委托人的委托进行委托事项,委托人不得将已经委托事项再委托他人。如果委托人有必要将部分委托事务委托第三人处理,须经受托人同意。委托人另行委托第三人处理委托事务给受托人造成损失的,如报酬减少等,受托人可以向委托人要求赔偿损失,委托人应当承担赔偿责任。

## 关联法规索引

《民法典》第 169 条

## 典型案例

### 刘某华等诉湖北文汇律师事务所等委托合同纠纷案[1]

**※案例解读：**我国《民法典》第九百三十一条规定："委托人经受托人同意，可以在受托人之外委托第三人处理委托事务。因此造成受托人损失的，受托人可以向委托人请求赔偿损失。"本案为委托合同纠纷，委托事项为法律服务，法律服务是根据客户要求勤勉及时提供的如法律咨询、文本制作、文书审查、提供法律支持和帮助等专业性、技术性的服务，其提供的服务内容具有无法量化，服务成果显现周期长短不可预测等特征，更不同于按照定作人要求完成工作、交付工作成果的承揽合同。合同签订后，湖北文汇律师事务所（以下简称文汇律师所）柯智斌律师前往海南办理了部分委托事项，向海南省商务厅递交申请书、向定安县人民法院递交诉状及缓交受理费申请、向海口市公安局寄交申请书等具体法律服务，刘某华也未提供文汇律师所未尽勤勉职责，怠于履行合同义务的证据，仅凭没有达到其心理预期便主观推测文汇律师所怠于履行合同义务，要求追究文汇律师所的违约责任，无事实及法律依据。

**第九百三十二条 【受托人的连带责任】两个以上的受托人共同处理委托事务的，对委托人承担连带责任。**

## 条文解读

本条规定了共同委托及其责任。共同委托是指受托人为两人以上的委托。共同委托的数个受托人，应当共同处理委托人的委托事务。共同委托中的一个或者数个受托人违反了受托人的义务，给委托人带来损失的，委托人可以向所有受托人或其中任何一个受托人要求赔偿，受托人相互之间负连带责任。

## 配套法规及解读

**《民法典》（2020年5月28日）**

**第一百六十四条** 代理人不履行或者不完全履行职责，造成被代理人损害的，应

---

〔1〕 参见湖北省武汉市中级人民法院民事判决书，(2017)鄂01民终6213号。

当承担民事责任。

代理人和相对人恶意串通，损害被代理人合法权益的，代理人和相对人应当承担连带责任。

**※法规解读：**本条是关于代理人不当履职的民事责任及代理人和相对人恶意串通的民事责任的规定。代理人行使代理权，应当基于被代理人利益的考虑，忠实履行代理职责，否则，就要承担相应的民事责任。

## 典型案例

### 绍荣钢铁有限公司诉上海奥施斯国际贸易有限公司、源龙实业有限公司、张某某委托合同纠纷案〔1〕

**※案例解读：**我国《民法典》第九百三十二条规定："两个以上的受托人共同处理委托事务的，对委托人承担连带责任。"本案中，上海奥施斯国际贸易有限公司（以下简称奥施斯公司）和源龙实业有限公司（以下简称源龙公司）虽然均接受绍荣钢铁有限公司（以下简称绍荣公司）的委托，但二者分工明确，各自的受托事项也不相同，实际履行中，它们也是按照合同约定的事项各自独立处理委托事务，因此，奥施斯公司和源龙公司之间并不构成共同处理委托事务，其在处理委托事务时违反合同约定的，应根据各自的过错分别对绍荣公司承担责任。奥施斯公司在合同履行中未全面尽到受托人的合理注意义务，存在一定过错，故其应承担相应的补充责任。张某某作为源龙公司的法定代表人，就系争款项向绍荣公司出具还款承诺，是其真实意思表示，具有法律约束力，故其作为债务加入人，应与源龙公司共同向绍荣公司承担还款责任。

**第九百三十三条　【任意解除权】委托人或者受托人可以随时解除委托合同。因解除合同造成对方损失的，除不可归责于该当事人的事由外，无偿委托合同的解除方应当赔偿因解除时间不当造成的直接损失，有偿委托合同的解除方应当赔偿对方的直接损失和合同履行后可以获得的利益。**

〔1〕 参见上海市高级人民法院民事判决书，(2013)沪高民二（商）终字第32号。

## 条文解读

本条规定了委托合同当事人的任意解除权。在委托合同中，合同的当事人双方均享有任意终止权，可任意终止合同。这是因为委托基于信任关系而产生主观任意性，如果当事人对对方的信任有所动摇时，就应不问有无确凿的理由，均允许其终止合同。因解除合同给对方造成损失的，属于不可归责于该当事人的事由的，该方当事人不承担赔偿责任。除此之外，承担赔偿责任的规则是：无偿委托合同的解除方，应当赔偿因解除时间不当给对方造成的直接损失；有偿委托合同的解除方应当赔偿对方的直接损失和合同履行后可以获得的利益。

## 配套法规及解读

**《民法典》(2020 年 5 月 28 日)**

**第五百六十五条**　当事人一方依法主张解除合同的，应当通知对方。合同自通知到达对方时解除；通知载明债务人在一定期限内不履行债务则合同自动解除，债务人在该期限内未履行债务的，合同自通知载明的期限届满时解除。对方对解除合同有异议的，任何一方当事人均可以请求人民法院或者仲裁机构确认解除行为的效力。

当事人一方未通知对方，直接以提起诉讼或者申请仲裁的方式依法主张解除合同，人民法院或者仲裁机构确认该主张的，合同自起诉状副本或者仲裁申请书副本送达对方时解除。

**※法规解读：**有解除权的民事主体在解除权行使条件成就时，可以按照法定程序与法定方式行使解除权。当事人一方依法主张解除合同的，应当通知对方。合同自通知到达对方时解除。若解除通知中载明债务人在一定期限内不履行债务合同自动解除，于通知期限届满时，若债务人依然未履行债务，则合同解除。另外，合同双方当事人有异议的，可以直接以提起诉讼或者申请仲裁的方式依法主张解除合同。

## 典型案例

### 上海市弘正律师事务所诉中国船舶及海洋工程设计研究院服务合同纠纷案[1]

※**案例解读**：我国《民法典》第九百三十三条规定："委托人或者受托人可以随时解除委托合同。因解除合同造成对方损失的，除不可归责于该当事人的事由外，无偿委托合同的解除方应当赔偿因解除时间不当造成的直接损失，有偿委托合同的解除方应当赔偿对方的直接损失和合同履行后可以获得的利益。"本案中，双方当事人在原有的《聘请律师合同》的基础上为实施风险代理而签订《协议书》，双方之间构成委托与代理的关系。《协议书》约定如中国船舶及海洋工程设计研究院（以下简称船舶设计院）单方终止协议，须按约定律师代理费额补偿受托人经济损失，该约定缺乏法律依据。上海市弘正律师事务所（以下简称弘正律师所）为获取自身利益最大化的可能而限制被上诉人船舶设计院进行调解、和解，加重了当事人的诉讼风险，侵犯了委托人在诉讼中的自主处分权，不利于促进社会和谐，违反了社会公共利益。《协议书》中"船舶设计院如有调解、和解及终止代理等需与弘正律师所协商一致，否则以约定律师代理费额外补偿弘正律师所经济损失"的条款应为无效，而代理人为代理事务付出了一定的劳务，委托人仍应支付合理的报酬。

**第九百三十四条　【委托合同的终止】委托人死亡、终止或者受托人死亡、丧失民事行为能力、终止的，委托合同终止；但是，当事人另有约定或者根据委托事务的性质不宜终止的除外。**

## 条文解读

本条规定了委托合同终止的不同情形。在委托法律关系存续期间，委托关系终止的事由有：委托人或者受托人一方死亡；受托人一方丧失民事行为能力；法人或者非法人组织终止。

---

[1] 参见上海市第二中级人民法院民事判决书，(2009)沪二中民四(商)终字第450号。

## 配套法规及解读

《民法典》(2020 年 5 月 28 日)

**第一百七十三条** 有下列情形之一的,委托代理终止:

(一)代理期限届满或者代理事务完成;

(二)被代理人取消委托或者代理人辞去委托;

(三)代理人丧失民事行为能力;

(四)代理人或者被代理人死亡;

(五)作为代理人或者被代理人的法人、非法人组织终止。

**※法规解读:**本条是关于委托代理终止的规定。委托代理终止,是指被代理人与代理人之间的代理关系消灭。委托代理终止有以下五种情形:(1)代理期限届满或者代理事务完成。例如,授权期限届满后没有继续授权,委托代理终止;代理人完成了全部代理事务,代理关系终止。(2)被代理人取消委托或者代理人辞去委托。(3)代理人丧失民事行为能力。代理人以被代理人的名义实施民事法律行为,必须具有行为能力。如果代理人丧失民事行为能力,委托代理当然终止。(4)代理人或者被代理人死亡。委托代理关系是建立在被代理人与代理人之间信任的基础之上,具有严格的人身属性,如果代理人或者被代理人死亡,原则上委托代理也应终止。(5)作为代理人或者被代理人的法人、非法人组织终止。

## 典型案例

### 郎某英、郎某高委托合同纠纷案[1]

**※案例解读:**我国《民法典》第九百三十四条规定:"委托人死亡、终止或者受托人死亡、丧失民事行为能力、终止的,委托合同终止;但是,当事人另有约定或者根据委托事务的性质不宜终止的除外。"本案中,付某荣于 2009 年 7 月 13 日为被告出具了委托书,委托被告代收代领土地赔偿款。被告主张其仅接受付某荣一人的委托且受托事项仅限于领取上述 94,286 元补偿款,并表示其受托义务已经完成。付某荣已于 2014 年 3 月 17 日死亡,而领取土地补偿款的事宜并非只有通过被告才能完成,且该委托合同的终止在实质上不会损害付某荣的利益,案涉委托合同不属于"根据委托

〔1〕 参见辽宁省营口市中级人民法院民事裁定书,(2020)辽 08 民申 23 号。

事务的性质不宜终止”的情形,故付某荣与被告之间的委托合同终止,原告诉请被告继续履行委托合同无法律依据。

**第九百三十五条 【委托人的后合同义务】** 因委托人死亡或者被宣告破产、解散,致使委托合同终止将损害委托人利益的,在委托人的继承人、遗产管理人或者清算人承受委托事务之前,受托人应当继续处理委托事务。

## 条文解读

本条规定了委托人应当承担的后合同义务。委托人死亡或者被宣告破产、解散,委托合同当然终止。但是,如果出现委托合同终止将损害委托人利益的情况,受托人负有继续处理委托事务的义务,即在委托人的继承人、遗产管理人或者清算人承受委托事务之前,受托人应当继续处理委托事务。继续处理委托事务义务的期间自委托人死亡或者终止之时起至委托人的继承人、遗产管理人或者清算人承受委托事务之时止。超过这个期限的,受托人不再承担继续处理委托事务的义务。

## 配套法规及解读

**《民法典》(2020 年 5 月 28 日)**

**第十三条** 自然人从出生时起到死亡时止,具有民事权利能力,依法享有民事权利,承担民事义务。

**※法规解读:**所谓权利能力是作为权利主体和义务主体的资格。从本条可知:(1)自然人只有活着才享有权利能力,一旦死亡,就不再享有;(2)任何自然人都享有权利能力,与其年龄大小或智力高低并无关系。究其原因,因权利能力“依法”享有,无须人的参与直接通过法律规定获得。关于权利与义务的来源,可以有两个方向:法律规定和法律行为。前者如生命权、身体权的获取,因概括继承而承担被继承人的债务等;后者如基于合同享有债权,承担债务。

## 典型案例

### 肖某娟等诉李某蓉等房屋租赁合同纠纷案[1]

**※案例解读：**我国《民法典》第九百三十五条规定："因委托人死亡或者被宣告破产、解散，致使委托合同终止将损害委托人利益的，在委托人的继承人、遗产管理人或者清算人承受委托事务之前，受托人应当继续处理委托事务。"本案中，没有证据证明张某梅与林某合对代理权限另有约定或收取租金事务的性质属不宜终止代理权情形，故张某梅代理权理应于林某合死亡时终止，并由委托人林某合的继承人承受委托事务。

**第九百三十六条　【受托人死后其继承人等的义务】因受托人死亡、丧失民事行为能力或者被宣告破产、解散，致使委托合同终止的，受托人的继承人、遗产管理人、法定代理人或者清算人应当及时通知委托人。因委托合同终止将损害委托人利益的，在委托人作出善后处理之前，受托人的继承人、遗产管理人、法定代理人或者清算人应当采取必要措施。**

## 条文解读

本条规定了受托人的继承人、遗产管理人、法定代理人或者清算人的义务。在委托合同关系存续期间，因受托人死亡、丧失民事行为能力或者被宣告破产、解散，致使委托合同终止的，受托人的继承人、遗产管理人、法定代理人或者清算人应当负担的义务是：(1)及时通知的义务。将受托人死亡、丧失民事行为能力或者终止的情形，及时通知委托人，便于委托人尽快选择新的受托人，作出善后处理。(2)采取必要措施的义务。如果因委托合同终止将损害委托人利益，在委托人作出善后处理之前，受托人的继承人、遗产管理人、法定代理人或者清算人应当依照诚实信用原则采取必要措施。

## 配套法规及解读

**《民法典》(2020年5月28日)**

**第一百七十四条**　被代理人死亡后，有下列情形之一的，委托代理人实施的代理

[1] 参见广东省潮州市中级人民法院民事判决书，(2017)粤51民终486号。

行为有效：

（一）代理人不知道且不应当知道被代理人死亡；

（二）被代理人的继承人予以承认；

（三）授权中明确代理权在代理事务完成时终止；

（四）被代理人死亡前已经实施，为了被代理人的继承人的利益继续代理。

作为被代理人的法人、非法人组织终止的，参照适用前款规定。

**※法规解读：**本条是关于被代理人死亡后委托代理行为继续有效情形的规定。包括以下四种情形：

（1）代理人不知道且不应当知道被代理人死亡。比如代理人正在外地代理事务，被代理人的继承人没有及时通知代理人被代理人死亡使得代理人不知道被代理人死亡，此时代理人仍然在继续实施代理行为。如果令代理行为无效，对代理人和相对人不合理。

（2）被代理人的继承人予以承认。被代理人死亡，其继承人知道代理人的存在后，对其代理人地位予以承认的，代理人可以继续实施代理行为。

（3）授权中明确代理权在代理事务完成时终止。被代理人的委托授权中明确了代理权直到代理事务完成时才终止的，即使被代理人死亡，也应当尊重其意思，代理人可以继续从事代理活动，其实施的代理行为仍然有效。

（4）被代理人死亡前已经实施，为了被代理人的继承人的利益继续代理。被代理人死亡前代理人已经实施了代理行为，被代理人死亡后，如果继续实施该代理行为有利于被代理人的继承人的利益，代理人应当完成该代理行为。

# 第二十四章　物业服务合同

## 本章介绍

本章规定了物业服务合同的概念、内容与形式等，并重点规定了物业服务人的主要义务。

**第九百三十七条　【物业服务合同的定义和物业服务人的类型】物业服务合同是物业服务人在物业服务区域内，为业主提供建筑物及其附属设施的维修养护、环境卫生和相关秩序的管理维护等物业服务，业主支付物业费的合同。**

**物业服务人包括物业服务企业和其他管理人。**

## 条文解读

本条规定了物业服务合同的定义和物业服务人的类型。物业服务合同，是物业服务人在物业服务区域内，为业主提供建筑物及其附属设施的维修养护、环境卫生和相关秩序的管理维护等物业服务，业主支付物业费的合同。物业服务人是通过物业服务合同承担区分所有建筑物管理服务的民事主体，既包括具有专业资质和法人资格的物业服务企业，也包括其他管理人，如单个的具有专业物业管理技能的自然人或者非法人组织。

## 配套法规及解读

**《民法典》(2020 年 5 月 28 日)**

**第二百八十五条**　物业服务企业或者其他管理人根据业主的委托，依照本法第三编有关物业服务合同的规定管理建筑区划内的建筑物及其附属设施，接受业主的监督，并及时答复业主对物业服务情况提出的询问。

物业服务企业或者其他管理人应当执行政府依法实施的应急处置措施和其他管理措施，积极配合开展相关工作。

**※法规解读：**物业服务企业或者其他管理人与业主的关系是合同关系，即物业服务企业或者其他管理人根据业主的委托，履行相关权利义务。

物业服务企业或者其他管理人对内（业主）的权利义务包括管理设施、接受监督、答复询问，即物业服务企业或者其他管理人依照本法第三编有关物业服务合同的规定管理建筑区划内的建筑物及其附属设施，接受业主的监督，并及时答复业主对物业服务情况提出的询问。

## 关联法规索引

《民法典》第274条

**第九百三十八条 【物业服务合同的内容与形式】物业服务合同的内容一般包括服务事项、服务质量、服务费用的标准和收取办法、维修资金的使用、服务用房的管理和使用、服务期限、服务交接等条款。**

**物业服务人公开作出的有利于业主的服务承诺，是物业服务合同的组成部分。**

**物业服务合同应当采用书面形式。**

## 条文解读

本条规定了物业服务合同的主要内容和形式。物业服务合同的内容包括服务事项、服务质量、服务费用的标准和收取办法、维修资金的使用、服务用房的管理和使用、服务期限、服务交接和其他条款。物业服务合同是要式合同，应当采用书面形式，目的是将双方当事人的权利义务关系用文字形式固定下来，避免发生争议。

## 配套法规及解读

**《民法典》（2020年5月28日）**

**第四百六十九条** 当事人订立合同，可以采用书面形式、口头形式或者其他形式。

书面形式是合同书、信件、电报、电传、传真等可以有形地表现所载内容的形式。

以电子数据交换、电子邮件等方式能够有形地表现所载内容，并可以随时调取查用的数据电文,视为书面形式。

**※法规解读:**合同形式的原则性规定,即当事人订立合同,可以采用书面形式、口头形式或者其他形式。

书面形式的概念,即书面形式是合同书、信件、电报、电传、传真等可以有形地表现所载内容的形式。

符合书面形式的数据电文,即以电子数据交换、电子邮件等方式能够有形地表现所载内容,并可以随时调取查用的数据电文,视为书面形式。

## 关联法规索引

《民法典》第470条

**第九百三十九条 【物业服务合同的约束力】建设单位依法与物业服务人订立的前期物业服务合同,以及业主委员会与业主大会依法选聘的物业服务人订立的物业服务合同,对业主具有法律约束力。**

## 条文解读

本条规定了不同主体订立的物业服务合同对业主的效力。以订立主体的不同,可以将物业服务合同分为建设单位与物业服务人订立的前期物业服务合同和业主委员会、业主大会依照法律规定选聘的物业服务人订立的物业服务合同。两相比较,前期物业服务合同没有体现业主的意志,物业服务合同才是根据全体业主的意志选聘物业服务人订立的合同。不过,无论是建设单位依法与物业服务人订立的前期物业服务合同,还是业主委员会与业主大会依法选聘物业服务人并与之订立的物业服务合同,都是合法、有效的物业服务合同,签订之后都具有合同的法律效力,对双方当事人都具有法律效力。

## 配套法规及解读

**《民法典》(2020年5月28日)**

**第一百一十九条** 依法成立的合同,对当事人具有法律约束力。

**第二百八十条** 业主大会或者业主委员会的决定,对业主具有法律约束力。

业主大会或者业主委员会作出的决定侵害业主合法权益的，受侵害的业主可以请求人民法院予以撤销。

**※法规解读：**合同的法律约束力，指依法成立的合同在当事人之间产生的法律效力，即当事人应当按照合同的约定履行自己的义务，非依法律规定或者取得对方同意，不得擅自变更或者解除合同。

## 关联法规索引

《民法典》第155条

**第九百四十条 【前期物业服务合同的终止情形】建设单位依法与物业服务人订立的前期物业服务合同约定的服务期限届满前，业主委员会或者业主与新物业服务人订立的物业服务合同生效的，前期物业服务合同终止。**

## 条文解读

本条规定了前期物业服务合同的终止情形。

与业主选任的物业服务人订立的物业服务合同生效，建设单位依法与物业服务人订立的前期物业服务合同约定的服务期限尚未届满的，业主委员会或者业主与新物业服务人订立的物业服务合同效力优先，一经生效的，前期物业服务合同即行终止，新的物业服务合同的物业服务人即时取得物业管理权，履行物业管理职责，前期物业服务合同的物业服务人不得以任何理由拒绝移交管理的物业。无论双方以何种理由发生争执，都不得违背新的物业服务合同效力优先、可以对抗前期物业服务合同的这一规则。

## 配套法规及解读

**《民法典》(2020年5月28日)**

**第九百四十九条** 物业服务合同终止的，原物业服务人应当在约定期限或者合理期限内退出物业服务区域，将物业服务用房、相关设施、物业服务所必需的相关资料等交还给业主委员会、决定自行管理的业主或者其指定的人，配合新物业服务人做好交接工作，并如实告知物业的使用和管理状况。

原物业服务人违反前款规定的，不得请求业主支付物业服务合同终止后的物业费；造成业主损失的，应当赔偿损失。

**※法规解读：**物业服务合同终止的，原物业服务人的义务有：在约定期限或者合理期限内退出物业服务区域；将物业服务用房、相关设施、物业服务所必需的相关资料等交还给业主委员会、决定自行管理的业主或者其指定的人；配合新物业服务人做好交接工作，并如实告知物业的使用和管理状况。

原物业服务人违反前款规定的，不得请求业主支付物业服务合同终止后的物业费；造成业主损失的，应当赔偿损失。

## 关联法规索引

《民法典》第559条

**第九百四十一条　【物业服务合同的转委托】物业服务人将物业服务区域内的部分专项服务事项委托给专业性服务组织或者其他第三人的，应当就该部分专项服务事项向业主负责。**

**物业服务人不得将其应当提供的全部物业服务转委托给第三人，或者将全部物业服务支解后分别转委托给第三人。**

## 条文解读

本条规定了物业服务人委托第三人管理部分专项服务事项。从性质上看，物业服务合同类似于承揽合同，受到承揽人亲自履行承揽业务规则的约束。但是，有些专项服务事项具有专业性质，是物业服务人无法胜任或者须委托他人进行的，法律允许委托第三人负责。

## 配套法规及解读

**《民法典》(2020年5月28日)**

**第一百六十九条**　代理人需要转委托第三人代理的，应当取得被代理人的同意或者追认。

转委托代理经被代理人同意或者追认的，被代理人可以就代理事务直接指示转委托的第三人,代理人仅就第三人的选任以及对第三人的指示承担责任。

转委托代理未经被代理人同意或者追认的,代理人应当对转委托的第三人的行为承担责任;但是,在紧急情况下代理人为了维护被代理人的利益需要转委托第三人代理的除外。

**※法规解读:**本代理,又称为原代理,指由被代理人选任代理人或者直接依据法律规定产生代理人的代理。

复代理,又称为再代理、转代理或者次代理,指代理人为了实施其代理权限内的行为,以自己的名义选定他人担任被代理人的代理人的代理。

在复代理关系中,存在原代理人和复代理人两个代理人,存在原代理人对被代理人的代理和复代理人对被代理人的代理两层代理。

## 关联法规索引

《民法典》第165条

**第九百四十二条 【物业服务人的义务】物业服务人应当按照约定和物业的使用性质,妥善维修、养护、清洁、绿化和经营管理物业服务区域内的业主共有部分,维护物业服务区域内的基本秩序,采取合理措施保护业主的人身、财产安全。**

**对物业服务区域内违反有关治安、环保、消防等法律法规的行为,物业服务人应当及时采取合理措施制止、向有关行政主管部门报告并协助处理。**

## 条文解读

本条规定了物业服务人的义务。物业服务人履行物业管理职责的依据,是物业服务合同的约定和物业服务的性质。物业服务人应当履行的主要管理职责是:妥善维修、养护、清洁、绿化和经营管理物业服务区域内的业主共有部分;维护物业服务区域内的基本秩序;采取合理措施保护业主的人身、财产安全。对物业服务区域内违反有关治安、环保、消防等法律、法规的行为,行为主体无论是外来人员,还是业主,物业服务人都有权及时采取合理措施予以制止,防止损害全体业主的利益。在对违法、违规的上述行为进行制止的同时,物业服务人应当及时向有关行政管理部门报告并协助处理,特别是需要应对而物业服务人并无此种权利的制止措施,物业服务人自己不得实施。

**配套法规及解读**

**《民法典》(2020 年 5 月 28 日)**

**第二百八十五条**　物业服务企业或者其他管理人根据业主的委托,依照本法第三编有关物业服务合同的规定管理建筑区划内的建筑物及其附属设施,接受业主的监督,并及时答复业主对物业服务情况提出的询问。

物业服务企业或者其他管理人应当执行政府依法实施的应急处置措施和其他管理措施,积极配合开展相关工作。

**※法规解读:**物业服务企业或者其他管理人根据业主的委托,履行相关权利义务。

物业服务企业或者其他管理人对业主的权利义务包括管理设施、接受监督、答复询问。

物业服务企业或者其他管理人对政府的义务有执行应急处置措施和其他管理措施,配合开展相关工作。

**关联法规索引**

《民法典》第 286 条

**第九百四十三条　【物业服务人的报告义务】物业服务人应当定期将服务的事项、负责人员、质量要求、收费项目、收费标准、履行情况,以及维修资金使用情况、业主共有部分的经营与收益情况等以合理方式向业主公开并向业主大会、业主委员会报告。**

**条文解读**

本条规定了物业服务人应当公开履行管理职责的情况。物业服务人是全体业主的管家,应按照业主的意志和利益管理物业,并对业主负责。物业服务人在履行管理职责的同时,负有报告的义务,将履行管理职责的情况及时报告和公开,使全体业主掌握物业管理的实际情况,以便根据业主自己的利益,决定自己的行为。

## 配套法规及解读

《民法典》(2020 年 5 月 28 日)

**第二百八十六条** 业主应当遵守法律、法规以及管理规约,相关行为应当符合节约资源、保护生态环境的要求。对于物业服务企业或者其他管理人执行政府依法实施的应急处置措施和其他管理措施,业主应当依法予以配合。

业主大会或者业主委员会,对任意弃置垃圾、排放污染物或者噪声、违反规定饲养动物、违章搭建、侵占通道、拒付物业费等损害他人合法权益的行为,有权依照法律、法规以及管理规约,请求行为人停止侵害、排除妨碍、消除危险、恢复原状、赔偿损失。

业主或者其他行为人拒不履行相关义务的,有关当事人可以向有关行政主管部门报告或者投诉,有关行政主管部门应当依法处理。

**※法规解读:**业主应遵法守约,即业主应当遵守法律、法规以及管理规约,相关行为应当符合节约资源、保护生态环境的要求。

业主具有配合义务,即对于物业服务企业或者其他管理人执行政府依法实施的应急处置措施和其他管理措施,业主应当依法予以配合。

业主大会或者业主委员会有制止损害他人合法权益行为并追究其法律责任的请求权,即业主大会或者业主委员会对任意弃置垃圾、排放污染物或者噪声、违反规定饲养动物、违章搭建、侵占通道、拒付物业费等损害他人合法权益的行为,有权依照法律、法规以及管理规约,请求行为人停止侵害、排除妨碍、消除危险、恢复原状、赔偿损失。

对拒不履行义务的报告或者投诉权,即业主或者其他行为人拒不履行相关义务的,有关当事人可以向有关行政主管部门报告或者投诉,有关行政主管部门应当依法处理。

**第九百四十四条 【物业服务人的报酬请求权】业主应当按照约定向物业服务人支付物业费。物业服务人已经按照约定和有关规定提供服务的,业主不得以未接受或者无需接受相关物业服务为由拒绝支付物业费。**

**业主违反约定逾期不支付物业费的,物业服务人可以催告其在合理期限内支付;合理期限届满仍不支付的,物业服务人可以提起诉讼或者申请仲裁。**

**物业服务人不得采取停止供电、供水、供热、供燃气等方式催交物业费。**

## 条文解读

本条规定业主应向物业服务人支付物业费。物业服务合同是双务、有偿合同。物业服务人提供物业服务，接受物业服务的业主应当按照约定向物业服务人支付物业费，这是业主的义务，必须履行。业主违反支付物业费的义务应当强制履行。

## 配套法规及解读

**《民法典》(2020年5月28日)**

**第一百九十六条**　下列请求权不适用诉讼时效的规定：

(一)请求停止侵害、排除妨碍、消除危险；

(二)不动产物权和登记的动产物权的权利人请求返还财产；

(三)请求支付抚养费、赡养费或者扶养费；

(四)依法不适用诉讼时效的其他请求权。

**※法规解读：**诉讼时效主要适用于债权请求权。诉讼时效的适用范围也称诉讼时效的客体。物权请求权不适用诉讼时效。物权请求权，指基于物权而产生的请求权。

不适用诉讼时效的请求权包括：请求停止侵害、排除妨碍、消除危险；不动产物权和登记的动产物权的权利人请求返还财产；请求支付抚养费、赡养费或者扶养费；依法不适用诉讼时效的其他请求权。

## 关联法规索引

《民法典》第579条

**第九百四十五条　【业主的事先告知义务】业主装饰装修房屋的，应当事先告知物业服务人，遵守物业服务人提示的合理注意事项，并配合其进行必要的现场检查。**

**业主转让、出租物业专有部分、设立居住权或者依法改变共有部分用途的，应当及时将相关情况告知物业服务人。**

## 条文解读

本条规定业主装饰装修、转让、出租等应事先告知。业主是建筑物区分所有权专有部分的所有权人，对其专有部分享有与所有权几乎没有区别的支配权。但是，在区分所有的建筑物中，不仅有专有部分，还有共用部分的共有权和共同管理的成员权。所以，业主在对自己专有部分的房屋进行装饰装修、转让、出租、设立居住权、依法改变共有部分用途的，都应当事先向物业服务人告知，使物业服务人知悉并掌握情况，便于其行使管理职责。

## 关联法规索引

《物业管理条例》第52条

**第九百四十六条 【业主解聘物业服务人】业主依照法定程序共同决定解聘物业服务人的，可以解除物业服务合同。决定解聘的，应当提前六十日书面通知物业服务人，但是合同对通知期限另有约定的除外。**

**依据前款规定解除合同造成物业服务人损失的，除不可归责于业主的事由外，业主应当赔偿损失。**

## 条文解读

本条规定业主解聘物业服务人。业主以及业主大会、业主委员会与物业服务人的关系，是合同关系。业主有权依照自己的意志选聘物业服务人，订立物业管理合同，也有权解除物业管理合同，解聘物业服务人。

## 配套法规及解读

**《民法典》(2020年5月28日)**

**第二百七十八条** 下列事项由业主共同决定：

(一)制定和修改业主大会议事规则；

(二)制定和修改管理规约；

(三)选举业主委员会或者更换业主委员会成员；

(四)选聘和解聘物业服务企业或者其他管理人;

(五)使用建筑物及其附属设施的维修资金;

(六)筹集建筑物及其附属设施的维修资金;

(七)改建、重建建筑物及其附属设施;

(八)改变共有部分的用途或者利用共有部分从事经营活动;

(九)有关共有和共同管理权利的其他重大事项。

业主共同决定事项,应当由专有部分面积占比三分之二以上的业主且人数占比三分之二以上的业主参与表决。决定前款第六项至第八项规定的事项,应当经参与表决专有部分面积四分之三以上的业主且参与表决人数四分之三以上的业主同意。决定前款其他事项,应当经参与表决专有部分面积过半数的业主且参与表决人数过半数的业主同意。

**※法规解读:**由业主共同决定事项有 9 项,即制定和修改业主大会议事规则;制定和修改管理规约;选举业主委员会或者更换业主委员会成员;选聘和解聘物业服务企业或者其他管理人;使用建筑物及其附属设施的维修资金;筹集建筑物及其附属设施的维修资金;改建、重建建筑物及其附属设施;改变共有部分的用途或者利用共有部分从事经营活动;有关共有和共同管理权利的其他重大事项。

业主共同决定事项的表决程序是:应当由专有部分面积占比 2/3 以上的业主且人数占比 2/3 以上的业主参与表决。决定前款第六项至第八项规定的事项,应当经参与表决专有部分面积 3/4 以上的业主且参与表决人数 3/4 以上的业主同意。决定前款其他事项,应当经参与表决专有部分面积过半数的业主且参与表决人数过半数的业主同意。

### 关联法规索引

《物业管理条例》第 38 条

**第九百四十七条　【物业服务人的续聘】物业服务期限届满前,业主依法共同决定续聘的,应当与原物业服务人在合同期限届满前续订物业服务合同。**

**物业服务期限届满前,物业服务人不同意续聘的,应当在合同期限届满前九十日书面通知业主或者业主委员会,但是合同对通知期限另有约定的除外。**

## 条文解读

本条规定了物业服务人的续聘。续聘物业服务人，实际上相当于选聘，即选聘已聘的物业服务人继续作为物业服务人。物业服务人在合同到期不同意续聘的，原物业服务合同消灭，双方当事人的权利义务终止，双方不再受到该合同的约束，物业服务人不再承担管理职责。

## 关联法规索引

《民法典》第 948 条；《物业管理条例》第 34 条

**第九百四十八条　【不定期物业服务合同的成立与解除】物业服务期限届满后，业主没有依法作出续聘或者另聘物业服务人的决定，物业服务人继续提供物业服务的，原物业服务合同继续有效，但是服务期限为不定期。**

**当事人可以随时解除不定期物业服务合同，但是应当提前六十日书面通知对方。**

## 条文解读

本条规定了物业服务合同可变为不定期合同的规则。物业服务合同在一定条件下可由定期合同转变为不定期合同。转变的条件是：物业服务期限已经届满；业主没有依法作出续聘或者另聘物业服务人的决定；物业服务人按照原合同继续提供物业服务。具备上述三个条件，物业服务合同就由定期合同转变为不定期合同，其后果是原物业服务合同继续有效，双方当事人仍然受到该合同的拘束。

## 配套法规及解读

**《民法典》(2020 年 5 月 28 日)**

**第一百三十六条**　民事法律行为自成立时生效，但是法律另有规定或者当事人另有约定的除外。

行为人非依法律规定或者未经对方同意，不得擅自变更或者解除民事法律行为。

**第四百九十条**　当事人采用合同书形式订立合同的，自当事人均签名、盖章或者按指印时合同成立。在签名、盖章或者按指印之前,当事人一方已经履行主要义务,对方接受时,该合同成立。

法律、行政法规规定或者当事人约定合同应当采用书面形式订立,当事人未采用书面形式但是一方已经履行主要义务,对方接受时,该合同成立。

**※法规解读:**采用合同书形式订立合同成立时间确定规则:采用合同书形式订立合同的,自当事人均签名、盖章或者按指印时合同成立。在签名、盖章或者按指印之前,当事人一方已经履行主要义务,对方接受时,该合同成立。

法律、行政法规规定或者当事人约定合同应当采用书面形式订立,当事人未采用书面形式但是一方已经履行主要义务,对方接受时,该合同成立。

民事法律行为原则上自成立时生效,即民事法律行为的生效时间和民事法律行为的成立时间原则上是一致的。对民事法律行为生效法律另有规定或者当事人另有约定的,按照法律规定或者当事人另有约定执行。行为人非依法律规定或者未经对方同意,不得擅自变更或者解除民事法律行为。

## 关联法规索引

《物业管理条例》第26条

**第九百四十九条 【物业服务合同终止后原物业服务人的义务及责任】物业服务合同终止的,原物业服务人应当在约定期限或者合理期限内退出物业服务区域,将物业服务用房、相关设施、物业服务所必需的相关资料等交还给业主委员会、决定自行管理的业主或者其指定的人,配合新物业服务人做好交接工作,并如实告知物业的使用和管理状况。**

**原物业服务人违反前款规定的,不得请求业主支付物业服务合同终止后的物业费;造成业主损失的,应当赔偿损失。**

## 条文解读

本条规定了物业服务人的后合同义务及责任。在物业服务合同终止后,物业服务人应当做好善后工作,完成自己应当完成的义务。这些义务是:退出义务;交还资料义务、配合新的物业服务人做好交接工作、如实告知物业的使用和管理状况。如果原物业服务人违反法律规定的后合同义务,其后果是:不得请求业主支付物业服务合同终止后的物业费，即使物业服务合同终止后提供了物业服务的，也不得请求支付该物业费。原物业服务人不履行上述义务给业主造成损失的，应当对业主的损失承担赔偿责任。

## 配套法规及解读

**《民法典》(2020 年 5 月 28 日)**

**第五百五十八条**　债权债务终止后，当事人应当遵循诚信等原则，根据交易习惯履行通知、协助、保密、旧物回收等义务。

**第五百五十九条**　债权债务终止时，债权的从权利同时消灭，但是法律另有规定或者当事人另有约定的除外。

**※法规解读：**后合同义务，指合同的权利义务终止后，当事人依照法律的规定，遵循诚信等原则，根据交易习惯履行的各项义务。

根据交易习惯，债权债务终止后的义务通常有通知、协助、保密、旧物回收四个方面。

债权债务终止时，债权的从权利原则上同时消灭。根据法律规定或者当事人的约定，债权债务终止时，债权的从权利可以不同时消灭。

## 关联法规索引

《民法典》第 5、133 条

**第九百五十条　【物业服务合同终止后新合同成立前的相关事项】物业服务合同终止后，在业主或者业主大会选聘的新物业服务人或者决定自行管理的业主接管之前，原物业服务人应当继续处理物业服务事项，并可以请求业主支付该期间的物业费。**

## 条文解读

本条规定物业服务合同终止原物业服务人继续处理物业服务事项。物业服务是专业服务，应当是连续行为，如果中断，业主的权利将受到重大损害，甚至酿成危险。物业服务合同终止后，如果没有新的物业服务人接替，就会形成物业服务行为中断。

为了避免出现这样的状况，本条要求原物业服务人负有继续提供物业服务行为的义务，即物业服务合同终止后，在业主或者业主大会选聘的新物业服务人或者决定自行管理的业主接管之前，原物业服务人应当继续处理物业服务事项，不得推辞或推诿。按照权利义务相一致原则，继续处理物业服务事项的物业服务人，享有请求业主支付该期间的物业费的权利，其标准应当与已经消灭的物业服务合同的约定相一致。如果原物业服务人拒不履行该继续处理物业服务事项的义务，给业主造成损害的，应当承担赔偿责任。

## 配套法规及解读

**《民法典》(2020 年 5 月 28 日)**

**第五百六十六条**　合同解除后，尚未履行的，终止履行；已经履行的，根据履行情况和合同性质，当事人可以请求恢复原状或者采取其他补救措施，并有权请求赔偿损失。

合同因违约解除的，解除权人可以请求违约方承担违约责任，但是当事人另有约定的除外。

主合同解除后，担保人对债务人应当承担的民事责任仍应当承担担保责任，但是担保合同另有约定的除外。

**※法规解读：**合同解除后的法律效果：

(1)终止履行，即合同解除后，尚未履行的，终止履行。

(2)请求恢复原状或者采取其他补救措施，即合同解除后，已经履行的，根据履行情况和合同性质，当事人可以请求恢复原状或者采取其他补救措施。

(3)有权请求赔偿损失，即合同因违约解除的，除当事人另有约定外，解除权人可以请求违约方承担违约责任。

(4)仍应当承担担保责任，即主合同解除后，除担保合同另有约定外，担保人对债务人应当承担的民事责任仍应当承担担保责任。

## 关联法规索引

《民法典》第 567 条

# 第二十五章　行纪合同

## 本章介绍

本章规定了行纪合同的定义、内容、双方当事人的权利与义务等。

**第九百五十一条　【行纪合同的定义】行纪合同是行纪人以自己的名义为委托人从事贸易活动，委托人支付报酬的合同。**

## 条文解读

本条规定了行纪合同的概念。行纪合同，是指行纪人以自己的名义为委托人从事贸易活动，委托人支付报酬的合同。以自己的名义为他方办理业务者，为行纪人；由行纪人为其办理业务并支付报酬者为委托人。其法律特征是：行纪合同主体的限定性，即限定为经批准经营行纪业务的法人；行纪人以自己的名义为委托人办理业务；行纪人为委托人的利益办理业务，所产生的权利义务最终归属委托人；行纪合同的标的是行纪人为委托人实施一定的法律行为。

## 配套法规及解读

**《民法典》（2020年5月28日）**

**第一百一十九条**　依法成立的合同，对当事人具有法律约束力。

**※法规解读：**合同是债权发生的重要原因，而且是基于当事人的意思而产生的债权。合同之债是当事人在平等的基础上自愿设立的，是民事主体参与民事活动积极开展各种经济交往的法律表现。合同是最常见的债的发生原因，合同之债在社会经济生活中占有重要的地位。本条对合同的约束力作出了规定。合同的法律约束力，指依法成立的合同在当事人之间产生的法律效力，即当事人应当按照合同的约定履行自己的义务，非依法律规定或者取得对方同意，不得擅自变更或者解除合同，这种法律效力反映了法律对当事人之间的合意的评价。根据本条规定，只有依法成立的

合同才能产生合同之债。

**第九百五十二条 【行纪人处理委托事务的费用负担】行纪人处理委托事务支出的费用，由行纪人负担，但是当事人另有约定的除外。**

## 条文解读

本条规定行纪人负担行纪费用。与委托合同不同，行纪人处理委托事务支出的费用，应当由行纪人负担，而不是由委托人负担。这就是行纪业的商业风险负担规则，将行纪费用作为行纪的成本，如果没有处理好行纪委托事务，所付出的代价就是行纪风险由行纪人自己负担，如果当事人另有约定，依照约定处理，不适用这一规则。

## 配套法规及解读

**《民法典》(2020年5月28日)**

**第五百一十一条** 当事人就有关合同内容约定不明确，依据前条规定仍不能确定的，适用下列规定：

（一）质量要求不明确的，按照强制性国家标准履行；没有强制性国家标准的，按照推荐性国家标准履行；没有推荐性国家标准的，按照行业标准履行；没有国家标准、行业标准的，按照通常标准或者符合合同目的的特定标准履行。

（二）价款或者报酬不明确的，按照订立合同时履行地的市场价格履行；依法应当执行政府定价或者政府指导价的，依照规定履行。

（三）履行地点不明确，给付货币的，在接受货币一方所在地履行；交付不动产的，在不动产所在地履行；其他标的，在履行义务一方所在地履行。

（四）履行期限不明确的，债务人可以随时履行，债权人也可以随时请求履行，但是应当给对方必要的准备时间。

（五）履行方式不明确的，按照有利于实现合同目的的方式履行。

（六）履行费用的负担不明确的，由履行义务一方负担；因债权人原因增加的履行费用，由债权人负担。

**※法规解读：**根据本条规定，合同内容约定不明确且既不能通过协商达成补充协议又不能按照合同的有关条款或者交易习惯确定时，适用下列规定：一是质量要求不明确的，按照强制性国家标准履行；没有强制性国家标准的，按照推荐性国家标准履

行;没有推荐性国家标准的,按照行业标准履行;没有国家标准、行业标准的,按照通常标准或者符合合同目的的特定标准履行。二是价款或者报酬不明确的,按照订立合同时履行地的市场价格履行;依法应当执行政府定价或者政府指导价的,依照规定履行。三是履行地点不明确,给付货币的,在接受货币一方所在地履行;交付不动产的,在不动产所在地履行;其他标的,在履行义务一方所在地履行。四是履行期限不明确的,债务人可以随时履行,债权人也可以随时请求履行,但是应当给对方必要的准备时间。五是履行方式不明确的,按照有利于实现合同目的的方式履行。六是履行费用的负担不明确的,由履行义务一方负担;因债权人原因增加的履行费用,由债权人负担。

**第九百五十三条 【行纪人妥善保管委托物的义务】行纪人占有委托物的,应当妥善保管委托物。**

## 条文解读

本条规定了行纪人对委托物的保管义务。行纪人在占有其代委托人进行交易的物品时,负有妥善保管义务。行纪合同为有偿合同,行纪人对物的保管应尽善良管理人的注意义务。除非委托人另有指示,行纪人并无为保管的物品办理保险的义务。对于物的意外灭失,只要行纪人已尽到善良管理人的注意义务,行纪人不负任何责任。委托人指示行纪人为保管物品办理保险,行纪人未予办理的,行纪人应对此种情况下的保管物品的毁损、灭失负损害赔偿责任。委托人并未指示为保管物品办理保险,但行纪人自动投保的,投保费用为行纪费用。

## 配套法规及解读

**《民法典》(2020年5月28日)**

**第六条** 民事主体从事民事活动,应当遵循公平原则,合理确定各方的权利和义务。

**※法规解读:**本条规定了公平原则。公平原则是法律的最高价值目标,公平正义是人类共同追求的基本价值,也是法律追求的基本价值,公平原则仍然作为民法典的基本原则是综合考虑各方意见的结果。公平原则指民事主体应本着公平、正义的观念实施民事行为,司法机关应根据公平的观念处理民事纠纷,民事立法也应该充分体

现公平的理念。公平原则体现了民法促进社会公平正义的基本价值，对规范民事主体的行为发挥着重要作用。

第一，民事主体在从事民事活动时，按照公平观念行使权利履行义务，双方之间的权利和承担的义务应当对等。第二，公平原则还要求民事主体合理承担民事责任，通常情况下适用过错责任，要求责任与过错的程度相适应，特殊情况下，也可以根据公平原则合理分担责任。

**第九百五十四条　【委托物有瑕疵或者容易腐烂、变质的处分】委托物交付给行纪人时有瑕疵或者容易腐烂、变质的，经委托人同意，行纪人可以处分该物；不能与委托人及时取得联系的，行纪人可以合理处分。**

## 条文解读

本条规定了委托物的处理。委托人委托行纪人出卖的物品，交付行纪人时有瑕疵或者容易腐烂、变质的，行纪人为了委托人的利益，负有合理处置委托物的义务。履行该义务的要求是：经过委托人同意的，行纪人可以处分该委托物；在不能及时将委托物的瑕疵及易腐、变质状况告知委托人，取得委托人同意的，行纪人可以合理处分，处分委托物时须负有合理的注意义务。行纪人若违反对委托物的合理处分义务，应承担违约责任，赔偿给委托人造成的损失。

## 配套法规及解读

**《民法典》(2020年5月28日)**

**第二百四十条**　所有权人对自己的不动产或者动产，依法享有占有、使用、收益和处分的权利。

**※法规解读：**处分指财产所有人对其财产在事实上和法律上的最终处置。处分权一般由所有权人行使，但在某些情况下，非所有权人也可以有处分权，如运输的货物，如果发生紧急情况，承运人也可以依法进行处分。

## 典型案例

### 徐某全与四川万禾中药饮片股份有限公司行纪合同纠纷案〔1〕

**※案例解读：**我国《民法典》第九百五十四条规定："委托物交付给行纪人时有瑕疵或者容易腐烂、变质的，经委托人同意，行纪人可以处分该物；不能与委托人及时取得联系的，行纪人可以合理处分。"本案中，徐某全未能举证证明其是在处置行纪事务代购物，即便是处置的委托物，该处分行为并不符合法律规定，且徐某全无权处分委托物。因此，徐某全反诉要求四川万禾中药饮片股份有限公司赔偿其损失的理由不能成立。

**第九百五十五条　【行纪人按约定价格买卖的义务】行纪人低于委托人指定的价格卖出或者高于委托人指定的价格买入的，应当经委托人同意；未经委托人同意，行纪人补偿其差额的，该买卖对委托人发生效力。**

**行纪人高于委托人指定的价格卖出或者低于委托人指定的价格买入的，可以按照约定增加报酬；没有约定或者约定不明确，依据本法第五百一十条的规定仍不能确定的，该利益属于委托人。**

**委托人对价格有特别指示的，行纪人不得违背该指示卖出或者买入。**

## 条文解读

本条规定了行纪人依照委托人指示处理事务。在行纪合同中，对于委托人所指定的卖出委托物的价格或买入价格，行纪人有遵从指示的义务。

## 配套法规及解读

**《民法典》(2020年5月28日)**

**第五百一十一条**　当事人就有关合同内容约定不明确，依据前条规定仍不能确定的，适用下列规定：

〔1〕 参见四川省高级人民法院民事判决书，(2012)川民终字第544号。

（一）质量要求不明确的，按照强制性国家标准履行；没有强制性国家标准的，按照推荐性国家标准履行；没有推荐性国家标准的，按照行业标准履行；没有国家标准、行业标准的，按照通常标准或者符合合同目的的特定标准履行。

（二）价款或者报酬不明确的，按照订立合同时履行地的市场价格履行；依法应当执行政府定价或者政府指导价的，依照规定履行。

（三）履行地点不明确，给付货币的，在接受货币一方所在地履行；交付不动产的，在不动产所在地履行；其他标的，在履行义务一方所在地履行。

（四）履行期限不明确的，债务人可以随时履行，债权人也可以随时请求履行，但是应当给对方必要的准备时间。

（五）履行方式不明确的，按照有利于实现合同目的的方式履行。

（六）履行费用的负担不明确的，由履行义务一方负担；因债权人原因增加的履行费用，由债权人负担。

**※法规解读：**根据本条规定，合同内容约定不明且既不能通过协商达成补充协议又不能按照合同的有关条款或者交易习惯确定时，适用下列规定：一是质量要求不明确的，按照强制性国家标准履行；没有强制性国家标准的，按照推荐性国家标准履行；没有推荐性国家标准的，按照行业标准履行；没有国家标准、行业标准的，按照通常标准或者符合合同目的的特定标准履行。二是价款或者报酬不明确的，按照订立合同时履行地的市场价格履行；依法应当执行政府定价或者政府指导价的，依照规定履行。三是履行地点不明确，给付货币的，在接受货币一方所在地履行；交付不动产的，在不动产所在地履行；其他标的，在履行义务一方所在地履行。四是履行期限不明确的，债务人可以随时履行，债权人也可以随时请求履行，但是应当给对方必要的准备时间。五是履行方式不明确的，按照有利于实现合同目的的方式履行。六是履行费用的负担不明确的，由履行义务一方负担；因债权人原因增加的履行费用，由债权人负担。

**典型案例**

### 李某雷与陈某军行纪合同纠纷案[1]

**※案例解读：**我国《民法典》第九百五十五条规定："行纪人低于委托人指定的价

〔1〕 参见广西壮族自治区柳州市中级人民法院民事判决书，(2016)桂02民终566号。

格卖出或者高于委托人指定的价格买入的，应当经委托人同意；未经委托人同意，行纪人补偿其差额的，该买卖对委托人发生效力。行纪人高于委托人指定的价格卖出或者低于委托人指定的价格买入的，可以按照约定增加报酬；没有约定或者约定不明确，依据本法第五百一十条的规定仍不能确定的，该利益属于委托人。委托人对价格有特别指示的，行纪人不得违背该指示卖出或者买入。”本案中，陈某军以其不具有房产经纪人资质为由，主张与李某雷签订的房屋买卖协议因违反《房地产经纪人员职业资格制度暂行规定》属于法定的无效合同。而房地产经纪人行政许可已于2014年7月22日被国发〔2014〕27号文取消，而双方是2014年8月12日签订的房屋买卖协议，据此，该协议并未违反法律、行政法规的强制性规定，亦不存在以合法形式掩盖非法目的的情形。另房屋买卖协议是双方当事人的真实意思表示。房屋买卖协议属于合法有效的合同，双方均应按照约定全面履行自己的义务。

**第九百五十六条　【卖出或者买入具有市场定价的商品行纪人的介入权】行纪人卖出或者买入具有市场定价的商品，除委托人有相反的意思表示外，行纪人自己可以作为买受人或者出卖人。**

**行纪人有前款规定情形的，仍然可以请求委托人支付报酬。**

## 条文解读

本条规定了行纪人的介入权。行纪人的介入权，是指行纪人接受委托买卖有市场定价的证券或其他商品时，除委托人有反对的意思表示外，行纪人自己可以作为出卖人或买受人行使权利。行纪人行使介入权的要件又称介入要件，包括积极要件和消极要件。积极要件是指所受委托的物品须为有市场定价的有价证券或其他商品。消极要件包括：委托人未作出反对行纪人介入的意思表示；行纪人尚未对委托事务作出处理；行纪合同有效存在。介入权行使的后果，使委托人和行纪人之间产生了买卖合同，法律关于买卖的规定均可适用。行纪人行使介入权之后仍有报酬请求权，委托人应按合同约定付给行纪人报酬。

## 配套法规及解读

**《民法典》（2020年5月28日）**

**第九百五十五条**　行纪人低于委托人指定的价格卖出或者高于委托人指定的价

格买入的,应当经委托人同意;未经委托人同意,行纪人补偿其差额的,该买卖对委托人发生效力。

行纪人高于委托人指定的价格卖出或者低于委托人指定的价格买入的,可以按照约定增加报酬;没有约定或者约定不明确,依据本法第五百一十条的规定仍不能确定的,该利益属于委托人。

委托人对价格有特别指示的,行纪人不得违背该指示卖出或者买入。

**※法规解读:**本条规定了行纪人依照委托人指示处理事务。在行纪合同中,对于委托人所指定的卖出委托物的价格或买入价格,行纪人有遵从指示的义务。

## 典型案例

### 张家港市泰和碳素有限公司诉张家港益民冶金材料有限公司买卖合同纠纷案〔1〕

**※案例解读:**我国《民法典》第九百五十六条规定:"行纪人卖出或者买入具有市场定价的商品,除委托人有相反的意思表示外,行纪人自己可以作为买受人或者出卖人。行纪人有前款规定情形的,仍然可以请求委托人支付报酬。"本案中,张家港益民冶金材料有限公司(以下简称益民公司)是以自己的名义与其他公司开展贸易,并开具相应税务票据,张家港市泰和碳素有限公司没有将税务票据开给第三方,而是直接开具给益民公司,益民公司亦确认收到低氮增碳剂,并支付了部分货款,益民公司行使了介入权,应认定行纪人益民公司作为买受人购买了上述货物。

**第九百五十七条 【行纪人对委托物的提存】行纪人按照约定买入委托物,委托人应当及时受领。经行纪人催告,委托人无正当理由拒绝受领的,行纪人依法可以提存委托物。**

**委托物不能卖出或者委托人撤回出卖,经行纪人催告,委托人不取回或者不处分该物的,行纪人依法可以提存委托物。**

〔1〕 参见江苏省张家港市人民法院民事判决书,(2014)张乐商初字第0027号。

## 条文解读

本条规定了委托物的处置。委托人委托行纪人买入委托物,委托人有及时受领的义务,应及时受领,支付报酬,终止委托合同。委托人不予受领的,行纪人应当对其进行催告。经过催告,委托人仍无正当理由而拒绝受领的,行纪人依照提存的规定,可以提存委托物,终止行纪合同关系。

## 配套法规及解读

**《民法典》(2020 年 5 月 28 日)**

**第五百二十九条** 债权人分立、合并或者变更住所没有通知债务人,致使履行债务发生困难的,债务人可以中止履行或者将标的物提存。

**※法规解读:**根据本条关于“债权人分立、合并或者变更住所没有通知债务人,致使履行债务发生困难的,债务人可以中止履行或者将标的物提存”的规定,履行债务发生困难的,债务人可以采取两种方式处理:一是中止履行。即债权人分立、合并或者变更住所没有通知债务人,致使履行债务发生困难的,债务人可以中止履行。二是将标的物提存。即债权人分立、合并或者变更住所没有通知债务人,致使履行债务发生困难的,债务人可以将标的物提存。

## 典型案例

### 大丰市中粮贸易有限公司诉江苏钰丰麦芽制造有限公司行纪合同纠纷案[1]

**※案例解读:**我国《民法典》第九百五十七条规定:“行纪人按照约定买入委托物,委托人应当及时受领。经行纪人催告,委托人无正当理由拒绝受领的,行纪人依法可以提存委托物。委托物不能卖出或者委托人撤回出卖,经行纪人催告,委托人不取回或者不处分该物的,行纪人依法可以提存委托物。”本案中,基于行纪合同属于委托合同的特殊情形,江苏钰丰麦芽制造有限公司(以下简称钰丰公司)作为委托人有权变更委托内容。本案的行纪合同履行中,大丰市中粮贸易有限公司(以下简称中粮

[1] 参见江苏省高级人民法院民事判决书,(2014)苏商再提字第 0004 号。

公司)租赁了盐城东南棉业有限公司和大丰新团国家储备粮库的仓库,容积分别为6000吨和25,000余吨,虽然上述仓库又分为若干隔仓,但是哪一部分用于储藏行纪合同项下收购的大麦,中粮公司与钰丰公司均无直接证据证明。大麦收购具有季节性的特点,综合有关证据,应当认定钰丰公司和中粮公司对于大麦收购工作在完成3132.09吨后即已结束具有共同的认识。而争议的2867.91吨大麦不能认定是中粮公司为履行行纪合同而收购,钰丰公司没有接收的义务。

**第九百五十八条　【行纪人与第三人订立合同的效力】行纪人与第三人订立合同的,行纪人对该合同直接享有权利、承担义务。**

**第三人不履行义务致使委托人受到损害的,行纪人应当承担赔偿责任,但是行纪人与委托人另有约定的除外。**

## 条文解读

本条规定了行纪人与第三人的关系。行纪合同存在两重法律关系,即行纪人与委托人之间订立的行纪合同关系、行纪人与第三人之间订立的买卖合同关系。在这两重法律关系中,行纪人既是行纪合同的行纪人,又是买卖合同的当事人。在这样的法律关系中,行纪人与第三人订立合同,是合理合法的。故对行纪人与第三人订立的合同,行纪人对该合同直接享有权利、承担义务。如果第三人不履行义务致使委托人受到损害的,基本规则是由行纪人承担赔偿责任,因为第三人不履行义务造成委托人的损害,也是应当由行纪人负责的。只有在行纪人与委托人另有约定的情况下,才不适用这一规则。

## 配套法规及解读

**《民法典》(2020年5月28日)**

**第一百七十九条**　承担民事责任的方式主要有:

(一)停止侵害;

(二)排除妨碍;

(三)消除危险;

(四)返还财产;

(五)恢复原状;

（六）修理、重作、更换；

（七）继续履行；

（八）赔偿损失；

（九）支付违约金；

（十）消除影响、恢复名誉；

（十一）赔礼道歉。

法律规定惩罚性赔偿的，依照其规定。

本条规定的承担民事责任的方式，可以单独适用，也可以合并适用。

※**法规解读：**承担民事责任的方式，指行为人承担民事责任的具体方法，也可以说是行为人具体承担法律上不利后果的方式，是民事责任的具体体现。从理论上说，承担民事责任的方式可以分为救济性的责任方式（如赔偿损失）、预防性的责任方式（如停止侵害、排除妨害、消除危险等）和惩罚性的责任方式（惩罚性赔偿）。

**第九百五十九条　【行纪人的报酬请求权及留置权】行纪人完成或者部分完成委托事务的，委托人应当向其支付相应的报酬。委托人逾期不支付报酬的，行纪人对委托物享有留置权，但是当事人另有约定的除外。**

## 条文解读

本条规定了行纪人的报酬请求权及留置权。委托人应当对行纪人支付报酬。行纪人完成全部或部分委托事务，委托人应当支付报酬却逾期不支付的，行纪人享有留置委托物的权利，并依照法律规定享有以委托物折价或从拍卖、变卖该财产所得的价款中优先受偿的权利。

## 配套法规及解读

**《民法典》（2020年5月28日）**

**第四百五十三条**　留置权人与债务人应当约定留置财产后的债务履行期限；没有约定或者约定不明确的，留置权人应当给债务人六十日以上履行债务的期限，但是鲜活易腐等不易保管的动产除外。债务人逾期未履行的，留置权人可以与债务人协议以留置财产折价，也可以就拍卖、变卖留置财产所得的价款优先受偿。

留置财产折价或者变卖的，应当参照市场价格。

**※法规解读：**留置权的实现，指留置权人对留置财产进行处置，以优先受偿其债权。根据本条关于“留置权人与债务人应当约定留置财产后的债务履行期限；没有约定或者约定不明确的，留置权人应当给债务人六十日以上履行债务的期限，但是鲜活易腐等不易保管的动产除外。债务人逾期未履行的，留置权人可以与债务人协议以留置财产折价，也可以就拍卖、变卖留置财产所得的价款优先受偿。留置财产折价或者变卖的，应当参照市场价格”的规定可以得知：留置权实现的条件有两个：第一，留置权人必须给予债务人履行债务的宽限期。即留置权人与债务人应当约定留置财产后的债务履行期限；没有约定或者约定不明确的，留置权人应当给债务人60日以上履行债务的期限，但是鲜活易腐等不易保管的动产除外。第二，债务人在宽限期内仍不履行的，留置权实现的方法有折价、拍卖和变卖三种。但留置财产折价或者变卖的，应当参照市场价格。

**典型案例**

### 宁某与刘某元买卖合同纠纷案〔1〕

**※案例解读：**我国《民法典》第九百五十九条规定：“行纪人完成或者部分完成委托事务的，委托人应当向其支付相应的报酬。委托人逾期不支付报酬的，行纪人对委托物享有留置权，但是当事人另有约定的除外。”本案中，上诉人与被上诉人签订的代销协议约定，上诉人对被上诉人10万元家具享有代销权，售出商品货款由上诉人及时返款给被上诉人，符合法律关于行纪合同的定义及行纪合同的法律特征，本案代销协议实为行纪合同。上诉人与被上诉人在代销协议中未明确约定报酬及费用等事项，不影响代销协议实质应为行纪合同的法律性质，且上诉人在原审中未就报酬及费用等提出反诉，可根据法律规定另行起诉。

**第九百六十条　【行纪合同参照适用委托合同的规定】本章没有规定的，参照适用委托合同的有关规定。**

〔1〕　参见黑龙江省牡丹江市中级人民法院民事判决书，(2016)黑10民终24号。

## 条文解读

行纪合同可参照适用委托合同的规定。行纪合同与委托合同最为相近，行纪关系中委托人与行纪人的基础关系就是委托，只不过是委托的事项特殊，行纪合同就是一种特殊的委托合同，所以，本条规定本章关于行纪合同没有规定的，参照适用委托合同的有关规定。

## 配套法规及解读

**《民法典》(2020年5月28日)**

**第九百一十九条** 委托合同是委托人和受托人约定，由受托人处理委托人事务的合同。

**※法规解读：**本条规定了委托合同的定义。委托合同也称委任合同，是指委托人和受托人约定，由受托人处理委托人事务的合同。委托他方处理事务者为委托人，为他方处理事务者为受托人。其特征是：委托合同是以为他人处理事务为目的的合同；委托合同的订立以委托人和受托人之间的相互信任为前提；委托合同是诺成合同、不要式合同；委托合同是否有偿由当事人约定。

## 典型案例

### 如皋市协和印染有限公司等行纪合同纠纷案[1]

**※案例解读：**我国《民法典》第九百六十条规定："本章没有规定的，参照适用委托合同的有关规定。"本案中，《委托代购二手设备合同》的主要内容系李某鸥、如皋市协和印染有限公司（以下简称协和公司）作为委托方确定所需机器设备后，委托华欧投资顾问有限公司（以下简称华欧公司）以确定的价格，以华欧公司的名义与德国公司订立买卖合同并购入设备，李某鸥、协和公司向华欧公司支付相应设备代购服务费。三方上述合同事项属于行纪人以自己的名义为委托人从事贸易活动、委托人支付报酬的行纪行为，案涉《委托代购二手设备合同》形成的法律关系为行纪合同关系。协和公司主张华欧公司未交付技术资料等已构成根本违约，解除案涉《委托代购二手

[1] 参见北京市高级人民法院民事裁定书，(2019)京民申4733号。

设备合同》,故协和公司所主张的并非任意解除权,而是参照法律关于委托合同规定的法定解除权。华欧公司在实际履行合同过程中,已完成主要合同义务且已交付技术资料,如有缺损及时间拖延,并不会对合同履行产生根本性影响,协和公司所主张的根本违约情形并不成立。协和公司应当向华欧公司支付相应设备价款并酌情确定劳务费及差旅费数额。

# 第二十六章　中 介 合 同

**本章介绍**

本章规定了中介合同的定义、内容、双方当事人的权利与义务、违约责任等。

**第九百六十一条　【中介合同的定义】中介合同是中介人向委托人报告订立合同的机会或者提供订立合同的媒介服务，委托人支付报酬的合同。**

**条文解读**

本条规定了中介合同的概念。中介合同，是指中介人向委托人报告订立合同的机会或者提供订立合同的媒介服务，委托人支付报酬的合同。报告订约机会的中介称为报告中介，媒介合同的中介称媒介中介。在中介合同中，提供报告订约机会或提供交易媒介的一方为中介人，给付报酬的一方为委托人。中介合同的特征是：为有名合同；是一方为他方报告订约机会或为订约提供媒介的合同；为有偿合同、诺成合同和不要式合同；委托人给付义务的履行有不确定性，是否付给中介人报酬也是不确定的。

**配套法规及解读**

**《民法典》（2020年5月28日）**

**第九百一十九条**　委托合同是委托人和受托人约定，由受托人处理委托人事务的合同。

**※法规解读：**本条规定了委托合同的定义。委托合同也称委任合同，是指委托人和受托人约定，由受托人处理委托人事务的合同。委托他方处理事务者为委托人，为他方处理事务者为受托人。其特征是：委托合同是以为他人处理事务为目的的合同；委托合同的订立以委托人和受托人之间的相互信任为前提；委托合同是诺成、不要式合同；委托合同是否有偿由当事人约定。

## 典型案例

### 大连佳期置业代理有限公司诉大连德享房地产开发有限公司委托合同纠纷案[1]

**※案例解读**：我国《民法典》第九百六十一条规定："中介合同是中介人向委托人报告订立合同的机会或者提供订立合同的媒介服务，委托人支付报酬的合同。"本案中，双方签订委托代理协议及补充协议，是双方的真实意思表示，合法有效。大连佳期置业代理有限公司（以下简称佳期公司）依据与大连德享房地产开发有限公司（以下简称德享公司）签署的《委托代理合同》从事居间业务，并依约定收取代理费用，是正常的民事行为，该行为不改变银行贷款人主体资格、不改变银行贷款政策、没有扰乱银行的贷款审批及经营秩序，不改变借款人的借款用途、偿还能力、还款方式等，也未侵害第三方利益。本案中，工行星海支行已经依据《商业银行法》对借款人的借款用途、偿还能力、还款方式等情况进行严格审查，并发放了贷款。以上均说明佳期公司的居间代理行为并未增加银行贷款风险，终审判决认定其扰乱了正常社会经济秩序、损害公共利益没有法律依据。双方应按照约定享受权利、履行义务，德享公司已与工行星海支行签订了贷款合同，佳期公司即完成了委托事务，德享公司理应按约定向其支付报酬，现德享公司未按约定履行给付全部款项义务，已构成违约，应承担给付佳期公司代理费及违约金的法律责任。故佳期公司要求德享公司给付代理费280万元及违约金，请求合理，予以支持。

**第九百六十二条　【中介人的如实报告义务】中介人应当就有关订立合同的事项向委托人如实报告。**

**中介人故意隐瞒与订立合同有关的重要事实或者提供虚假情况，损害委托人利益的，不得请求支付报酬并应当承担赔偿责任。**

## 条文解读

本条规定了中介人的报告义务和忠实义务。中介人应当就订立合同的事项向委托人如实报告，是中介合同中介人应负的主要义务。在报告中介中，中介人对于订约

[1] 参见最高人民法院民事判决书，（2013）民抗字第18号。

事项，应就其所知据实地报告给委托人，中介人对相对人没有报告委托人有关情况的义务；在媒介中介中，中介人应将有关订约的事项据实报告给各方当事人，媒介中介的报告义务是向双方报告。忠实义务是指中介合同无论是单务的还是双务的，中介人就中介活动都负有遵守诚实信用原则的义务，不得对订立合同实施不利影响，影响合同的订立或者损害委托人的利益，对所提供的信息、成交机会以及后来的订约情况，负有向其他人保密的义务。中介人故意隐瞒与订立合同有关的重要事实或者提供虚假情况，损害委托人利益的，不得要求支付报酬，造成委托人损害的，应当承担损害赔偿责任。

## 配套法规及解读

**《民法典》(2020 年 5 月 28 日)**

**第六条** 民事主体从事民事活动，应当遵循公平原则，合理确定各方的权利和义务。

**第七条** 民事主体从事民事活动，应当遵循诚信原则，秉持诚实，恪守承诺。

**※法规解读：**《民法典》第六条规定了公平原则。公平原则是法律的最高价值目标，公平正义是人类共同追求的基本价值，也是法律追求的基本价值，公平原则仍然作为民法典的基本原则是综合考虑各方意见的结果。公平原则指民事主体应本着公平、正义的观念实施民事行为，司法机关应根据公平的观念处理民事纠纷，民事立法也应该充分体现公平的理念。公平原则体现了民法促进社会公平正义的基本价值，对规范民事主体的行为发挥着重要作用。

第一，民事主体在从事民事活动时，按照公平观念行使权利履行义务，双方之间的权利和承担的义务应当对等。第二，公平原则还要求民事主体合理承担民事责任，通常情况下适用过错责任，要求责任与过错的程度相适应，特殊情况下，也可以根据公平原则合理分担责任。

根据《民法典》第七条规定，诚信原则的内涵和外延都是概括性的、抽象的，要求民事主体从事民事活动应当讲诚实、守信用，以善意的方式行使权利、履行义务，不欺不诈，言行一致，信守承诺。具体民事活动中，民事主体应当从以下几个方面遵循诚信原则：一是民事主体在着手与他人开展民事活动时就应当讲诚实，如实告知交易各方的相关信息，表里如一，不弄虚作假；二是民事主体在与他人建立民事法律关系后，应当信守诺言、恪守信用，按照自己作出的承诺行使权利，言而有信；三是民事主体应当本着善意的原则，相互配合，保护对方的合理期待与信赖；四是民事主体应当尊重他人的合法权益，尊重社会公共利益；五是民事主体应当善意行使权利，不得滥用权利；六是民事主体不得规避法律。

## 典型案例

### 李某诉中原房地产中介公司居间合同纠纷案〔1〕

**※案例解读：** 我国《民法典》第九百六十二条规定："中介人应当就有关订立合同的事项向委托人如实报告。中介人故意隐瞒与订立合同有关的重要事实或者提供虚假情况，损害委托人利益的，不得请求支付报酬并应当承担赔偿责任。"本案中，中原房地产公司作为专业的房屋中介机构，在进行居间服务时应尽到必要的、审慎的审查、核实义务，如核实房源信息、核实卖房人的身份信息、判断交易过程中的合理性等。买房人对于房屋交易也负有注意义务。本案中，作为居间交易对象的讼争房屋实际权利人与卖房人不一致，中原房地产公司未能及时进行核实，是导致李某购房款损失的原因之一。而李某在未核实房屋真实权属的情况下，贸然支付房屋价款，导致购房款无法追回。双方在此过程中均有过错，应各自承担相应的责任。结合全案事实及当事人双方的过错程度，就案外人谭某冬刑事退赔不足的部分，中原房地产中介公司应当在7.5万元范围内对李某承担补充赔偿责任。

**第九百六十三条 【中介人的报酬请求权】中介人促成合同成立的，委托人应当按照约定支付报酬。对中介人的报酬没有约定或者约定不明确，依据本法第五百一十条的规定仍不能确定的，根据中介人的劳务合理确定。因中介人提供订立合同的媒介服务而促成合同成立的，由该合同的当事人平均负担中介人的报酬。**

**中介人促成合同成立的，中介活动的费用，由中介人负担。**

## 条文解读

本条规定了委托人支付报酬的规则。中介报酬支付的一般规则是"约定报酬制"，即中介人从事中介活动收取报酬的多少，主要依中介人和委托人的约定，在中介

〔1〕 参见江苏省南京市中级人民法院民事判决书，(2015)宁民终字第4352号。

人促成合同有效成立后,委托人就应按约定支付报酬,因中介人提供订立合同的媒介服务而促成合同成立的,由该合同的当事人平均负担中介人的报酬。

## 关联法规索引

《民法典》第964条

## 典型案例

### 厦门美房在线房地产代理有限公司与陈某峰等居间合同纠纷案[1]

**※案例解读:**我国《民法典》第九百六十三条规定:"中介人促成合同成立的,委托人应当按照约定支付报酬。对中介人的报酬没有约定或者约定不明确,依据本法第五百一十条的规定仍不能确定的,根据中介人的劳务合理确定。因中介人提供订立合同的媒介服务而促成合同成立的,由该合同的当事人平均负担中介人的报酬。中介人促成合同成立的,中介活动的费用,由中介人负担。"本案基础法律关系为中介合同关系,陈某峰与厦门美房在线房地产代理有限公司(以下简称美房在线)在《委托购房协议书》中明确约定房产中介服务内容为中介服务、签约服务、代办服务。美房在线向陈某峰提供了房源信息,并带领陈某峰现场看房。陈某峰在《委托购房协议书》中的"看房服务记录"中签名确认美房在线中介人员已带其看涉案房屋"思明区吕岭路×××号×××室",当日还签订了《购买房产意向合同》。虽然美房在线与房产出售人没有书面委托合同,但结合房产出售人接受美房在线带领陈某峰现场看房及双方的录音对话,可以认定出售方同意美房在线对该房屋出售进行中介,双方就此达成合意。陈某峰指示其父陈某河与讼争房屋的出售方订立的房屋买卖合同系利用了美房在线的房源信息,美房在线已经提供了中介服务,陈某峰应依照合同约定向美房在线支付报酬。

---

[1] 参见福建省厦门市中级人民法院民事判决书,(2017)闽02民终1999号。

**第九百六十四条　【中介人未促成合同时的中介费】中介人未促成合同成立的，不得请求支付报酬；但是，可以按照约定请求委托人支付从事中介活动支出的必要费用。**

## 条文解读

本条规定了中介人未促成合同成立可请求支付中介活动费用。中介费用一般包含在报酬中，中介成功时，中介费用未经约定不得请求委托人支付，应由中介人自己负担；居间人已尽报告义务或者媒介义务，但仍不能使合同成立，未达到委托人预期目的的，由于中介人获得报酬的前提是完成中介活动并达到中介目的，因而就未完成中介委托人的委托不得请求支付报酬，但可以按照约定要求委托人支付从事中介活动支出的必要费用，如中介人在实施中介活动中的交通费等。

## 配套法规及解读

**《民法典》（2020 年 5 月 28 日）**

**第一百三十一条**　民事主体行使权利时，应当履行法律规定的和当事人约定的义务。

**※法规解读：**民法本质上是权利法，不过民法在保障民事权利的同时，也注重义务的履行，从而构建权利义务一体的法律规则体系，即民事主体依法享有的民事权利和承担的民事义务是民事法律关系的内容。在民事法律关系中民事权利和民事义务是相互对立、相互联系的。民事权利的内容要通过相应的民事义务表现，民事义务的内容由相应的民事权利限定。

## 典型案例

### 蔡某诉上海携程商务有限公司服务合同纠纷案[1]

**※案例解读：**我国《民法典》第九百六十四条规定："中介人未促成合同成立的，不得请求支付报酬；但是，可以按照约定请求委托人支付从事中介活动支出的必要费

〔1〕 参见天津市第一中级人民法院民事裁定书，(2017)津 01 民辖终 539 号。

用。”本案中,原告方未实际入住酒店,并事先已经告知被告不会入住。同时被告称酒店已经取消入住信息,原告与第三方酒店之间未达成酒店入住合同。被告未促成合同订立,因此,不得要求支付报酬。被告方无权在合同未成立的情况下要求原告预付酒店房费,更无权将原告的酒店预订款据为己有。

**第九百六十五条 【委托人“跳单”应支付中介报酬】委托人在接受中介人的服务后,利用中介人提供的交易机会或者媒介服务,绕开中介人直接订立合同的,应当向中介人支付报酬。**

## 条文解读

本条规定委托人“跳单”应支付中介报酬。“跳单”行为也叫“跳中介”,是指合同的一方或者双方当事人已经与中介人订立了合同,中介公司已经按照协议履行了提供中介信息并促使买卖双方见面洽谈等促进交易的义务或者媒介服务,买卖一方或双方为了规避或减少按照协议约定履行向中介人交付中介费的义务,跳过中介而私自签订合同的行为。这是中介合同的严重违约行为,应当承担违约责任。只要委托人接受了中介人的服务,利用了中介人提供的交易机会,却绕开中介人直接与第三人订立合同的,仍然应当承担支付中介报酬的义务,满足中介人的权利请求。

## 配套法规及解读

**《民法典》(2020 年 5 月 28 日)**

**第一百五十七条** 民事法律行为无效、被撤销或者确定不发生效力后,行为人因该行为取得的财产,应当予以返还;不能返还或者没有必要返还的,应当折价补偿。有过错的一方应当赔偿对方由此所受到的损失;各方都有过错的,应当各自承担相应的责任。法律另有规定的,依照其规定。

**※法规解读:**民事法律行为无效,指民事法律行为因具备无效条件而被确定为自始无效、当然无效、绝对无效。民事法律行为被撤销,指民事法律行为因具备撤销事由,经撤销权人行使撤销权而无效。民事法律行为确定不发生效力,指民事法律行为虽已成立,但由于生效条件确定无法具备而不能生效的情况。确定不生效包括两种典型情形:第一,法律、行政法规规定须经批准生效的民事法律行为,因未经批准而无法生效;第二,附条件生效民事法律行为,生效条件确定无法具备。民事法律行为无

效、被撤销或者确定不发生效力后，由于其法律效果相当于这一行为未曾实施，因此需要恢复到实施前的状态。已经履行或者部分履行的，各方需要承担相应的法律后果。

**第九百六十六条　【中介合同参照适用委托合同的规定】本章没有规定的，参照适用委托合同的有关规定。**

## 条文解读

本条规定了中介合同可以参照适用委托合同的规则。中介合同的性质也是委托合同，只是与委托合同有所区别而已。除本章规定的中介合同的特有规则外，其他都是可以适用委托合同的规定的。因此，本条规定中介合同在本章没有规定的，参照适用委托合同的有关规定。

## 关联法规索引

《民法典》第919条

# 第二十七章　合 伙 合 同

**本章介绍**

本章规定了合伙合同与合伙财产的概念、合伙事务的执行等，并规定了合伙合同当事人的主要权利与义务。

**第九百六十七条　【合伙合同的定义】合伙合同是两个以上合伙人为了共同的事业目的，订立的共享利益、共担风险的协议。**

**条文解读**

本条规定了合伙合同的概念。合伙合同是两个以上的合伙人为了共同的事业目的订立的共享利益、共担风险的协议。合伙合同的特征是：当事人为两个以上的合伙人，包括自然人、法人、非法人组织，通常是自然人；合伙合同的设立目的是两个以上的合伙人实现共同的事业，主要是经营性的目的；合同的内容是约定合伙人共同投资、共同经营、共担风险；合伙合同设立的是普通合伙，不包括设立合伙企业的合同。

**配套法规及解读**

**《合伙企业法》（2006年8月27日修订）**

**第二条**　本法所称合伙企业，是指自然人、法人和其他组织依照本法在中国境内设立的普通合伙企业和有限合伙企业。

普通合伙企业由普通合伙人组成，合伙人对合伙企业债务承担无限连带责任。本法对普通合伙人承担责任的形式有特别规定的，从其规定。

有限合伙企业由普通合伙人和有限合伙人组成，普通合伙人对合伙企业债务承担无限连带责任，有限合伙人以其认缴的出资额为限对合伙企业债务承担责任。

**※法规解读：**合伙人的范围：《合伙企业法》允许所有的市场主体参与设立合伙企业。合伙企业，是指自然人、法人和其他组织依照本法在中国境内设立的普通合伙企

业和有限合伙企业。

《合伙企业法》规定，合伙企业的合伙人分为两类：普通合伙人和有限合伙人，普通合伙人依法对合伙企业债务承担连带责任，有限合伙人依法对合伙企业债务以其认缴的出资额为限承担有限责任。

## 关联法规索引

《民法典》第102条

**第九百六十八条　【合伙人的出资义务】合伙人应当按照约定的出资方式、数额和缴付期限，履行出资义务。**

## 条文解读

本条规定了合伙人的出资义务。合伙人的出资，是合伙财产的最初来源。合伙人在合伙合同中应当约定合伙人的出资方式、数额和交付期限。合伙人的出资义务具有强制性，在所有的合伙人中，如果一个或者数个合伙人不履行出资义务，可以要求其出资或者不承认其合伙人资格，但是其他合伙人不能因此而拒绝出资，因为都拒绝出资，将使合伙无法设立、无法经营。

## 配套法规及解读

**《民法典》(2020年5月28日)**

**第二百六十八条**　国家、集体和私人依法可以出资设立有限责任公司、股份有限公司或者其他企业。国家、集体和私人所有的不动产或者动产投到企业的，由出资人按照约定或者出资比例享有资产收益、重大决策以及选择经营管理者等权利并履行义务。

**※法规解读：**出资人可以是国家、集体，也可以是私人；国家、集体和私人出资设立企业的主要形式是公司。

出资人的权利和义务。出资人按照《公司法》的规定享有资产收益、参与重大决策、选择经营管理者等权利，还要履行相应的义务。国家、集体和私人所有的不动产或者动产投到企业的，由出资人按照约定或者出资比例享有资产收益、重大决策以及选择经营管理者等权利并履行义务。

## 关联法规索引

《合伙企业法》第17条第1款

**第九百六十九条 【合伙财产的定义】合伙人的出资、因合伙事务依法取得的收益和其他财产,属于合伙财产。**

**合伙合同终止前,合伙人不得请求分割合伙财产。**

## 条文解读

本条规定了合伙财产及禁止分割合伙财产。合伙财产是指由合伙人依照合伙协议向合伙投资的财产和合伙在共同经营中积累的财产构成的,由全体合伙人共有的财产所有关系。由于合伙财产具有组合性和整体性,在合伙合同终止前,合伙人不得请求分割合伙财产,但不妨碍合伙人对合伙收益进行分红。

## 配套法规及解读

**《民法典》(2020年5月28日)**

**第九百七十八条** 合伙合同终止后,合伙财产在支付因终止而产生的费用以及清偿合伙债务后有剩余的,依据本法第九百七十二条的规定进行分配。

**※法规解读:**合伙合同终止后,合伙财产在支付因终止而产生的费用以及清偿合伙债务后有剩余的,依据本法第九百七十二条的规定进行分配。(1)按照约定办理,即按照合伙合同的约定办理;(2)协商决定,即合伙合同没有约定或者约定不明确的,由合伙人协商决定;(3)按照实缴出资比例分配、分担,即合伙合同没有约定或者约定不明确,合伙人协商不成的,由合伙人按照实缴出资比例分配;(4)合伙人平均分配,即合伙合同没有约定或者约定不明确,合伙人协商不成,无法确定出资比例的,由合伙人平均分配。

## 关联法规索引

《合伙企业法》第20条、第21条第1款

**第九百七十条　【合伙事务的执行】** 合伙人就合伙事务作出决定的，除合伙合同另有约定外，应当经全体合伙人一致同意。

合伙事务由全体合伙人共同执行。按照合伙合同的约定或者全体合伙人的决定，可以委托一个或者数个合伙人执行合伙事务；其他合伙人不再执行合伙事务，但是有权监督执行情况。

合伙人分别执行合伙事务的，执行事务合伙人可以对其他合伙人执行的事务提出异议；提出异议后，其他合伙人应当暂停该项事务的执行。

## 条文解读

本条规定了合伙事务的执行。合伙事业经营包括合伙的经营决策、合伙事务执行和合伙负责人三个方面的内容。合伙人对合伙事务作出决定，除合伙合同另有约定外，应当经全体合伙人一致同意。合伙人有执行和监督的权利。合伙人可以推举负责人。合伙负责人和其他人员的经营活动，由全体合伙人承担民事责任。合伙事务执行，是合伙事业经营中的一个环节，是指合伙事业经营决策确定之后，究竟由哪些合伙人负责执行，执行人之外的合伙人可行使哪些权利来实现合伙经营目的的活动。合伙的经营决策作出后，具体的执行方式有共同执行、代表执行和分别执行三种。无论合伙事务执行采取哪种方式，都应由全体合伙人共同承担责任，而不是由合伙事务执行人个人承担民事责任。无论采取何种执行方式，所有的合伙人（包括没有合伙事务执行权的合伙人）都对合伙事务执行享有监督权，监督合伙事务执行人的执行活动，发现问题，都有权提出监督意见，提交全体合伙人讨论，由全体合伙人作出决定。

## 配套法规及解读

**《民法典》(2020年5月28日)**

**第九百七十一条**　合伙人不得因执行合伙事务而请求支付报酬，但是合伙合同另有约定的除外。

**※法规解读：**合伙人不得请求执行合伙事务之报酬有关内容，即对合伙人执行合伙事务的报酬，合伙合同有约定的，按照其约定。对合伙人执行合伙事务的报酬，合伙合同没有约定的，合伙人不得因执行合伙事务而请求支付报酬。

## 关联法规索引

《合伙企业法》第26、27条、第29条第1款

**第九百七十一条 【合伙人执行合伙事务不得请求支付报酬】合伙人不得因执行合伙事务而请求支付报酬，但是合伙合同另有约定的除外。**

## 条文解读

本条规定合伙人执行合伙事务不支付报酬。合伙人是合伙的共有人之一，是合伙组织的成员，其在合伙中的经济利益是通过对合伙盈利进行分红实现的，而不是在执行合伙事务中取得报酬。因此，合伙人在执行合伙事务时，不得请求合伙对其另行支付报酬，但合伙合同对执行合伙事务的合伙人另外计算报酬另有约定除外。

## 配套法规及解读

**《民法典》(2020年5月28日)**

**第九百二十八条** 受托人完成委托事务的，委托人应当按照约定向其支付报酬。

因不可归责于受托人的事由，委托合同解除或者委托事务不能完成的，委托人应当向受托人支付相应的报酬。当事人另有约定的，按照其约定。

**※法规解读：**委托人按照约定支付报酬，即受托人完成委托事务的，委托人应当按照约定向其支付报酬。

当事人对委托合同解除或者委托事务不能完成的报酬支付有约定的，按照其约定，即因不可归责于受托人的事由，委托合同解除或者委托事务不能完成的，委托人应当向受托人支付相应的报酬。

## 关联法规索引

《民法典》第499条

**第九百七十二条 【合伙的利润分配和亏损分担】** 合伙的利润分配和亏损分担，按照合伙合同的约定办理；合伙合同没有约定或者约定不明确的，由合伙人协商决定；协商不成的，由合伙人按照实缴出资比例分配、分担；无法确定出资比例的，由合伙人平均分配、分担。

## 条文解读

本条规定了合伙利益的分配和亏损的分担。合伙的宗旨是共同出资、共同经营、共享利益、共担风险。按照该宗旨，合伙利益分配和亏损负担的规则是利益分配。合伙人享有合伙共同财产的分取红利权，就是共同享有共有人的收益权，在合伙经营中，对于经营盈余，合伙除留下足够的积累以供发展外，其盈余按红利分配给合伙人，各合伙人均享此权利；分担风险。合伙遭遇经营风险，造成亏损，也应当由合伙人即共有人共同分担；利益分配和亏损分担的确定方法应当依照合伙合同的约定办理，合伙合同对利益分配和亏损分担的方法没有约定或者约定不明确的，由合伙人协商决定、按照协商达成的协议办理，协商不成的，由合伙人按照实缴的出资比例分配、分担，无法确定出资比例的，由合伙人平均分配、分担。

## 配套法规及解读

**《合伙企业法》(2006 年 8 月 27 日修订)**

**第六十九条** 有限合伙企业不得将全部利润分配给部分合伙人；但是，合伙协议另有约定的除外。

**※法规解读：**对于普通合伙企业来说，合伙协议不得约定将全部利润分配给部分合伙人或者由部分合伙人承担全部亏损，这是公平原则的体现。

对于有限合伙企业来说，有限合伙企业不得将全部利润分配给部分合伙人；但是，合伙协议另有约定的除外。

## 关联法规索引

《合伙企业法》第 33 条第 1 款

**第九百七十三条 【合伙人对合伙债务的连带责任及追偿权】合伙人对合伙债务承担连带责任。清偿合伙债务超过自己应当承担份额的合伙人,有权向其他合伙人追偿。**

## 条文解读

本条规定合伙人对合伙债务清偿承担连带责任。合伙债务清偿责任的形式是无限连带责任,具体规则是:合伙债务由合伙财产承担;合伙财产清偿不足,各合伙人以自己的全部个人财产,连带承担;个人财产清偿不足部分,由其他合伙人承担;各合伙人以个人财产偿还合伙债务超过自己股份份额的合伙人,有权向其他合伙人追偿。

## 配套法规及解读

**《民法典》(2020年5月28日)**

**第一百七十八条** 二人以上依法承担连带责任的,权利人有权请求部分或者全部连带责任人承担责任。

连带责任人的责任份额根据各自责任大小确定;难以确定责任大小的,平均承担责任。实际承担责任超过自己责任份额的连带责任人,有权向其他连带责任人追偿。

连带责任,由法律规定或者当事人约定。

**※法规解读:**连带责任,指依照法律规定或者当事人约定,2人或者2人以上的当事人对共同产生的不履行民事义务的民事责任承担全部责任,并因此引起内部债务关系的一种民事责任。连带责任的意义在于增加责任主体的数量,加强对受损害人的保护,确保受损害人获得赔偿。

## 关联法规索引

《合伙企业法》第40条

**第九百七十四条 【合伙人对外转让财产份额的要求】除合伙合同另有约定外,合伙人向合伙人以外的人转让其全部或者部分财产份额的,须经其他合伙人一致同意。**

## 条文解读

本条规定限制合伙人转让合伙份额。合伙人对合伙的份额，是其享有的财产权利，也包括一定的身份权，合伙人自己对其合伙份额有权进行支配，包括将其转让给他人。由于合伙具有人身性，尤其是合伙人相互之间具有信赖关系，如果对合伙人转让自己的合伙份额不加任何限制，将会使受转让人加入合伙，成为新的合伙人，破坏合伙人相互之间的信赖关系，造成合伙关系的损害。所以，法律适当限制合伙人转让合伙的全部或者部分财产份额。适当限制并非绝对禁止合伙人转让，只是对转让加以限制。

## 配套法规及解读

**《民法典》(2020 年 5 月 28 日)**

**第三百零五条**　按份共有人可以转让其享有的共有的不动产或者动产份额。其他共有人在同等条件下享有优先购买的权利。

**第三百零六条**　按份共有人转让其享有的共有的不动产或者动产份额的，应当将转让条件及时通知其他共有人。其他共有人应当在合理期限内行使优先购买权。

两个以上其他共有人主张行使优先购买权的，协商确定各自的购买比例；协商不成的，按照转让时各自的共有份额比例行使优先购买权。

**※法规解读：**按份共有人可以转让其享有的共有的不动产或者动产份额。按份共有人转让其享有的共有的不动产或者动产份额时，其他共有人在同等条件下享有优先购买的权利。

共有人行使优先购买权的有关内容：(1)转让通知，即按份共有人转让其享有的共有的不动产或者动产份额的，应当将转让条件及时通知其他共有人。(2)在合理期限内行使优先购买权。即其他共有人应当在合理期限内行使优先购买权。(3)协商购买比例，即两个以上其他共有人主张行使优先购买权的，协商确定各自的购买比例。(4)按照份额比例购买，即两个以上其他共有人主张行使优先购买权的，协商不成的，按照转让时各自的共有份额比例行使优先购买权。

## 关联法规索引

《合伙企业法》第 22 条

**第九百七十五条 【合伙人个人债务的负担】**合伙人的债权人不得代位行使合伙人依照本章规定和合伙合同享有的权利，但是合伙人享有的利益分配请求权除外。

## 条文解读

本条规定限制合伙人的债权人代位行使合伙人债权。对合伙人的债权人代位权予以禁止，是指合伙人的债权人在合伙存续期间，不得代合伙人之位行使债权人代位权。这是因为，合伙人对合伙的权利有专属权性质，不能与合伙人的地位相分离。如果合伙人的债权人对合伙人的权利行使代位权，将会损害全体合伙人的利益。所不同的是，对合伙人享有的分取红利权，因其已成为合伙人自己独立享有的权利，并无专属性，故合伙人的债权人可以对其行使债权人代位权，以保全自己的债权。

## 配套法规及解读

**《民法典》(2020 年 5 月 28 日)**

**第五百三十五条** 因债务人怠于行使其债权或者与该债权有关的从权利，影响债权人的到期债权实现的，债权人可以向人民法院请求以自己的名义代位行使债务人对相对人的权利，但是该权利专属于债务人自身的除外。

代位权的行使范围以债权人的到期债权为限。债权人行使代位权的必要费用，由债务人负担。

相对人对债务人的抗辩，可以向债权人主张。

**※法规解读：**代位权，也称代位诉权、间接诉权，指债务人怠于行使权利，债权人为保全债权，以自己的名义代位行使债务人对相对人的权利。

债权人行使代位权应当符合下列条件：债务人享有对外的债权；债务人怠于行使其债权或者与该债权有关的从权利；因债务人怠于行使其债权或者与该债权有关的从权利，影响债权人的到期债权实现。

## 关联法规索引

《合伙企业法》第 41 条

**第九百七十六条　【合伙期限的推定】**合伙人对合伙期限没有约定或者约定不明确，依据本法第五百一十条的规定仍不能确定的，视为不定期合伙。

合伙期限届满，合伙人继续执行合伙事务，其他合伙人没有提出异议的，原合伙合同继续有效，但是合伙期限为不定期。

合伙人可以随时解除不定期合伙合同，但是应当在合理期限之前通知其他合伙人。

## 条文解读

本条规定了合伙期限的推定。合伙成立之后，不可能永久存在，故合伙存在合伙期限问题。对合伙期限的确定方法是：合伙人在合伙合同中对合伙期限有约定的，依照其约定确定合伙期限；合伙人对合伙期限没有约定或者约定不明确的，依照《民法典》第五百一十条的规定进行补充协议，按照补充协议约定的合伙期限确定；补充协议仍然不能确定合伙期限的，视为该合伙的合伙期限为不定期合伙。对于不定期合伙，包括约定为不定期合伙、确定为不定期合伙以及推定为不定期合伙的，合伙人都可以随时解除不定期合伙合同，即散伙。但是，解除不定期合伙合同应当通知其他合伙人，并且留出合理期限，以便其他合伙人做好准备。

## 配套法规及解读

**《民法典》(2020 年 5 月 28 日)**

**第一百六十条**　民事法律行为可以附期限，但是根据其性质不得附期限的除外。附生效期限的民事法律行为，自期限届至时生效。附终止期限的民事法律行为，自期限届满时失效。

**※法规解读：**期限，指当事人以将来客观确定的事实，作为决定法律行为效力的附款。附期限的民事法律行为，指当事人在法律行为中设定一定的期限，并将期限的到来作为法律行为效力发生或消灭依据的民事法律行为。

## 关联法规索引

《合伙企业法》第 45、46 条

**第九百七十七条　【合伙人死亡、民事行为能力丧失或终止合伙合同的效力】合伙人死亡、丧失民事行为能力或者终止的，合伙合同终止；但是，合伙合同另有约定或者根据合伙事务的性质不宜终止的除外。**

## 条文解读

本条规定了合伙人死亡、丧失民事行为能力或者终止使合伙散伙。散伙是指合伙的解散，在通常情况下，散伙的事由是：合伙合同约定的合伙经营期限届满，合伙人不愿意继续经营的；合伙合同约定散伙的事由出现；全体合伙人决定解散；合伙人已经不具备法定人数；合伙合同约定的合伙目的已经实现或者不能实现；出现法律、行政法规规定的合伙解散的其他原因。当合伙出现上述事由时，合伙应当散伙。当合伙人为自然人，已经死亡或者丧失民事行为能力的，或者合伙人为法人、非法人组织，其已经终止的，合伙合同终止，合伙应当解散，但是，合伙合同另有约定或者根据合伙事务的性质不宜终止的除外。

## 配套法规及解读

**《民法典》（2020 年 5 月 28 日）**

**第十八条**　成年人为完全民事行为能力人，可以独立实施民事法律行为。

十六周岁以上的未成年人，以自己的劳动收入为主要生活来源的，视为完全民事行为能力人。

**第十九条**　八周岁以上的未成年人为限制民事行为能力人，实施民事法律行为由其法定代理人代理或者经其法定代理人同意、追认；但是，可以独立实施纯获利益的民事法律行为或者与其年龄、智力相适应的民事法律行为。

**第二十条**　不满八周岁的未成年人为无民事行为能力人，由其法定代理人代理实施民事法律行为。

**※法规解读：**成年人为完全民事行为能力人，可以独立实施民事法律行为。16 周岁以上的未成年人，以自己的劳动收入为主要生活来源的，视为完全民事行为能力人。

8 周岁以上的未成年人为限制民事行为能力人，实施民事法律行为由其法定代理人代理或者经其法定代理人同意、追认；但是，可以独立实施纯获利益的民事法律行为或者与其年龄、智力相适应的民事法律行为。

不满 8 周岁的未成年人为无民事行为能力人，由其法定代理人代理实施民事法律行为。

## 关联法规索引

《合伙企业法》第80条

**第九百七十八条　【合伙合同终止后剩余财产的分配规则】合伙合同终止后，合伙财产在支付因终止而产生的费用以及清偿合伙债务后有剩余的，依据本法第九百七十二条的规定进行分配。**

## 条文解读

本条规定了合伙散伙时财产利益的分配。合伙散伙的财产利益分配规则，就是合伙散伙时的清算规则。合伙散伙时，必须进行清算。合伙的清算是对债权、债务、资产进行清理的过程，是合伙退出市场的必经程序，合伙未经清算不得散伙。合伙一经解散，产生合伙财产的必要前提即不存在，合伙财产关系当然终止，因此发生合伙财产的清算后果，合伙至清算结束时，完全消灭清算的办法是：了结现务，收取债权，清偿债务，返还出资，分配剩余财产。该剩余财产，是合伙财产在清偿合伙债务、返还出资以后所剩的财产。对此剩余财产，由全体合伙人分配，而无论各合伙人以何种方式出资，分配的原则就是《民法典》第九百七十二条规定的按各合伙人应受分配利益的比例进行分配。经过清算，如全部合伙财产不足以清偿合伙债务的，就是亏损，对内由各合伙人按比例分担，对外连带负责清偿。

## 配套法规及解读

**《民法典》(2020年5月28日)**

**第九百七十二条**　合伙的利润分配和亏损分担，按照合伙合同的约定办理；合伙合同没有约定或者约定不明确的，由合伙人协商决定；协商不成的，由合伙人按照实缴出资比例分配、分担；无法确定出资比例的，由合伙人平均分配、分担。

**※法规解读：**合伙的利润分配和亏损负担规则是：(1)按约定办理，即合伙的利润分配和亏损分担，按照合伙合同的约定办理；(2)协商决定，即合伙的利润分配和亏损分担，合伙合同没有约定或者约定不明确的，由合伙人协商决定；(3)按照实缴出资比

例分配、分担，即合伙的利润分配和亏损分担，合伙合同没有约定或者约定不明确，合伙人协商不成的，由合伙人按照实缴出资比例分配、分担；(4)合伙人平均分配、分担，即合伙的利润分配和亏损分担，合伙合同没有约定或者约定不明确，合伙人协商不成，无法确定出资比例的，由合伙人平均分配、分担。

## 关联法规索引

《民法典》第104条

# 第三分编　准　合　同

## 第二十八章　无 因 管 理

### 本章介绍

本章规定了无因管理的定义、构成要件及其法律效果。

**第九百七十九条　【无因管理的定义】管理人没有法定的或者约定的义务,为避免他人利益受损失而管理他人事务的,可以请求受益人偿还因管理事务而支出的必要费用;管理人因管理事务受到损失的,可以请求受益人给予适当补偿。**

**管理事务不符合受益人真实意思的,管理人不享有前款规定的权利;但是,受益人的真实意思违反法律或者违背公序良俗的除外。**

### 条文解读

本条对无因管理的定义进行了规定。无因管理是指没有法定的或者约定的义务,为避免他人利益受损失而管理他人事务的一种法律事实。在无因管理中,管理人和本人之间发生的法律关系,就是无因管理之债,为他人进行管理或者服务的人为管理人,其事务受到管理或者服务的人为受益人,也称本人。

无因管理的法律特征如下:(1)无因管理是债的发生根据之一;(2)无因管理是管理人的自愿行为;(3)无因管理是有益于他人的行为,是法律应当予以鼓励和表彰的行为。

构成无因管理应当具备以下条件:(1)管理人须对他人事务进行管理或者服务;(2)管理人没有法定的或者约定的义务;(3)管理人须为避免他人利益受损失而管理。

无因管理之债中双方当事人的权利与义务是:(1)管理人有权请求受益人偿还因管理事务而支出的必要费用,受益人负有支付管理人因管理行为而支出的必要费用的义务。(2)管理人因管理事务受到损失的,可以请求受益人给予适当补偿,受益人应当对此损失予以补偿。(3)管理行为不符合受益人真实意思的,管理人不享有上述权利,但是如果受益人的真实意思违反法律或者违背公序良俗,仍应依照无因管理的规则处理,管理人享有无因管理之债的债权。

## 配套法规及解读

**《民法典》(2020 年 5 月 28 日)**

**第一百二十一条** 没有法定的或者约定的义务,为避免他人利益受损失而进行管理的人,有权请求受益人偿还由此支出的必要费用。

**※法规解读:**无因管理是指没有法定义务或者约定的义务,为避免他人利益受到损失而进行管理或者服务的行为。无因管理之债是指无因管理构成后在本人和管理人之间发生债权债务关系。无因管理的管理人本无管理本人事务的义务,但管理人一经管理,就应当管好,这是法律对保护民事主体的合法利益和维护社会秩序的必然要求,也是无因管理成为适法行为的必然结果。《民法典》没有规定债法总则,因此,在合同编设置了"准合同"分编,规定了无因管理之债和不当得利之债的规则。

## 关联法规索引

《民法典》第 468 条

## 典型案例

### 文某某与奥斯通公司普通破产债权确认纠纷案[1]

**※案例解读:**作为债的发生根据之一,无因管理发生在没有法定或约定管理义务的管理人与本人之间,其构成要件之一管理人行使了管理行为。本案中,文某某雇请保安的行为系其单方行为,且没有证据证明保安客观上完成了管理行为。文某某之

〔1〕 参见云南省高级人民法院民事判决书,(2017)云民终 715 号。

所以聘请保安，其管理目的并非为奥斯通公司或者全体债权人的利益，而是仅为自己债权的实现。文某某的管理行为并不符合无因管理的构成要件，案涉管理行为不属于无因管理。

**第九百八十条　【受益人享有管理利益的补偿责任】管理人管理事务不属于前条规定的情形，但是受益人享有管理利益的，受益人应当在其获得的利益范围内向管理人承担前条第一款规定的义务。**

### 条文解读

本条规定了不适法无因管理及后果。不适法无因管理是不真正无因管理中的一种，是指欠缺无因管理的法定要件为他人管理事务的行为。不真正无因管理的特征是：(1)管理的是他人的事务。(2)管理人的管理出于主观上的原因，是管理人在主观上出现了认识上的不当，或者是误将他人的事务当成自己的事务，或者是明知他人的事务而作为自己的事务进行管理。(3)管理人将他人的事务作为自己的事务进行管理。(4)不真正无因管理仍然产生债的关系，但内容有所不同，管理人仍然享有补偿的请求权，但以受益人所得的利益为限。对于不真正无因管理，只要受益人受有管理利益，准用无因管理的规定。管理人实施管理行为不符合无因管理构成要件，但受益人受有管理利益的，构成不真正无因管理，管理人享有的权利是：(1)受益人对于因管理所生的利益，仍然可以享有。(2)管理人对受益人享有费用及利息的偿还请求权、债务代偿请求权和损害赔偿请求权，但以受益人所得利益为限，超过受益部分的，受益人不负责任。

**第九百八十一条　【管理人的善良管理义务】管理人管理他人事务，应当采取有利于受益人的方法。中断管理对受益人不利的，无正当理由不得中断。**

### 条文解读

本条规定了管理人的适当管理义务。管理人对管理事务负有适当管理的义务，应当尽到与管理自己的事务的同等注意。适当管理义务就是在管理受益人的事务时，以管理自己的事务的同等注意，采取有利于受益人的方法进行管理。管理人尽到这种管理义务的，即为适当管理。如果管理人在管理他人事务时未尽到与处理自己的事务的同等注意者,采取的方法不利于受益人,则有过失,对造成的本人损害,应当承担赔偿责任。在开始管理受益人的事务后,在无正当理由的情况下,管理人不得中断管理;否则,造成受益人损害后果的,应当承担赔偿责任。

**第九百八十二条 【管理人的通知义务】管理人管理他人事务,能够通知受益人的,应当及时通知受益人。管理的事务不需要紧急处理的,应当等待受益人的指示。**

## 条文解读

本条规定了管理人的通知义务。管理人于管理开始后,应当将管理开始的事实通知受益人,如果没有急迫情形,应当等待受益人的指示。如果不能进行通知,例如管理人不知受益人是谁,或不知受益人的住址,或交通中断,或有其他原因无法通知,则不负通知义务;如果受益人已知管理开始的事实,则没有必要进行通知,可推知受益人的意思,以有利于受益人的方法进行管理。管理人通知受益人之后,应当听候受益人的指示。如果等候受益人的指示会使受益人的利益受到损失的,则不应坐等指示而应直接管理。管理人违反通知义务,应负债务不履行的责任,但继续管理的部分仍成立无因管理,而不是不适法管理;如果受益人反对继续管理,管理人仍继续管理者,则为管理人违反受益人的意思而进行管理。对于造成的损害,管理人应负无过失赔偿责任。

**第九百八十三条 【管理人的报告及转交财产义务】管理结束后,管理人应当向受益人报告管理事务的情况。管理人管理事务取得的财产,应当及时转交给受益人。**

## 条文解读

本条规定了管理人管理结束后报告和结算义务。无因管理所得的利益最终须归属于受益人,因而在管理结束后,管理人应当及时将管理的情况报告给受益人。同时,管理人应当进行结算,将管理所得的财产及时转交给受益人。管理人为了自己的需要而使用的部分,除了应交付给受益人之外,还应当自使用之日起支付利息。

**第九百八十四条　【事后追认适用委托合同的有关规定】**管理人管理事务经受益人事后追认的，从管理事务开始时起，适用委托合同的有关规定，但是管理人另有意思表示的除外。

## 条文解读

本条规定了无因管理转化为委托关系。无因管理的最显著特征是管理的无因性和受益人的未知性，据此构成无因管理。在现实中，如果管理人为他人管理事务的行为一旦经过受益人的事后追认，无因管理的行为就发生了变化，管理就从无因变为有因，受益人从未知变为已知。受益人已经明确，并得到其追认后，管理行为就从无因管理变为委托关系，双方当事人实际上形成了委托人和受托人的关系，因而从管理事务开始时起，就应当适用委托合同的有关规定，但在管理人另有意思表示的时候，如管理人坚持认可无因管理不适用该规则的除外。

# 第二十九章　不 当 得 利

## 本章介绍

本章规定了不当得利的定义、善意得利人的返还范围、恶意得利人的返还范围、得利人将利益无偿转让给第三人的处理规则。

**第九百八十五条　【不当得利的定义】** 得利人没有法律根据取得不当利益的,受损失的人可以请求得利人返还取得的利益,但是有下列情形之一的除外:

(一)为履行道德义务进行的给付;

(二)债务到期之前的清偿;

(三)明知无给付义务而进行的债务清偿。

## 条文解读

本条规定了不当得利及一般规则。不当得利,是指没有法律根据取得不当利益,他人财产因此受到损失的法律事实。不当得利的法律特征是:(1)不当得利是债的发生根据之一;(2)得利人不具有产生债的关系的效果意思;(3)不当得利具有使受损人受到损害的不正当性。没有法律根据而取得利益的一方当事人称为得利人(也称受益人),受有损害的一方称受损人。受损人依据不当得利之债所享有的权利,是不当得利返还请求权。不当得利的性质是法律事实,其意义在于,法律规定不当得利的目的并不是对人或者行为的非难,而在于消除不当得利由于没有法律上的根据而取得利益,并同时造成他人受到损害的当事人之间利益的不当变动的事实状态,恢复正常的民法秩序。只有当受领不当得利非法利益之人明知是不当得利,仍然将不当利益据为己有的,才应当受到法律谴责。

构成不当得利的要件如下:(1)须一方受有财产利益;(2)须他方受有损失;(3)须受有损失与取得利益之间有因果关系;(4)一方受有财产利益须无法律根据。具备上述构成要件,发生不当得利之债的后果,即因不当得利受到损失的人成为债权人,享有请求得利人返还所取得利益的请求权,得利人成为债务人,负有返还所取得利益的义务,构成债的关系。

按照本条规定,有下列情形之一的,不构成不当得利之债:(1)为履行道德义务进行的给付,虽然受领人无合法根据而受领,但给付人不得请求返还。(2)债务到期之前的清偿,在期限系为债务人的利益而设时,清偿期未届至,债务人并无清偿义务,如果其不存在提前清偿的目的而为清偿,属于欠缺给付目的的清偿。受领人受领并非无合法根据,并且这种清偿也发生债务消灭的后果,所以债务人清偿之后,受损人不得以不当得利为由请求返还。(3)明知无给付义务而进行的债务清偿,如债务人对诉讼时效完成的债务本可以拒绝给付而故意给付时,推定其有意抛弃其给付返还请求权,不能再请求返还。

## 配套法规及解读

**《民法典》(2020年5月28日)**

**第一百二十二条**　因他人没有法律根据,取得不当利益,受损失的人有权请求其返还不当利益。

※**法规解读:**当事人之间因不当得利所发生的债权债务关系,称不当得利之债。获得利益的一方为得利人,受到损失的一方为受损人。不当得利是日常生活中经常发生的现象。构成不当得利请求权,须具备以下四个要件:(1)一方获得利益;(2)他方受有损失;(3)取得利益与受有损失之间有因果关系;(4)无合法根据。不当得利分为两大类:(1)基于法律行为又无法律上的根据而得利;(2)非基于法律行为但也无法律直接根据而取得利益。不当得利的法律效果是,得利人应当将取得的不当利益返还受损人。得利人返还的利益可以是原物、原物的价款或者其他利益。

## 关联法规索引

《民法典》第468条

**第九百八十六条　【善意得利人的返还范围】得利人不知道且不应当知道取得的利益没有法律根据,取得的利益已经不存在的,不承担返还该利益的义务。**

## 条文解读

本条规定了善意得利人的返还范围。善意得利，是指得利人在取得利益之时不知道并且不应当知道其受益没有法律上的原因。确认善意得利的依据是:(1)在取得利益时得利人不知并且不应当知道其没有法律上的原因;(2)对得利人不知应以其没有故意为标准。

善意得利人不当得利返还的范围，以现存利益为限。对于善意得利人给予照顾，其意义在于不当得利制度不是以补偿受损人的损失为目的，而是恢复利益不平衡的状态，仅使善意得利人返还其现存的不当利益，对已不存在的利益不承担返还义务，因而不使得利人的财产状况受不利影响。

判断现存利益应以受损人行使返还请求权之时尚存的利益为限。这种判断标准是差额说，即利益是否存在应依得利人整个财产是否较受益前有所增加而为判断。有增加的为既存利益，没有增加的为无既存利益。但现存利益并不是指其所受领利益的物质形态现在仍然存在。得利人因消灭其受领的利益而取得的对价，无论其对价是否低于原物的通常价值，其利益也存在。所得利益受到侵权行为的侵害而灭失的，如果得利人取得赔偿金或者补偿金，应当将其认定为所得利益已经消灭的，不问消灭的原因如何，善意得利人均不必返还原物或者偿还价额。得利人主张其所得利益已经不存在的，应当由其举证，不能证明者，不认为现存利益不存在。返还现存利益时，得利人在受益过程中所受到的损失和支出应予以扣除。

**第九百八十七条 【恶意得利人的返还范围】得利人知道或者应当知道取得的利益没有法律根据的，受损失的人可以请求得利人返还其取得的利益并依法赔偿损失。**

## 条文解读

本条规定了恶意得利人的返还范围。恶意得利，是指得利人在受益时知道或应当知道没有法律上的根据，或受领后知道或者应当知道得利没有法律上的根据的不当得利。基于过失而不知的不属于明知，因而不构成恶意。在具有无效或者得撤销原因的民事法律行为中，该民事法律行为被宣告无效或者被撤销的，得利人在受领时明知其无效或者得撤销的，也属于明知没有法律上的原因。得利人明知时间的确定，一般应当在受领利益之时，即自始恶意。在受领时不知，但在其后知道的，自其知晓之时成为恶意得利人，即嗣后恶意。得利人在成立恶意之前，仍适用关于善意得利人返还义务的规则。受领人为法人机关的，如法定代表人，则法人机关明知即为法人明知，代理人明知即由本人负责。得利人是未成年人的，其善意与否，根据其法定代理人是否知道无法律上的原因而确定，因为法定代理人对未成年人的财产有管理的权利和义务。

恶意得利人的返还利益范围，属于加重责任，即其返还的不当利益不仅包括受领时的所得利益，还包括本于该利益所生的利益。例如所受领利益为金钱时，应附加利息。返还利益不足以弥补损失的，不足部分须另行损害赔偿。这是因为，恶意得利人明知没有法律根据而取得利益，主观上有致他人利益损害的目的，具有可谴责性，故在返还不当利益时，对其没有必要加以照顾，而应课以其较重的返还义务，以示制裁；同时，给受损人以更周全的保护，使其不因他人的恶意而受损失。恶意得利人不得主张所受利益不存在而免于返还，对因受领利益所支出的费用，恶意得利人不得主张扣除，但为保持或者增加标的物的价值而支出的必要费用和有益费用，受损人应予补偿。嗣后恶意得利人的返还义务分两个阶段：(1)在知道或者应当知道无法律上的原因以前，仅返还现存利益，取得利益时所支出的费用也可以请求扣除；(2)在知道或者应当知道无法律上的原因之后，负加重责任，即将现存利益附加利息一并偿还，如有损害也需要赔偿。

**第九百八十八条　【得利人将利益无偿转让给第三人的处理规则】得利人已经将取得的利益无偿转让给第三人的，受损失的人可以请求第三人在相应范围内承担返还义务。**

## 条文解读

本条规定了得利人将利益无偿转让给第三人的处理规则。无论是善意得利人还是恶意得利人，在取得不当利益之后，将已经取得的利益无偿转让给第三人的，受损人的债权所指向的债务人变更为第三人，第三人成为不当得利的债务人。其原因在于，第三人取得的利益是无偿取得，而非有偿取得。其法律后果是：受损人是不当得利之债的债权人，有权向第三人主张在相应范围内承担返还责任；第三人取得债务人的地位，负有向受损人在相应范围内返还利益的责任。如果第三人取得的利益并非无偿，而为支付对价的，则构成善意取得，受损人不得向其主张返还利益，而应当向得利人主张承担损害赔偿责任。